송성범 지음

BM 성안당

Foreign Copyright:
Joonwon Lee
Address: 127, Yanghwa-ro, Mapo-gu, Chomdan Building 6th floor,
Seoul, Korea
Telephone: 82-70-4345-9818
E-mail: jwlee@cyber.co.kr

최강 실무 엑셀 2016

2017. 5. 8. 초 판 1쇄 인쇄
2017. 5. 16. 초 판 1쇄 발행

편저자 | 송성범
펴낸이 | 이종춘
펴낸곳 | BM 주식회사 성안당
주소 | 04032 서울시 마포구 양화로 127 첨단빌딩 5층(출판기획 R&D 센터)
      10881 경기도 파주시 문발로 112 출판문화정보산업단지(제작 및 물류)
전화 | 02) 3142-0036
      031) 950-6300
팩스 | 031) 955-0510
등록 | 1973. 2. 1. 제406-2005-000046호
출판사 홈페이지 | www.cyber.co.kr
ISBN | 978-89-315-5510-3 (13000)
정가 | 23,000원

이 책을 만든 사람들
책임 | 최옥현
기획 · 진행 | 박종훈
본문 · 표지 디자인 | 앤미디어
홍보 | 박연주
국제부 | 이선민, 조혜란, 김해영, 고운채, 김필호
마케팅 | 구본철, 차정욱, 나진호, 이동후, 강호묵
제작 | 김유석

■ 도서 A/S 안내

성안당에서 발행하는 모든 도서는 저자와 출판사, 그리고 독자가 함께 만들어 나갑니다.
좋은 책을 펴내기 위해 많은 노력을 기울이고 있습니다. 혹시라도 내용상의 오류나 오탈자 등이 발견되면 "좋은 책은 나라의 보배"로서 우리 모두가 함께 만들어 간다는 마음으로 연락주시기 바랍니다. 수정 보완하여 더 나은 책이 되도록 최선을 다하겠습니다.
성안당은 늘 독자 여러분들의 소중한 의견을 기다리고 있습니다. 좋은 의견을 보내주시는 분께는 성안당 쇼핑몰의 포인트(3,000포인트)를 적립해 드립니다.
잘못 만들어진 책이나 부록 등이 파손된 경우에는 교환해 드립니다.

머리말
PREFACE

어떻게 12시간 만에 엑셀을 이해할 수 있을까?

5년 동안 학생들에게 컴퓨터를 가르쳤습니다. 2년 차까지 교재를 가지고 수업을 했지만, 어느 순간 책이 오히려 사고 방식에 족쇄가 되는 모습을 보면서 교재를 쓰지 않고 수업을 진행한 적이 많았습니다. 교재를 따라 하는 것보다 스스로 생각하고 상황을 가정하게 하는 것이 엑셀을 배우는 데 더 중요합니다. 이 책은 다음과 같은 부분에서 다른 책들과 차별됩니다.

1. 난이도 나열식이 아닙니다. 쉬운 기능에서 어려운 기능의 순서로 배우면 어려운 기능이 대단한 것처럼 보이고 막연한 두려움을 갖게 되기 때문입니다.
2. 하나의 결과물을 이끌어 내는 여러 방법을 제시함으로써 기능의 차이를 종합적으로 인식하게 합니다.
3. 다양하고 복합적인 실무 상황에서 독자 스스로 질문하고 판단하게 합니다.
4. 단순 따라 하기나 예제 나열이 아니며, 하나의 기능이라도 원리를 정확히 이해하는 데 초점을 맞추었습니다.
5. 엑셀을 배운다가 아닌 왜 엑셀이 이렇게 만들어졌을까 질문을 던지고 이해하고자 합니다.

이 다섯 가지에서 이 책은 다른 책들과 완벽하게 차별됩니다. 제가 학생들로부터 가장 듣기 좋았던 말은 다음과 같은 말입니다.

"엑셀이 이렇게 재미있는지 몰랐어요. 엑셀로 뭐든 할 수 있을 것 같아요."
"회사에서 자동화 기능을 저 밖에 쓸 줄 몰라서 도움이 많이 되었어요."
"독학으로 자격증을 준비하는데 이해가 잘 되었어요."

자격증 책들을 보면 합격은 할 수 있으나 실무 적용력과 사고방식의 스펙트럼이 확장되지 않습니다. 그렇다고 또 실무 책들을 보면 기초가 부실한 상태에서 급하게 예제를 따라 하다보니 그 순간에는 할 줄 아는 것 같지만 실제 언제 써야 하는지 모르고 상황 판단력이 떨어집니다. 그래서 저는 실무에서의 각 '상황'을 중시하고 그 상황에 맞춘 기능과 판단력을 키우면서 엑셀을 즐겁게 배우도록 하는 게 가장 큰 목표입니다. 제가 첫 수업 시간에 학생들에게 말하는 목표는 다음과 같습니다.

"회사 상위 10% 이내의 엑셀러가 되는 것을 목표로 합니다."

그리고 실제로 수업이 끝날 때 쯤 85% 이상의 학생들은 VLOOKUP 함수와 피벗은 자유자재로 다룰 줄 알며, 자동화 프로그래밍을 하며 한 학기를 마치게 됩니다. 제가 교재로 쓰는 좋은 책은 많지만, 학생들의 사고 방식을 확장하는 책은 없었습니다. 이 책을 출판하여 '개성 있는 엑셀 교재'라는 게 무엇인지 보여줄 수 있어서 기쁩니다. 출판 기회를 준 성안당 출판사에 진심으로 감사의 말씀을 전합니다.

송성범

무료 동영상 & 예제 파일
VIDEO & EXAMPLE

무료 동영상 강의

　배울 때는 잘 아는 것 같지만 막상 실무에서 생각이 안 나는 경험을 많이 해 보았을 것입니다. 그리고 옆에서 배우면 바로 깨우칠 수 있는 사항을 텍스트로 표현하기에는 한계가 있는 부분이 있습니다. 이 책은 엑셀의 각 기능을 장기적으로 기억하는 것에 초점을 맞추었습니다. 또한 모든 예제의 동영상을 제공하여 책을 통해 여러 번 보아야 이해 및 깨우칠 수 있는 사항들을 영상과 음성을 통해 최대한 바로 알 수 있도록 이해도를 높였습니다. 동영상에서 각 실습 과정의 이유를 최대한 설명하면서, 어떠한 상황에서도 배운 기능을 기억할 수 있도록 구성하였습니다.

　독자에게는 조금 불편하게 만들어진 책이기도 합니다. 양식 하나 없이 빈 엑셀 시트부터 만들어 보라고 하기도 합니다. 그러나 종합적인 질문에 대해 답변하면서 개인 강의를 하는 듯한 느낌으로 구성하였기 때문에 동영상을 함께 보며 공부하면 훨씬 빠르게 이해하고 숙련할 수 있습니다. 동영상을 보며 학습하면 긴 시간이 필요하지 않습니다. 지하철이나 버스에서 이동할 때도 한 번씩 실습한 내용을 동영상으로 복습하면서 전체적인 실력이 업그레이드될 수 있도록 최대한 활용할 수 있으면 좋겠습니다.

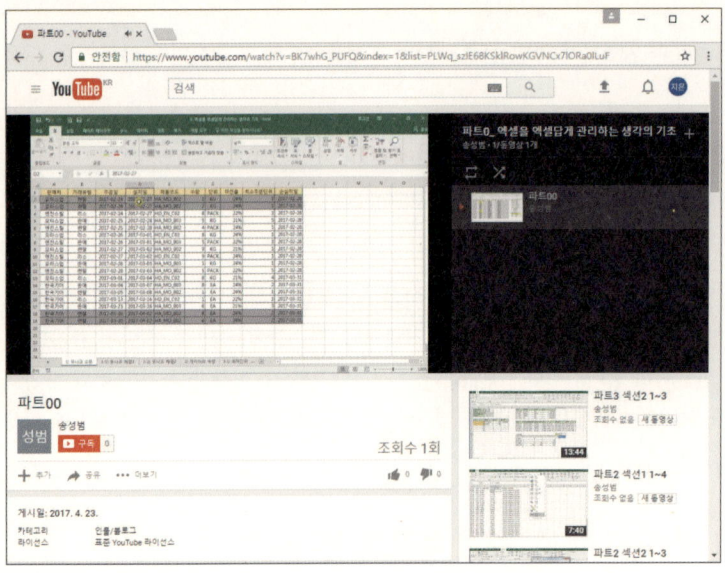

▲ 유튜브 무료 동영상 화면

동영상은 이렇게 활용하세요

1 책으로 따라 하기 전에 무엇을 배우는지 전체적으로 한번 보아도 됩니다.
2 어제 학습했던 부분을 출퇴근 시간에 동영상을 보면서 전체적으로 복습해 보세요.
3 책을 보고 이해가 잘 되지 않는 부분은 동영상으로 다시 확인해 보세요.

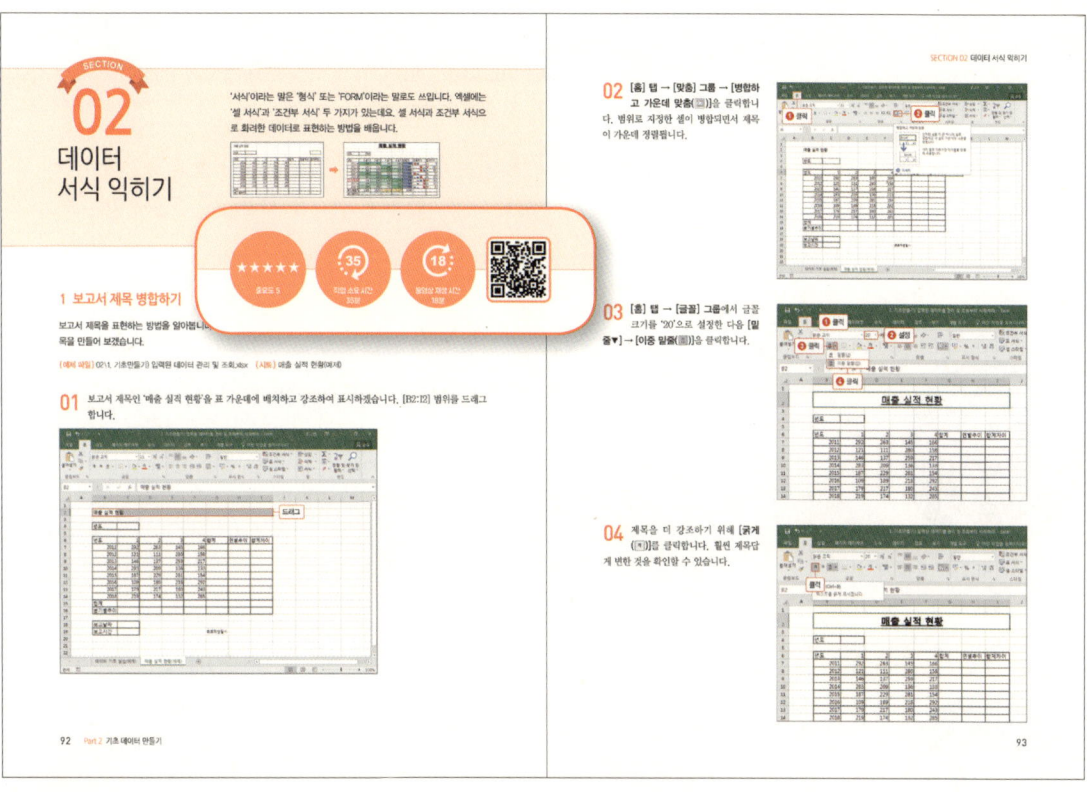

중요도

예제가 실무에서 얼마나 중요하게 쓰이는지 중요도를 표시하였기 때문에, 필요에 따라 중요 기능 위주로 학습할 수 있습니다.

동영상 재생 시간

동영상을 재생하기 전에 해당 예제의 동영상 재생 시간을 미리 확인할 수 있습니다.

작업 소요 시간

작업 소요 시간을 표시하였습니다. 일반적인 작업 소요 시간을 통해 스스로 어느 정도로 예제를 잘 따라 하고 있는지 점검할 수 있습니다.

QR 코드

동영상을 볼 수 있는 QR 코드입니다. 핸드폰으로 QR 코드를 읽고 해당 영상을 바로 시청할 수 있습니다.

예제·완성 파일 다운로드

① 성안당 홈페이지(http://www.cyber.co.kr)에 접속하고 회원으로 가입하세요(회원이 아니면 자료를 다운로드할 수 없습니다).

② 메인 화면 왼쪽의 '자료실'을 클릭하고 [부록CD] 버튼을 클릭한 다음 검색 창에서 '최강 실무 엑셀 2016'을 검색하세요.

③ 검색된 목록을 클릭하고 '자료 다운로드 바로가기'를 클릭하여 예제 및 완성 파일을 다운로드한 다음 찾기 쉬운 위치에 압축을 풀어 사용하세요.

12시간 만에 끝내는 커리큘럼
CURRICULUM

엑셀을 조금씩 천천히 배워 가는 것이 좋은 학습법은 아닙니다. 저는 여러분이 이 책을 최대한 빨리 몰입해서 한 번에 끝내기를 권장합니다. 이 책은 12시간 만에 끝낼 수 있도록 구성되었으며, 실습을 시작하면 다음과 같은 엑셀의 기능을 익힐 수 있습니다.

3시간 후

엑셀 기본기 다지기
- 기본적인 엑셀 문서를 편집할 수 있게 됩니다.
- 데이터를 나누고 합칠 수 있으며, 합계를 산출할 수 있습니다.
- 조건부 서식으로 세련됨을 높이고, 스파크라인 기능으로 데이터의 가독성을 높일 수 있습니다.

8시간 후

양식과 함께 배우는 함수, 그리고 관리 및 보고 예측까지
- 양식과 데이터를 따로 다루지 않고 연결하여 자동화하게 됩니다.
- 간단한 마우스 클릭만으로 보고서를 통합하거나 피벗 테이블로 보고할 수 있습니다.
- 그룹이나 부분합을 이용해서 데이터를 요약할 수 있습니다.
- 예측 명령을 이용해서 예측 보고 능력을 향상시킬 수 있습니다.

12시간 후

차트 및 매크로를 통한 자동화까지
- 해당 데이터에 어떠한 차트가 적절하며 어떠한 차트로 보고하는 게 좋을지 알게 됩니다.
- 스마트 아트와 기본적인 디자인 스킬을 알게 됩니다.
- 유효성 체크와 매크로를 사용하여 매번 손으로 입력하거나 조회하지 않고 목록 및 버튼을 통해서 간단히 자동화하여 입력할 수 있습니다.

이후 학습

나만의 예제로 복습하기
12시간만 집중하면 엑셀의 고급 기능까지 이해할 수 있지만 엑셀 학습을 마치고 나면 금방 잊어 버립니다. 그래서 자주 사용하는 실무 기술과 함께 예제를 내 것으로 만드는 작업을 계속 해 보는 게 중요합니다. 자신의 회사 상황을 대입하거나, 회사 사원 이름으로 대체하거나, 그 작업이 어려우면 텍스트만이라도 바꿔 보세요. 스스로 흥미 있는 부분을 대입하거나 관련 있는 부분을 연결하여 복습하면서 필요한 부분만 다시 찾아보세요.

상황별 학습 가이드
STUDY GUIDE

업무별 상황과 실력에 따라 필요한 부분을 찾아 학습하면 좋습니다. 다음 내용을 참고하여 어떤 부분을 중점적으로 공부할지 찾아보세요.

기초가 부족하기 때문에 하나씩 쌓아 나가고 싶다.

'PART 01-02'만 따라 해 보아도 당장 엑셀에서 쓰는 기본 기능을 익히고 표를 만들 수 있습니다. '병합'이나 '셀 삽입', '데이터 나누기', '조건부 서식 및 스파크라인'까지 이미 기본적인 '표'를 만들고 '자동 합계' 기능을 사용할 수 있는 능력부터 차분히 키울 수 있습니다. 그리고 거기에 인쇄에 대한 스킬까지 배워서 전반적인 스킬을 모두 쌓을 수 있습니다.

기존에 있던 실무 양식에 함수를 바로 적용하길 원한다.

회사에 있던 양식에서 데이터(목록)를 연결하는 능력을 바로 키우고 싶다면, 'PART 03 입력하기'부터 실습하면서 바로 실무 양식에 여러분의 함수를 적용해 봅니다. VLOOKUP을 시작으로 INDEX, MATCH, ADDRESS, OFFSET까지 모든 고급 함수를 자연스럽게 익힐 수 있도록 안내하였습니다.

기존에 있던 자료를 보고용으로 빠르게 추출하고 싶다.

이런 분들에게 자신있게 추천할 수 있는 부분은 바로 'PART 04 관리 및 보고하기'입니다. 상황과 목적에 맞게 여러분이 보고할 수 있도록 보고 스타일에 따라 선택하여 원하는 기능을 익힐 수 있도록 강좌를 구성했습니다. 마음에 드는 방법을 선택해서 가장 적절한 보고를 빠르게 할 수 있습니다. '피벗', '통합', '부분합'을 통한 보고 방법 및 '예측' 관련 기능까지 전반적인 스킬업을 마우스 조작만으로 빠르게 할 수 있습니다.

거래처에서 자주 상품코드를 틀리게 입력한다.

거래처에서 엑셀 시트에 상품코드를 잘못 입력하거나 숫자를 잘못 입력한다면, 충분히 자동화 작업을 통해서 방지할 수 있습니다. 또한, 업무 양식에 '유효성 체크' 및 '쉬운 입력 방법'을 적용하고 싶을 때는 'PART 06 매크로와 함수를 응용하여 자동화하기'를 보는 것을 추천합니다. 마우스만으로 데이터를 조작할 수 있도록 구성하는 방법과 '수정', '조회'를 자동화하는 '매크로' 녹화 기능까지 다루었습니다.

이 책의 구성
PREVIEW

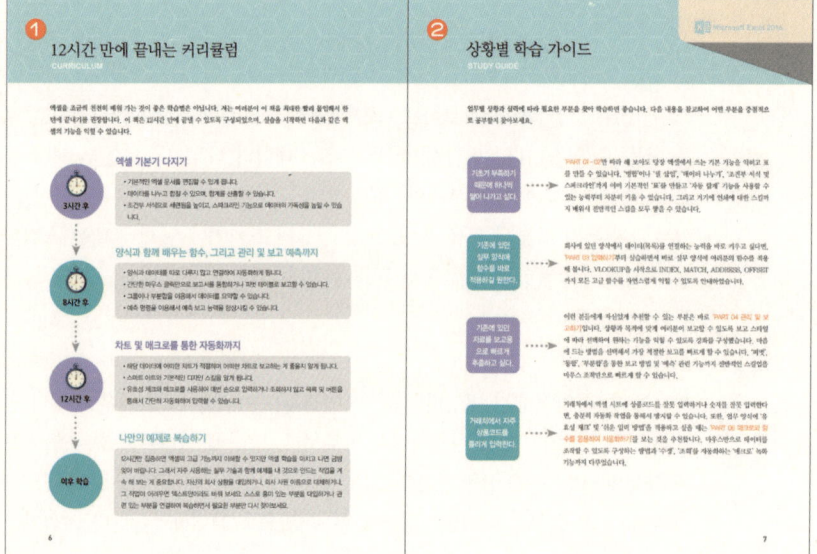

학습 가이드

❶ 커리큘럼
학습 시간에 따라 배울 수 있는 기능을 안내합니다.

❷ 상황별 학습 가이드
업무별 상황과 실력에 따른 효율적인 학습 방법을 알아봅니다.

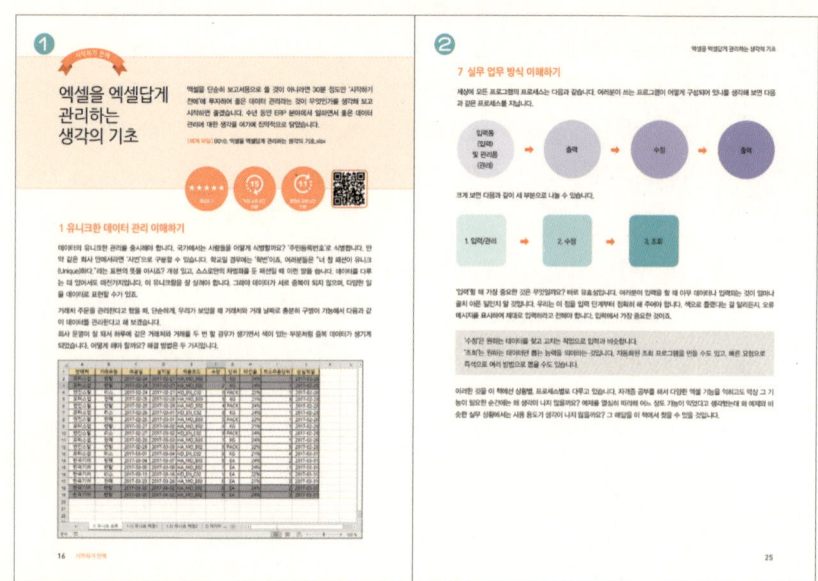

시작하기 전에

❶ 데이터 관리 방법
엑셀에 데이터 관리 방법을 이해합니다.

❷ 실무 업무 방식
실무 엑셀 작업 과정을 이해합니다.

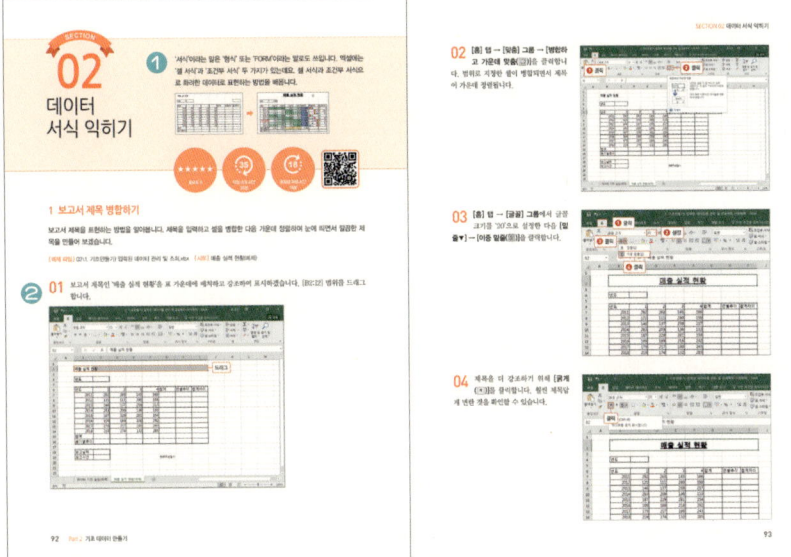

기능 예제

① 개념 설명
각 예제에서 알아야 할 이론적인 개념을 설명해 놓았습니다. 개념을 미리 알아두면 훨씬 쉽고 재미있게 실습할 수 있습니다.

② 기능 예제
엑셀의 주요한 기능을 엄선해 실습으로 구성했습니다.

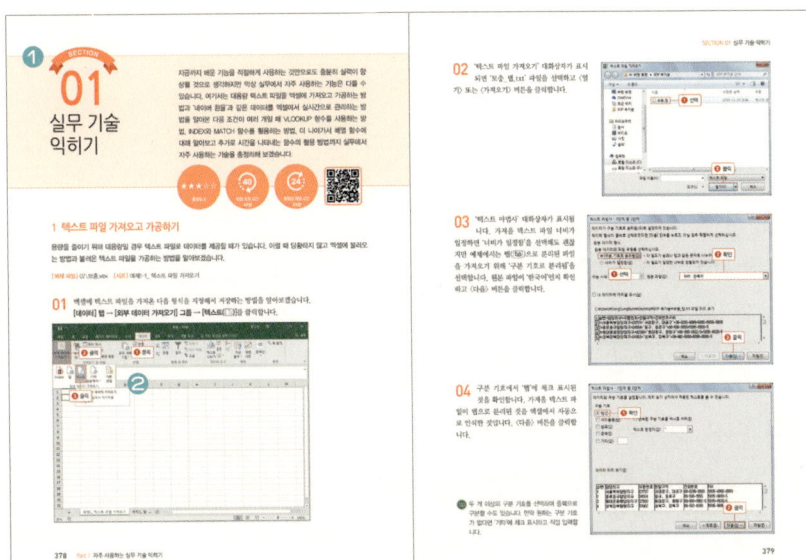

실무 기술 익히기

① 실무 기술
실무에서 많이 사용하는 기술과 시간 함수를 익힙니다.

② 지시선
작업 화면에 지시선과 짧은 설명을 넣어 보여줌으로써 예제를 정확하게 따라할 수 있습니다.

차례 CONTENTS

머리말	3
무료 동영상 & 예제 파일	4
12시간 만에 끝내는 커리큘럼	6
상황별 학습 가이드	7
이 책의 구성	8
차례	10

시작하기 전에 엑셀을 엑셀답게 관리하는 생각의 기초 … 16
- 1 유니크한 데이터 관리 이해하기 … 16
- 2 데이터 서식에 대해 생각해 보기 … 18
- 3 최하 단위로 관리하기 … 19
- 4 데이터 헤더(메인)와 아이템(품목)을 구분해서 관리하기 … 21
- 5 마스터 데이터 관리 이해하기 … 22
- 6 필요 없는 데이터 관리하기 … 24
- 7 실무 업무 방식 이해하기 … 25

PART 01 엑셀 기본 기능 익히기

Section 01 엑셀 기본 기능과 명칭 빠르게 익히기 … 28
- 1 워크시트, 탭, 리본 메뉴, 빠른 실행 도구 모음 이해하기 … 28
- 2 기본 기능키와 셀 이해하고 저장 기능 익히기 … 33
- 3 채우기 기능과 절대 참조, 상대 참조 개념 이해하기 … 38

Section 02 인쇄 기능 한번에 익히기 … 46
- 1 한 면 인쇄, 한 폭 페이지 맞춤, 배율 인쇄 이해하기 … 46
- 2 머리글, 바닥글 설정으로 추가 정보 인쇄하기 … 49
- 3 여백 중앙 정렬 및 반복될 행과 셀 오류 표시 설정하기 … 53

PART 02 기초 데이터 만들기

Section 01 데이터 가공하기 — 58

1. 텍스트 데이터 불러오기 — 58
2. 성과 이름 합쳐서 표현하기 1 - CONCATENATE 함수 — 61
3. 성과 이름 합쳐서 표현하기 2 - & 연산자 — 64
4. 데이터 값만 복사하고 공백 제거하기 — 66
5. 구분 기호 기준으로 데이터 나누기 — 71
6. 주민등록번호에서 '생년월일' 발췌하기 — 74
7. 주민등록번호로 성별 판단하기 - MID 함수 — 75
8. 성별을 구분하는 숫자를 '남' 과 '여'로 표현하기 1 - MID, IF 함수 — 77
9. 성별을 구분하는 숫자를 '남' 과 '여'로 표현하기 2 - FIND 함수 — 79
10. 주민등록번호 보안 걸기 - REPLACE 함수 — 80
11. 성이 '김'인 사람만 'KIM'으로 표기하기 - SUBSTITUTE 함수 — 82
12. 주민등록번호가 표시된 열 숨기기 — 84
13. 서비스 우선순위 구하기 - RANDBETWEEN 함수 — 85
14. 간단한 수치를 '■' 기호로 표현하기 - REPT 함수 — 88
15. 표로 만들고 범위로 전환하기 — 89

Section 02 데이터 서식 익히기 — 92

1. 보고서 제목 병합하기 — 92
2. 데이터를 변경하지 않고 '년, 분기' 문자 달기 - 셀 서식 — 94
3. 입력 가능한 연도만 입력받고 특정 연도에 색칠하기 - 유효성 검사, 조건부 서식 — 97
4. 데이터 값에 따라 색칠하기 - 조건부 서식 — 100
5. 연 합계와 분기별 합계 구하기 - SUM 함수, 자동 합계 — 102
6. 데이터 값에 따라 막대로 표시하기, 상위 퍼센트(%) 표시하기 — 105
7. 연도별 합계 차이를 아이콘(▲■▼)으로 표시하기 — 107
8. 스파크라인으로 보고서 가치 높이기 — 110
9. 보고 날짜와 시간을 현재 날짜와 시간으로 출력하기 — 113
10. 최초 작성 일자 표시하기 — 115

Section 03 데이터 조회하기 — 117

1. 데이터 단위로 순번 만들기 — 117
2. 원하는 날짜 형식으로 데이터 출력하기 - 셀 서식 — 119
3. 데이터 서식 복사하기 — 122
4. 원하는 날짜 형식으로 데이터 표시하기 - TEXT 함수 — 123
5. 전화번호 앞에 '010-', 금액 앞에 '₩' 기호 표시하기 - 셀 서식 — 125
6. 필요한 박스 개수 구하기 - ROUNDUP 함수 — 128
7. 정렬하고 중복된 항목 제거하기 — 133
8. 데이터 셀에 색 채우고 정렬하기 — 135
9. 자동 필터로 원하는 데이터만 검색하기 — 136
10. 고급 필터로 원하는 데이터만 검색하기 — 139

PART 03 실무 데이터 입력하기

Section 01 인사 양식 작성하기 — 146

1. 현재 날짜와 경력 입력하기 - TODAY, DATEDIF 함수 — 146
2. 실제 생일과 나이 입력하기 - LEFT, IF, MID, YEAR 함수 — 149
3. 특정 데이터를 입력하지 않으면 오류 메시지 표시하기 - FIND 함수, 유효성 검사 — 152
4. 인사부서코드 란에 목록 달기 - 유효성 검사, VLOOKUP 함수 — 154

Section 02 회계 양식 작성하기 — 157

1. 선택한 상호에 해당하는 사업자등록번호 표시하기 - 유효성 검사, VLOOKUP 함수 — 157
2. 순번에 자동으로 색 채우기 - 조건부 서식, COUNTA 함수 — 160
3. 할인율이 적용된 총 금액 구하기 - INDEX, MATCH 함수 — 162
4. 거래명세서 시트로 데이터 불러오기 — 166

Section 03 물류 양식 작성하기 — 174

1. 구구단 테이블 만들기 - ROW, COLUMN 함수 — 174
2. 입력한 좌표 범위의 합계 구하기 - SUM, OFFSET 함수 — 179

3 특정 주소에 있는 셀 출력하기, 특정 셀의 값 출력하기 - ADDRESS, INDIRECT 함수　181
4 값이 입력된 경우에만 순번 표시하기 - ROW, COUNTA, IF 함수　185
5 조건에 해당하는 단가 가져오기 1 - INDIRECT, VLOOKUP 함수　187
6 조건에 해당하는 단가 가져오기 2 - ADDRESS, MATCH, OFFSET 함수　192

PART 04 관리 및 보고하기

Section 01 요약 보고하기　202
1 관리지점별 주문량 합계 구하기 - 통합　202
2 관리방식별 누적 주문량과 주문량의 평균 구하기 - 통합　204
3 특정 관리방식을 기준으로 주문량의 최대값 구하기 - 통합　206
4 그룹별 주문량의 합계와 총합계 구하기 - 자동 윤곽　208
5 관리지점별, 관리방식별 주문량 합계 구하기 1 - 부분합　212
6 관리지점별, 관리방식별 주문량 합계 구하기 2 - 피벗 테이블　216
7 주문량 데이터를 비율로 표시하기 - 피벗 테이블　221
8 연도별, 분기별 주문량 합계 구하기 - 피벗 테이블　225
9 주문량을 단위별로 묶고 그룹별 합계 구하기 - 피벗 테이블, 슬라이서　229

Section 02 정해진 양식에 맞춰 보고하기　234
1 팀별로 나뉜 영업실적을 제품별, 지점별 나타내기 - 통합　234
2 서로 다른 양식의 표를 통합해서 제품별, 지점별 합계 구하기 - 통합　236
3 크기가 다른 표를 통합해서 제품별, 지점별 합계 구하기 - 통합　237
4 'GETPIVOT'을 활용해 연도별, 팀별 제품 실적 구하기 - 피벗 테이블　239
5 입력한 연도에 따라 제품별, 지점별 누적 실적 구하기 - SUMIFS 함수　246
6 조건에 해당하는 실적 합계와 평균 구하기 - DSUM, DAVERAGE 함수　251

Section 03 예측 보고하기　257
1 이율별, 기간별 월 상환 금액 구하기 - 데이터 표, PMT 함수　257
2 목표를 달성하기 위한 하나의 실적 구하기 - 목표값 찾기　261
3 하나의 시트에서 여러 CASE 비교하기 - 시나리오　263
4 목표를 달성하기 위한 팀별 실적 구하기 - 해 찾기　269
5 조건이 주어진 상태에서 목표를 달성하기 위한 실적 구하기 - 해 찾기　273

PART 05 데이터에서 보고서로! 차트와 비주얼 표현하기

Section 01 자료를 직관적으로 표현하기 ... 278
1 하나의 표를 여러 차트로 나타내기 1 - 트리맵 ... 279
2 하나의 표를 여러 차트로 나타내기 2 - 선버스트 ... 283
3 데이터를 상황에 맞게 표현하기 1 - 막대형, 데이터 표 ... 287
4 데이터를 상황에 맞게 표현하기 2 - 누적, 비율 막대형 ... 291
5 데이터를 상황에 맞게 표현하기 3 - 원형 ... 297
6 데이터를 상황에 맞게 표현하기 4 - 콤보형 ... 302
7 데이터를 상황에 맞게 표현하기 5 - 꺾은선형, 폭포형, 깔때기형, 방사형 ... 307

Section 02 스마트 아트로 간단하게 도식화하기 ... 313
1 스마트 아트로 간단한 도식화하기 ... 313
2 보고서 표지 만들기 - 투명화, 배경 제거 ... 319

PART 06 매크로와 함수를 응용하여 자동화하기

Section 01 마우스로만 조작하기 ... 326
1 옵션 단추와 확인란을 활용해 마우스로만 입력받기 - CHOOSE 함수 ... 326
2 이름은 한글로, 연령대는 스핀 단추로 입력받기 - 데이터 유효성, 셀 서식 ... 332
3 약관에 동의를 구하는 메시지와 오류 메시지 표시하기 - 유효성 검사 ... 338

Section 02 자동화 입력 & 조회 프로그램 만들기 ... 342
1 빠르고 간단하게 조회 프로그램 만들기 - 고급 필터, 매크로 ... 342
2 자동으로 자재명과 단위, 판매단가가 표시되는 프로그램 만들기 ... 350
3 자동으로 주문번호와 주문일, 수량, 판매가가 표시되는 프로그램 만들기
 - MAX, SUMIFS 함수 ... 355
4 자동으로 주문내역을 추가하는 프로그램 만들기 1 - 첫 번째 행에 추가 ... 361
5 자동으로 주문내역을 추가하는 프로그램 만들기 2 - 마지막 행에 추가 ... 370

PART 07 자주 사용하는 실무 기술 익히기

Section 01 실무 기술 익히기 378

1 텍스트 파일 가져오고 가공하기 378
2 엑셀 파일에 환율 데이터를 가져오고 파일을 열 때마다 갱신하기 382
3 데이터 용량을 줄여서 저장하기 386
4 통화명에 해당하는 매매기준율 표시하기 - HLOOKUP, VLOOKUP 함수 388
5 화면에 보이는 셀만 복사하고 원본 열 너비 유지하기 394
6 조건이 여러 개일 때 VLOOKUP 함수 활용하기
  - & 연산자, CONCATENATE 함수, 공백 제거하기 397
7 입력된 상품과 개수에 해당하는 할인율 표시하기 - INDEX, MATCH 함수 403
8 입력된 성명과 인증키에 해당하는 고객코드 표시하기 - INDEX, MATCH, 배열 함수 406

Section 02 시간 함수와 유용한 팁 익히기 409

1 근무 일지를 작성하면서 시간 함수와 환산 개념 알아보기 409
2 여러 가지 팁과 엑셀 단축키 알아보기 417

찾아보기 422

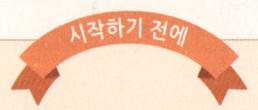

엑셀을 엑셀답게 관리하는 생각의 기초

엑셀을 단순히 보고서용으로 쓸 것이 아니라면 30분 정도만 '시작하기 전에'에 투자하여 좋은 데이터 관리라는 것이 무엇인가를 생각해 보고 시작하면 좋겠습니다. 수년 동안 ERP 분야에서 일하면서 좋은 데이터 관리에 대한 생각을 여기에 집약적으로 담았습니다.

{예제 파일} 00\0. 엑셀을 엑셀답게 관리하는 생각의 기초.xlsx

1 유니크한 데이터 관리 이해하기

데이터의 유니크한 관리를 중시해야 합니다. 국가에서는 사람들을 어떻게 식별할까요? '주민등록번호'로 식별합니다. 만약 같은 회사 안에서라면 '사번'으로 구분할 수 있습니다. 학교일 경우에는 '학번'이죠. 여러분들은 "너 참 패션이 유니크(Unique)하다."라는 표현의 뜻을 아시죠? 개성 있고, 스스로만의 차별화를 둔 패션일 때 이런 말을 씁니다. 데이터를 다루는 데 있어서도 마찬가지입니다. 이 유니크함을 잘 살려야 합니다. 그래야 데이터가 서로 중복이 되지 않으며, 다양한 일을 데이터로 표현할 수가 있죠.

거래처 주문을 관리한다고 했을 때, 단순하게, 우리가 보았을 때 거래처와 거래 날짜로 충분히 구별이 가능해서 다음과 같이 데이터를 관리한다고 해 보겠습니다.

회사 운영이 잘 돼서 하루에 같은 거래처와 거래를 두 번 할 경우가 생기면서 색이 있는 부분처럼 중복 데이터가 생기게 되었습니다. 어떻게 해야 할까요? 해결 방법은 두 가지입니다.

	A	B	C	D	E	F	G	H	I	J
1	판매처	거래유형	주문일	설치일	제품코드	수량	단위	마진율	최소주문단위	순실적일
2	모터스업	렌탈	2017-02-24	2017-02-27	HA_MO_B02	1	KG	24%	1	2017-02-28
3	모터스업	렌탈	2017-02-24	2017-02-27	HA_MO_B02	2	KG	24%	1	2017-02-28
4	엔진스틸	리스	2017-02-24	2017-02-27	HD_EN_C02	8	PACK	22%	1	2017-02-28
5	모터스업	판매	2017-02-25	2017-02-28	HA_MO_B03	5	KG	21%	5	2017-02-28
6	엔진스틸	렌탈	2017-02-25	2017-02-28	HA_MO_B02	4	PACK	24%	1	2017-02-28
7	모터스업	리스	2017-02-26	2017-03-01	HD_EN_C02	8	KG	24%	1	2017-02-28
8	엔진스틸	판매	2017-02-26	2017-03-01	HA_MO_B03	5	PACK	22%	1	2017-02-28
9	모터스업	렌탈	2017-02-27	2017-03-02	HA_MO_B02	9	KG	21%	1	2017-02-28
10	엔진스틸	리스	2017-02-27	2017-03-02	HD_EN_C02	9	PACK	24%	1	2017-02-28
11	모터스업	판매	2017-02-28	2017-03-03	HA_MO_B03	1	KG	24%	1	2017-02-28
12	엔진스틸	렌탈	2017-02-28	2017-03-03	HA_MO_B02	5	PACK	22%	5	2017-02-28
13	모터스업	리스	2017-03-01	2017-03-04	HD_EN_C02	8	KG	21%	4	2017-03-31
14	한국기어	판매	2017-03-04	2017-03-07	HA_MO_B03	8	EA	24%	2	2017-03-31
15	한국기어	렌탈	2017-03-05	2017-03-08	HA_MO_B02	1	EA	24%	1	2017-03-31
16	한국기어	리스	2017-03-13	2017-03-16	HD_EN_C02	1	EA	22%	1	2017-03-31
17	한국기어	판매	2017-03-23	2017-03-26	HA_MO_B03	6	EA	21%	3	2017-03-31
18	한국기어	렌탈	2017-03-30	2017-04-02	HA_MO_B02	8	EA	24%	2	2017-03-31
19	한국기어	렌탈	2017-03-30	2017-04-02	HA_MO_B02	6	EA	24%	2	2017-03-31

01 아예 '주문번호'라는 '유니크한 값'을 하나 더 만든다.

02 같은 날일 경우 몇 번째 거래인지 '거래 횟수'를 딴다(같은 거래처, 같은 거래일자 당 +1).

둘 중 어느 것을 선택하든 여러분이 여기서 중요하게 생각해야 하는 것은 언제나 유니크해야 한다는 것입니다. 처음부터 아예 주문번호라는 필드를 사용했다면, 나중에 데이터 관리에 있어서 문제가 생기지 않았을 것입니다. 갑자기 회사가 운영하는 도중에 '거래횟수'라는 것을 추가하는 것은 과거의 다른 데이터들을 수정해야 하는 문제가 생길 수 있습니다.

그래서 여러분이 엑셀 시트를 관리한다고 생각했을 때, 유니크함이 충분히 보장되는지 확인하고 진행해야 합니다. 주문을 관리할 때 단순히 '이 정도면 되겠지'가 아닌, 나중에 회사가 더 성장할 때를 생각을 해서 중복이 되지 않도록 충분히 고려한 후 엑셀 시트를 만들어야 합니다.

관리유형	올바른 예	잘못된 예
주문관리	주문번호	거래일자 + 거래처
전표번호	전표번호	거래일자 + 거래처
인사관리	사번	이름
자재관리	자재번호	자재명

인사관리의 경우 사번이 아닌 이름으로 관리를 할 경우 동명이인이 있을 가능성이 있어 중복이 생길 수 있습니다. 자재관리, 주문관리도 마찬가지입니다. 이미 여러분들 회사에서는 올바른 예와 같이 관리하고 있을 것입니다. 만약 이렇게 관리가 되어 있지 않다면, 여러분들의 능력으로 충분히 개선할 여지를 가지고 있는 회사에서 일하고 있는 것이니, 잘못된 예와 같이 데이터 관리하는 것들이 없는지 꼭 확인해 보세요.

2 데이터 서식에 대해 생각해 보기

세상에는 많은 데이터 표현 방식이 있지만, 큰 부분으로 보면 '문자(긴 문자열 포함)', '숫자(정수, 퍼센트, 소수)', '날짜', '시간(표현 형식은 다를 수 있지만)' 정도로 분류할 수가 있습니다.

유니크함을 생각해서 데이터를 구성했다면 그 다음 여러분이 생각할 것은 **'어떤 형식을 이용해야 하나'**입니다. 다음은 여러분이 자주 만나게 될 데이터 형식입니다.

	A	B	C	D	E	F	G	H	I
1	거래순번(일반)	거래량(숫자)	주가(통화)	최근거래일자(날짜)	입력 일자(자세한날짜)	최근입력시간(시간)	등락율(백분율)	등락율(분수표현)	등락율(지수표현)
2	1	736	₩76,592	2016-10-20	2016-10-20 5:00	22:39:00	11%	1/9	1.E-01
3	2	10	₩5,035	2016-11-02	2016-11-02 7:00	23:39:00	13%	1/8	1.E-01
4	3	384	₩96,280	2016-11-15	2016-11-15 6:00	0:39:00	15%	1/7	2.E-01
5	4	83	₩29,740	2016-11-28	2016-11-28 0:00	1:39:00	14%	1/7	1.E-01
6	5	137	₩31,902	2016-05-30	2016-05-30 9:00	2:39:00	11%	1/9	1.E-01
7	6	436	₩19,796	2016-06-12	2016-06-12 6:00	3:39:00	13%	1/8	1.E-01
8	7	984	₩55,047	2016-06-25	2016-06-25 7:00	4:39:00	11%	1/9	1.E-01
9	8	146	₩51,261	2016-07-08	2016-07-08 1:00	5:39:00	15%	1/7	2.E-01
10	9	663	₩63,974	2016-07-21	2016-07-21 9:00	6:39:00	14%	1/7	1.E-01
11	10	364	₩74,192	2016-08-03	2016-08-03 0:00	7:39:00	15%	1/7	2.E-01
12	11	487	₩59,923	2016-08-16	2016-08-16 6:00	8:39:00	12%	1/8	1.E-01
13	12	94	₩11,513	2016-08-29	2016-08-29 9:00	9:39:00	11%	1/9	1.E-01
14	13	878	₩26,624	2016-12-24	2016-12-24 6:00	10:39:00	15%	1/7	2.E-01
15	14	241	₩12,584	2017-01-06	2017-01-06 4:00	11:39:00	12%	1/8	1.E-01
16	15	319	₩77,649	2017-01-19	2017-01-19 3:00	12:39:00	15%	1/7	2.E-01
17	16	444	₩86,319	2017-02-01	2017-02-01 6:00	13:39:00	14%	1/7	1.E-01
18	17	992	₩96,067	2017-02-14	2017-02-14 2:00	14:39:00	15%	1/7	2.E-01
19	18	372	₩99,251	2016-09-11	2016-09-11 0:00	15:39:00	13%	1/8	1.E-01
20	19	404	₩20,454	2016-09-24	2016-09-24 8:00	16:39:00	14%	1/7	1.E-01
21	20	207	₩78,304	2016-10-07	2016-10-07 9:00	17:39:00	13%	1/8	1.E-01
22	21	209	₩66,638	2016-10-20	2016-10-20 3:00	18:39:00	11%	1/9	1.E-01

우선 가장 주의해야 할 것은 날짜입니다. 여러분이 날짜를 '20161020(2016년 10월 20일)', 이런 형식으로 관리하는 게 편해서 이렇게 관리를 했을 수도 있을 겁니다. 그러나 이것은 날짜가 아닌 숫자로 인식될 수도 있습니다. 숫자 '20,161,020'인지 날짜인지 엑셀은 알 방법이 없습니다. 그래서 날짜는 우선 기본적으로 '2016-10-20', 이런 형태로 데이터가 관리되며, 다양한 데이터 표시 형식(2016년 10월 20일, 2016/10/20 등)으로 표현할 수 있습니다. 그런 서식에 대해서 우리는 정확하게 알아야 합니다. 시간 역시 '22:39'라고 여러분이 넣고 서식을 '시간'으로 바꾸지 않으면 엑셀은 시간으로 인식하지 못합니다. 여러분이 입력한 값이 22:39라는 문자일 수도 있기 때문입니다. '엑셀이 왜 인식 못해?'라고 생각하기 전에 엑셀 입장에서 얼마나 우리가 친절하게 안내해 주었나를 검토하는 것이 중요합니다.

엑셀을 다루는 데 있어서는 입력을 잘 하는 것도 중요하지만, 여러분이 원하는 데이터를 정확한 서식으로 지정하는 것도 매우 중요합니다. 데이터 서식을 잘 지정해 놓으면 오류 데이터가 입력될 때 오류라는 것을 아는 것이 가능하지만, 만약 일반이나 다른 서식으로 해 놓았다면, 알 수가 없습니다.

그리고 언제나 각 셀은 눈으로 보이는 것과 실제 값이 다를 수도 있다는 걸 인식해야 합니다. 왜 그럴까요? **데이터의 속성 (날짜면 날짜)이 같아야 (엑셀 입장에서) 계산이 가능하지만, 사용자가 눈으로 보고 싶은 데이터 표현 방식은 다를 수 있기 때문**입니다.

'1998년 3월 1일' 이렇게 보고 싶은 사람도 있고, '1998-03-01' 이렇게 보고 싶은 사람도 있을 것입니다. 다시 말해 데이터는 눈에 보이는 것과 관리하는 필드 두 가지가 있다고 생각하면 됩니다. 뒷부분에서 더 자세히 다루겠습니다.

3 최하 단위로 관리하기

회사 초기에 만들 '주문관리' 엑셀 시트에 **'순실적년월'**이 있다고 가정합니다. 만들 당시에는 실적년월만 중요하고 일자 (01~31일)까지 관리하는 것이 큰 의미가 없어서 순실적년월인 **2017.02(년월)**, 이런 식으로 관리를 했습니다.

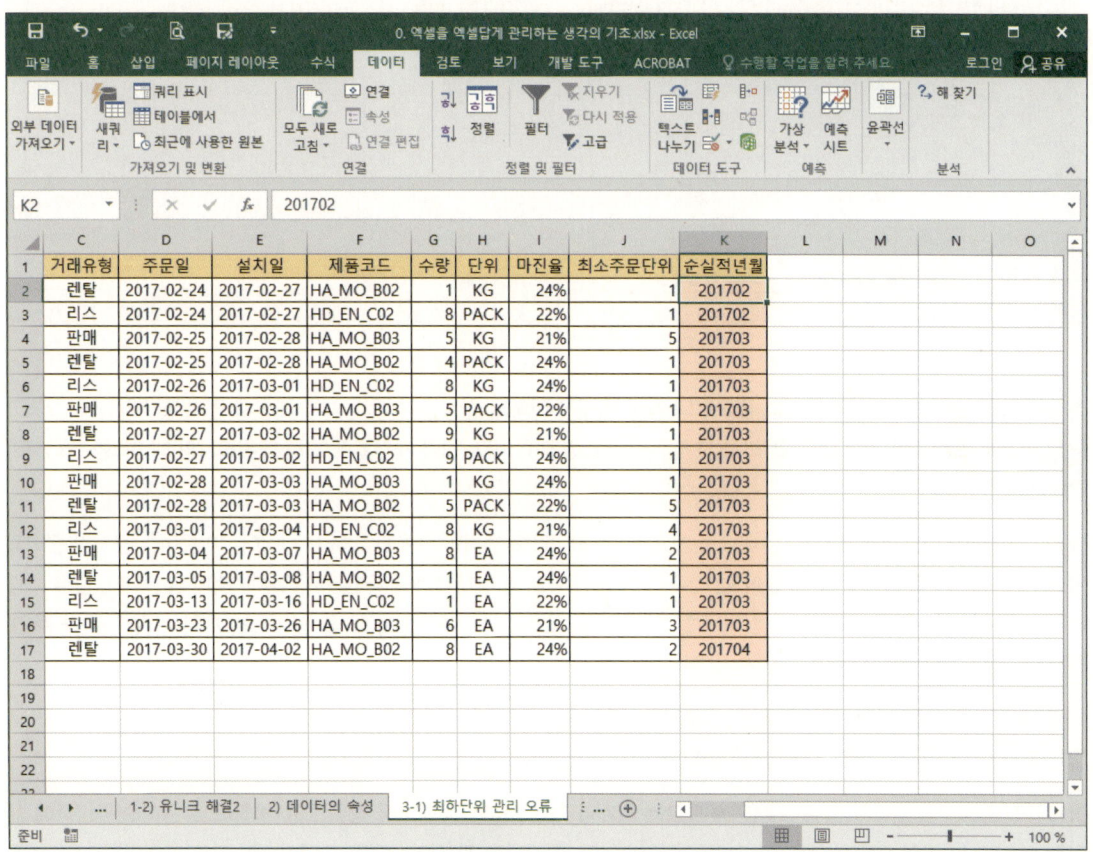

그런데 나중에 상사가 순실적 **일별(01~31일)** 데이터 분석을 해 달라고 요구한다면, 이미 데이터는 **2017.02,** 이렇게 년도와 월로 관리한 이후라서 일자는 알 수가 없기 때문에 일별 데이터 분석을 할 수 없습니다. 그리고 다음과 같이 날짜로만 관리했을 때 피벗 테이블의 '날짜 그룹'과 같은 강력한 기능을 사용할 수 없습니다.

거래유형	주문일	설치일	제품코드	수량	단위	마진율	최소주문단위	순실적일		합계 : 수량	열 레이블		
											⊟2017년		총합계
렌탈	2017-02-24	2017-02-27	HA_MO_B02	1	KG	24%	1	2017-02-28		행 레이블	1사분기	2사분기	
리스	2017-02-24	2017-02-28	HD_EN_C02	8	PACK	22%	1	2017-02-28		모터스업	32		32
판매	2017-02-25	2017-02-28	HA_MO_B03	5	KG	21%	5	2017-03-01		엔진스틸	32		32
렌탈	2017-02-25	2017-02-28	HA_MO_B02	4	PACK	24%	1	2017-03-01		한국기어	15	8	23
리스	2017-02-26	2017-03-01	HD_EN_C02	8	KG	24%	1	2017-03-02		총합계	79	8	87
판매	2017-02-26	2017-03-01	HA_MO_B03	5	PACK	22%	1	2017-03-02					
렌탈	2017-02-27	2017-03-02	HA_MO_B02	9	KG	21%	1	2017-03-03					
리스	2017-02-27	2017-03-02	HD_EN_C02	9	PACK	24%	1	2017-03-03					
판매	2017-02-28	2017-03-03	HA_MO_B03	1	KG	24%	1	2017-03-04					
렌탈	2017-02-28	2017-03-03	HA_MO_B02	5	PACK	22%	5	2017-03-04					
리스	2017-03-01	2017-03-04	HD_EN_C02	8	KG	21%	4	2017-03-05					
판매	2017-03-04	2017-03-07	HA_MO_B03	8	EA	24%	2	2017-03-08					
렌탈	2017-03-05	2017-03-08	HA_MO_B02	1	EA	24%	1	2017-03-09					
리스	2017-03-13	2017-03-16	HD_EN_C02	1	EA	22%	1	2017-03-17					
판매	2017-03-23	2017-03-26	HA_MO_B03	6	EA	21%	3	2017-03-27					
렌탈	2017-03-30	2017-04-02	HA_MO_B02	8	EA	24%	2	2017-04-03					

즉, 데이터를 관리할 때 지금 당장의 필요보다 항상 미래에 어떻게 활용될 수 있는가에 대한 고민이 필요합니다. 그리고 당장 집계에 실적년월만 필요하다고 해서 그 필드만 관리할게 아니라, 각각 사건별로 최하 단위까지의 데이터를 관리해야 합니다.

일을 요청한 사람이 "연월(2017.02)만 관리할게요."라고 하더라도 연월만 다루지 말아야 합니다. "이름이 누군지로 관리할게요. 뭐 사번까지는 필요 없을 것 같아요. 다 아는 사람이겠죠."라고 하더라도 사번까지 다루는 것이 좋습니다. 물론 나중에 문제가 생겼을 때 일을 요청한 사람의 탓을 할 수 있을 것입니다. 하지만 데이터를 관리하는 초기 시점에 잘 해 두면, 충분히 나중에 이러한 상황을 방지할 수 있습니다.

"연월만 관리하셨나요? 아, 갑자기 일별 데이터가 필요한데……."
"김순수라는 사람이 누구에요? 두 명 있던데……."

상세한 데이터(연월일)에서 상위 그룹(연월)으로는 집계가 가능하지만, 처음부터 상위 그룹(연월)으로 관리하면 나중에 세밀한 분석(일 분석)이 요구될 때 분명 어려움을 겪습니다. 지시자가 지시하는 대로 기계적으로 따르는 것이 아닌 스스로 판단하는 주체적인 데이터 관리가 필요합니다.

4 데이터 헤더(메인)와 아이템(품목)을 구분해서 관리하기

'4) 헤더와 아이템 관리 오류' 시트를 보면 겉보기에는 문제가 없어 보입니다. 이렇게 관리한다고 해서 크게 잘못된 것도 아닙니다. 하지만, 분명한 건 책이 채워진 부분을 보면 중복된 정보들이 많다는 것을 알 수 있습니다.

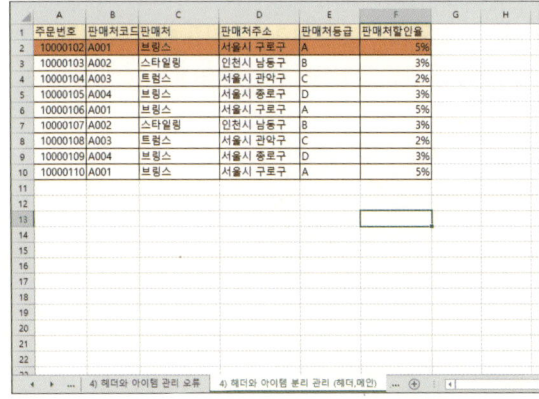

판매처 코드 A001의 정보가 주문번호 하나당 품목이 세 개이다 보니, 판매처에 관련된 정보가 총 세 번이나 나옵니다. 이럴 경우 판매처에 대한 정보는 주요 정보로 해서 시트를 두 개로 나눠서 관리하면 어떨까요? 다음 두 개의 시트를 보세요.

이런 식으로 두 개의 시트로 나눠서 관리를 하면 불필요한 데이터 즉, 품목번호가 달라진다고 해서 똑같은 판매처 정보를 한 시트 안에 여러 번 입력할 필요가 없습니다. 불필요한 중복 데이터가 한 시트 안에 여러 번 등장하지 않는지, 위와 같이 두 개의 시트로 분리가 가능한지 생각할 필요가 있습니다. 주문번호 하나당 메인 데이터와 품목별 데이터 이런 식으로 관리를 함에 있어 장점을 파악하고 여러분들 회사에 적용할 곳이 없는지 확인해 보세요.

5 마스터 데이터 관리 이해하기

다음 그림을 보면 판매처코드로 '판매처명'을 가져올 수 있고, 상품코드로 '상품명'을, 판매인(코드)로 '판매인이름'을 가져 왔습니다(이러한 역할을 하는 함수는 VLOOKUP이라는 함수로, 엑셀에 대해서 조금 관심이 있는 분들은 들어 볼 법한 함수입니다). 만약 이 함수를 쓰지 않고 여러분이 하나씩 일일이 기입하면 고생은 둘째치더라도, 오타가 발생하기 쉽고 업무에 큰 문제가 있을 수 있습니다. 판매처 A001의 판매처명 '브링스'를 '브링즈'라고 하나라도 잘못 입력했을 때, 오타를 확인할 방법이 없기도 합니다.

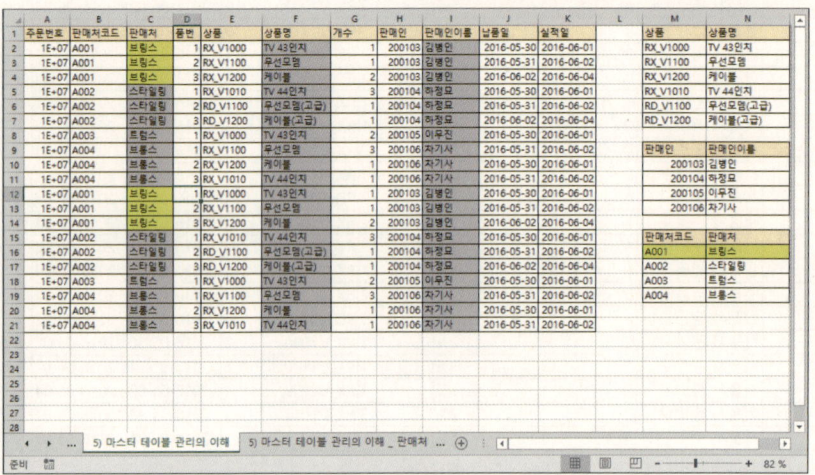

데이터 관리를 잘 하는 회사들은 '**마스터 데이터 관리(시트)**'라고 해서 이런 명칭 데이터을 다 따로 관리합니다. 그러면 A001이라는 판매처 이름을 매번 데이터에 입력해서 관리할게 아니라, 데이터를 가져와서 보여주면 됩니다.

그리고 이 방법은 나중에 판매처명이 변경이 되었을 때도 유용합니다. ' 브링스'라는 판매처명을 가진 A001 판매처 코드가 상호가 변경되어 '브링브링'이라고 변경되었을 때, '마스터 데이터 관리(판매처표)에서만 바꿔 주면' 모든 데이터가 바뀔 것입니다. 역으로 생각하면 과거의 상호명 그대로 입력하고 싶다고 했을 때는 이 방식으로 관리를 하면 안 됩니다. 이럴 경우에는 '**이력 데이터 관리**(시트)'를 하나 더 만들어 관리하거나 차라리 매번 입력하는 것이 좋습니다.

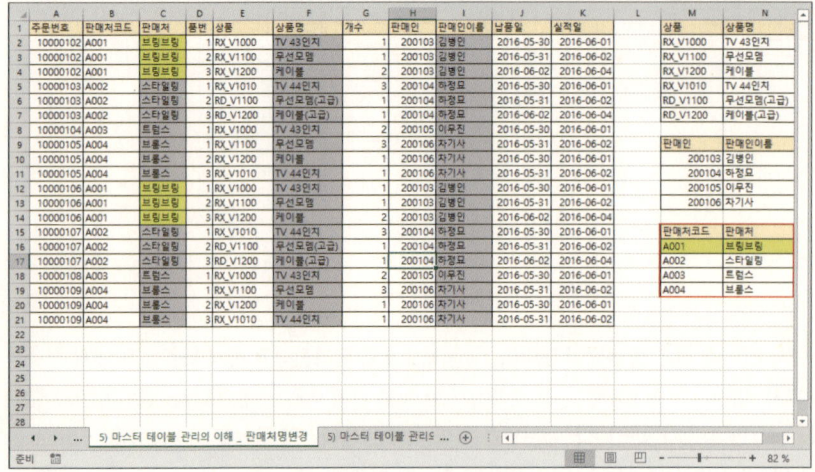

마스터 테이블을 만들어 주면 좋지만, 주의해야 하는 게 하나 더 있습니다. 바로 '기간' 개념입니다. 인사 테이블을 만들 때, 단순하게 사번만 생각하면서 만들면 안 됩니다. 인사코드를 마음대로 만들 수 있는 기업은 상관없지만, 인사코드가 곧 'ID(사번)'여서 ERP 업체에 ID당 사용 비용을 청구 받는 곳에서는 ID(사번)를 타인이 넘겨 받기도 하기 때문입니다. 과거 인사 정보를 몽땅 새로운 사람의 정보로 수정해도 되지만 그러면 과거 누가 썼는지 이력이 남지 않아 좋은 방법이 아닙니다. 그래서 사번에다가 '+ 유효일자' 관리를 해야 합니다. '사번 + 입사일 + 퇴직일', 이렇게 관리를 하면 될 것입니다. 제품 가격도 마찬가지입니다. 제품 같은 경우에도 '월'마다 제품 가격이 변동된다고 하면, '제품 + 적용년월', 이렇게 해서 마스터 데이터 시트를 만드는 게 좋겠죠. 이렇게 마스터 데이터에 기간 개념까지 고려를 하면 완벽하게 관리할 수 있습니다.

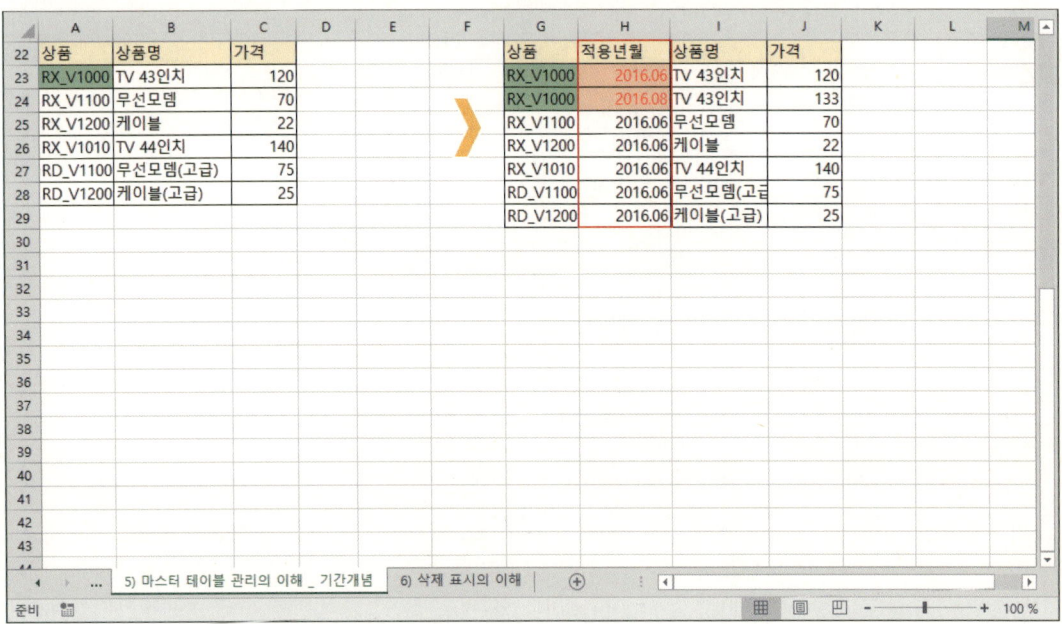

6 필요 없는 데이터 관리하기

보통 필요 없는 데이터는 바로 삭제합니다. 그런데 갑자기 예전 삭제 데이터가 필요하다면 이미 지워 버려서 당황할 수 있을 것입니다. 필요 없는 데이터를 단순히 '삭제'하기보다 '삭제여부'란을 만들어 '×'를 표시하는 방법으로 관리하면 어떨까요?

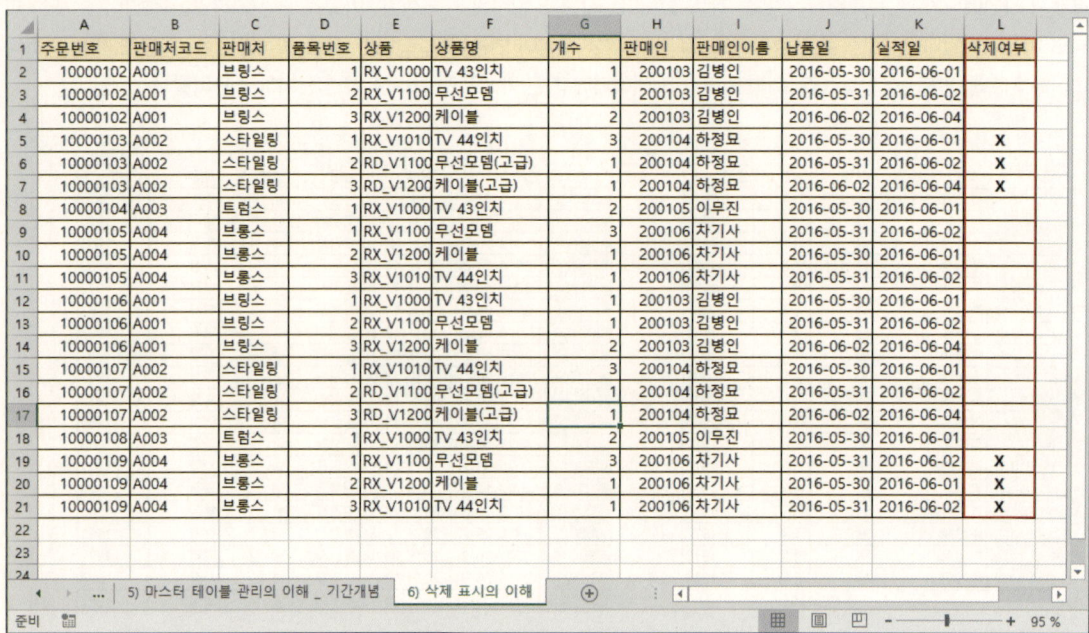

이렇게 관리하면 나중에 삭제한 데이터를 분석하는데 사용할 수도 있고, 복구할 수도 있고, 이력(히스토리) 역할도 하게 됩니다. 삭제한 내용을 제외하고 싶으면 필터를 사용하여 어렵지 않게 제외할 수 있습니다.

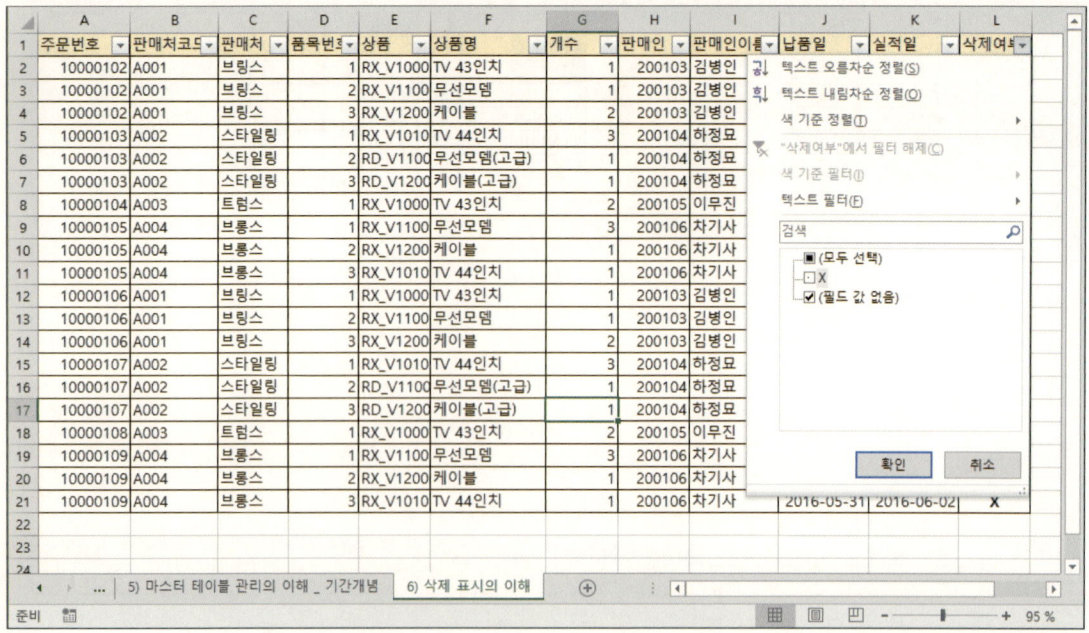

7 실무 업무 방식 이해하기

세상에 모든 프로그램의 프로세스는 다음과 같습니다. 여러분이 쓰는 프로그램이 어떻게 구성되어 있나를 생각해 보면 다음과 같은 프로세스를 지닙니다.

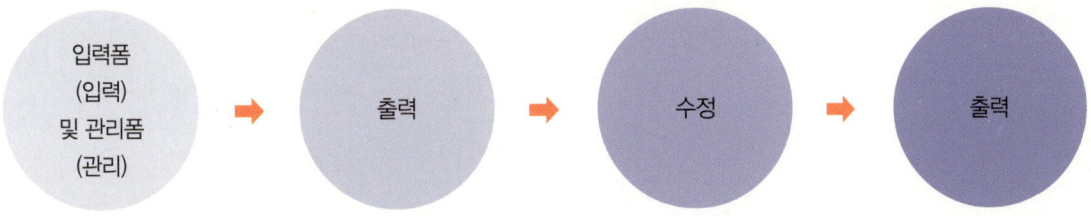

크게 보면 다음과 같이 세 부분으로 나눌 수 있습니다.

'입력'할 때 가장 중요한 것은 무엇일까요? 바로 유효성입니다. 여러분이 입력을 할 때 아무 데이터나 입력되는 것이 얼마나 골치 아픈 일인지 알 것입니다. 우리는 이 점을 입력 단계부터 정확히 해 주어야 합니다. 색으로 틀렸다는 걸 알리든지, 오류 메시지를 표시하여 제대로 입력하라고 전해야 합니다. 입력에서 가장 중요한 것이죠.

> '수정'은 원하는 데이터를 찾고 고치는 작업으로 입력과 비슷합니다.
> '조회'는 원하는 데이터만 뽑는 능력을 의미하는 것입니다. 자동화된 조회 프로그램을 만들 수도 있고, 빠른 요청으로 즉석으로 여러 방법으로 뽑을 수도 있습니다.

이러한 것을 이 책에선 상황별, 프로세스별로 다루고 있습니다. 자격증 공부를 해서 다양한 엑셀 기능을 익히고도 막상 그 기능이 필요한 순간에는 왜 생각이 나지 않을까요? 예제를 열심히 따라해 어느 정도 기능이 익었다고 생각했는데 왜 예제와 비슷한 실무 상황에서는 사용 용도가 생각이 나지 않을까요? 그 해답을 이 책에서 찾을 수 있을 것입니다.

PART 01

SECTION 01 엑셀 기본 기능과 명칭 빠르게 익히기

SECTION 02 인쇄 기능 한번에 익히기

엑셀 기본 기능 익히기

엑셀 기본 기능과 명칭, 단축키를 간단하게 확인한 다음 워크시트, 탭, 리본 메뉴, 빠른 실행 도구 모음에 대해 알아보고 직접 작업 환경을 설정해 보겠습니다.

SECTION 01
엑셀 기본 기능과 명칭 빠르게 익히기

실무 양식에 빠르게 접근하는 것도 좋지만 기본 명칭을 정확하게 이해하는 것은 이후 학습하는 데 있어 매우 중요합니다. 여기서는 엑셀의 기본 기능을 살펴보고 상대 참조와 절대 참조 개념을 이해한 다음 기본 수식 기능에 대해 알아봅니다.

중요도 4 / 작업 소요 시간 20분 / 동영상 재생 시간 17분

1 워크시트, 탭, 리본 메뉴, 빠른 실행 도구 모음 이해하기

엑셀 기본 명칭에 대한 부분입니다. 엑셀을 실행하고 새로운 워크시트를 추가하는 방법과 탭, 리본 메뉴, 빠른 실행 도구 모음에 명령을 추가하는 방법을 알아보겠습니다.

01 [새로 만들기] → [새 통합 문서]를 클릭합니다.

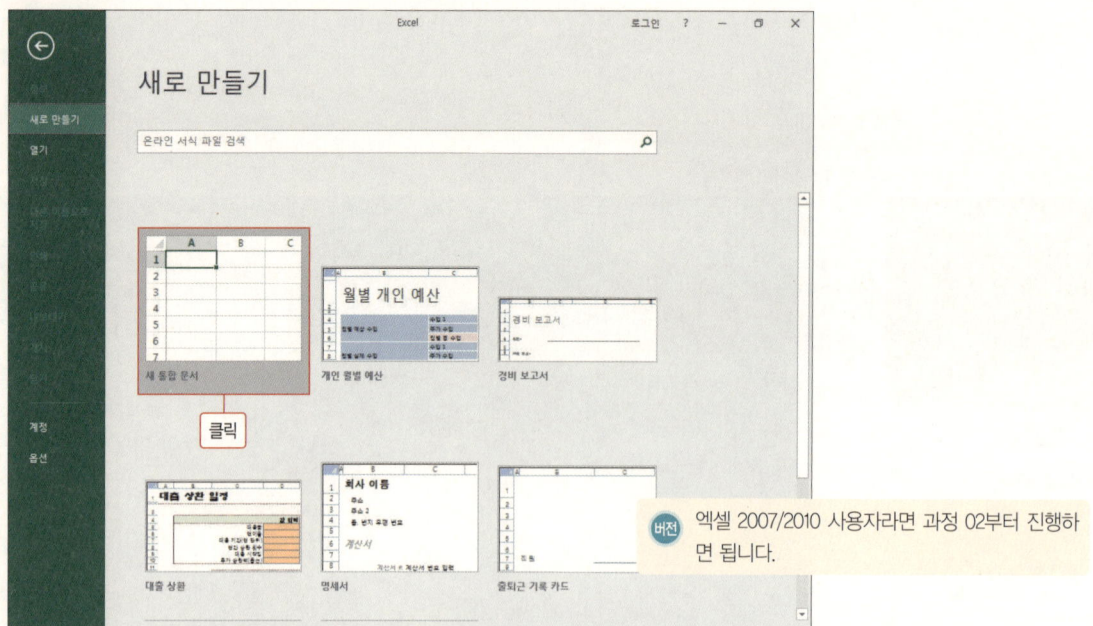

버전 | 엑셀 2007/2010 사용자라면 과정 02부터 진행하면 됩니다.

SECTION 01 엑셀 기본 기능과 명칭 빠르게 익히기

02 새 문서가 만들어지면 시트 이름 오른쪽에서 '새 시트' 아이콘( )을 확인할 수 있습니다. 새로운 시트를 추가하기 위해 '새 시트' 아이콘( )을 클릭합니다.

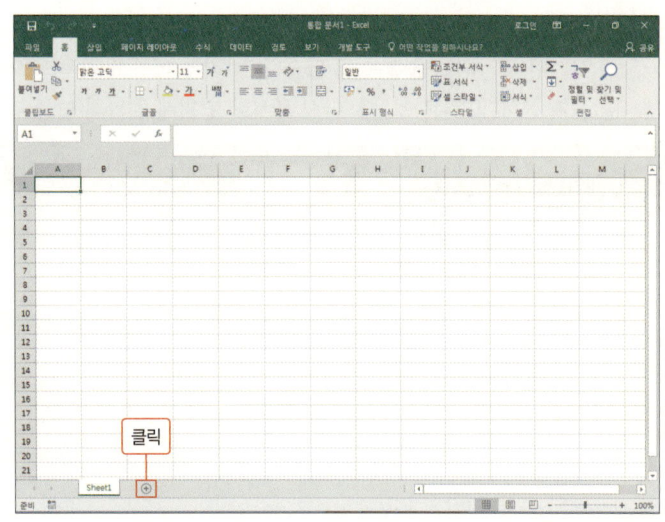

버전 엑셀 2007/2010 사용자라면 '워크시트 삽입' 아이콘( )을 클릭하여 워크시트를 추가할 수 있으며, 이미 만들어진 'Sheet2' 시트를 사용해도 됩니다.

03 시트가 추가됩니다.

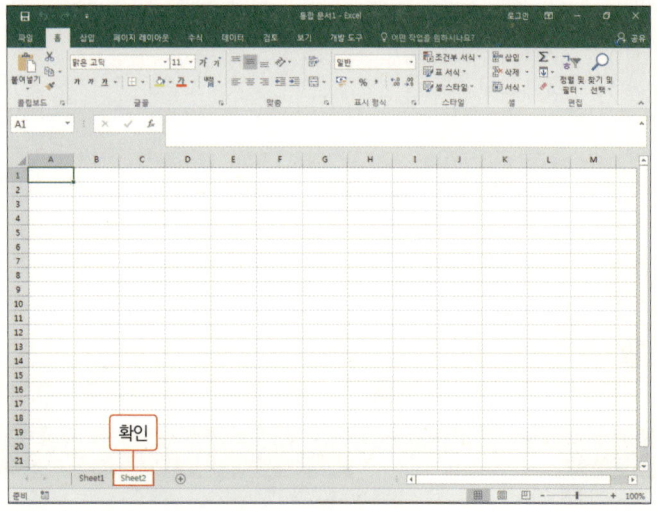

tip 하나의 엑셀 파일은 여러 개의 시트를 포함할 수 있기 때문에 데이터 사이 연관성이 없거나 데이터 양이 너무 많으면 시트를 분리해서 관리하는 것이 좋습니다.

04 워크시트에서 상위 메뉴인 [홈], [삽입], [페이지 레이아웃] 등을 '탭'이라고 부릅니다.
[데이터] 탭을 클릭하고 데이터와 관련된 여러 기능들이 그룹으로 나뉘어 있는 것을 확인합니다.

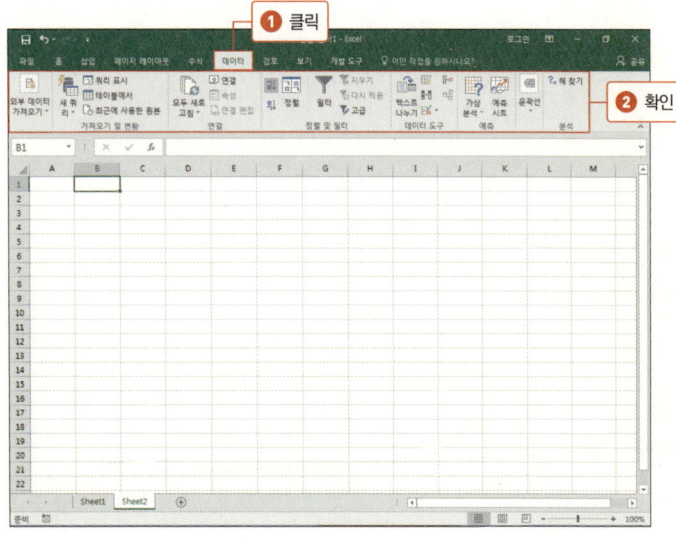

tip 여러 가지 기능을 그룹별로 모아 놓은 것이 바로 '탭'입니다.

05 탭을 클릭했을 때 바뀌는 부분을 '리본 메뉴'라 부릅니다. 리본 메뉴는 엑셀 작업 창 크기에 따라 자동으로 크기가 조정되고 숨길 수도 있습니다. 리본 메뉴를 마우스 오른쪽 버튼으로 클릭하고 **리본 메뉴 축소**를 실행하여 숨겨 봅니다. 리본 메뉴를 다시 표시하기 위해 임의의 탭을 더블클릭합니다.

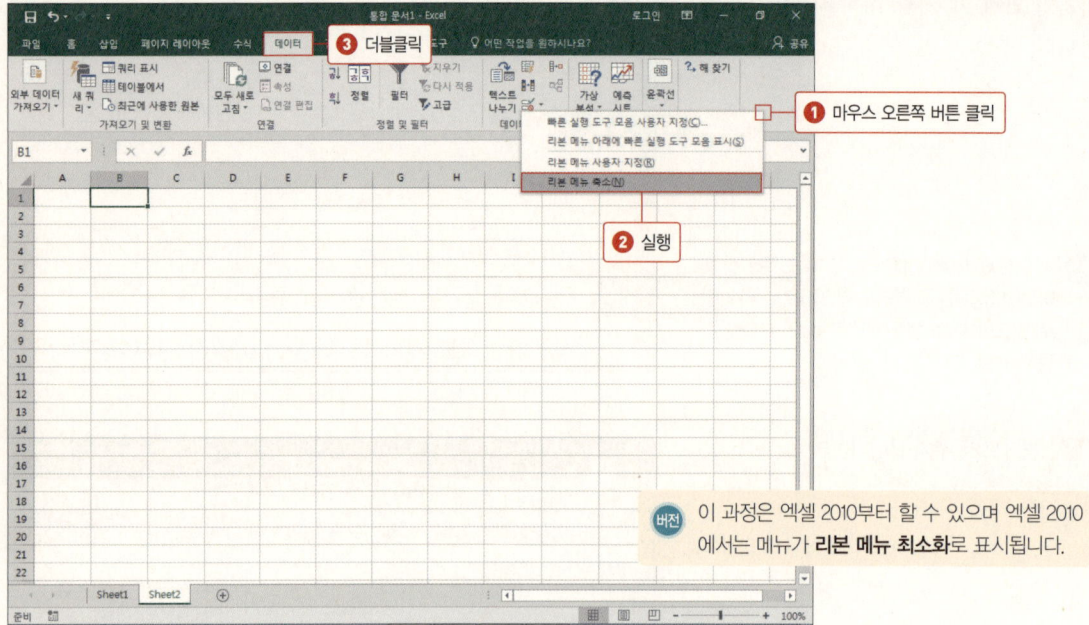

> **버전** 이 과정은 엑셀 2010부터 할 수 있으며 엑셀 2010에서는 메뉴가 **리본 메뉴 최소화**로 표시됩니다.

06 탭 위를 살펴보면 몇 가지 아이콘이 보입니다. 이 아이콘들은 '빠른 실행 메뉴'라 부르며 기본적인 기능을 빠르게 사용할 수 있습니다. 맨 왼쪽에는 '저장(Ctrl+S)' 아이콘(■), 그 다음에는 이전에 작업 취소 아이콘(↶)(Ctrl+Z)이 있네요. 이 외에도 사용자가 자주 사용하는 기능을 추가할 수 있습니다. 빠른 실행 메뉴에서 '빠른 실행 도구 모음 사용자 지정(▼)' 아이콘을 클릭하고 **인쇄 미리 보기 및 인쇄**에 체크 표시합니다.

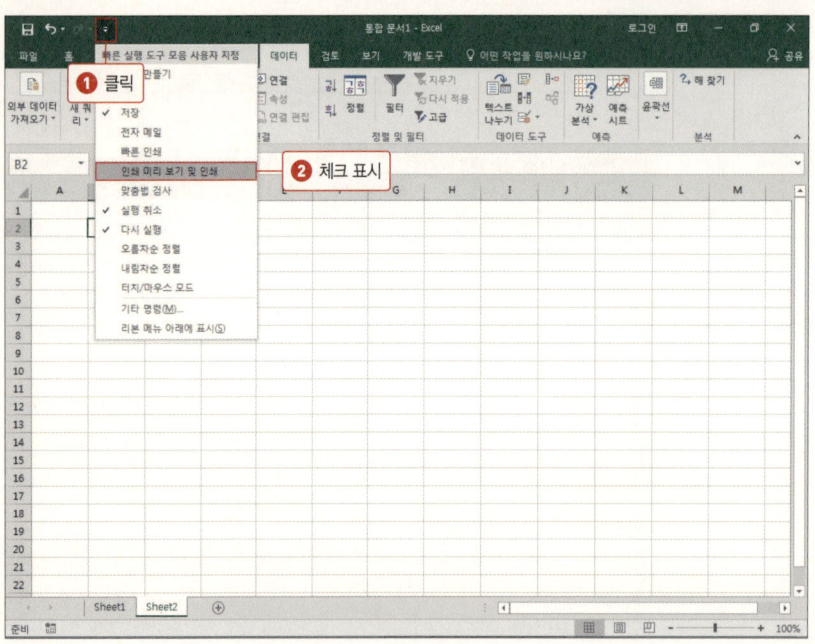

07 빠른 실행 메뉴에 '인쇄 미리 보기 및 인쇄' 아이콘(🔍)이 추가됩니다.

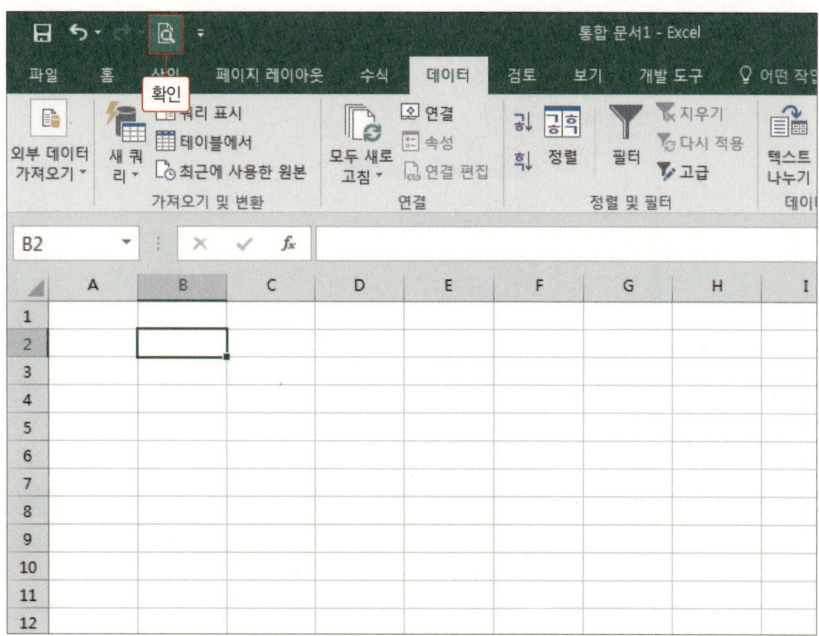

08 엑셀의 모든 기능은 빠른 실행 메뉴에 추가할 수 있습니다. '빠른 실행 도구 모음 사용자 지정'(▼) 아이콘을 클릭했을 때 없는 기능을 추가하려면 어떻게 해야 할까요?
다시 '빠른 실행 도구 모음 사용자 지정'(▼) 아이콘을 클릭하고 **기타 명령**을 실행합니다.

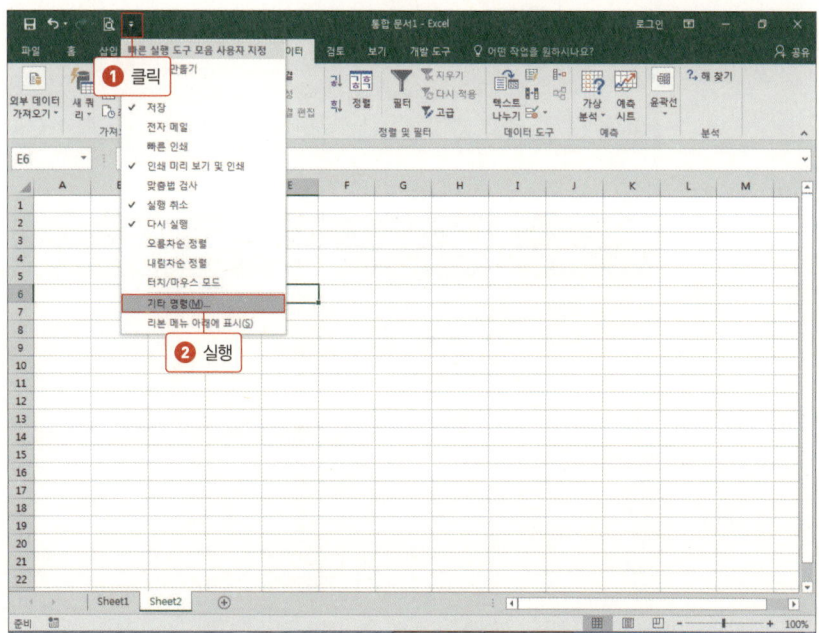

09 'Excel 옵션' 대화상자가 표시되면 '명령 선택' 목록에서 '다른 이름으로 저장'을 선택하고 〈추가〉 버튼을 클릭합니다.

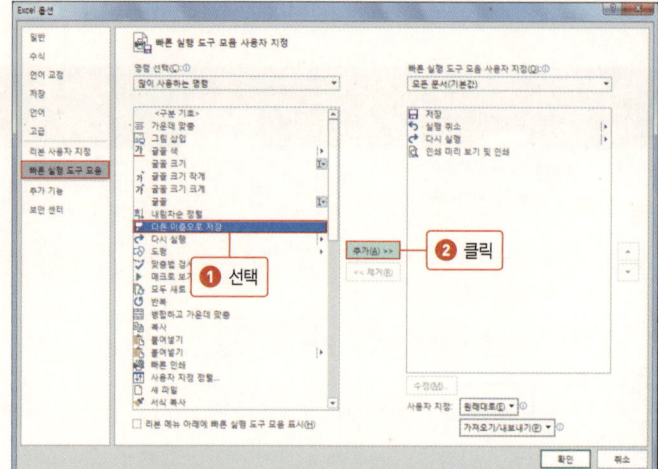

버전 해당 명령이 없으면 다른 명령을 선택해도 됩니다.

10 선택한 명령이 '빠른 실행 도구 모음 사용자 지정' 목록으로 이동하면 〈확인〉 버튼을 클릭합니다.

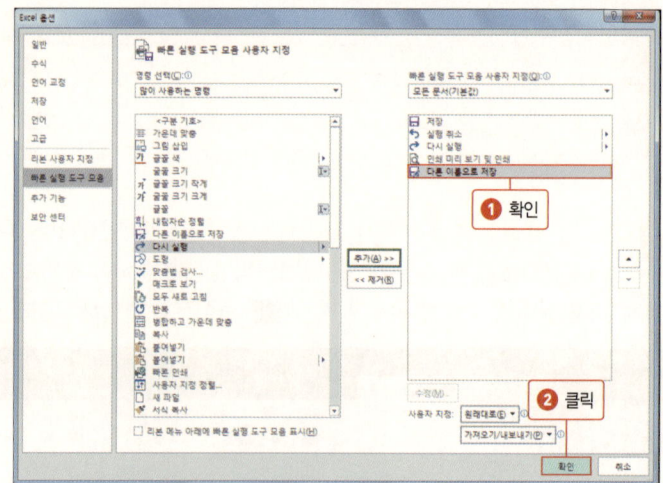

11 빠른 실행 메뉴에 '다른 이름으로 저장' 아이콘(🖫)이 추가됩니다.

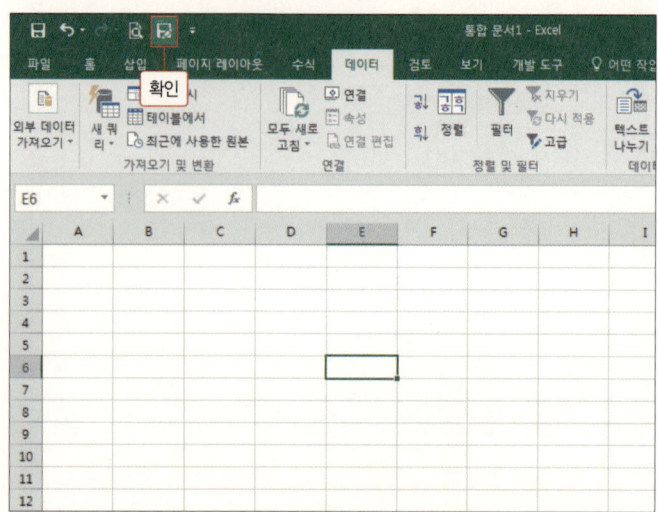

2 기본 기능키와 셀 이해하고 저장 기능 익히기

엑셀을 잘 다룬다고 해도 기본 이동키를 모르거나 두 줄로 입력하지 못하는 사람들이 많습니다. 여기서는 마우스를 사용하지 않고 셀을 이동하는 방법과 하나의 셀에서 두 줄로 입력하는 방법, 마지막으로 자주 사용하는 '저장'과 '다른 이름으로 저장' 단축키를 알아봅니다.

01 [하나의 셀에 값 입력하기]
엑셀 작업 창을 살펴보면 행은 숫자로, 열은 대문자 알파벳으로 구분되어 있습니다.
시트에서 두 번째 열, 두 번째 행에 있는 칸을 클릭합니다.
초록색 외곽선이 생기면서 이름 상자에 'B2'가 표시됩니다. 두 번째 열은 'B', 두 번째 행은 '2'이기 때문이죠. 이렇게 선택한 하나의 칸을 엑셀에서 '셀'이라고 부릅니다. 세포 최소 단위를 뜻하는 'Cell'과 이름이 같죠?

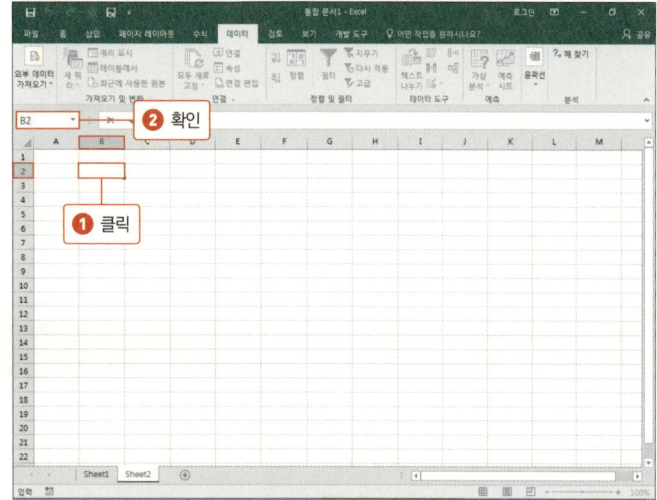

02 하나의 셀에 값을 입력하는 방법은 두 가지로 나뉩니다. 첫 번째는 셀에 직접 입력하는 것이고 두 번째는 다른 셀을 참조하는 것입니다.
먼저 직접 입력해 보겠습니다. [B2]셀을 선택한 채로 '엑셀2016'을 입력합니다.

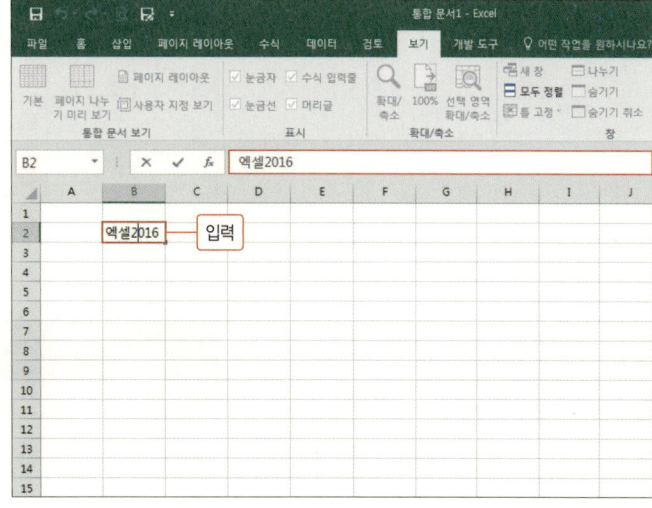

tip 수식 입력줄에도 같은 문자가 표시됩니다. 즉, 둘 중 어느 곳에 입력해도 같은 결과가 나옵니다.

03 [B2]셀을 다른 셀에서 참조해 보겠습니다. [B4]셀에 '=B2'를 입력하고 Enter 키를 누릅니다. [B2]셀에 입력된 '엑셀2016'이 그대로 표시됩니다.

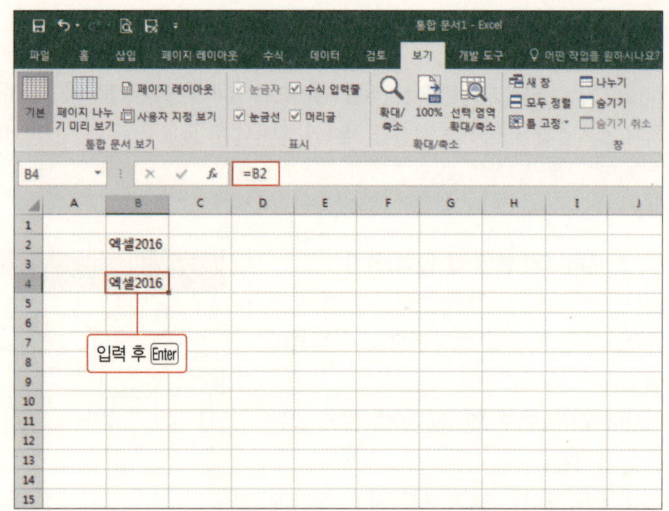

04 **[하나의 셀에 두 줄 입력하기]**
[B6]셀에 '엑셀2016'을 입력하고 Alt + Enter 키를 누릅니다. 셀이 아래로 늘어나면서 커서가 한 줄 내려갑니다. 이어서 '최단기 실력업'을 입력하고 Enter 키를 누릅니다.

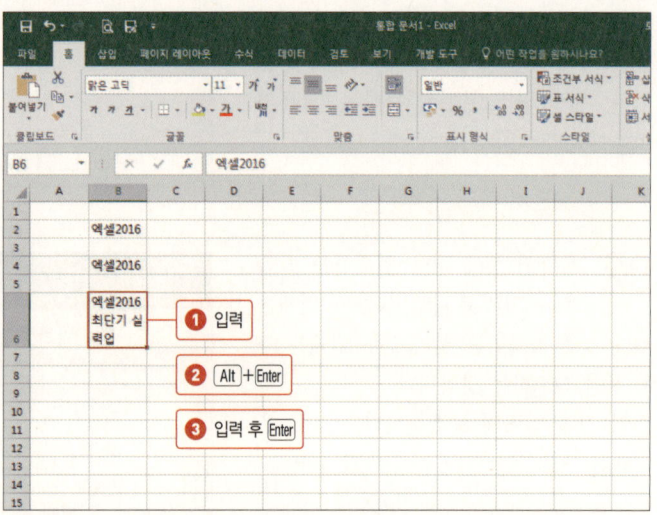

05 입력한 문자가 자동으로 줄 바꿈 처리됩니다. 입력 셀을 선택하고 **[홈] 탭 → [맞춤] 그룹**을 살펴보면 '텍스트 줄 바꿈' 기능이 활성화되어 있습니다. 자동으로 줄 바꿈 처리되지 않도록 **[홈] 탭 → [맞춤] 그룹 → [텍스트 줄 바꿈(📄)]**을 클릭합니다.

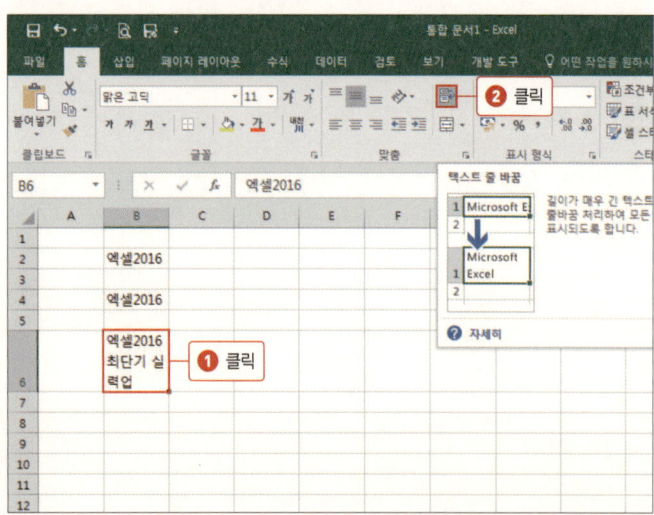

SECTION 01 엑셀 기본 기능과 명칭 빠르게 익히기

06 줄 바꿈 기능이 비활성화되면서 문자가 침범한 줄로 표시됩니다.

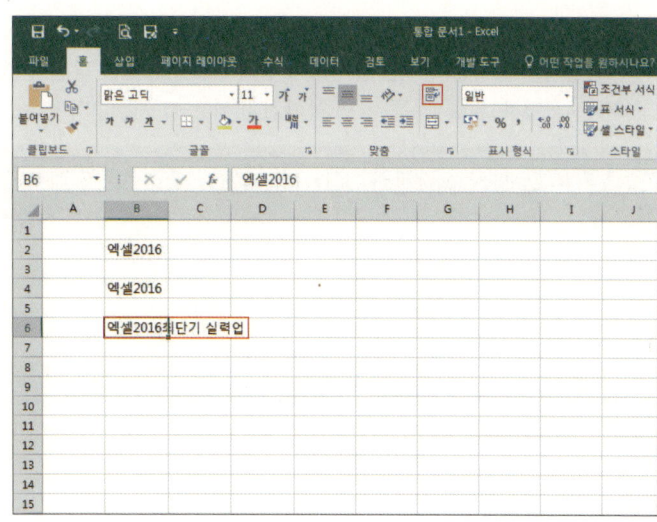

07 [기본키 Enter 와 Shift + Enter]

키보드로만 작업한다고 가정합니다. 시트에서 위아래로 이동하려면 어떻게 해야 할까요? 물론 방향키로 이동할 수 있지만 Enter 키와 Shift 키로도 가능합니다.

[B6]셀을 클릭하고 Enter 키를 두 번 눌러 [B8]셀로 이동합니다.

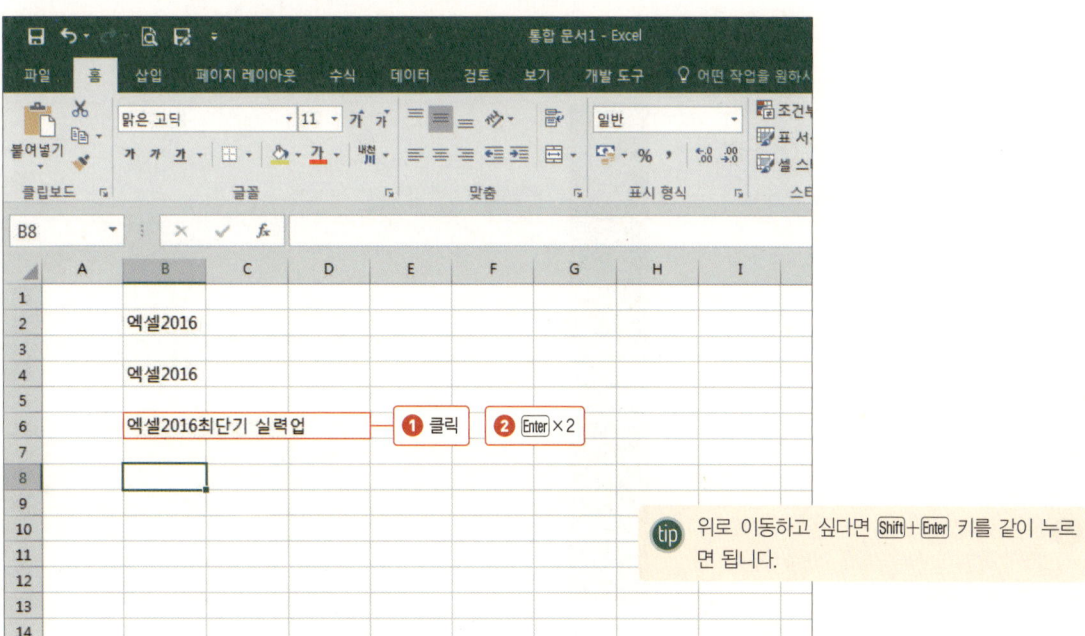

tip 위로 이동하고 싶다면 Shift + Enter 키를 같이 누르면 됩니다.

35

08 [기본키 Tab 과 Shift + Tab]

방향키를 사용하지 않고 시트에서 좌우로 이동하는 방법이 있겠죠? 바로 Tab 키를 사용하면 됩니다. [B6]셀을 클릭하고 Tab 키를 두 번 눌러 [D8]셀로 이동합니다.

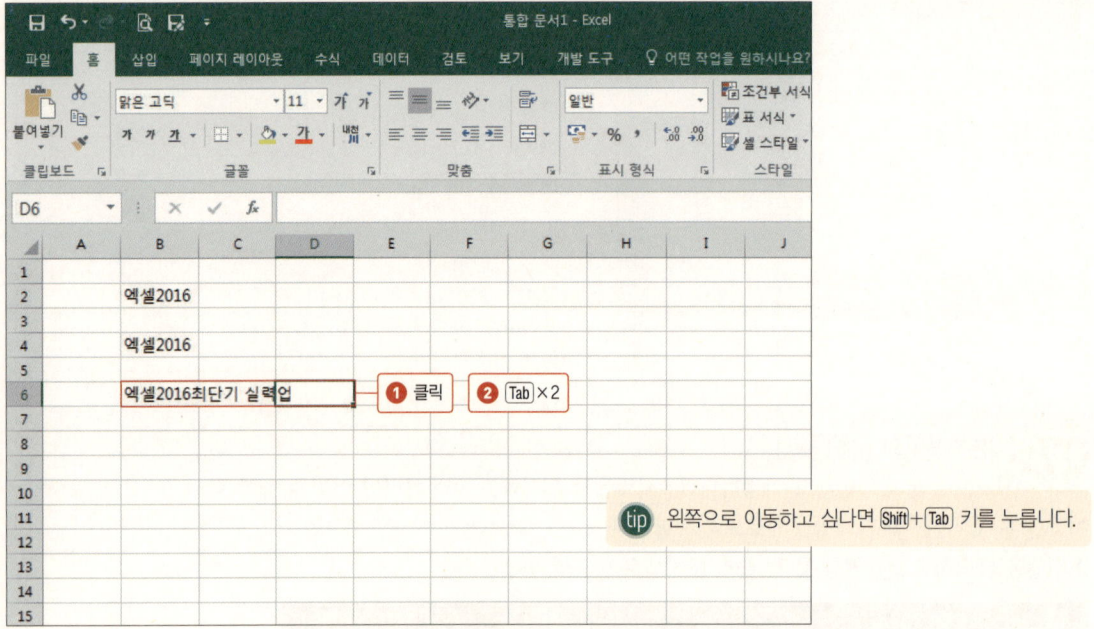

tip 왼쪽으로 이동하고 싶다면 Shift + Tab 키를 누릅니다.

09 [저장하기]

작업한 파일을 저장하겠습니다. '저장' 단축키인 Ctrl + S 키를 누릅니다.

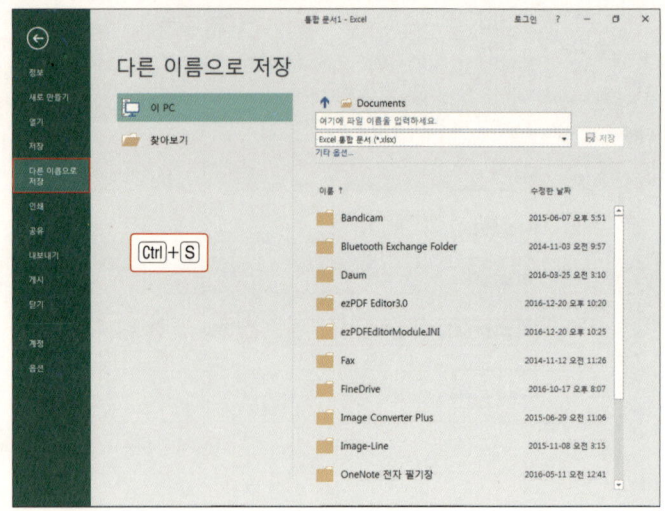

tip Ctrl + S 에서 'S'는 'SAVE'의 줄임말입니다. 단축키는 일반적으로 해당 기능을 뜻하는 영어의 앞 글자를 따서 만듭니다.

10 '다른 이름으로 저장' 화면이 표시되면 저장 위치를 선택합니다. 파일 이름을 입력하고 원하는 파일 형식을 지정합니다. 예제에서는 파일 이름에 '엑셀 2016 스킬업'을 입력하고 파일 형식을 'Excel 통합 문서'로 지정한 다음 〈저장〉 버튼을 클릭합니다.

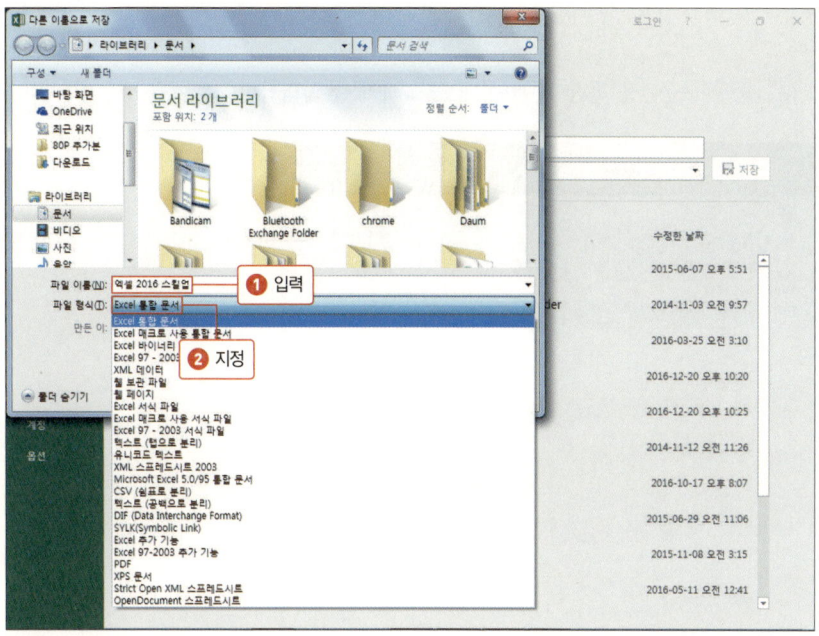

11 [다른 이름으로 저장하기]
작업한 파일을 다른 이름으로 저장하겠습니다. '다른 이름으로 저장' 단축키인 F12 키를 누릅니다. '다른 이름으로 저장' 대화상자가 표시되면 파일 이름을 입력하고 원하는 파일 형식을 지정한 다음 〈저장〉 버튼을 클릭합니다.
만약 이름을 변경하지 않고 〈저장〉 버튼을 클릭하면 '다른 이름으로 저장 확인' 대화상자가 표시되며 〈예〉 버튼을 클릭하면 기존 파일에 덮어씌웁니다.

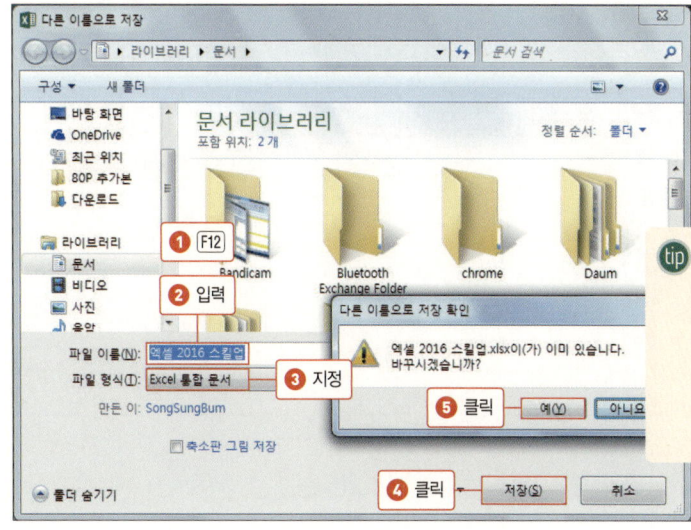

tip '다른 이름으로 저장' 기능을 틈틈이 사용하면 데이터 백업을 확실하게 할 수 있고 보다 안정적으로 작업할 수 있습니다.
중요한 작업을 할 때 원본 파일과 이름을 다르게 지정한 작업 파일을 만들어 두면 실수하거나 잘못된 데이터를 입력한 채로 저장했을 때 복구할 수 있어서 좋습니다.

3 채우기 기능과 절대 참조, 상대 참조 개념 이해하기

구구단 테이블을 만들면서 엑셀에서 많이 사용하는 채우기 기능을 배우고 상대 참조와 절대 참조 개념을 알아보겠습니다. "실무 엑셀 책에서 구구단 테이블이라니?"하고 의아하게 느낄 수 있지만 채우기 기능을 익히는 데 이만한 예제가 없답니다.

01 새 통합 문서를 만들고 [A1]셀에 '구구단을 통한 절대, 상대 참조 예제'를 입력합니다.

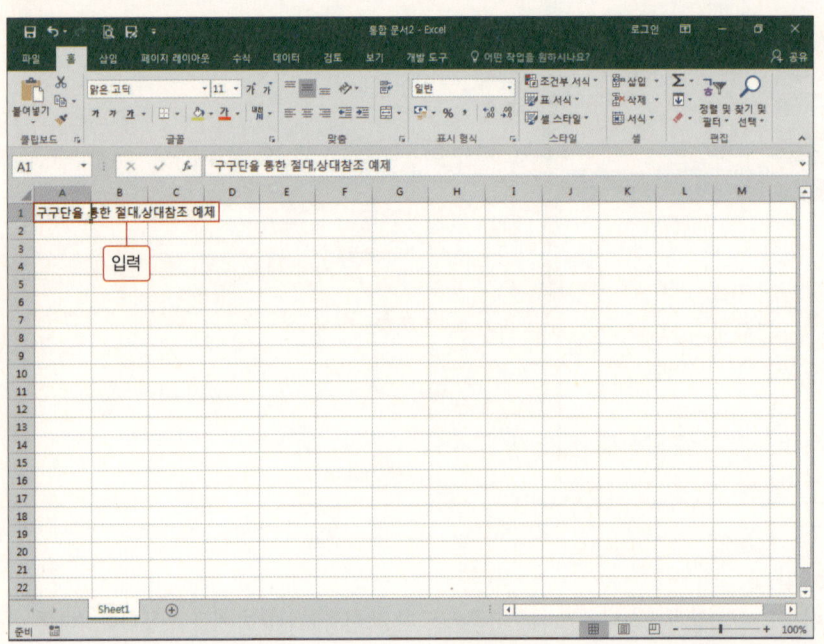

02 일반적으로 제목을 입력한 셀은 병합해서 폭이 넓게 만듭니다. [A1:F1] 범위를 드래그하고 [홈] 탭 → [맞춤] 그룹 → [병합하고 가운데 맞춤(🔲)]을 클릭합니다.

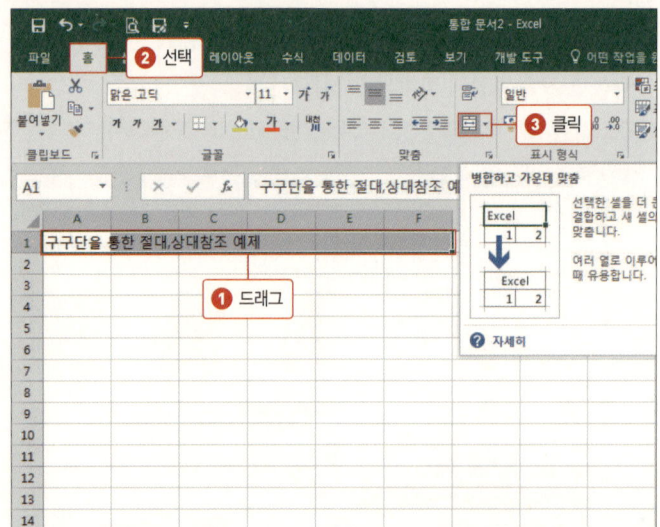

38　Part 1 엑셀 기본 기능 익히기

03 지정한 범위의 셀이 병합되면서 제목이 가운데 정렬됩니다. 제목을 강조하기 위해 **[홈] 탭 → [글꼴] 그룹 → [글꼴 크기 크게(가)]**를 클릭해 크기를 '18'로 설정하고 '굵게' 아이콘(가)을 클릭합니다.

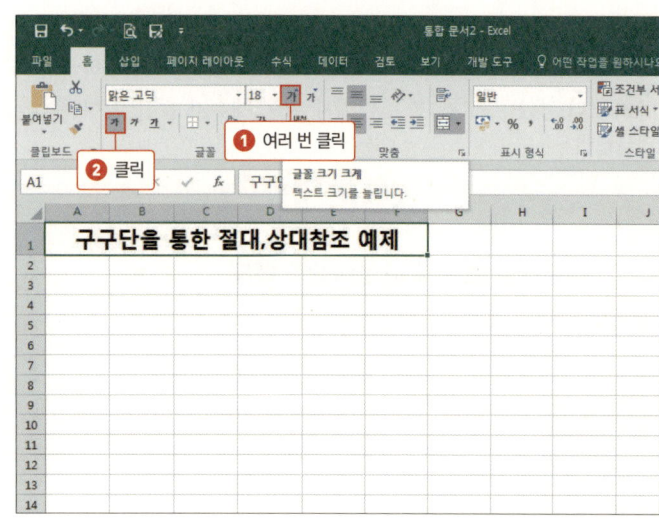

04 [A3]셀에 '기본값', [B4]셀에 '3500'을 입력합니다.

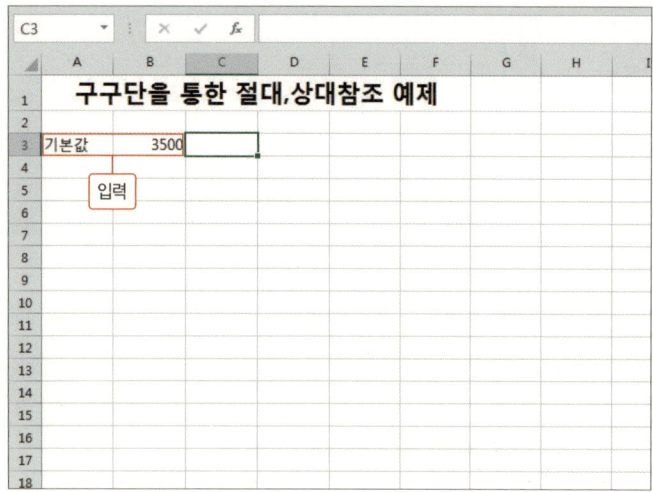

05 채우기 기능을 이용해 구구단 산출식을 입력하겠습니다. [A6]셀에 '1'을 입력하고 오른쪽 아래 꼭짓점에 마우스 포인터를 올린 다음 십자 표시가 나오면 [A14]셀까지 드래그합니다.

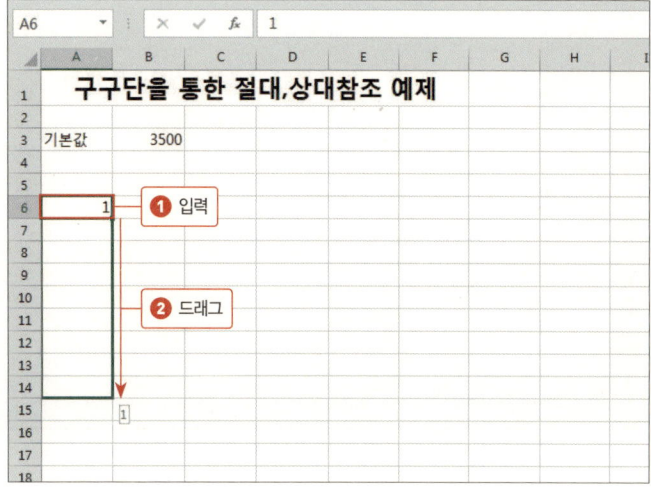

06 [A14]셀까지 '1'이 표시됩니다. 이렇게 드래그해서 채우면 기본적으로 값을 복사한다는 것을 알 수 있습니다. 그렇다면 '1'부터 시작해서 값이 하나씩 커지게 하려면 어떻게 해야 할까요?
[A6:A14] 범위를 드래그한 상태에서 '자동 채우기 옵션' 아이콘( )을 클릭한 다음 '연속 데이터 채우기' 항목을 선택합니다.

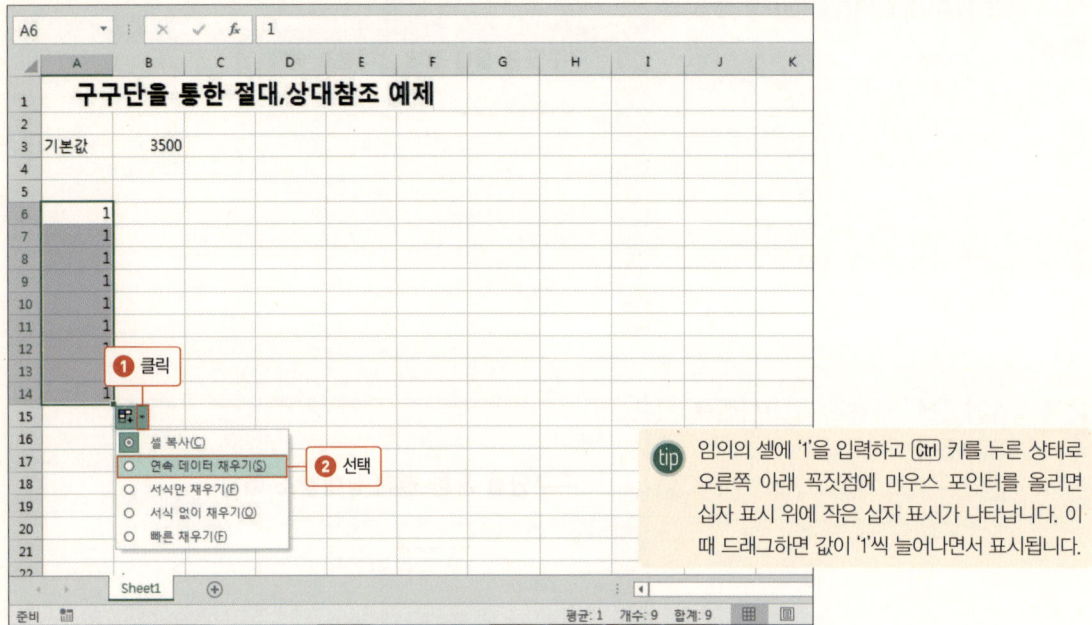

tip 임의의 셀에 '1'을 입력하고 Ctrl 키를 누른 상태로 오른쪽 아래 꼭짓점에 마우스 포인터를 올리면 십자 표시 위에 작은 십자 표시가 나타납니다. 이 때 드래그하면 값이 '1'씩 늘어나면서 표시됩니다.

07 [A6]셀부터 값이 '1'씩 늘어나면서 [A14]셀까지 자동으로 채워집니다.

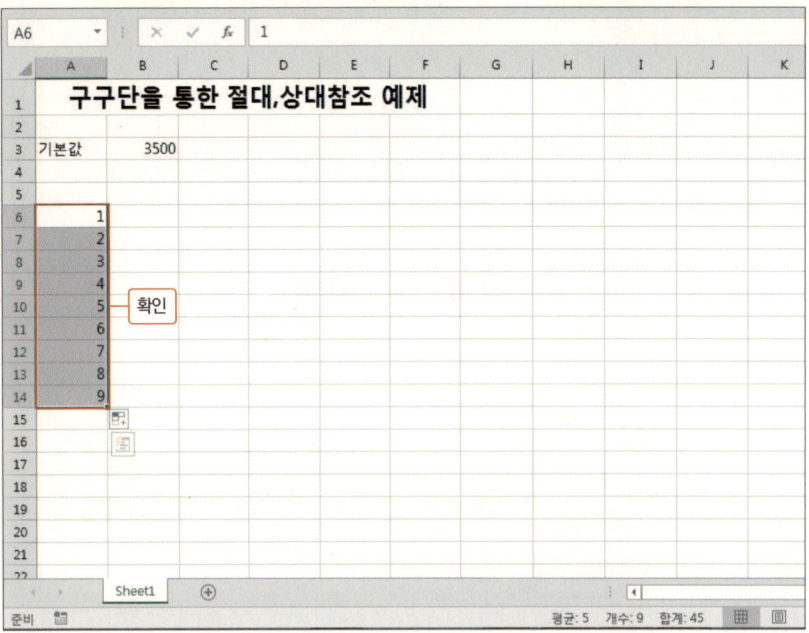

08 [B5]셀에 '1', [C5]셀에 '3'을 입력합니다. 이번에는 '1'씩 늘어나는 것이 아니라 '2'씩 늘어나게 하여 홀수만으로 채워 보겠습니다.

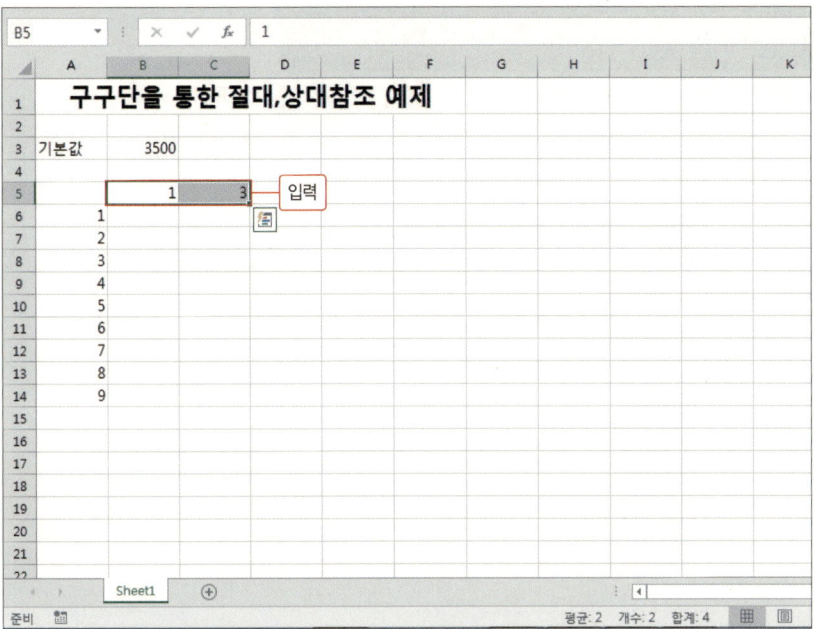

09 [B5:C5] 범위를 드래그하고 오른쪽 아래 꼭짓점에 마우스 포인터를 올린 다음 십자 표시가 나오면 [F5]셀까지 드래그합니다. [B5]셀부터 값이 '2'씩 늘어나면서 [F5]셀까지 자동으로 채워집니다.

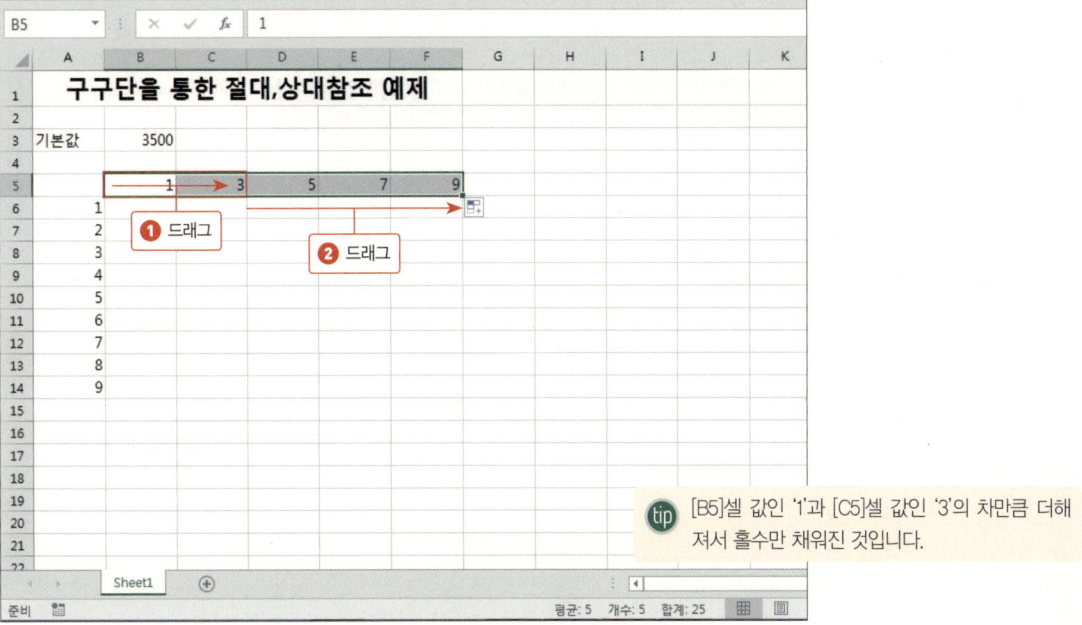

tip [B5]셀 값인 '1'과 [C5]셀 값인 '3'의 차만큼 더해져서 홀수만 채워진 것입니다.

10 구구단 테이블의 테두리를 만들겠습니다. [A5:F14] 범위를 드래그하고 **[홈] 탭 → [글꼴] 그룹 → [테두리 ▼] → [모든 테두리]**를 클릭합니다. 같은 방법으로 기본값을 입력한 [A3:B3] 범위도 테두리를 만듭니다.

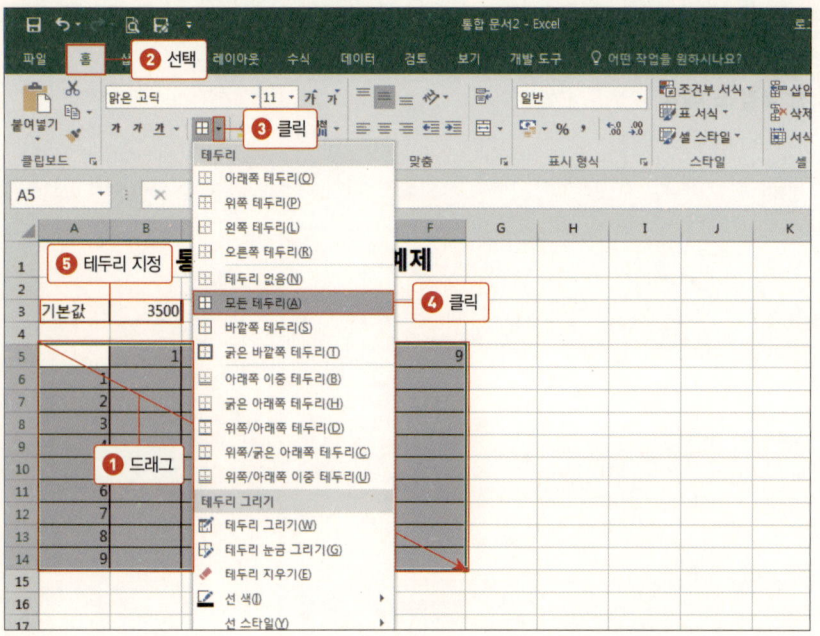

11 기본값에 구구단 산출식을 곱하는 수식을 입력하려면 어떻게 해야 할까요?

[B6]셀을 클릭하고 복잡하게 생각할 것 없이 입력해 봅니다. '=B3*(A6*B5)' 이렇게요. Enter 키를 누르고 다시 [B6]셀을 선택한 다음 오른쪽 아래 꼭짓점에 마우스 포인터를 올리고 [B14]셀까지 드래그합니다. 이후 [F14]셀까지 드래그합니다.

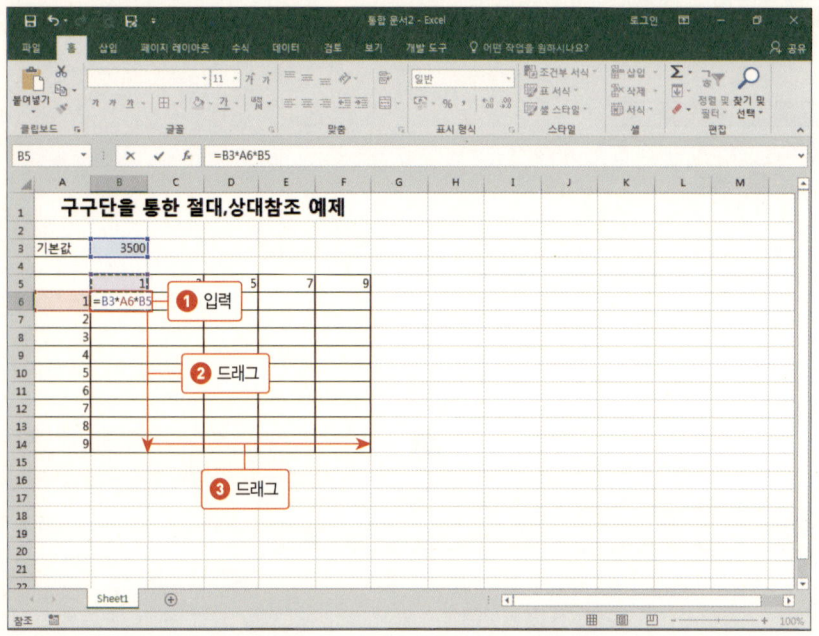

12 자동으로 채워진 값을 보니 원하지 않은 결과가 나왔습니다. 왜 이런 오류가 난 걸까요? [B8]셀을 클릭하고 수식을 살펴보면 인수를 상대적으로 인식해서 오류가 발생한 것을 알 수 있습니다.

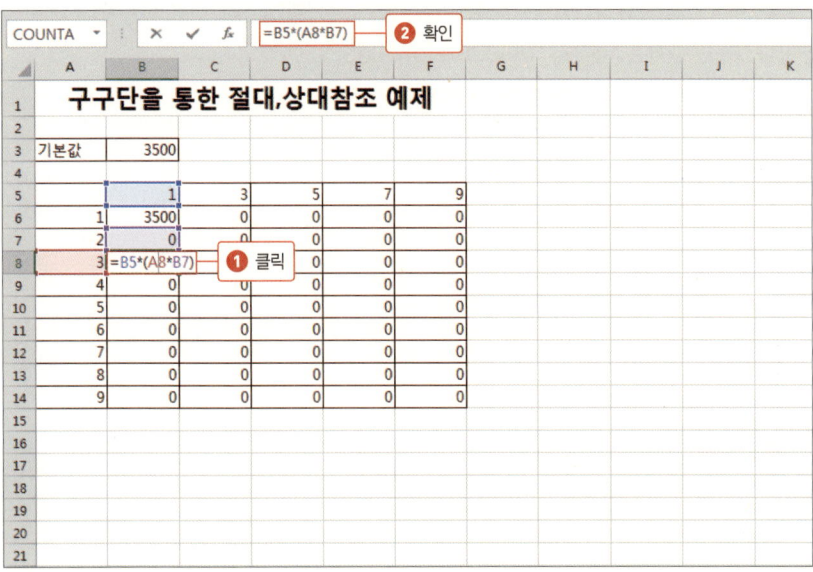

13 엑셀은 별도로 고정 값을 지정하지 않으면 값을 상대적으로 인식합니다. 그렇다면 '이 값은 고정된 값입니다.'라고 표시하는 방법을 알아봐야겠죠?
먼저 기본값이 입력된 [B3]셀은 값이 항상 고정이어야 합니다. [B6]셀 수식에서 'B3'을 드래그하고 F4 키를 눌러 '$B$3'으로 변경합니다. 이렇게 앞에 '$' 기호가 붙으면 해당 값을 고정한다는 뜻입니다.

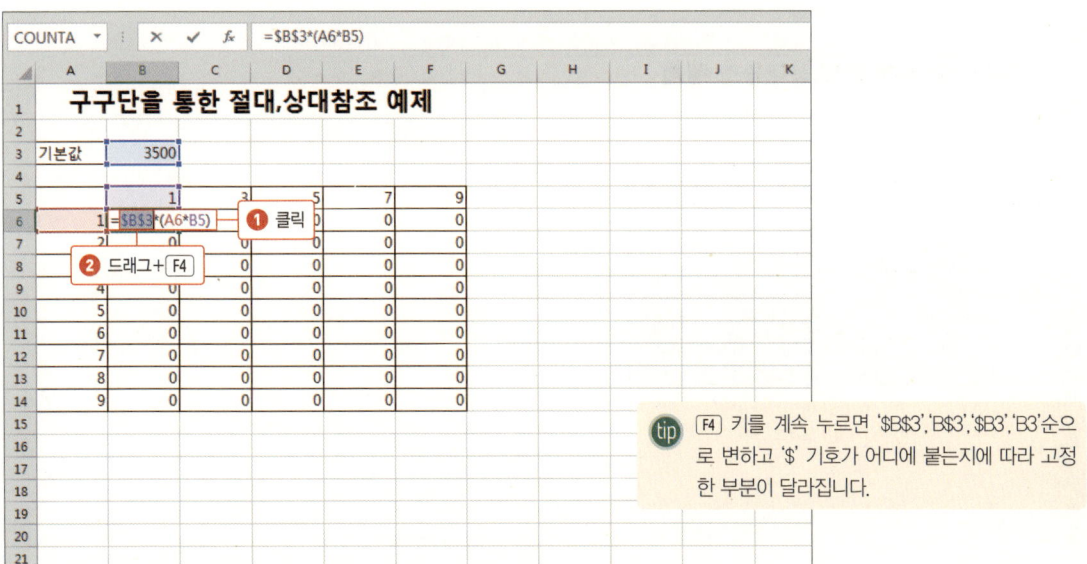

> **tip** F4 키를 계속 누르면 '$B$3', 'B$3', '$B3', 'B3' 순으로 변하고 '$' 기호가 어디에 붙는지에 따라 고정한 부분이 달라집니다.

14 [A6]셀과 [B5]셀에서도 고정할 부분이 있겠죠?

[A6]셀은 A6, A7, A8……처럼 아래로 이동해야 하므로 A열만 고정이어야 합니다. [B6]셀에서 'A6'을 드래그하고 F4 키를 세 번 눌러 '$A6'으로 변경합니다. [B5]셀은 B5, C5, D5……처럼 오른쪽으로 이동해야 하므로 5행만 고정하여 'B$5'로 변경합니다. 최종 수식은 '=$B$3*($A6*B$5)'입니다.

15 [B6]셀 오른쪽 아래 꼭짓점에 마우스 포인터를 올리고 십자 표시가 나오면 [F14]셀까지 드래그합니다.

SECTION 01 엑셀 기본 기능과 명칭 빠르게 익히기

16 구구단 테이블 값이 제대로 표시됩니다. [D10]셀을 클릭하고 수식을 살펴보면 '$' 기호가 붙은 행과 열이 잘 고정된 것을 확인할 수 있습니다.

17 숫자 데이터에 천 단위로 구분하는 쉼표(,)를 넣어 보기 좋게 표시해 보겠습니다.
[B6:F14] 범위를 드래그하고 [홈] 탭 → [표시 형식] 그룹 → [쉼표 스타일]을 클릭합니다.

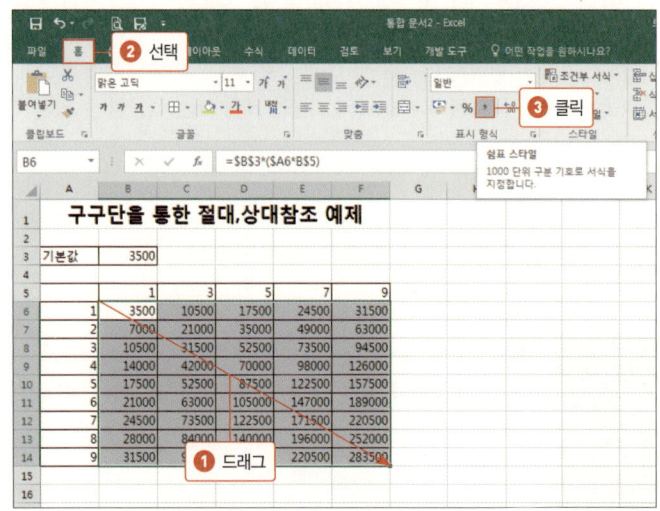

18 [B3]셀 값을 '4,000'으로 변경하고 값이 잘 표시되는지 확인합니다.

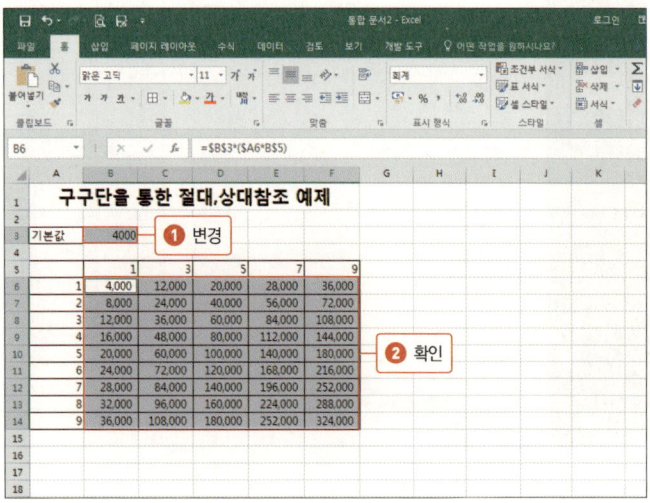

SECTION 02
인쇄 기능 한번에 익히기

엑셀로 데이터를 관리한 다음 인쇄할 때 표 머리글을 반복 설정하는 방법과 한 장으로 인쇄하는 방법을 알아봅니다. 하나의 예제를 통해 인쇄와 관련된 여러 기능을 익힐 수 있습니다.

 중요도 3  작업 소요 시간 20분  동영상 재생 시간 9분

1 한 면 인쇄, 한 폭 페이지 맞춤, 배율 인쇄 이해하기

엑셀로 관리한 데이터를 보고할 때 원하는 페이지 수로 출력하는 방법과 가독성이 좋은 비율을 선택하여 최소한의 용지로 출력하는 방법을 알아봅니다. 하나의 기능을 배울 때는 적용할 수 있는 다양한 상황을 생각하는 것이 중요합니다.

{예제 파일} 01\예제0-3.xlsx   {시트} 예제1. 인쇄하기

01 [인쇄]를 클릭합니다. 미리 보기 화면에 데이터 표가 표시됩니다. 이제 다양한 기능을 활용해 인쇄하는 방법을 알아보겠습니다.

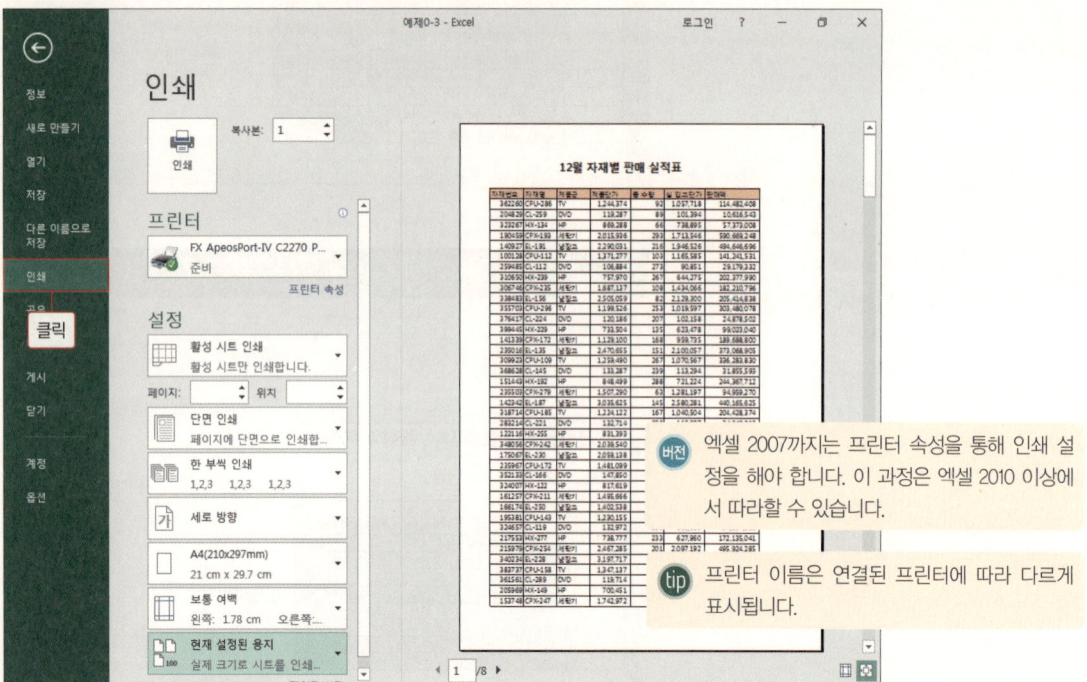

버전 엑셀 2007까지는 프린터 속성을 통해 인쇄 설정을 해야 합니다. 이 과정은 엑셀 2010 이상에서 따라할 수 있습니다.

tip 프린터 이름은 연결된 프린터에 따라 다르게 표시됩니다.

SECTION 02 인쇄 기능 한번에 익히기

02 [한 페이지로 인쇄하기]
설정 항목 가장 아래에서 '한 페이지에 시트 맞추기'를 선택합니다. 미리 보기 화면에서 작업한 시트가 한 페이지에 맞춰 표시됩니다. 이 상태에서 인쇄하면 한 페이지로 출력할 수 있습니다.

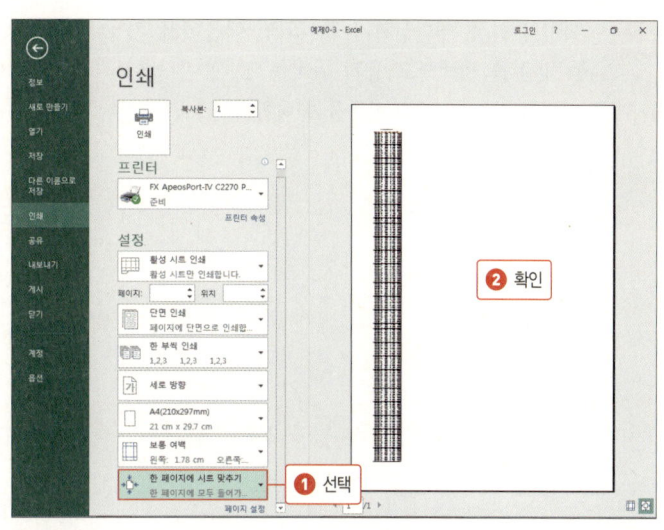

tip 설정 항목에서 인쇄 용지의 크기, 방향, 여백을 설정할 수 있습니다.

03 [한 페이지에 모든 열 맞추기]
설정 항목에서 '한 페이지에 모든 열 맞추기'를 선택합니다. 미리 보기 화면에서 작업한 시트의 열 너비가 한 페이지에 맞춰 표시됩니다.

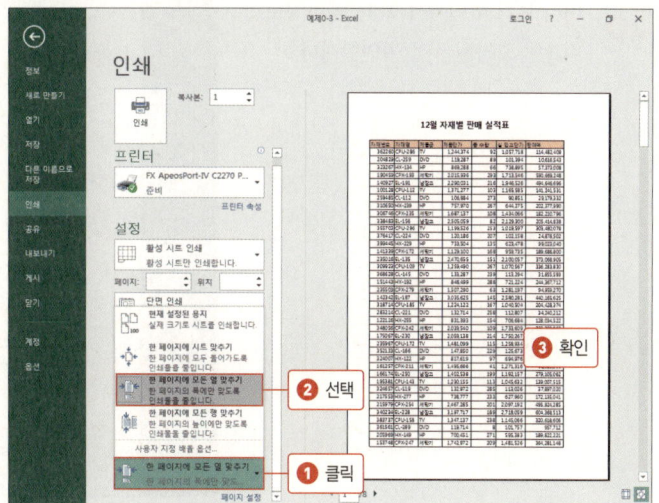

04 [사용자 지정 배율 옵션]
작업한 시트를 원하는 페이지 수로 인쇄해 보겠습니다. 설정 항목에서 '사용자 지정 배율 옵션'을 선택합니다.

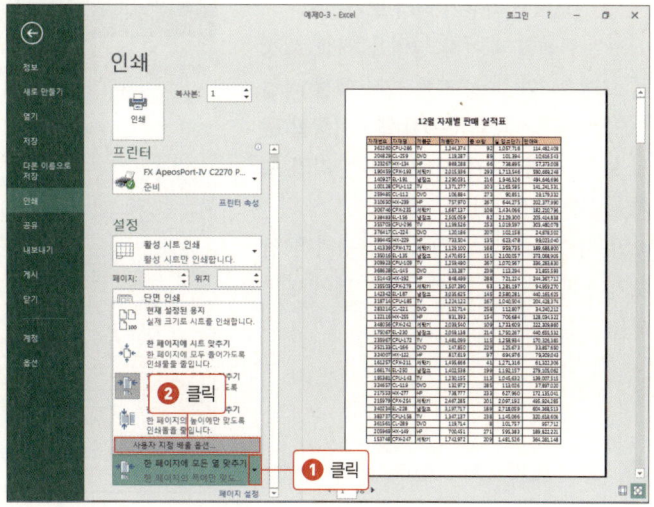

47

05 '페이지 설정' 대화상자가 표시되면 배율에서 '자동 맞춤'을 선택하고 용지 너비를 '1', 용지 높이를 '4'로 설정합니다. 〈확인〉 버튼을 클릭합니다.

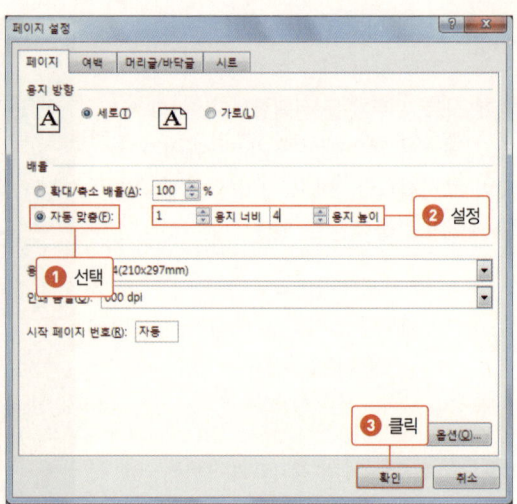

06 미리 보기 화면에서 총 네 페이지로 비율이 조정된 것을 확인합니다.

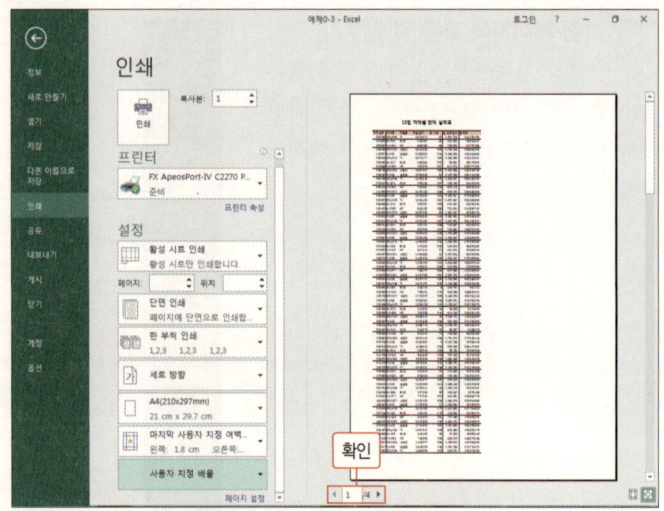

07 [페이지 나누기 미리 보기]
인쇄할 페이지 영역을 직접 설정해 보겠습니다. Esc 키를 눌러 엑셀 작업 창으로 돌아온 다음 [보기] 탭 → [통합 문서 보기] 그룹 → [페이지 나누기 미리 보기(▦)]를 클릭합니다.
작업 화면에 파란색 외곽선이 생기면 안쪽이나 바깥쪽으로 드래그하여 페이지 영역을 설정합니다.

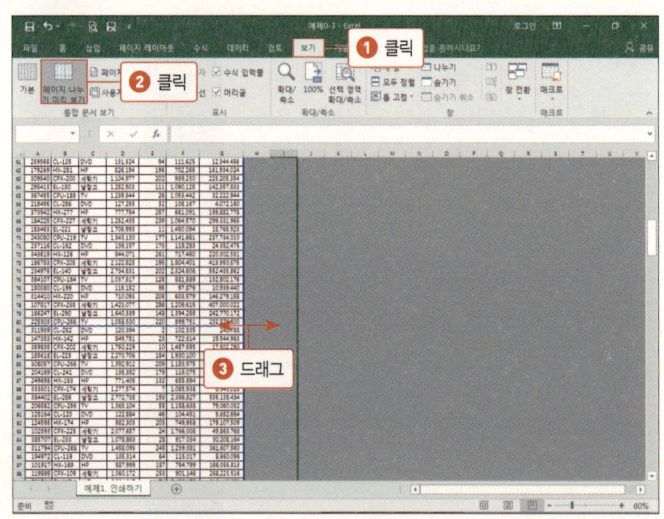

tip 파란색 점선으로 페이지를 구분할 수 있습니다.

SECTION 02 인쇄 기능 한번에 익히기

2 머리글, 바닥글 설정으로 추가 정보 인쇄하기

업무용 프린터에서는 보안과 관련된 문제로 인쇄용지 맨 위 또는 아래에 인쇄 날짜와 사용자 PC 이름을 표시하여 출력하곤 하는데 머리글과 바닥글 설정을 이용하면 엑셀에서도 충분히 가능합니다. 여기서는 머리글, 바닥글을 설정하는 방법과 머리글에 회사 로고를 넣는 방법, 바닥글에 인쇄 정보를 표시하는 방법을 알아봅니다.

{예제 파일} 01\예제0-3.xlsx   {시트} 예제1. 인쇄하기

01 인쇄용지에 머리글과 바닥글이 표시되도록 설정해 보겠습니다. [페이지 레이아웃] 탭 → [페이지 설정] 그룹 → [인쇄 제목(📄)]을 클릭합니다.

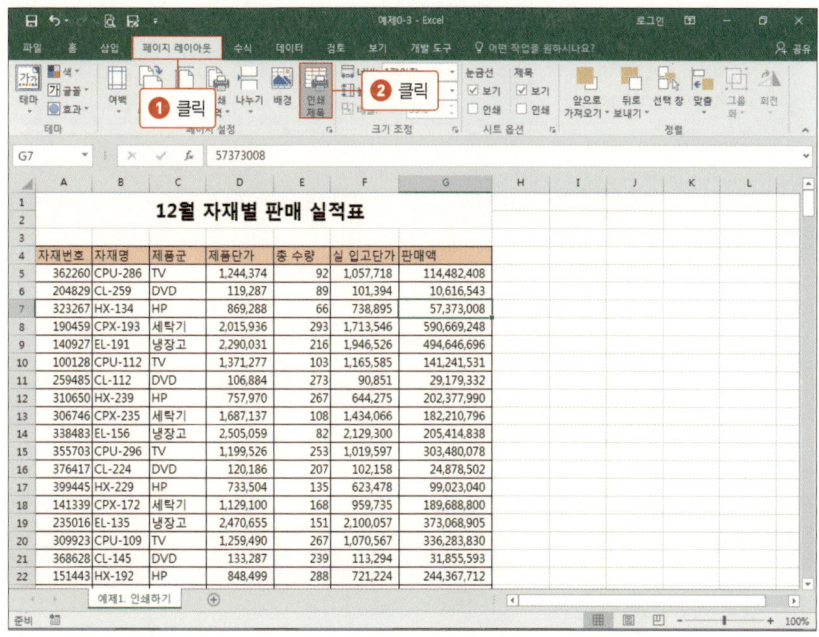

02 '페이지 설정' 대화상자가 표시되면 [머리글/바닥글] 탭의 머리글 목록에서 원하는 머리글 형식을 선택합니다. 예제에서는 '기밀, 날짜, 페이지'로 구성된 형식을 선택합니다.

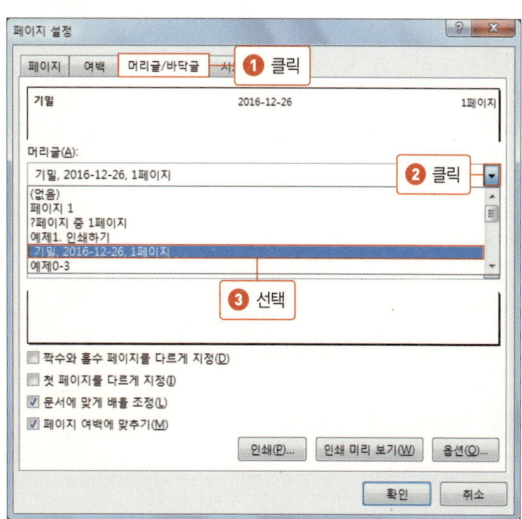

49

03 지정한 머리글 형식을 수정하기 위해 〈머리글 편집〉 버튼을 클릭합니다.

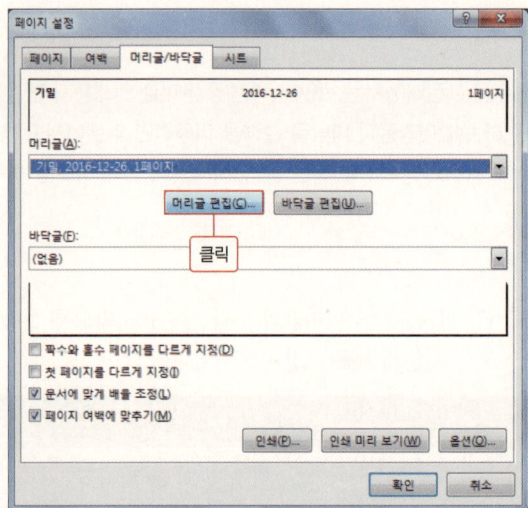

tip 반드시 엑셀에서 정해진 형식 그대로 사용하지 않아도 됩니다.

04 '머리글' 대화상자가 표시되면 왼쪽 구역을 '기밀유지'로 변경하고 〈확인〉 버튼을 연달아 클릭해 대화상자를 닫습니다.

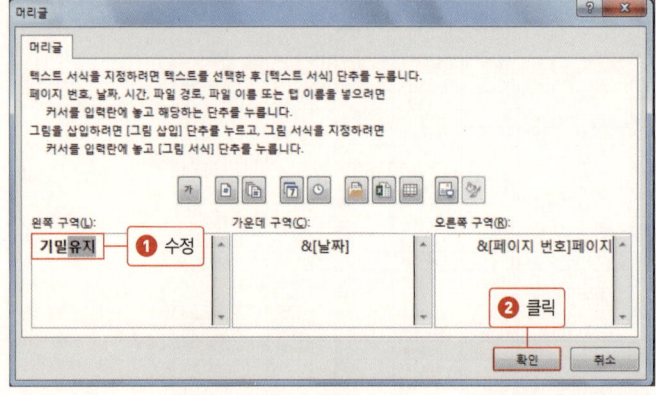

tip 대화상자 가운데에 있는 아이콘들을 클릭하면 날짜( ), 시간( ), 파일 이름( ) 등을 추가할 수 있습니다.

05 [보기] 탭 → [통합 문서 보기] 그룹 → [페이지 레이아웃( )]을 클릭하고 워크시트에 머리글이 포함된 것을 확인합니다.

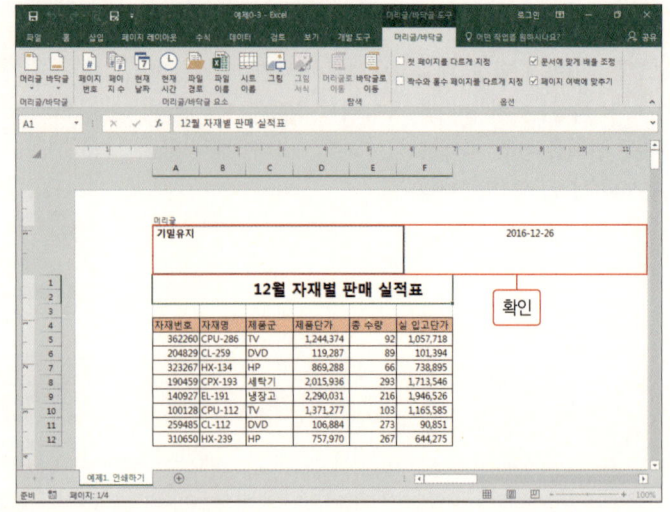

tip 머리글을 클릭하면 [머리글/바닥글] 탭이 활성화됩니다.

SECTION 02 인쇄 기능 한번에 익히기

06 머리글에 회사 로고 이미지를 넣어 보겠습니다. '기밀유지' 머리글을 선택하고 **[머리글/바닥글] 탭 → [머리글/바닥글 요소] 그룹 → [그림(📷)]**을 클릭합니다.

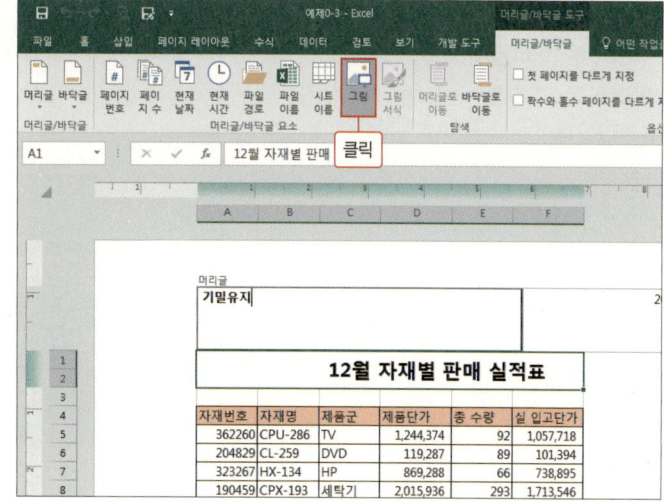

> 버전 엑셀 2013까지는 [머리글/바닥글] 탭이 아닌 [디자인] 탭으로 표시됩니다.

07 '그림 삽입' 대화상자가 표시되면 '파일에서'에서 '찾아보기'를 클릭합니다. '회사 로고.png' 파일을 선택하고 〈삽입〉 버튼을 클릭합니다.

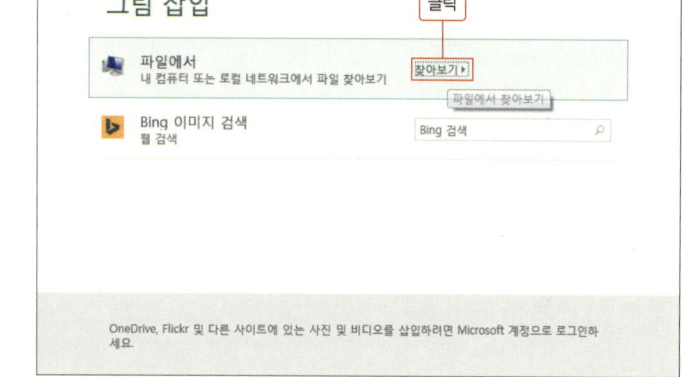

> 버전 엑셀 2007/2010에서는 '그림 삽입' 대화상자가 바로 표시됩니다.

08 머리글에 로고 이미지가 삽입됩니다.

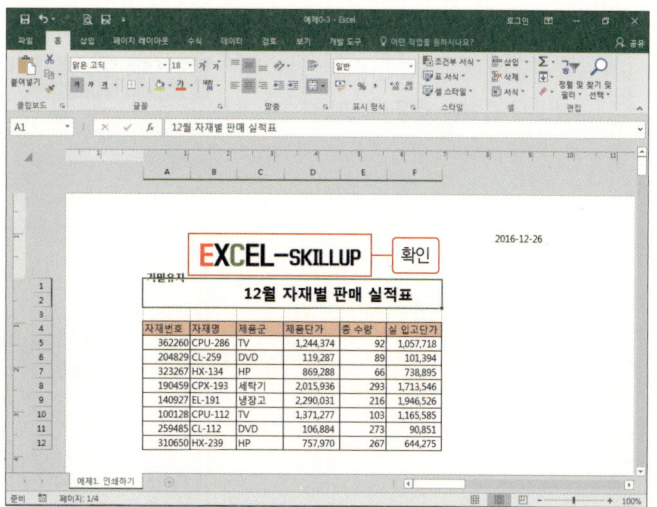

51

09 로고 이미지 크기를 조정하기 위해 [머리글/바닥글] 탭 → [머리글/바닥글 요소] 그룹 → [그림 서식(🖼)]을 클릭합니다.

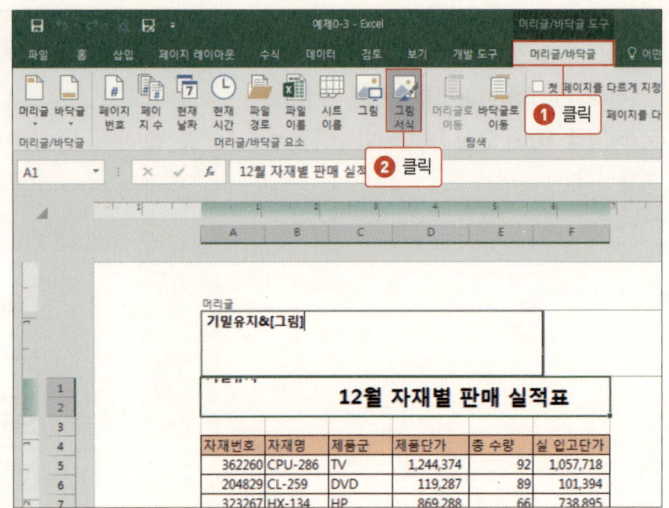

10 '그림 서식' 대화상자가 표시되면 '가로 세로 비율 고정'에 체크 표시되었는지 확인합니다. 배율에서 높이를 '50%'으로 설정하고 〈확인〉 버튼을 클릭합니다.

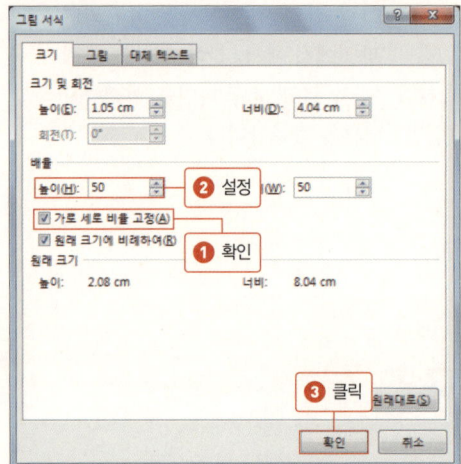

11 머리글에서 로고 이미지 크기가 알맞게 줄어든 것을 확인합니다.

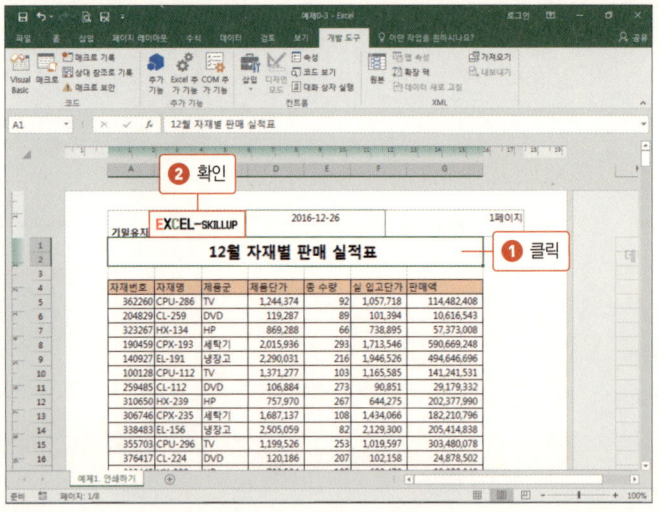

52 Part 1 엑셀 기본 기능 익히기

SECTION 02 인쇄 기능 한번에 익히기

12 출력 형태를 확인하기 위해 [파일] 탭 → [인쇄]를 클릭한 다음 설정 항목에서 '현재 설정된 용지'를 선택합니다. 설정한 머리글이 그대로 표시됩니다.

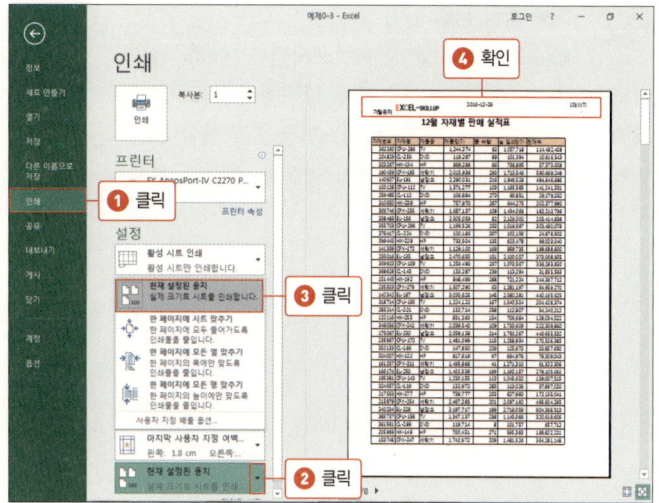

(버전) 엑셀 2007에서는 [Office 단추] → [인쇄] → [인쇄 미리 보기]를 클릭하여 인쇄 형태를 확인할 수 있습니다.

3 여백 중앙 정렬 및 반복될 행과 셀 오류 표시 설정하기

작업한 시트에서 서식이 한쪽으로 치우쳤을 때 정렬하여 인쇄하는 방법과 페이지 수가 늘어나도 표 머리글을 반복해서 표시하는 방법, 마지막으로 오류가 발생한 셀을 깔끔하게 공백으로 출력하는 방법을 알아봅니다.

{예제 파일} 01\예제0-3.xlsx {시트} 예제1. 인쇄하기

01 [파일] 탭 → [인쇄] 화면에서 미리 보기 화면을 살펴보면 데이터 표가 가운데에 있지 않은 것을 확인할 수 있습니다. 표를 가운데 정렬 배치하기 위해 '페이지 설정'을 클릭합니다.

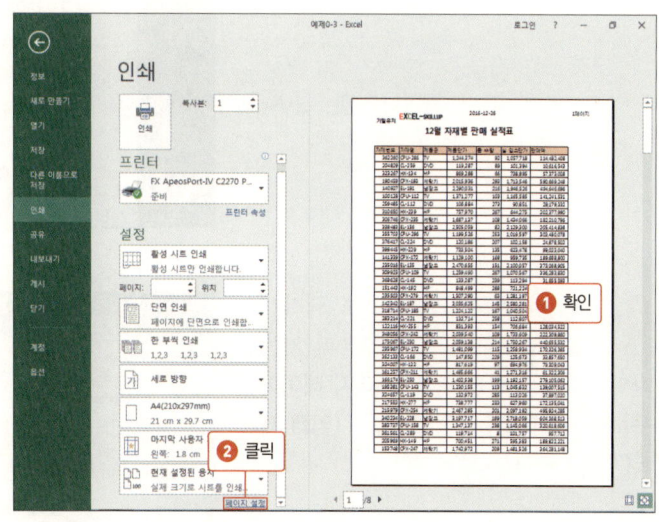

(버전) 엑셀 2007에서는 인쇄 미리 보기 화면에서 [인쇄 미리 보기] 탭 → [인쇄] 그룹 → [페이지 설정]을 클릭합니다.

02 [여백 중앙 정렬하기]

'페이지 설정' 대화상자가 표시되면 [여백] 탭을 클릭합니다. 페이지 가운데 맞춤 항목에서 '가로', '세로'에 모두 체크 표시하고 〈확인〉 버튼을 클릭합니다. 미리 보기 화면에서 데이터 표가 가운데 정렬된 것을 확인합니다.

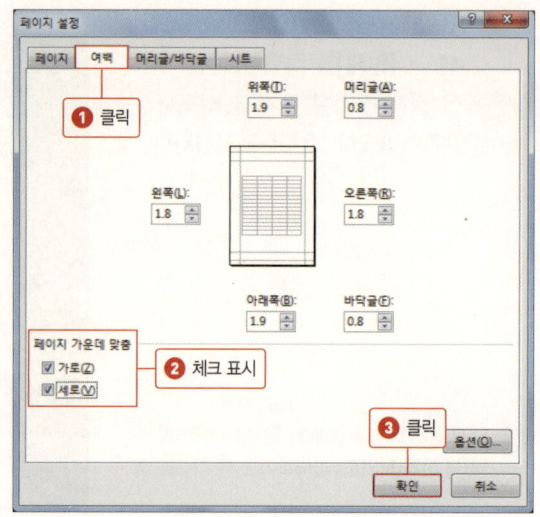

03 [반복 행 지정하기]

미리 보기 화면에서 페이지를 이동하면 1페이지에는 머리글 행이 표시되어 있지만 이후 페이지에는 없어서 해당 셀 값이 어떤 항목인지 알 수가 없습니다.

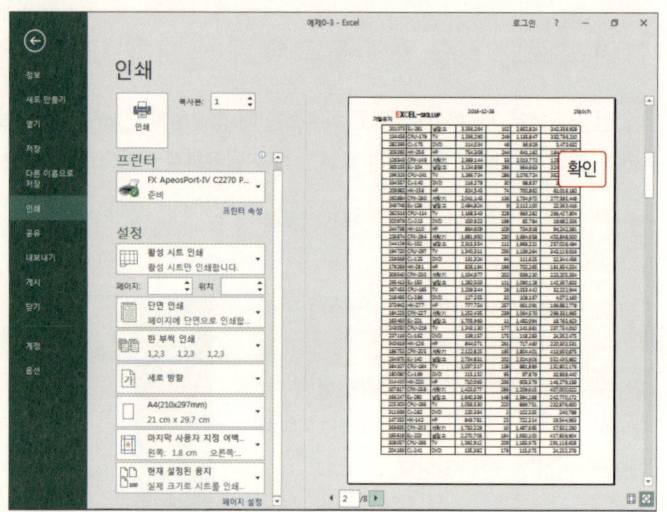

04

표 머리글을 반복적으로 표시해 보겠습니다. Esc 키를 눌러 엑셀 작업 창으로 돌아온 다음 **[페이지 레이아웃] 탭 → [페이지 설정] 그룹 → [인쇄 제목(🗔)]** 을 클릭합니다.

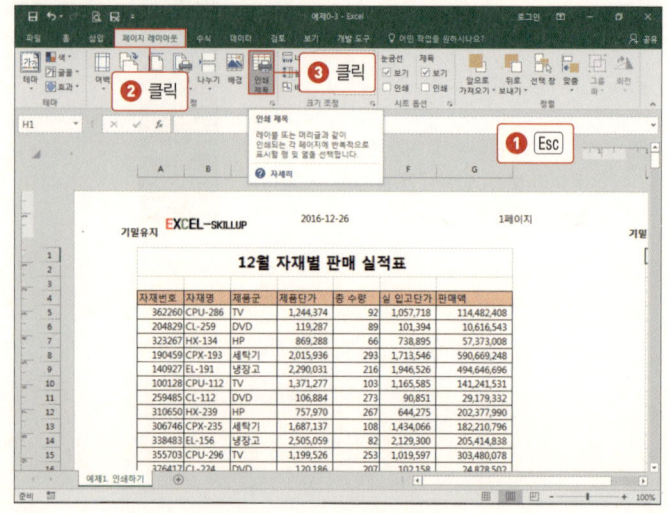

54 Part 1 엑셀 기본 기능 익히기

05 '페이지 설정' 대화상자가 표시되면 [시트] 탭을 선택합니다.
인쇄 제목에서 '반복할 행'에 커서를 둔 다음 시트에서 머리글 행을 선택합니다.

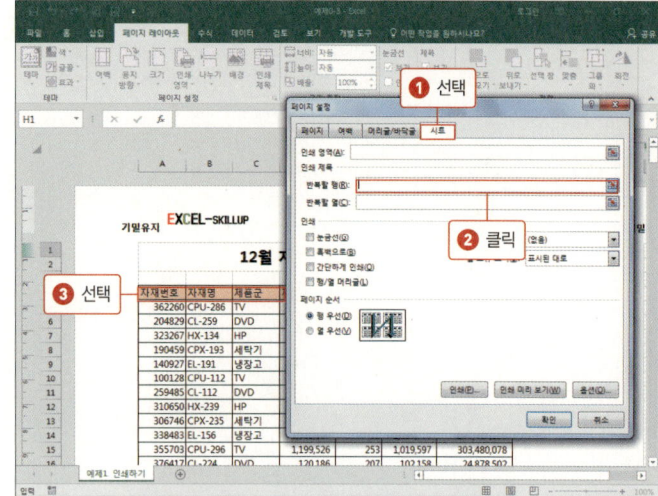

tip 만약 열을 반복해서 표시하고 싶다면 '반복할 열'을 선택합니다.

06 [셀 오류 표시 설정하기]
엑셀에서 입력한 데이터나 수식의 결과가 잘못되면 'N/A#'라는 값이 표시됩니다. 이런 값은 보기 좋지 않으니 오류가 발생했을 때 깔끔하게 공백이 출력되도록 설정하겠습니다.
'셀 오류 표시' 목록에서 '〈공백〉'을 선택한 다음 〈확인〉 버튼을 클릭합니다.

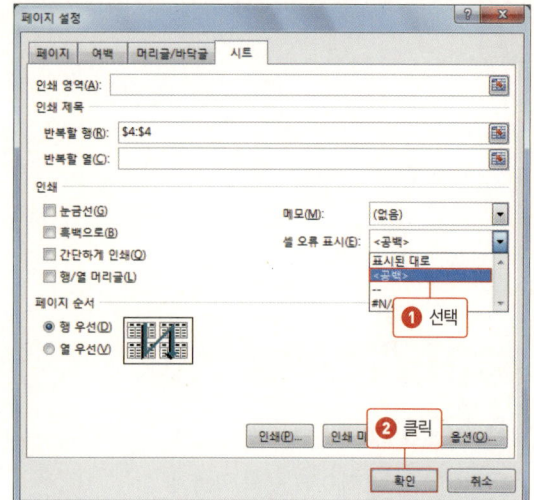

07 [파일] 탭 → [인쇄]를 클릭합니다.
미리 보기 화면에서 페이지를 이동하면 표 머리글이 페이지마다 표시된 것을 확인할 수 있습니다.

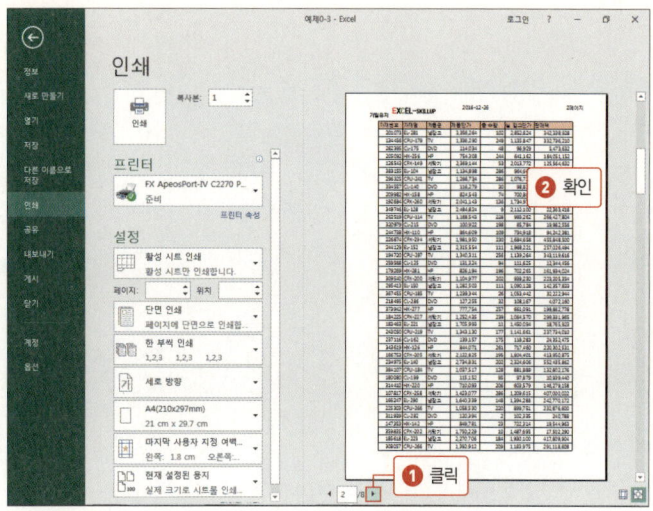

PART 02

SECTION 01 데이터 가공하기
SECTION 02 데이터 서식 익히기
SECTION 03 데이터 조회하기

기초 데이터 만들기

다른 형식의 데이터를 엑셀로 가져와 사용할 수 있도록 가공하고, 알맞은 서식을 적용한 다음, 필요한 데이터만 찾는 조회 방법을 알아보겠습니다.
이 과정을 통해 셀 서식과 조건부 서식을 익히고, 다양한 텍스트 함수와 숫자를 올림하는 함수도 알아보겠습니다.

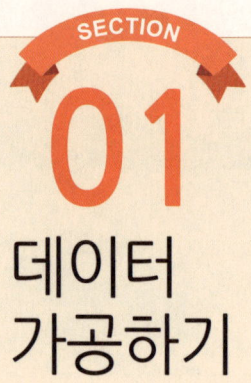

SECTION 01 데이터 가공하기

다른 형식의 데이터를 엑셀로 불러온 다음 불러온 데이터를 가공하는 방법을 알아봅니다. 데이터를 가공하는 데 있어 가장 기초적인 기능부터 시작해서 실무에서 자주 사용하는 기능까지 다양하게 배우도록 하겠습니다.

중요도 5

작업 소요 시간 35분

동영상 재생 시간 25분

1 텍스트 데이터 불러오기

엑셀에서 작업해야 할 파일을 넘겨 받았는데 파일 형식이 텍스트(.txt)라면 어떻게 해야 할까요? 여기서는 다른 형식의 데이터, 그 중에서도 가장 많이 사용하는 텍스트 데이터를 엑셀에 불러오는 방법을 알아봅니다.

{예제 파일} 02\1. 기초만들기.xlsx {시트} 데이터 기초 실습(예제)

01 워크시트에 텍스트 파일을 불러오기 위해 [데이터] 탭 → [외부 데이터 가져오기] 그룹 → [텍스트]를 클릭합니다.

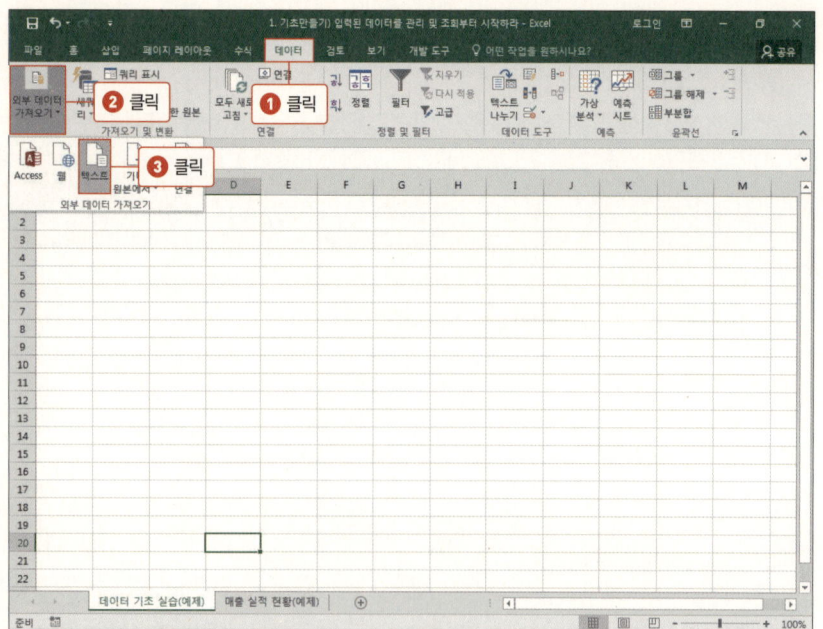

SECTION 01 데이터 가공하기

02 '텍스트 파일 가져오기' 대화상자가 표시되면 '1.기초만들기) TXT 파일 실습.txt' 파일을 선택하고 〈열기〉 버튼을 클릭합니다.

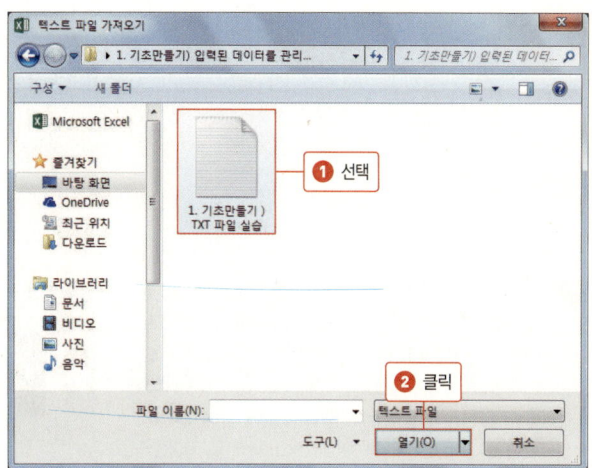

03 텍스트 파일을 Tab 키로 구분하여 불러오겠습니다.
'텍스트 마법사' 대화상자에서 원본 데이터의 파일 유형을 '구분 기호로 분리됨'으로 선택하고 〈다음〉 버튼을 클릭합니다.

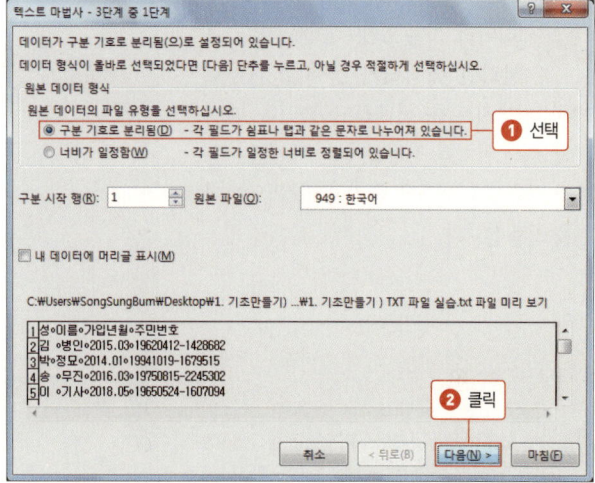

tip 불러올 텍스트 파일의 너비가 일정하면 '너비가 일정함'을 선택하고 그렇지 않을 경우 '구분 기호로 분리됨'을 선택합니다.

04 구분 기호에서 '탭'에 체크 표시하고 〈다음〉 버튼을 클릭합니다.

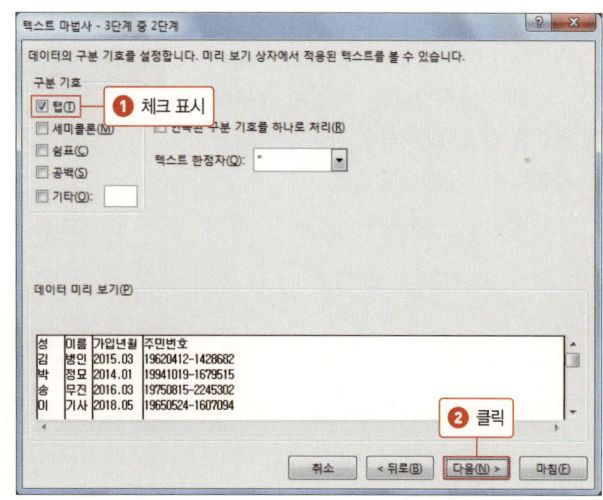

tip 메모장에서 Tab 키를 누르면 띄어지는 간격이 바로 '탭'입니다. 엑셀에서 작업 시트를 저장할 때, 파일 형식을 '텍스트(탭으로 분리)'로 지정하면 엑셀 파일을 텍스트 파일로 바꿔서 저장할 수 있습니다.

59

05 열 데이터 서식에서 '텍스트'를 선택하고 〈마침〉 버튼을 클릭합니다.

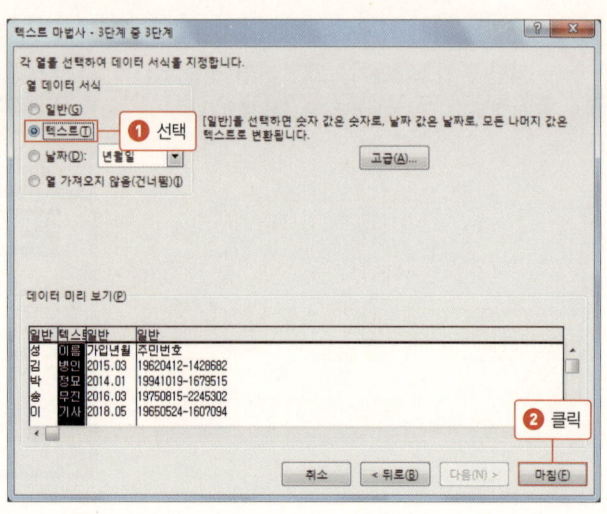

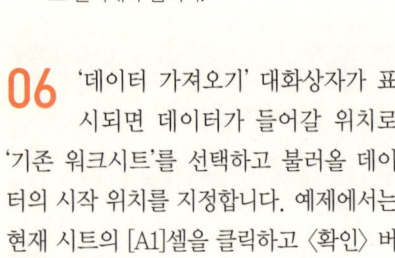 '열 데이터 서식'의 기본 옵션은 '일반'입니다. 이렇게 설정하면 일반적인 데이터는 상관없지만 '0'으로 시작하는 데이터일 경우, 예를 들면 '0123'이 '123'으로 바뀔 수 있습니다. 그러나 '텍스트' 옵션을 선택하면 이런 현상이 일어나지 않기 때문에 앞에 붙어있는 '0'을 살리고 싶다면 '열 데이터 서식'을 '텍스트'로 선택해야 합니다.

06 '데이터 가져오기' 대화상자가 표시되면 데이터가 들어갈 위치로 '기존 워크시트'를 선택하고 불러올 데이터의 시작 위치를 지정합니다. 예제에서는 현재 시트의 [A1]셀을 클릭하고 〈확인〉 버튼을 클릭합니다.

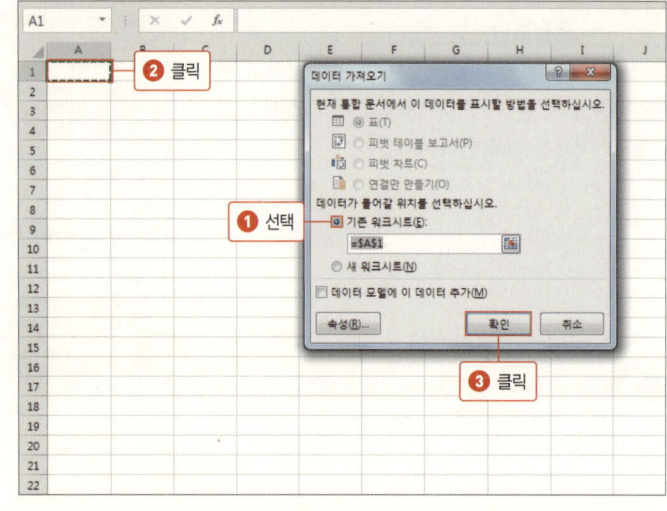

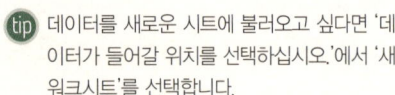 데이터를 새로운 시트에 불러오고 싶다면 '데이터가 들어갈 위치를 선택하십시오.'에서 '새 워크시트'를 선택합니다.

07 [A1]셀을 시작점으로 텍스트 데이터가 표시됩니다. 이렇게 데이터를 불러온 다음, 데이터를 관리하는 방법을 차례로 살펴보겠습니다.

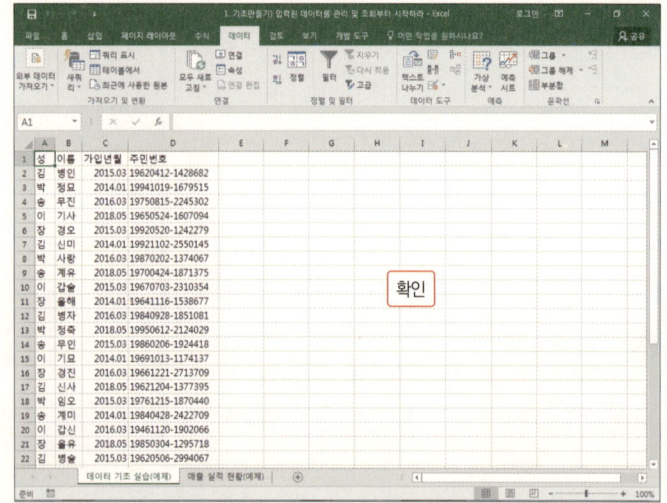

2 성과 이름 합쳐서 표현하기 1 - CONCATENATE 함수

엑셀 시트에서 '성'과 '이름'을 나누어서 관리하고 있는데 "합쳐서 보여주세요."라는 요청을 받았다면 어떻게 해야 할까요? 여기서는 CONCATENATE 함수를 이용해 여러 개의 텍스트 데이터를 하나로 합치는 방법을 배우겠습니다.

01 A열에는 성, B열에는 이름이 입력되어있습니다. B열 오른쪽에 열을 하나 삽입한 다음 성과 이름을 합쳐서 표시하겠습니다. C열을 마우스 오른쪽 버튼으로 클릭하고 **삽입**을 실행합니다.

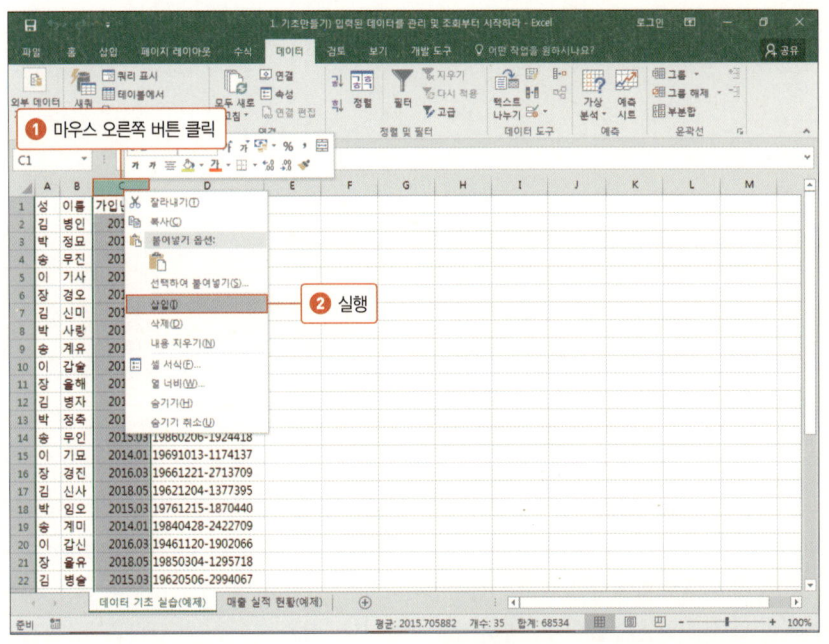

02 C열이 삽입되면 [C1]셀에 '성+이름 방법1'을 입력하여 머리글을 만듭니다.

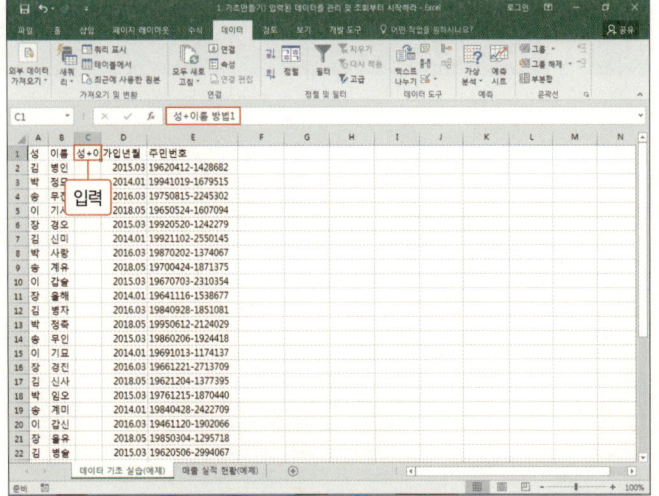

tip 같은 방법으로 행도 추가할 수 있습니다.

03 입력한 머리글에 맞춰 열 너비를 조정하기 위해 C열과 D열 사이에 있는 눈금선 위에 마우스 포인터를 올리고 더블클릭합니다.

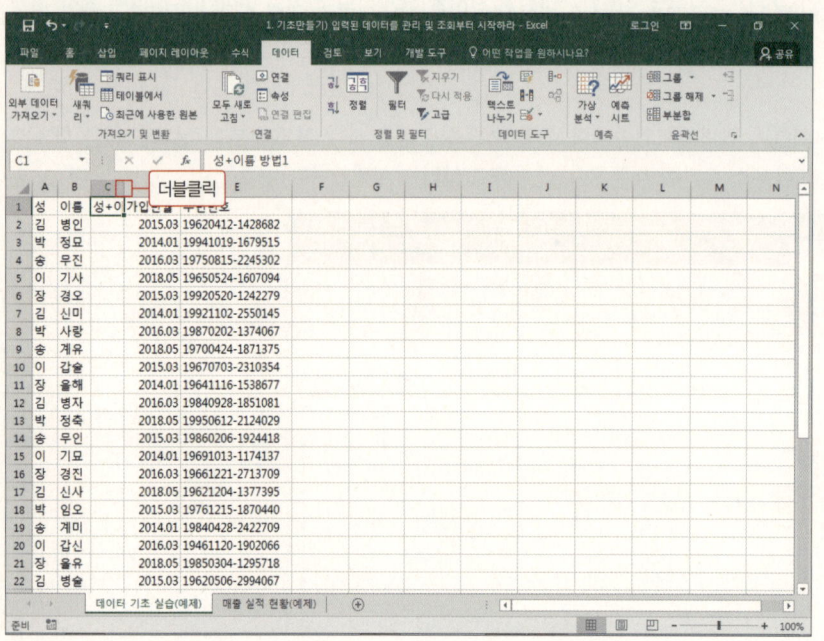

04 CONCATENATE 함수를 이용해 성과 이름을 합쳐보겠습니다. [C2]셀에 '=CONCATENATE('를 입력하면 커서 아래에 '=CONCATENATE(text1, [text2], ……)가 표시됩니다. 'CONCATENATE'는 '결합하다'라는 뜻이고, 입력한 데이터(text)를 순서대로 합쳐서 출력하는 함수입니다.

[A2]셀을 클릭하고 쉼표(,)를 찍은 다음 [B2]셀을 클릭하고 Enter 키를 누릅니다. 최종 수식은 '=CONCATENATE(A2,B2)'입니다.

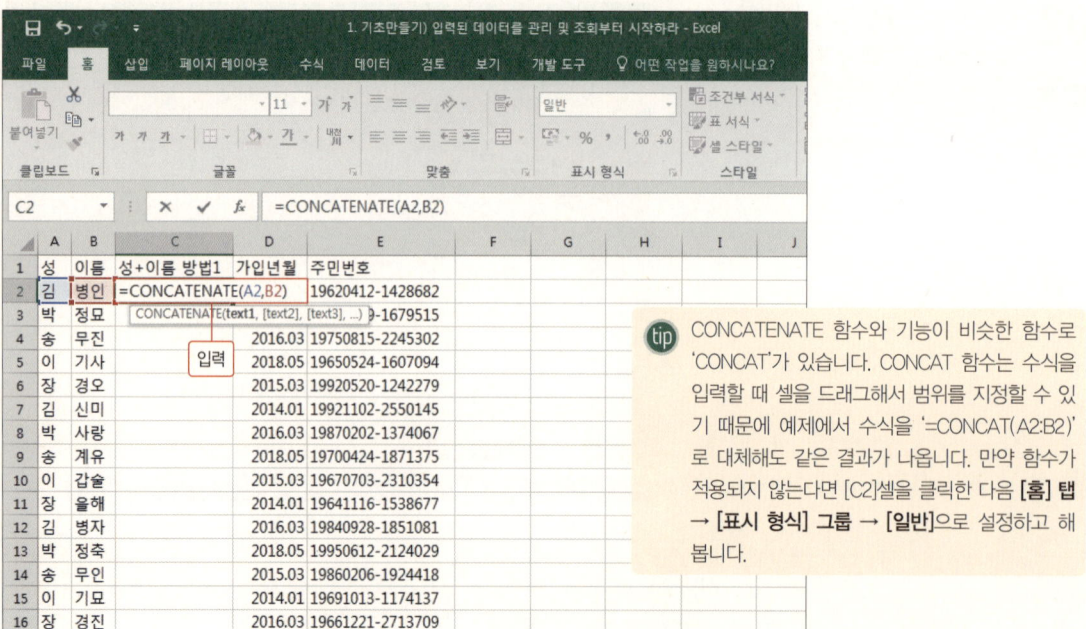

tip CONCATENATE 함수와 기능이 비슷한 함수로 'CONCAT'가 있습니다. CONCAT 함수는 수식을 입력할 때 셀을 드래그해서 범위를 지정할 수 있기 때문에 예제에서 수식을 '=CONCAT(A2:B2)'로 대체해도 같은 결과가 나옵니다. 만약 함수가 적용되지 않는다면 [C2]셀을 클릭한 다음 [홈] 탭 → [표시 형식] 그룹 → [일반]으로 설정하고 해 봅니다.

SECTION 01 데이터 가공하기

05 [A2]셀에 입력된 '김'과 [B2]셀에 입력된 '병인'이 합쳐진 '김 병인'이 [C2]셀에 표시됩니다.
[C2]셀을 선택하고 오른쪽 아래 꼭짓점에 마우스 포인터를 올린 다음 십자 표시가 나오면 더블클릭하여 [C35]셀까지 채웁니다.

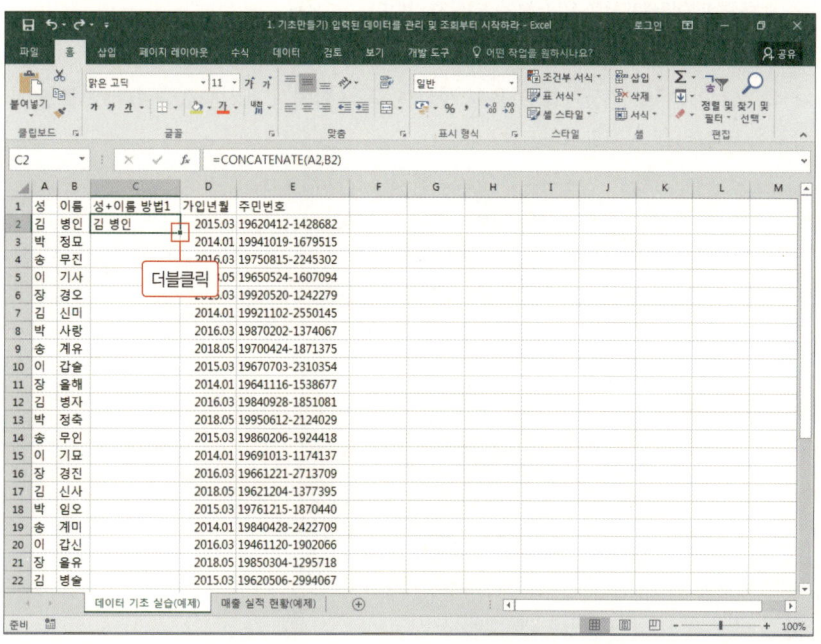

06 모든 '성'과 '이름'을 합쳐서 표현했습니다.

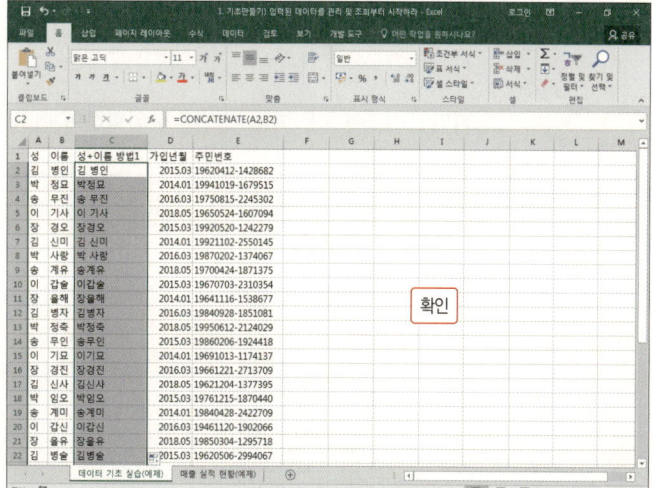

63

3 성과 이름 합쳐서 표현하기 2 - & 연산자

앞에서 CONCATENATE 함수를 배웠습니다. 이번에는 조금 더 간단하게 사용할 수 있는 '&' 연산자를 알아보겠습니다. '&'는 'I&YOU'가 '너와 나'라는 뜻인 것처럼 데이터를 서로 연결하는 연산자입니다.

01 C열 오른쪽에 열을 하나 삽입한 다음 '&' 연산자를 이용해 성과 이름을 합쳐서 표시하겠습니다. D열을 마우스 오른쪽 버튼으로 클릭하고 **삽입**을 실행합니다.

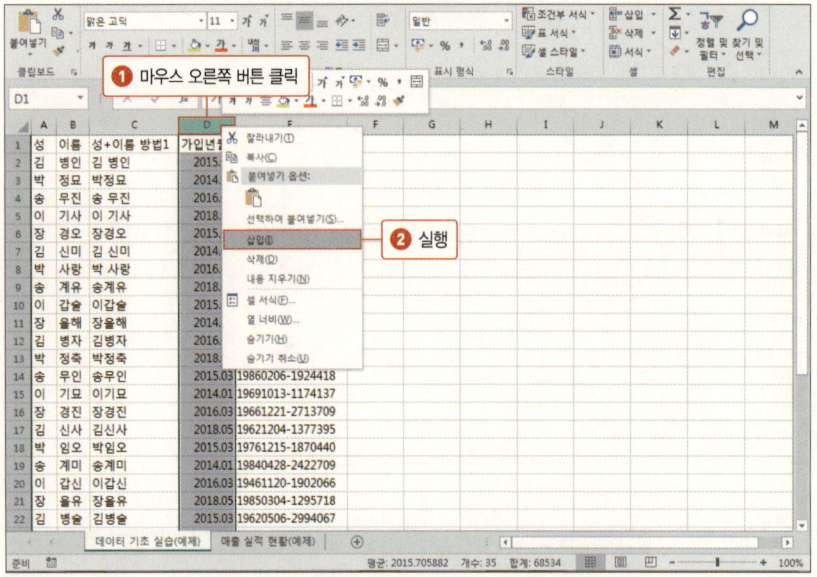

02 D열이 삽입되면 [D1]셀에 '성+이름 방법2'을 입력하여 머리글을 만듭니다.

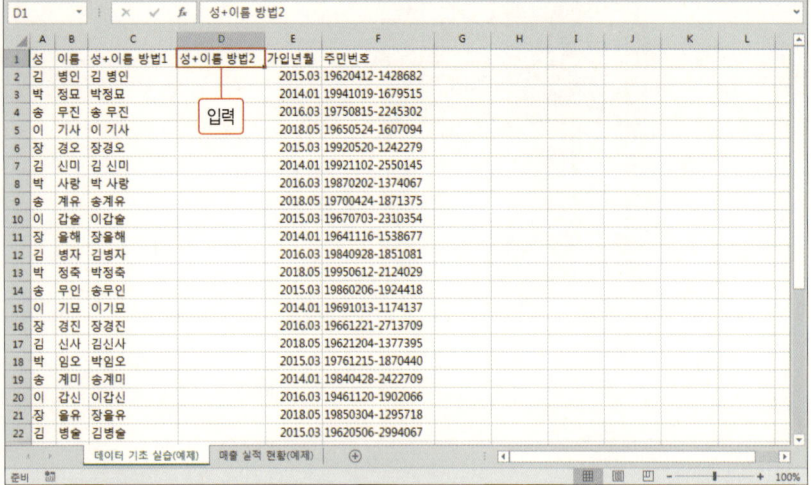

64　Part 2　기초 데이터 만들기

03 [D2]셀에 '='를 입력하고 [A2]셀을 클릭합니다. 연결 연산자 '&'를 입력한 다음 [B2]셀을 클릭하고 Enter 키를 누릅니다. 최종 수식은 '=A2&B2'입니다.
[A2]셀에 입력된 '김'과 [B2]셀에 입력된 '병인'이 합쳐진 '김 병인'이 [D2]셀에 표시됩니다.

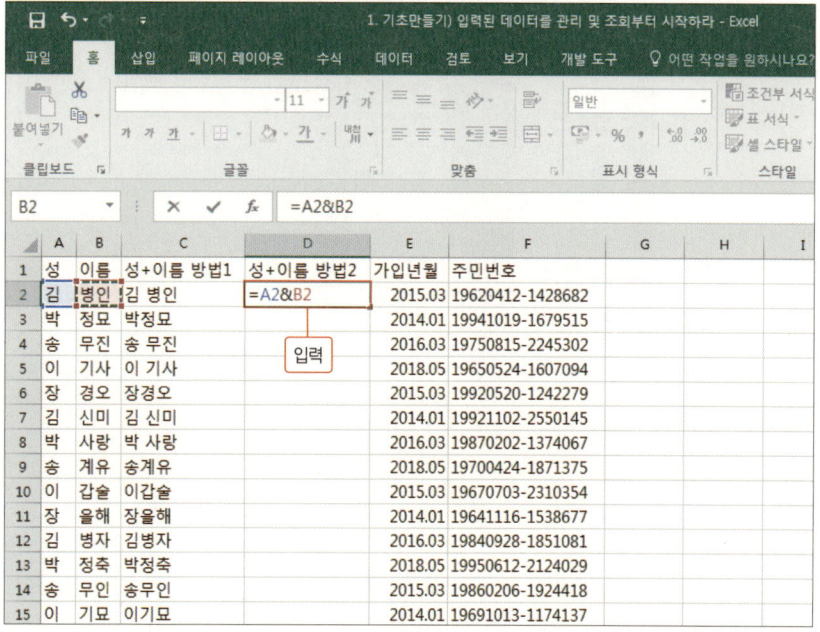

04 [D2]셀을 선택하고 오른쪽 아래 꼭짓점에 마우스 포인터를 올린 다음 십자 표시가 나오면 더블클릭하여 [D35]셀까지 채웁니다.

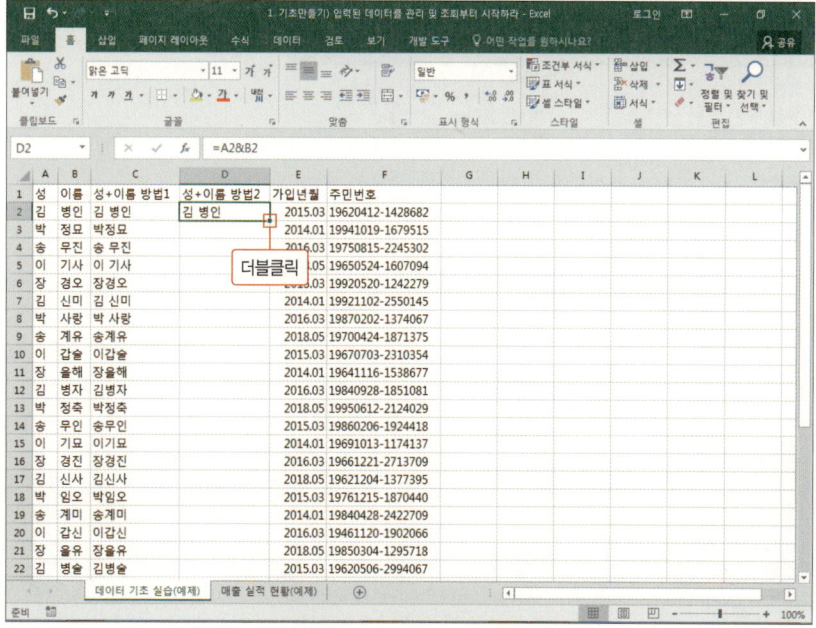

05 모든 '성'과 '이름'을 합쳐서 표현 했습니다.

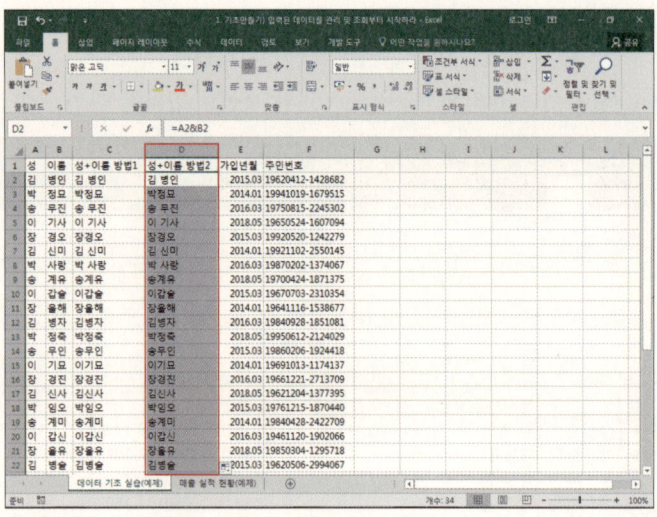

4 데이터 값만 복사하고 공백 제거하기

눈치 챘는지 모르겠지만, 앞의 예제에서 합친 데이터들을 보면 어떤 데이터는 '성'과 '이름' 사이가 한 칸 띄어져 있고 어떤 데이터는 서로 붙어있습니다. '성' 뒤에 공백(Space)이 들어 있기 때문인데요. 그래서 '김병인'이 아니라 '김 병인'이라 표시된 것입니다. 이번에는 이렇게 데이터 사이에 공백이 있을 때 공백을 없애서 표현하는 방법을 알아보겠습니다.

01 D열 오른쪽에 열을 하나 삽입한 다음 데이터에서 값만 복사하고 공백을 제거하겠습니다. E열을 마우스 오른쪽 버튼으로 클릭하고 **삽입**을 실행합니다.

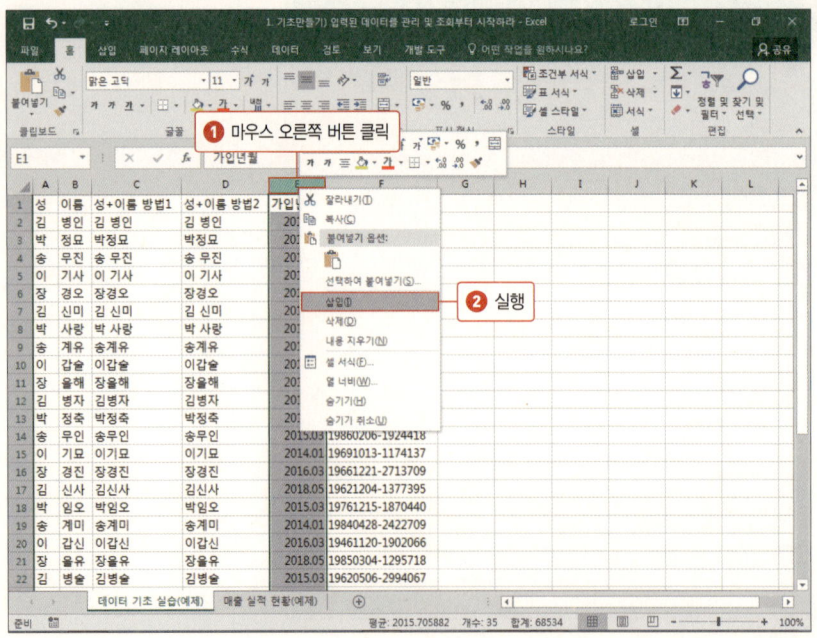

66   Part 2 기초 데이터 만들기

02 E열이 삽입되면 [E1]셀에 '값 복사+빈칸제거'를 입력하여 머리글을 만든 다음 E열과 F열 사이에 있는 눈금선 위에 마우스 포인터를 올려놓고 더블클릭해서 열 너비를 조정합니다.

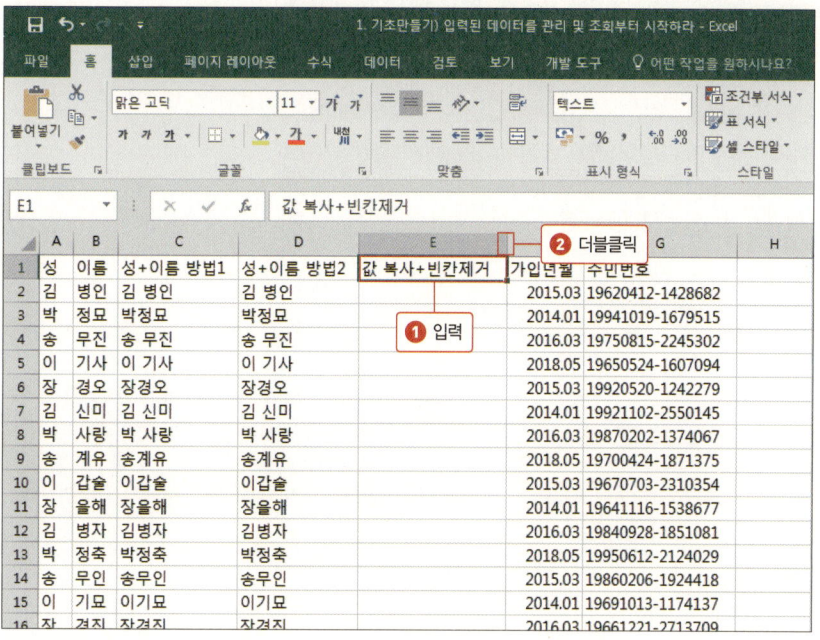

03 [D2:D35] 범위에 있는 데이터들을 복사해 오겠습니다. 수식이 적용된 데이터를 복사하고 바로 붙여넣으면 적용된 수식까지 복사되는데, 예제에서는 수식을 제외한 데이터 값만 복사할 것입니다. [D2]셀을 클릭합니다.

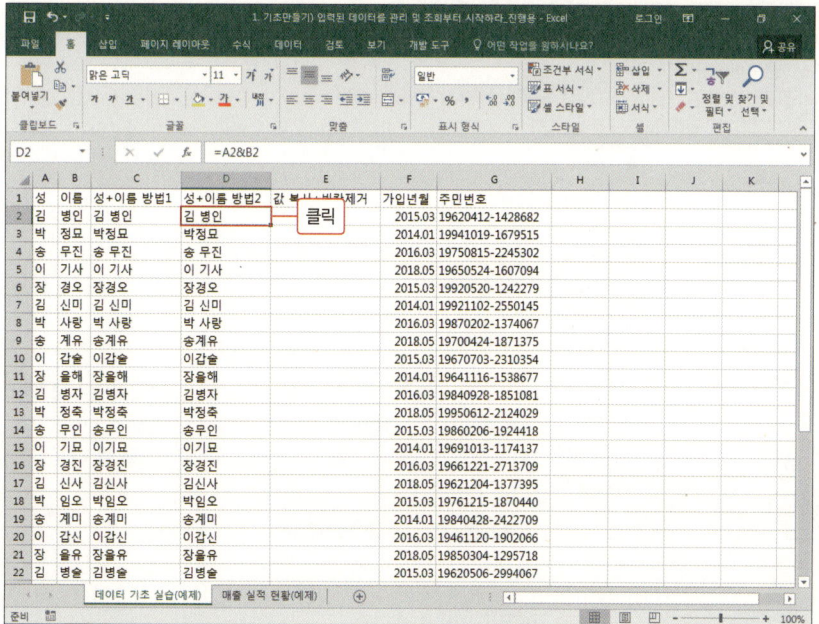

04 Ctrl+Shift+방향키 ↓를 눌러 [D35]셀까지 한번에 선택한 다음 Ctrl+C 키를 눌러 복사합니다.

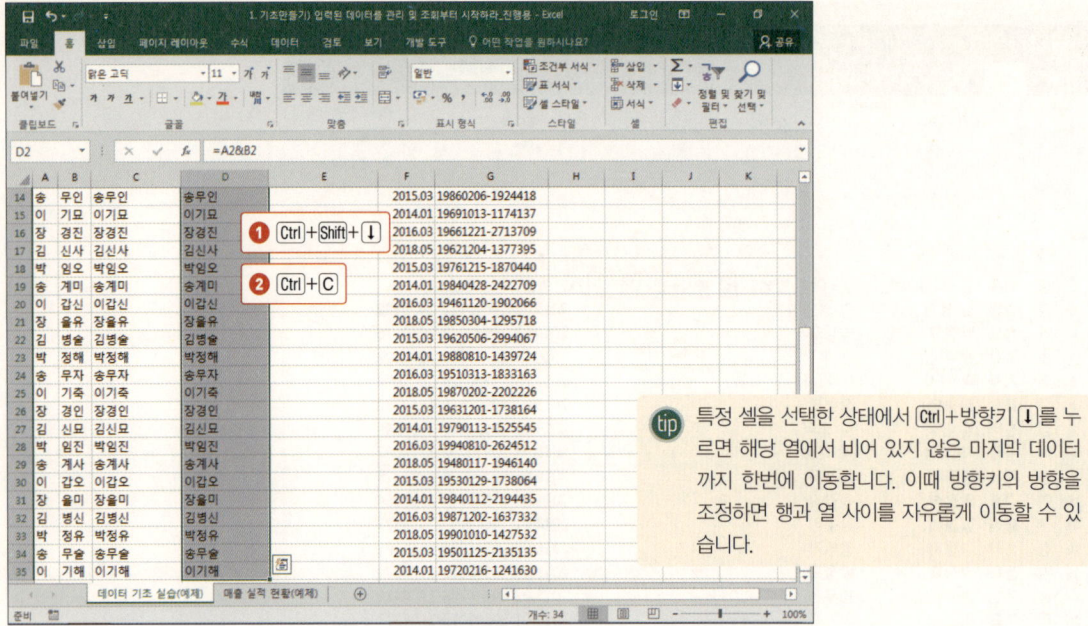

tip 특정 셀을 선택한 상태에서 Ctrl+방향키 ↓를 누르면 해당 열에서 비어 있지 않은 마지막 데이터까지 한번에 이동합니다. 이때 방향키의 방향을 조정하면 행과 열 사이를 자유롭게 이동할 수 있습니다.

05 [E2]셀을 마우스 오른쪽 버튼으로 클릭한 다음 붙여넣기 옵션에서 '값(📋)'을 실행합니다.

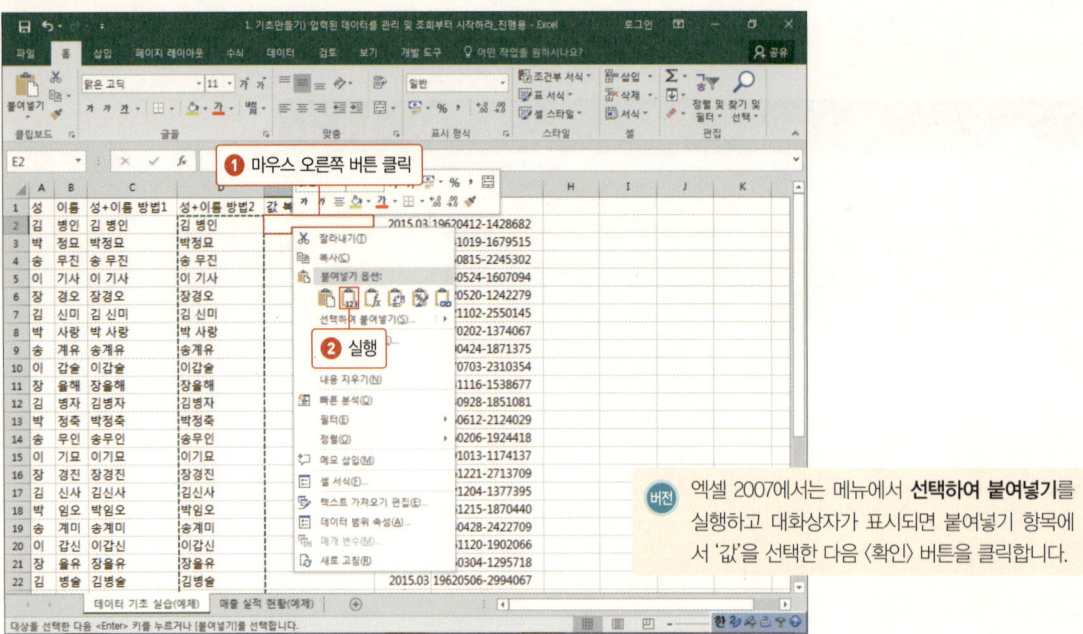

버전 엑셀 2007에서는 메뉴에서 **선택하여 붙여넣기**를 실행하고 대화상자가 표시되면 붙여넣기 항목에서 '값'을 선택한 다음 〈확인〉 버튼을 클릭합니다.

06 수식 입력줄을 보면 데이터 값만 복사된 것을 확인할 수 있습니다. Ctrl+D 키를 눌러 선택을 해제합니다.

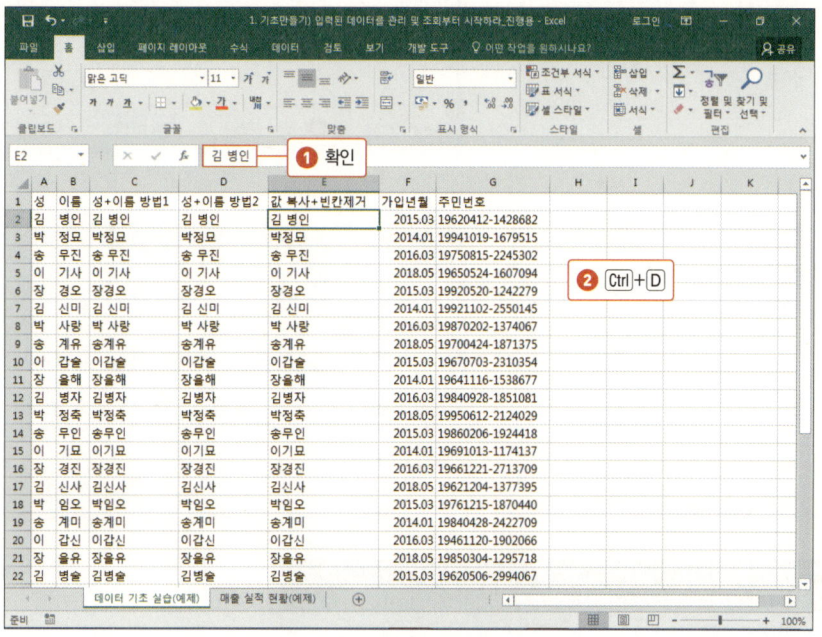

07 이렇게 값만 복사한 이유는 무엇일까요? 바로 성과 이름 사이에 있는 공백을 없애기 위해서죠. [E1]셀을 클릭하고 Ctrl+Shift+방향키 ↓를 눌러 [E35]셀까지 블록으로 한번에 선택합니다.

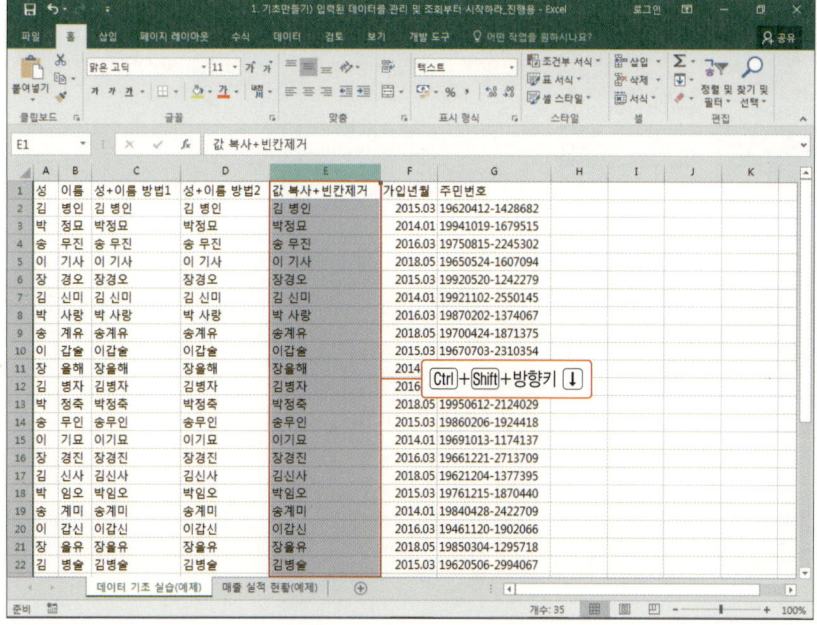

08 Ctrl+H 키를 눌러 '찾기 및 바꾸기' 대화상자를 표시합니다. '찾을 내용'에 커서를 두고 Spacebar를 한 번 누른 다음 '바꿀 내용'에는 아무것도 입력하지 않은 상태로 〈모두 바꾸기〉 버튼을 클릭합니다.

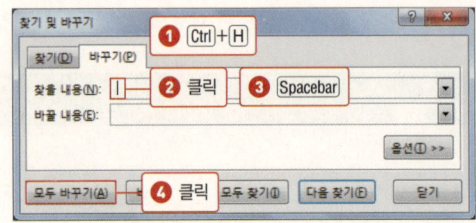

09 항목이 바뀌었음을 알리는 창이 표시되면 〈확인〉 버튼과 〈닫기〉 버튼을 차례로 클릭합니다.

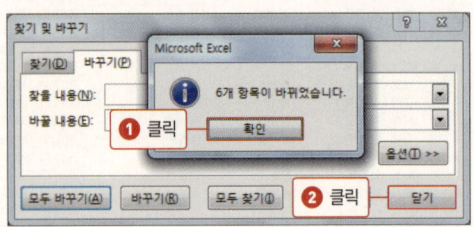

10 데이터에서 공백이 사라진 것을 확인합니다.

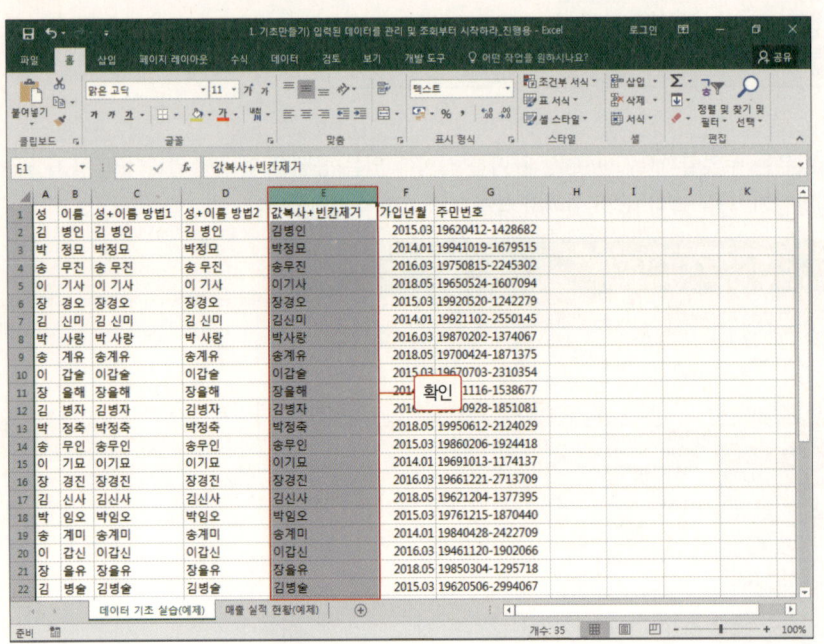

5 구분 기호 기준으로 데이터 나누기

하나의 셀에 입력된 연도와 월 데이터 구분 기호 기준으로 나누어 표시하는 방법을 배우겠습니다. 이때 앞에 '0'이 붙은 데이터일 경우 '0'이 사라지지 않게 표현하는 방법을 알아봅니다.

01 '가입년월' 필드에 입력된 데이터를 마침표(.)를 기준으로 나누어 표시하겠습니다. G열을 마우스 오른쪽 버튼으로 클릭하고 **삽입**을 실행합니다. '가입년월'을 두 개의 열로 나눌 것이기 때문에 빈 공간을 미리 준비한 것입니다.

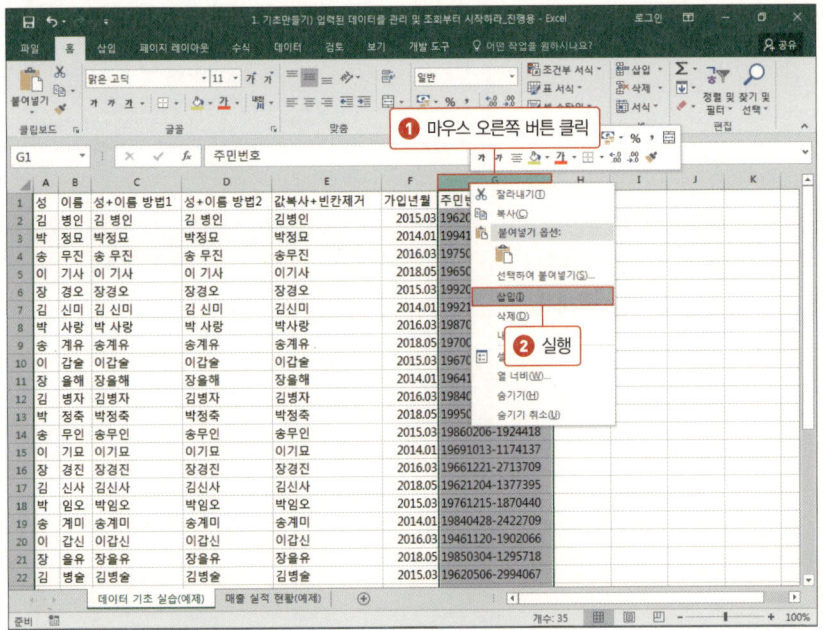

02 G열이 삽입되면 F열을 클릭해 '가입년월' 필드의 모든 셀을 선택하고 **[데이터] 탭 → [데이터 도구] 그룹 → [텍스트 나누기(　)]**를 클릭합니다.

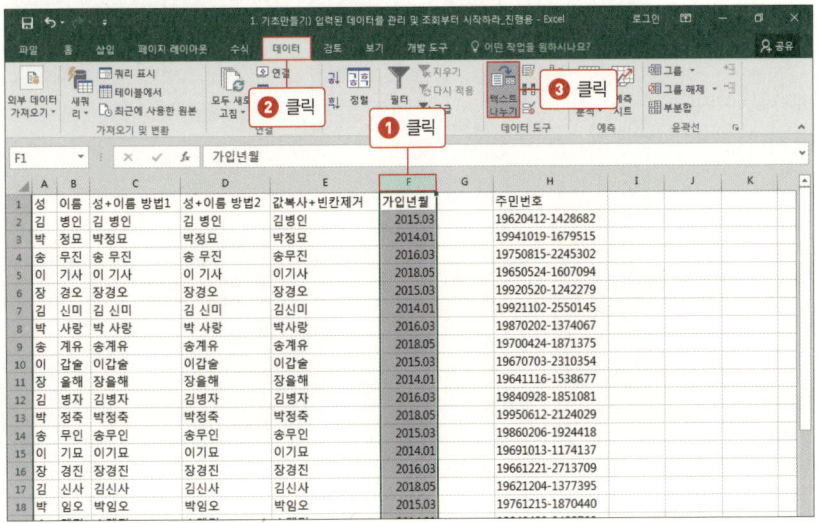

03 '텍스트 마법사' 대화상자가 표시되면 원본 데이터의 파일 유형 항목에서 '구분 기호로 분리됨'을 선택하고 〈다음〉 버튼을 클릭합니다.

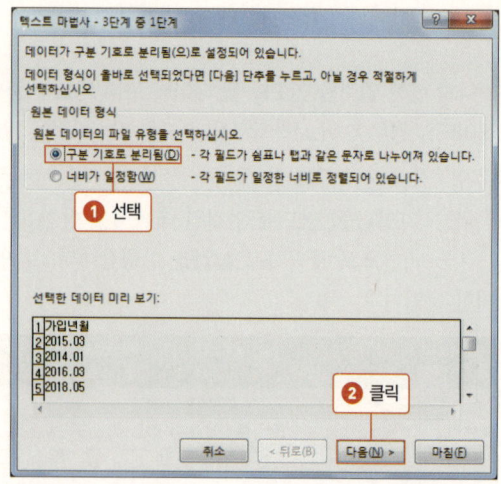

04 여러 구분 기호 중 마침표(.)를 기준으로 데이터를 나누기 위해 '기타'에 체크 표시하고 '.'을 입력합니다. '기타'를 제외한 나머지 체크 박스는 선택을 해제하고 〈다음〉 버튼을 클릭합니다.

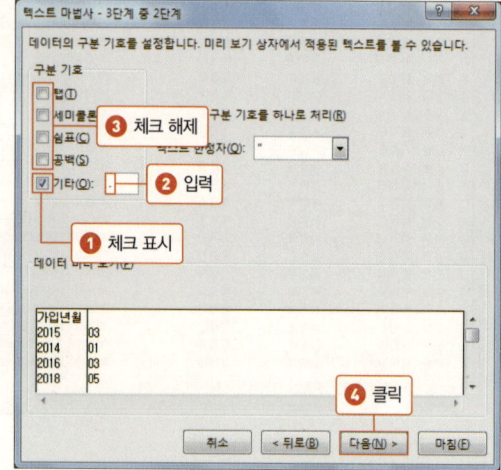

05 '데이터 미리 보기'에서 구분 기호가 적용된 데이터를 확인하고 〈마침〉 버튼을 클릭합니다.
'가입년월' 필드가 두 개의 열로 나누어지면서 월 데이터 앞에 붙은 '0'이 사라진 것을 확인할 수 있습니다.

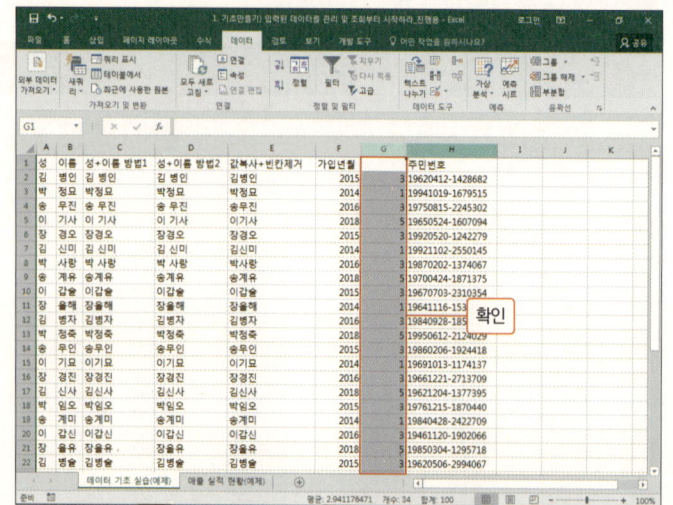

72 Part 2 기초 데이터 만들기

06 사라진 '0'을 다시 표시해 보겠습니다. '작업 취소' 아이콘( )을 클릭하여 작업을 되돌리고, 과정 02~04를 다시 실행합니다.
'데이터 미리 보기'에서 '월'에 해당하는 열을 클릭하여 열이 블록으로 지정하고 열 데이터 서식에서 '텍스트'를 선택한 다음 〈마침〉 버튼을 클릭합니다.

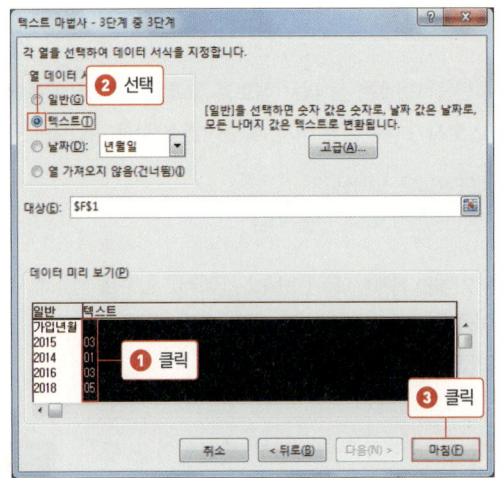

07 월 데이터 앞에 '0'이 표시되면 [F1]셀에 '가입년', [G1]셀에 '가입월'을 입력하여 머리글을 만듭니다.

> **tip** '텍스트' 옵션이 아니면 '0'이 사라지는 이유가 무엇일까요? 엑셀은 별도로 텍스트 옵션을 선택하지 않으면 데이터를 숫자로 인식하기 때문입니다. 예를 들어 '03'을 입력하면 '0'이 사라진 형태로 표시되는데 숫자로 보자면 '03'과 '3'은 같은 값이므로 아무 문제가 없죠. 그렇기 때문에 셀에 '03'을 입력하고 싶다면 반드시 속성을 '텍스트'로 선택해야 합니다. 다른 방법은 입력할 때 데이터 앞에 작은따옴표(')를 붙이는 것입니다. 작은따옴표는 해당 데이터의 속성이 문자임을 알리는 역할을 해서 "03'을 입력하면 '3'이 아닌 '03'이 표시됩니다.

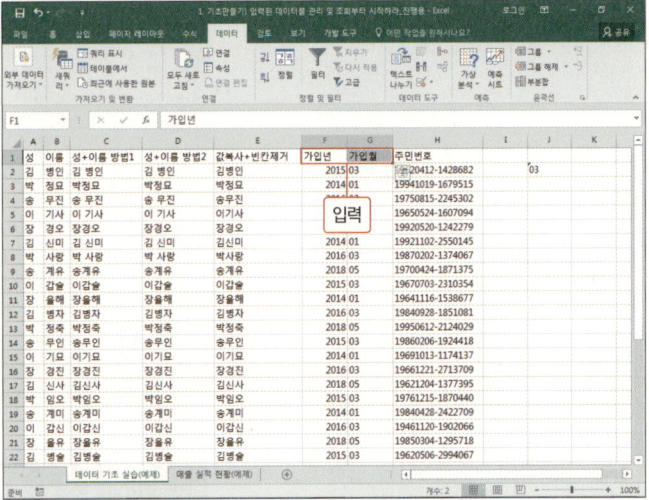

08 '가입년월' 필드를 '가입년'과 '가입월'로 나누었습니다.

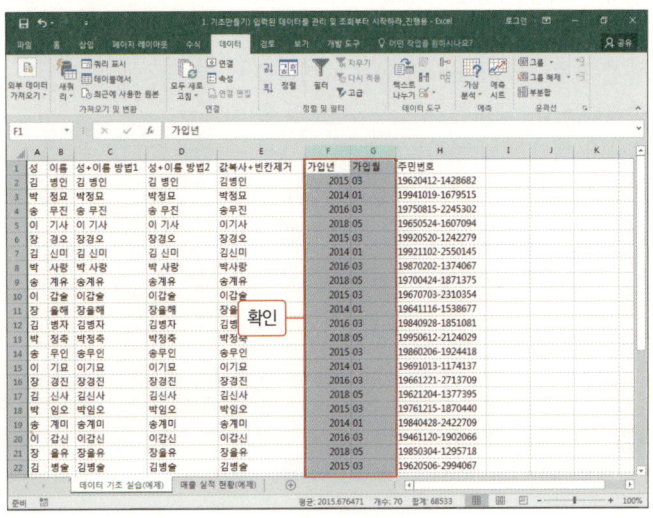

6 주민등록번호에서 '생년월일' 발췌하기

주민등록번호는 참 많은 정보를 담고 있습니다. 왼쪽에서 여덟 번째 자리까지는 생년월일을 뜻하고 '하이픈(-)' 다음에 오는 숫자가 짝수이면 여자, 홀수이면 남자를 나타내죠.

> 19620412-1428682
> 생년월일   남/여 구분 가능

이번에는 FIND, LEFT , MID , RIGHT 함수를 사용해서 주민등록번호에서 원하는 위치의 데이터만 뽑아 보겠습니다. 함수 이름을 그대로 해석하면 '찾다, 왼쪽, 가운데, 오른쪽'입니다. 이 함수들을 어떤 상황에서 어떤 방식으로 사용하는지 알아보겠습니다.

01 주민등록번호에서 생년월일을 뜻하는 여덟 자리 숫자만 뽑아 보겠습니다. [I1]셀에 '생년월일'을 입력하여 I열 머리글을 만듭니다.

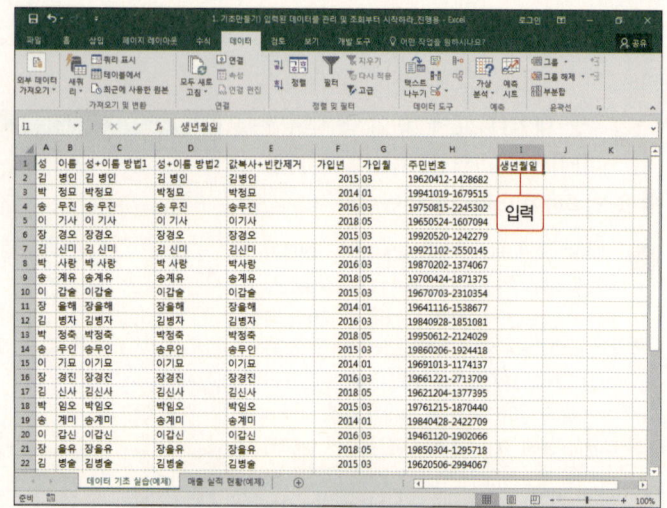

02 [I2]셀에 '=LEFT('를 입력하면 커서 아래에 'LEFT(text, [num_chars])'이 표시됩니다. 'LEFT'는 지정한 셀에 입력된 데이터(text)에서 왼쪽부터 특정 자릿수(num_chars)만큼 데이터를 출력하는 함수입니다. 주민등록번호의 왼쪽에서 여덟 번째 자릿수까지 뽑아 내야 하므로 [H2]셀을 클릭하고 쉼표(,)와 '8'을 차례로 입력한 다음 Enter 키를 누릅니다. 최종 수식은 '=LEFT(H2,8)'입니다.

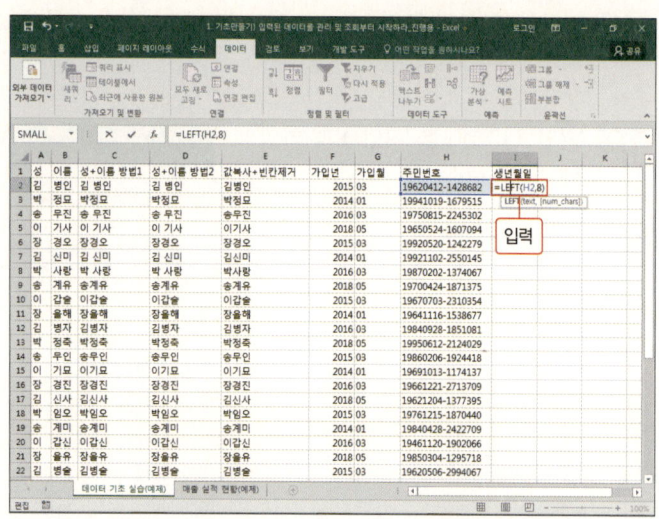

> tip '함수'라는 용어를 접하면 어렵다고 생각하기 쉽지만 함수는 인간이 편리하게 사용하기 위해 만든 것이라 알고리즘이 우리의 사고방식과 같습니다. 예제에서 사용한 LEFT 함수를 인간의 언어로 옮기면 "주민등록번호의 왼쪽에서 여덟 자리가 생년월일이다."가 되는 것처럼요.

03 [I2]셀을 선택하고 오른쪽 아래 꼭짓점에 마우스 포인터를 올린 다음 십자 표시가 나오면 더블클릭하여 [I35]셀까지 채웁니다. 주민등록번호에서 생년월일을 뜻하는 여덟 자리 숫자만 뽑아 냈습니다.

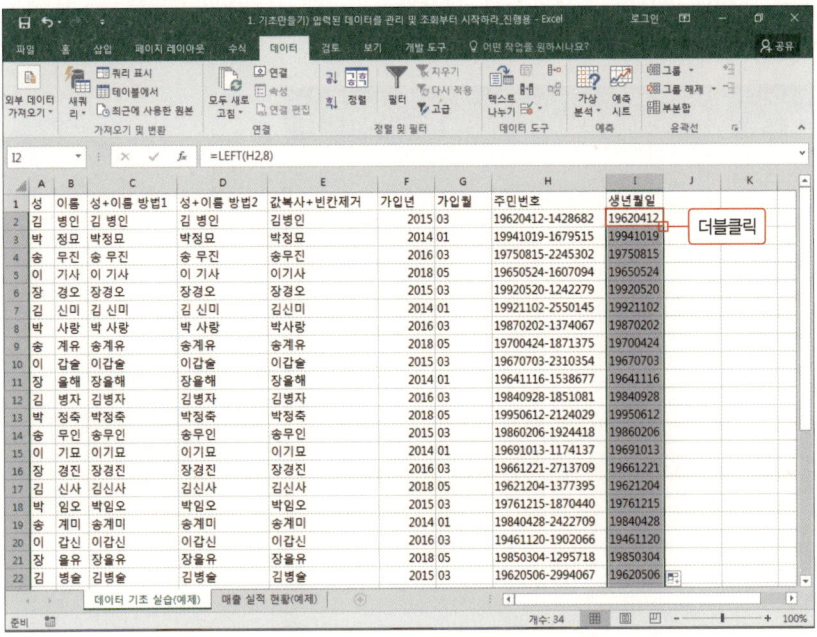

7 주민등록번호로 성별 판단하기 - MID 함수

01 주민등록번호에서 성별을 나타내는 한 자리 숫자만 뽑아 보겠습니다. [J1]셀에 '성/별'을 입력하여 J열 머리글을 만듭니다.

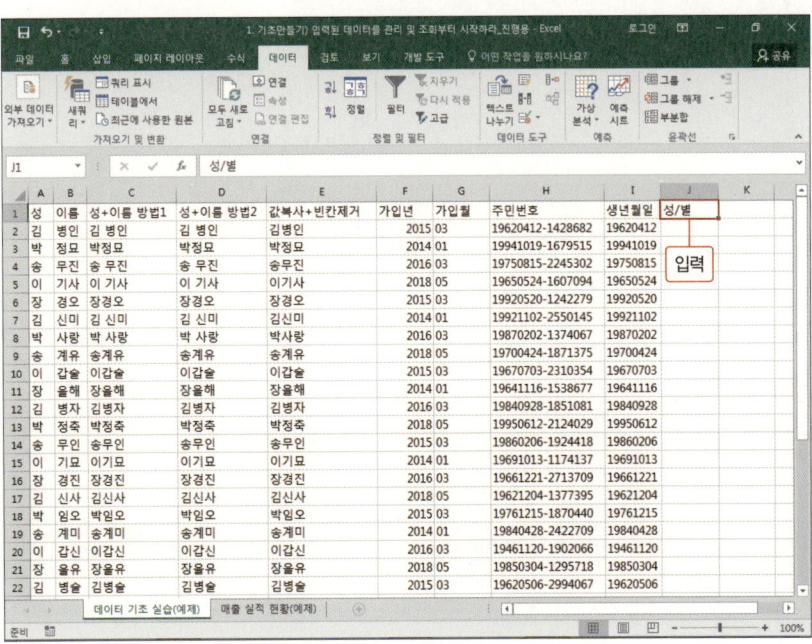

02 LEFT, MID, RIGHT 중 어떤 함수를 사용해야 할까요? 일반적으로 뽑을 데이터가 한쪽 맨 끝에서 시작하는 것이 아니라면 MID 함수를 사용합니다. [J2]셀에 '=MID('를 입력하면 커서 아래에 MID(text, start_num, num_chars)이 표시됩니다. 'MID'는 지정한 셀에 입력된 데이터(text)에서 시작 위치(start_num)를 기준으로 특정 자릿수(num_chars)만큼 데이터를 출력하는 함수입니다.

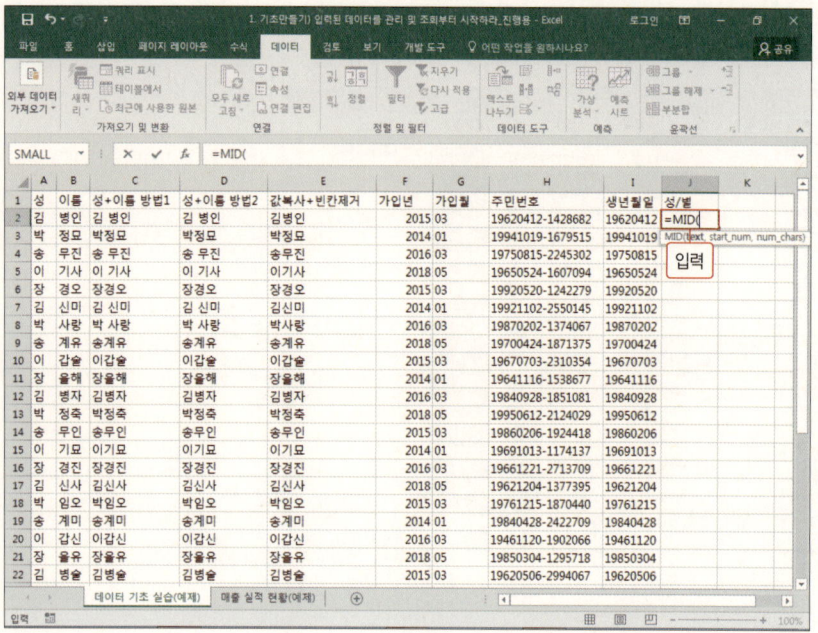

03 [H2]셀을 클릭하고 쉼표(,)를 찍습니다. 시작 위치로 '10'을 입력하고 쉼표(,)로 구분한 다음 숫자 '1'을 입력하고 Enter 키를 누릅니다. 최종 수식은 '=MID(H2,10,1)'입니다.

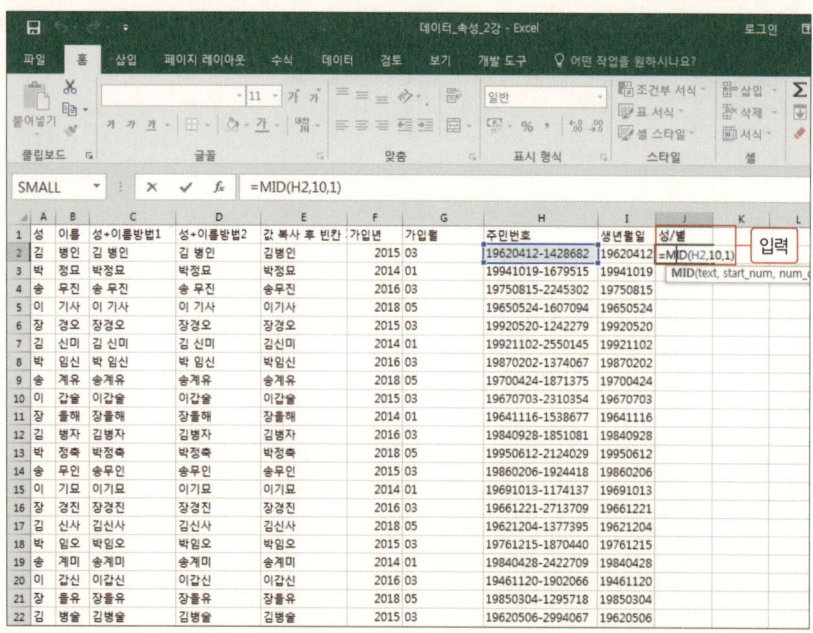

76 Part 2 기초 데이터 만들기

SECTION 01 데이터 가공하기

04 [J2]셀을 선택하고 오른쪽 아래 꼭짓점에 마우스 포인터를 올린 다음 십자 표시가 나오면 더블클릭하여 [J35]셀까지 채웁니다. 주민등록번호에서 성별을 구분하는 한 자리 숫자만 뽑았습니다.

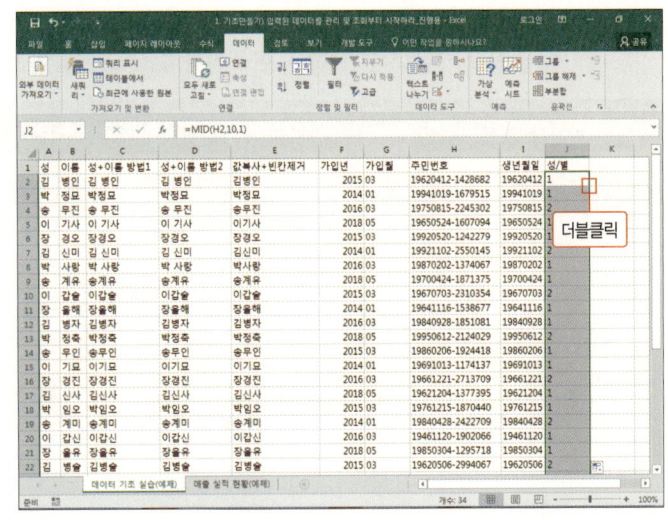

8 성별을 구분하는 숫자를 '남' 과 '여'로 표현하기 1 - MID, IF 함수

앞의 예제에서 MID 함수를 사용해 주민등록번호에서 성별을 구분하는 숫자를 뽑았습니다. 그런데 이 숫자들을 그대로 '1'과 '2'로 놔둘 수는 없겠죠? 이번에는 이 숫자들을 '남'과 '여'로 바꾸기 위해 MID 함수와 IF 함수를 같이 사용할 것입니다. 엑셀에서 'IF'는 가정법의 'IF'처럼 '만약'이라는 뜻인데요. 그렇다면 이렇게 생각해 볼 수 있습니다.

> IF(만약) (MID 함수 결과=1), 이면 (남), 아니면 (여)

이 문장을 그대로 수식에 적용하면 '1'과 '2'를 '남' 과 '여'로 표현할 수 있습니다. 예제를 통해 알아보도록 하겠습니다.

01 [J2]셀에 '=IF('를 입력하면 커서 아래에 'IF(logical_test, [value_if_true], [value_if_false])'가 표시됩니다. 'IF'는 조건(logical_test)이 참이면 지정한 값(value_if_true)을, 거짓이면 다른 값(value_if_false)을 출력하는 함수입니다.

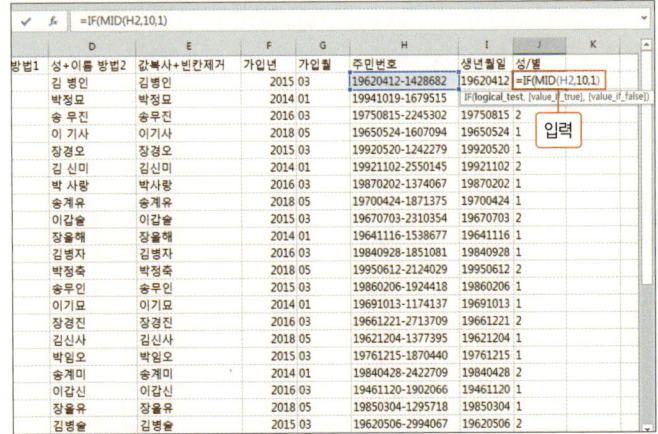

77

02 MID 함수 결과가 '1'이면 '남', 아니면 '여'가 출력되어야 합니다. 그대로 수식에 입력하면 최종 수식은 '=IF(MID(H2,10,1)="1","남","여")'입니다. 입력을 마치고 Enter 키를 누릅니다.

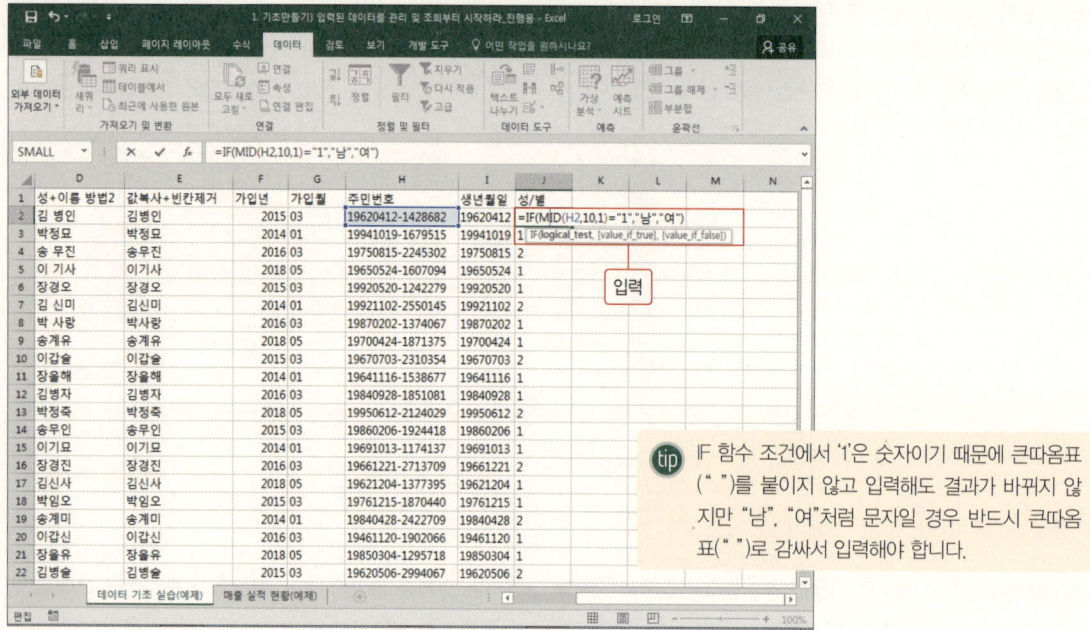

tip IF 함수 조건에서 '1'은 숫자이기 때문에 큰따옴표(" ")를 붙이지 않고 입력해도 결과가 바뀌지 않지만 "남", "여"처럼 문자일 경우 반드시 큰따옴표(" ")로 감싸서 입력해야 합니다.

03 [J2]셀 오른쪽 아래 꼭짓점에 마우스 포인터를 올리고 십자 표시가 나오면 더블클릭하여 [J35]셀까지 채웁니다.

주민등록번호에서 성별을 구분하는 숫자를 '남'과 '여'로 표현했습니다.

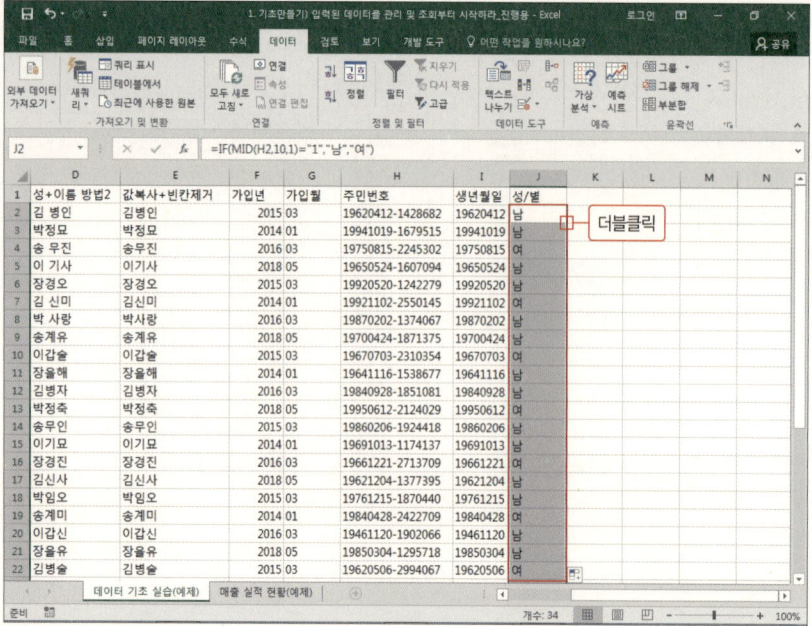

SECTION 01 데이터 가공하기

9 성별을 구분하는 숫자를 '남' 과 '여'로 표현하기 2 – FIND 함수

LEFT, MID RIGHT 함수를 사용하면 원하는 위치의 데이터를 불러올 수 있습니다. 그러나 이 함수들은 데이터 자릿수가 고정된 경우만 사용할 수 있기 때문에 앞의 예제에서 입력한 수식 'MID(H2,10,1)'은 [H2]셀의 자릿수가 달라지면 잘못된 결과가 나오게 됩니다. 그렇다면 자릿수에 관계없이 결과가 달라지지 않게 하는 방법은 없을까요? 여기서는 FIND 함수를 이용해 자릿수에 관계없이 올바른 결과를 나타내는 방법을 알아봅니다.

01 주민번호에서 성별을 구분하는 숫자의 위치는 '주민번호 왼쪽에서 열 번째'라고 표현해도 되지만 '하이픈(-) 바로 다음'이기도 합니다. 이 문장을 그대로 수식에 적용해 'MID(H2,10,1)'에서 입력한 '10'을 '하이픈(-) 다음 위치'로 바꿔 보겠습니다.
[J2]셀을 클릭하고 입력된 수식에서 '10'을 지웁니다.

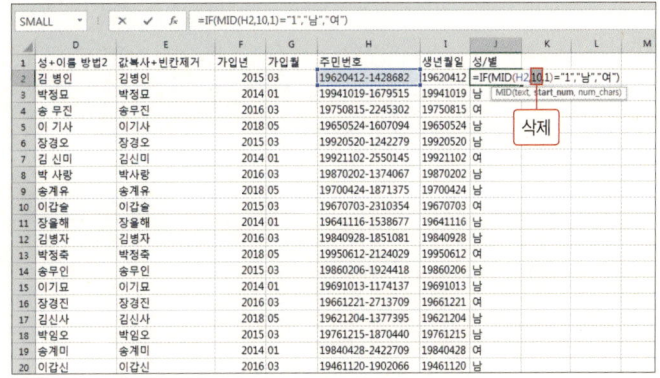

02 FIND 함수를 이용해 하이픈(-) 위치를 찾은 다음 '1'을 더하여 성별을 구분하는 숫자 위치를 구하겠습니다. 'FIND'는 특정 문자가 지정한 셀에서 몇 번째 데이터인지 찾아 출력하는 함수입니다. 빈 자리에 'FIND("-",H2)+1'를 입력하고 Enter 키를 누릅니다.

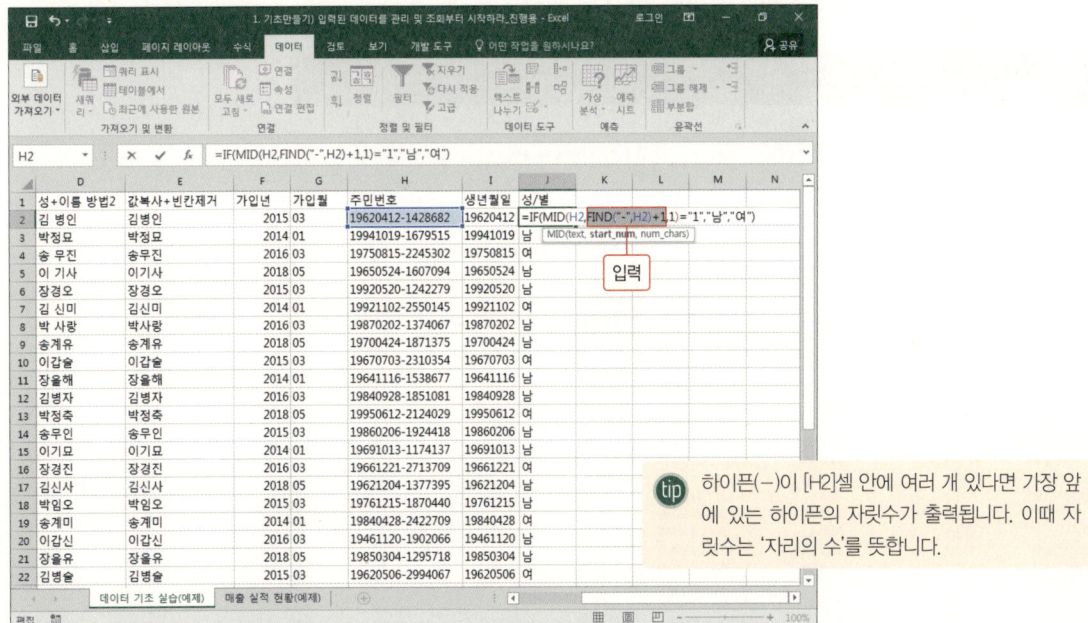

tip 하이픈(-)이 [H2]셀 안에 여러 개 있다면 가장 앞에 있는 하이픈의 자릿수가 출력됩니다. 이때 자릿수는 '자리의 수'를 뜻합니다.

79

03 [J2]셀 오른쪽 아래 꼭짓점에 마우스 포인터를 올린 다음 십자 표시가 나오면 더블클릭하여 [J35]셀까지 채웁니다. 이제 [H2]셀 자릿수에 관계없이 수식의 결과는 바뀌지 않을 것입니다.

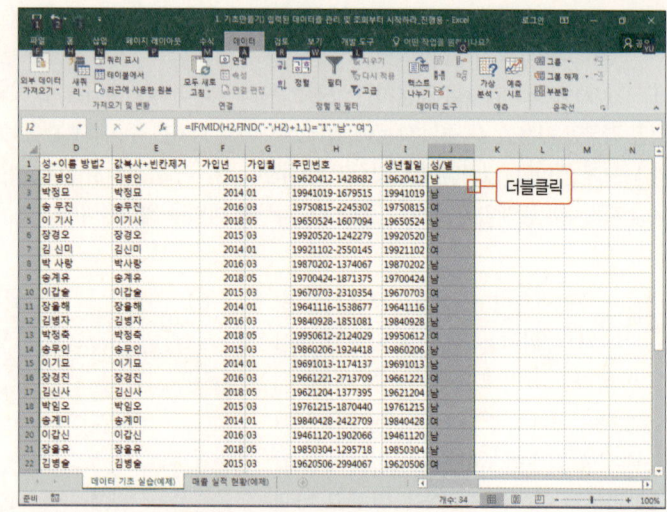

10 주민등록번호 보안 걸기 - REPLACE 함수

개인 정보가 중요한 요즘 시대에는 사용자에게 데이터를 공개할 때 보안을 위해 일부를 가리는 경우가 많습니다. 전화번호 010-5645-XXXX, 카드번호 9724-2323-XXXX-2321 이런 식으로 말이죠. 여기에는 주민등록번호를 '19620412-1******'와 같은 형식으로 표현하는 방법을 알아봅니다.

01 [K1]셀에 '주민번호(보안)'을 입력하여 머리글을 만듭니다.

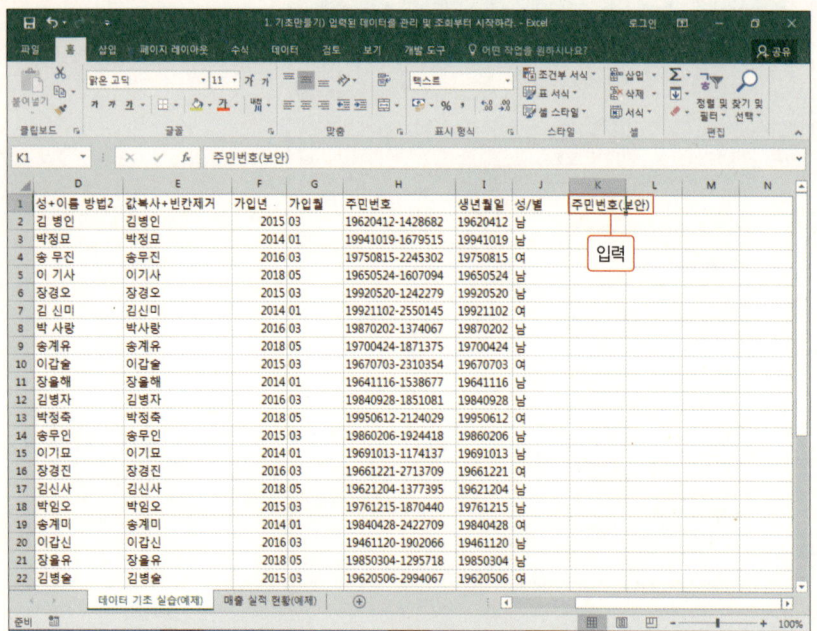

80 Part 2 기초 데이터 만들기

02 [K2]셀에 '=REPLACE('를 입력하면 커서 아래에 'REPLACE(old_text, start_num, num_chars, new_text)'가 표시됩니다. 'REPLACE'는 지정한 셀에 입력된 데이터(old_text)에서 몇 번째 자리(start_num)부터 몇 번째 자리(num_chars)까지 특정 텍스트(new_text)로 바꿔서 출력하는 함수입니다.

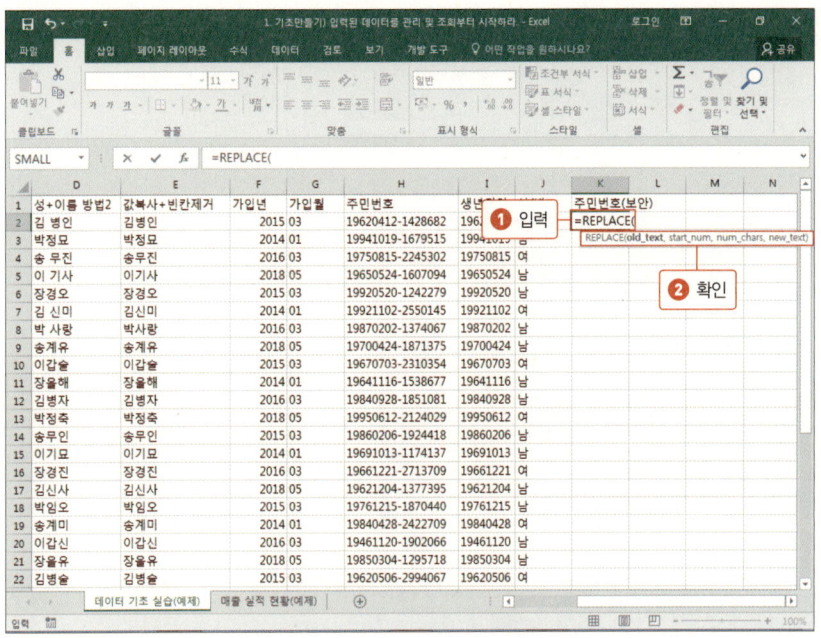

03 [H2]셀에서 성별을 구분하는 숫자 바로 다음 자리, 즉 열한 번째 자리부터 여섯 자리까지 '*'로 바꿔야 하니 'old_text'는 'H2', 'start_num'은 '11', 'num_chars'은 '6', 'new_text'는 '*'가 되겠네요. 차례로 입력하고 Enter 키를 누릅니다. 최종 수식은 '=REPLACE(H2,11,6,"******")'입니다.

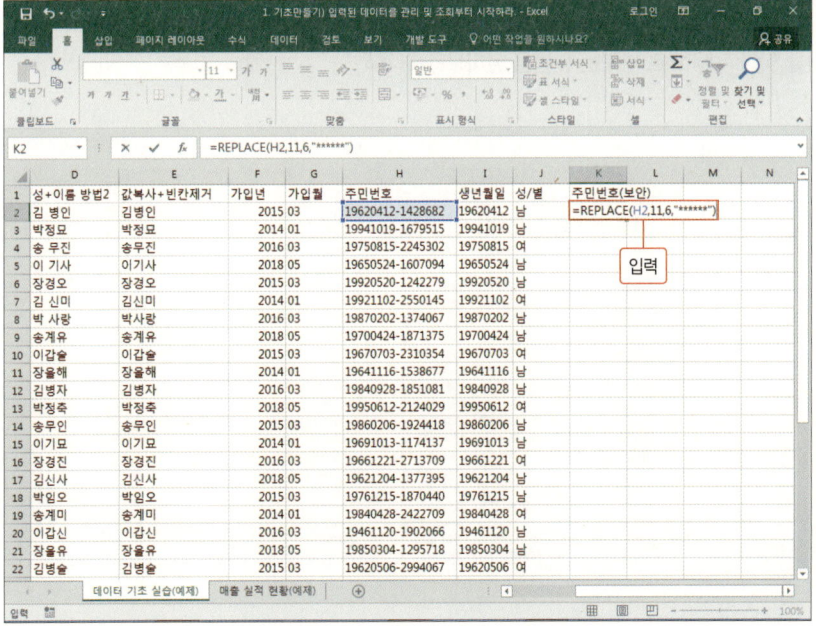

04 [K2]셀을 선택하고 오른쪽 아래 꼭짓점에 마우스 포인터를 올린 다음 십자 표시가 나오면 더블클릭하여 [K35]셀까지 채웁니다. K열과 L열 사이에 있는 눈금선 위에 마우스 포인터를 올려놓고 더블클릭합니다. 주민번호 끝 여섯 자리를 보안 문자('*')로 처리해 표현했습니다.

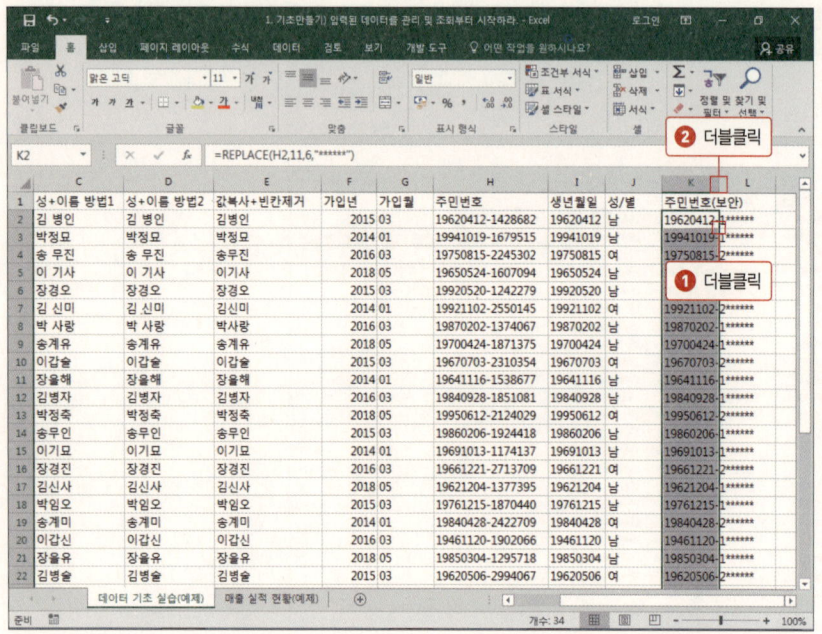

11 성이 '김'인 사람만 'KIM'으로 표기하기 – SUBSTITUTE 함수

'SUBSTITUTE'는 '대체물, 교체 선수'라는 뜻으로 REPLACE 함수와 비슷해 보이지만, REPLACE 함수가 'ㅇ번째부터 △번째까지 ㅁ로 바꾸자'라면 SUBSTITUTE 함수는 'ㅇ를 찾아서 ㅁ로 바꾸자!'라는 의미가 강합니다. 이번에는 SUBSTITUTE 함수를 이용해 '성'이 '김'인 사람을 찾아 'KIM'으로 바꾸는 방법을 알아보겠습니다.

01 [L1]셀에 '성(김→KIM)'을 입력하여 머리글을 만듭니다.

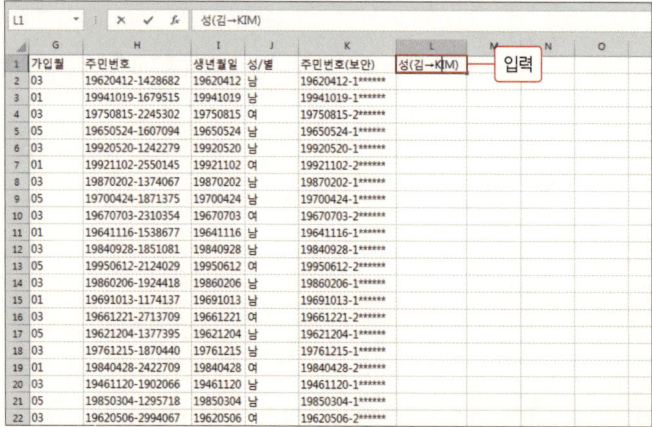

tip → 는 한글 ㅁ 키를 누른 채 한자 키를 눌러 특수 문자를 선택해 입력할 수 있습니다.

02

[L2]셀에 '=SUBSTITUTE('를 입력하면 커서 아래에 'SUBSTITUTE(text, old_text, new_text)'가 표시됩니다. 'SUBSTITUTE'는 지정한 셀에 입력된 데이터(text)에서 한 부분(old_text)을 다른 부분(new_text)으로 바꿔서 출력하는 함수입니다. '성' 필드인 [A2]셀에서 '김'을 'KIM'으로 바꿔야 하니, 'text'는 'A2', 'old_text'는 '김', 'new_text'는 'KIM'이겠네요. 그대로 입력하고 Enter 키를 누릅니다. 최종 수식은 '=SUBSTITUTE(A2,"김","KIM")'입니다.

03

[L2]셀에 'KIM'이 표시됩니다.
[L2]셀을 선택하고 오른쪽 아래 꼭짓점에 마우스 포인터를 올린 다음 십자 표시가 나오면 더블클릭하여 [L35]셀까지 채웁니다.
성이 '김'인 사람만 'KIM'으로 표시됩니다. SUBSTITUTE 함수와 REPLACE 함수는 회사에서 보안과 관련된 문제에 적용하거나 교체할 문자가 있을 때 활용할 수 있습니다.

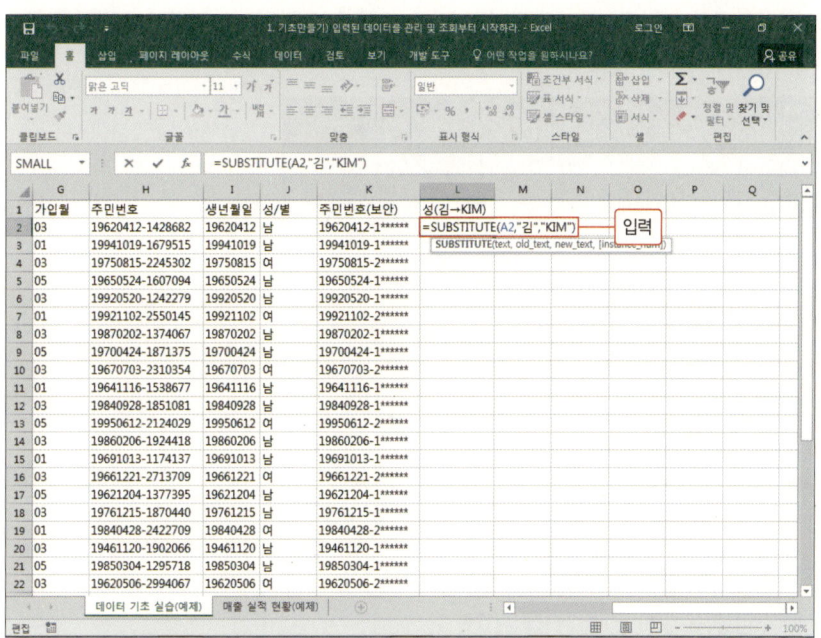

12 주민등록번호가 표시된 열 숨기기

주민등록번호를 보안 문자로 대체하는 것이 아니라 주민등록번호가 표기된 열 자체를 숨기는 방법을 알아봅니다. 기본적인 기능이기 때문에 이미 알고 있다면 넘어가도 좋습니다.

01 '주민번호' 필드인 H열을 시트에서 숨기겠습니다. H열을 마우스 오른쪽 버튼으로 클릭하고 **숨기기**를 실행합니다.

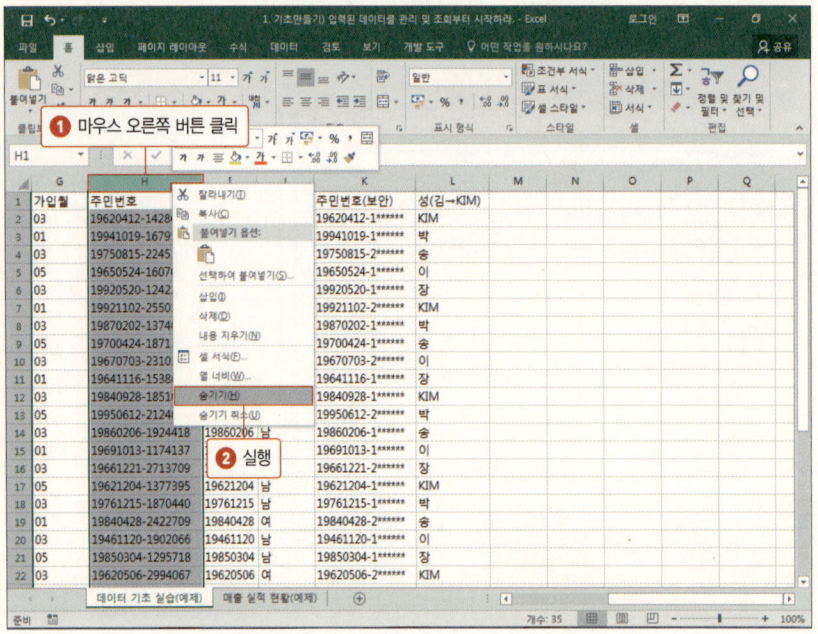

02 시트에서 H열이 보이지 않는 것을 확인할 수 있습니다.

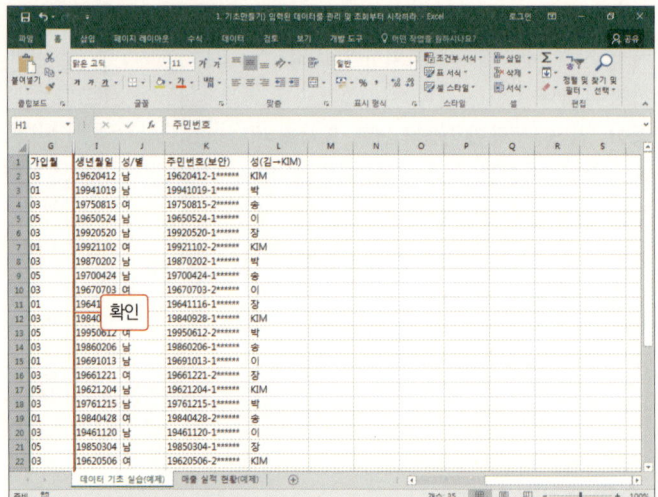

SECTION 01 데이터 가공하기

03 숨긴 열을 다시 표시하겠습니다. G열과 I열 사이에 있는 눈금선 위에 마우스 포인터를 올리고 마우스 오른쪽 버튼을 클릭한 다음 **숨기기 취소**를 실행합니다.

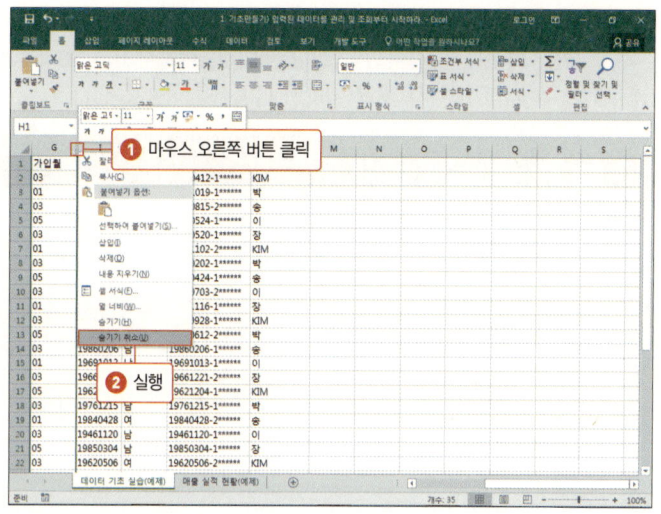

04 시트에서 H열이 표시됩니다.

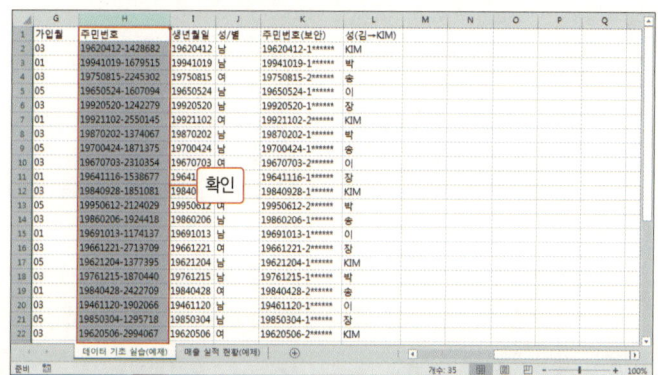

13 서비스 우선순위 구하기 - RANDBETWEEN 함수

회사에서 시뮬레이션을 위한 경우의 수를 검토하거나 고객에게 상품을 제공할 때, 또는 동점자가 있을 경우 수치를 무작위로 뽑을 필요가 있습니다. 예를 들면 난수를 뽑아서 값이 가장 큰 순서대로 고객에게 서비스를 제공하는 것처럼 말이죠. 이번에는 RANDBETWEEN 함수를 이용해 랜덤(RANDOM)한 수치를 뽑은 다음 서비스 우선순위를 구해 보겠습니다.

01 [M1]셀에 '서비스 우선순위'를 입력하여 머리글을 만듭니다.

85

02 [M2]셀에 '=RANDBETWEEN('를 입력합니다. 'RAND'는 '무작위(RANDOM)'의 줄임말이고 'BETWEEN'은 '사이의' 라는 뜻입니다. 예제에서는 70과 100사이의 수를 무작위로 뽑아 보겠습니다. '70' 과 '100'을 쉼표(,)로 구분해서 입력한 다음 Enter 키를 누릅니다.

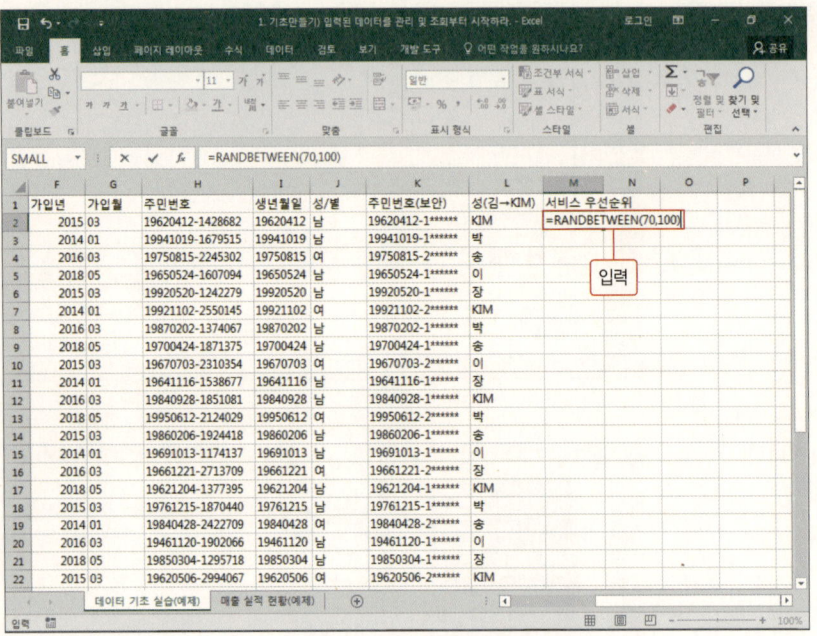

03 [M2]셀에 70과 100 사이의 숫자 중 무작위로 하나의 수가 표시됩니다. [M2]셀을 선택하고 오른쪽 아래 꼭 짓점에 마우스 포인터를 올린 다음 십자 표시가 나오면 더블클릭하여 [M35]셀까지 채웁니다.

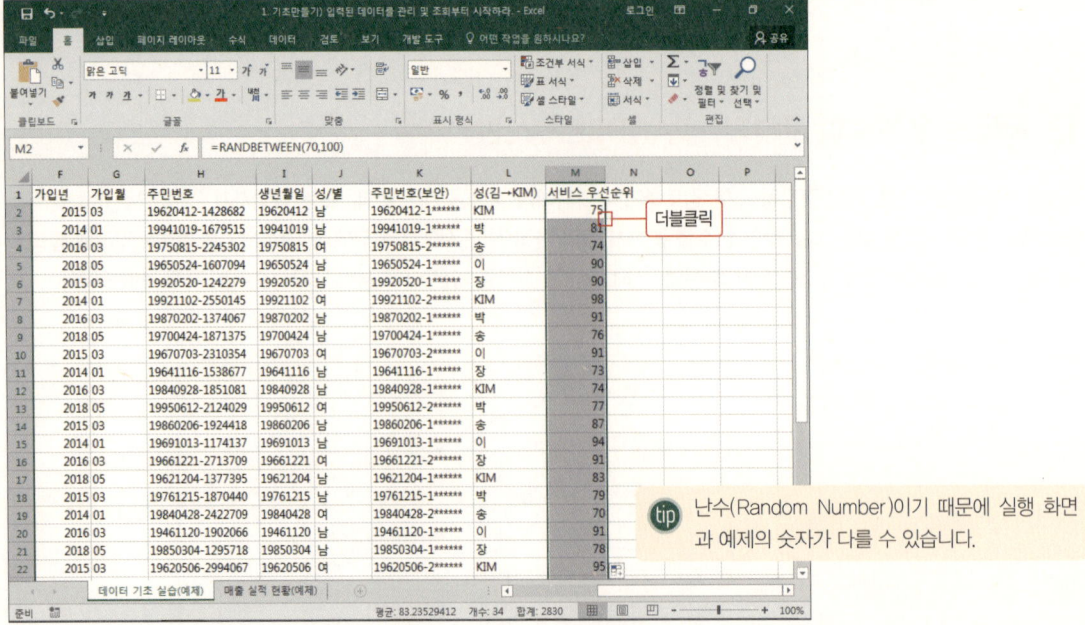

tip 난수(Random Number)이기 때문에 실행 화면 과 예제의 숫자가 다를 수 있습니다.

04 Enter 키를 누를 때마다 값이 변하는 것을 확인할 수 있습니다. 값을 고정하기 위해 [M2]셀을 클릭하고 Ctrl + Shift + 방향키 ↓를 눌러 한번에 [M2:M35] 범위를 선택합니다. Ctrl + C 키와 Ctrl + V 키를 연달아 누른 다음 붙여넣기 옵션에서 '값(🗒)'을 실행합니다.

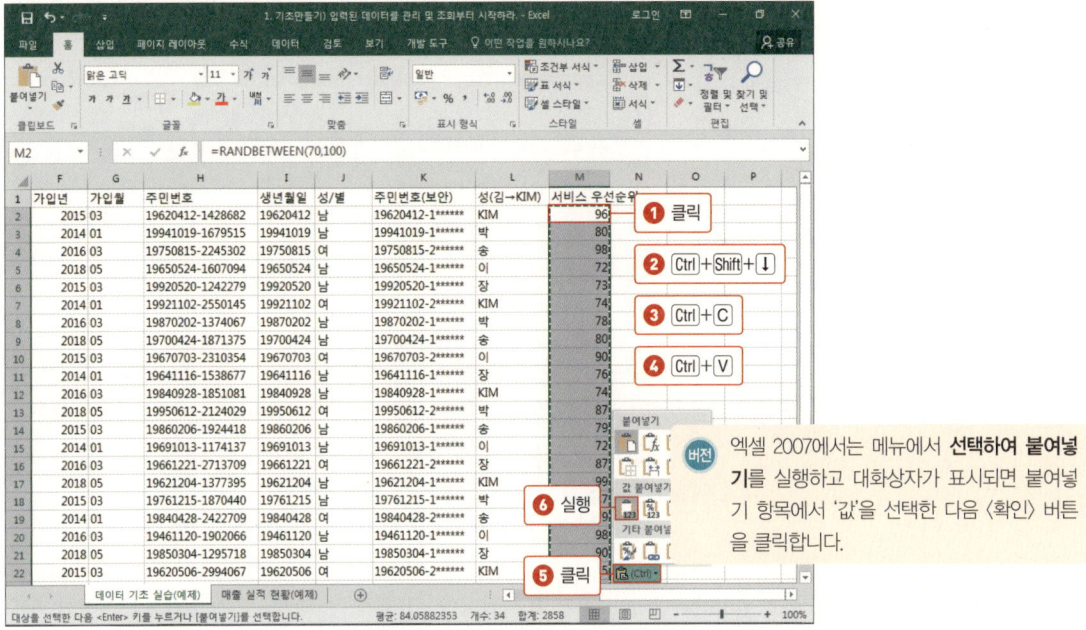

05 마지막으로 난수가 표시되고 적용된 함수는 사라집니다. 이렇게 뽑은 난수는 다양하게 사용할 수 있습니다. 참고로 이 책의 예제를 만들 때도 RANDBETWEEN 함수를 사용했습니다. 자주 사용하는 함수이니 잘 익혀 두도록 합니다.

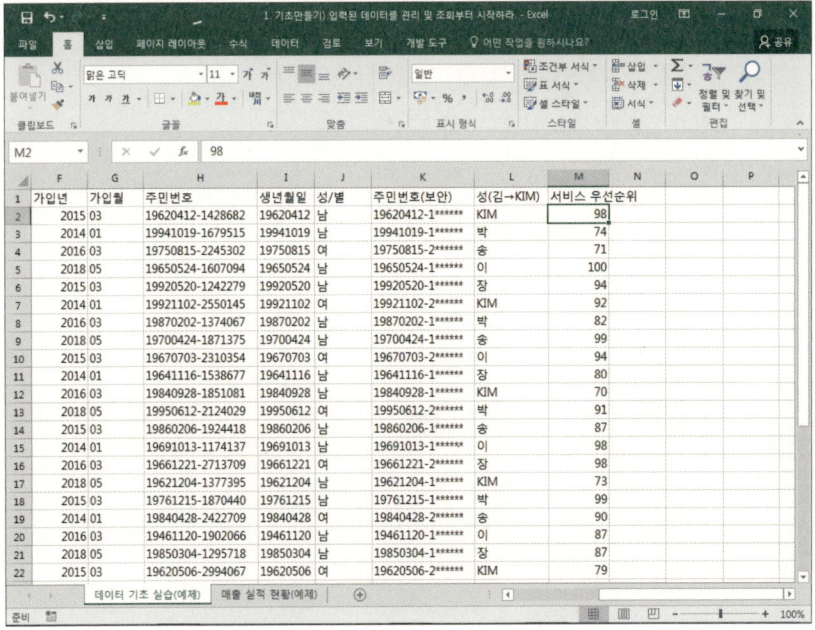

87

14 간단한 수치를 '■' 기호로 표현하기 – REPT 함수

REPT 함수는 예전보다 많이 사용하지 않습니다. 스파크라인과 차트의 기능이 좋아지면서 더 보기 좋은 수단으로 대체되고 있기 때문입니다. 그렇지만 꾸준히 인기가 많은 함수이고 비교적 간단하게 수치를 표현할 수 있다는 장점이 있습니다.

01 REPT 함수를 이용해 70과 100 사이의 난수를 10으로 나눈 몫의 수만큼 '■' 기호로 표시하겠습니다.
[N1]셀에 '수치'를 입력하여 N열 머리글을 만든 다음 [N2]셀에 '=REPT('를 입력합니다.

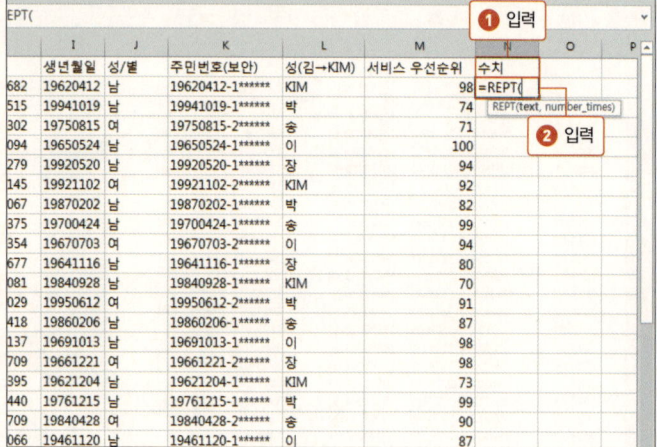

02 커서 아래에 'REPT(text, number_times)'이 표시됩니다. 'REPT'는 특정 문자(text)를 지정한 횟수(number_times)만큼 출력하는 함수입니다. 'text'는 '■', 'number_times'는 '난수를 10으로 나눈 몫'이니 'M2/10'이겠네요. 그대로 입력하고 Enter 키를 누릅니다. 최종 수식은 '=REPT("■",M2/10)'입니다.

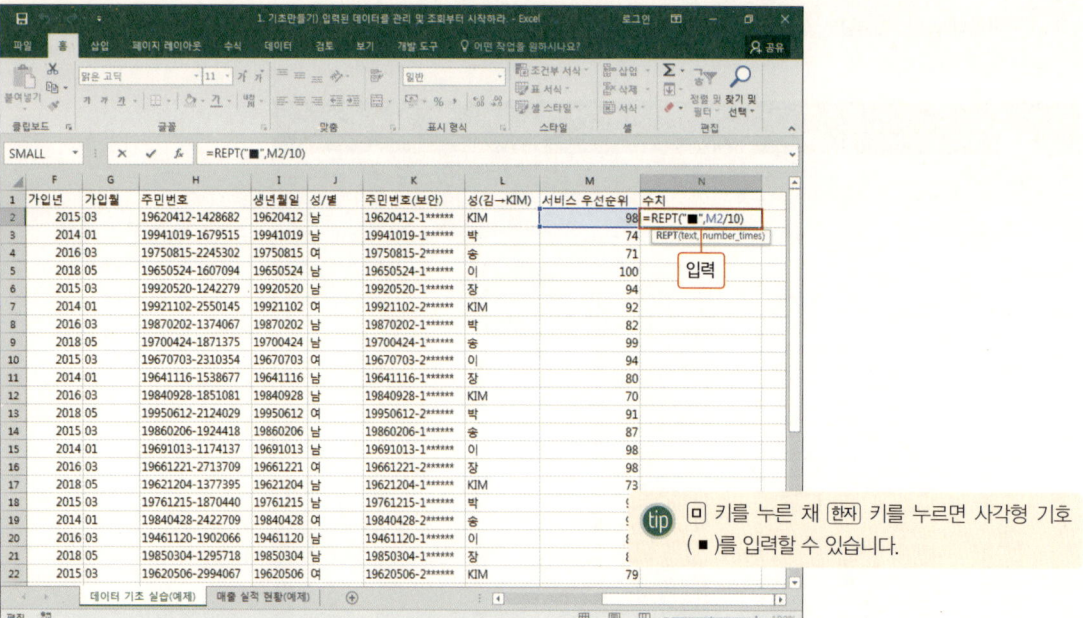

> tip ㅁ 키를 누른 채 한자 키를 누르면 사각형 기호(■)를 입력할 수 있습니다.

SECTION 01 데이터 가공하기

03 [N2]셀에 '■' 기호가 표시됩니다. [M2]셀을 선택하고 오른쪽 아래 꼭짓점에 마우스 포인터를 올린 다음 십자 표시가 나오면 더블클릭하여 [N35]셀까지 채웁니다. N열과 O열 사이에 있는 눈금선 위에 마우스 포인터를 올리고 더블클릭하여 열 너비를 조정합니다.

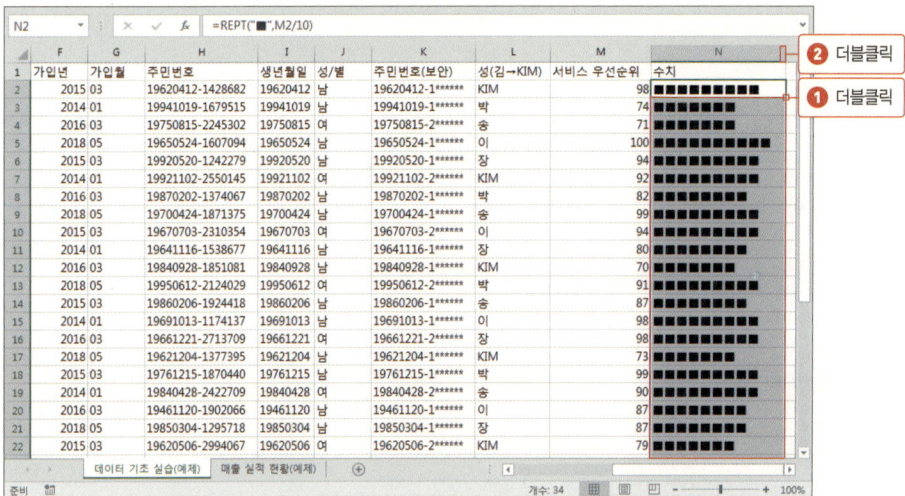

15 표로 만들고 범위로 전환하기

작업한 데이터를 표 형식으로 바꾸는 방법을 알아봅니다. 기본적인 표 기능은 이후에 자세히 다루겠습니다.

01 현재 시트에서 임의의 셀을 선택하고 [삽입] 탭 → [표] 그룹 → [표(■)]를 클릭합니다.

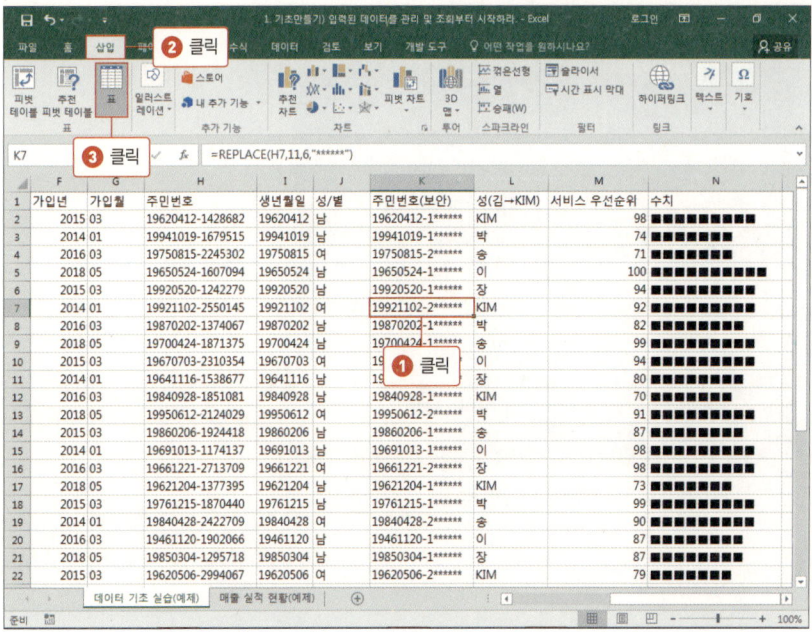

89

02 '표 만들기' 대화상자가 표시되면 표에 사용할 데이터 범위가 자동으로 지정됩니다. '머리글 포함'에 체크 표시한 다음 〈확인〉 버튼을 클릭합니다. 메시지 창이 표시되면 〈예〉 버튼을 클릭합니다. 텍스트 파일을 엑셀에 불러와서 작업하는 것이기 때문에 나오는 것입니다.

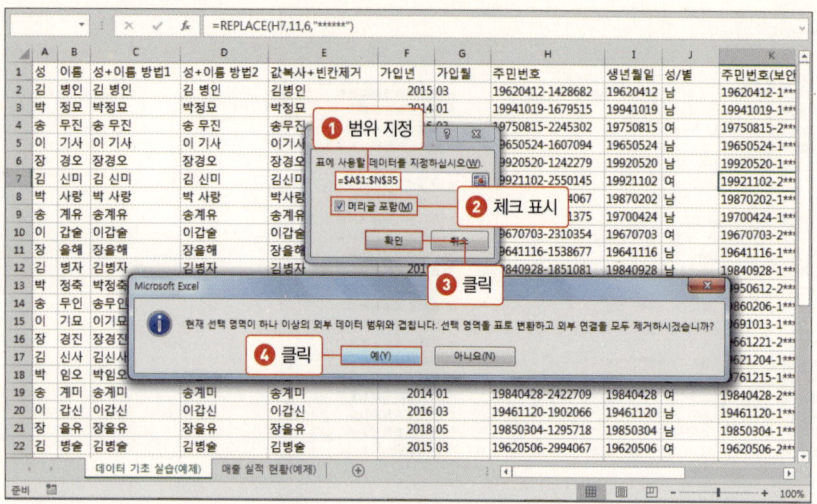

03 입력된 데이터를 바탕으로 표가 만들어집니다. [디자인] 탭을 보면 표에 대한 기본적인 설정이 나옵니다. **[디자인] 탭 → [표 스타일 옵션] 그룹**에서 직접 여러 가지 옵션들을 적용해 보면서 표가 어떻게 달라지는지 확인합니다.

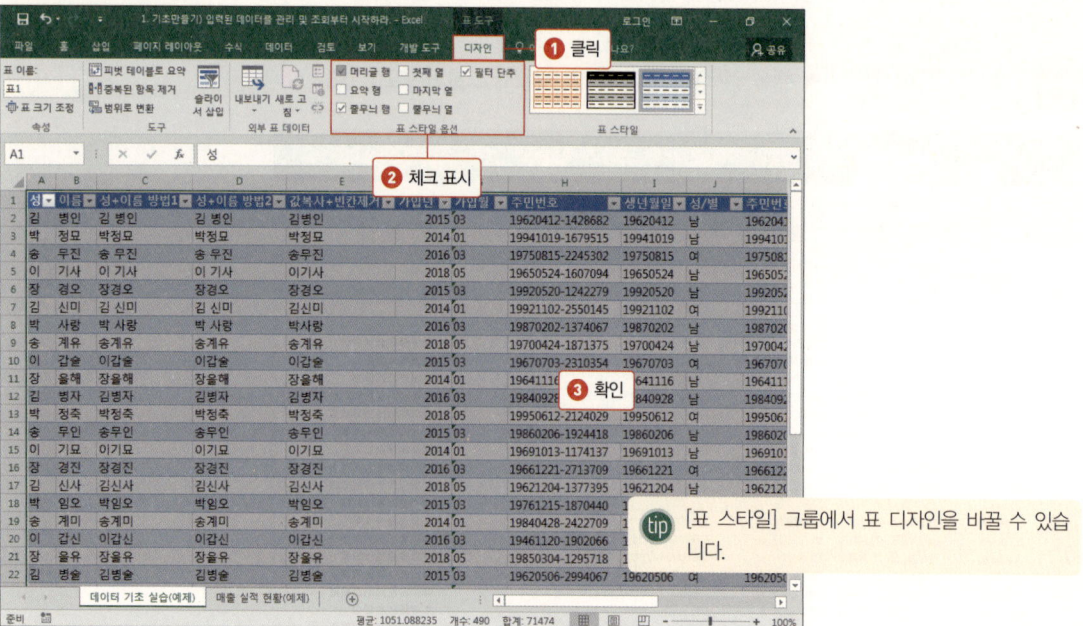

> tip [표 스타일] 그룹에서 표 디자인을 바꿀 수 있습니다.

90 Part 2 기초 데이터 만들기

04 표 기능을 사용하지 않고 형태만 유지하기 위해 [디자인] 탭 → [도구] 그룹 → [범위로 변환(🔲)]을 클릭합니다.

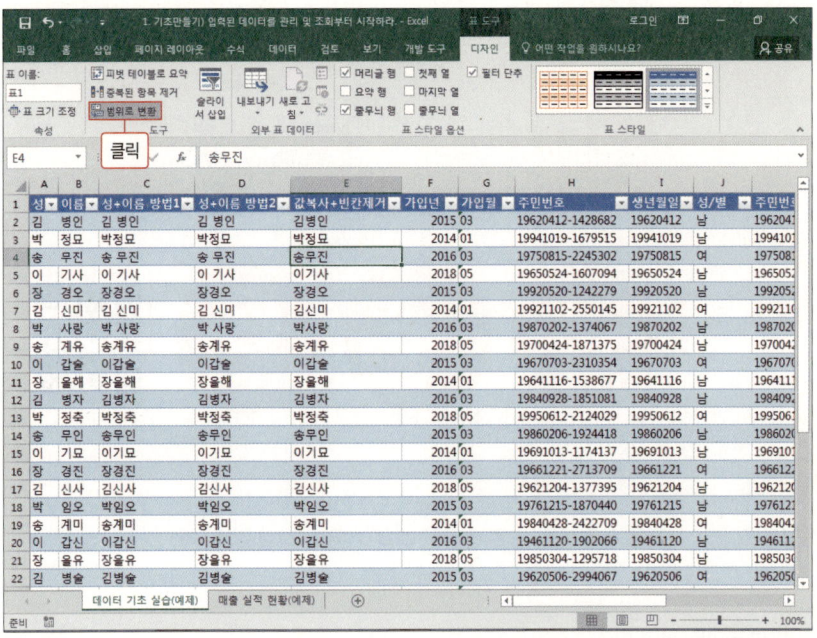

05 메시지 창이 표시되면 〈예〉 버튼을 클릭합니다. [디자인] 탭이 사라지면서 표 기능을 사용하지 않는 형태로 바뀌며 형태만 유지됩니다.

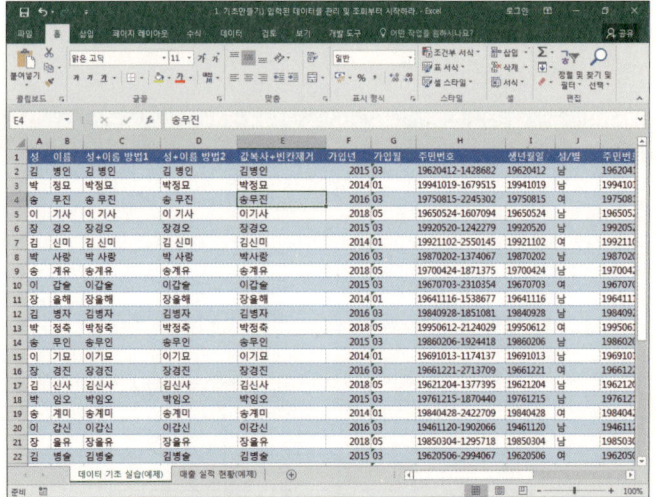

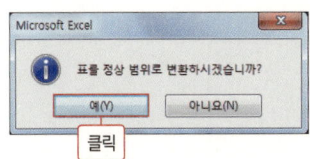

SECTION 02
데이터 서식 익히기

'서식'이라는 말은 '형식' 또는 'FORM'이라는 말로도 쓰입니다. 엑셀에는 '셀 서식'과 '조건부 서식' 두 가지가 있는데요. 셀 서식과 조건부 서식으로 화려한 데이터로 표현하는 방법을 배웁니다.

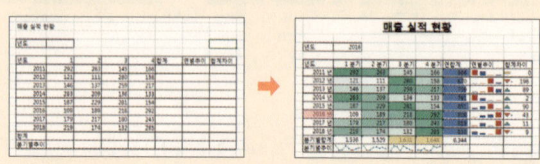

1 보고서 제목 병합하기

보고서 제목을 표현하는 방법을 알아봅니다. 제목을 입력하고 셀을 병합한 다음 가운데 정렬하여 눈에 띄면서 깔끔한 제목을 만들어 보겠습니다.

{예제 파일} 02\1. 기초만들기.xlsx   {시트} 매출 실적 현황(예제)

01 보고서 제목인 '매출 실적 현황'을 표 가운데에 배치하고 강조하여 표시하겠습니다. [B2:I2] 범위를 드래그합니다.

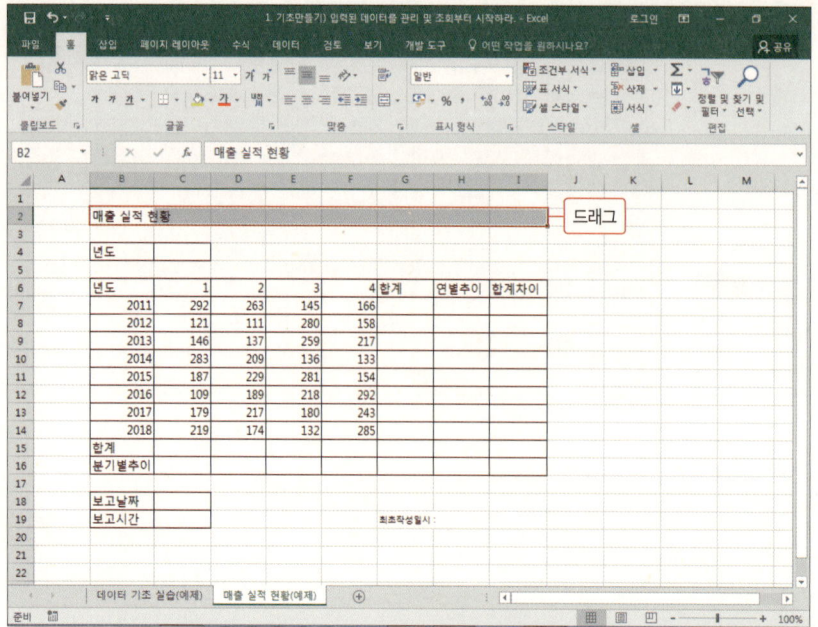

SECTION 02 데이터 서식 익히기

02 [홈] 탭 → [맞춤] 그룹 → [병합하고 가운데 맞춤(📋)]을 클릭합니다. 범위로 지정한 셀이 병합되면서 제목이 가운데 정렬됩니다.

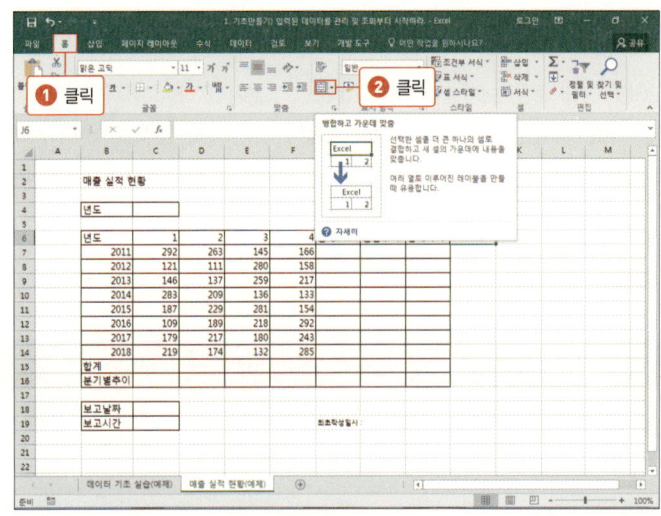

03 [홈] 탭 → [글꼴] 그룹에서 글꼴 크기를 '20'으로 설정한 다음 [밑줄▼] → [이중 밑줄(가)]을 클릭합니다.

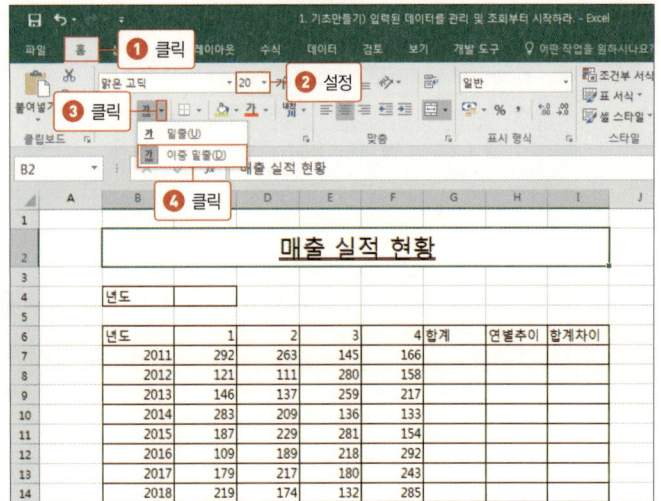

04 제목을 더 강조하기 위해 [굵게(가)]를 클릭합니다. 훨씬 제목답게 변한 것을 확인할 수 있습니다.

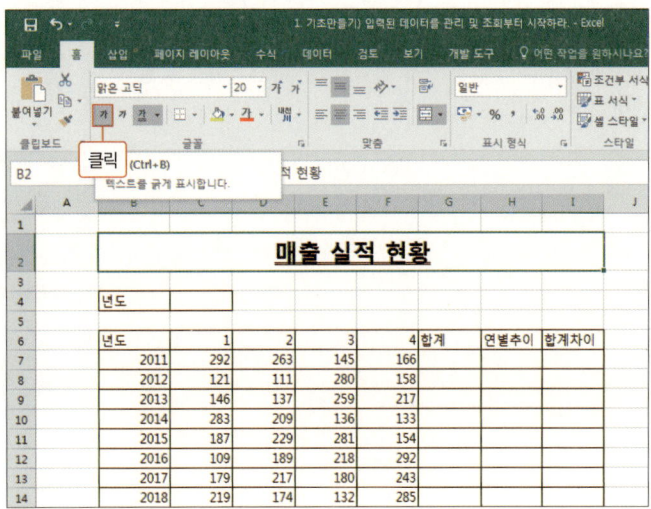

2 데이터를 변경하지 않고 '년, 분기' 문자 달기 - 셀 서식

'2016', '2'와 같은 숫자 데이터를 '2016년', '2분기'로 표시하려면 어떻게 해야 할까요? 단순하게 뒤에 '년'과 '분기'를 직접 입력해도 되지만 이럴 경우 데이터 형식이 '숫자'에서 '문자'로 바뀌기 때문에 수식을 적용할 때 번거롭게 됩니다. 여기서는 셀 서식 기능을 이용해 데이터 자체는 그대로 유지하고 눈에 보이는 부분만 다르게 표시하는 방법을 알아봅니다.

01 '년도' 필드에 입력된 숫자 데이터 뒤에 '년'을 붙여서 표시하겠습니다. [B7:B14] 범위를 드래그하고 마우스 오른쪽 버튼을 클릭한 다음 **셀 서식**을 실행합니다.

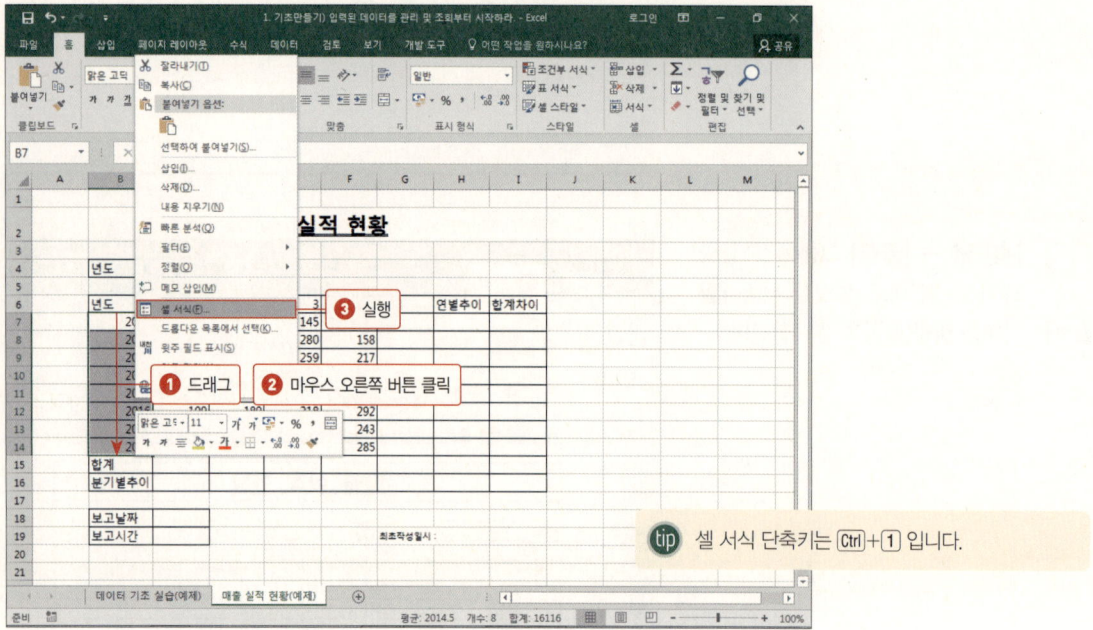

tip 셀 서식 단축키는 Ctrl+1 입니다.

02 '셀 서식' 대화상자가 표시되면 [표시 형식] 탭 화면의 범주에서 '사용자 지정'을 선택합니다. 형식에 기본 설정으로 'G/표준'이 표시된 것을 확인합니다. 'G/표준' 뒤에 커서를 두고 한 칸 띄운 다음 '년'을 큰따옴표(" ")로 감싸서 입력하고 〈확인〉 버튼을 클릭합니다.

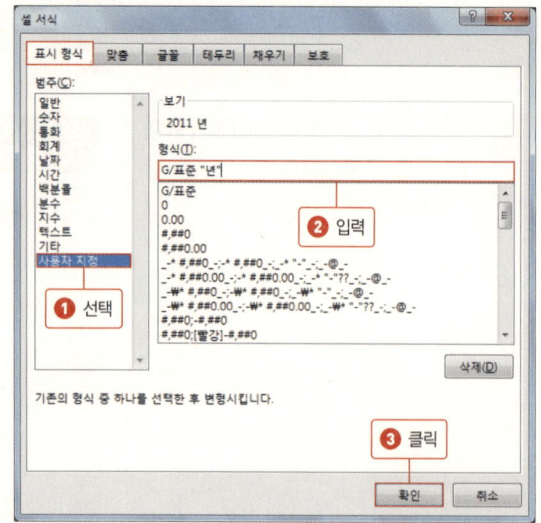

03 드래그하여 선택한 데이터 뒤에 '년'이 붙어서 표시됩니다. 수식 입력줄에서 [B7]셀 값이 '2011'인 것을 확인합니다. 시트에서는 '2011년'으로 표시되지만 형식은 그대로 '숫자'인 것을 알 수 있습니다.

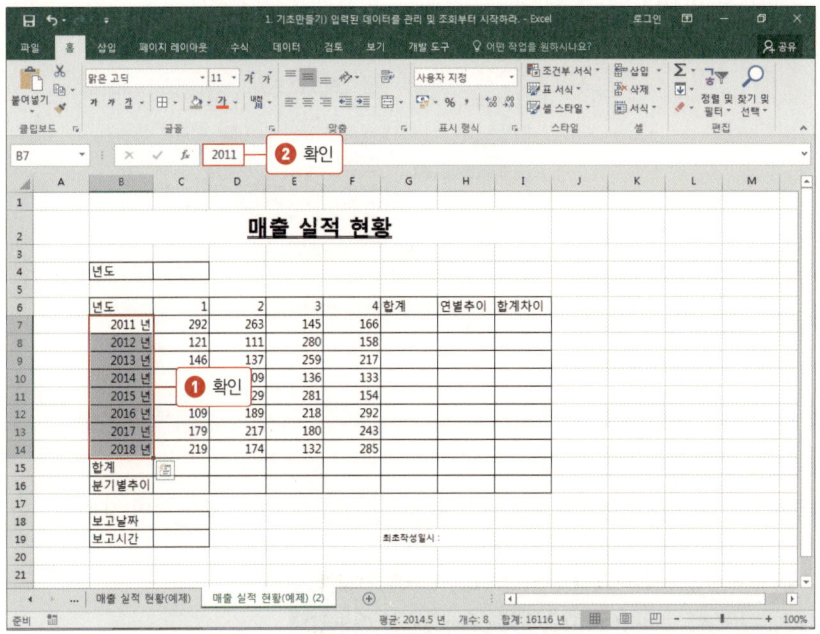

04 같은 방법으로 '분기'도 표시하겠습니다. [C6:F6] 범위를 드래그하고 마우스 오른쪽 버튼을 클릭한 다음 **셀 서식**을 실행합니다.

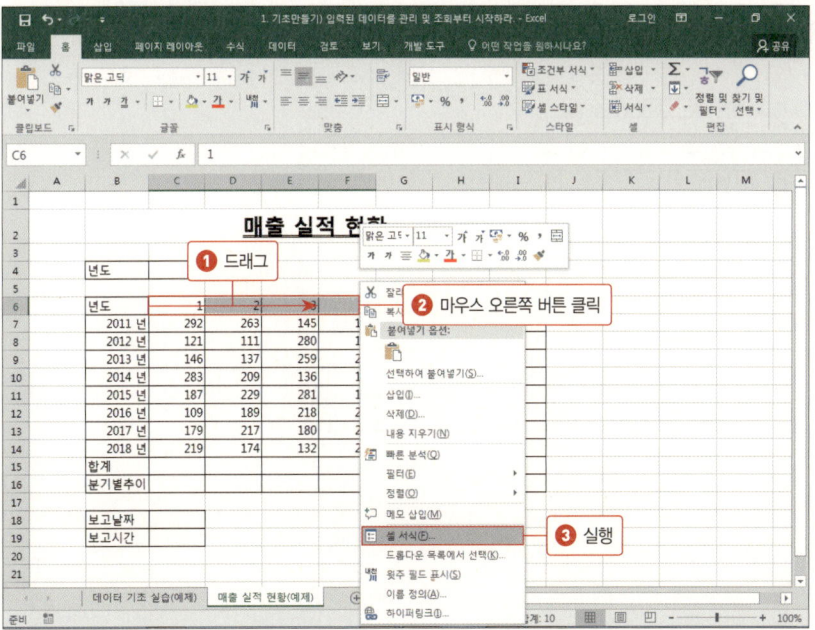

05 '셀 서식' 대화상자가 표시되면 [표시 형식] 탭 화면의 범주에서 '사용자 지정'을 선택합니다. 'G/표준' 뒤에 커서를 두고 한 칸 띄운 다음 '분기'를 큰따옴표(" ")로 감싸서 입력하고 〈확인〉 버튼을 클릭합니다.

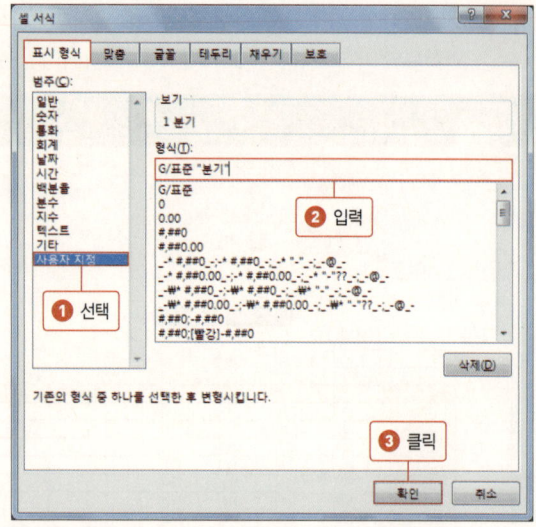

06 드래그하여 선택한 데이터 뒤에 '분기'가 붙어서 표시됩니다. 수식 입력줄에서 [C6]셀 값이 '1'인 것을 확인합니다. 시트에서는 '1분기'로 표시되지만 형식은 그대로 '숫자'인 것을 알 수 있습니다.

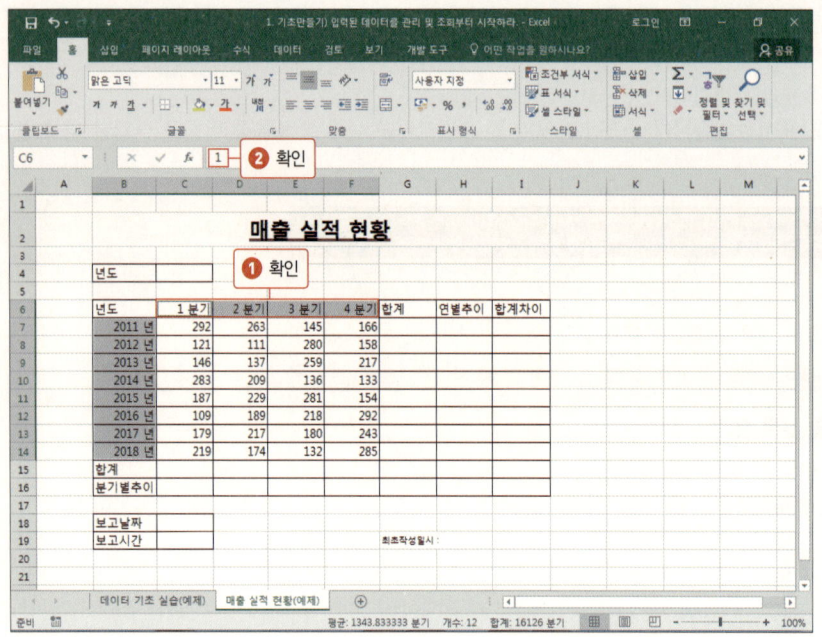

SECTION 02 데이터 서식 익히기

3 입력 가능한 연도만 입력받고 특정 연도에 색칠하기 – 유효성 검사, 조건부 서식

사용자가 잘못 입력할 때마다 일일이 지적하는 것보다는 입력하기 전에 제대로 입력할 수 있게 유도하는 것이 좋습니다. 여기서는 유효성 검사와 조건부 서식 기능을 이용해 사용자가 정확한 데이터를 입력할 수 있도록 설정하는 방법과 특정 데이터를 강조하는 방법을 알아보겠습니다.

01 '년도' 필드에 표시된 연도는 2011년부터 2018년까지입니다. 이 범위 내에 있는 연도만 [C4]에 입력할 수 있도록 유효성 검사 기능을 이용해 조건을 지정하겠습니다. [C4]셀을 선택하고 [**데이터**] 탭 → [**데이터 도구**] 그룹 → [**데이터 유효성 검사**(📋)]를 클릭합니다.

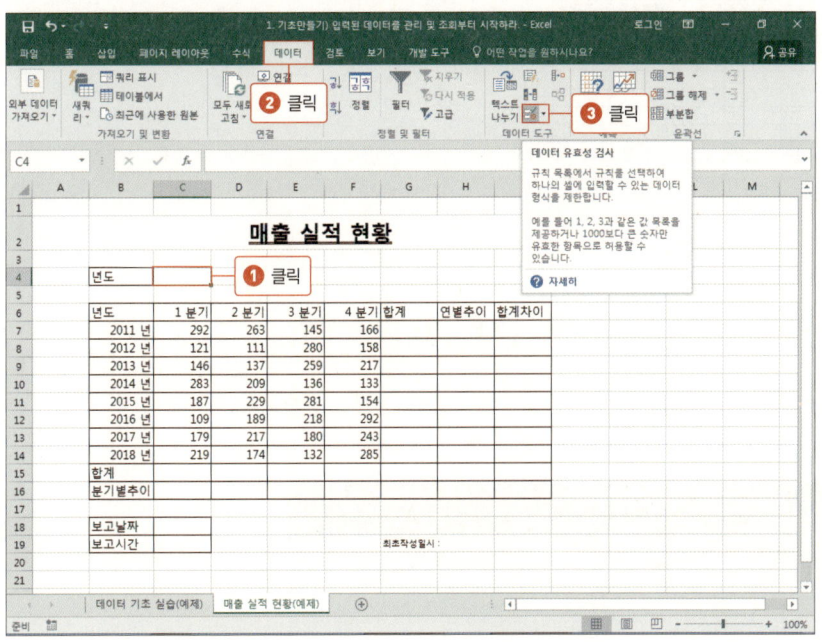

02 '데이터 유효성' 대화상자가 표시되면 [설정] 탭 화면에서 제한 대상을 '목록'으로 지정합니다. 원본에 커서를 두고 연도가 입력된 [B7:B14] 범위를 드래그하여 선택한 다음 〈확인〉 버튼을 클릭합니다.

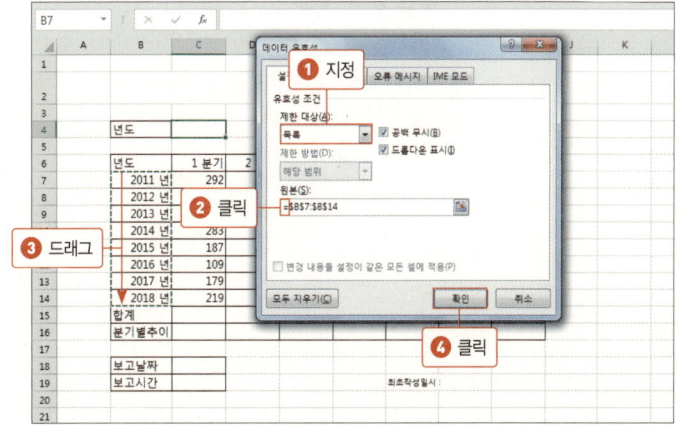

97

03 [C4]셀 목록을 펼치면 유효한 연도가 자동으로 표시됩니다.

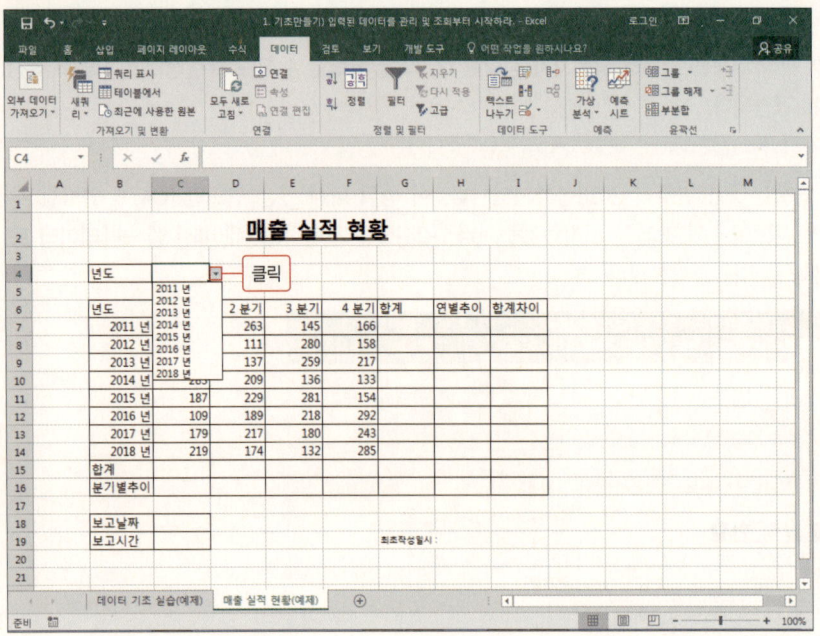

04 [C4]셀에 '2019'를 입력합니다. 오류 메시지 창이 표시되면 〈취소〉 버튼을 클릭합니다. 이렇게 유효성 검사 기능을 이용하면 사용자가 잘못된 데이터를 입력하는 것을 방지할 수 있습니다.

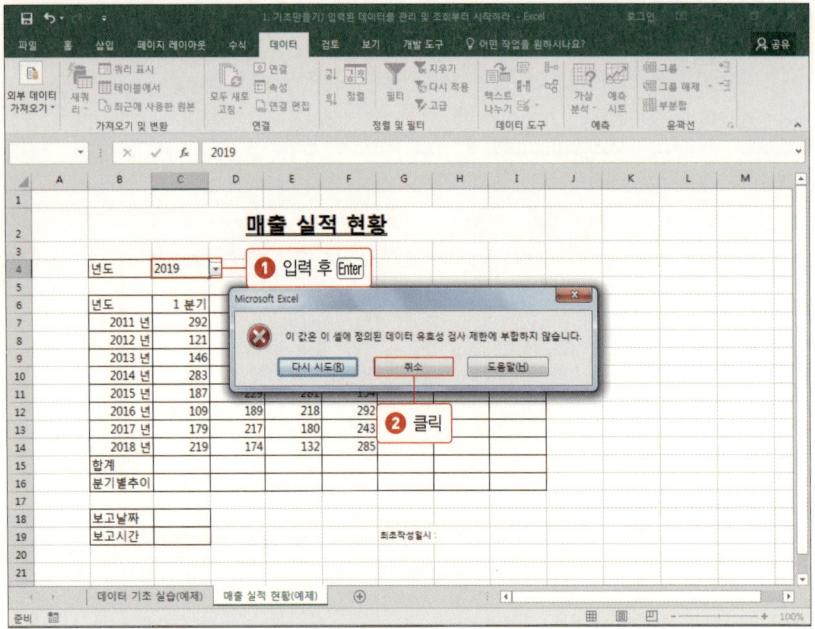

SECTION 02 데이터 서식 익히기

05 [C4]셀 목록에서 연도를 선택하면 '년도' 필드의 해당 연도에 색이 채워지도록 조건부 서식을 이용해 조건을 지정하겠습니다.
[B7:B14] 범위를 드래그하고 [홈] 탭 → [스타일] 그룹 → [조건부 서식] → [셀 강조 규칙] → [같음]을 클릭합니다.

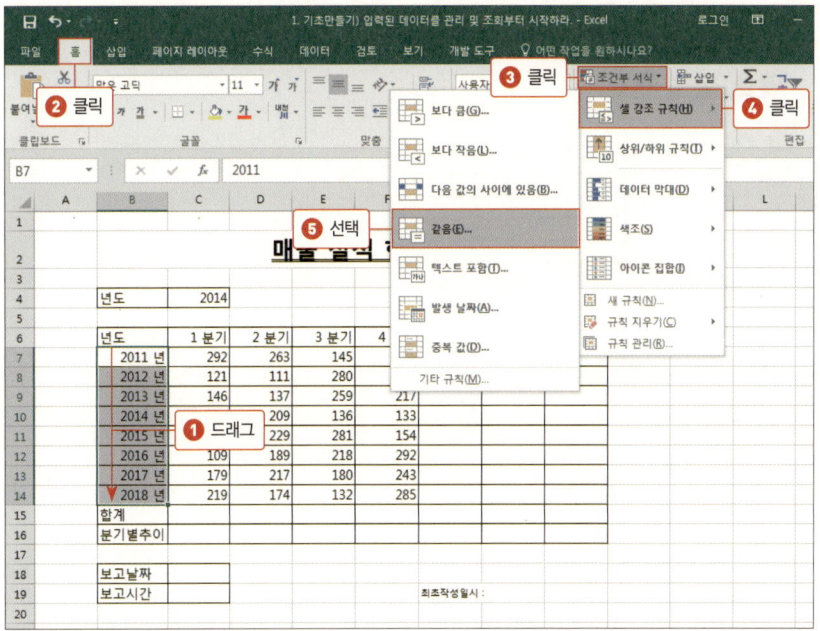

06 '같음' 대화상자가 표시되면 '다음 값과 같은 셀의 서식 지정'에 커서를 둔 다음 [C4]셀을 선택합니다. '적용할 서식'에서 '진한 빨강 텍스트가 있는 연한 빨강 채우기'가 기본으로 설정된 것을 확인하고 〈확인〉 버튼을 클릭합니다.

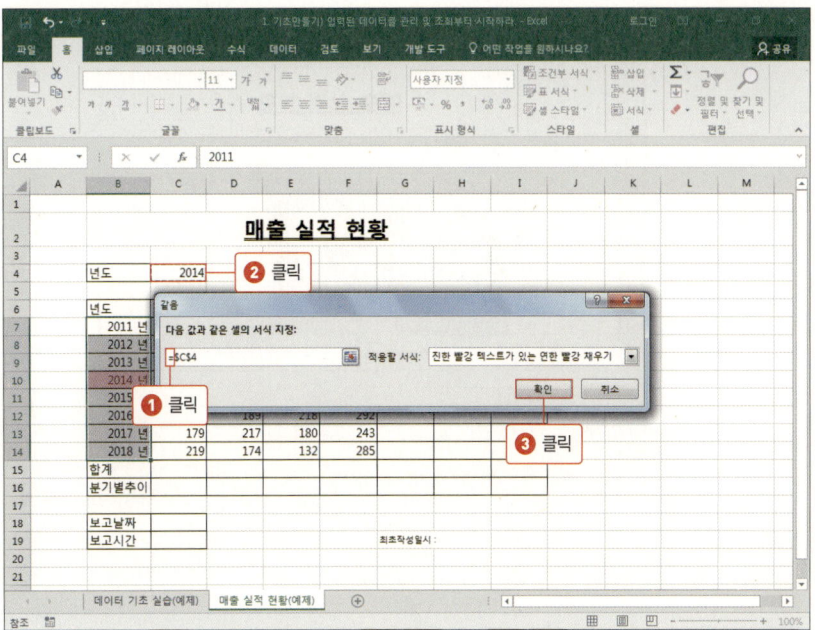

99

07 [C4]셀 목록에서 '2016년'을 선택합니다. '년도' 필드에서 '2016'이 입력된 셀에 자동으로 색이 채워지는 것을 확인할 수 있습니다. 얼마든지 다른 규칙을 적용할 수 있으니 여러 방식으로 직접 해 보길 바랍니다.

4 데이터 값에 따라 색칠하기 - 조건부 서식

많은 데이터가 입력된 표에서 상위 범주에 속하는 데이터만 보고 싶을 때는 어떻게 할까요? 바로 조건부 서식 기능을 이용하면 됩니다. 조건부 서식으로 데이터 범주에 따라 색상을 다르게 채우는 방법을 알아보겠습니다.

01 [C7:F14] 범위를 드래그합니다.

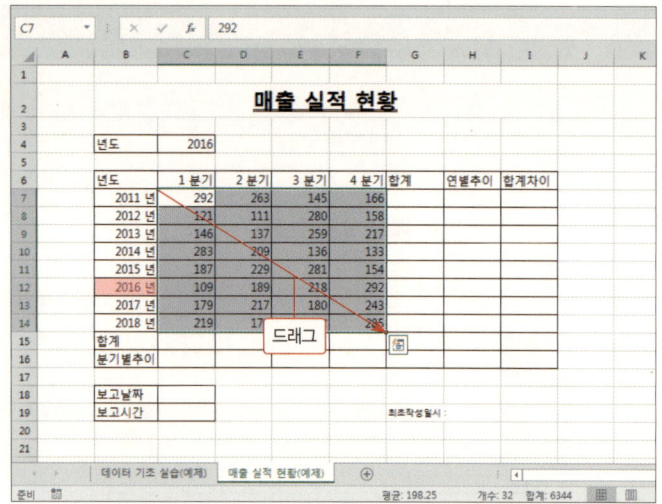

SECTION 02 데이터 서식 익히기

02 [홈] 탭 → [스타일] 그룹 → [조건부 서식] → [색조]를 클릭하고 '색조'에서 마음에 드는 색조를 선택합니다. 예제에서는 '녹색-흰색 색조'를 선택합니다.

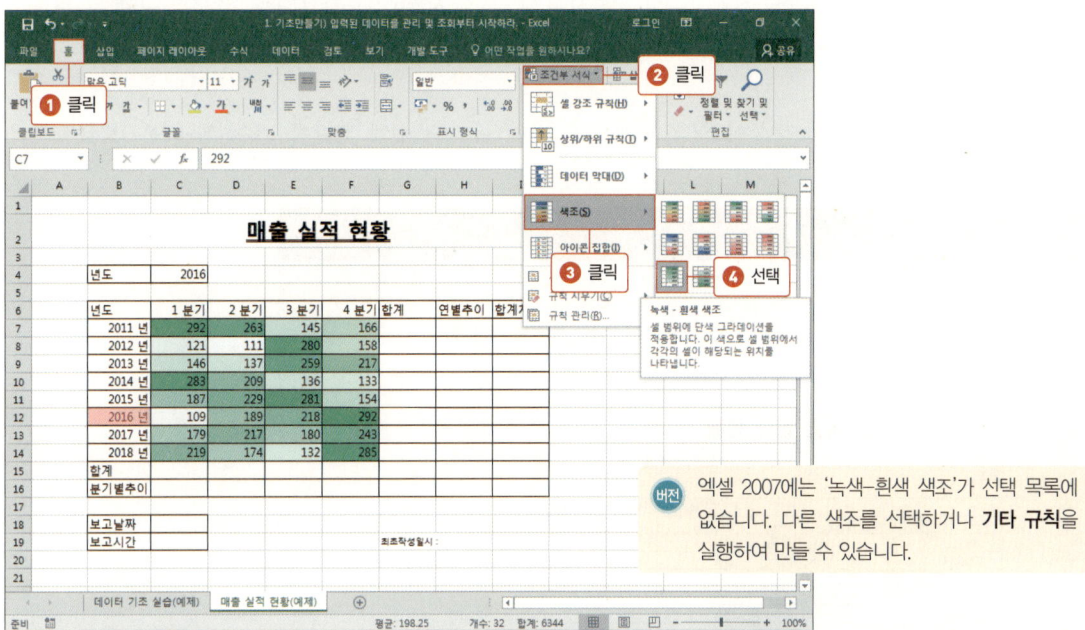

03 데이터 값이 클수록 녹색이 진하게 표시됩니다. 셀에 채워진 색상을 통해 데이터 범주를 한눈에 확인할 수 있습니다.

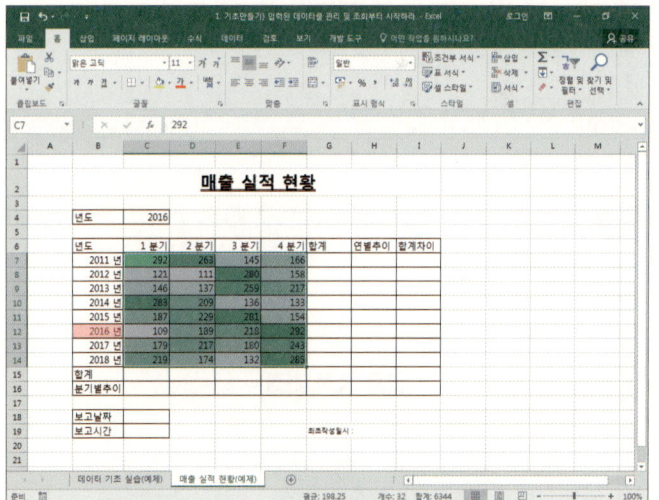

버전 엑셀 2007에는 '녹색-흰색 색조'가 선택 목록에 없습니다. 다른 색조를 선택하거나 **기타 규칙**을 실행하여 만들 수 있습니다.

101

5 연 합계와 분기별 합계 구하기 - SUM 함수, 자동 합계

엑셀에서 가장 많이 사용하는 함수는 'SUM'입니다. 오로지 SUM 함수를 사용하기 위해 엑셀을 실행하는 사람들이 많죠. 그러나 SUM 함수보다 훨씬 직관적이고 빠른 기능이 있습니다. 바로 '자동 합계'입니다. 예제를 통해 알아보겠습니다.

01 '합계'라고 입력된 셀들이 보이죠? 가독성이 좋지 않으니, [G6]셀에 '연합계', [B15]셀에 '분기별합계'를 입력합니다.

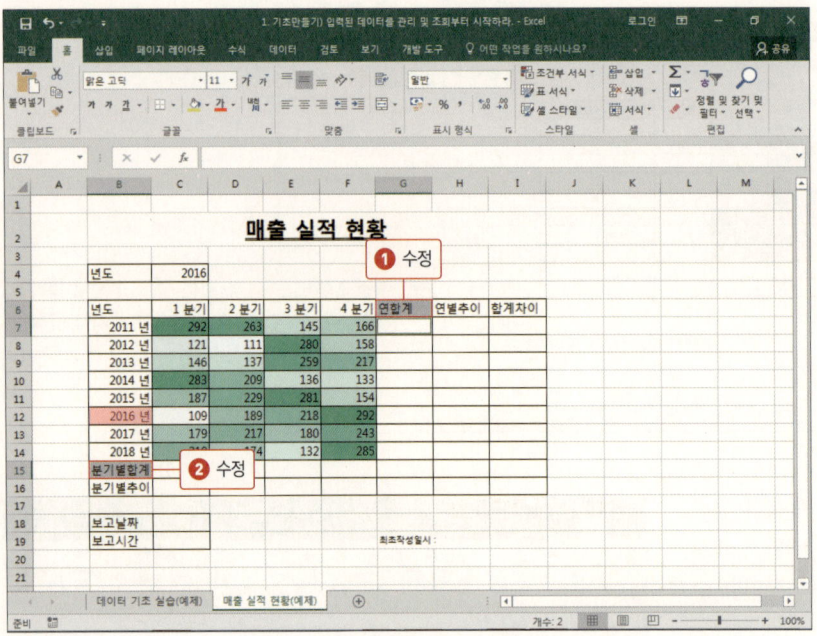

02 SUM 함수를 이용해 2011년 매출 실적 합계를 구하겠습니다. [G7]셀에 '=SUM('을 입력한 다음 [C7:F7] 범위를 드래그하고 Enter 키를 누릅니다. 최종 수식은 '=SUM(C7:F7)'입니다.

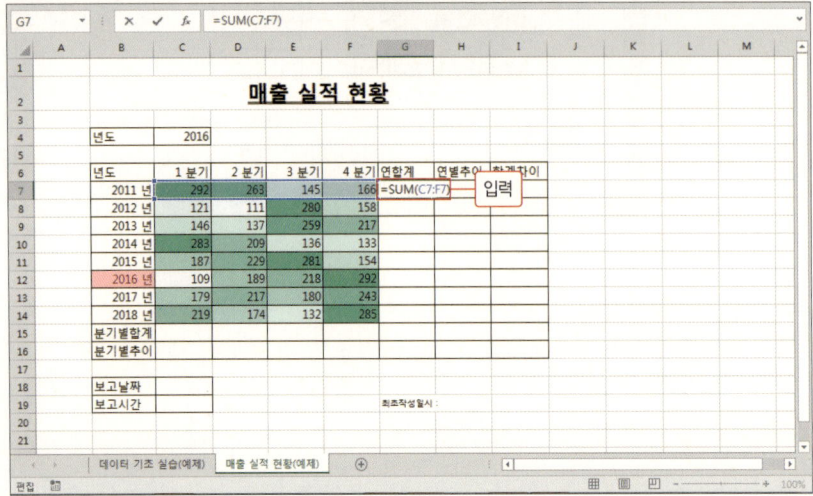

SECTION 02 데이터 서식 익히기

03 [G7]셀을 선택하고 오른쪽 아래 꼭짓점에 마우스 포인터를 올린 다음 십자 표시가 나오면 [G14]셀까지 드래그합니다.

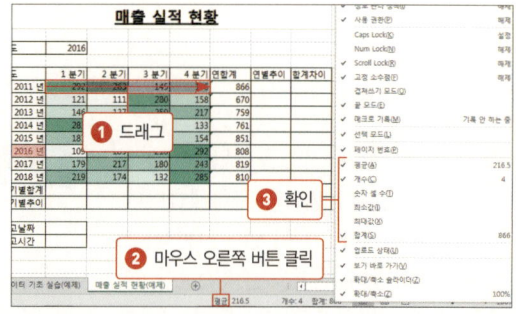

tip [C7:F7] 범위를 드래그하면 엑셀 작업 창 오른쪽 아래에 평균, 데이터의 개수, 합계가 표시됩니다. 표시된 부분을 마우스 오른쪽 버튼으로 클릭하여 '최대값'이나 '최소값'도 보이게 할 수 있으니 간단한 연산은 마우스 드래그만으로 확인하고 다음 업무를 진행하는 것이 좋습니다.

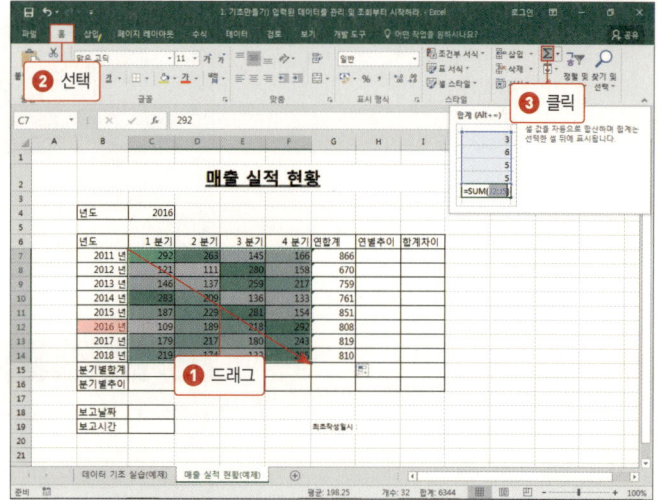

04 자동 합계 기능을 이용해 분기별 합계를 구하겠습니다.
[C7:F14] 범위를 드래그하고 [홈] 탭 → [편집] 그룹 → [자동 합계(∑)]를 클릭합니다.

103

05 [C15:F15] 범위에 분기별 합계가 표시됩니다. '자동 합계' 옵션에서 합계뿐만 아니라 평균, 최대값, 최소값도 구할 수 있습니다.

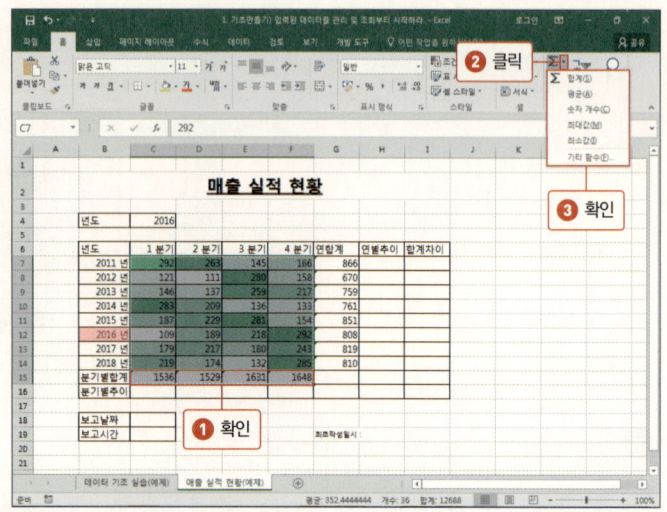

06 자동 합계 기능을 이용해 '연합계' 필드의 총합을 구하겠습니다. [G15]셀을 선택하고 [홈] 탭 → [편집] 그룹 → [자동 합계(∑)]를 클릭합니다. 합산할 범위가 자동으로 지정되면 범위가 맞는지 확인한 다음 Enter 키를 누릅니다.

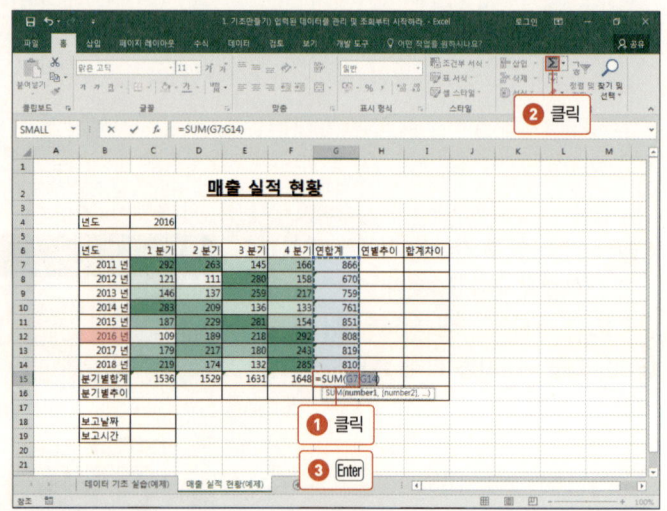

07 [C15] 셀에 '연합계' 필드의 총합이 표시됩니다. 숫자 데이터에 천 단위마다 쉼표(,)를 넣어 보기 좋게 표현하겠습니다.
[C7:G15] 범위를 드래그한 다음 [홈] 탭 → [표시 형식] 그룹 → [쉼표 스타일(,)]을 클릭합니다.

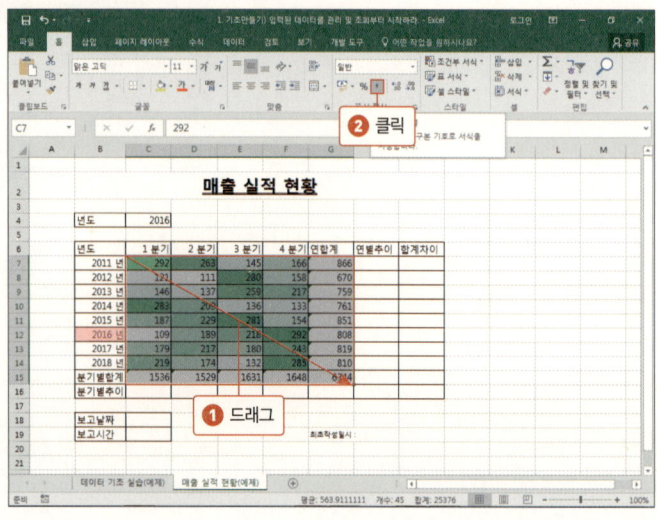

SECTION 02 데이터 서식 익히기

08 천 단위마다 쉼표(,)가 들어간 것을 확인합니다.

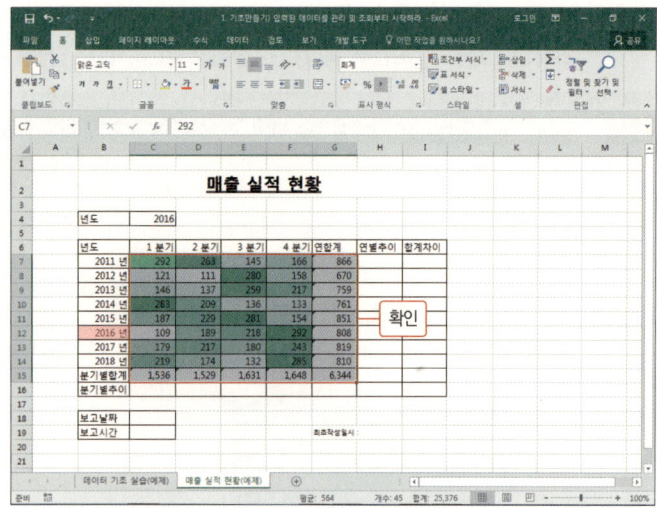

6 데이터 값에 따라 막대로 표시하기, 상위 퍼센트(%) 표시하기

'조건부 서식'의 기능을 잘 활용하면 데이터를 직관적으로 보여주고 보고서 의도를 명확하게 할 수 있습니다. 이번에는 연도별 합계를 데이터 값에 따라 막대로 표시한 다음 분기별 합계에서 상위 두 개 분기만 색을 채워 보겠습니다.

01 '연합계' 필드의 데이터 값을 막대로 표시하겠습니다. [G7:G14] 범위를 드래그합니다. **[홈] 탭 → [스타일] 그룹 → [조건부 서식] → [데이터 막대] → [파랑 데이터 막대(圖)]**를 선택합니다.

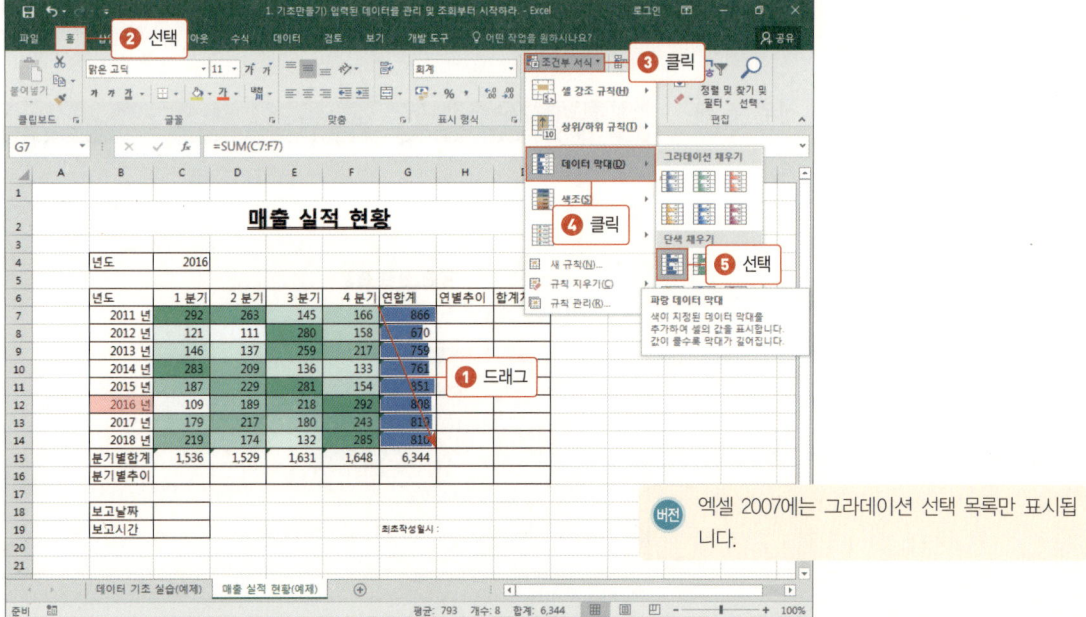

버전 엑셀 2007에는 그라데이션 선택 목록만 표시됩니다.

02 '분기별합계' 필드에서 상위 두 개 항목에만 색을 채우겠습니다. [C15:F15] 범위를 드래그하고 [홈] 탭 → [스타일] 그룹 → [조건부 서식] → [상위/하위 규칙] → [상위 10개 항목]을 선택합니다.

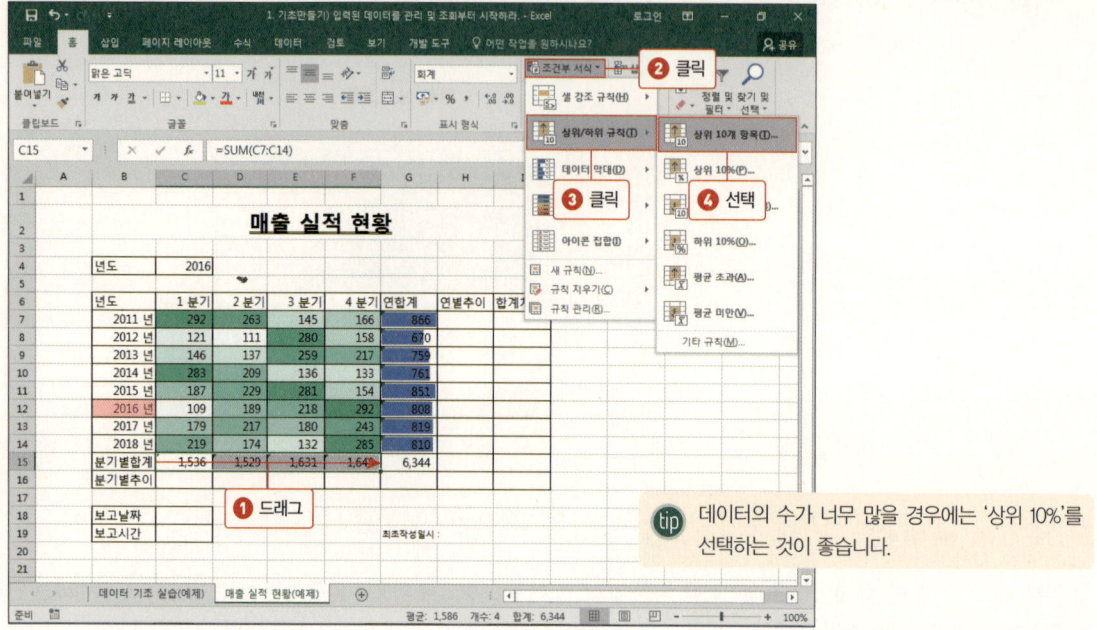

tip 데이터의 수가 너무 많을 경우에는 '상위 10%'를 선택하는 것이 좋습니다.

03 '상위 10개 항목' 대화상자가 표시되면 '다음 상위 순위에 속하는 셀의 서식 지정'을 '2'로 설정하고 '적용할 서식'을 '진한 노랑 텍스트가 있는 노랑 채우기'로 지정한 다음 〈확인〉 버튼을 클릭합니다.

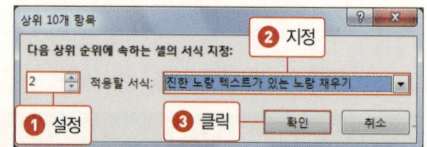

04 '분기별합계' 필드에서 상위 두 개 항목만 색이 표시됩니다.

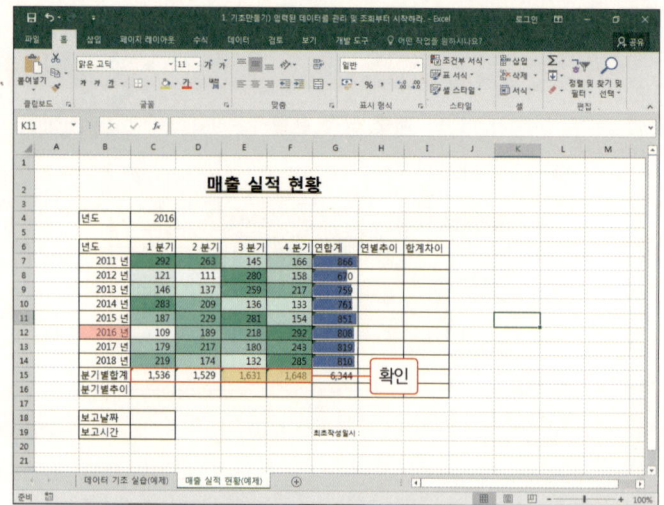

SECTION 02 데이터 서식 익히기

7 연도별 합계 차이를 아이콘(▲ ━ ▼)으로 표시하기

데이터 사이 차이를 아이콘과 같은 시각적인 수단으로 표시하면 보고 받는 사람이 직관적으로 파악할 수 있습니다. 여기서는 조건부 서식 기능을 이용해 데이터 증감을 '오름(▲)', '내림(▼)', '같음(━)' 아이콘으로 표시하는 방법을 알아봅니다.

01 조건부 서식 기능을 이용해 연도별 매출 실적의 증감을 아이콘으로 표시하겠습니다.
먼저 전년도와 비교하여 해당 연도 매출액의 증가 또는 감소값을 구하기 위해 [I7]셀에 '0'을 입력합니다.

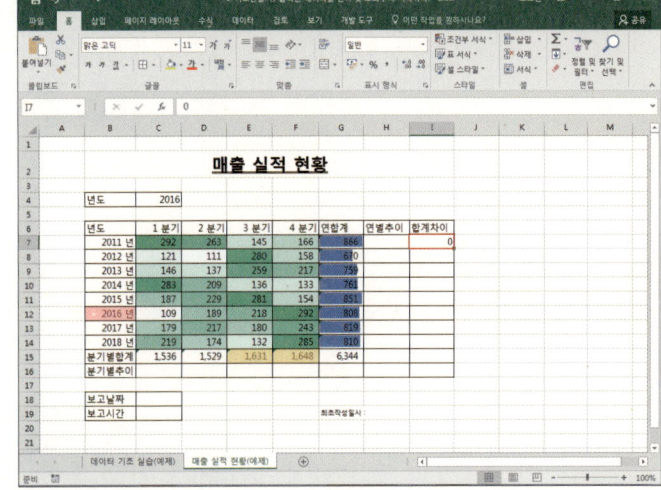

tip '2011'년 이전 연도가 없기 때문에 [I7]셀은 '0'으로 시작합니다.

02 [I8]셀에 '=G8-G7'을 입력하고 Enter 키를 누릅니다.

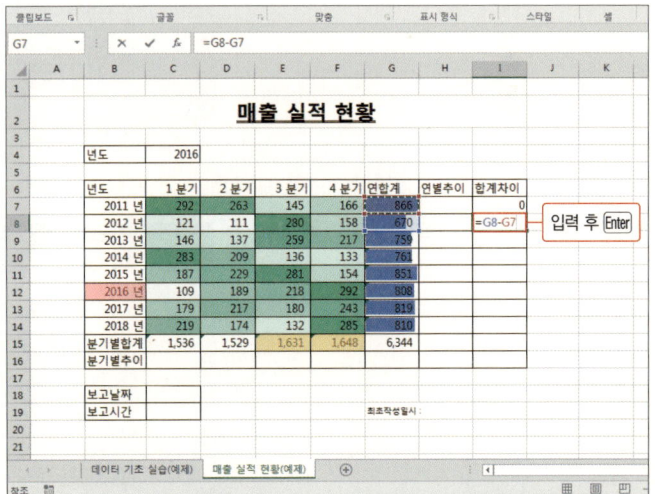

107

03 [I8]셀을 선택하고 오른쪽 아래 꼭짓점에 마우스 포인터를 올린 다음 십자 표시가 나오면 [I14]셀까지 드래그합니다.

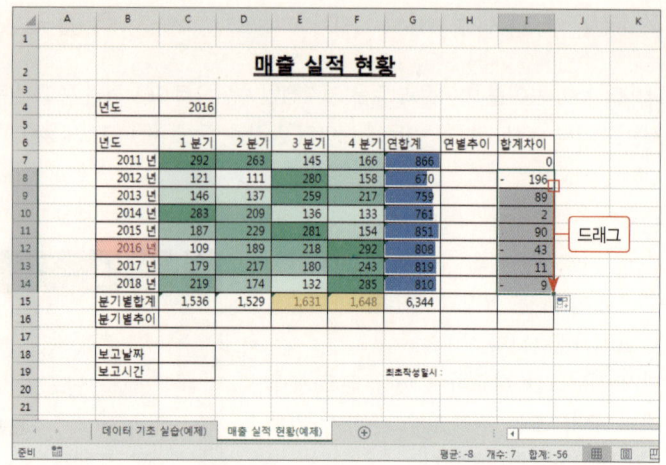

04 조건부 서식을 적용할 [I7:I14] 범위를 드래그하여 선택합니다.

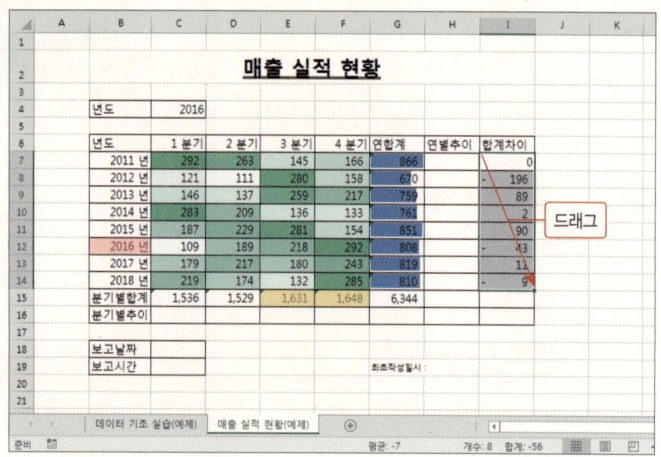

05 [홈] 탭 → [스타일] 그룹 → [조건부 서식] → [아이콘 집합] → [삼각형 3개(▲ ━ ▼)]를 선택합니다.

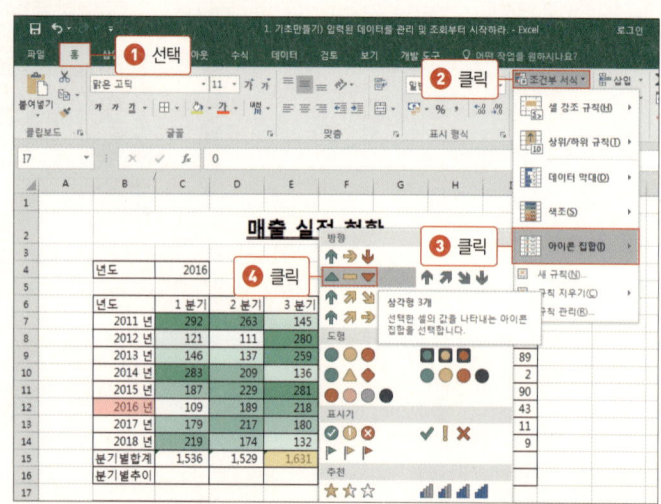

버전 엑셀 2007에는 해당 모양이 없으므로 원하는 모양을 선택하세요.

SECTION 02 데이터 서식 익히기

06 지정한 범위에 아이콘이 삽입되었지만 원하는 기준으로 표시되지 않았습니다.
양수에는 오름 아이콘(▲), 음수에는 내림 아이콘(▼)을 표시하기 위해 [I7:I14] 범위를 선택한 상태로 **[홈] 탭 → [스타일] 그룹 → [조건부 서식] → [규칙 관리]**를 클릭합니다.

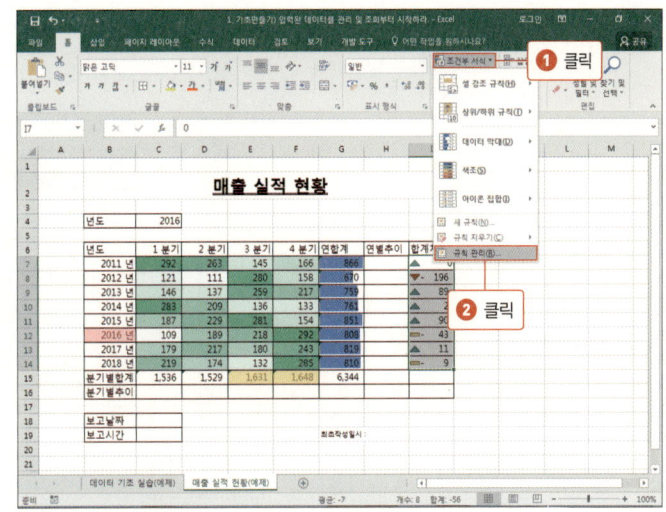

07 '조건부 서식 규칙 관리자' 대화상자가 표시됩니다. 여기에서 새로운 규칙을 추가하거나 적용한 규칙을 지우고 변경할 수 있습니다.
앞에서 적용한 아이콘 집합이 선택된 채로 〈규칙 편집〉 버튼을 클릭합니다.

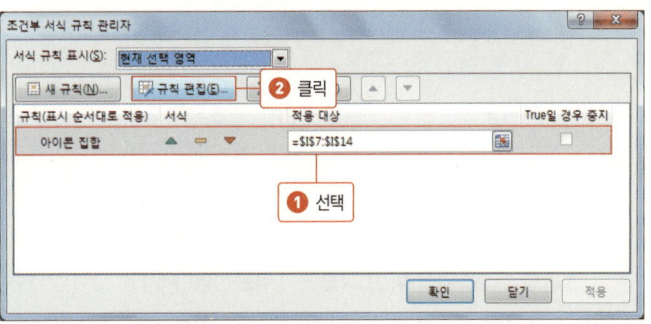

08 '서식 규칙 편집' 대화상자가 표시되면 아이콘 표시 규칙을 다음 화면과 같이 지정하고 〈확인〉 버튼을 클릭합니다.

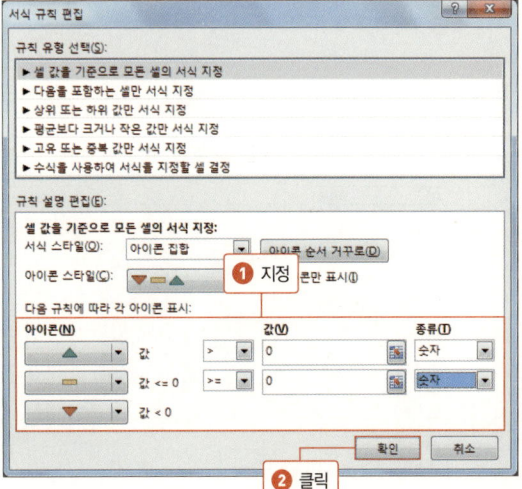

109

09 연도별 매출 실적의 증감이 아이콘으로 표시됩니다.

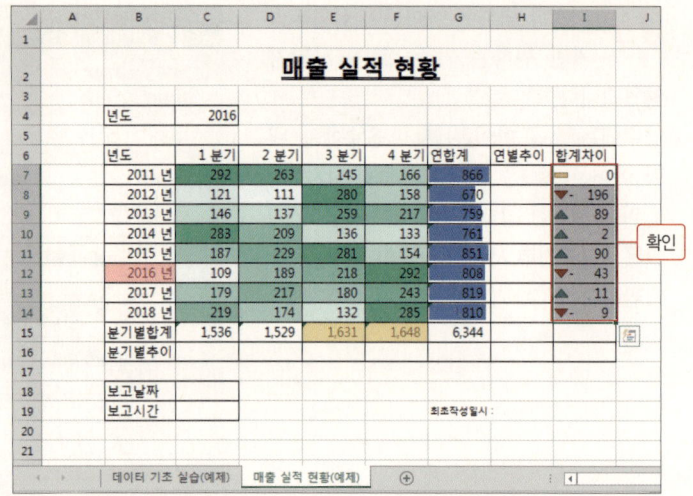

8 스파크라인으로 보고서 가치 높이기

스파크라인은 엑셀 2010부터 새롭게 추가된 기능으로 차트와 조건부 서식으로만 표현할 수 있었던 기능을 셀 안에서 구현할 수 있다는 장점이 있습니다. 스파크라인을 이용해 데이터 추이를 직관적으로 표현하는 방법을 알아봅니다.

01 각 분기의 연도별 실적 추이를 스파크라인으로 표시해 보겠습니다. [C16:F16] 범위를 드래그한 다음 **[삽입] 탭 → [스파크라인] 그룹 → [꺾은선형(📈)]**을 클릭합니다.

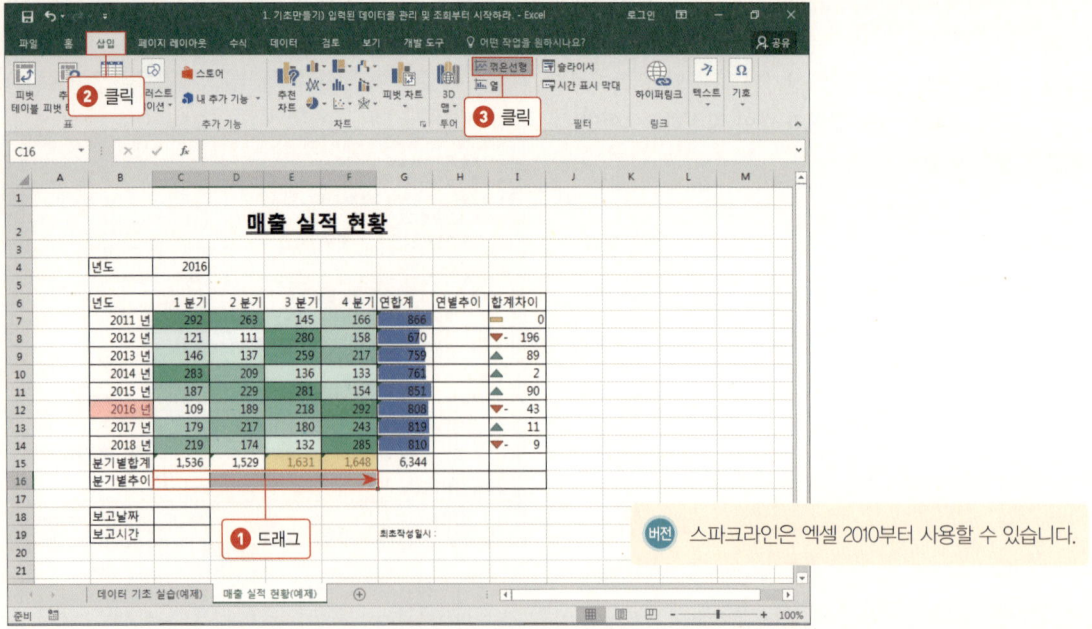

> **버전** 스파크라인은 엑셀 2010부터 사용할 수 있습니다.

SECTION 02 데이터 서식 익히기

02 '스파크라인 만들기' 대화상자가 표시되면 자동으로 지정된 위치 범위를 확인합니다. 데이터 범위에 커서를 두고 [C7:F14] 범위를 드래그하여 선택한 다음 〈확인〉 버튼을 클릭합니다.

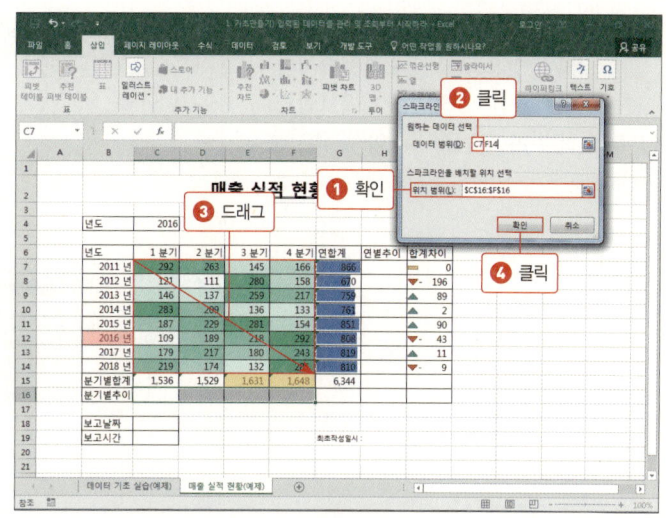

03 각 분기의 연도별 실적이 스파크라인이 표시되면서 [디자인] 탭이 활성화됩니다.

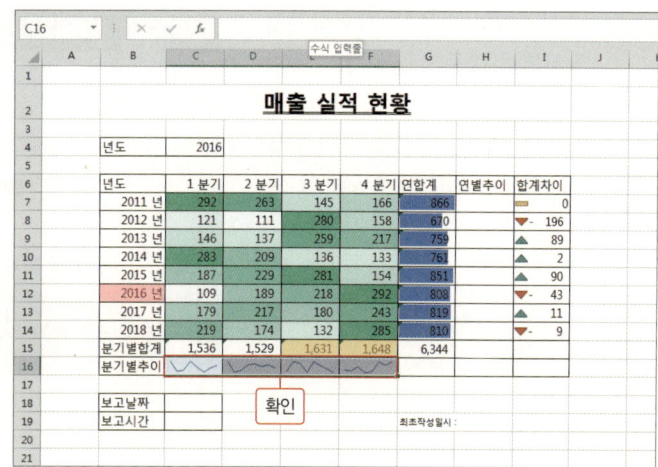

04 스파크라인을 좀 더 시각적으로 만들겠습니다. [디자인] 탭 → [표시] 그룹에서 '높은 점', '낮은 점', '표식'에 체크 표시하고 [스타일] 그룹에서 '스파크라인 스타일 색상형 #4'를 선택합니다.

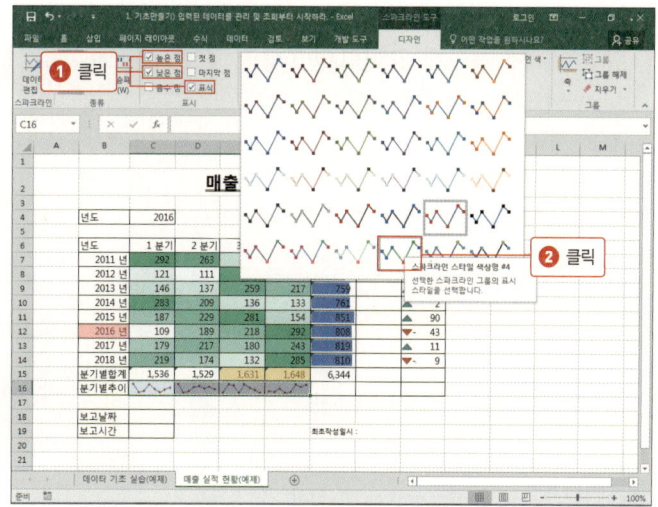

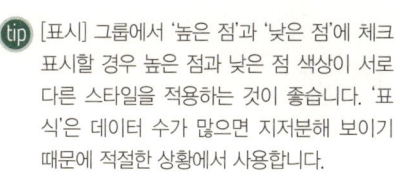 [표시] 그룹에서 '높은 점'과 '낮은 점'에 체크 표시할 경우 높은 점과 낮은 점 색상이 서로 다른 스타일을 적용하는 것이 좋습니다. '표식'은 데이터 수가 많으면 지저분해 보이기 때문에 적절한 상황에서 사용합니다.

05 각 연도의 분기별 실적 추이를 스파크라인으로 표시해 보겠습니다. [H7:H14] 범위를 드래그한 다음 [삽입] 탭 → [스파크 라인] 그룹 → [열()]을 클릭합니다.

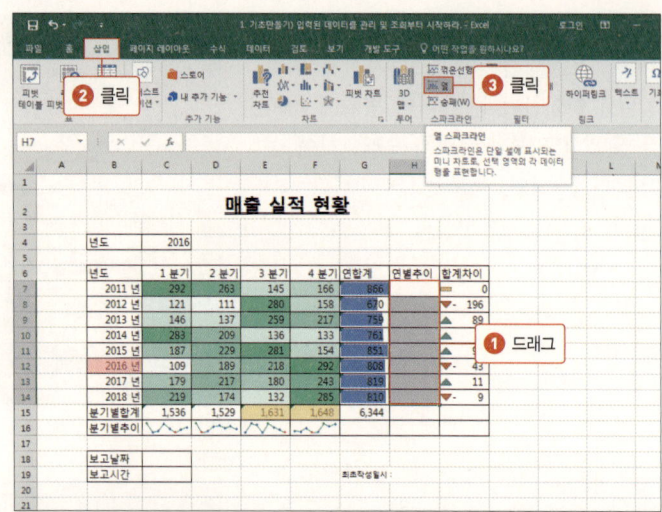

06 '스파크라인 만들기' 대화상자가 표시되면 자동으로 지정된 위치 범위를 확인합니다.
데이터 범위에 커서를 두고 [C7:F14] 범위를 드래그하여 선택한 다음 〈확인〉 버튼을 클릭합니다.

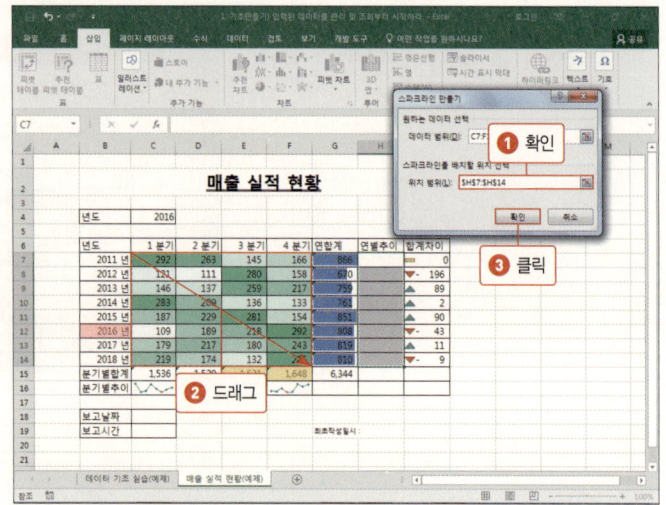

07 가독성을 높이기 위해 [디자인] 탭 → [표시] 그룹에서 '높은 점', '낮은 점'에 체크 표시합니다.
매출 실적의 연도별, 분기별 추이를 스파크라인을 이용해 시각적으로 표시하였습니다.

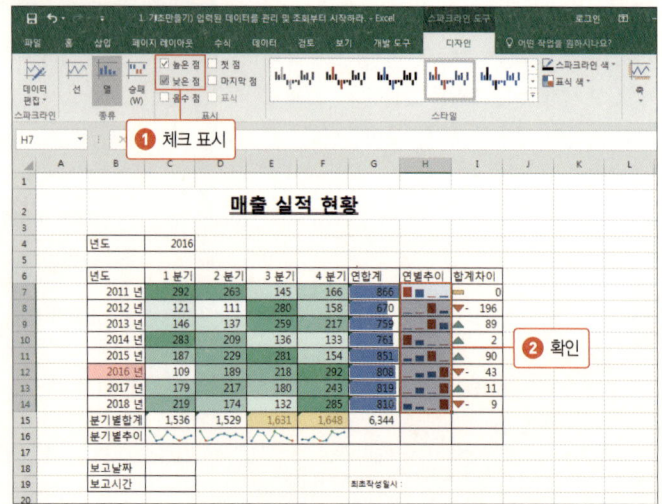

tip 스파크라인 색깔은 [디자인] 탭-[스타일] 그룹에서 설정할 수 있습니다.

9 보고 날짜와 시간을 현재 날짜와 시간으로 출력하기

보고하는 날짜와 시간을 매번 입력하는 것은 매우 번거롭습니다. 시트를 열 때마다 보고 날짜와 시간을 현재 날짜와 시간으로 표시하는 방법을 알아봅시다.

01 보고 날짜를 현재 날짜로 표시하겠습니다. [C18]셀에 '=TODAY( )'를 입력한 다음 Enter 키를 누릅니다.

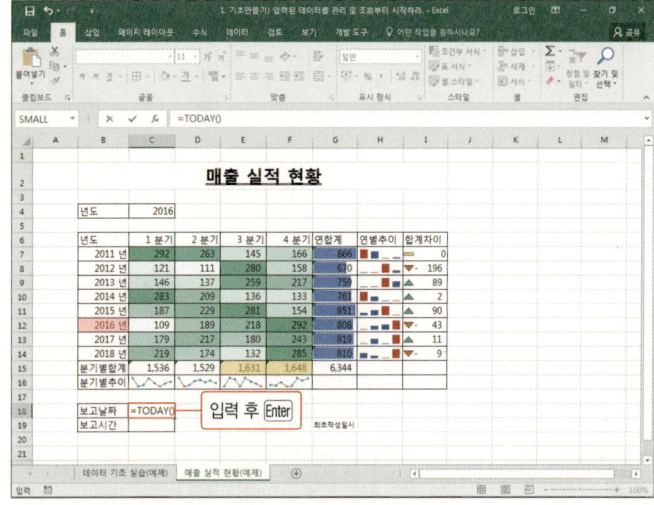

02 [C19]셀에 '=NOW( )'를 입력하고 Enter 키를 누릅니다.

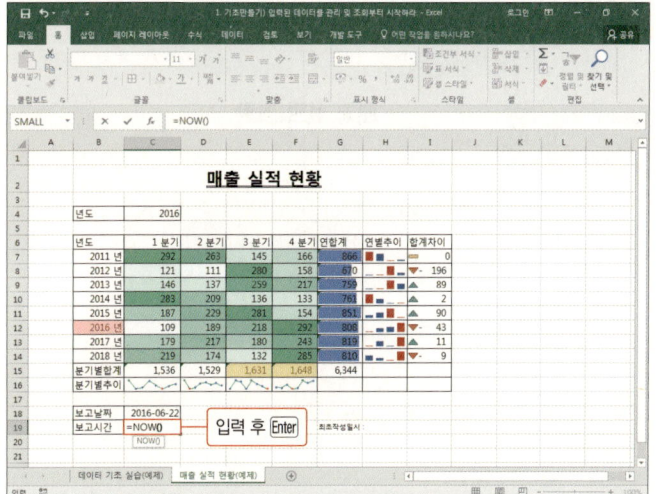

03 현재 시간과 날짜가 같이 표시됩니다. NOW 함수 결과에서 TODAY 함수 결과를 빼서 현재 시간만 표시하겠습니다.
[C19]셀에 '=NOW( )-TODAY( )'를 입력한 다음 Enter 키를 누릅니다.

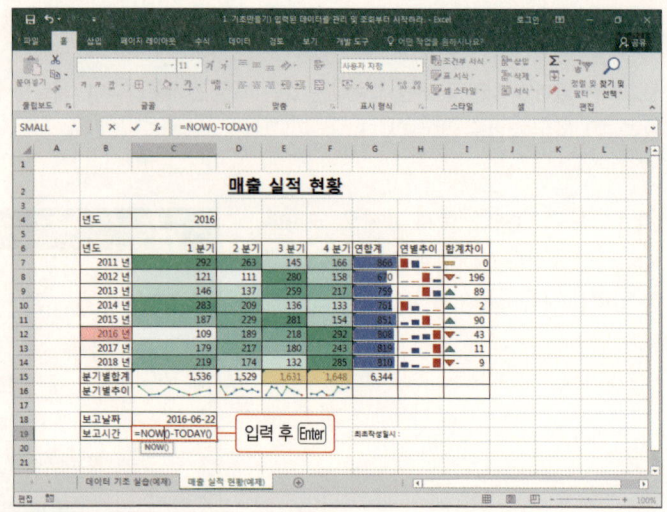

04 현재 날짜를 빼 주었는데도 날짜와 시간이 계속 표시됩니다. 표시 형식을 바꾸지 않았기 때문인데요.
[C19]셀을 선택하고 [홈] 탭 → [표시 형식] 그룹에서 '시간'을 선택하면 날짜는 사라지고 시간만 남습니다.

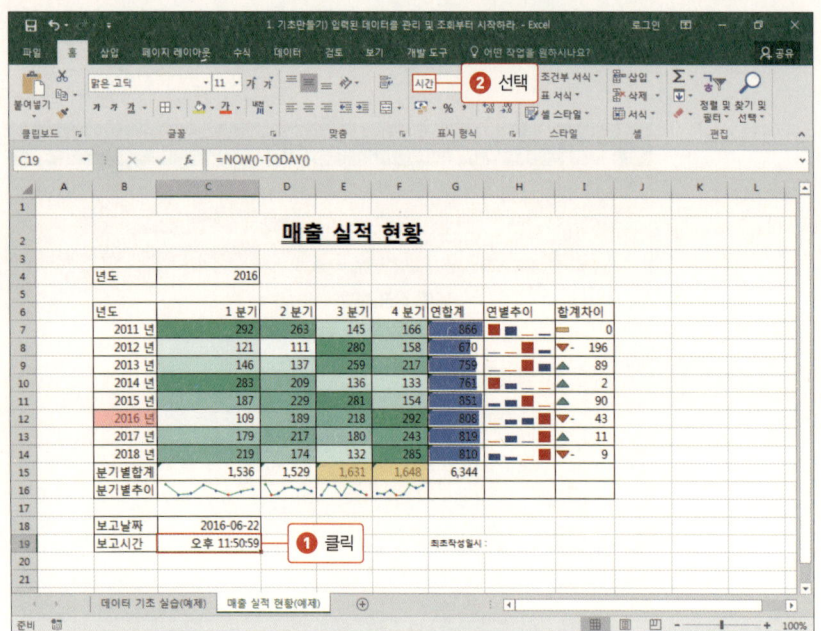

SECTION 02 데이터 서식 익히기

10 최초 작성 일자 표시하기

TODAY 함수와 NOW 함수를 사용해서 출력한 현재 날짜와 시간은 시간이 지나면 자동으로 갱신됩니다. 그러니 최초 작성 일자를 입력할 때는 이런 함수를 사용하면 안 되겠지요? 이번에는 단축키를 사용해서 입력할 당시의 날짜와 시간을 표시하는 방법을 알아보겠습니다.

01 [H19]셀을 선택하고 Ctrl+; 키를 누릅니다. 현재 날짜를 표시하기 위해 TODAY 함수를 사용했을 때와 같은 결과가 나왔지만 이 값은 갱신되지 않습니다.

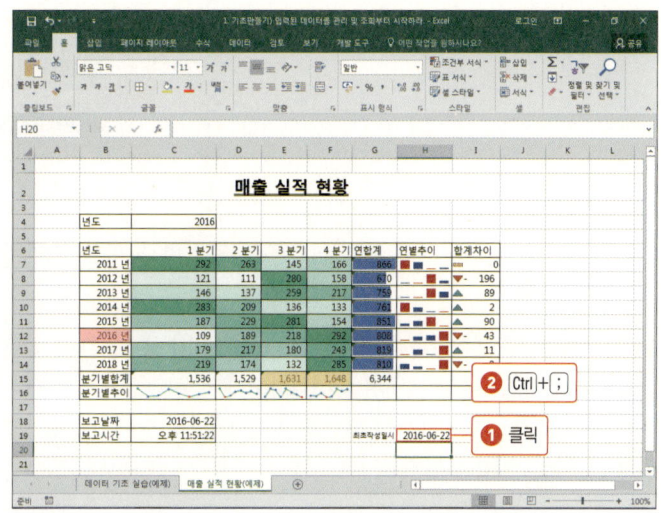

02 현재 시간을 표시하겠습니다. [I19]셀을 선택하고 Ctrl+Shift+; 키를 누릅니다.

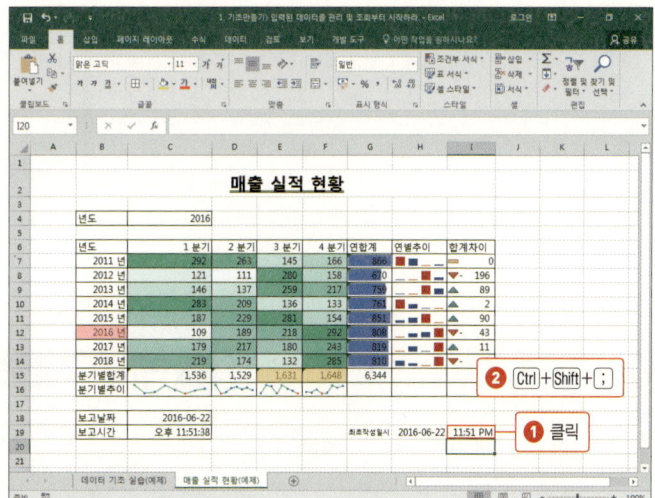

115

03 현재 시간을 다른 형식으로 나타내겠습니다. [I19]셀을 선택하고 **[홈] 탭 → [표시 형식] 그룹**에서 **기타 표시 형식**을 실행합니다.

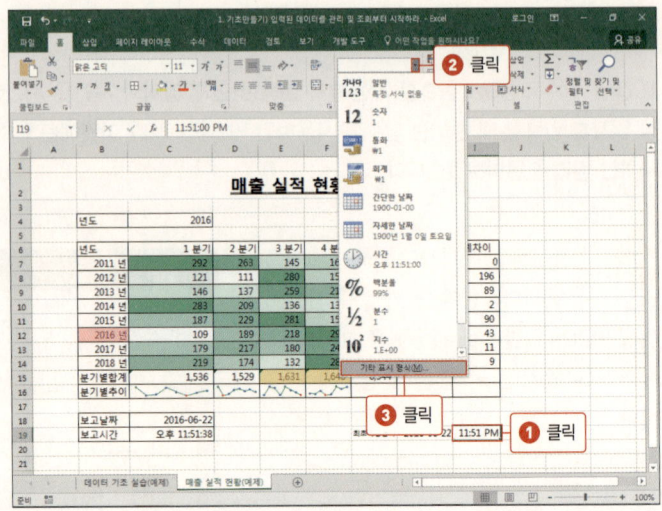

04 '셀 서식' 대화상자가 표시되면 [표시 형식] 탭 화면의 범주에서 '시간'을 선택하고 원하는 형식을 지정합니다. 예제에서는 형식을 '13:30:55'로 지정하고 〈확인〉 버튼을 클릭합니다.

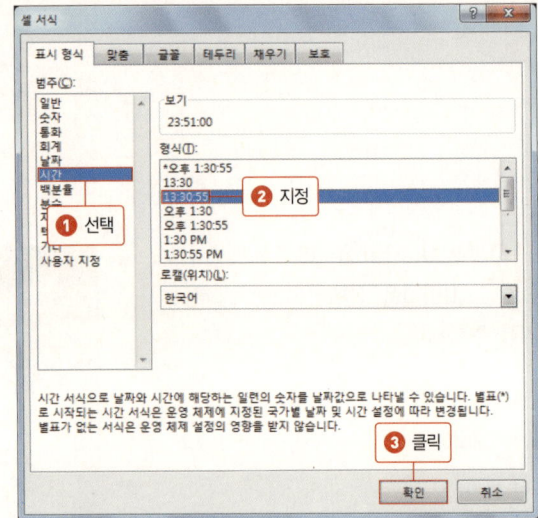

05 지정한 형식대로 현재 시간이 표시됩니다.
[C19]셀을 선택하고 **[홈] 탭 → [글꼴] 그룹**에서 문자 크기를 '8'로 설정합니다. C열 너비를 조정하고 마무리합니다.

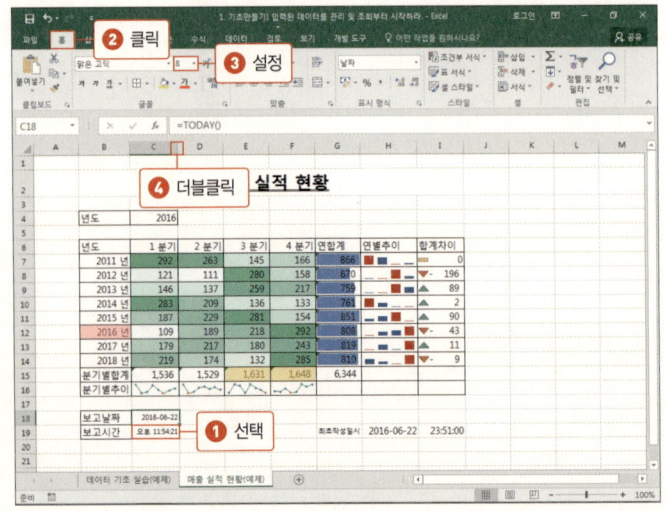

116 Part 2 기초 데이터 만들기

SECTION 03 데이터 조회하기

데이터 조회하기

셀 서식 기능을 복습하고 TEXT 함수로 날짜 형식을 바꾸는 방법과 ROUNDUP 함수로 정수를 표시하는 방법, 정렬과 중복된 항목 제거, 필터 기능을 알아봅니다. 예제 파일에 포함된 표에서 각각의 항목을 채우다 보면 여러 기능을 자연스럽게 익힐 수 있습니다.

중요도 4 / 작업 소요 시간 35분 / 동영상 재생 시간 25분

1 데이터 단위로 순번 만들기

순번은 데이터와 데이터를 구분하는 유니그한 데이터, 즉 지표입니다. 어떤 데이터를 삭제했을 때 순번을 체크하면 몇 번째 데이터가 삭제되었는지 알아보기 쉽죠. 순번을 직접 입력해 보겠습니다.

{예제 파일} 02\예제1-3.xlsx   {시트} 예제1_데이터

01 [A2] 셀에 '1'을 입력합니다.

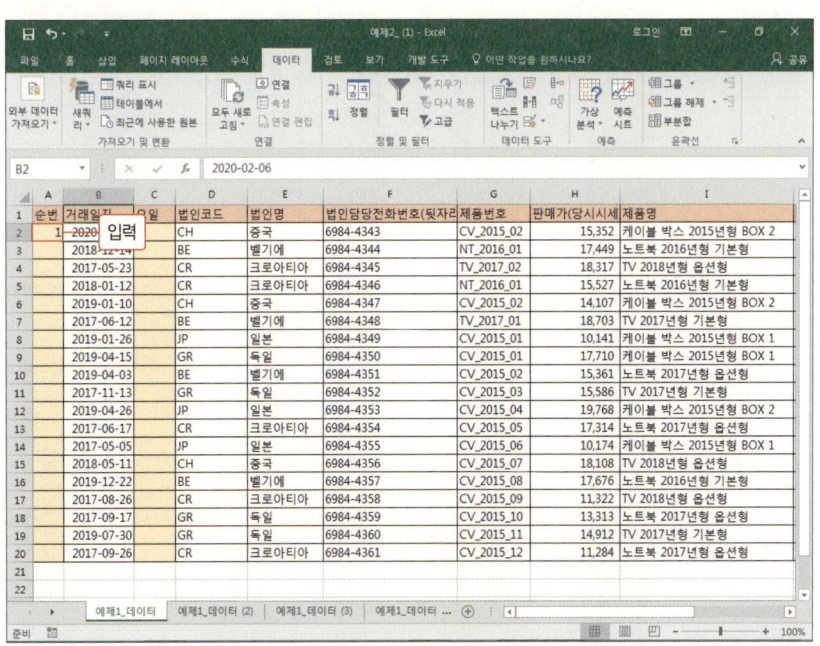

117

02 Ctrl 키를 누른 상태로 [A2]셀 오른쪽 아래 꼭짓점에 마우스 포인터를 올린 다음 십자 표시 위에 작은 십자 마크가 나오는 것을 확인합니다.

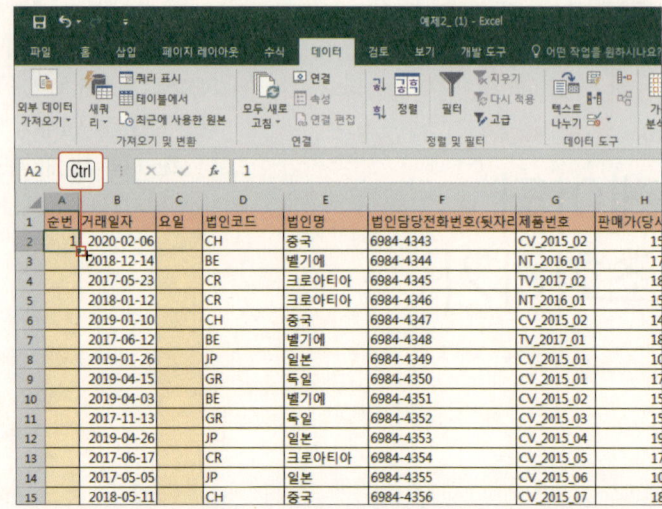

03 그대로 [A3]셀까지 드래그합니다. [A3]셀 오른쪽 아래 꼭짓점에 마우스 포인터를 올리고 십자 표시가 나오면 더블클릭하여 [A20]셀까지 채웁니다.

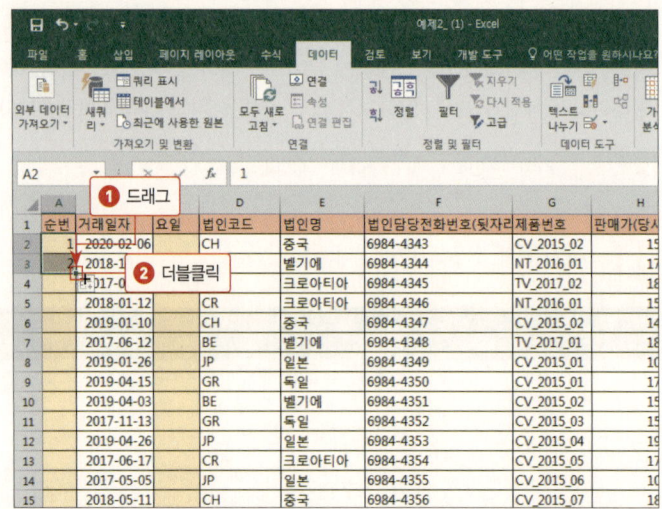

04 '1'씩 늘어나면서 자동으로 순번이 표시됩니다.

2 원하는 날짜 형식으로 데이터 출력하기 - 셀 서식

거래일자가 '○○○○-○○-○○'과 같은 형식일 때 '○○○○년 ○○월 ○○일'과 같은 형식으로 나타내고 싶다면 어떻게 해야 할까요? 무작정 데이터를 바꿔 버리면 바꾸는 순간 데이터 형식이 '날짜'가 아니라 '문자'로 되어버립니다. 여기서는 셀 서식 기능을 이용해 데이터 자체는 건드리지 않고 화면에 보이는 형태만 바꾸는 방법을 알아봅니다.

{예제 파일} 02\예제1-3.xlsx   {시트} 예제1_데이터 (2)

01 거래일자를 셀 서식 기능을 이용해 다른 형식으로 지정하겠습니다. [B2]셀을 선택하고 Ctrl + 1 키를 눌러 '셀 서식' 대화상자를 표시합니다.

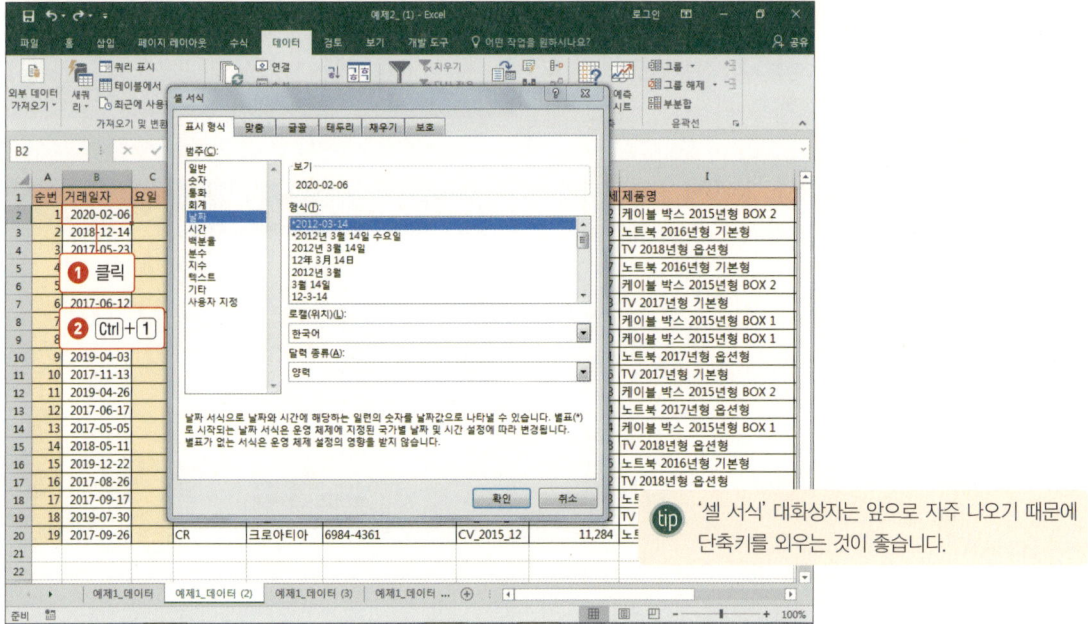

tip '셀 서식' 대화상자는 앞으로 자주 나오기 때문에 단축키를 외우는 것이 좋습니다.

02 [표시 형식] 탭 화면의 범주에서 '사용자 지정'을 선택합니다. 기본 형식이 'yyyy-mm-dd'으로 지정된 것을 확인합니다. 앞에서부터 연(year), 월(month), 일(day)의 약자라는 것을 눈치 챌 수 있습니다.

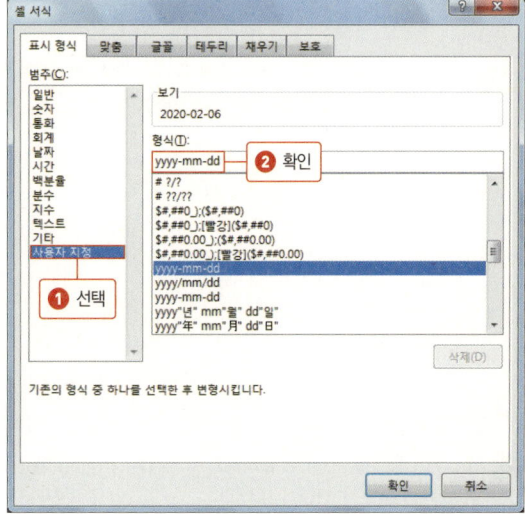

119

03 '형식'에 이것저것 입력해볼까요? 먼저 'yy'를 입력합니다. 연도 '2020'에서 뒤에서 두 번째 자리까지만 표시됩니다.

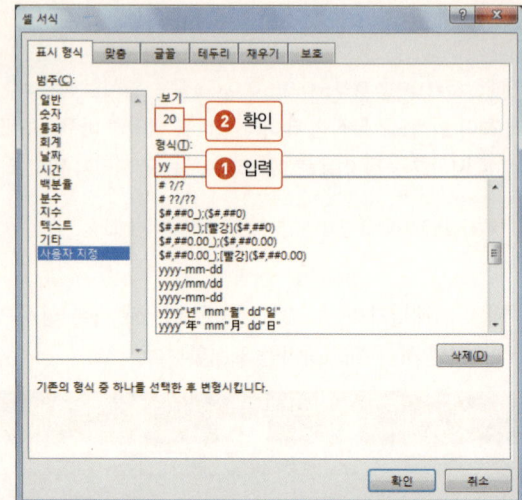

tip 형식을 지정하면 어떻게 표시되는지 보기 화면에서 미리 확인할 수 있습니다.

04 'yyyy'를 입력합니다. 연도 '2020'에서 모든 자리가 표시됩니다.

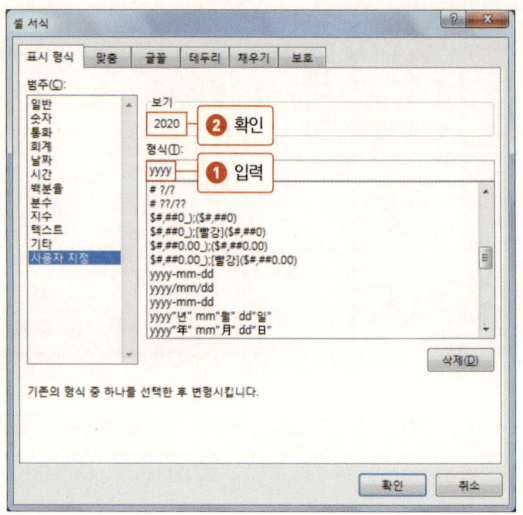

05 형식에 'yyyy년도 mm월 dd일'을 입력하고 보기 화면에서 제대로 표시되는지 확인합니다.

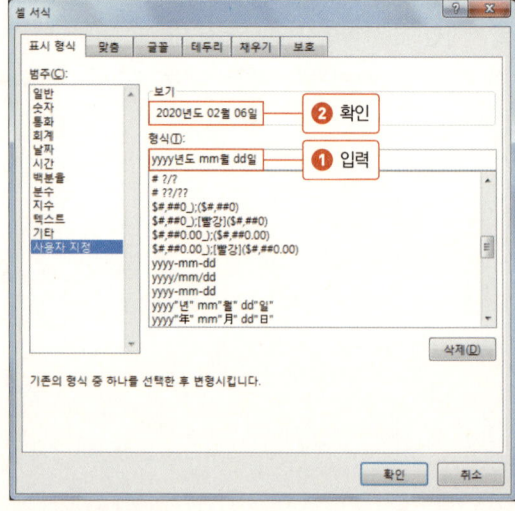

tip 'm월'은 '1월, 2월…9월'로 표시하고 'mm월'은 '01월, 02월…09월'처럼 앞에 '0'을 채워서 표시합니다. 'd'와 'dd'도 마찬가지로 '1일', '01일'과 같이 표시합니다.

SECTION 03 데이터 조회하기

06 마지막 남은 요일은 영문으로 표시하겠습니다. 형식에 'ddd' 또는 'dddd' 중 원하는 것을 입력합니다. 예제에서는 'dddd'를 입력하고 〈확인〉 버튼을 클릭합니다.

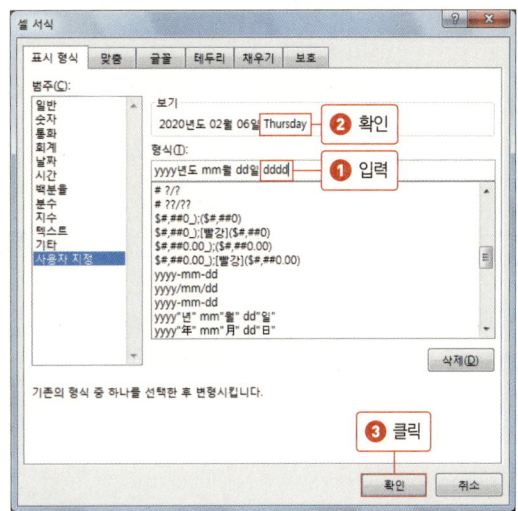

tip 형식에 'ddd'를 입력하면 'Thu', 'dddd'를 입력하면 'Thursday' 가 표시됩니다.

07 거래일자가 지정한 형식에 맞춰 바뀝니다. 수식 입력줄에서 [B2]셀 값이 '2020-02-06'인 것을 확인합니다. 시트에서는 '2020년도 02월 06일 Thursday'로 표시되지만 형식은 그대로 '날짜'인 것을 알 수 있습니다.

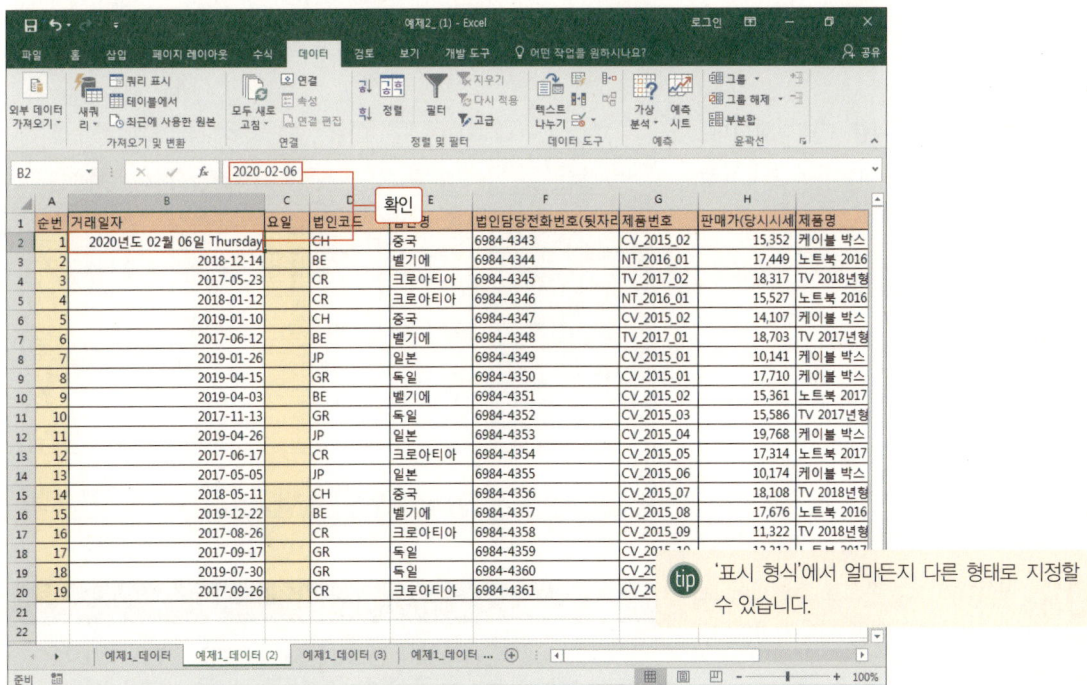

tip '표시 형식'에서 얼마든지 다른 형태로 지정할 수 있습니다.

121

3 데이터 서식 복사하기

셀 서식에서 지정한 서식을 복사하여 다른 셀에 적용한 다음 깔끔하게 정렬하는 방법을 알아봅니다.

{예제 파일} 02\예제1-3.xlsx   {시트} 예제1_데이터 (3)

01 [B2]셀에 적용된 서식을 복사하여 [B3:B20] 범위에 적용하겠습니다. [B2]셀을 선택하고 **[홈] 탭 → [클립보드] 그룹 → [서식 복사( )]**를 클릭합니다.

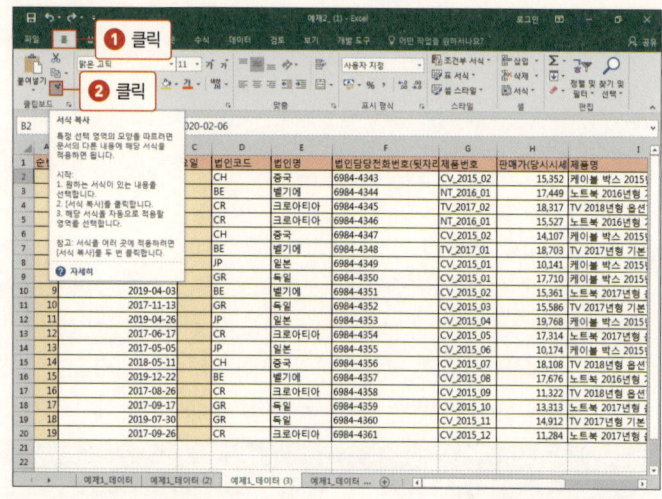

02 [B3:B20] 범위를 드래그합니다. [B2]셀 서식이 자동으로 적용되는 것을 확인할 수 있습니다.

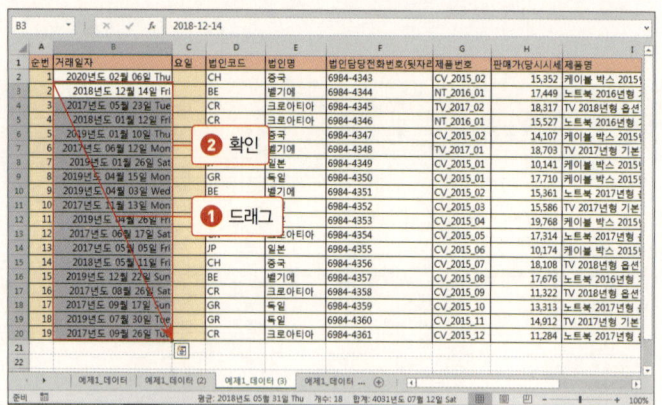

03 데이터가 오른쪽으로 정렬되어 보기 안 좋죠? 왼쪽으로 정렬해 보겠습니다.
B열을 클릭하여 열 전체를 선택한 다음 **[홈] 탭 → [맞춤] 그룹 → [왼쪽 맞춤( )]**을 클릭합니다.

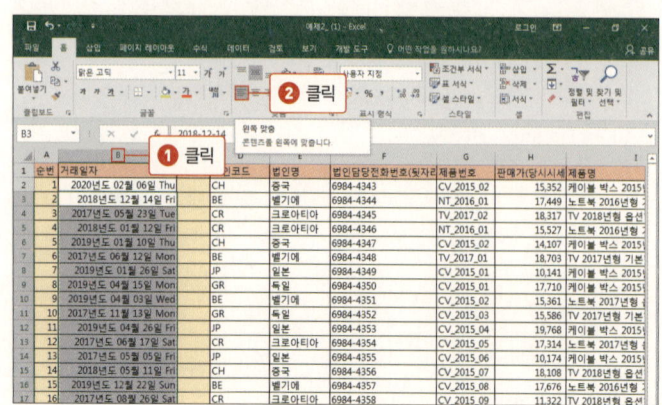

SECTION 03 데이터 조회하기

04 깔끔하게 왼쪽으로 정렬되었습니다.

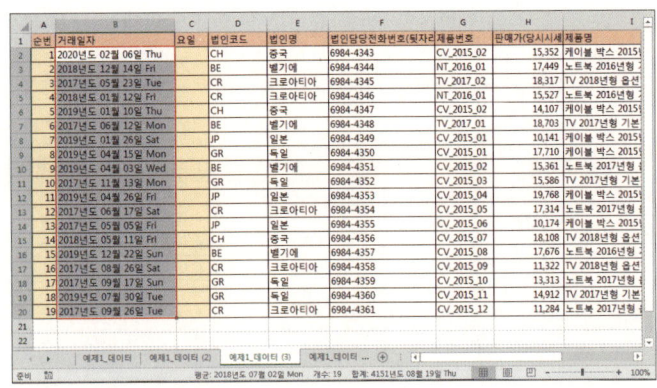

4 원하는 날짜 형식으로 데이터 표시하기 - TEXT 함수

지금까지 셀 서식 기능을 이용해 표시 형식을 지정하였습니다. 이 기능을 함수로도 구현할 수 있습니다. 바로 TEXT 함수로 말이죠. 예제를 통해 자세히 알아봅니다.

{예제 파일} 02\예제 1-3.xlsx {시트} 예제1_데이터 (4)

01 TEXT 함수를 이용해 [B2]셀에서 '요일' 데이터만 뽑아낸 다음 영문이 아닌 한글 요일로 표시하겠습니다. [C2]셀에 '=TEXT('를 입력하면 커서 아래에 'TEXT(value, format_text)'이 표시됩니다. 'TEXT'는 어떤 값(value)에서 서식을 가져온 다음 지정한 표시 형식(format_text)으로 출력하는 함수입니다. 앞에서 셀 서식을 사용해서 표시 형식을 지정했었죠? 그 과정을 TEXT 함수로 대신하는 것입니다. [B2]셀에 적용된 서식을 가져올 것이기 때문에 [B2]셀을 클릭합니다.

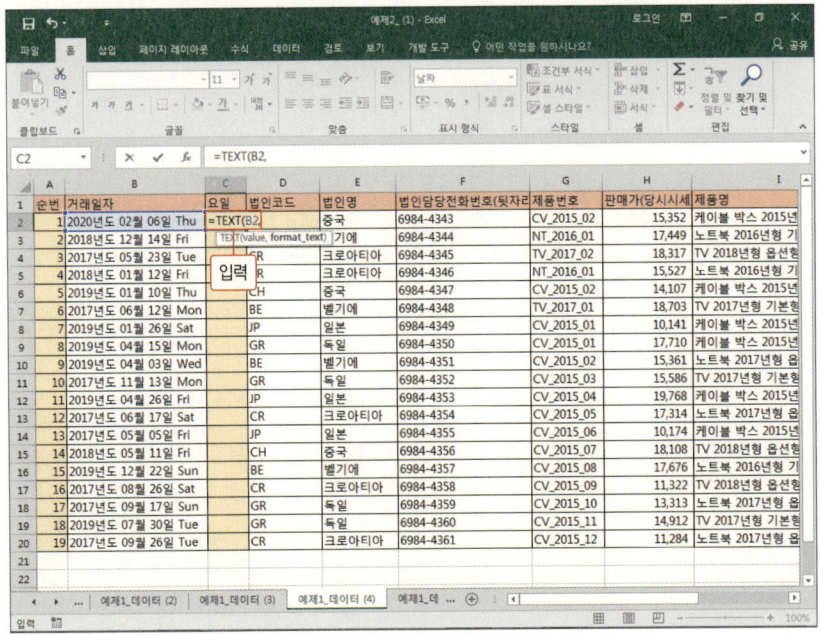

123

02 쉼표(,)를 입력하고, 한글 요일로 표시하기 위해 'aaa'를 큰따옴표(" ")로 감싸서 입력합니다.

	A	B	C	D	E	F	G
1	순번	거래일자	요일	법인코드	법인명	법인담당전화번호(뒷자리)	제품번호
2	1	2020년도 02월 06일 Thu	=TEXT(B2,"aaa")		중국	6984-4343	CV_2015_02
3	2	2018년도 12월 14일 Fri	TEXT(value, format_text)		기에	6984-4344	NT_2016_01
4	3	2017년도 05월 23일 Tue		CR	크로아티아	6984-4345	TV_2017_02
5	4	2018년도 01월 12일 Fri		CR	크로아티아	6984-4346	NT_2016_01
6	5	2019년도 01월 10일 Thu		CH	중국	6984-4347	CV_2015_02
7	6	2017년도 06월 12일 Mon		BE	벨기에	6984-4348	TV_2017_01
8	7	2019년도 01월 26일 Sat		JP	일본	6984-4349	CV_2015_01
9	8	2019년도 04월 15일 Mon		GR	독일	6984-4350	CV_2015_01
10	9	2019년도 04월 03일 Wed		BE	벨기에	6984-4351	CV_2015_02
11	10	2017년도 11월 13일 Mon		GR	독일	6984-4352	CV_2015_03
12	11	2019년도 04월 26일 Fri		JP	일본	6984-4353	CV_2015_04
13	12	2017년도 06월 17일 Sat		CR	크로아티아	6984-4354	CV_2015_05
14	13	2017년도 05월 05일 Fri		JP	일본	6984-4355	CV_2015_06
15	14	2018년도 05월 11일 Fri		CH	중국	6984-4356	
16	15	2019년도 12월 22일 Sun		BE	벨기에	6984-4357	
17	16	2017년도 08월 26일 Sat		CR	크로아티아	6984-4358	
18	17	2017년도 09월 17일 Sun		GR	독일	6984-4359	
19	18	2019년도 07월 30일 Tue		GR	독일	6984-4360	
20	19	2017년도 09월 26일 Tue		CR	크로아티아	6984-4361	CV_2015_12

tip TEXT 함수에서 'format_text'부분에는 앞의 예제처럼 'yyyy-mm-ddd'나 'dddd'를 입력해도 됩니다. 여러 가지 표시 형식을 직접 입력해 보면서 어떻게 바뀌는지 확인해 보는 것이 좋습니다.

03 [C2]셀에 '목'이 표시되면 셀을 선택하고 오른쪽 아래 꼭짓점에 마우스 포인터를 올린 다음 더블클릭하여 [C20]셀까지 채웁니다.

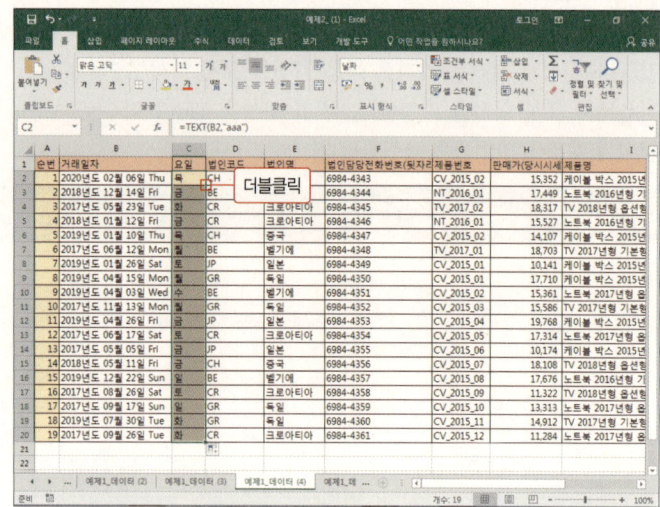

tip 'format_text'부분을 'aaaa'로 바꾸면 어떻게 되는지 직접 확인합니다.

SECTION 03 데이터 조회하기

5 전화번호 앞에 '010-', 금액 앞에 '₩' 기호 표시하기 – 셀 서식

셀 서식의 활용법은 다양합니다. 여기서는 셀 서식 기능을 이용해 끝에서 여덟 자리만 관리하고 있는 번호 데이터 앞에 '010-'을 붙이고 금액 데이터 앞에 원 기호(₩)를 붙여서 표시하는 방법을 알아봅니다.

{예제 파일} 02\예제1-3.xlsx　{시트} 예제1_데이터 (5)

01 법인 담당 전화번호를 끝에서 8자리만 관리하고 있습니다. 이 번호 데이터 앞에 '010'을 표시하겠습니다. [F2]셀을 선택하고 Ctrl+Shift+방향키 ↓를 눌러 한번에 [F2:F20] 범위를 한번에 선택합니다.

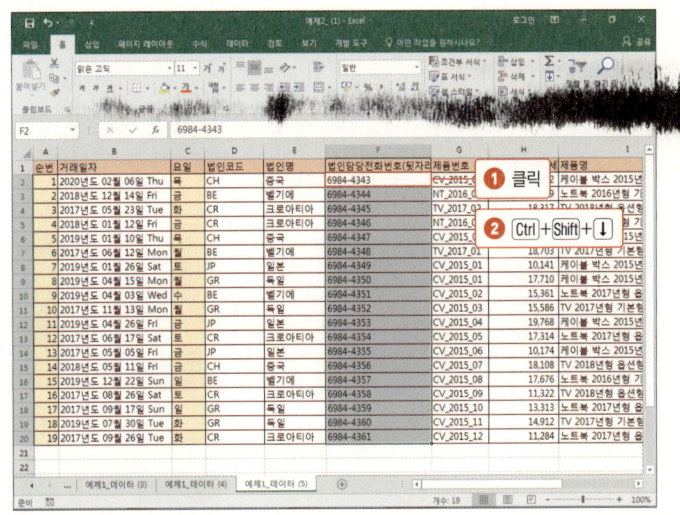

02 Ctrl+1 키를 눌러 '셀 서식' 대화상자를 표시하고 [표시 형식] 탭 화면의 범주에서 '텍스트'를 선택합니다.

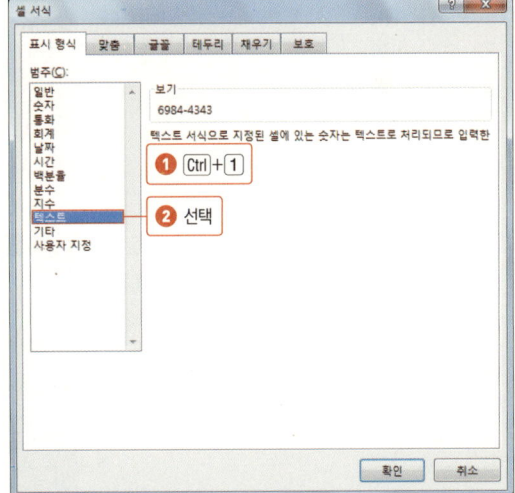

125

03 다시 '사용자 지정'을 선택하고 형식에 '"010-"@'를 입력한 다음 〈확인〉 버튼을 클릭합니다.

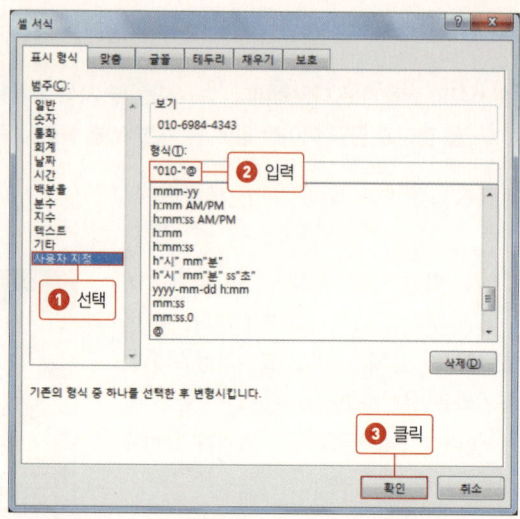

04 법인 담당 전화번호 데이터 앞에 '010-'이 표시됩니다.

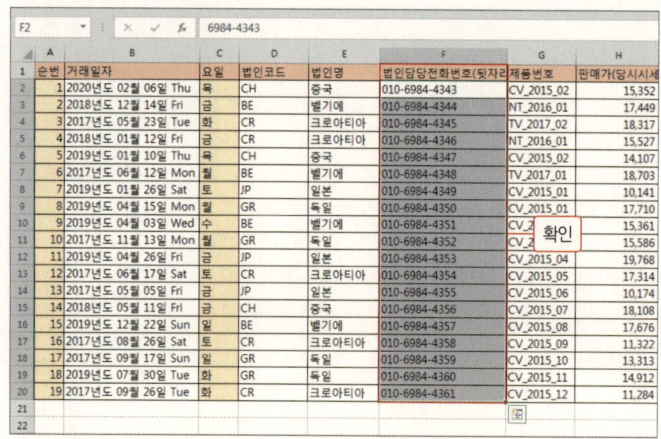

05 같은 방법으로 판매가 데이터 앞에 원(₩) 기호를 표시하겠습니다. [H2]셀을 선택하고 Ctrl+Shift+방향키 ↓를 눌러 [H2:H20] 범위를 한번에 선택합니다.

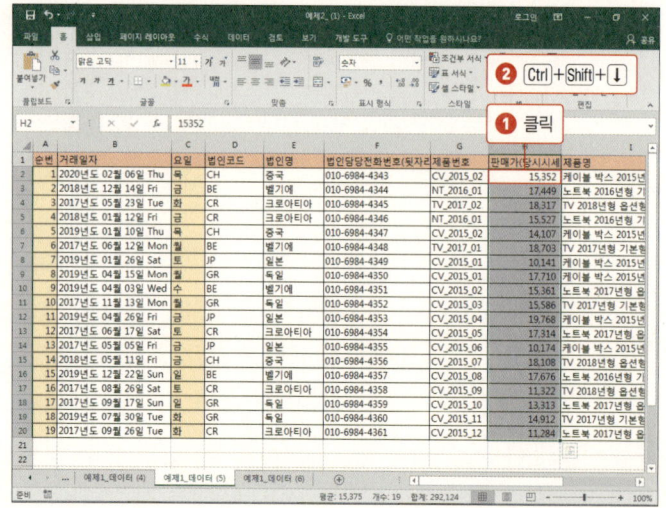

SECTION 03 데이터 조회하기

06 Ctrl+1 키를 눌러 '셀 서식' 대화상자를 표시하고 [표시 형식] 탭 화면의 범주에서 '통화'를 선택합니다. 기호를 '₩'으로 지정한 다음 데이터가 음수일 경우 표시될 형식을 지정하고 〈확인〉 버튼을 클릭합니다.

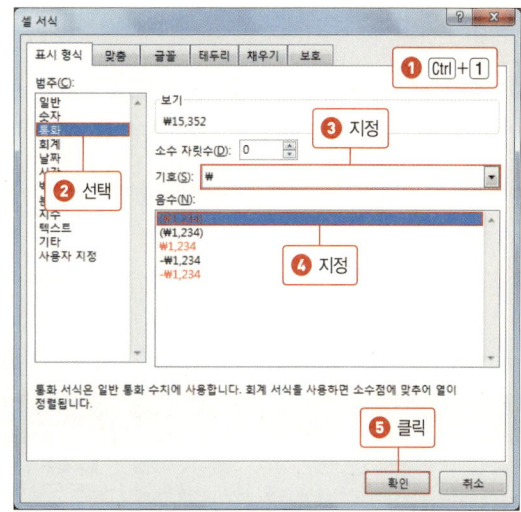

07 판매가 데이터 앞에 원(₩) 기호가 표시됩니다.

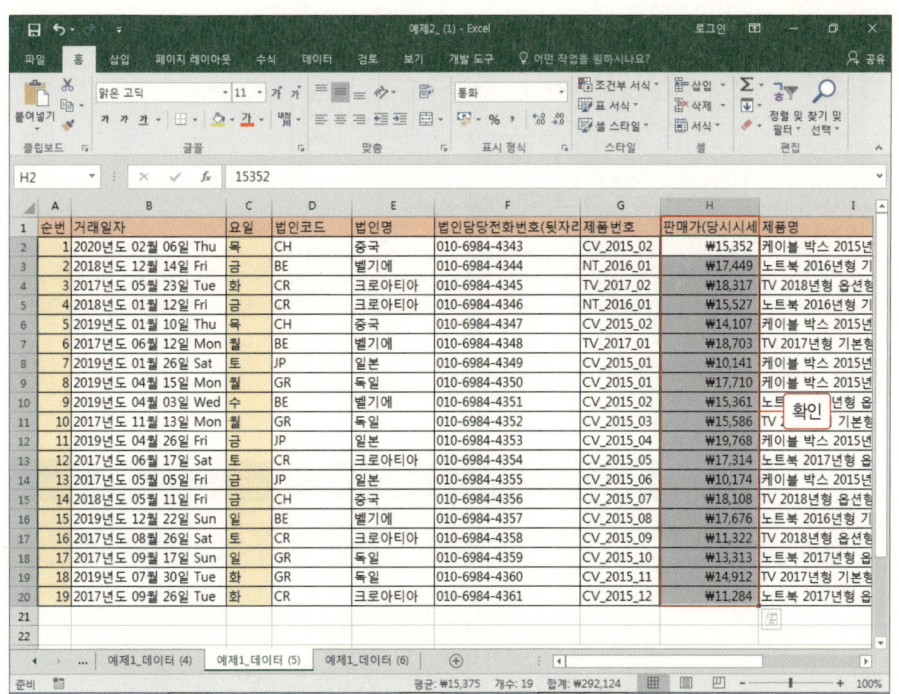

127

6 필요한 박스 개수 구하기 - ROUNDUP 함수

ROUNDUP 함수를 이용해 나누기 연산 결과를 반올림하여 필요한 박스 개수를 구하는 방법을 배운 다음 텍스트 줄 바꿈과 셀에 맞춤 기능을 이용하여 셀 안에 데이터를 너비에 맞춰 표시하는 방법을 알아봅니다.

{ 예제 파일 } 02\예제1-3.xlsx   { 시트 } 예제1_데이터 (6)

01 K열 머리글이 잘 보이게 만들겠습니다. 지금까지 열 사이를 더블클릭하여 너비를 늘렸지만 여기서는 텍스트 줄 바꿈과 텍스트 셀 맞춤 기능을 사용합니다.

[K1]셀을 선택하고 [홈] 탭 → [맞춤] 그룹 → [텍스트 줄 바꿈(📄)]을 클릭합니다.

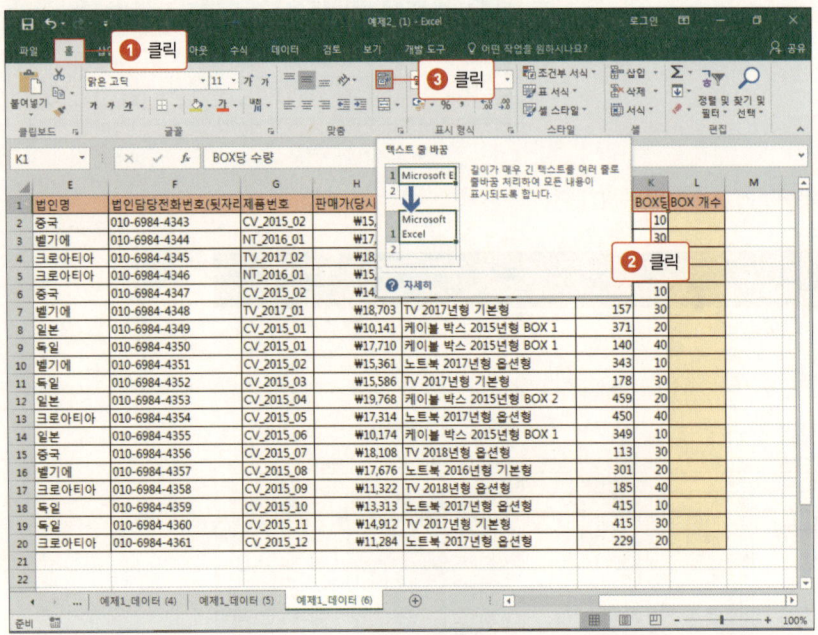

02 입력된 텍스트에 맞춰 [K1]셀 폭이 늘어난 것을 확인합니다.

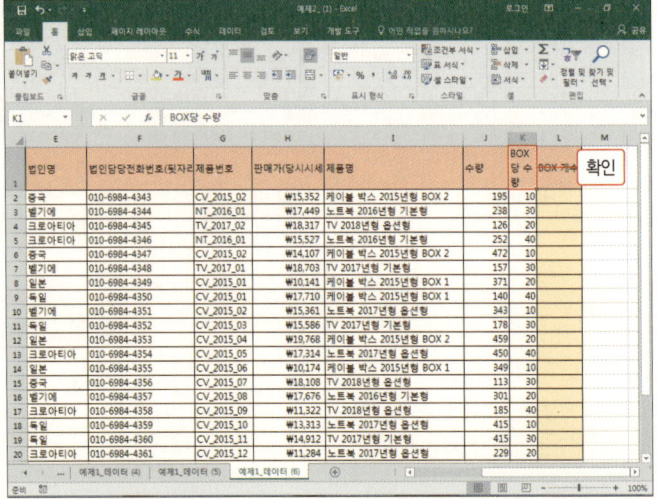

SECTION 03 데이터 조회하기

03 머리글 행의 너비를 늘리지 않고 입력된 데이터를 전부 표시하길 원한다면 '셀에 맞춤' 기능을 사용하면 됩니다. 셀 폭을 늘리지 않고 입력된 텍스트를 모두 표시하는 방법을 알아보겠습니다.
[K1]셀을 선택한 상태로 Ctrl+1 키를 눌러 '셀 서식' 대화상자를 표시합니다.

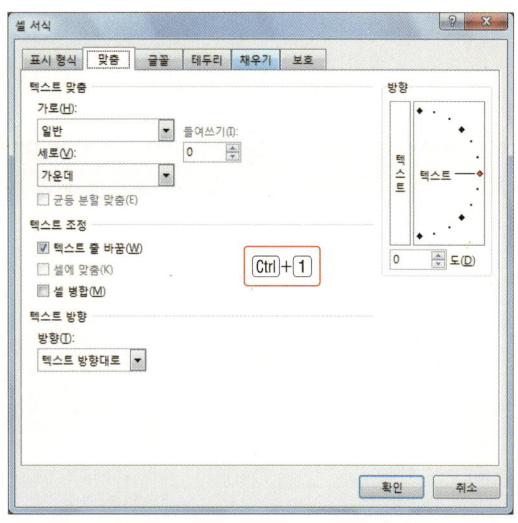

04 [맞춤] 탭 화면의 텍스트 조정에서 '텍스트 줄 바꿈'의 체크 표시를 해제하고 '셀에 맞춤'에 체크 표시한 다음 〈확인〉 버튼을 클릭합니다.

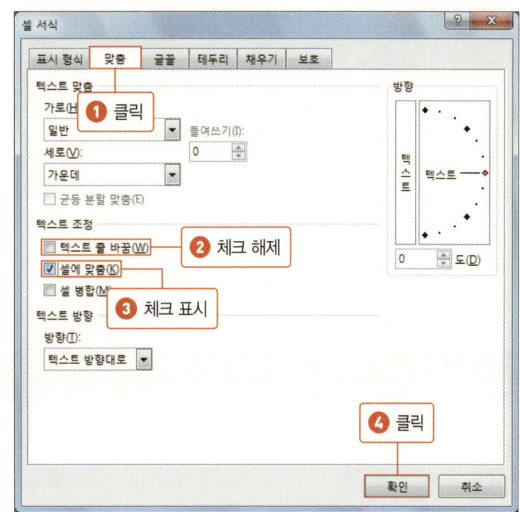

tip '셀에 맞춤'은 이름 그대로 텍스트 크기를 셀에 적당하게 조정하는 기능입니다.

05 [K1]셀 폭이 원래대로 줄어들고 텍스트 크기가 줄어든 것을 확인합니다.

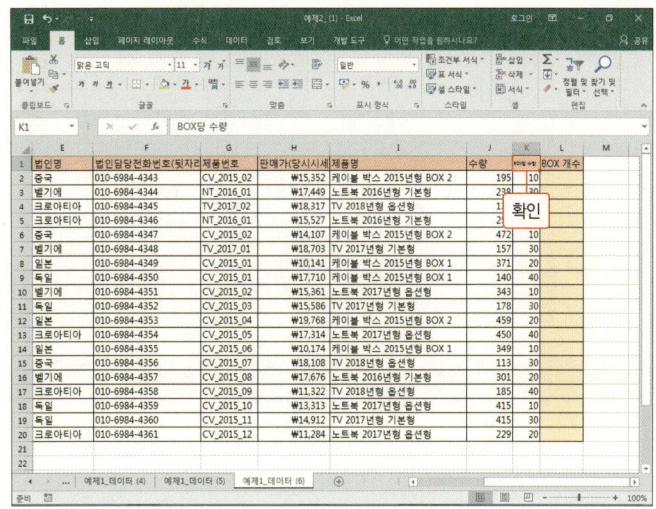

tip K열 너비를 조정하면 셀에 따라 텍스트 크기가 자동으로 바뀌는 것을 확인할 수 있습니다.

129

06 K열에 입력된 'BOX당 수량' 값을 이용해 'BOX 개수' 필드를 채우겠습니다. [L2]셀에 수식을 시작하는 기호 '='를 입력하고 [J2]셀을 클릭합니다. 나누기 연산자 '/'를 입력한 다음 [K2]셀을 클릭하고 Enter 키를 누릅니다.

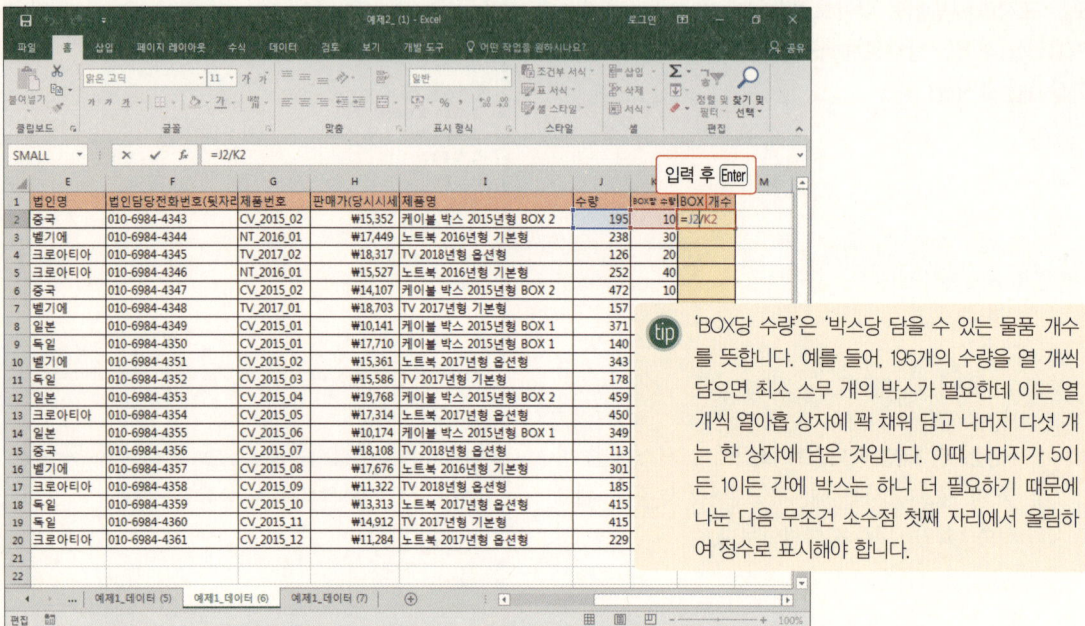

tip 'BOX당 수량'은 '박스당 담을 수 있는 물품 개수'를 뜻합니다. 예를 들어, 195개의 수량을 열 개씩 담으면 최소 스무 개의 박스가 필요한데 이는 열 개씩 열아홉 상자에 꽉 채워 담고 나머지 다섯 개는 한 상자에 담은 것입니다. 이때 나머지가 5이든 1이든 간에 박스는 하나 더 필요하기 때문에 나눈 다음 무조건 소수점 첫째 자리에서 올림하여 정수로 표시해야 합니다.

07 수식 결과가 소수점으로 표시됩니다. [L2]셀을 선택하고 오른쪽 꼭짓점에 마우스 포인터를 올린 다음 십자 표시가 나오면 더블클릭하여 [L20]셀까지 채웁니다.

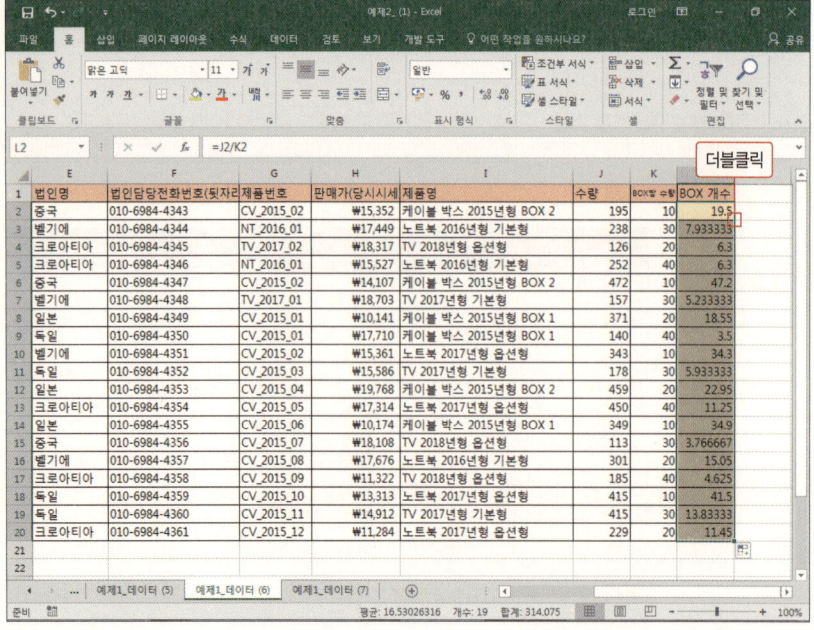

08 자릿수가 제각각입니다. 이유가 무엇일까요? 엑셀이 입력된 데이터에서 소수점을 몇 번째 자리만큼 표현해야 할지 모르기 때문이죠. [L2:L20] 범위를 선택한 상태로 **[홈] 탭 → [표시 형식] 그룹 → [자릿수 늘림](←.0/.00)**을 클릭하여 소수점 두 번째 자리까지 표시합니다.

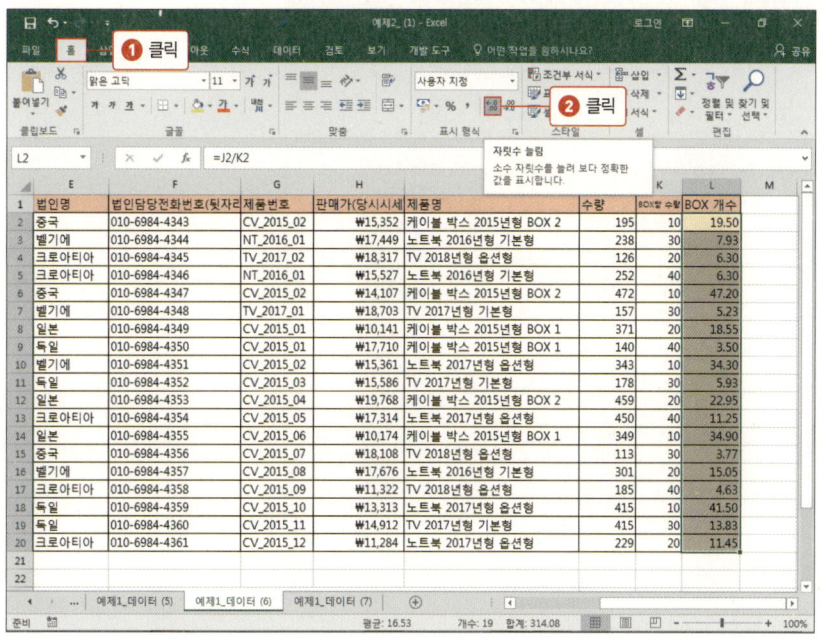

09 'BOX 개수' 필드에서 나머지가 발생하면 무조건 박스 하나가 더 필요하기 때문에 올림하여 정수로 표시해야 합니다. 이때 사용하는 함수가 바로 'ROUNDUP'입니다. [L2]셀을 클릭하고 수식을 '=ROUNDUP('으로 감싼 다음 뒷쪽에 쉼표(,)와 '0'을 차례로 입력하고 Enter 키를 누릅니다. 최종 수식은 '=ROUNDUP(J2/K2,0)'입니다.

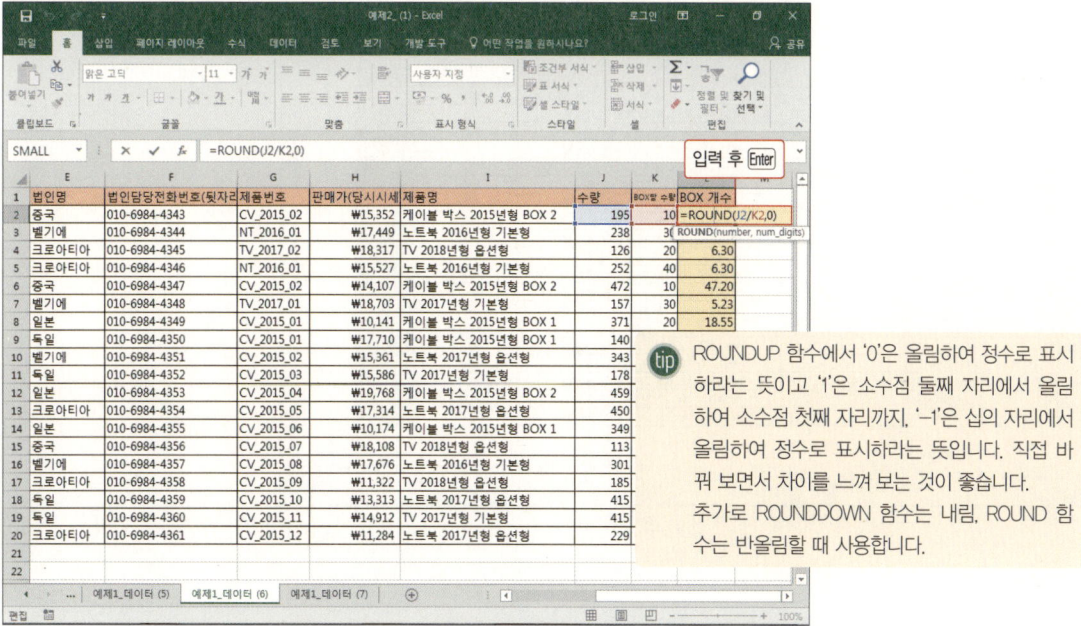

tip ROUNDUP 함수에서 '0'은 올림하여 정수로 표시하라는 뜻이고 '1'은 소수점 둘째 자리에서 올림하여 소수점 첫째 자리까지, '-1'은 십의 자리에서 올림하여 정수로 표시하라는 뜻입니다. 직접 바꿔 보면서 차이를 느껴 보는 것이 좋습니다.
추가로 ROUNDDOWN 함수는 내림, ROUND 함수는 반올림할 때 사용합니다.

10 'BOX 개수' 필드에 올림 연산이 적용되면서 뒷자리가 '0'으로 맞춰집니다. [J2]셀을 선택하고 오른쪽 꼭짓점에 마우스 포인터를 올린 다음 십자 표시가 나오면 더블클릭하여 [J20]셀까지 채웁니다.

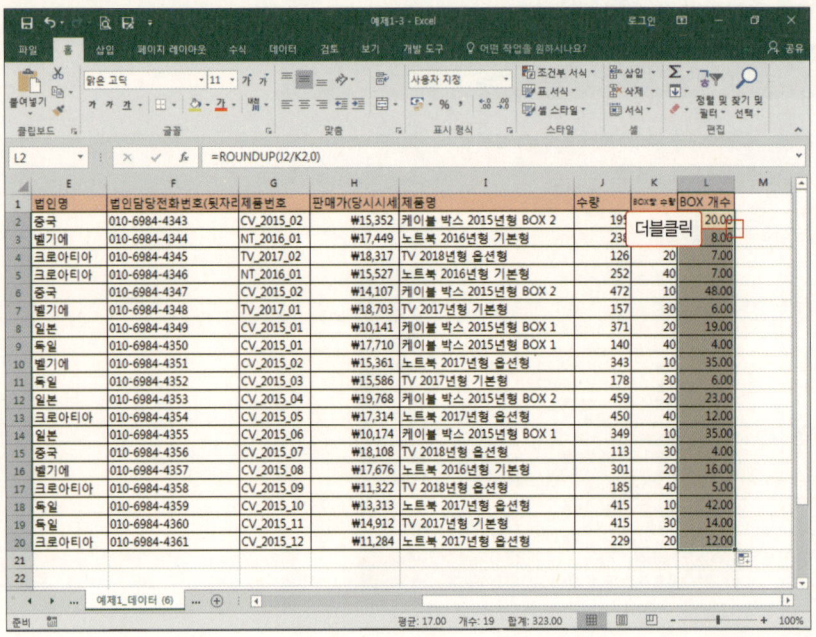

11 [L2:L20] 범위를 선택한 상태로 [홈] 탭 → [표시 형식] 그룹 → [자릿수 줄임(🔽)]을 두 번 클릭하여 정수 형태로 만듭니다.

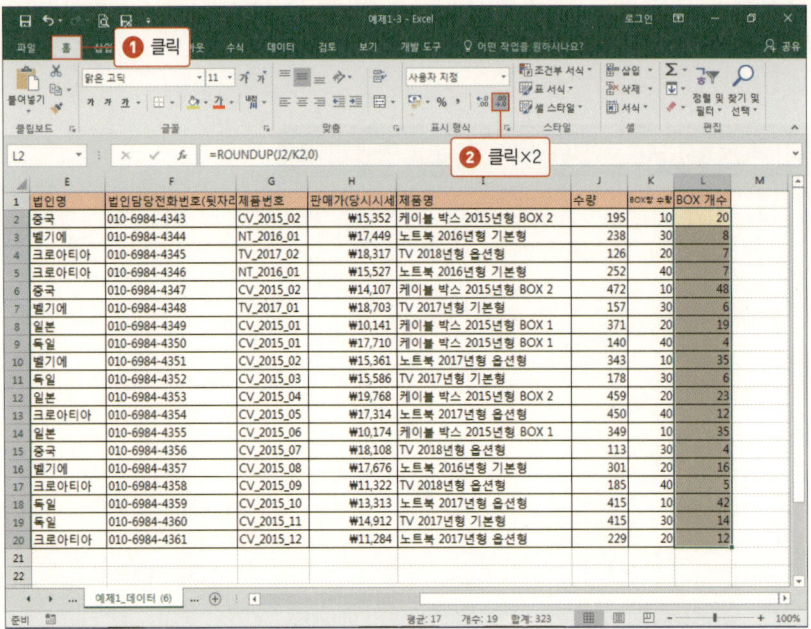

SECTION 03 데이터 조회하기

7 정렬하고 중복된 항목 제거하기

필요 없는 물건을 정리할 때 용도가 같은 것끼리 분류하고 무엇을 버릴지 판단하는 것처럼 데이터 역시 같은 기준으로 분류한 다음 중복되거나 필요 없으면 과감하게 제거해야 합니다. 이 작업을 도와주는 기능이 바로 '정렬'과 '중복된 항목 제거'입니다. 자주 사용하는 기능이므로 예제를 통해 잘 익히도록 합니다.

{예제 파일} 02\예제1-3.xlsx　　{시트} 예제1_데이터 (7)

01 정렬 기능과 중복된 항목 제거 기능을 이용해 법인 코드와 제품 번호별로 거래일자가 최근인 데이터만 표시해 보겠습니다.

먼저 조건에 맞게 정렬하기 위해 [E2]셀을 선택하고 **[데이터] 탭 → [정렬 및 필터] 그룹 → [정렬(🗒)]**을 클릭합니다.

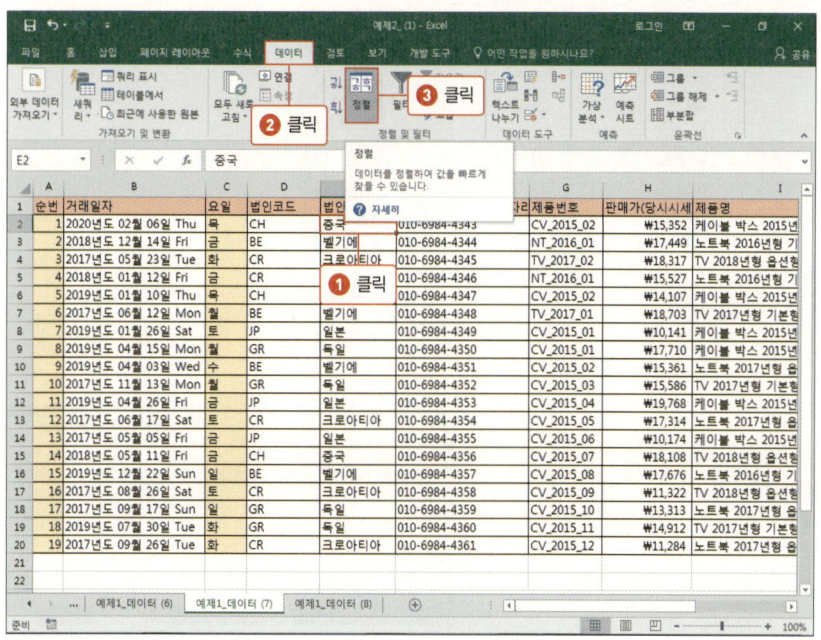

02 '정렬' 대화상자가 표시되면 〈기준 추가〉 버튼을 클릭하여 '법인코드', '제품번호', '거래일자' 순으로 기준을 추가합니다. 거래일자가 최근인 데이터가 맨 위에 오려면 오름차순이어야 할까요, 내림차순이어야 할까요? 달력을 살펴보면 1월, 2월…12월로 갈수록 커지므로 큰 수부터 시작해 작은 수로 끝나는 '내림차순'이어야 합니다. '거래일자'를 '내림차순'으로 지정하고 〈확인〉 버튼을 클릭합니다.

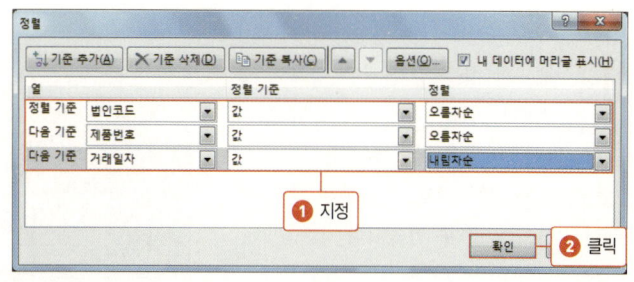

tip '법인코드'나 '제품번호'는 오름차순이든 내림차순이든 상관없기 때문에 그대로 놔둡니다.

03 정렬을 마친 다음 중복된 항목이 있는지 살펴봅니다. 6행과 7행에서 '법인코드'와 '제품번호'가 중복된 것을 확인할 수 있습니다. 이 중 거래일자가 더 최근인 6행 데이터만 남겨 보겠습니다. [E2]셀을 선택한 상태로 [데이터] 탭 → [데이터 도구] 그룹 → [중복된 항목 제거(　)]를 클릭합니다.

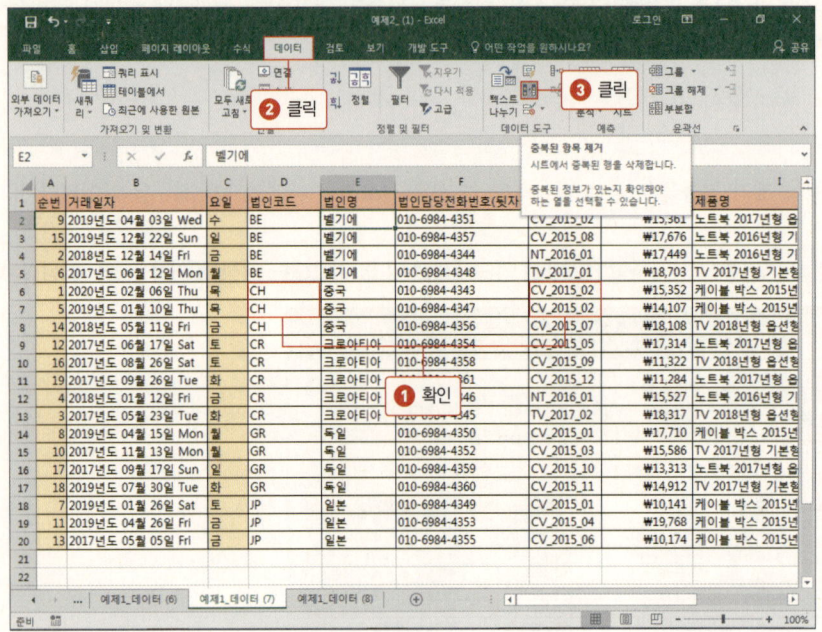

04 '중복된 항목 제거' 대화상자가 표시되면 〈모두 선택 취소〉 버튼을 클릭한 다음 '법인코드'와 '제품번호'에 체크 표시하고 〈확인〉 버튼을 클릭합니다.

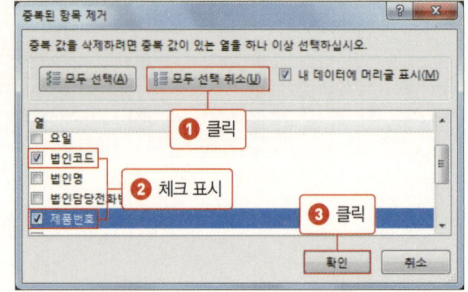

05 제거한 항목 수와 남은 항목이 몇 개인지 알리는 메시지 창이 표시되면 〈확인〉 버튼을 클릭합니다.
'법인코드'와 '제품번호'가 중복된 행이 사라진 것을 확인할 수 있습니다.

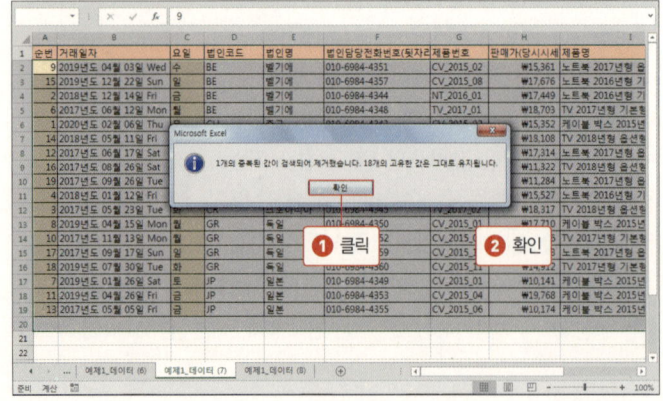

8 데이터 셀에 색 채우고 정렬하기

엑셀에서 데이터를 관리하다 보면 나중에 다시 확인할 데이터에 체크 표시해 둘 일이 생깁니다. 이때 사용하면 좋은 기능이 바로 '색 정렬'입니다. 색 정렬 기능을 이용해 체크한 데이터만 모아서 보는 방법을 알아봅니다.

{예제 파일} 02\예제1-3.xlsx   {시트} 예제1_데이터 (8)

01 '요일' 필드에서 '일'이 입력된 셀에만 데이터만 빨간 색을 채우겠습니다. [C3]셀을 선택하고 [Ctrl] 키를 누른 상태에서 [C15]셀을 클릭한 다음 [홈] 탭 → [글꼴] 그룹 → [채우기 색▼]을 클릭하고 '표준 색'에서 [빨강]을 클릭합니다.

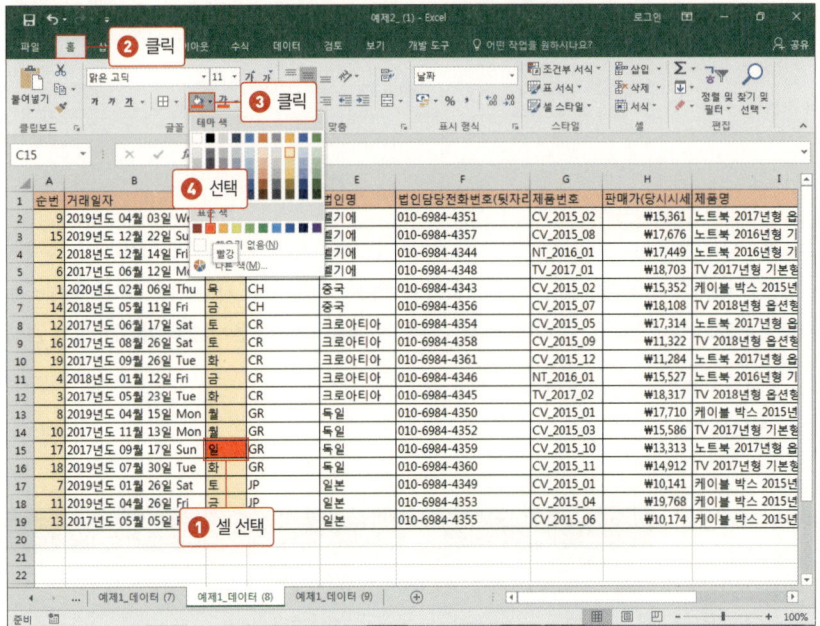

02 표 안 임의의 셀을 클릭하고 [데이터] 탭 → [정렬 및 필터] 그룹 → [정렬(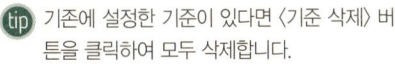)]을 클릭하여 '정렬' 대화상자를 표시합니다. '요일'을 추가한 다음 정렬 기준을 '셀 색', 정렬을 'RGB(255,0,0)', '위에 표시'로 지정하고 〈확인〉 버튼을 클릭합니다.

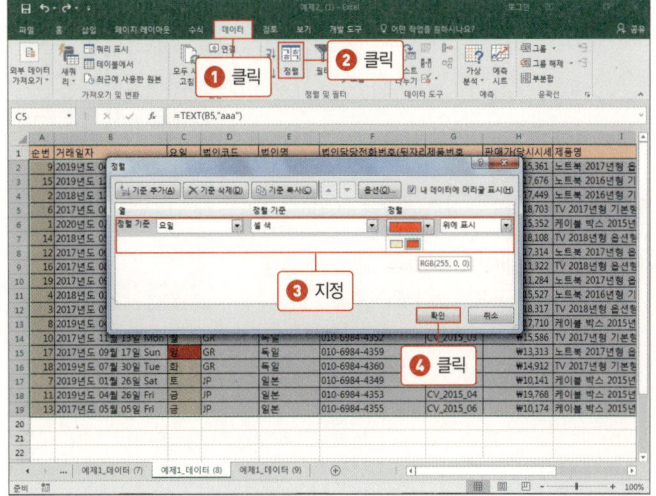

> tip 기존에 설정한 기준이 있다면 〈기준 삭제〉 버튼을 클릭하여 모두 삭제합니다.

03 현재 시트에서 빨간색으로 채운 셀이 맨 위로 올라온 것을 확인할 수 있습니다.

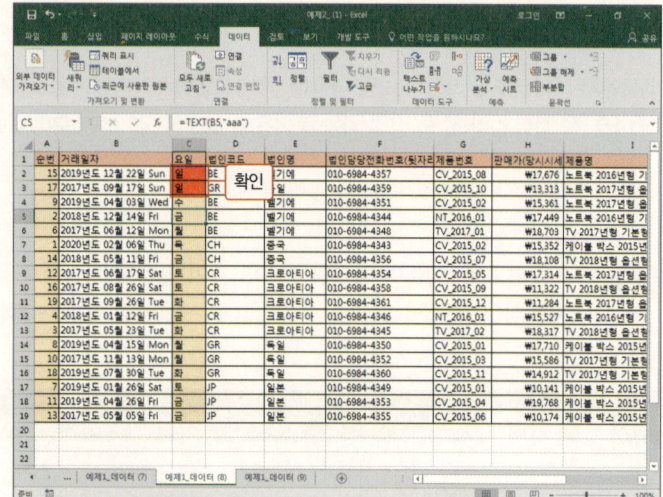

tip 여러 색상을 다양하게 지정해서 추가로 정렬할 수 있으며 글꼴 색으로도 정렬이 가능합니다.

9 자동 필터로 원하는 데이터만 검색하기

'자동 필터'는 이름 그대로 자동으로 필터해 주는 기능입니다. 여기서 '필터'는 정수기에서 자주 사용하는 '필터(Filter)'라는 용어와 마찬가지로 '원하는 데이터만 거르고 정제한다'는 뜻입니다. 자동 필터 기능을 이용해 원하는 데이터만 골라 검색하는 방법을 알아봅시다.

{예제 파일} 02\예제1-3.xlsx   {시트} 예제1_데이터 (9)

01 현재 시트에 자동 필터 기능을 적용하기 위해 [E1]셀을 선택하고 **[데이터] 탭 → [정렬 및 필터] 그룹 → [필터(** 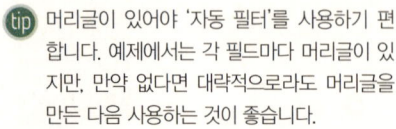 **)]**를 클릭합니다.

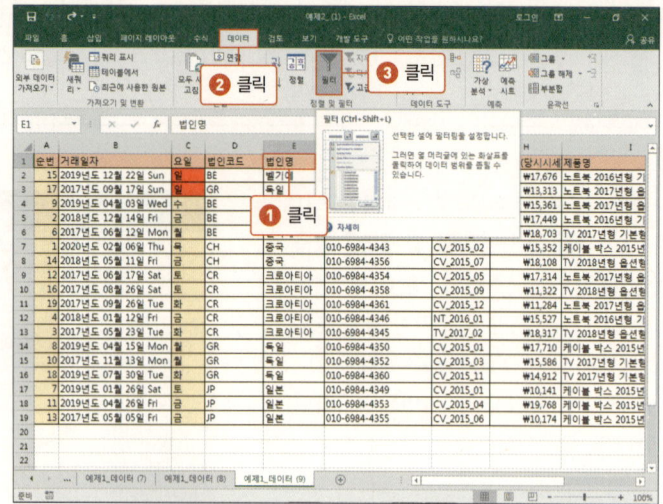

tip 머리글이 있어야 '자동 필터'를 사용하기 편합니다. 예제에서는 각 필드마다 머리글이 있지만, 만약 없다면 대략적으로라도 머리글을 만든 다음 사용하는 것이 좋습니다.

136   Part 2 기초 데이터 만들기

02 각 필드의 머리글마다 자동 필터가 만들어집니다.

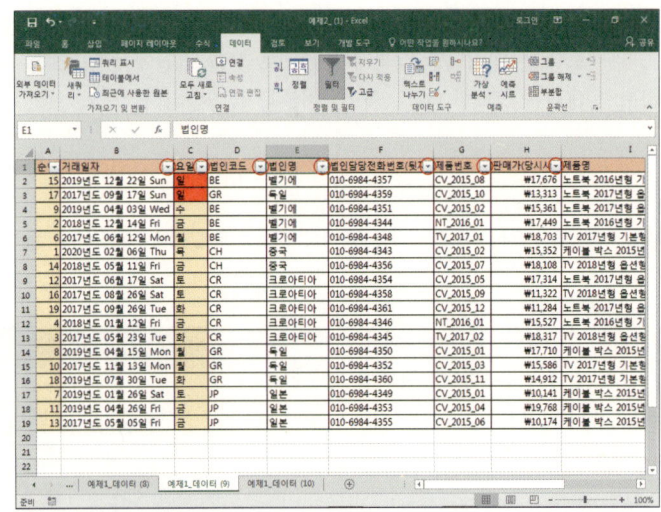

03 자동 필터 기능을 시험해 볼까요? 법인명이 '벨기에' 또는 '중국인' 데이터만 검색하겠습니다.
'법인명' 필드 목록 아이콘(▼)을 클릭합니다. '(모두 선택)'의 체크 표시를 해제한 다음 '벨기에'와 '중국'에 체크 표시하고 〈확인〉 버튼을 클릭합니다.

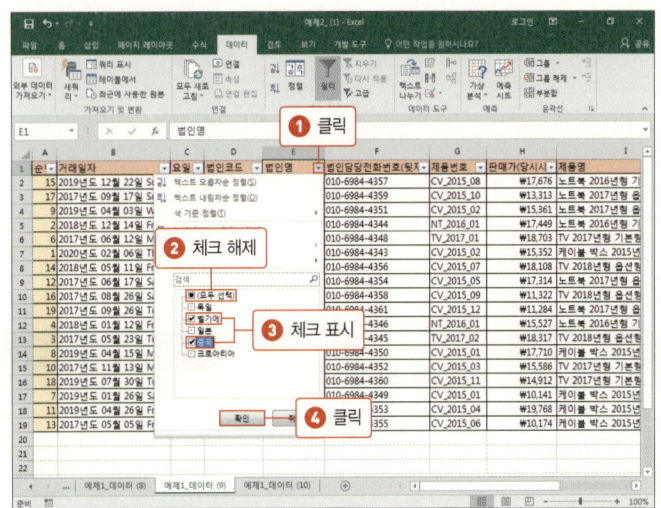

04 필터링 결과가 표시됩니다. 이 상태에서 판매가가 '17,000'보다 큰 데이터만 검색하겠습니다.
'판매가' 필드 목록 아이콘(▼)을 클릭하고 **숫자 필터 → 보다 큼**을 실행합니다.

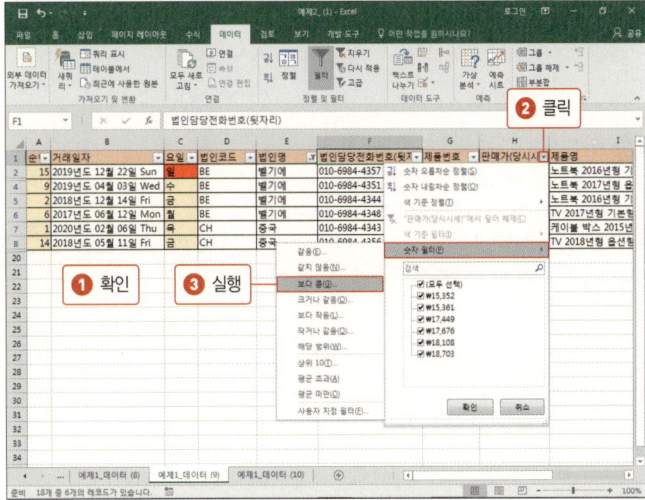

05 '사용자 지정 자동 필터' 대화상자가 표시됩니다. 판매가가 17,000원 보다 큰 데이터만 검색해야 하므로 찾을 조건에서 부등호 '>'를 지정하고 '17000'을 입력한 다음 〈확인〉 버튼을 클릭합니다.

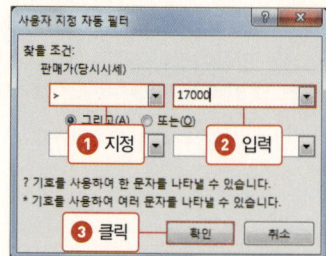

tip 부등호를 이용한 수식을 입력할 때는 비교값이 왼쪽에 있다고 생각하면 쉽습니다.

06 법인명이 '벨기에' 또는 '중국'이고 판매가가 17,000원보다 큰 데이터만 표시됩니다.

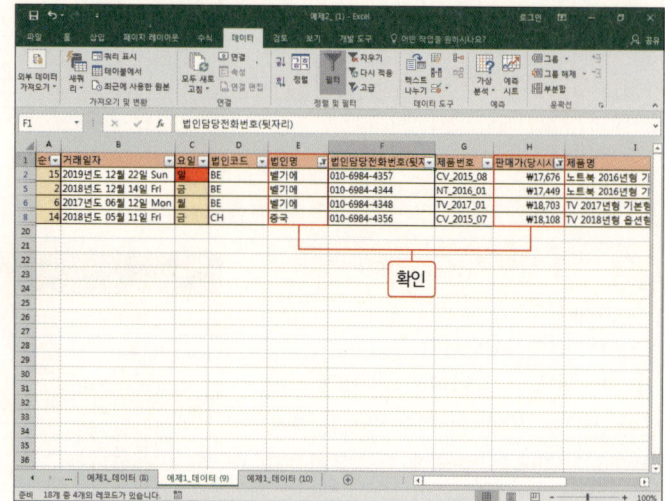

07 적용한 필터를 지우겠습니다. [데이터] 탭 → [정렬 및 필터] 그룹 → [지우기(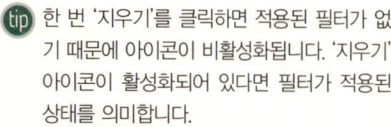)]를 클릭합니다.

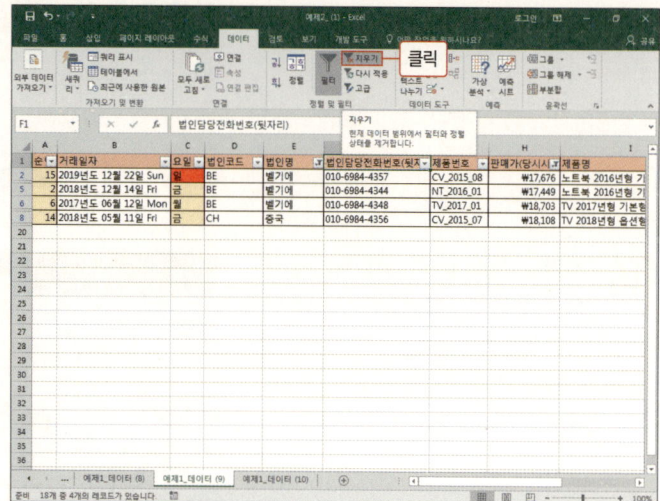

tip 한 번 '지우기'를 클릭하면 적용된 필터가 없기 때문에 아이콘이 비활성화됩니다. '지우기' 아이콘이 활성화되어 있다면 필터가 적용된 상태를 의미합니다.

SECTION 03 데이터 조회하기

10 고급 필터로 원하는 데이터만 검색하기

"중국 법인은 16,000원 이상, 벨기에 법인은 17,000원 이상인 데이터만 보여주세요."라는 요청을 받았다면 어떻게 해야 할까요? 이렇게 두 가지 이상의 조건을 적용하여 데이터를 검색할 때는 '고급 필터'를 사용합니다. 고급 필터 기능을 사용해 조건이 여러 개일 때 데이터를 검색하는 방법을 알아봅니다.

{예제 파일} 02\예제1-3.xlsx   {시트} 예제1_데이터 (10)

01 고급 필터 기능을 이용해 여러 개의 조건으로 데이터를 검색하겠습니다. 검색 조건을 입력할 별도의 공간을 만들기 위해 1행부터 4행까지 드래그하여 선택합니다.

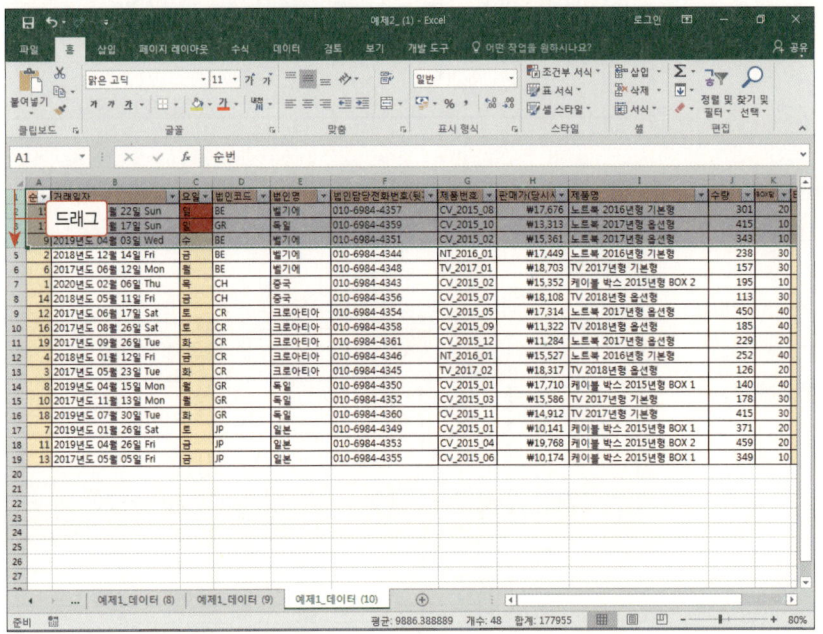

02 마우스 오른쪽 버튼을 클릭하고 **삽입**을 실행합니다.

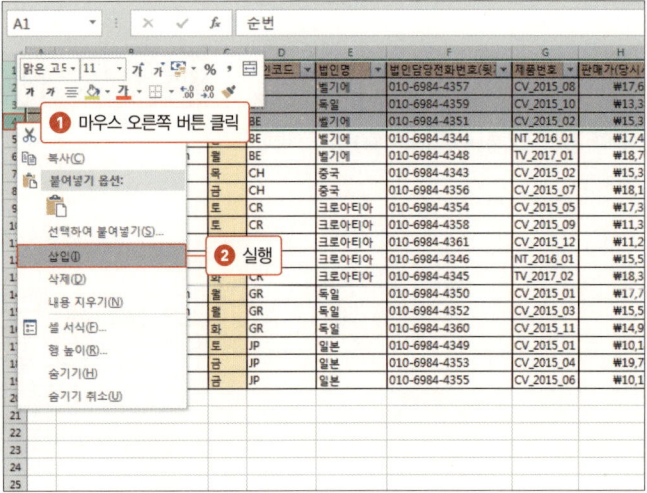

03 행이 네 줄 삽입됩니다. 이 공간에 필터링 조건을 차례로 입력하겠습니다.

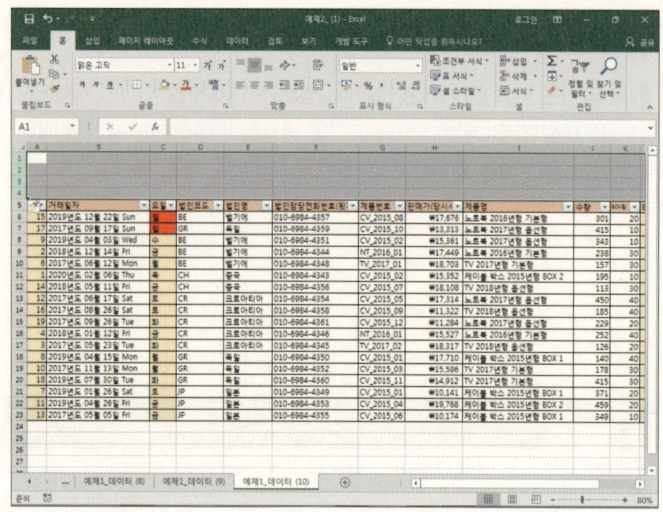

04 법인명이 '중국' 또는 '벨기에'인 데이터만 표시되도록 조건을 입력하겠습니다.
[E5]셀을 선택하고 복사한 다음 [A1]셀에 붙여넣습니다. 같은 방법으로 [A2]셀과 [A3]셀에도 차례로 '중국'과 '벨기에'를 복사 후 붙여넣습니다.

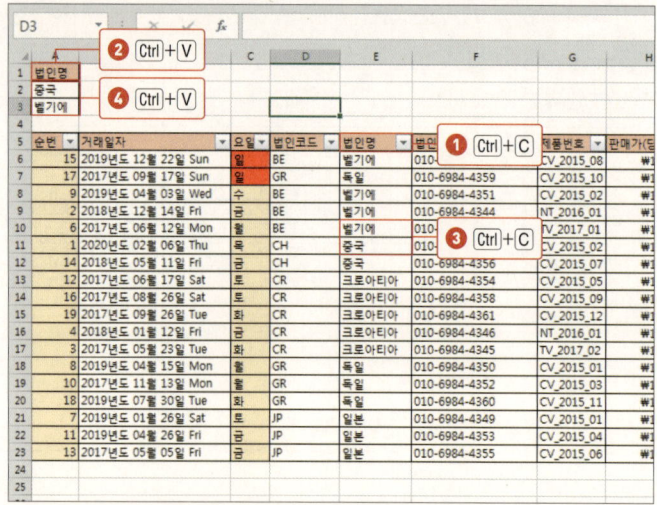

> **tip** 이때 직접 입력하는 것보다 각 셀을 복사(Ctrl+C)한 다음 붙여넣기(Ctrl+V)하는 것이 더 좋습니다. 띄어쓰기 하나만 틀려도 오류가 발생하기 때문입니다.

05 고급 필터를 적용하기 위해 [E5]셀을 선택하고 [데이터] 탭 → [정렬 및 필터] 그룹 → [고급(▼)]을 클릭합니다.

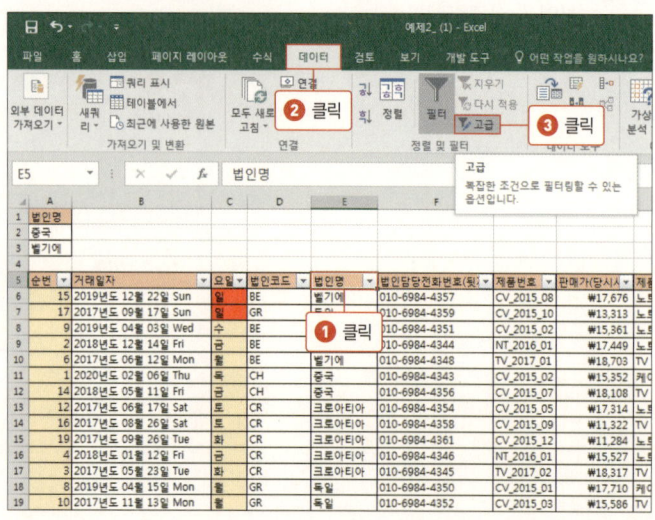

140 Part 2 기초 데이터 만들기

SECTION 03 데이터 조회하기

06 '고급 필터' 대화상자가 표시되면 목록 범위를 [A5:L23] 범위, 조건 범위를 [A1:A3] 범위로 지정하고 〈확인〉 버튼을 클릭합니다.

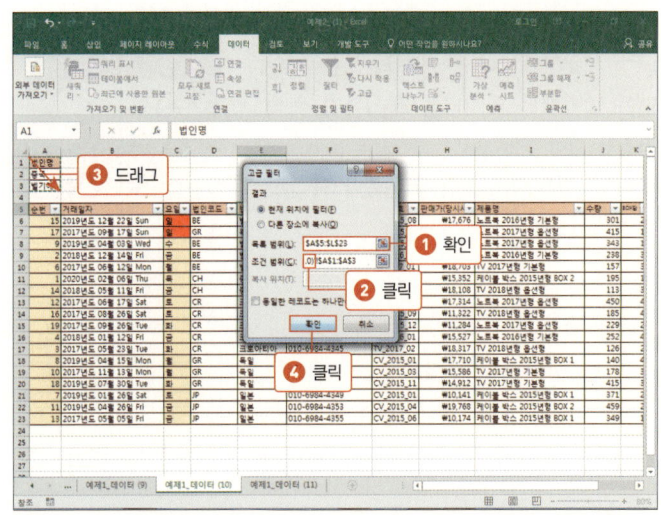

07 법인명이 '벨기에'와 '중국'인 데이터만 표시됩니다.
어떻게 이렇게 인식하는 걸까요? 바로 '머리글' 때문입니다. 조건 범위와 목록 범위의 첫 행에 있는 머리글을 인식하고 필터를 적용하는 것이죠.

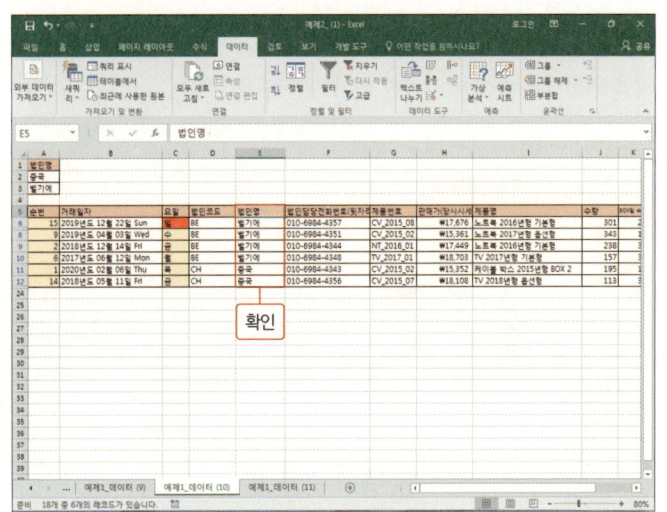

08 필터링 조건을 하나 더 추가하겠습니다. 추가하는 방법은 간단합니다. 조건에 해당하는 머리글을 하나 더 입력하면 됩니다.
새로운 필터를 적용하기 위해 [데이터] 탭 → [정렬 및 필터] 그룹 → [지우기( )]를 클릭하여 필터를 지웁니다.

tip 조건을 여러 개 입력할 때 머리글 순서는 고려하지 않아도 됩니다.

09 법인명이 '중국'이고 판매가가 '16000'보다 큰 데이터 또는 법인명이 벨기에인 데이터를 표시하기 위해 조건을 입력하겠습니다.
'판매가' 필드 머리글인 [H5]셀을 복사한 다음 [B1]셀에 붙여넣습니다.

10 고급 필터는 조건 범위에 입력된 데이터가 서로 같은 행에 있으면 '그리고(AND)'로 연결하고 다른 행에 있으면 '또는(OR)'으로 연결합니다.

[A2]셀에 입력된 조건 '중국'과 '그리고(AND)'로 연결하기 위해 [B2]셀에 '>16000'을 입력합니다. 법인명이 벨기에인 데이터는 판매가 조건이 없기 때문에 [B3]셀에는 아무것도 입력하지 않습니다.

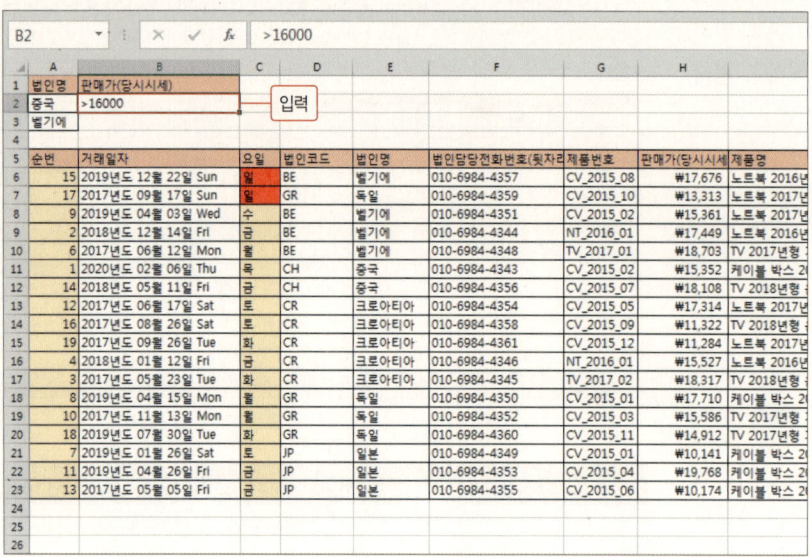

SECTION 03 데이터 조회하기

11 [E5]셀을 선택하고 [데이터] 탭 → [정렬 및 필터] 그룹 → [고급(▼)]을 클릭합니다.

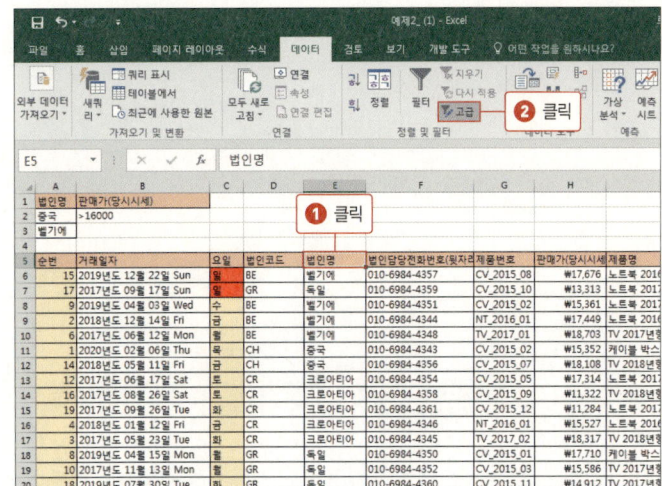

12 '고급 필터' 대화상자가 표시되면 목록 범위가 [A5:L23] 범위인지 확인합니다. 적용할 조건이 늘어났으니 조건 범위 역시 늘어나겠죠? '조건 범위'에 커서를 두고 [A1:B3] 범위를 드래그한 다음 〈확인〉 버튼을 클릭합니다.

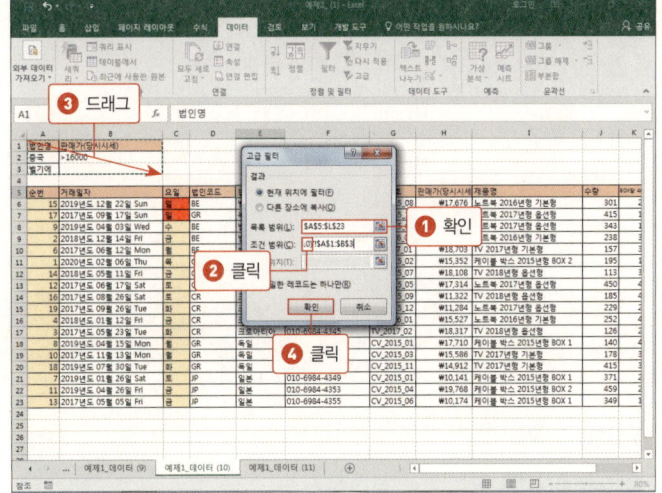

tip '고급 필터' 대화상자에서 '동일한 레코드는 하나만'이라는 옵션은 '중복된 항목 제거'와 비슷합니다. 이름 그대로 동일한 레코드(행)가 있으면 제거하고 하나만 남긴다는 뜻입니다.

13 필터링 결과가 표시됩니다.

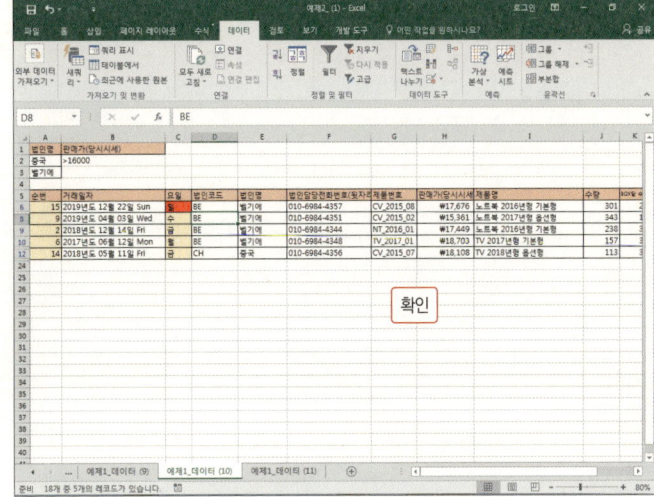

tip [B3]셀에 조건을 입력하지 않았기 때문에 법인명이 벨기에인 데이터는 판매가 상관없이 전부 출력됩니다.

143

PART 03

SECTION 01 인사 양식 작성하기
SECTION 02 회계 양식 작성하기
SECTION 03 물류 양식 작성하기

실무 데이터 입력하기

앞에서 배운 기능들과 함수를 활용해 다양한 양식을 작성해 봅니다. 하나의 데이터로 다양한 데이터를 추출하여 번거로움을 줄이는 방법을 알아보고, 다양한 함수를 활용해 '거래명세서'와 '자재발주서'를 작성해 보며, 절대 참조와 상대 참조 개념을 익혀 봅니다.

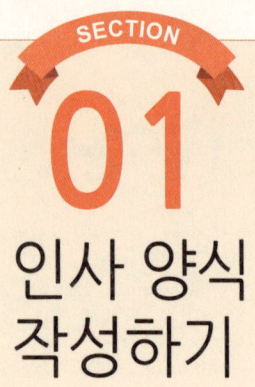

인사 양식 작성하기

지금까지 배운 기능을 복습하면서 알고 있던 함수와 새롭게 배우는 함수 기능을 활용하여 인사 양식을 작성하겠습니다. 인사 양식의 각 항목을 채우면서 DATEDIF 함수를 이용해 경력을 계산하는 방법과 주민등록번호에서 생년월일을 추출하여 나이를 구하는 방법, 특정 데이터를 입력하지 않았을 때 오류 메시지를 표시하는 방법, 유효성 검사와 VLOOKUP 함수를 이용해 유효한 인사 부서 코드만 입력받는 방법을 알아봅니다.

1 현재 날짜와 경력 입력하기 - TODAY, DATEDIF 함수

TODAY, DATEDIF 함수를 이용해 현재 날짜와 경력을 입력하는 방법을 알아봅니다. 'DATEDIF'는 다른 함수와 달리 엑셀에서 가이드가 제공되지 않기 때문에 사용 방법을 정확하게 익히는 것이 중요합니다.

{예제 파일} 03\예제2-1.xlsx   {시트} 예제1_인사양식

01 인사 기록 카드에 현재 날짜를 입력하겠습니다. [O3]셀에 '=TODAY( )'를 입력한 다음 Enter 키를 누릅니다.

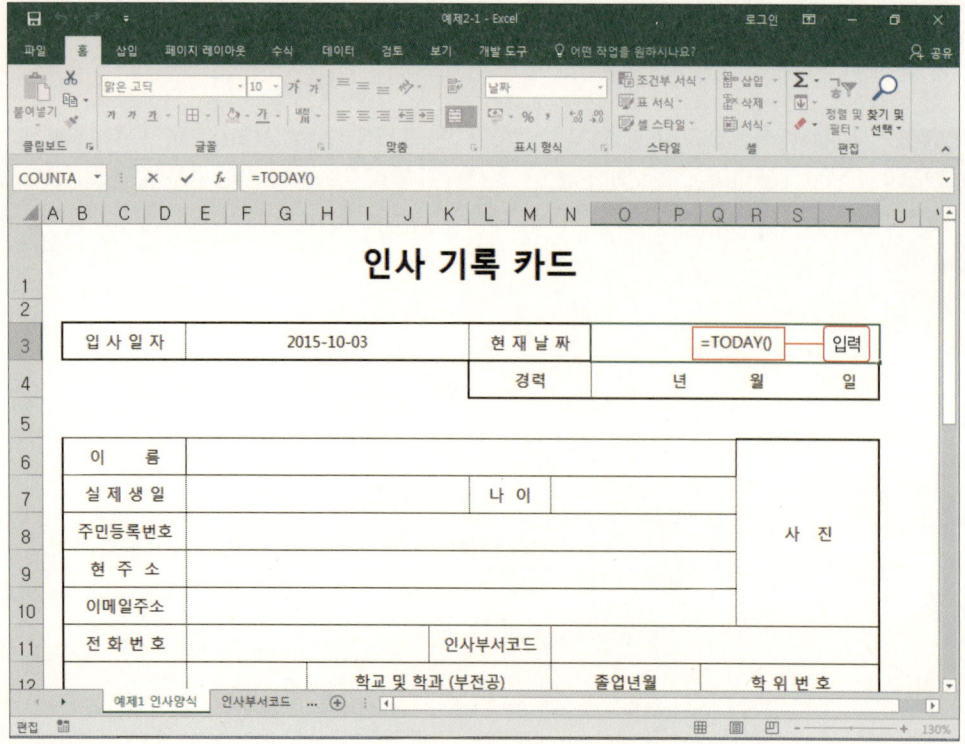

SECTION 01 인사 양식 작성하기

02 DATEDIF 함수를 이용해 경력을 구하겠습니다. 'DATEDIF'는 첫 번째로 지정한 날짜에서 두 번째로 지정한 날짜를 뺀 다음 지정한 날짜 형식으로 출력하는 함수입니다.
[O4]셀에 '=DATEDIF('를 입력하면 지금까지 사용한 함수들과는 다르게 커서 아래에 아무것도 나타나지 않습니다. 이처럼 따로 가이드가 없으니 사용 방법을 잘 기억하는 것이 중요합니다.

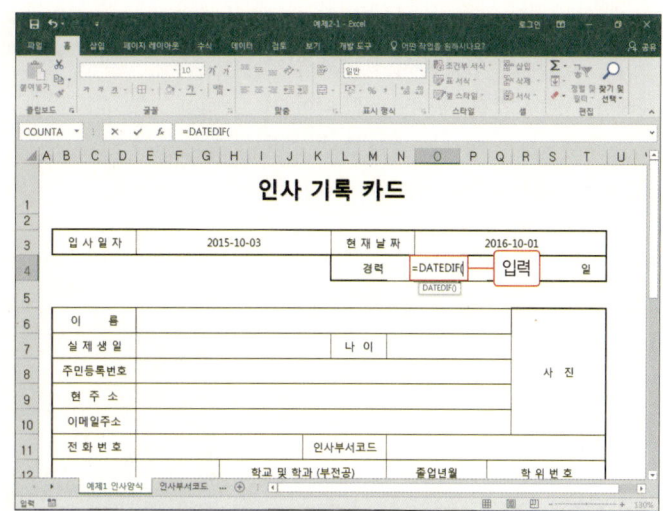

03 TODAY 함수를 사용한 상태에서 예제를 진행하면 화면과 결과가 다를 수 있기 때문에 [O3]셀에 '2018-01-30'을 입력하고 예제를 이어가겠습니다.
먼저 경력에서 연도를 구하겠습니다. 현재 날짜에서 입사 일자를 뺀 다음 날짜 형식을 'Y'로 지정하면 됩니다. 이때 입사 당일날도 경력에 추가하기 위해 '1'을 더해야 합니다. [O4]셀에 '=DATEDIF(E3,O3+1,"Y")'를 입력하고 Enter 키를 누르면 경과한 연도로 '2'가 표시됩니다.

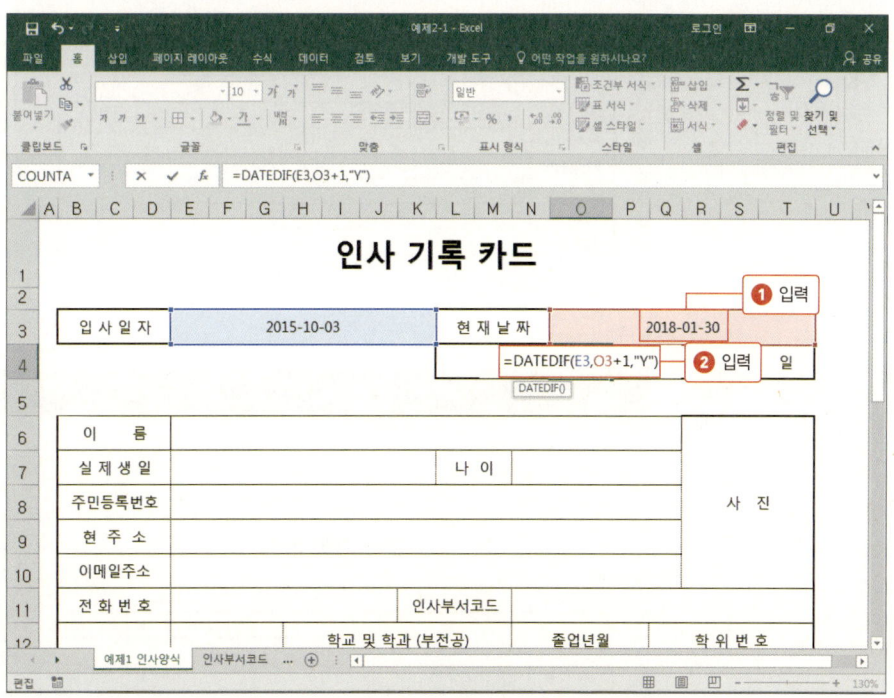

tip DATEDIF 함수에 날짜 형식을 입력할 때는 다음과 같이 영어 대문자로 입력합니다.

Y	M	D	YM	MD
경과한 연도	경과한 월	경과한 일	연도 제외 월	월 제외 일

147

04 경력에서 월을 구하겠습니다. 앞 과정에서 입력한 수식에서 날짜 형식만 다르게 지정하면 됩니다. 이미 연도는 구했으므로 형식을 'YM'으로 지정합니다. 'YM'은 연도(Year)를 제외한 월(Month)을 뜻합니다.
[Q4]셀에 '=DATEDIF(E3,O3+1,"YM")'를 입력하고 Enter 키를 누르면 '3'이 표시됩니다.

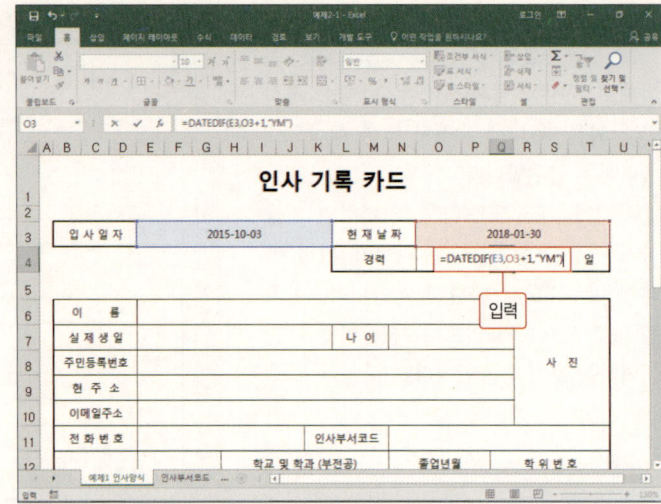

05 같은 방법으로 [S4]셀에 '=DATEDIF(E3,O3+1,"MD")'를 입력하고 Enter 키를 누르면 '28'이 표시됩니다. 'MD'는 경력에서 월(Month)을 제외한 일(Day)을 뜻합니다.

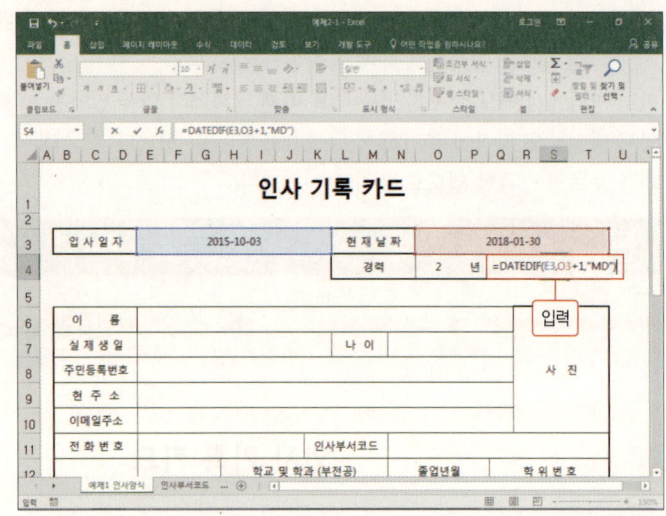

06 DATEDIF 함수를 이용해 경력을 구했습니다. 날짜 형식만 다르게 지정하면 쉽게 구할 수 있습니다.

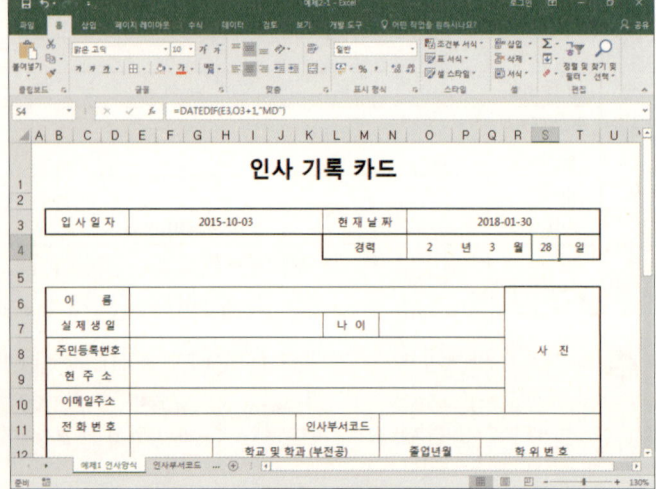

tip DATEDIF 함수는 퇴사 일자를 구할 때도 사용할 수 있습니다. 첫 번째 인수에 퇴사 일자, 두 번째 인수에 현재 일자를 입력하면 됩니다.

SECTION 01 인사 양식 작성하기

2 실제 생일과 나이 입력하기 – LEFT, IF, MID, YEAR 함수

인사 기록 카드에서 실제 생일과 나이를 입력하는 방법을 알아봅니다. TEXT, LEFT 함수로 주민등록번호에서 실제 생일을 추출한 다음 IF, MID, YEAR 함수를 조합하여 나이를 구하는 방법을 알아봅니다.

{예제 파일} 03\예제2-1.xlsx {시트} 예제1_인사양식

01 [E8]셀에 주민등록번호 형식에 맞춰 입력합니다. 예제에서는 '881008-1560211'을 입력합니다.

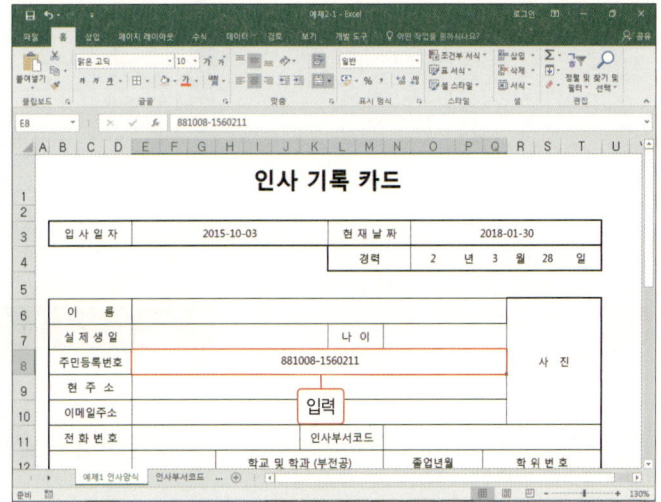

02 LEFT 함수와 앞에서 입력한 주민등록번호를 이용해 실제 생일을 구하겠습니다. 생년월일은 주민등록번호의 어느 쪽부터 몇 자리까지인가요? 바로 '왼쪽'부터 '여섯' 자리입니다. [E7]셀에 '=LEFT(E8,6)'을 입력합니다. 머릿속에서 생각한 과정을 그대로 수식에 옮기면 됩니다.

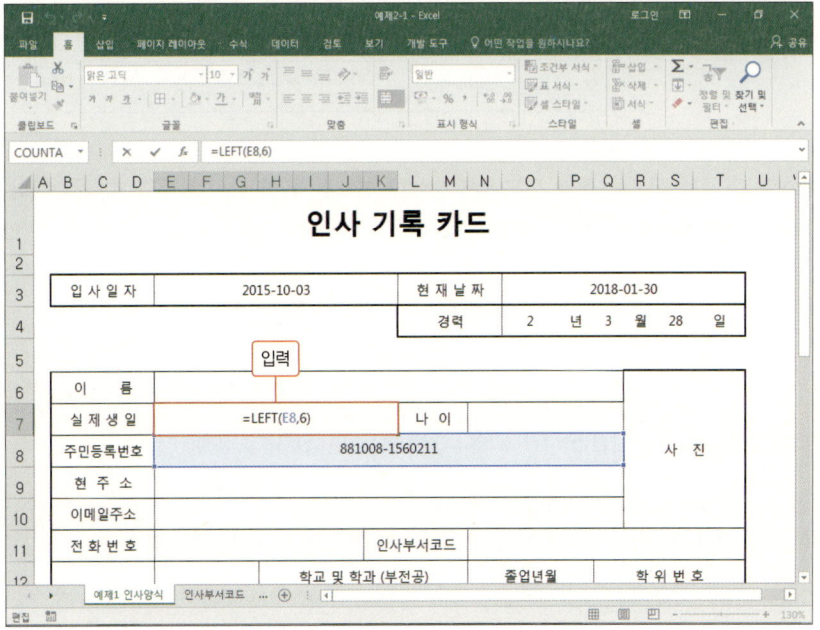

149

03 주민등록번호에서 생년월일을 나타내는 여섯 자리 숫자가 표시됩니다.

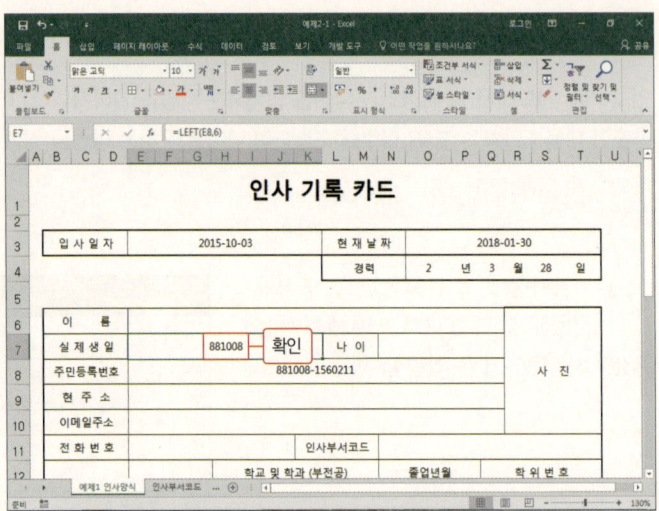

04 실제 생일을 하이픈(-)을 기준으로 연, 월, 일로 구분하여 표시하겠습니다.
[E7]셀에 '=TEXT(LEFT(E8,6),"00-00-00")'을 입력하고 Enter 키를 누릅니다.

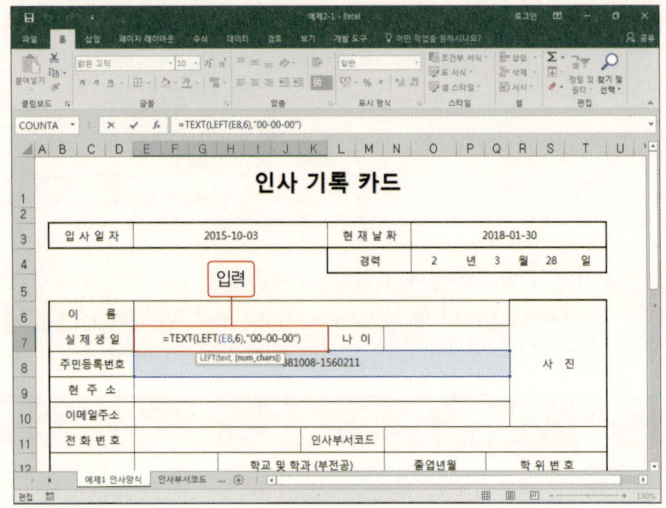

05 실제 생일을 이용해 나이를 구하겠습니다. 현재 연도에서 태어난 연도를 빼면 나이를 구할 수 있습니다. 이때 2000년대 생은 주민등록번호에서 성별을 구분하는 숫자가 1900년대 생과 다르기 때문에 구분해야 합니다.
[N7]셀에 '=YEAR(O3)-(IF(MID(E8,8,1)>="3","20","19")&LEFT(E7,2))'를 입력하고 Enter 키를 누릅니다. 수식을 덩어리로 나누어서 살펴보면 다음과 같습니다.

> **IF(MID(E8,8,1)>="3","20","19")**
> 주민등록번호에서 하이픈(-) 다음 숫자가 '3'보다 크면 '20', 아니면 '19'를 출력

> **IF(MID(E8,8,1)>="3","20","19")&LEFT(E7,2)**
> 실제 생일의 왼쪽에서 두 번째 자리만큼 뽑아낸 다음 두 값을 서로 연결하여 태어난 연도 출력

> **YEAR(O3)-(IF(MID(E8,8,1)>="3","20","19")&LEFT(E7,2))**
> 현재 연도에서 태어난 연도를 뺀 값을 출력

SECTION 01 인사 양식 작성하기

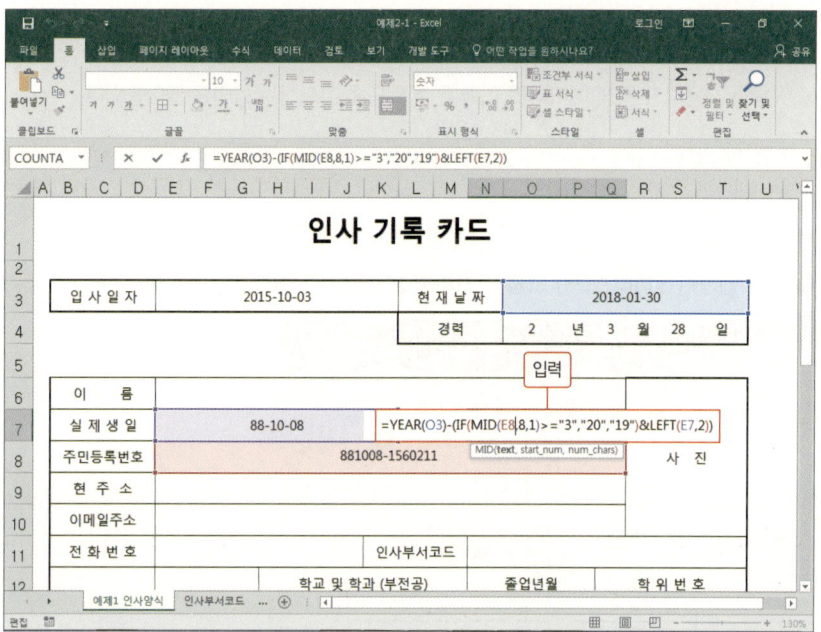

tip 2000년대 생은 주민등록번호에서 하이픈(-) 다음 숫자, 즉 성별을 나타내는 숫자가 남자는 '3', 여자는 '4'이기 때문에 '주민등록번호에서 하이픈(-) 다음 숫자가 3보다 크다'를 IF 함수 조건으로 지정하면 2000년대와 1900년대를 구분할 수 있습니다.

06 [N7]셀에 나이가 표시됩니다. 예제에서 사용한 방법 외에도 나이를 구하는 방법은 많으니 직접 여러 가지 방법을 시도해 보길 바랍니다.

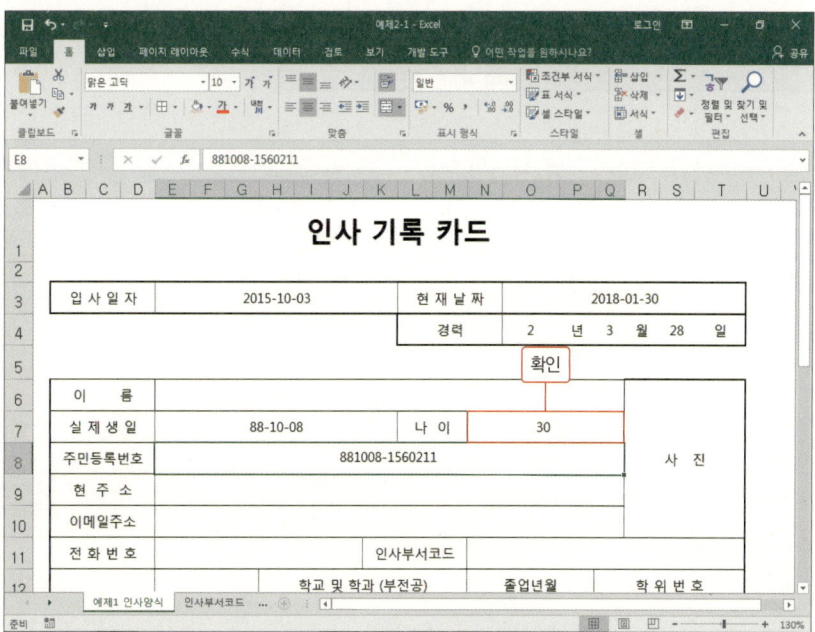

3 특정 데이터를 입력하지 않으면 오류 메시지 표시하기 – FIND 함수, 유효성 검사

FIND 함수와 유효성 검사 기능을 이용해 사용자가 특정 데이터를 입력할 수 있도록 유도하는 방법을 알아봅니다.

{예제 파일} 03\예제2-1.xlsx　{시트} 예제1_인사양식

01 이메일 주소에 '@'를 입력하지 않으면 오류 메시지가 나오도록 설정하겠습니다.
[E10]셀을 선택하고 **[데이터] 탭 → [데이터 도구] 그룹 → [데이터 유효성 검사(▣)]**를 클릭합니다.

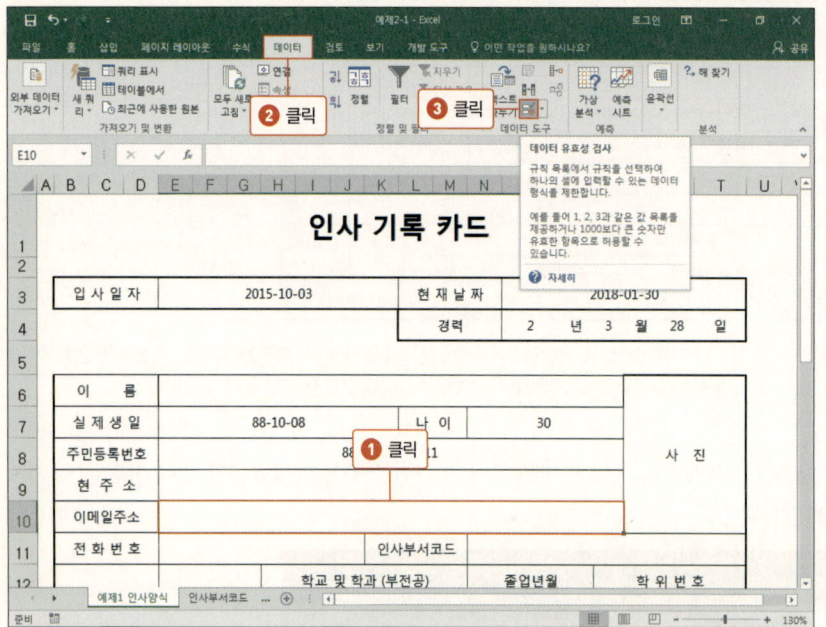

02 '데이터 유효성' 대화상자가 표시되면 [설정] 탭 화면의 '제한 대상'을 '사용자 지정'으로 지정합니다. [E10]셀에서 '@'이 없거나 첫 번째 자리에 있을 때 입력을 제한하기 위해 수식에 '=FIND("@",E10)>1'을 입력하고 〈확인〉 버튼을 클릭합니다.

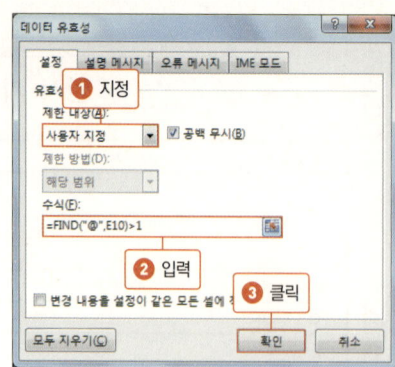

> tip 첫 번째 자리에 '@'이 있을 때 입력을 제한하는 이유는 무엇일까요? 이메일 주소를 입력할 때 아이디를 입력하지 않고 바로 '@'가 나올 수도 있기 때문입니다. 아이디가 없으면 비정상적인 이메일 주소이니 당연히 제한해야겠죠?

SECTION 01 인사 양식 작성하기

03 [E10]셀에 아무것도 입력하지 않았기 때문에 수식이 오류 상태라는 메시지 창이 표시됩니다. 〈예〉 버튼을 클릭합니다.

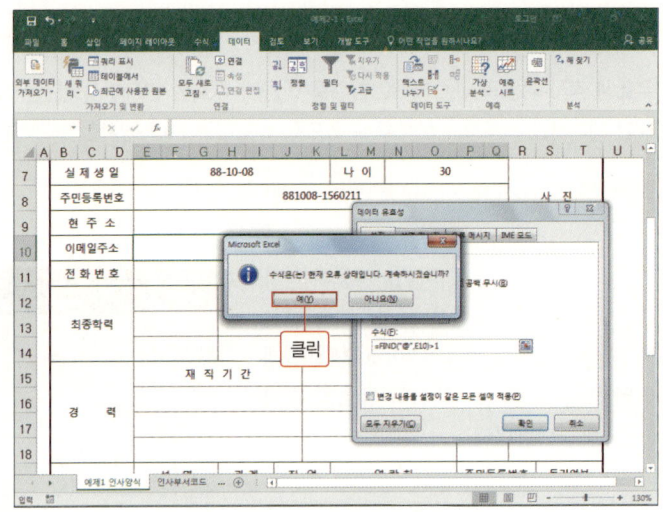

04 [E10]셀에 이메일 주소를 입력한 다음 '@'만 지웁니다. 오류 메시지 창이 표시되면 〈다시 시도〉 버튼을 클릭하고 지웁니다.

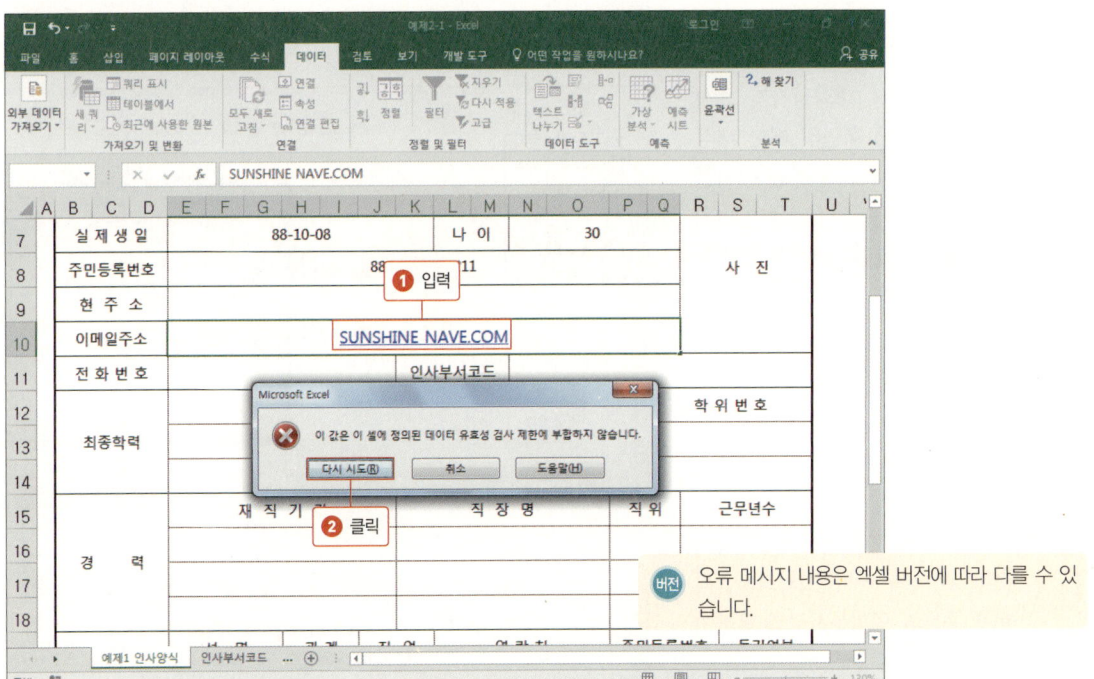

버전 오류 메시지 내용은 엑셀 버전에 따라 다를 수 있습니다.

153

4 인사부서코드 란에 목록 달기 - 유효성 검사, VLOOKUP 함수

유효성 검사 기능과 VLOOKUP 함수를 이용해 유효한 인사부서코드만 목록으로 표시하는 방법을 알아봅니다. 이렇게 유효한 데이터만 사용자가 선택할 수 있도록 유도하면 보다 정확한 보고서를 만들 수 있습니다.

{예제 파일} 03\예제2-1.xlsx {시트} 예제1_인사양식

01 데이터 유효성 검사를 이용해 인사부서코드 부록을 표시하겠습니다. [N11]셀을 선택한 다음 **[데이터] 탭 → [데이터 도구] 그룹 → [데이터 유효성 검사(■)]**를 클릭합니다.

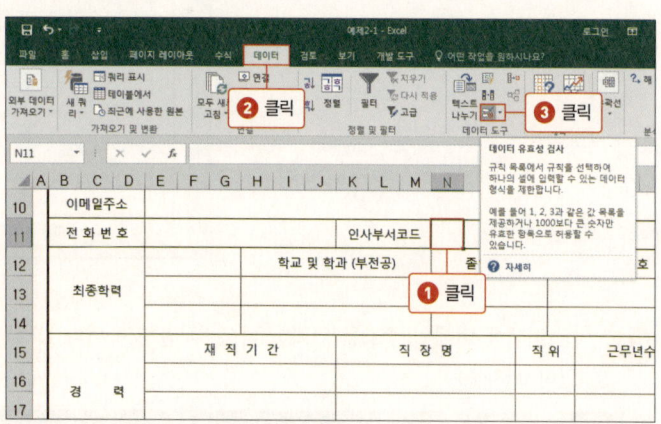

> 버전 이 예제는 다른 시트를 데이터 유효성 원본으로 지정하는 예제로 엑셀 2010 이상부터 실습할 수 있습니다.

02 '데이터 유효성' 대화상자가 표시되면 [설정] 탭 화면의 제한 대상을 '목록'으로 지정합니다. 원본에 커서를 두고 '인사부서코드' 시트의 [A2:A9] 범위를 드래그한 다음 〈확인〉 버튼을 클릭합니다.

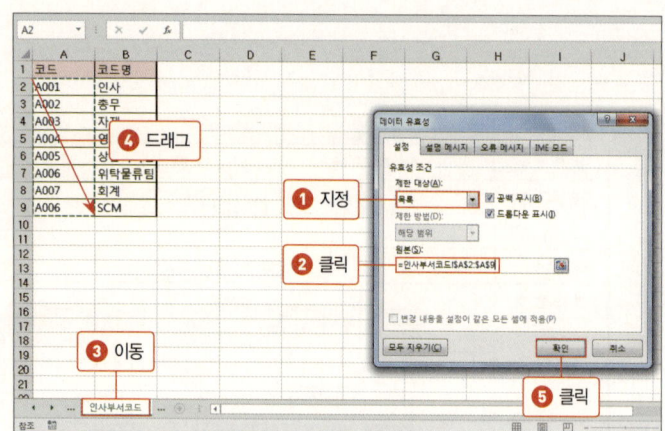

> 버전 엑셀 2007에서는 원본에서 직접 다른 시트로 이동이 되지 않으므로, 수식 '=인사부서코드!$A$2:$A$9'를 직접 입력해야 합니다.

03 [N11]셀 목록 아이콘(▼)을 클릭하면 유효한 인사부서코드 항목이 표시됩니다.
목록에서 'A002'을 선택합니다.
LOOKUP 함수를 이용해 선택한 인사부서코드에 해당하는 코드명을 '인사부서코드' 시트에서 가져온 다음 [O11]셀에 표시하겠습니다.

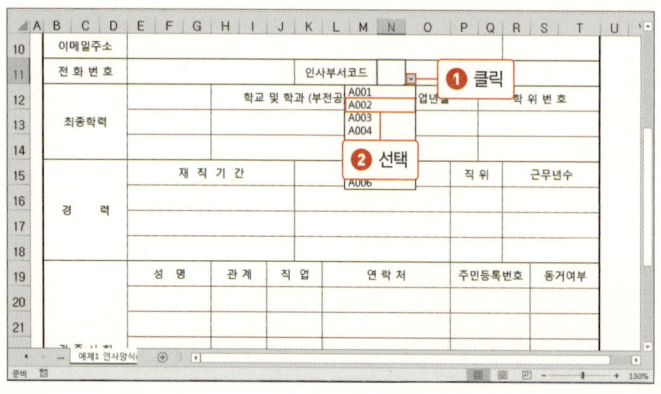

SECTION 01 인사 양식 작성하기

04 [O11]셀에 '=VLOOKUP('을 입력하면 커서 아래에 'VLOOKUP(lookup_value, table_array, col_index_num, [range_lookup])'이 표시됩니다. 'VLOOKUP'은 검색할 값(lookup_value)을 검색 범위에서 (table_array) 찾은 다음, 지정한 열 번호(col_index_num)에 해당하는 값을 출력하는 함수입니다.
검색할 값으로 코드를 지정하기 위해 인사부서코드가 입력된 [N11]을 클릭합니다.

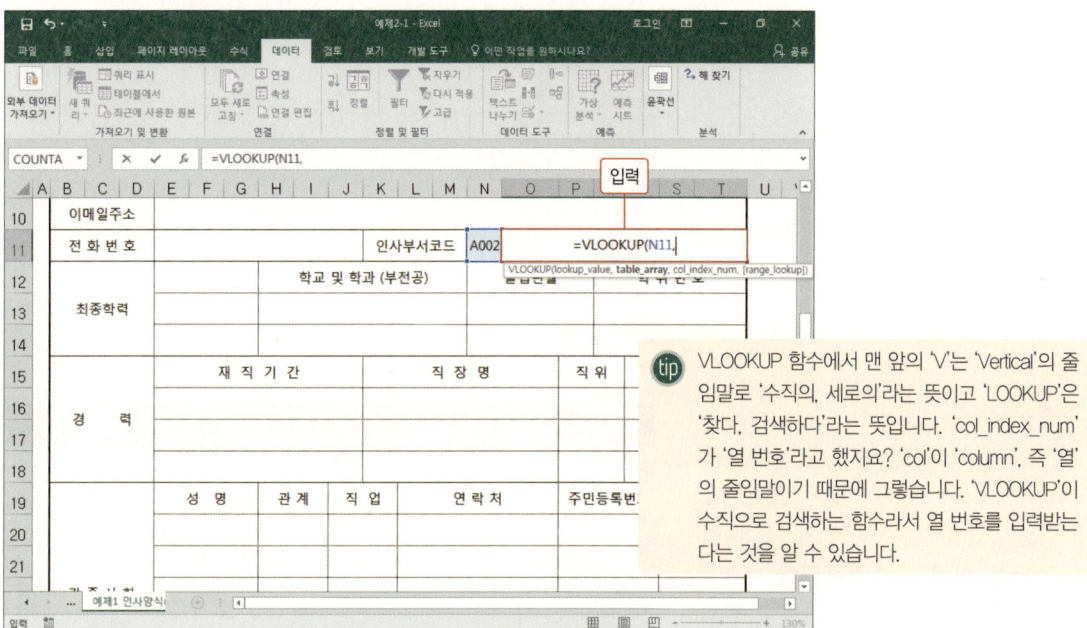

tip VLOOKUP 함수에서 맨 앞의 'V'는 'Vertical'의 줄임말로 '수직의, 세로의'라는 뜻이고 'LOOKUP'은 '찾다, 검색하다'라는 뜻입니다. 'col_index_num'가 '열 번호'라고 했지요? 'col'이 'column', 즉 '열'의 줄임말이기 때문에 그렇습니다. 'VLOOKUP'이 수직으로 검색하는 함수라서 열 번호를 입력받는다는 것을 알 수 있습니다.

05 쉼표(,)를 찍고 검색 범위(table_array)를 지정합니다. '인사부서코드' 시트로 이동한 다음 [A1:B9] 범위를 드래그하고 F4 키를 눌러 행과 열을 고정합니다.

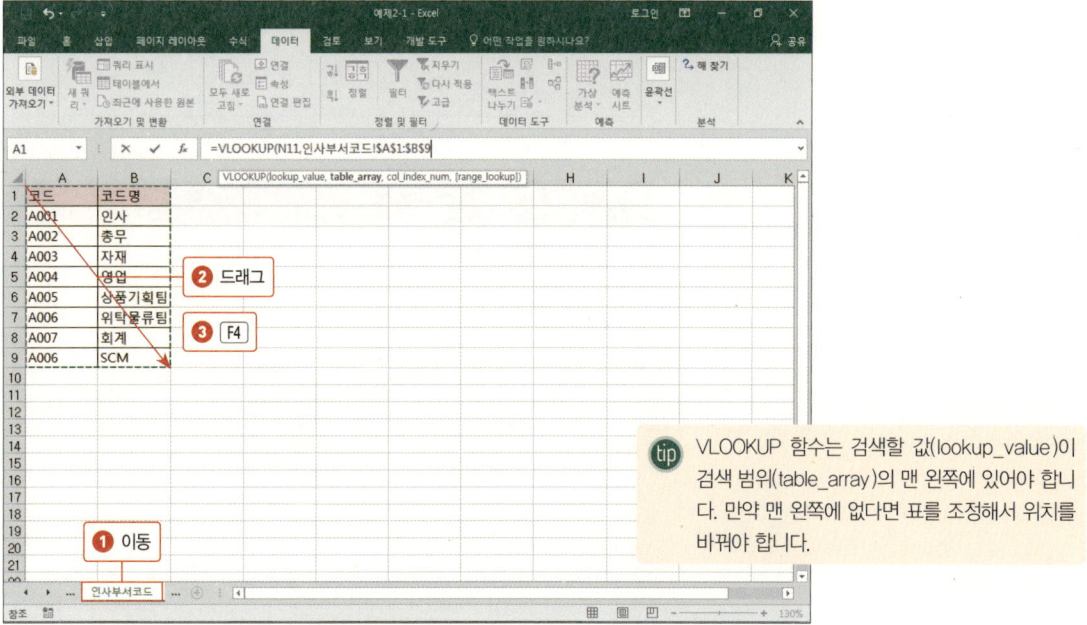

tip VLOOKUP 함수는 검색할 값(lookup_value)이 검색 범위(table_array)의 맨 왼쪽에 있어야 합니다. 만약 맨 왼쪽에 없다면 표를 조정해서 위치를 바꿔야 합니다.

155

06 출력할 데이터의 열 번호(col_index_num)를 지정합니다. '인사부서코드' 시트에서 '코드명' 필드는 왼쪽에서 두 번째 열이므로 ',2'를 입력합니다.

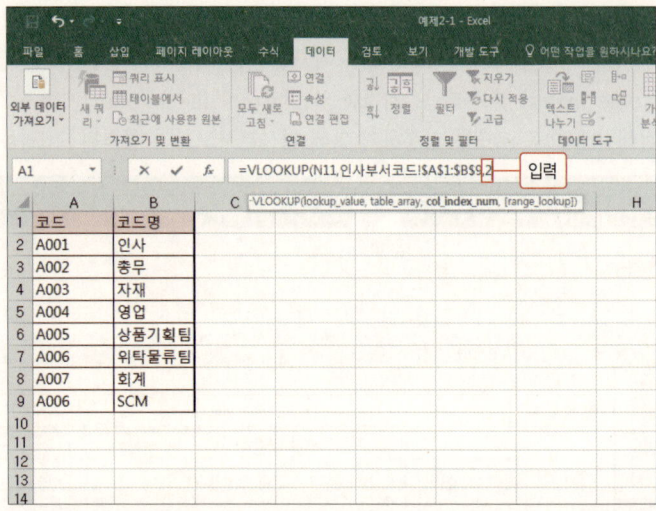

07 마지막 'range_lookup'은 'FALSE' 값인 '0'을 입력하면 정확하게 일치하는 값을 찾고 'TRUE' 값인 '1'을 입력하면 유사하게 일치하는 값까지 전부 찾아서 출력합니다. '코드명'은 문자이기 때문에 정확하게 일치해야 합니다. ',0'을 입력한 다음 괄호를 닫고 Enter 키를 누릅니다. 최종 수식은 '=VLOOKUP(N11,인사부서코드!$A$1:$B$9,2,0)'입니다.

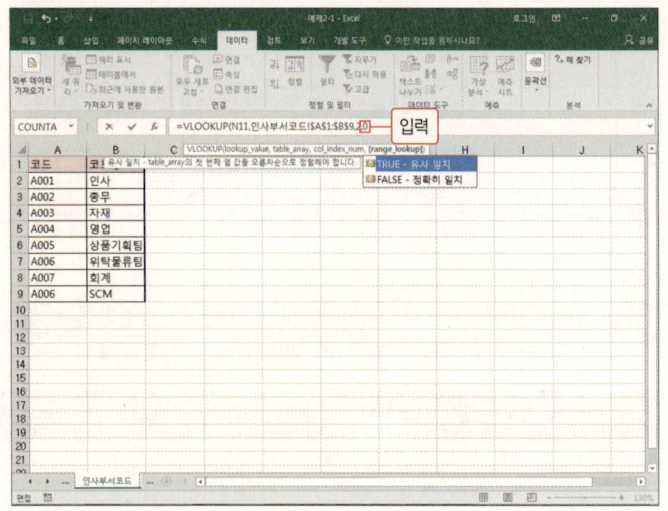

08 [N11]셀 목록에서 'A002'를 선택하면 해당하는 코드명이 표시되는 것을 확인할 수 있습니다.

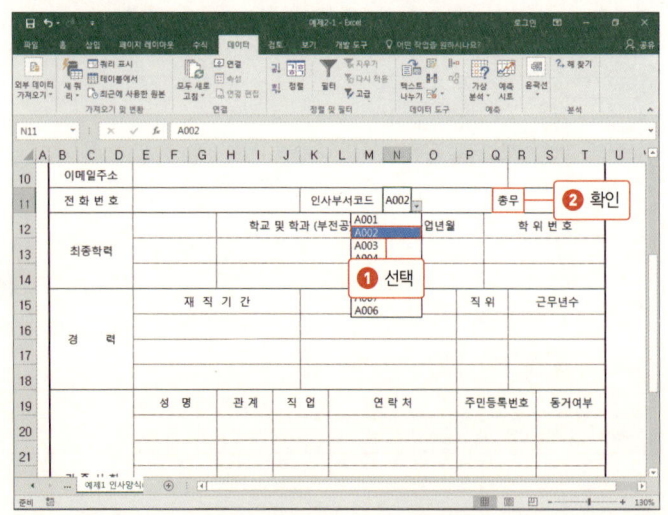

156   Part 3 실무 데이터 입력하기

SECTION 02 회계 양식 작성하기

회계 양식 작성하기

회계 양식은 금액을 다루는 것이 특징이며 대표적으로 '거래명세서'나 '세금계산서'가 있습니다. 이번 예제에서는 여러 함수를 활용해서 회계 양식을 작성할 때 회사 정보(전화번호, 팩스, 사업자번호 등)를 매번 입력하는 번거로움을 줄이는 방법을 알아봅니다.

 중요도 4　 작업 소요 시간 35분　 동영상 재생 시간 23분　

1 선택한 상호에 해당하는 사업자등록번호 표시하기 - 유효성 검사, VLOOKUP 함수

유효성 검사 기능과 VLOOKUP 함수를 이용해 유효한 상호만 목록으로 표시한 다음 특정 상호를 선택하면 해당하는 사업자 등록번호를 자동으로 표시하는 방법을 알아봅니다.

{예제 파일} 03\예제2-2.xlsx　　{시트} 예제1_마스터의 개념과 이용

01 유효성 검사 기능을 이용해 [B1]셀과 [B2]셀에 상호 목록을 표시하겠습니다. [B1:B2] 범위를 드래그한 다음 [데이터] 탭 → [데이터 도구] 그룹 → [데이터 유효성 검사(☑)]를 클릭합니다.

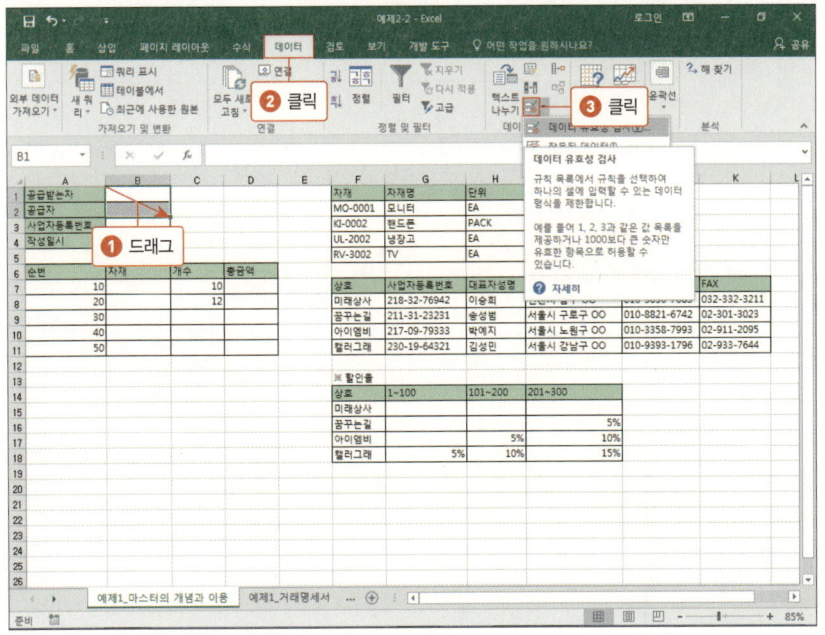

157

02 '데이터 유효성' 대화상자가 표시되면 [설정] 탭 화면의 제한 대상을 '목록'으로 지정합니다. 원본에 커서를 두고 [F8:F11] 범위를 드래그한 다음 〈확인〉 버튼을 클릭합니다.

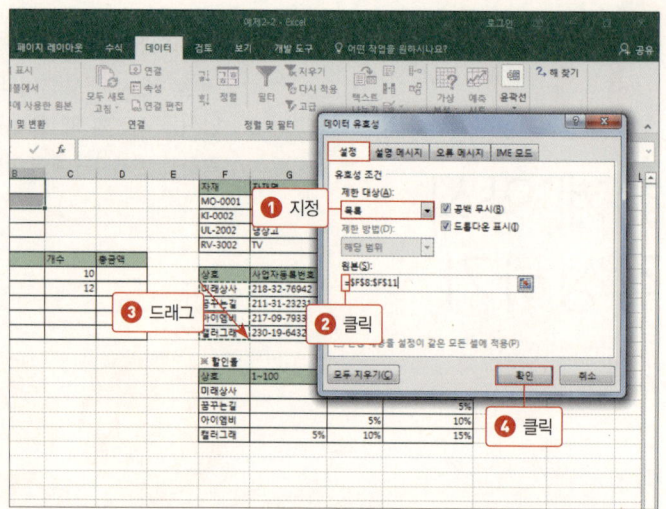

03 [B1]셀 목록 아이콘(▼)을 클릭하면 유효한 상호 항목만 표시됩니다. [B1]셀은 '미래상사', [B2]셀은 '꿈꾸는길'을 선택합니다.

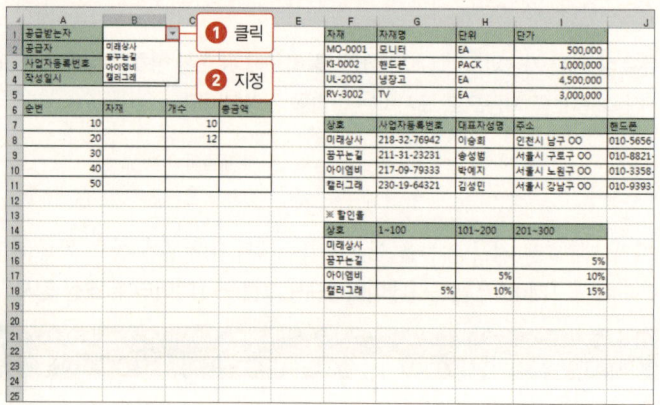

04 공급자의 사업자등록번호를 표시하겠습니다.

[B3]셀에 '=VLOOKUP('을 입력한 다음 검색할 값인 [B2]셀을 클릭합니다. 쉼표(,)를 찍고 [F7:G11] 범위를 드래그한 다음 F4 키를 눌러서 행과 열을 고정합니다.

지정한 범위에서 '사업자등록번호' 필드는 두 번째 열이므로 ',2'를 입력하고 정확하게 일치하는 값을 찾기 위해 ',0'을 입력한 다음 괄호를 닫고 Enter 키를 누릅니다. 최종 수식은 '=VLOOKUP(B2,$F$7:$G$11,2,0)'입니다.

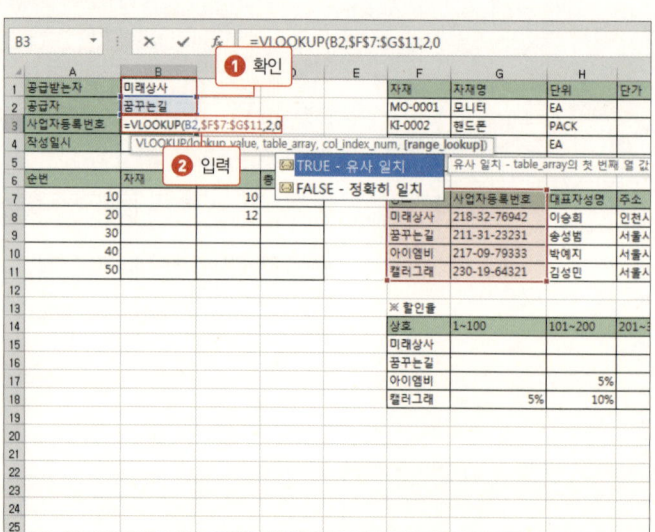

SECTION 02 회계 양식 작성하기

05 [B2]셀에서 선택한 상호명에 해당하는 사업자등록번호가 표시됩니다.

06 [B4]셀에 작정 일시를 입력하겠습니다. 시트를 열 때마다 자동으로 현재 날짜로 갱신하고 싶다면 '=TODAY( )' 함수를 사용하면 되고 직접 날짜를 입력한 다음 Ctrl + Shift + ; 키를 눌러 시간을 표시해도 좋습니다. 예제에서는 '2018-01-20'을 직접 입력합니다.

159

2 순번에 자동으로 색 채우기 - 조건부 서식, COUNTA 함수

작업 도중에 어느 부분까지 작업했는지 잊어버릴 때가 있습니다. 이럴 경우 '순번'과 같은 데이터에 눈에 띄는 표시를 해두면 사용자 입장에서 편리합니다. 여기서는 조건부 서식 기능과 COUNTA 함수를 이용해 데이터를 입력한 부분만 순번에 색을 표시하는 방법을 알아봅니다.

{예제 파일} 03\예제2-2.xlsx   {시트} 예제1_마스터의 개념과 이용

01 데이터를 입력하면 '순번' 필드에 색이 자동으로 채워지도록 설정하겠습니다.
[A7:A11] 범위를 드래그한 다음 [홈] 탭 → [스타일] 그룹 → [조건부 서식] → [새 규칙]을 선택합니다.

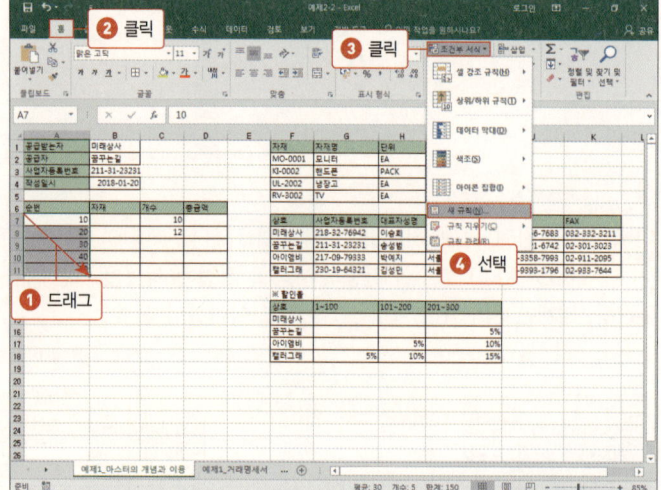

02 '새 서식 규칙' 대화상자가 표시되면 규칙 유형을 '수식을 사용하여 서식을 지정할 셀 결정'으로 선택합니다. 다음 수식이 참인 값의 서식 지정에 커서를 두고 '=COUNTA('를 입력한 다음 [B7:D7] 범위를 드래그합니다. 자동으로 행과 열이 고정되면 F4 키를 여러번 눌러 'B7:D7'로 변경합니다. 괄호를 닫고 '>0'을 입력한 다음 〈서식〉 버튼을 클릭합니다.

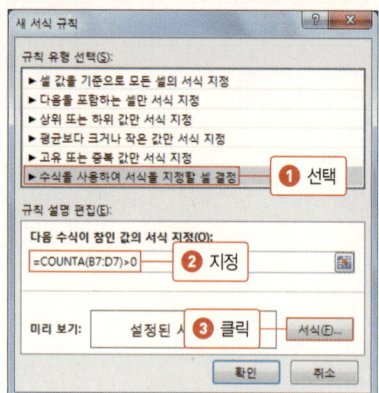

> tip 'COUNTA'는 지정한 범위에서 비어 있지 않은 셀의 개수를 구하는 함수입니다. 만약 COUNTA 함수의 결과값이 '0'이라면 데이터가 입력된 셀이 하나도 없다는 뜻입니다. 예제에서는 지정한 범위에 데이터가 하나라도 입력되면 '순번' 필드에 색을 채우는 것이 목적이기 때문에 '>0'을 입력한 것입니다.

03 '셀 서식' 대화상자가 표시되면 [채우기] 탭의 배경색에서 원하는 색상을 선택하고 〈확인〉 버튼을 클릭합니다.

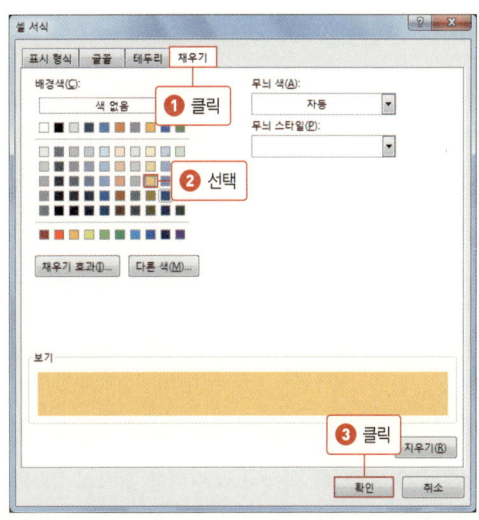

04 [A7]셀과 [A8]셀에 색이 채워집니다. '자재'와 '개수' 필드에 직접 데이터를 입력해 보면서 순번에 색이 채워지는지 확인합니다.

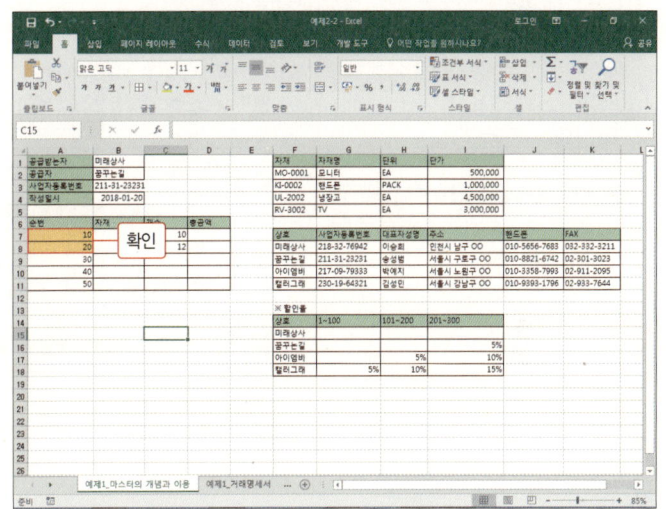

05 [B1]셀 상호 항목에서 '캘러그래'를 선택합니다. [B7]셀과 [B8]셀 자재 항목에서 'MO-0001', 'KI-0002'를 각각 선택한 다음 [C7]셀에 '150', [C8]에 '200'을 입력합니다.

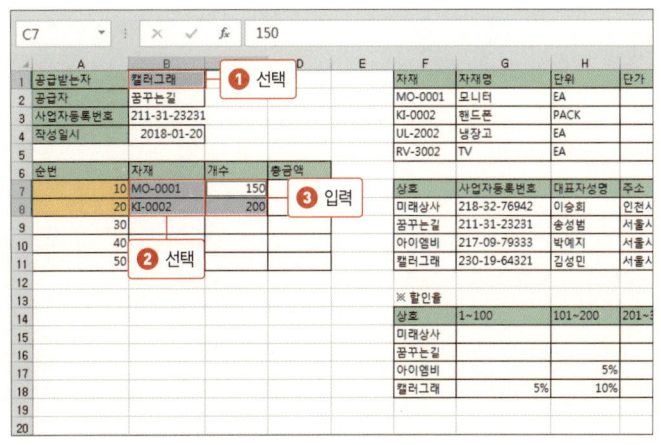

> tip '자재' 필드에 목록을 표시하는 방법은 앞 과정에서 상호 항목을 표시하는 방법과 같습니다. 이 과정은 예제에서 생략하였습니다.

3 할인율이 적용된 총 금액 구하기 – INDEX, MATCH 함수

INDEX, MATCH 함수를 이용해 할인율이 적용된 총 금액을 구하는 방법을 알아봅니다. 이 부분은 수식이 복잡하여 약간 어렵게 느껴질 수 있기 때문에 동영상 강의와 함께 공부하면 좋습니다.

{예제 파일} 03\예제2-2.xlsx {시트} 예제1_마스터의 개념과 이용

01 선택한 자재에 해당하는 총금액을 구하겠습니다. 총금액은 다음과 같은 수식으로 구할 수 있습니다.

총금액 = 단가 × 수량 × (1 – 할인율)

먼저 VLOOKUP 함수를 이용해 자재에 해당하는 단가를 [F1:I5] 범위에서 가져오겠습니다. [D7]에 '=VLOOKUP('를 입력하고 검색할 값으로 [B7]셀을 클릭합니다. 쉼표(,)를 입력한 다음 [F1:I5] 범위를 드래그하고 F4 키를 눌러 행과 열을 고정합니다. 지정한 범위에서 '단가'는 네 번째 열이므로 ',4'를 입력한 다음 정확한 자재를 검색하기 위해 ',0'을 입력하고 괄호를 닫습니다.

02 단가에 개수를 곱하기 위해 '*C7'를 입력하고 Enter 키를 누릅니다. 최종 수식은 '=VLOOKUP(B7,$F$1:$I$5,4,0)*C7'입니다.

SECTION 02 회계 양식 작성하기

03 천 단위마다 쉼표(,)로 구분하기 위해 [D7]셀을 선택하고 **[홈] 탭 → [표시 형식] 그룹 → [쉼표 스타일( )]**
을 클릭합니다. 이제 INDEX 함수와 MATCH 함수를 이용해 해당하는 할인율을 가져오겠습니다.

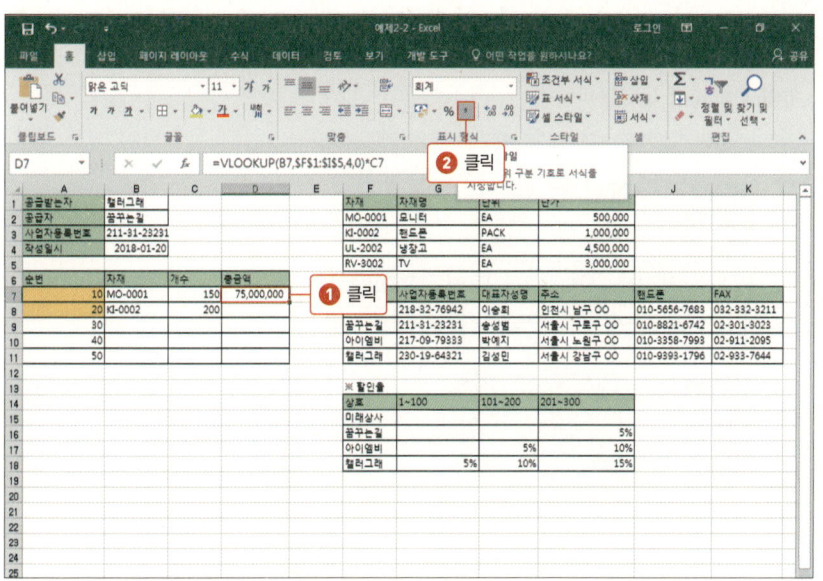

04 먼저 MATCH 함수를 사용할 것입니다. 함수 이름을 살펴볼까요? 'MATCH'는 '경기', '커플'이라는 뜻인데
요, 이 뜻이 MATCH 함수 기능과 관련되어 있습니다. 눈으로 '캘러그래'의 할인율을 확인해 봅니다. 할인
율 표에서 상호가 어디에 있는지 확인(4번째 행)하고 개수가 어느 범주에 속하는지 판단(2번째 열)하면 '10%'라는
것을 알 수 있습니다. 여기서 몇 번째 행(열)인지 확인하는 작업을 MATCH 함수로 할 수 있습니다.
MATCH 함수를 이용해 할인율 표에서 '캘러그래'가 몇 번째 행에 있는지 찾겠습니다. [F19]셀에 '=MATCH
(B1,$F$15:$F$18,0)'을 입력하고 Enter 키를 누릅니다.

163

05 MATCH 함수 결과로 '4'가 표시됩니다. 이제 할인율 표에서 '150'이 개수 범주에서 몇 번째 열에 속하는지 찾겠습니다.

[G14:I14] 범위에 입력된 범주를 확인합니다. 엑셀은 프로그래밍이기 때문에 '1~100', '1-100', '1부터 100까지'와 같이 입력하면 인식하지 못합니다. 이 범주를 엑셀이 인식할 수 있도록 바꾸겠습니다. 각각의 범주 중 가장 작은 값인 '1', '101', '201'을 [G13:I13] 범위에 차례로 입력합니다.

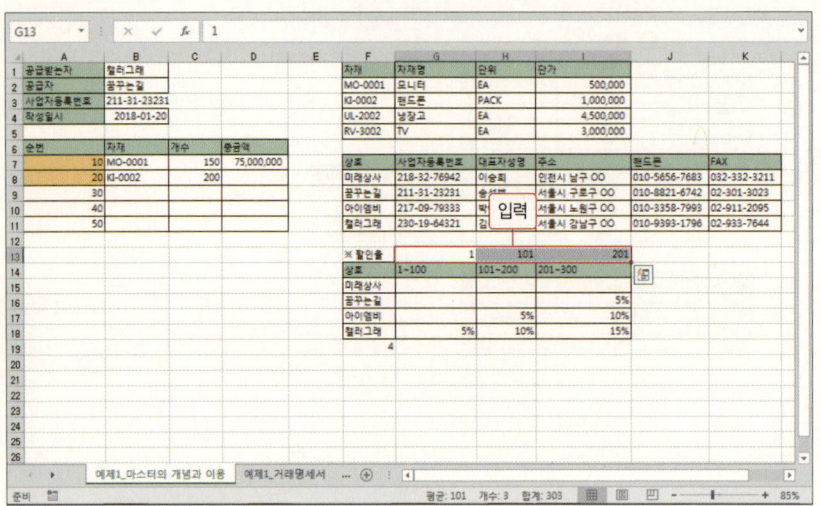

06 [J13]셀에 '=MATCH('를 입력합니다. [C7]셀을 클릭하고 쉼표(,)를 입력한 다음, [G13:I13] 범위를 드래그해서 선택하고 F4 키를 눌러 행과 열을 고정합니다. 쉼표(,)를 입력하면 커서 아래에 '1 – 보다 작음', '0 – 정확히 일치', '–1 – 보다 큼'이 표시됩니다. 검색 범위에 입력된 데이터는 오름차순이므로 '1'을 입력한 다음 괄호를 닫고 Enter 키를 누릅니다. 최종 수식은 '=MATCH(C7,$G$13:$I$13,1)'입니다.

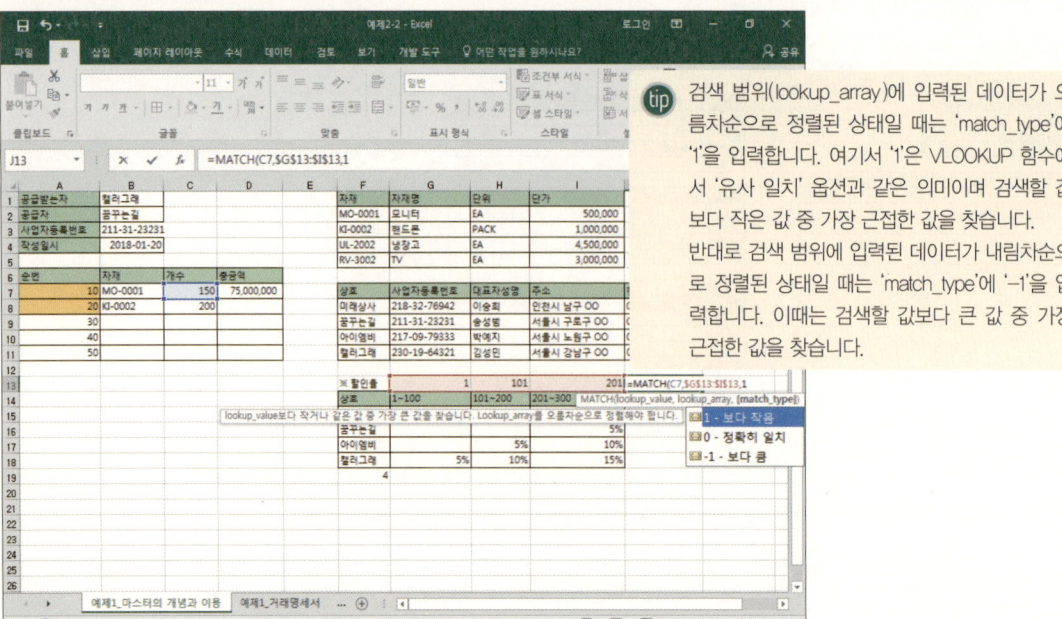

tip 검색 범위(lookup_array)에 입력된 데이터가 오름차순으로 정렬된 상태일 때는 'match_type'에 '1'을 입력합니다. 여기서 '1'은 VLOOKUP 함수에서 '유사 일치' 옵션과 같은 의미이며 검색할 값보다 작은 값 중 가장 근접한 값을 찾습니다.
반대로 검색 범위에 입력된 데이터가 내림차순으로 정렬된 상태일 때는 'match_type'에 '–1'을 입력합니다. 이때는 검색할 값보다 큰 값 중 가장 근접한 값을 찾습니다.

SECTION 02 회계 양식 작성하기

07 총금액을 구하는 수식은 '단가*수량*(1-할인율)'이었죠. 여기에서 할인율을 INDEX 함수로 가져오겠습니다.

[D7]셀 수식 뒤에 '*(1-INDEX('를 입력하면 커서 아래에 'INDEX(array, row_num, [column_num])'이 표시됩니다. 'INDEX'는 지정한 범위(array)에서 행(row_num)과 열(column_num)이 교차하는 셀 값을 출력하는 함수입니다. 이전 과정에서 MATCH 함수를 이용해 할인율이 [G15:I18] 범위에서 몇 번째 행과 열에 있는지 구했습니다. 그대로 INDEX 함수의 인수로 입력하면 되겠죠?

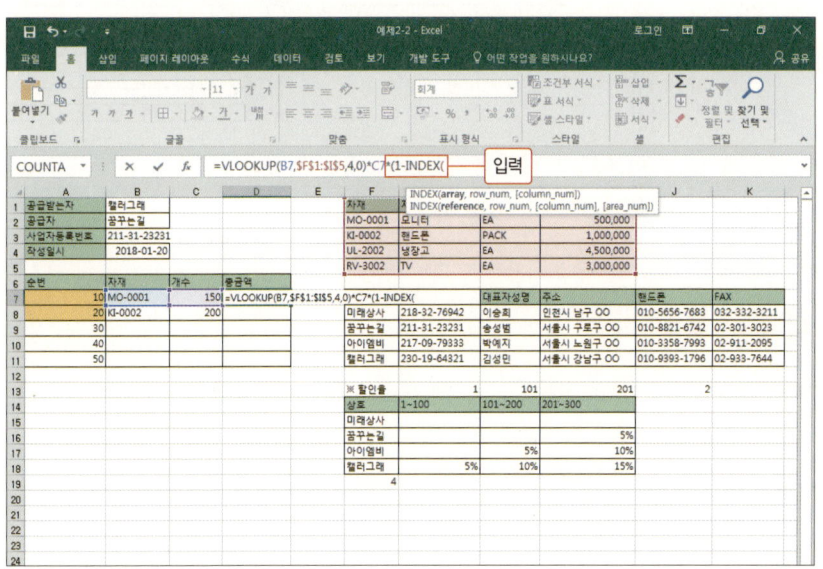

08 수식 입력줄에 커서를 둔 상태에서 [G15:I18] 범위를 드래그한 다음 F4 키를 눌러 행과 열을 고정합니다. 쉼표(,)를 찍고 [F19]셀에 적용된 수식을 복사해서 붙여넣습니다. 이때 'B1'에 커서를 두고 F4 키를 눌러 행과 열을 고정합니다. 다시 쉼표(,)로 구분한 다음 [J13]셀에 적용된 함수식을 복사해서 붙여넣고 Enter 키를 누릅니다.

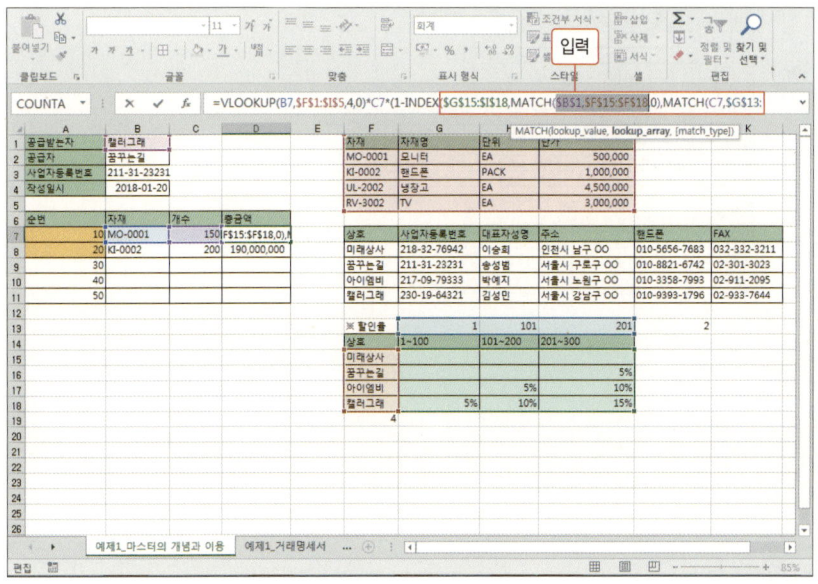

165

09 [D7]셀 오른쪽 아래 꼭짓점에 마우스 포인터를 올리고 십자 표시가 나오면 [D8]셀까지 드래그합니다. 할인율이 적용된 총 금액이 표시됩니다.

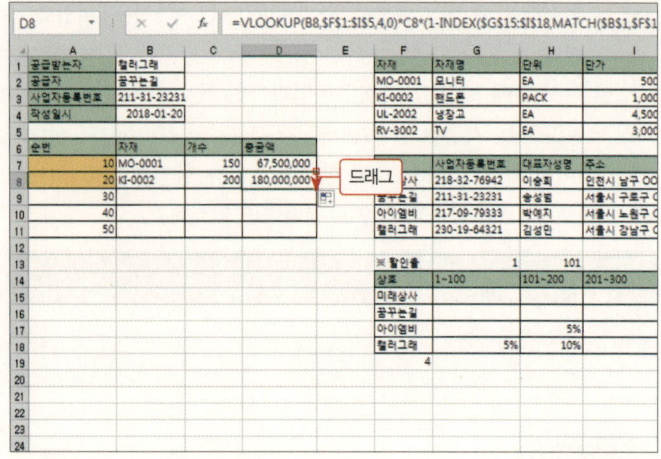

4 거래명세서 시트로 데이터 불러오기

이전 시트에서 작업한 수식을 거래명세서 시트로 가져오겠습니다. 서식에 바로 입력하지 않고 두 개의 시트를 연결하는 방법을 알아봅니다.

{예제 파일} 03\예제2-2.xlsx   {시트} 예제1_마스터의 개념과 이용, 예제1_거래명세서

01 '예제1_마스터의 개념과 이용' 시트에 입력한 수식과 데이터를 참조해서 '예제1_거래명세서' 시트의 거래명세표를 완성해 보겠습니다.

먼저 거래일자를 가져오기 위해 '예제1_거래명세서' 시트에서 [A2]셀에 '='를 입력합니다. '예제1_마스터의 개념과 이용' 시트로 이동한 다음 [B4]셀을 클릭하고 Enter 키를 누릅니다.

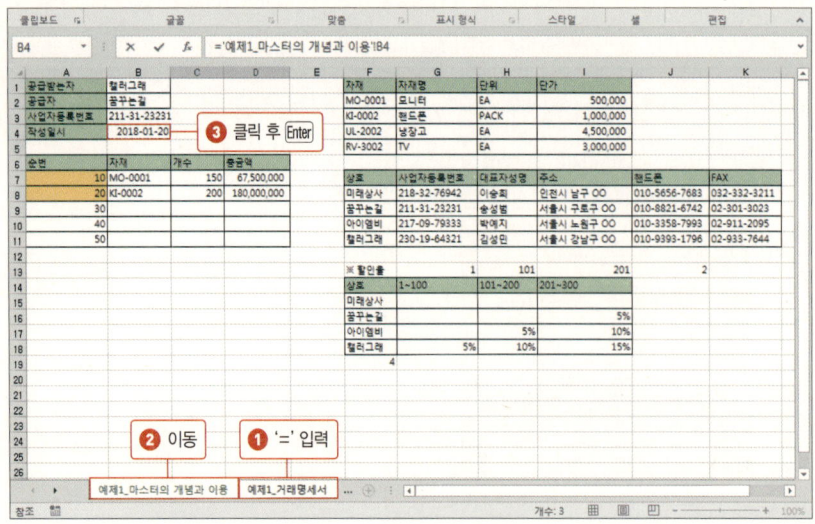

02 '예제1_마스터의 개념과 이용' 시트의 [B4]셀에 입력된 날짜가 그대로 예제1_거래명세서' 시트의 [A2]셀에 옮겨진 것을 확인합니다. 같은 방법으로 공급받는 자의 상호를 가져오겠습니다. '예제1_거래명세서' 시트에서 [E3]셀에 '='를 입력합니다.

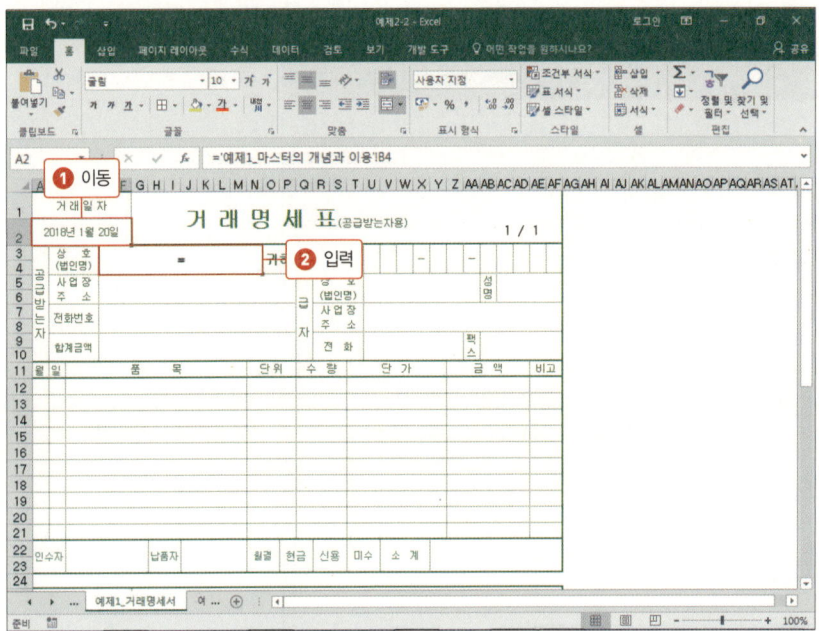

03 '예제1_마스터의 개념과 이용' 시트로 이동한 다음 [B1]셀을 클릭하고 Enter 키를 누릅니다.

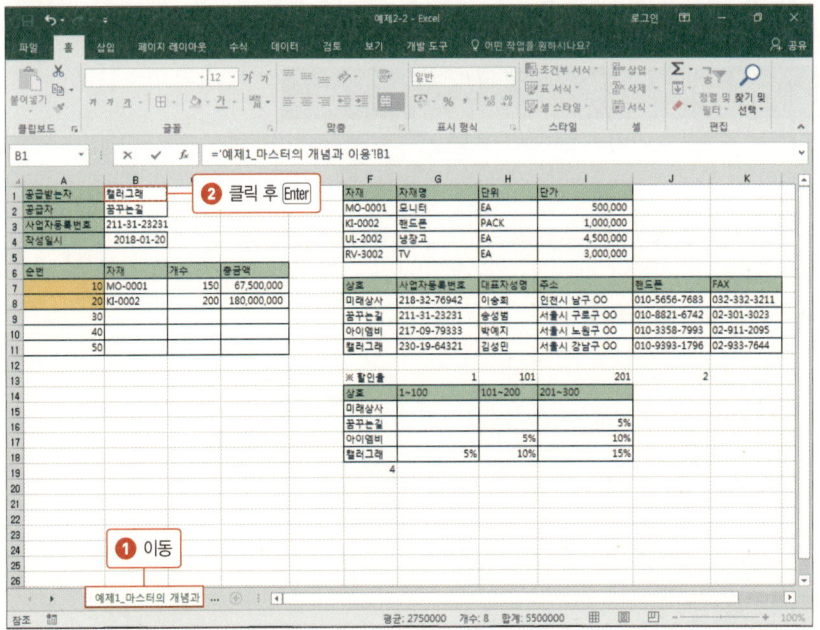

04 VLOOKUP 함수를 이용해서 상호에 해당하는 사업장 주소를 가져오겠습니다. [E5]셀에 '=VLOOKUP('을 입력한 다음 [E3]셀을 클릭하고 쉼표(,)를 찍습니다. '예제1_마스터의 개념과 이용' 시트에서 [F7:K11] 범위를 드래그한 다음 F4 키를 눌러 행과 열을 고정하고 쉼표(,)로 구분합니다. 지정한 범위에서 '주소' 필드는 네 번째 열이므로 '4'를 입력하고 정확하게 일치하는 값을 찾기 위해 ',0'을 입력합니다. 괄호를 닫고 Enter 키를 누릅니다.

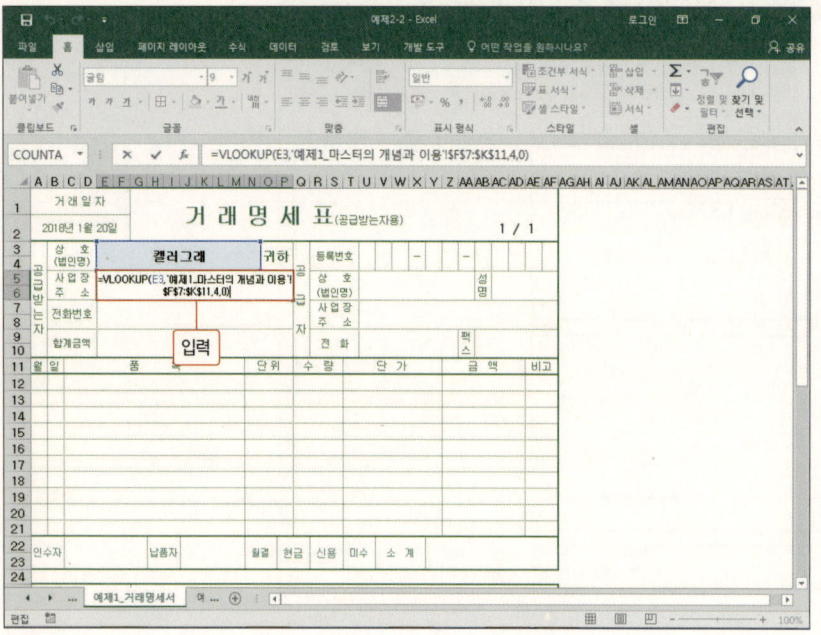

05 '예제1_마스터의 개념과 이용' 시트의 [B3]셀에 입력된 사업자등록번호를 MID 함수를 이용해 가져오겠습니다. [U3]셀에 '=MID('예제1_마스터의 개념과 이용'!$B$3,1,1)'을 입력합니다.

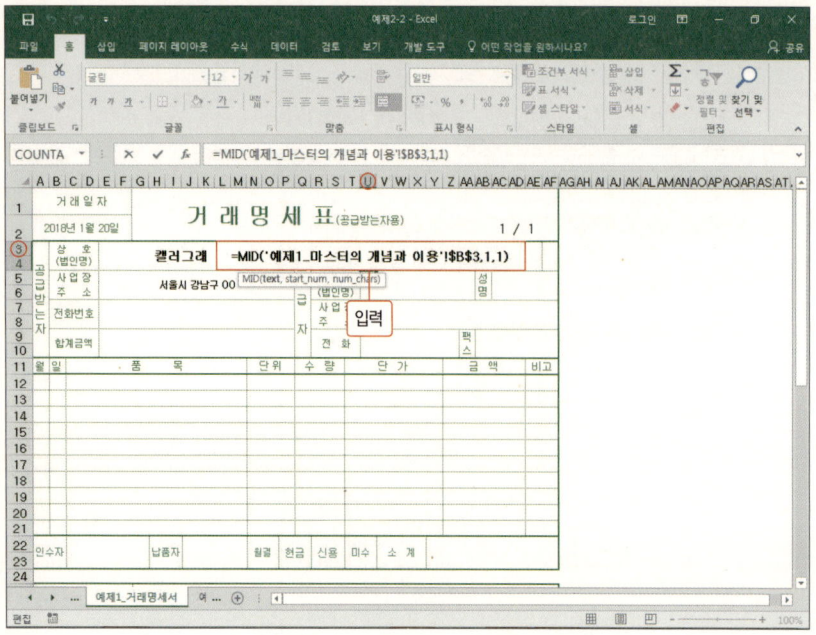

168 Part 3 실무 데이터 입력하기

06 '=MID('예제1_마스터의 개념과 이용'!$B$3, X, 1)' 수식에서 'X'에 해당하는 값만 변경하면서 [V3]셀, [W3]셀…[AF3]셀에 사업자등록번호를 한 자리씩 가져옵니다.

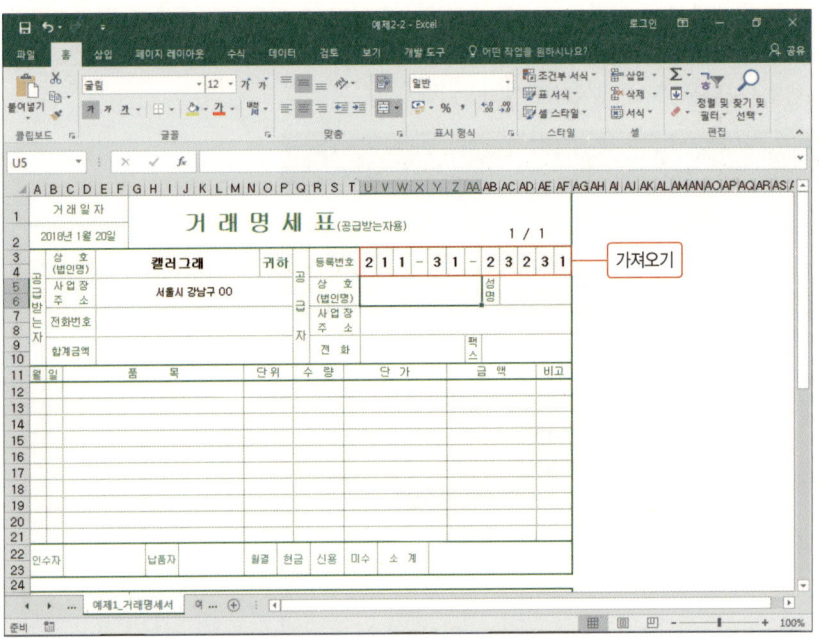

07 공급자의 상호를 가져오겠습니다. [U5]셀에 '='를 입력합니다. '예제1_마스터의 개념과 이용' 시트로 이동한 다음 [B2]셀을 클릭하고 Enter 키를 누릅니다.

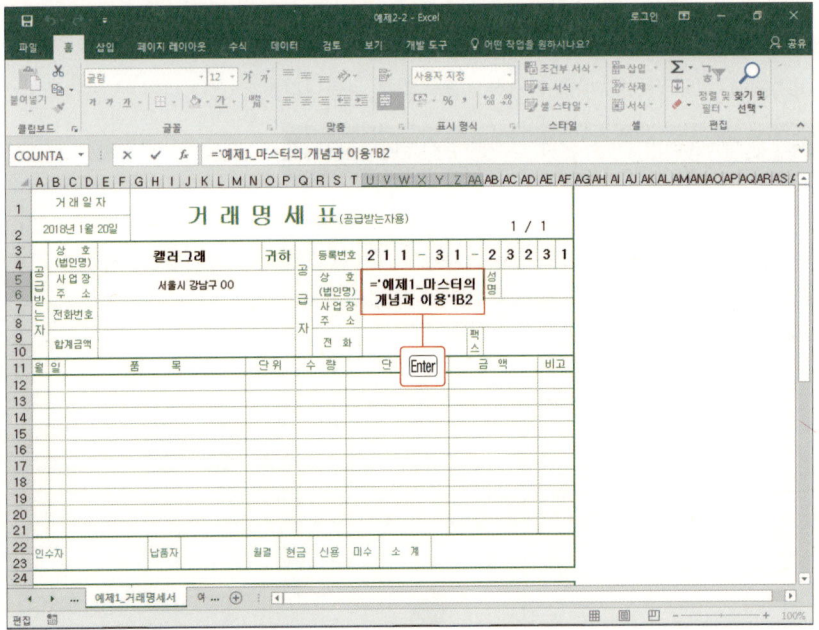

08 VLOOKUP 함수를 이용해서 상호에 해당하는 공급자 성명을 가져오겠습니다. [AC5]셀에 '=VLOOKUP(' 을 입력한 다음 [U5]셀을 클릭하고 쉼표(,)를 찍습니다. '예제1_마스터의 개념과 이용' 시트에서 [F7:K11] 범위를 드래그한 다음 F4 키를 눌러 행과 열을 고정하고 쉼표(,)로 구분합니다. 지정한 범위에서 '대표자성명' 필드는 세 번째 열이므로 '3'을 입력하고 정확하게 일치하는 값을 찾기 위해 ',0'을 입력합니다. 괄호를 닫고 Enter 키를 누릅니다. 같은 방법으로 전화번호, 사업장 주소, 데이터도 가져옵니다.

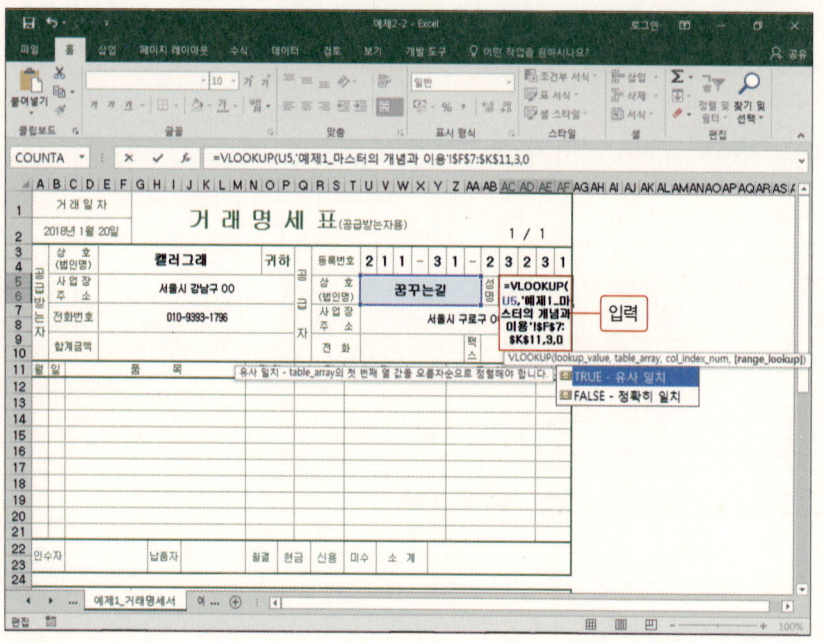

09 품목표의 각 항목을 하나씩 채우겠습니다. 먼저 거래일자를 월과 일로 분리해서 표시하기 위해 [A12]셀에 '=MONTH($A$2)', [B12]셀에 '=DAY($A$2)'를 입력하고 Enter 키를 누릅니다.

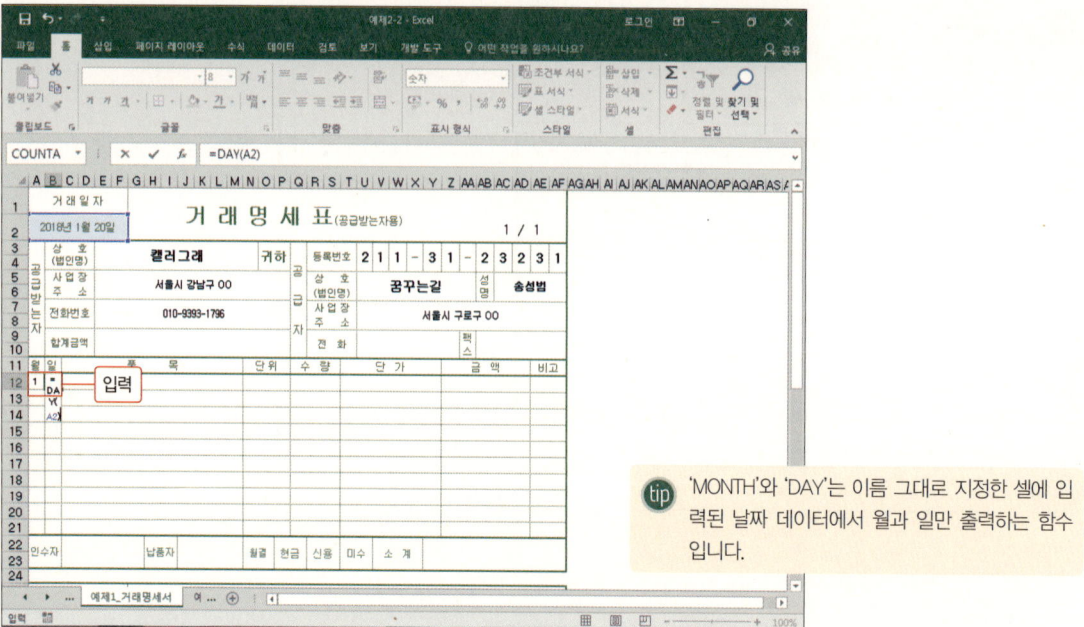

tip 'MONTH'와 'DAY'는 이름 그대로 지정한 셀에 입력된 날짜 데이터에서 월과 일만 출력하는 함수입니다.

SECTION 02 회계 양식 작성하기

10 품목을 가져오겠습니다. [C12]셀에 '='를 입력합니다. '예제1_마스터의 개념과 이용' 시트로 이동한 다음 [B7]셀을 클릭하고 Enter 키를 누릅니다. 같은 방법으로 수량과 금액도 가져옵니다.

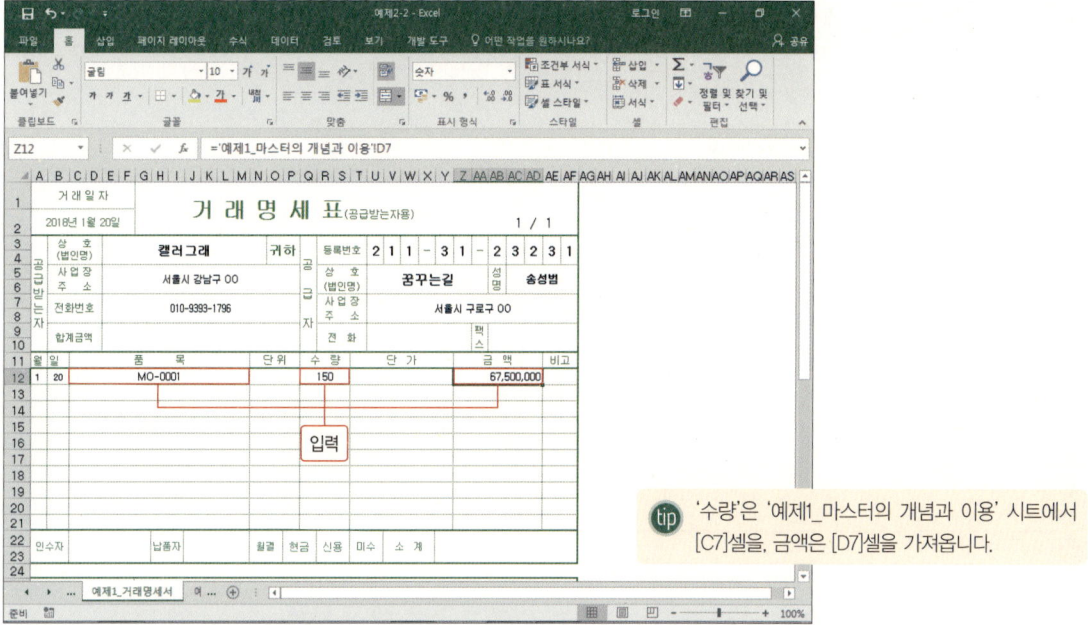

tip '수량'은 '예제1_마스터의 개념과 이용' 시트에서 [C7]셀을, 금액은 [D7]셀을 가져옵니다.

11 VLOOKUP 함수를 이용해 품목에 해당하는 단위를 가져오겠습니다. 먼저 품목([C12]셀)을 '예제1_마스터의 개념과 이용' 시트의 자재표([F1:I5] 범위)에서 찾은 다음 '단위'의 열 위치(세 번째)를 지정하면 됩니다. [N12]셀에 '=VLOOKUP(C12,'예제1_마스터의 개념과 이용'!$F$1:$I$5,3,0)'을 입력하고 Enter 키를 누릅니다. 같은 방법으로 자재표에서 네 번째 열에 있는 단가도 가져옵니다.

12 품목표의 각 항목을 드래그합니다. '예제1_마스터의 개념과 이용' 시트에 입력한 데이터가 그대로 채워지는 것을 확인할 수 있습니다.

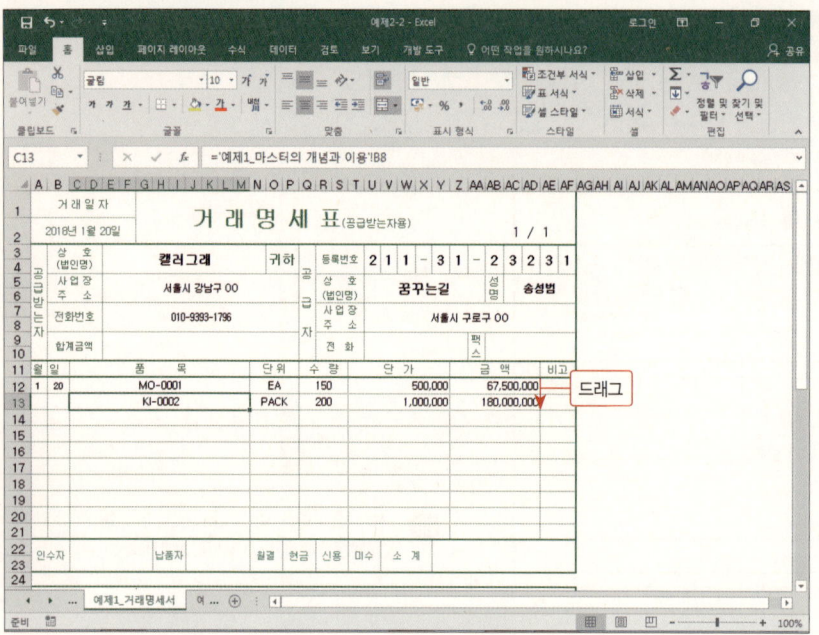

13 SUM 함수를 이용해서 소계를 구하겠습니다. [Y22]셀에 '=SUM('을 입력한 다음 [Z12:AD21] 범위를 드래그하고 Enter 키를 누릅니다.

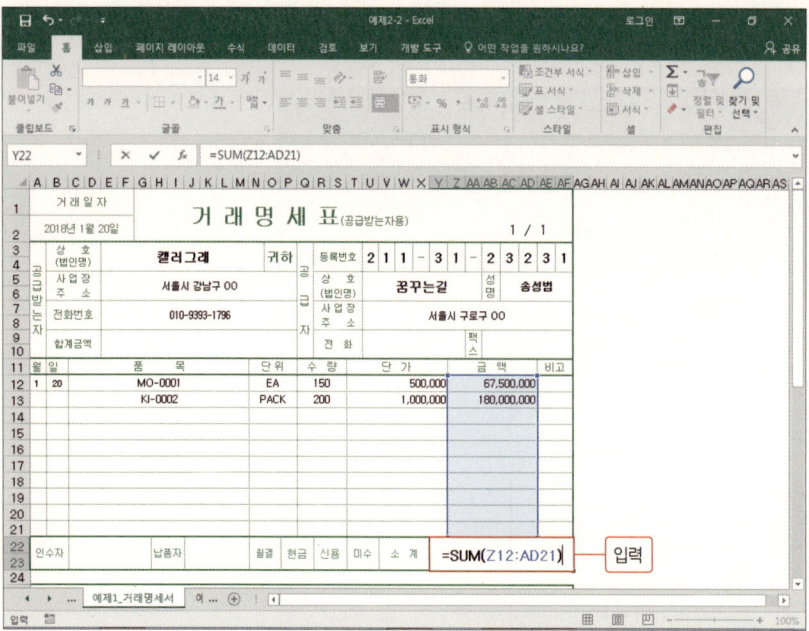

14 [Y22]셀 값을 [E9]셀과 연결하여 합계금액을 표시하겠습니다. [E9]셀에 '='을 입력한 다음 [Y22]셀을 선택하고 Enter 키를 누릅니다.

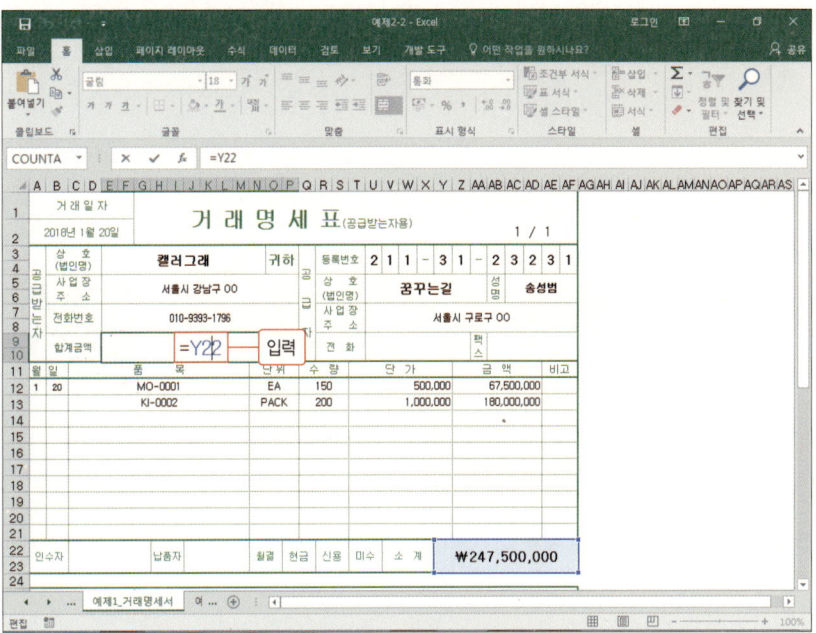

15 거래명세표가 완성되었습니다.

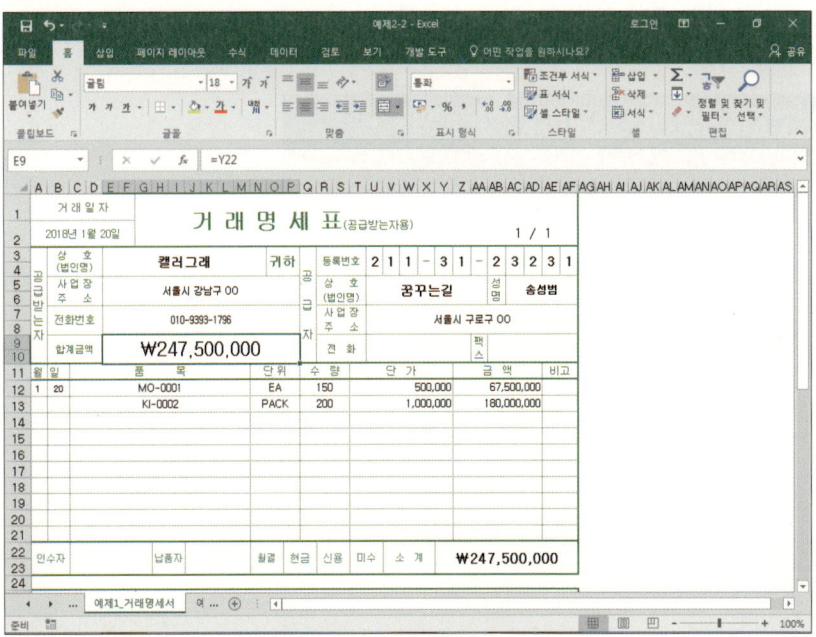

SECTION 03
물류 양식 작성하기

자재발주서를 작성하면서 ROW 함수와 COLUMN 함수, OFFSET 함수와 ADDRESS 함수, 마지막으로 INDIRECT 함수를 활용하는 방법을 배우고 절대 참조와 상대 참조 개념에 대해 알아봅니다.

중요도 4

작업 소요 시간
45분

동영상 재생 시간
34분

1 구구단 테이블 만들기 - ROW, COLUMN 함수

이미 구구단 테이블을 만들어 보았지만 여기에서는 이후에 배울 OFFSET, ADDRESS, INDIRECT 함수 기능을 이해하기 위해 구구단 테이블을 한 번 더 만든 다음 상대 참조와 절대 참조 개념을 복습하도록 하겠습니다.

{예제 파일} 03\예제2-3.xlsx   {시트} 예제1_위치 3종 함수

01 ROW 함수와 COLUMN 함수를 이용해서 구구단 테이블을 만들겠습니다. 'ROW'와 'COLUMN'은 이름 그대로 해당하는 위치의 행과 열을 출력하는 함수입니다.
[A2]셀에 '=ROW( )'를 입력하고 Enter 키를 누르면 '2'가 표시됩니다.

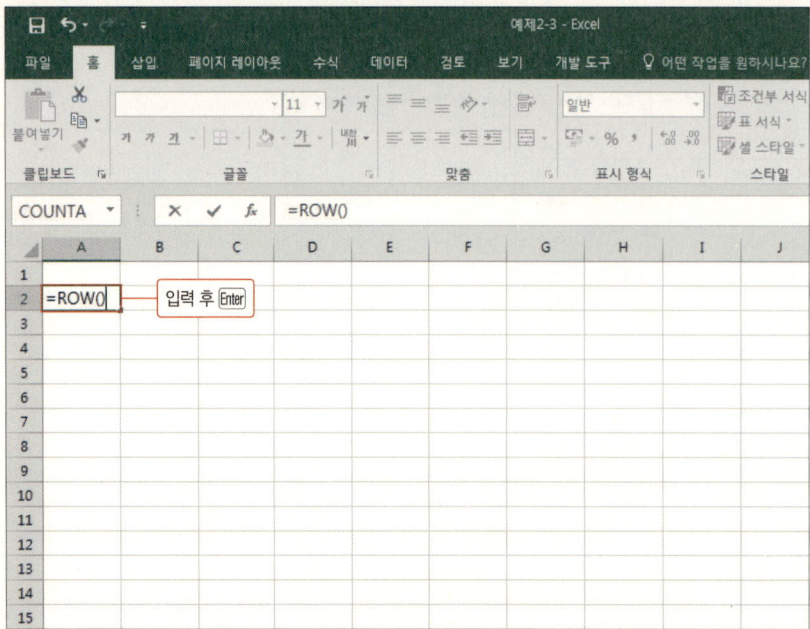

SECTION 03 물류 양식 작성하기

02 왜 '2'가 나온 걸까요? 바로 [A2]셀이 현재 시트의 두 번째 행(ROW)에 있기 때문입니다. [A2]셀을 시작 위치로 '1'부터 '9'까지 입력하기 위해 추가로 '-1'을 입력합니다. '=ROW( )-1' 이렇게요. Enter 키를 누르면 '1'이 표시됩니다.

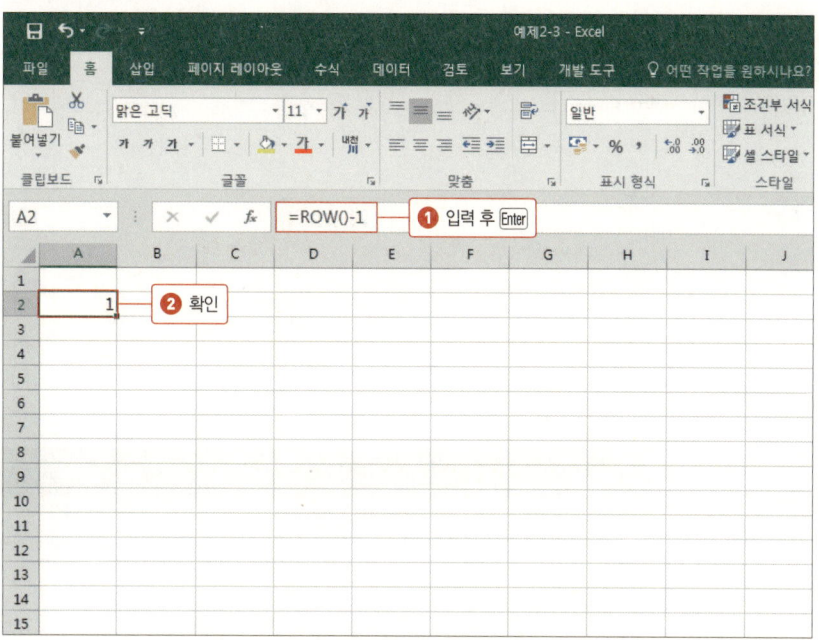

03 [A2]셀을 선택하고 오른쪽 아래 꼭짓점에 마우스 포인터를 올린 다음 십자 표시가 나오면 아래로 드래그해서 [A10]셀까지 채웁니다. '1'씩 증가하면서 자동으로 채워지는 것을 확인할 수 있습니다.

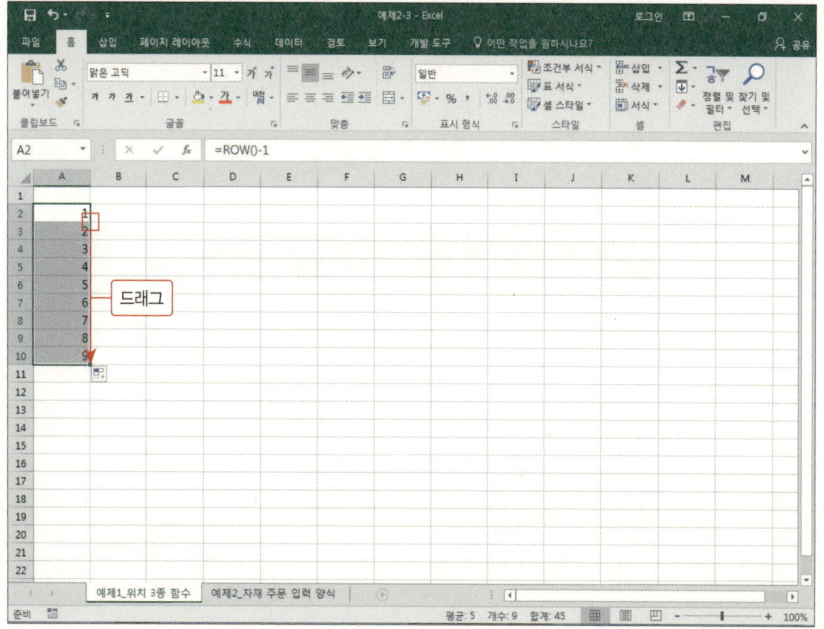

04 [B2]셀에 '=COLUMN()'을 입력하고 Enter 키를 누릅니다. [B2]셀이 현재 시트의 두 번째 열(COLUMN)에 있기 때문에 '2'가 표시됩니다.

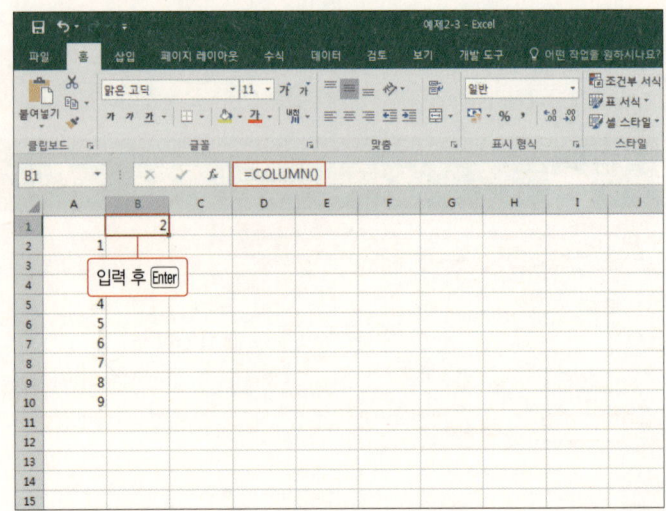

05 [B2]셀을 시작 위치로 '1'부터 '9'까지 입력하기 위해 추가로 '-1'을 입력합니다. '=COLUMN()-1' 이렇게요. Enter 키를 눌러서 '1'이 표시되면 오른쪽으로 드래그해서 [J1]셀까지 채웁니다.

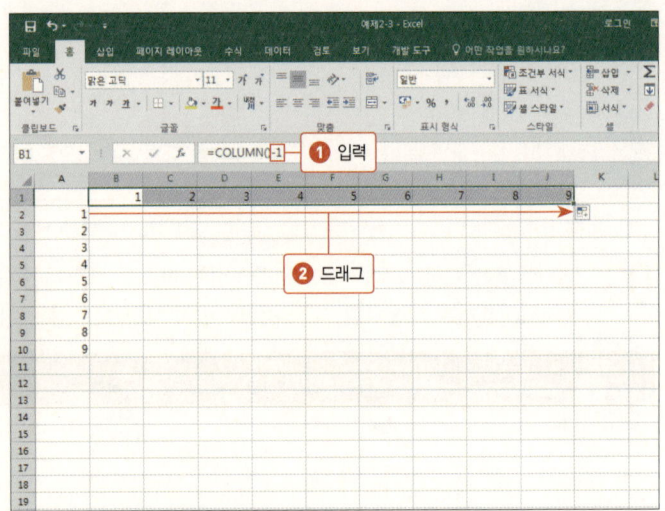

06 [B2]셀에 '1*1' 값을 표시하기 위해 '=B1*A2'를 입력한 다음 Enter 키를 누릅니다. '1'이 표시되면 [B2]셀 오른쪽 아래 꼭짓점에 마우스 포인터를 올리고 드래그하여 [J10]셀까지 채웁니다.

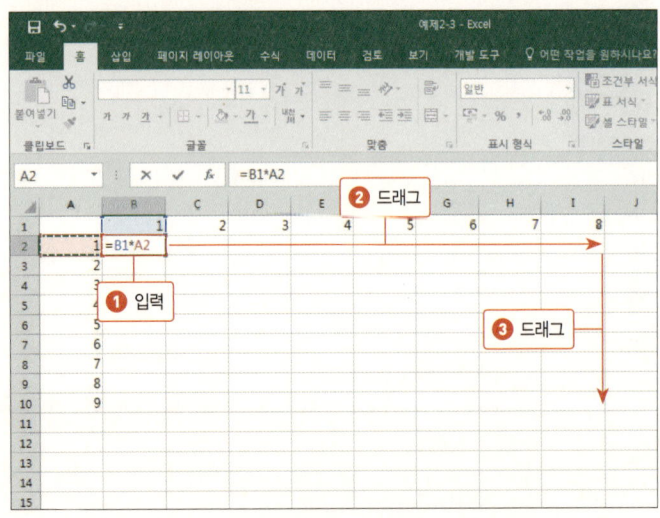

07 구구단 테이블 값이 원하는 대로 표시되지 않았습니다. 임의의 셀을 선택한 다음 수식을 살펴보면 현재 위치의 셀 바로 위에 있는 셀과 바로 오른쪽에 있는 셀을 서로 곱한 결과라는 것을 알 수 있습니다. 제대로된 값을 표시하기 위해 [B2:J10] 범위를 드래그한 다음 Delete 키를 눌러서 지웁니다.

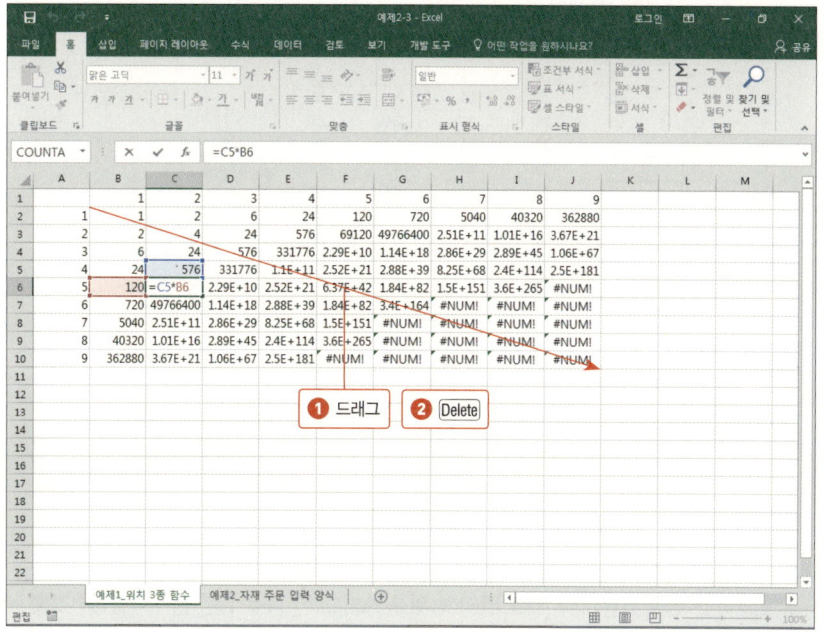

08 이전 과정에서 잘못된 결과가 나온 이유는 위치를 상대적으로 참조했기 때문입니다. 즉, 고정해야 할 값이 움직였기 때문에 이상한 결과가 나온 거죠. 드래그하여 수식을 적용할 때 수식에서 고정해야 할 행(열)을 지정하려면 앞에 '$' 기호만 붙이면 됩니다.
[B2]셀에 다시 '=B1*A2'를 입력합니다. 여기에서 고정해야 할 부분은 어디일까요? 'B1, C1, D1, E1……' 등 다른 열도 곱할 수 있어야 하기 때문에 열은 고정하면 안 되고 행만 고정해야 합니다. 그렇다면 [A2]셀은 반대로 행이 아니라 열을 고정해야겠죠? [B2]셀에 입력된 수식을 '=B$1*$A2'로 변경합니다.

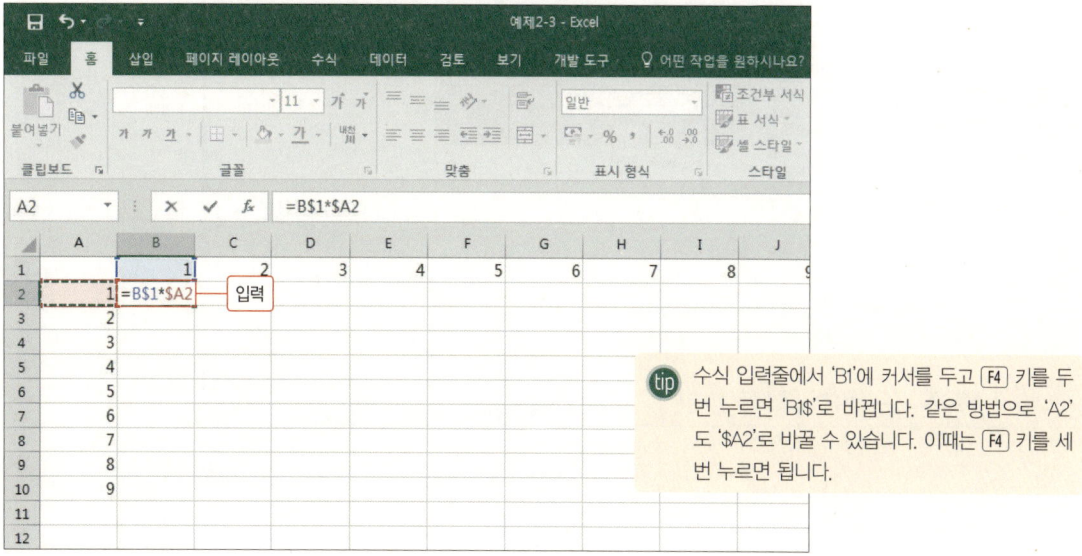

> **tip** 수식 입력줄에서 'B1'에 커서를 두고 F4 키를 두 번 누르면 'B1$'로 바뀝니다. 같은 방법으로 'A2'도 '$A2'로 바꿀 수 있습니다. 이때는 F4 키를 세 번 누르면 됩니다.

09 [B2]셀 오른쪽 아래 꼭짓점에 마우스 포인터를 올린 다음 십자 표시가 나오면 [J10]셀까지 드래그합니다. 구구단 테이블 값이 제대로 표시된 것을 확인합니다.

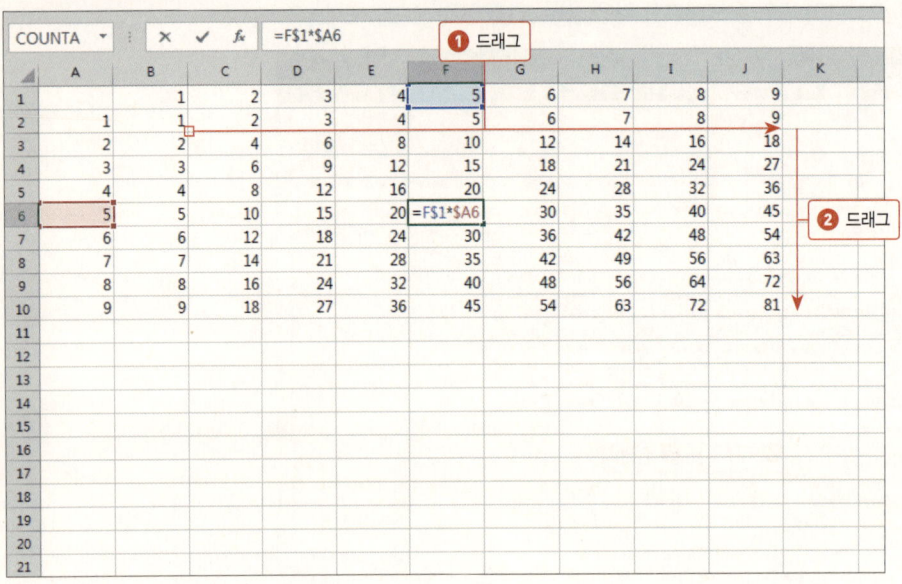

10 완성한 구구단 테이블에 테두리를 만들겠습니다. [A1:J10] 범위를 드래그한 다음 [홈] 탭 → [글꼴] 그룹 → [테두리] → [모든 테두리]를 선택합니다.

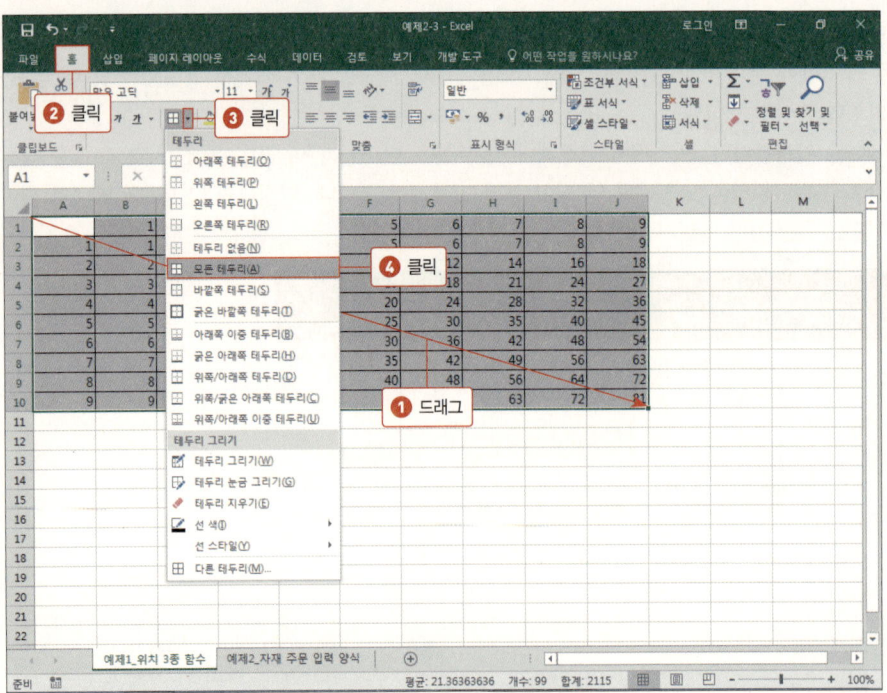

SECTION 03 물류 양식 작성하기

2 입력한 좌표 범위의 합계 구하기 - SUM, OFFSET 함수

OFFSET 함수를 이용해 특정 범위의 좌표를 구하는 방법을 알아봅니다. 여기에서는 OFFSET 함수의 결과가 잘 나왔는지 확인하기 위해 SUM 함수로 좌표 범위에 있는 데이터의 합계를 구할 것입니다.

{예제 파일} 03\예제2-3.xlsx   {시트} 예제1_위치 3종 함수

01 구구단 테이블에서 특정 좌표 범위의 합계를 구하는 수식을 입력해 보겠습니다. '예제1_위치 3종 함수 보조' 시트에서 [A1:E4] 범위를 드래그한 다음 복사하고 '예제1_위치 3종 함수' 시트의 [C12]셀에 붙여넣습니다.

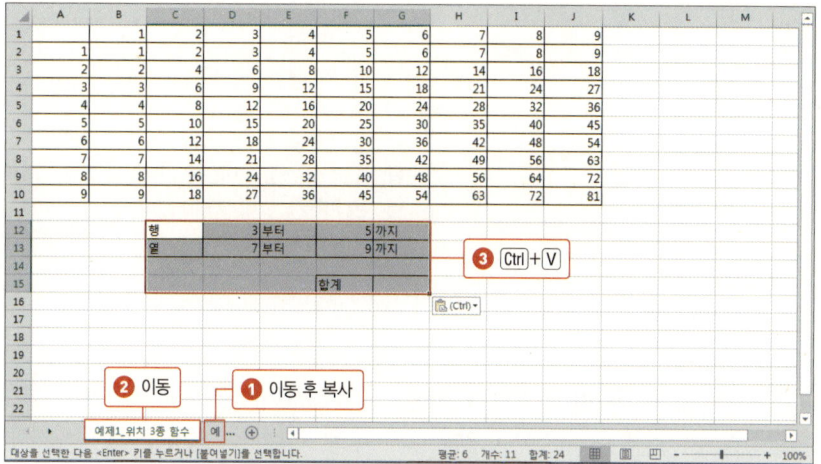

02 [C12:G13] 범위에는 행과 열 번호가 입력되어 있습니다. [A1]셀을 시작 위치로 가정하고 '3'행 '7'열 만큼 이동하면 [H4]셀, '5'행 '9'열만큼 이동하면 [J6]셀입니다. 이 범위의 합계를 구하려면 단순하게 '=SUM(H4:J6)'을 입력해도 되지만 [C12:G13] 범위에 입력한 행과 열의 값이 바뀔 때마다 자동으로 인식해서 합계를 구할 수 있도록 OFFSET 함수를 SUM 함수의 인수로 입력하겠습니다.

03 [G15]셀에 '=SUM(OFFSET('을 입력하면 커서 아래에 'OFFSET(reference, rows, cols, [height], [width])'이 표시됩니다. 'OFFSET'은 시작 위치(reference)에서 몇 행(rows) 몇 열(cols)만큼 떨어진 위치로 이동한 다음 해당 셀을 기준으로 높이(height) 몇 칸, 너비(width) 몇 칸 범위에 입력된 값을 모두 출력하는 함수입니다.

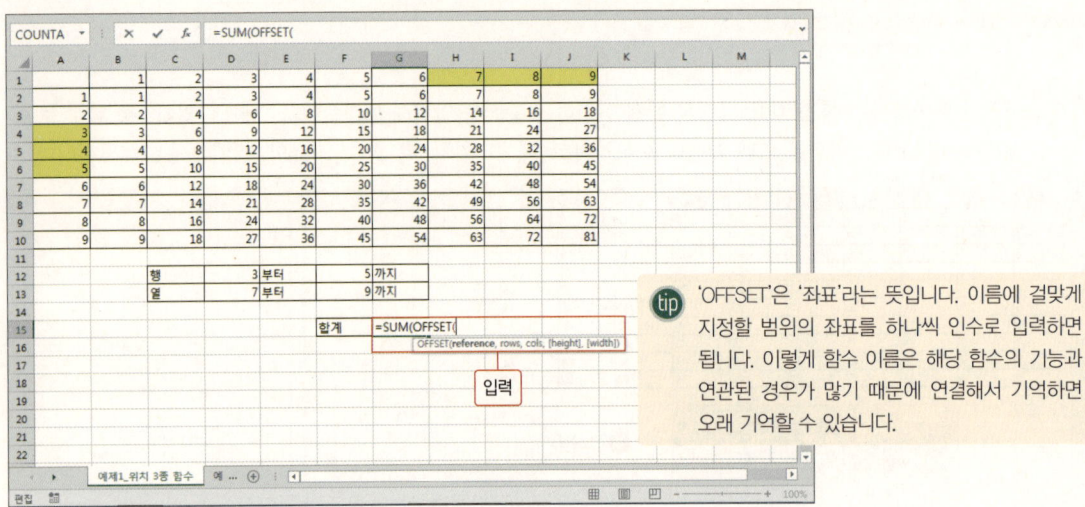

tip 'OFFSET'은 '좌표'라는 뜻입니다. 이름에 걸맞게 지정할 범위의 좌표를 하나씩 인수로 입력하면 됩니다. 이렇게 함수 이름은 해당 함수의 기능과 연관된 경우가 많기 때문에 연결해서 기억하면 오래 기억할 수 있습니다.

04 [A1]셀을 시작 위치로 지정합니다. [A1]셀에서 '3'행 '7'열만큼 떨어진 [H4]셀을 기준으로 높이 '3', 너비 '3'인 범위가 [H4:J6]이므로 차례로 OFFSET 함수 인수로 입력합니다. 이때 [C12:G13] 범위에 입력한 값이 바뀔 때마다 합계를 자동으로 구하기 위해 숫자가 아닌 셀로 입력하면 최종 수식은 '=SUM(OFFSET(A1,D12,D13,F12-D12+1,F13-D13+1))'입니다.

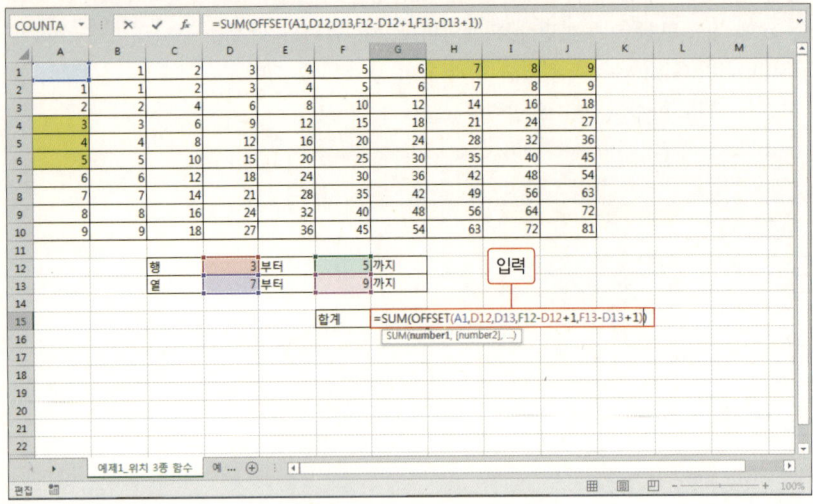

05 Enter 키를 누르면 지정한 범위에 입력된 값의 합계가 표시됩니다. [C12:G13] 범위에서 행과 열 값을 바꿔 보면서 합계가 잘 출력되는지 확인합니다.

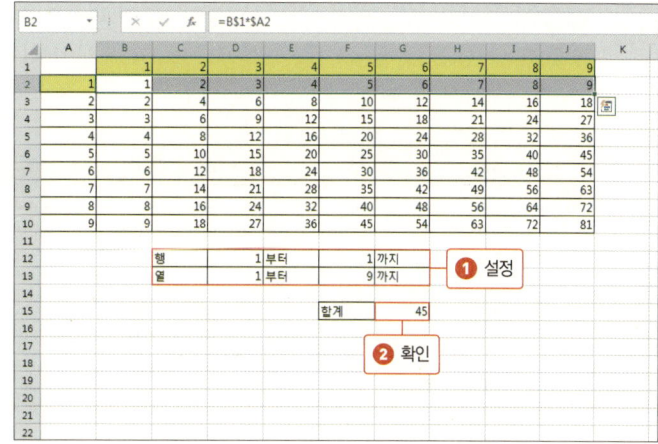

3 특정 주소에 있는 셀 출력하기, 특정 셀의 값 출력하기 - ADDRESS, INDIRECT 함수

ADDRESS 함수는 지정한 위치(행/열)에 해당하는 셀의 주소를 출력하고 INDRIECT 함수는 해당 위치의 셀 값을 간접적으로 알려 줍니다. 실무에서 이 두 함수를 활용하여 동적 참조하는 경우가 많습니다. 예제를 통해 알아봅니다.

{예제 파일} 03\예제2-3.xlsx {시트} 예제1_위치 3종 함수

01 ADDRESS 함수와 INDIRECT 함수를 이용해 특정 주소에 있는 셀을 찾은 다음 해당 셀이 가지고 있는 값을 표시하겠습니다. 'ADDRESS'는 행 번호와 열 번호를 차례로 입력하면 해당 셀 주소를 텍스트 형태로 셀을 출력하는 함수입니다. [D14]셀에 '=ADDRESS(2,2)'를 입력하고 Enter 키를 누릅니다.

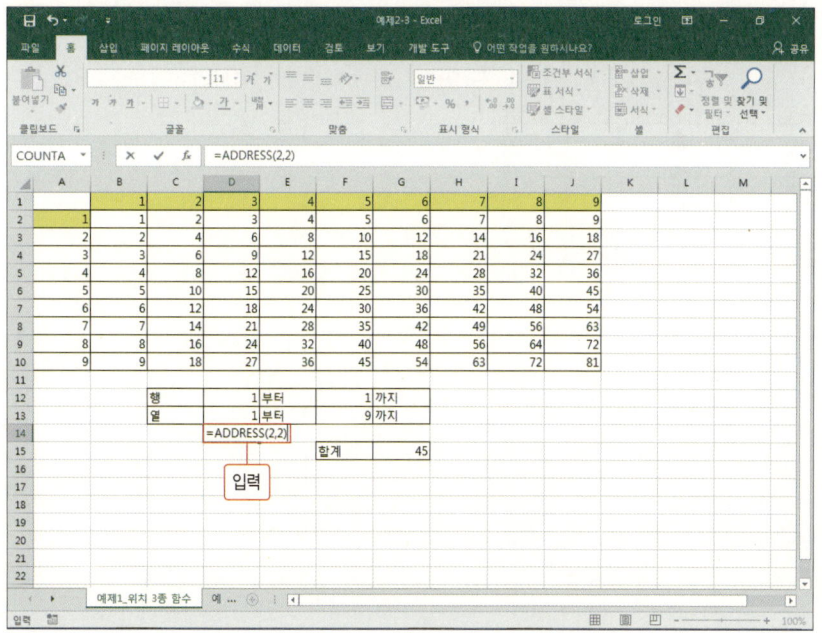

02 '$B$2'가 표시됩니다. 현재 시트에서 '2'행 '2'열에 위치하는 셀이 [B2]셀이기 때문이죠. 수식을 조금 바꿔 보겠습니다. [D14]셀에 '=ADDRESS(D12+1,D13+1)'을 입력한 다음 Enter 키를 누릅니다.

03 같은 값인 '$B$2'가 표시됩니다. [D12]셀과 [D13]셀에 '1'이 입력된 상태이기 때문에 'D12+1'과 'D13+1'을 각각 '2'로 인식한 것이죠. 마찬가지로 [F14]셀에 '=ADDRESS(F12+1,F13+1)'을 입력한 다음 Enter 키를 누르면 '$J$2'가 표시됩니다.

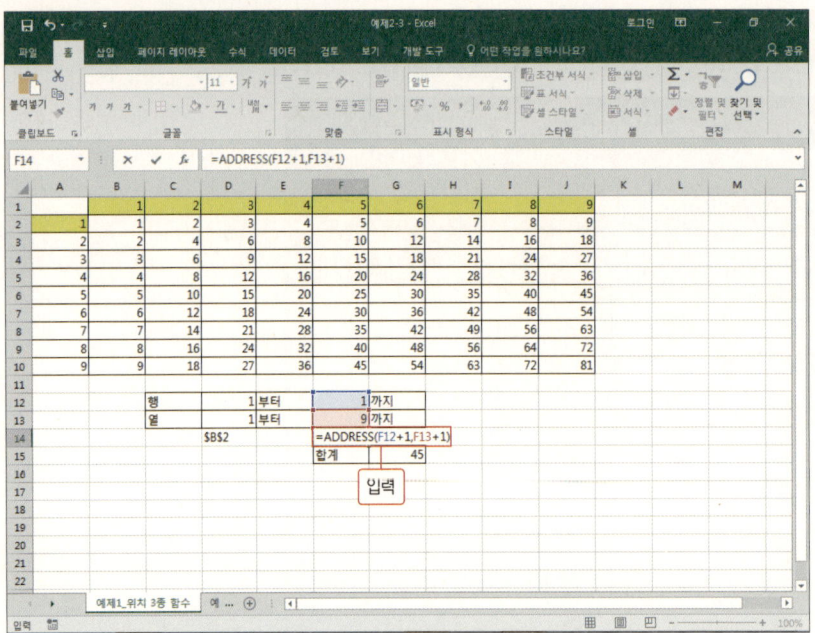

04 [C12:G13] 범위에 입력한 값에 따라 [F14]셀과 [D14]셀에 표시된 주소도 바뀝니다. 이 주소에 해당하는 셀에 입력된 값을 INDIRECT 함수를 이용하여 표시하겠습니다.

[E14]셀에 '=INDIRECT('를 입력하면 커서 아래에 '=INDIRECT(ref_text, [a1])'이 표시됩니다. 'INDIRECT'는 지정한 주소(ref_text)를 참조하여 해당 셀이 가지고 있는 값을 출력하는 함수입니다. 이때 인수로 입력받는 주소는 텍스트 형태여야 합니다. [D14]셀을 클릭하고 Enter 키를 누릅니다.

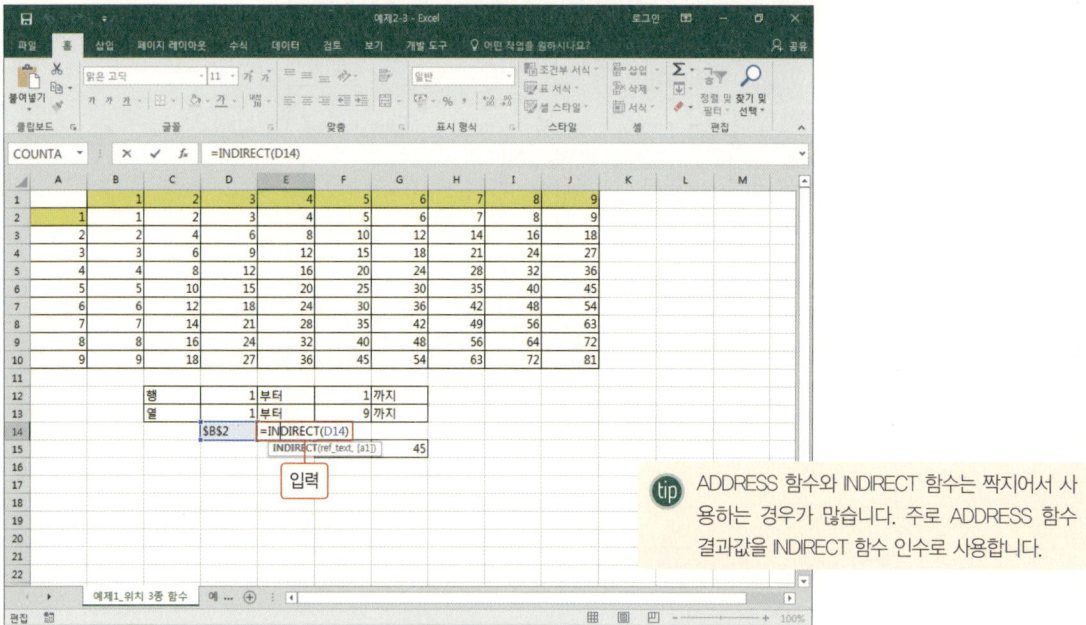

tip ADDRESS 함수와 INDIRECT 함수는 짝지어서 사용하는 경우가 많습니다. 주로 ADDRESS 함수 결과값을 INDIRECT 함수 인수로 사용합니다.

05 [B2]셀 값인 '1'이 표시됩니다. 이어서 [G14]셀에 '=INDIRECT(F14)'를 입력하고 Enter 키를 누릅니다. [J2]셀 값인 '9'가 나올 것을 예상할 수 있겠죠?

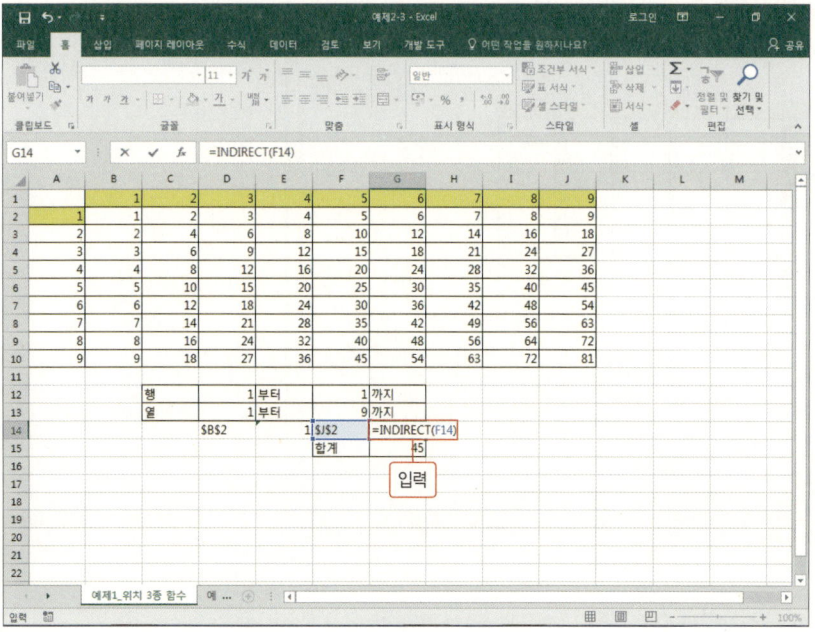

06 INDIRECT 함수로 구한 값을 이용해 [B2:J2] 범위의 합계를 표시하겠습니다. [G16]셀을 클릭하고 '=SUM(INDIRECT('를 입력합니다. [B2]셀 값을 나타내는 [D14]셀을 클릭하고 '&' 연산자를 이용해서 콜론(:)을 연결한 다음 [J2]셀 값을 나타내는 [F14]셀을 클릭하고 Enter 키를 누릅니다. 최종 수식은 '=SUM(INDIRECT(D14&":"&F14))'입니다.

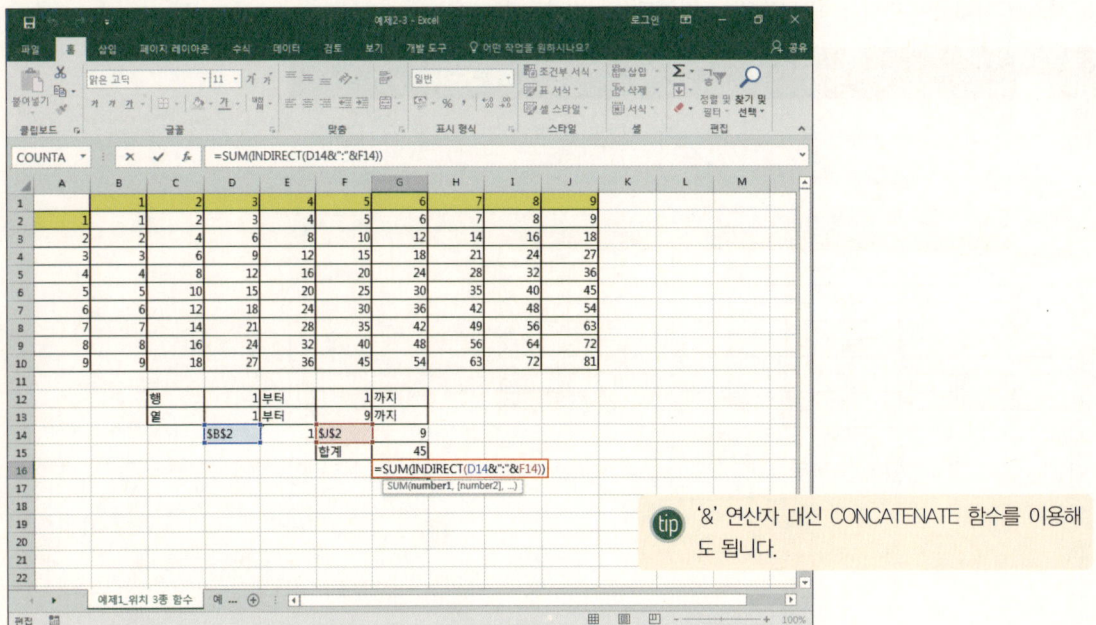

tip '&' 연산자 대신 CONCATENATE 함수를 이용해도 됩니다.

07 [B2:J2] 범위의 합계가 표시된 것을 확인합니다.
　여기까지 ROW와 COLUMN 함수, 절대 참조와 상대 참조 개념, OFFSET과 ADDRESS, 그리고 INDIRECT 함수까지 구구단 테이블을 만들고 합계를 구하면서 간단하게 다뤄 봤습니다. 이 함수들을 실무에서 어떻게 활용하는지 자재발주서를 작성하면서 알아보겠습니다.

SECTION 03 물류 양식 작성하기

4 값이 입력된 경우에만 순번 표시하기 - ROW, COUNTA, IF 함수

ROW 함수를 이용하면 각종 양식에 순번을 표시할 수 있습니다. 여기서는 COUNTA, IF 함수를 같이 이용해 값이 입력된 경우에만 순번을 표시하는 방법을 알아봅니다.

{예제 파일} 03\예제2-3.xlsx   {시트} 예제2_자재 주문 입력 양식

01 자재발주서에 순번을 표시하겠습니다.
[A6]셀에 '=ROW( )'를 입력하고 Enter 키를 누릅니다.

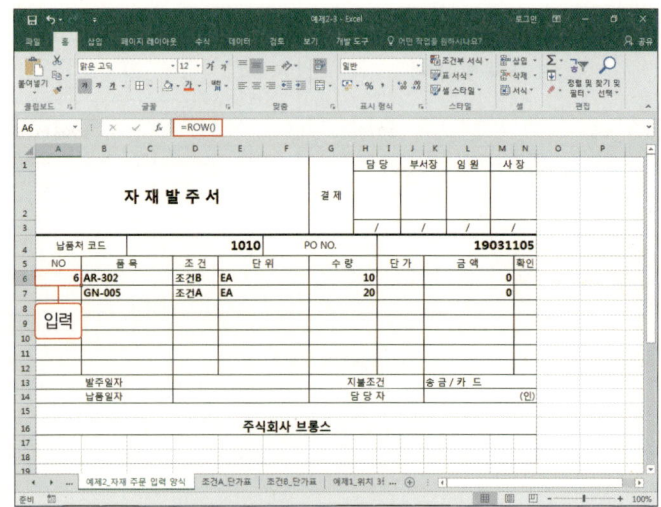

02 '6'이 표시되면 [A6]셀을 순번의 시작 위치로 지정하기 위해 추가로 '-5'를 입력합니다. '=ROW( )-5' 이렇게요. Enter 키를 누르면 '1'이 표시됩니다.

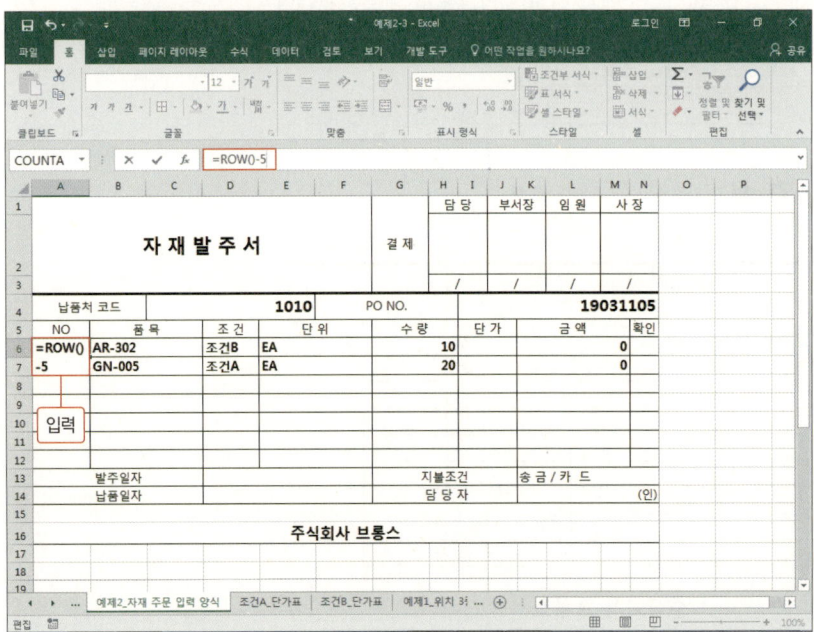

185

03 [A6]셀 오른쪽 아래 꼭짓점에 마우스 포인터를 올린 다음 십자 표시가 나오면 [A12]셀까지 드래그합니다. 주문 정보를 입력하지 않았는데도 순번이 표시되는 것을 확인할 수 있습니다.

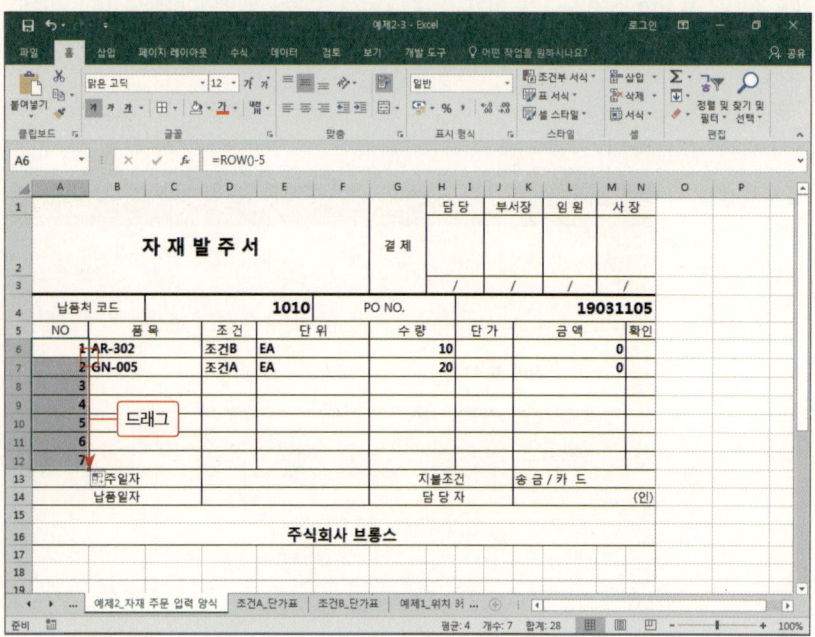

04 COUNTA 함수와 IF 함수를 이용하여 [B6:N6] 범위에 값이 입력된 경우에만 순번이 표시되도록 하겠습니다. 'COUNTA'는 지정한 범위에서 비어 있지 않은 셀의 개수를 구하는 함수였죠? [B6:N6] 범위에서 비어 있지 않은 셀의 개수가 '0'보다 크면 순번을 표시하고 아니면 공백을 표시하도록 IF 함수의 조건을 지정합니다. [A6]셀에 '=IF(COUNTA(B6:N6)>0,ROW( )-5,"")'를 입력한 다음 Enter 키를 누릅니다.

186 Part 3 실무 데이터 입력하기

05 [A6]셀을 선택하고 오른쪽 아래 꼭짓점에 마우스 포인터를 올린 다음 십자 표시가 나오면 [A12]셀까지 드래그합니다. 순번이 데이터가 입력된 두 번째 행까지만 표시됩니다.

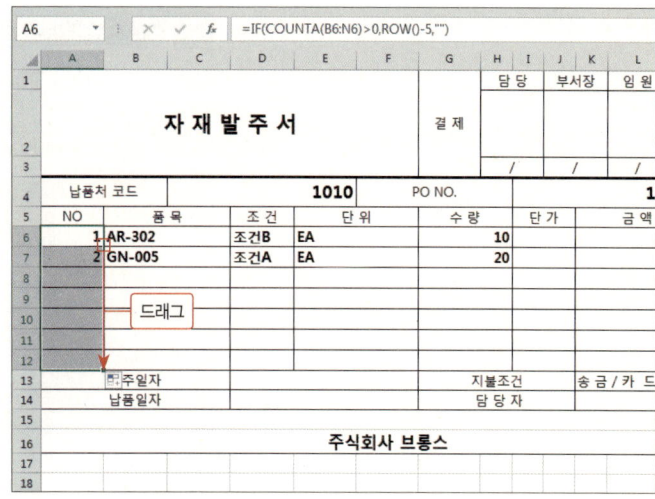

5 조건에 해당하는 단가 가져오기 1 – INDIRECT, VLOOKUP 함수

INDIRECT 함수와 VLOOKUP 함수를 이용해 조건에 해당하는 단가를 가져온 다음 해당하는 단가가 없을 때 IFERROR 함수로 오류 메시지가 아닌 공백을 표시하는 방법을 알아봅니다.

{예제 파일} 03\예제2-3.xlsx   **{시트}** 예제2_자재 주문 입력 양식, 조건A_단가표, 조건B_단가표

01 '조건A_단가표' 시트와 '조건B_단가표' 시트를 열면 거래처별, 자재별로 단가가 입력된 것을 확인할 수 있습니다. 각 시트에서 단가를 '예제2_자재 주문 입력 양식' 시트로 가져오겠습니다.

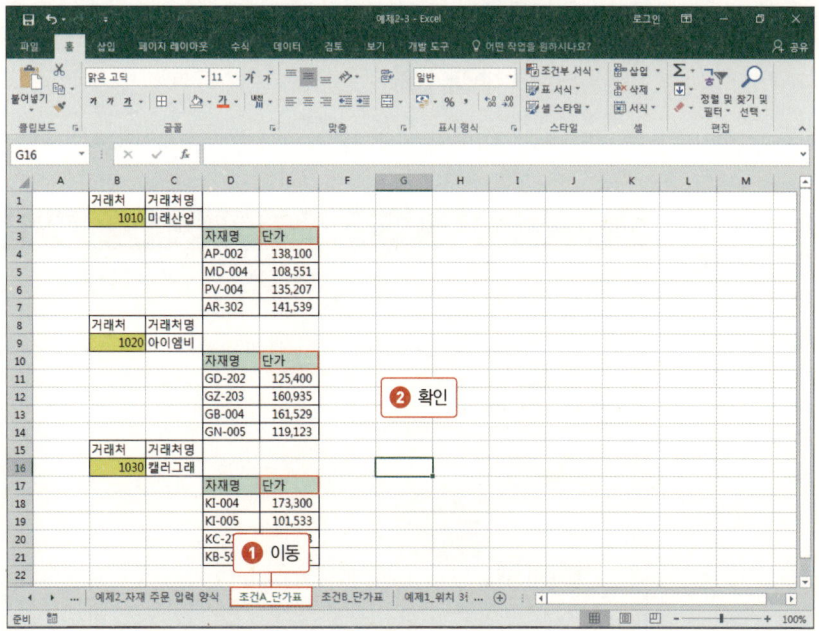

02 자재별 단가표에 이름을 정의하겠습니다. '조건A_단가표' 시트에서 [D4:E7] 범위를 드래그한 다음 이름 상자에 '조건A1010'을 입력하고 Enter 키를 누릅니다.

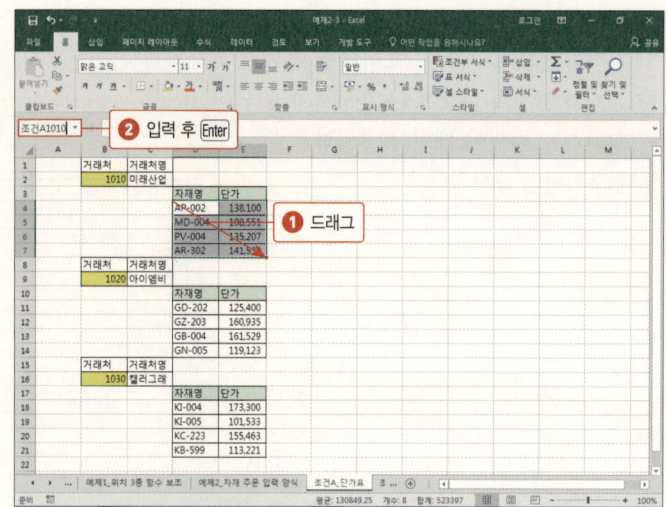

03 같은 방법으로 [D11:E14] 범위는 '조건A1020'으로, [D18:E21] 범위는 '조건A1030'으로 이름을 지정합니다.

04 '조건B_단가표' 시트로 이동한 다음 [D4:E7] 범위와 [D11:E14] 범위, [D18:E21] 범위를 각각 '조건B1010', '조건B1020', '조건B1030'으로 이름을 지정합니다.

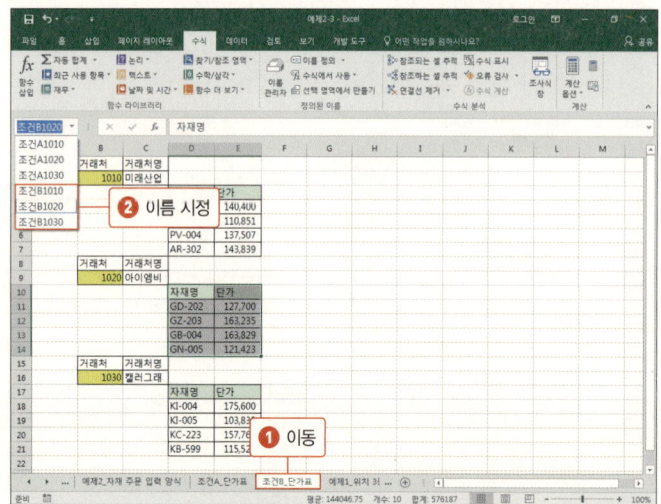

05 '예제2_자재 주문 입력 양식' 시트로 이동합니다. 이제 VLOOKUP 함수를 이용하여 단가를 가져오겠습니다. [I6]셀에 '=VLOOKUP('을 입력한 다음 검색할 값으로 [B6]셀을 클릭합니다.

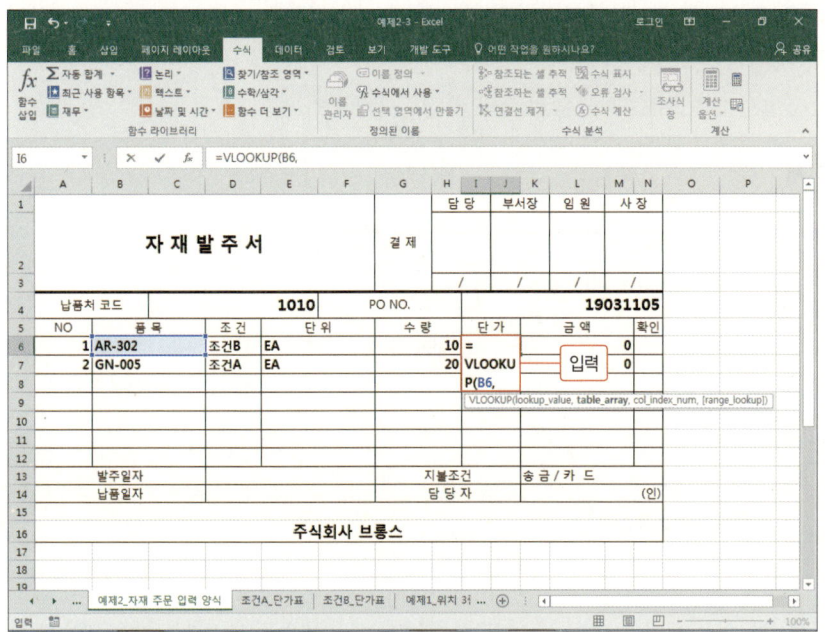

06 [B6]셀에 입력된 품목 'AR-302'는 납품처 코드가 '1010', 조건이 '조건B'이므로 조건B_단가표' 시트의 [D4:E7] 범위에서 단가를 가져와야 합니다. [D4:E7] 범위의 이름을 '조건B1010'으로 지정했죠? '조건B'가 입력된 [D6]셀과 '1010'이 입력된 [C4]셀을 연산자 '&'로 연결해서 VLOOKUP 함수의 검색 범위로 지정하고 쉼표(,)를 찍습니다. 지정한 범위에서 '단가' 필드는 두 번째 열이므로 열 번호는 '2', 정확한 값을 찾기 위해 '0'을 입력하고 Enter 키를 누릅니다.

07 '#VALUE!'가 표시됩니다. 엑셀이 검색 범위인 'D6&$C$4'를 '문자'로 인식했기 때문입니다. 실제 주소나 범위로 인식해야 하는데 말이죠. 이럴 때 바로 INDIRECT 함수를 사용하면 됩니다. [I6]셀에 입력한 수식에서 'D6&$C$4'를 INDIRECT 함수로 감싸 줍니다. 'INDIRECT(D6&$C$4)' 이렇게요.

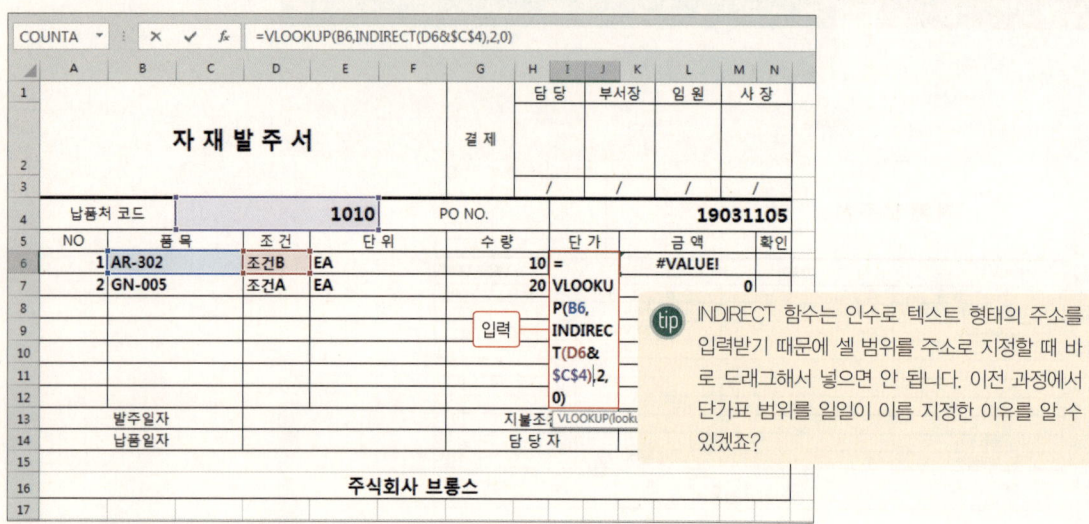

tip INDIRECT 함수는 인수로 텍스트 형태의 주소를 입력받기 때문에 셀 범위를 주소로 지정할 때 바로 드래그해서 넣으면 안 됩니다. 이전 과정에서 단가표 범위를 일일이 이름 지정한 이유를 알 수 있겠죠?

08 Enter 키를 누르면 품목에 해당하는 단가가 제대로 표시됩니다. [I6:K12] 범위를 드래그한 다음 [홈] 탭 → [표시 형식] 그룹 → [쉼표 스타일(,)]을 클릭해 천 단위마다 쉼표(,)로 구분합니다.

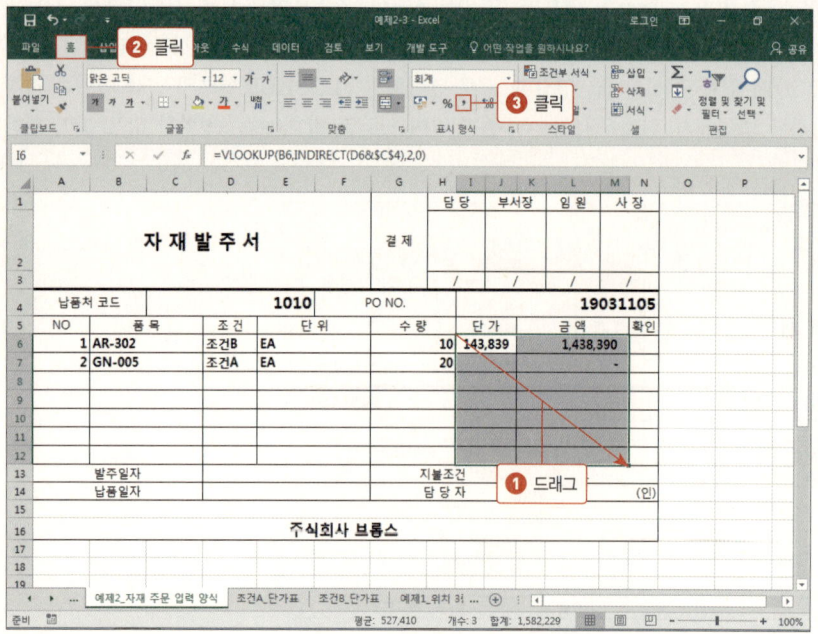

SECTION 03 물류 양식 작성하기

09 [I6]셀을 선택하고 오른쪽 아래 꼭짓점에 마우스 포인터를 올린 다음 [I7]셀까지 드래그하면 다시 오류가 발생합니다. [B7]셀에 입력된 품목 'GN-005'는 VLOOKUP 함수의 검색 범위에서 찾을 수 없기 때문이죠.

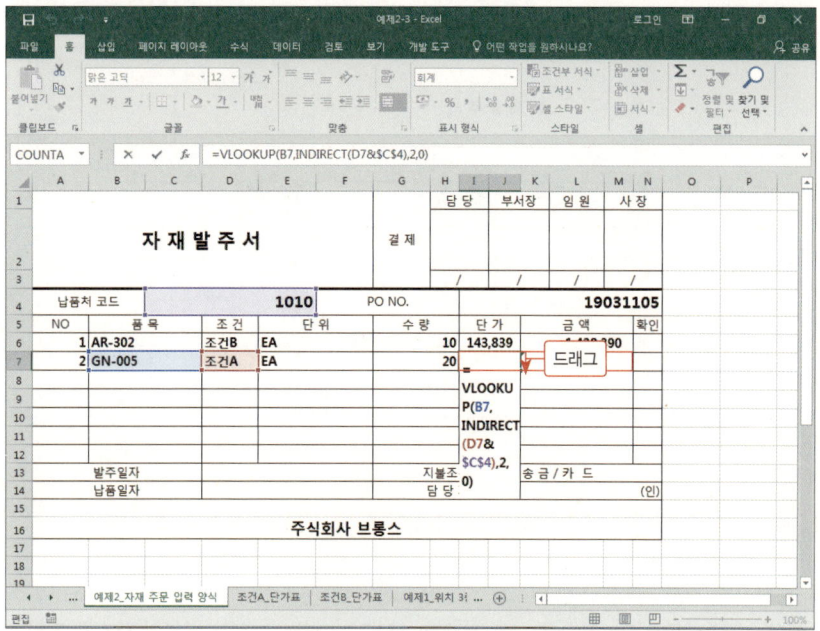

10 지정한 범위에서 단가를 찾을 수 없으면 '0'을 표시하겠습니다.

[I6]셀에 입력한 수식을 'IFERROR('로 감싸면 커서 아래에 'IFERROR(value, value_if_error)'가 표시됩니다. 'IFERROR'는 오류가 발생하지 않으면 첫 번째 값(value)을, 오류가 발생하면 두 번째 값(value_if_error)을 출력하는 함수입니다. 쉼표(,)를 입력하고 '0'을 큰따옴표(" ")로 감싸서 입력한 다음 괄호를 닫습니다. 최종 수식은 '=IFERROR((VLOOKUP(B6,INDIRECT(D6&$C$4),2,0)),"0")'입니다.

11 Enter 키를 누른 다음 [I6]셀을 선택하고 오른쪽 아래 꼭짓점에 마우스 포인터를 올린 다음 [I7]셀까지 드래그하면 깔끔하게 '0'이 표시됩니다.

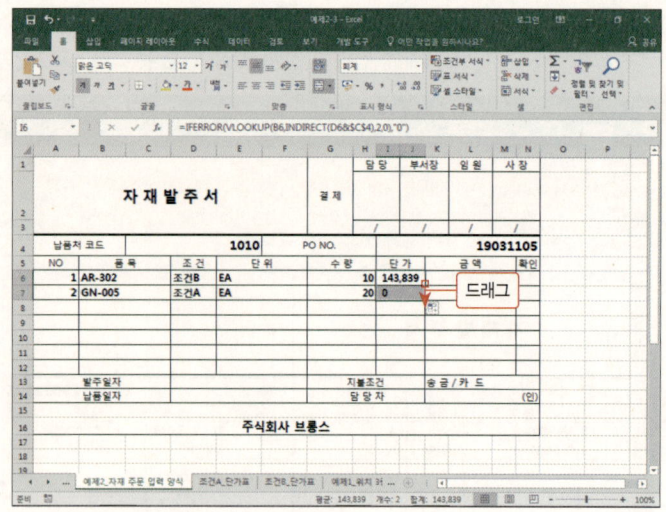

6 조건에 해당하는 단가 가져오기 2 - ADDRESS, MATCH, OFFSET 함수

INDIRECT 함수로 조건에 해당하는 단가를 가져오려면 조건 범위를 일일이 이름 정의해야 한다는 단점이 있기 때문에 조건이 많을 경우 이러한 방법은 매우 비효율적입니다. 여기서는 ADDRESS, MATCH 함수로 조건 범위의 주소를 구하고 OFFSET 함수 인수로 활용하여 단가를 가져오는 방법을 알아봅니다.

{예제 파일} 03\예제2-3.xlsx   {시트} 예제2_자재 주문 입력 양식

01 이전 예제에서 INDIRECT 함수로 단가표 범위를 지정한 다음 VLOOKUP 함수로 단가를 가져왔습니다. 이번에는 ADDRES, MATCH 함수로 납품처 코드가 입력된 셀의 주소를 구한 다음 OFFSET 함수 시작 위치로 지정하여 VLOOKUP 함수 검색 범위를 다시 지정하겠습니다.
[C4]셀 목록 아이콘(▼)을 클릭하고 납품처 코드 목록에서 '1020'을 선택합니다.

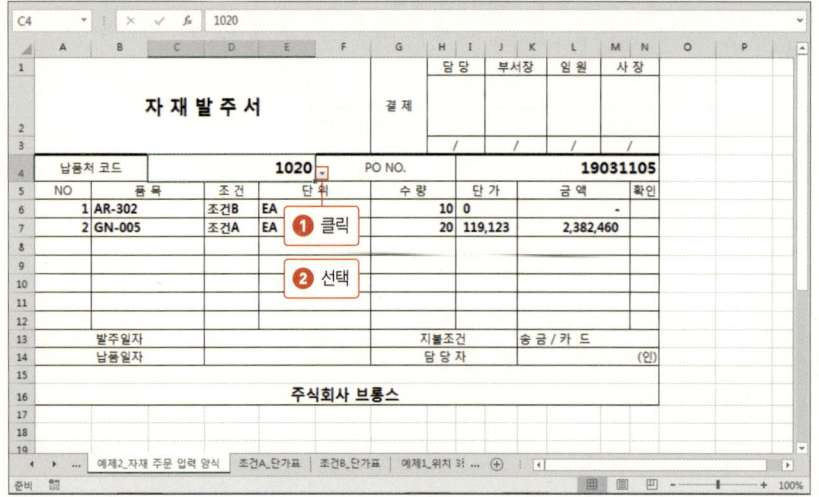

02 '조건A_단가표' 시트로 이동합니다. 납품처 코드인 '1020'은 [B9]셀에 입력되어 있습니다. 이 코드에 해당하는 단가표는 어디에서 확인할 수 있나요? 바로 [D10:E14] 범위입니다. [B9]셀을 시작 위치로 가정하면 '1'행 '2'열만큼 떨어진 [D10]셀을 기준으로 높이 '5', 너비 '2'인 범위가 [D10:E14]라는 것을 알 수 있습니다. 잘 기억해 두고 넘어갑니다.

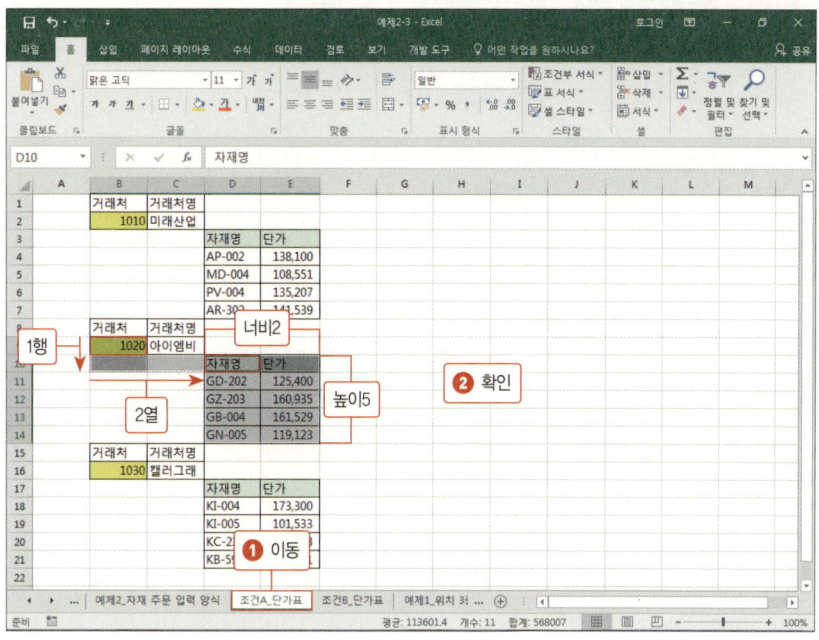

03 '예제2_자재 주문 입력 양식' 시트로 이동한 다음 [I7]셀을 선택합니다. 입력된 수식에서 검색 범위인 'INDIRECT(D6&$C$4)'를 드래그하고 Delete 키를 눌러 지웁니다. 이제 이 자리에 넣을 수식을 작성해 보겠습니다.

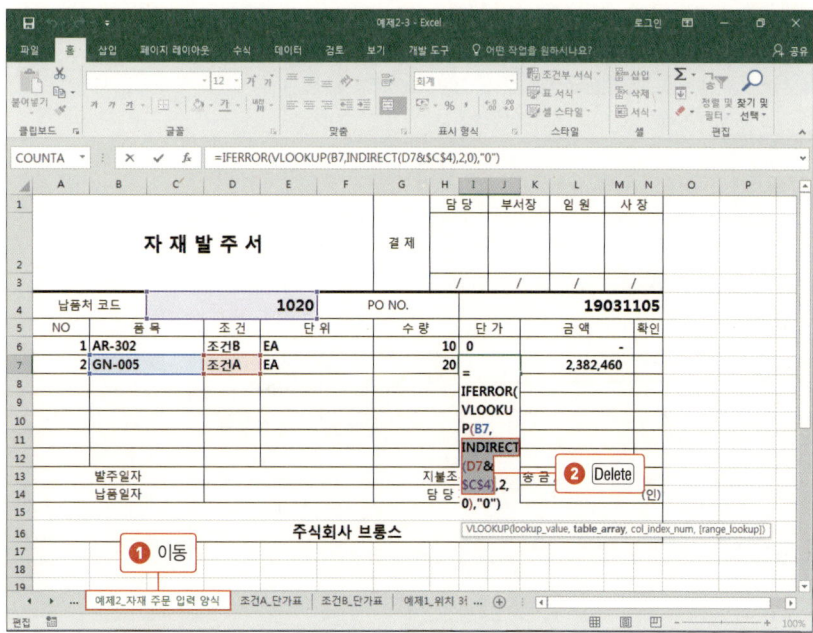

04 '조건A_단가표' 시트로 이동합니다. 거래처 코드가 입력된 셀을 찾아보면 [B9]셀 외에도 [B2]셀, [B16]셀이 있습니다. 이 셀들의 주소를 구할 것입니다.
[B9]셀 주소를 구하기 위해 [G10]셀에 '=ADDRESS(9,2)'를 입력하고 Enter 키를 누릅니다. '$B$9'가 표시됩니다.

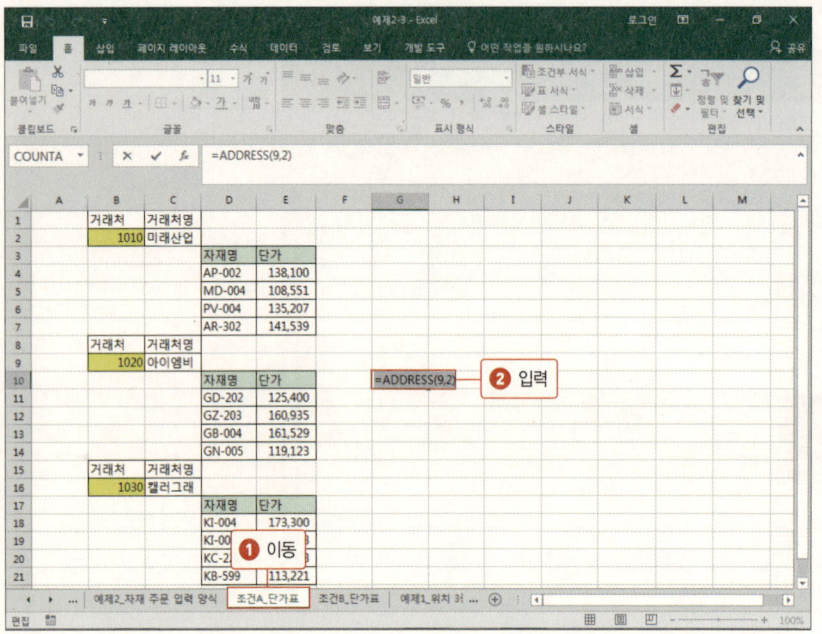

05 거래처 코드가 입력된 셀은 모두 'B열'이라는 공통점이 있기 때문에 '=ADDRESS(9,2)'에서 '9'만 바꿔서 입력하겠습니다. 몇 번째 행(열)인지 확인하는 작업은 MATCH 함수로 할 수 있다고 했었죠? ADDRESS 함수의 인수로 'MATCH('를 입력한 다음 검색할 값으로 '1020'을 입력하고 B열 머리를 클릭해 B열 전체를 검색 범위로 지정합니다. 정확한 값을 찾기 위해 '0'을 입력하고 괄호를 닫습니다.

tip 'MATCH(1020,B:B,0)'에서 '1020'을 '1010' 또는 '1030'으로 바꾸면 납품처 코드가 '1010'이나 '1030'일 때도 단가를 불러올 수 있습니다.

SECTION 03 물류 양식 작성하기

06 '조건B_단가표' 시트의 거래처 코드와 구분하기 위해 '=' 뒤에 커서를 두고 현재 시트 이름을 입력한 다음 큰 따옴표로 묶고 '&' 연산자로 연결합니다. 전체식은 '="조건A_단가표!"&ADDRESS(MATCH(1020,B:B,0),2)'입니다.

> 버전 식 안에 커서를 두고 다른 시트 이름을 클릭한 다음 현재 시트 이름을 클릭하면 현재 시트 이름을 입력할 수 있습니다.

07 지금까지 [G10]셀에 입력한 수식은 하나의 주소를 표현한 '문자'입니다. 실제 셀의 '주소'로 바꾸기 위해 INDIRECT 함수로 감싸 줍니다. 'INDIRECT("조건A_단가표!"&ADDRESS(MATCH(1020,B:B,0),2))' 이렇게요.

195

08 Enter 키를 누르면 [B9]셀 값이 제대로 표시됩니다.

```
G10    fx  =INDIRECT("조건A_단가표!
               "&ADDRESS(MATCH(1020,B:B,0),2))
```

	A	B	C	D	E	F	G	H	I	J	K
1		거래처	거래처명								
2		1010	미래산업								
3				자재명	단가						
4				AP-002	138,100						
5				MD-004	108,551						
6				PV-004	135,207						
7				AR-302	141,539						
8		거래처	거래처명								
9		1020	아이엠비								
10				자재명	단가		1020				
11				GD-202	125,400						
12				GZ-203	160,935		확인				
13				GB-004	161,529						
14				GN-005	119,123						
15		거래처	거래처명								
16		1030	캘러그래								
17				자재명	단가						
18				KI-004	173,300						
19				KI-005	101,533						
20				KC-223	155,463						

09 시작 위치를 구했으니 OFFSET 함수로 [D10:E14] 범위 좌표를 지정하겠습니다. OFFSET 함수만 사용하면 결과가 제대로 나왔는지 바로 확인할 수 없기 때문에 SUM 함수를 같이 입력합니다. [G10]셀에 입력된 수식에서 앞부분을 '=SUM(OFFSET('으로 감쌉니다.

```
COUNTA    fx  =SUM(OFFSET(INDIRECT("조건A_단가표!
                  "&ADDRESS(MATCH(1020,B:B,0),2))
```

	A	B	C	D	E	F	G	H	I	J	K
1		거래처	거래처명								
2		1010	미래산업								
3				자재명	단가						
4				AP-002	138,100						
5				MD-004	108,551						
6				PV-004	135,207						
7				AR-302	141,539						
8		거래처	거래처명				입력				
9		1020	아이엠비								
10				자재명	단가		=SUM(OFFSET(INDIRECT("조건A_단가표!				
11				GD-202	125,400		"&ADDRESS(MATCH(1020,B:B,0),2))				
12				GZ-203	160,935		OFFSET(reference, rows, cols, [height], [width])				
13				GB-004	161,529						
14				GN-005	119,123						
15		거래처	거래처명								
16		1030	캘러그래								
17				자재명	단가						
18				KI-004	173,300						
19				KI-005	101,533						
20				KC-223	155,463						
21				KB-599	113,221						

SECTION 03 물류 양식 작성하기

10 이전 과정에서 [B9]셀을 시작 위치로 잡았을 때 '1'행 '2'열만큼 떨어진 [D10]셀을 기준으로 높이 '5' 칸, 너비 '2'칸 범위가 [D10:E14]라는 것을 확인했습니다. 그대로 OFFSET 함수 인수로 입력합니다. 시작 위치는 이미 지정했으니 행을 '1', 열을 '2', 높이를 '5', 너비를 '2'로 지정합니다. 최종 수식은 '=SUM(OFFSET(INDIRECT("조건A_단가표!"&ADDRESS(MATCH(1020,B:B,0),2)),1,2,5,2))'입니다.

11 Enter 키를 누르면 [D10:E14] 범위에 입력된 값의 총합이 표시됩니다. OFFSET 함수에 좌표를 제대로 입력했다는 뜻이겠죠?

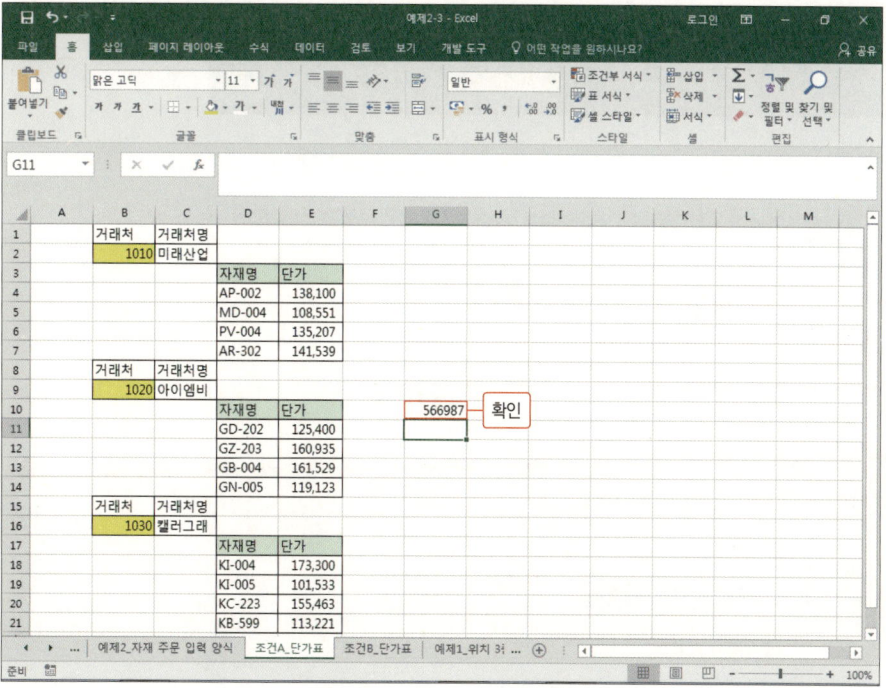

197

12 '예제2_자재 주문 입력 양식' 시트의 'B'열과 구분하기 위해 [G10]셀에 입력된 수식에서 'B:B' 앞에 커서를 두고 현재 시트 이름을 입력합니다. '조건A_단가표!B:B'로 바뀌면 수식 입력줄에서 'SUM'을 제외한 수식을 복사합니다.

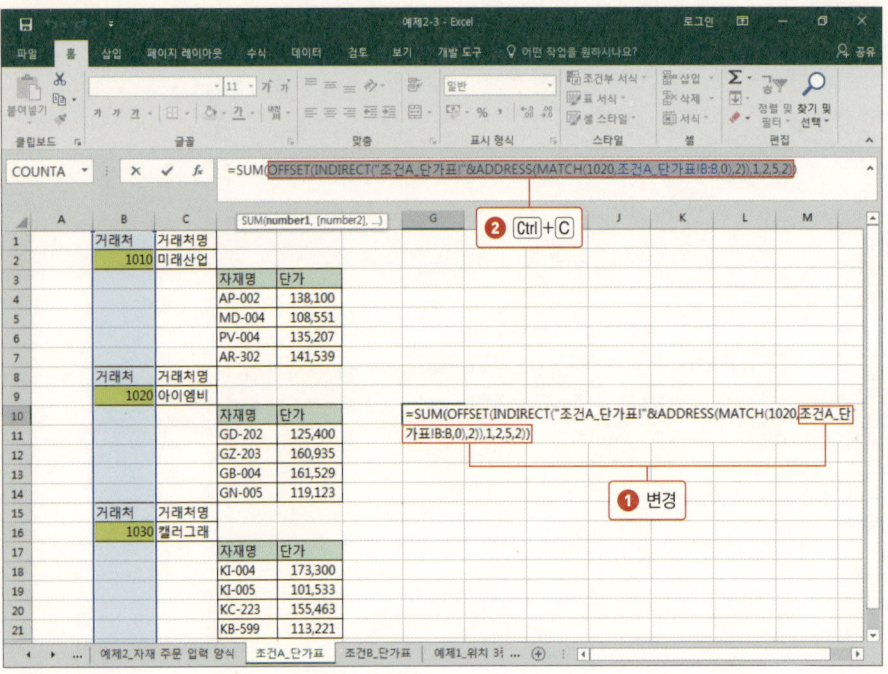

13 '예제2_자재 주문 입력 양식' 시트로 이동한 다음 [I7]셀을 선택합니다. 수식 입력줄에서 'B7' 다음 위치에 커서를 두고 복사한 수식을 붙여넣습니다.

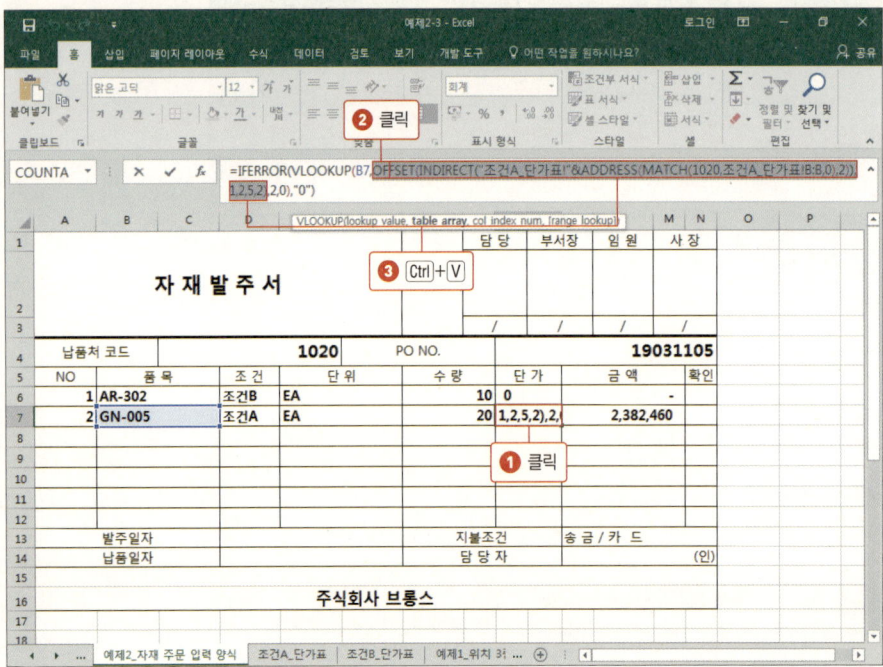

SECTION 03 물류 양식 작성하기

14 붙여넣은 수식에서 '1020'을 '$C$4'으로, 앞에 있는 '조건A'를 'D7&'로 바꿉니다.
최종 수식은 '=IFERROR(VLOOKUP(B7,OFFSET(INDIRECT(D7&"_단가표!"&ADDRESS(MATCH($C$4,조건A_단가표!B:B,0),2)),1,2,5,2),2,0),"0")'입니다.

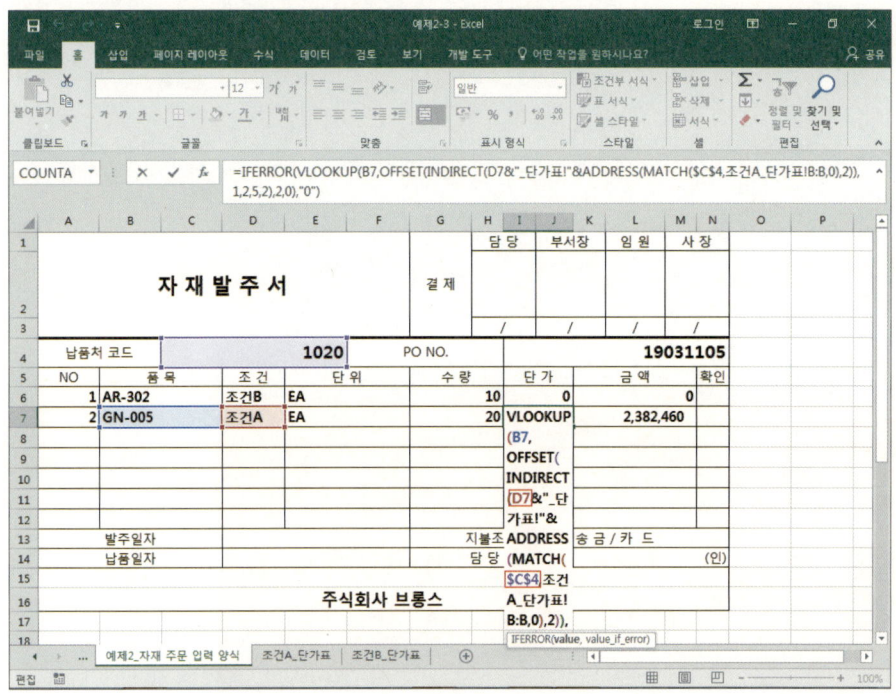

15 자재발주서를 완성합니다.

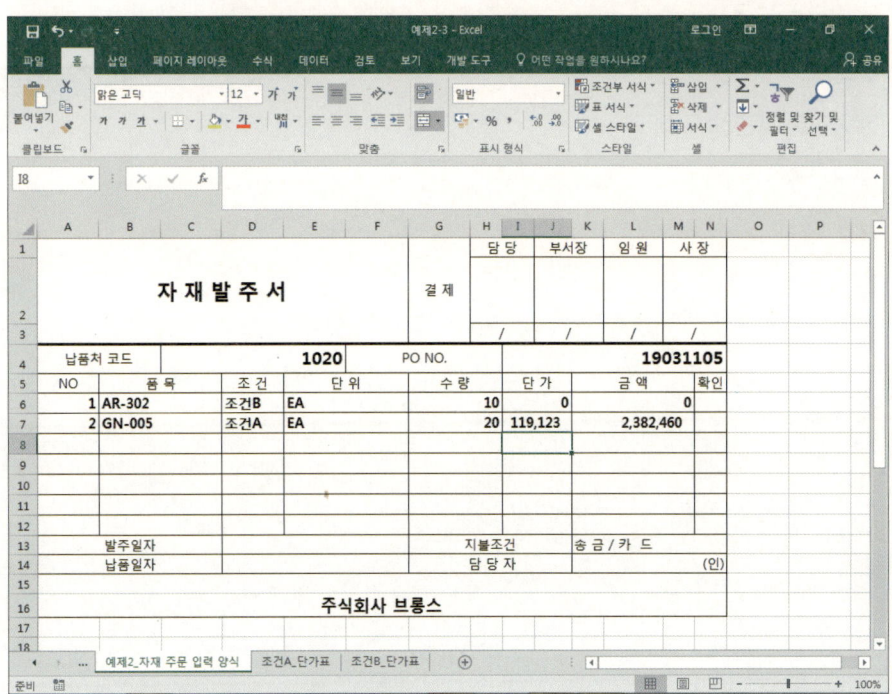

199

PART 04

SECTION 01 요약 보고하기
SECTION 02 정해진 양식에 맞춘 보고하기
SECTION 03 예측 보고하기

관리 및 보고하기

요약 보고를 위해 통합, 자동 윤곽, 부분합, 피벗 테이블 등 다양한 기능을 익혀 봅니다. GETPIVOT, SUIMIFS, DSUM 등 다양한 함수를 이용해 양식이 있을 때 데이터를 관리하는 방법을 알아보고, 여러 가지 상황에서 데이터 표, 목표값 찾기, 시나리오, 해 찾기를 통해 값을 예측하는 방법을 알아보겠습니다.

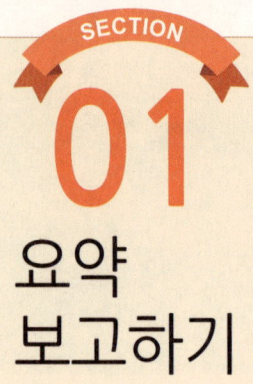

SECTION 01 요약 보고하기

이번 섹션에서는 통합, 자동 윤곽, 부분합, 피벗 테이블 기능을 이용해 같은 보고라도 어떤 형식으로 보고하는 것이 효과적일지 알아보겠습니다. '통합'은 단순하게 데이터를 합칠 때도 사용하지만 빠르게 요약할 때도 사용하고, '부분합'은 이름 그대로 부분합을 구할 때 사용하며 가공하지 않은 데이터와 부분적으로 요약한 데이터를 함께 보여줄 때 사용합니다. 자동 윤곽은 주로 부분합으로 해결할 수 없는 상황일 경우 사용하고, '피벗 테이블'은 자유도 높은 보고서를 작성할 수 있습니다.

1 관리지점별 주문량 합계 구하기 - 통합

통합은 특정 기준으로 데이터를 합칠 때 사용하며 데이터를 빠르게 요약할 때도 사용합니다. 이때 기준을 두 개 이상 지정하지 못한다는 단점이 있지만 기준을 여러 개 지정할 경우가 생각보다 많지 않기 때문에 간단한 보고일 경우 통합을 사용하면 빠르게 할 수 있습니다.

{예제 파일} 04\예제3-1.xlsx   {시트} 예제1_통합으로 요약하기

01 통합 기능을 이용해 관리지점별 주문량 합계를 구하겠습니다. 통합하기 전에 먼저 통합한 데이터가 들어갈 영역을 지정해야 합니다. [D1]셀과 [G1]셀을 복사한 다음 각각 [K2]셀과 [L1]셀에 붙여넣습니다.

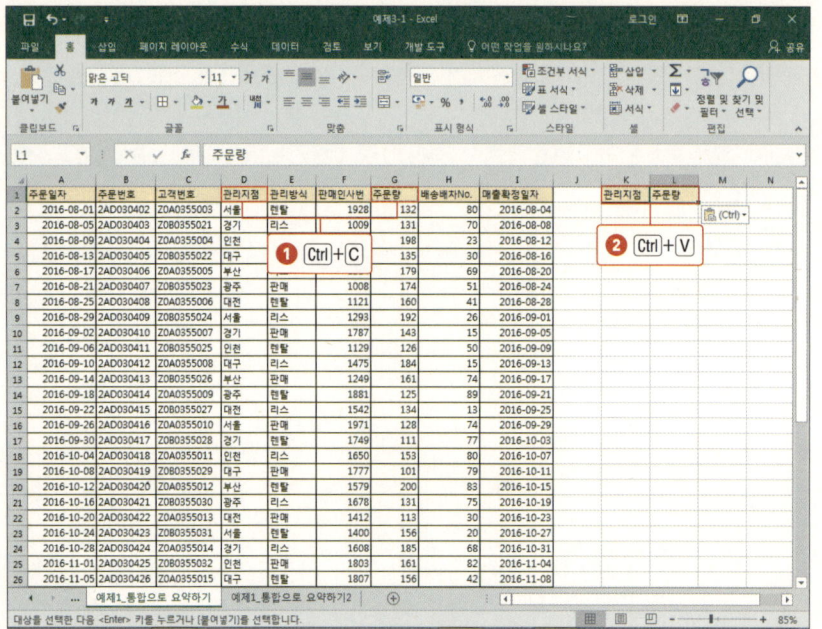

02 [K1:L1] 범위를 드래그한 다음 [데이터] 탭 → [데이터 도구] 그룹 → [통합(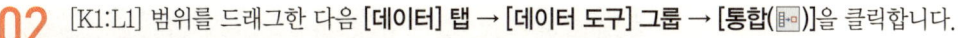)]을 클릭합니다.

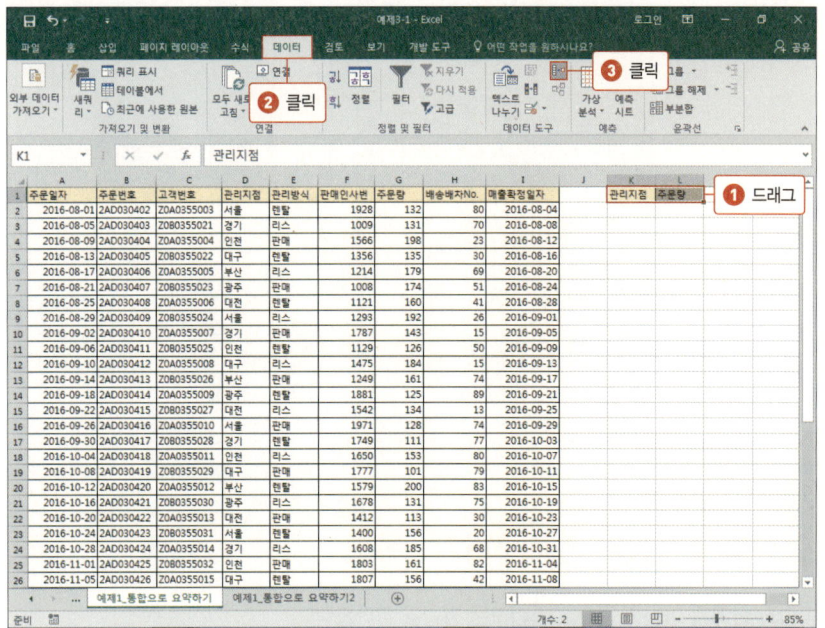

03 '통합' 대화상자가 표시되면 함수에서 다양한 함수를 지정할 수 있습니다. 예제에서는 '합계'로 지정합니다. 참조에 커서를 두고 [D1:G43] 범위를 드래그한 다음 사용할 레이블 항목에서 '첫 행'과 '왼쪽 열'에 체크 표시하고 〈확인〉 버튼을 클릭합니다.

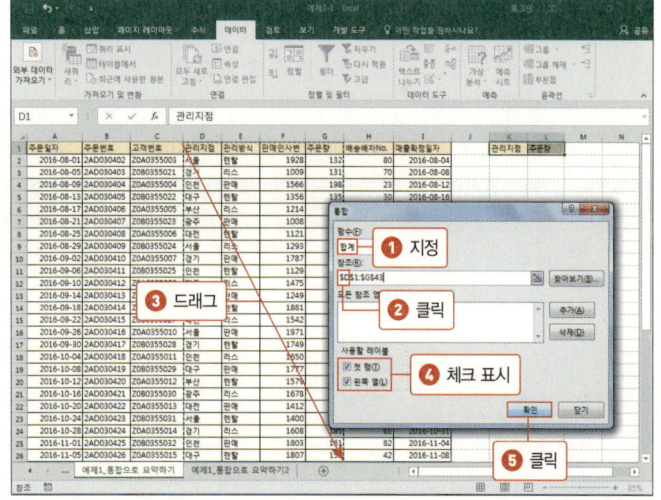

> **tip** 사용할 레이블 항목에서 '첫 행'과 '왼쪽 열'에 체크 표시하는 이유는 지정한 참조 영역에서 첫 행(관리지점, 주문량)과 왼쪽 열(서울, 경기, 인천……)을 순서에 관계없이 인식하기 위해서입니다.

> **tip** 참조 영역을 [D1:I43] 범위까지 지정해도 됩니다. 즉, 참조 영역에 통합할 '관리지점' 필드와 '주문량' 필드만 포함된다면 더 넓게 지정해도 됩니다.
> 모든 참조 영역에 기존 참조 영역이 있다면 삭제해 줍니다.

04 관리지점별 주문량 합계가 표시됩니다.

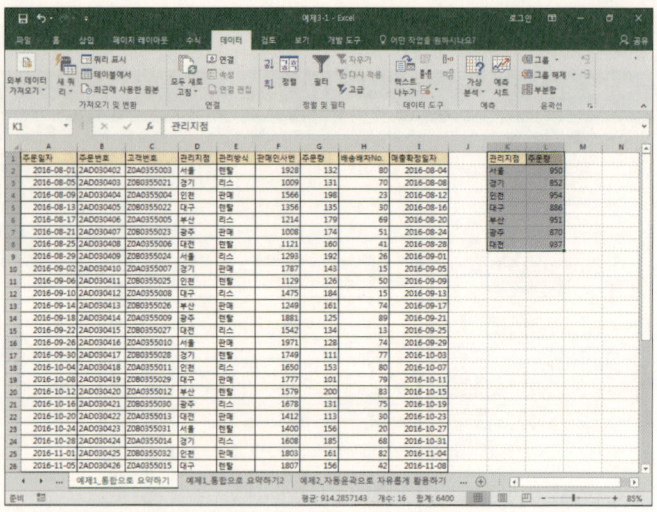

2 관리방식별 누적 주문량과 주문량의 평균 구하기 - 통합

조건이 여러 개일 때 통합하는 방법과 합계가 아닌 평균으로 통합하는 방법을 알아봅니다.

{예제 파일} 04\예제3-1.xlsx   {시트} 예제1_통합으로 요약하기2

01 '예제1_통합으로 요약하기2' 시트를 열면 이전 예제와 달리 통합할 데이터 머리글이 이미 입력되어 있습니다. 통합 기능을 이용해 관리방식별 누적 주문량과 주문량의 평균을 구하겠습니다.
[L1:N1] 범위를 드래그한 다음 [데이터] 탭 → [데이터 도구] 그룹 → [통합(　)]을 클릭합니다.

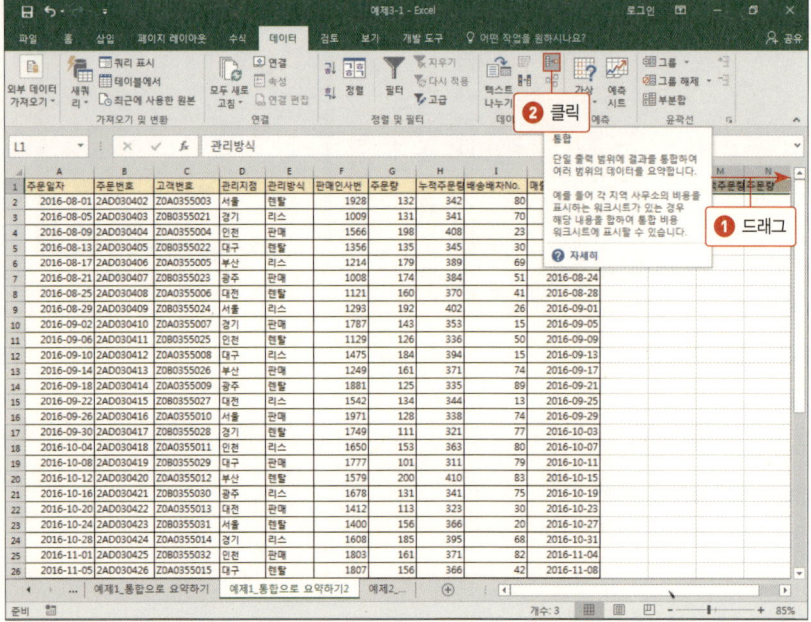

204　Part 4 관리 및 보고하기

SECTION 01 요약 보고하기

02 '통합' 대화상자가 표시되면 참조에 커서를 두고 [E1:H43] 범위를 드래그합니다. 사용할 레이블 항목에서 '첫 행'과 '왼쪽 열'에 체크 표시한 다음 함수를 '평균'으로 지정하고 〈확인〉 버튼을 클릭합니다.

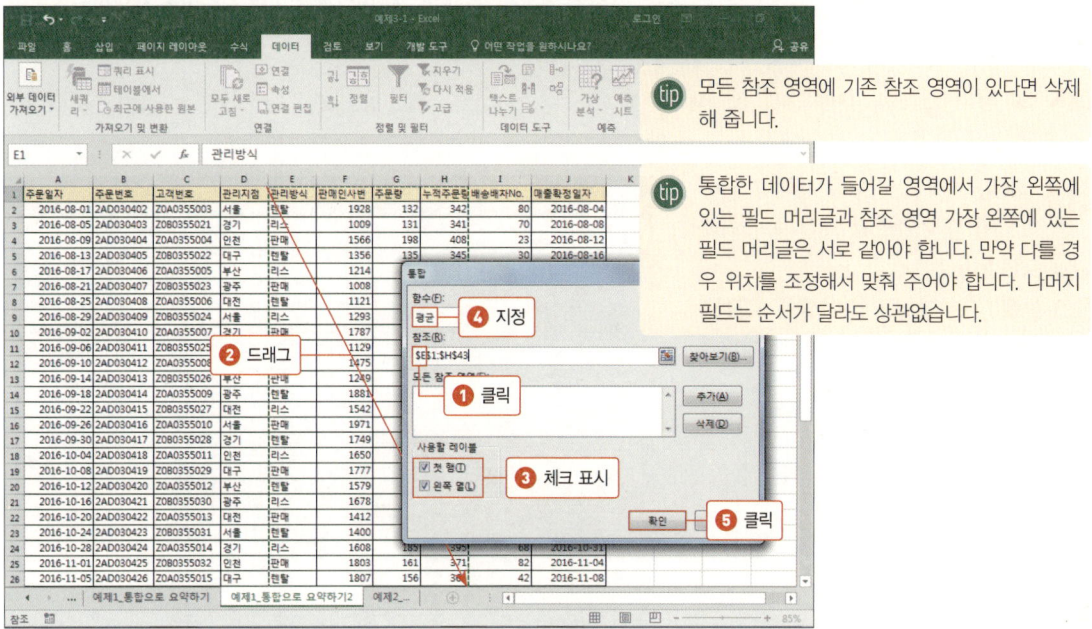

tip 모든 참조 영역에 기존 참조 영역이 있다면 삭제해 줍니다.

tip 통합한 데이터가 들어갈 영역에서 가장 왼쪽에 있는 필드 머리글과 참조 영역 가장 왼쪽에 있는 필드 머리글은 서로 같아야 합니다. 만약 다를 경우 위치를 조정해서 맞춰 주어야 합니다. 나머지 필드는 순서가 달라도 상관없습니다.

03 관리방식별 누적주문량과 주문량의 평균이 표시됩니다.

관리방식	누적주문량	주문량
렌탈	358.1429	148.1429
리스	367.9286	157.9286
판매	361.0714	151.0714

확인

205

3 특정 관리방식을 기준으로 주문량의 최대값 구하기 - 통합

필요한 정보를 기준으로 통합하는 방법을 알아보겠습니다. 원하는 데이터의 열 머리글을 미리 입력하여 제한하는 방법으로 다양한 방면에서 활용할 수 있습니다.

{예제 파일} 04\예제3-1.xlsx   {시트} 예제1_통합으로 요약하기2

01 통합 기능을 이용해 관리방식 중 '렌탈'을 기준으로 주문량의 최대값을 구하겠습니다.
[L6]셀에 '관리방식', [L7]셀에 '렌탈', [M6]셀에 '주문량'을 차례로 입력합니다.

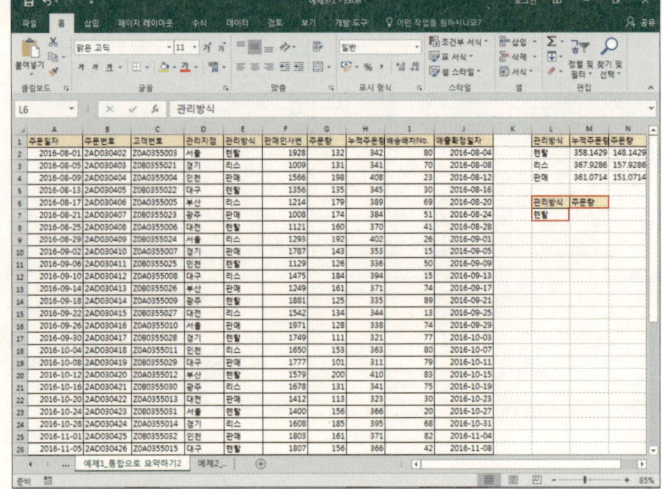

tip 직접 입력해도 되지만 통합할 데이터가 많을 경우 복사(Ctrl+C) 후 붙여넣기(Ctrl+V)하는 것이 더 정확합니다.

02 [L6:M7] 범위를 드래그한 다음 [데이터] 탭 → [데이터 도구] 그룹 → [통합( )]을 클릭합니다.

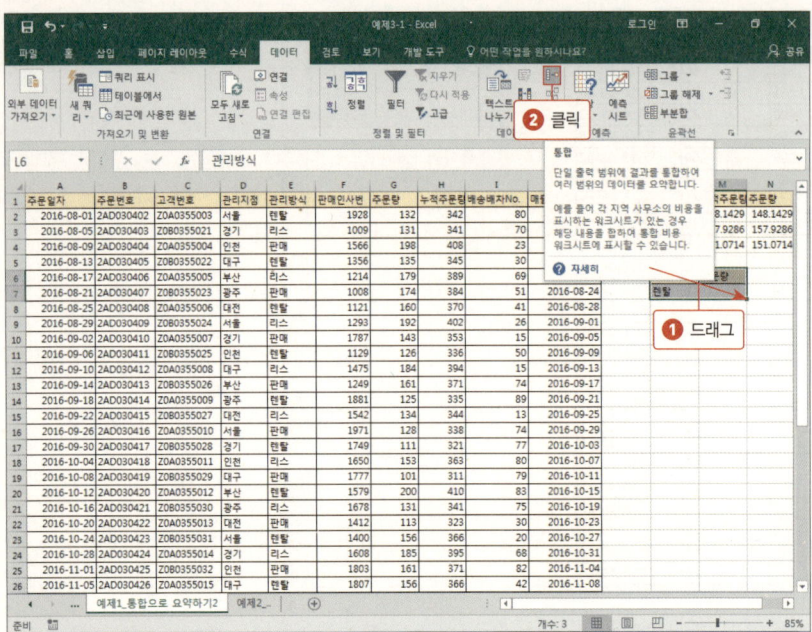

SECTION 01 요약 보고하기

03 '통합' 대화상자가 표시되면 참조에 커서를 두고 [E1:G43] 범위를 드래그합니다. 사용할 레이블 항목에서 '첫 행'과 '왼쪽 열'에 체크 표시한 다음 함수를 '최대' 또는 '최대값'으로 지정하고 〈확인〉 버튼을 클릭합니다.

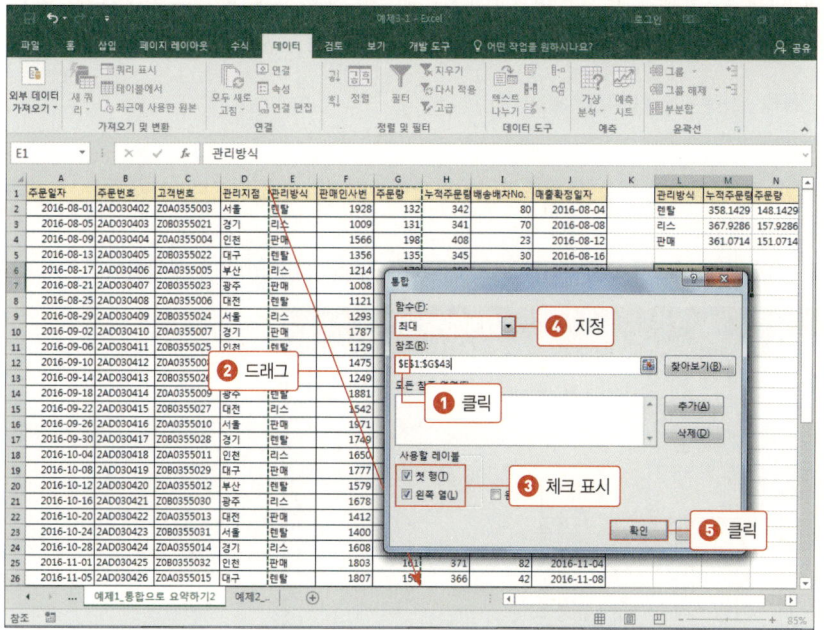

04 관리방식 중 '렌탈'을 기준으로 주문량 최대값이 표시됩니다.

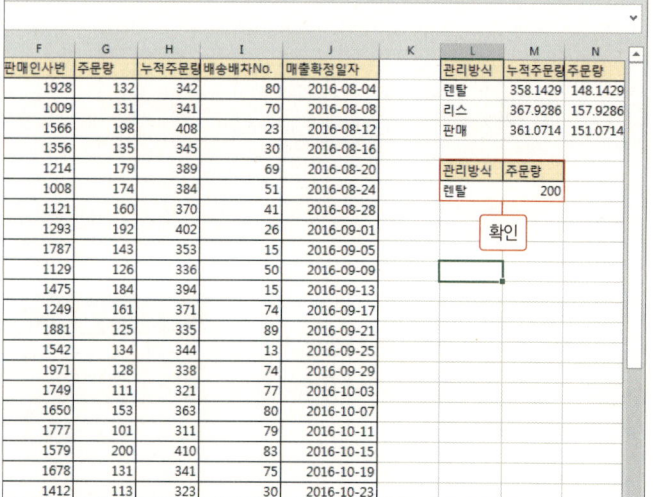

207

4 그룹별 주문량의 합계와 총합계 구하기 – 자동 윤곽

'8월, 9월~11월, 12월~1월'과 같이 구간을 나누는 패턴이 없어서 기계적인 연산을 적용하지 못할 때는 사람의 감각을 이용해서 직관적으로 데이터를 판단해야 합니다. 이럴 경우 '자동 윤곽'을 사용하면 데이터 윤곽을 잡을 수 있습니다.

{예제 파일} 04\예제3-1.xlsx   {시트} 예제2_자동윤곽으로 자유롭게 활용하기

01 '관리지점' 필드를 가나다순으로 정렬한 다음 임의로 몇 개의 관리지점끼리 묶겠습니다. 이때 묶는 조건은 엑셀로 판단할 수 없다고 가정합니다.
[D2]셀을 선택하고 [데이터] 탭 → [정렬 및 필터] 그룹 → [텍스트 오름차순 정렬(공↓)] 아이콘을 클릭합니다.

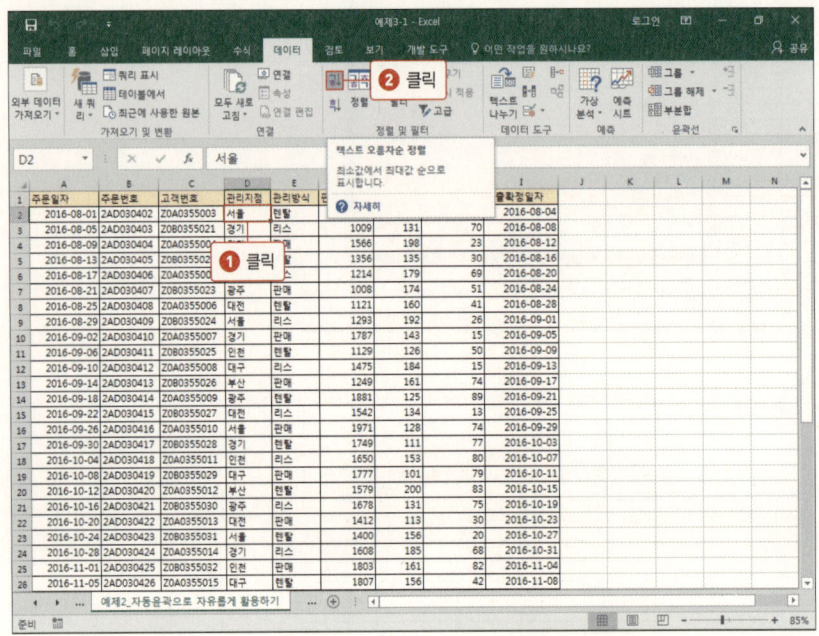

02 관리지점이 '경기'와 '광주'인 데이터를 하나의 그룹으로 묶겠습니다. 14행을 마우스 오른쪽 버튼으로 클릭하고 **삽입**을 실행합니다.

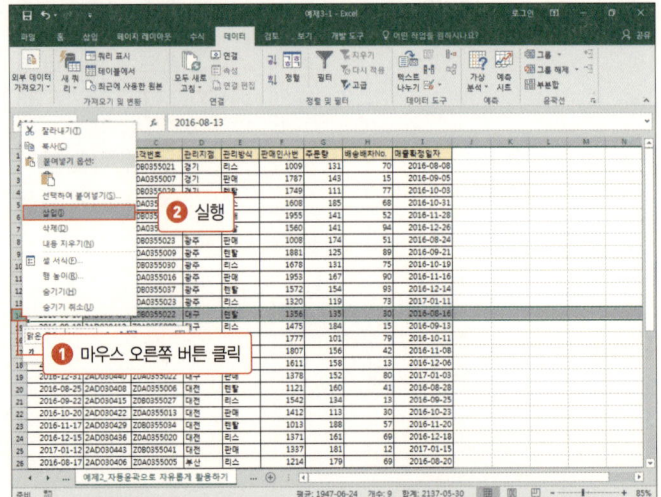

SECTION 01 요약 보고하기

03 행이 삽입되면 [D14]셀에 'A그룹'을 입력합니다.

04 관리지점이 '대구'와 '대전'인 데이터를 하나의 그룹으로 묶겠습니다. 27행을 마우스 오른쪽 버튼으로 클릭하고 **삽입**을 실행합니다.

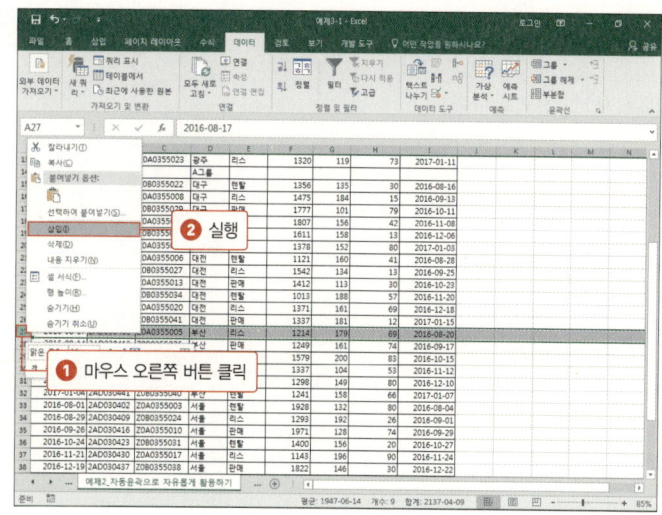

05 행이 삽입되면 [D27]셀에 'B그룹', [D46]셀에 'C그룹', [D47]셀에 '합계'를 입력합니다.

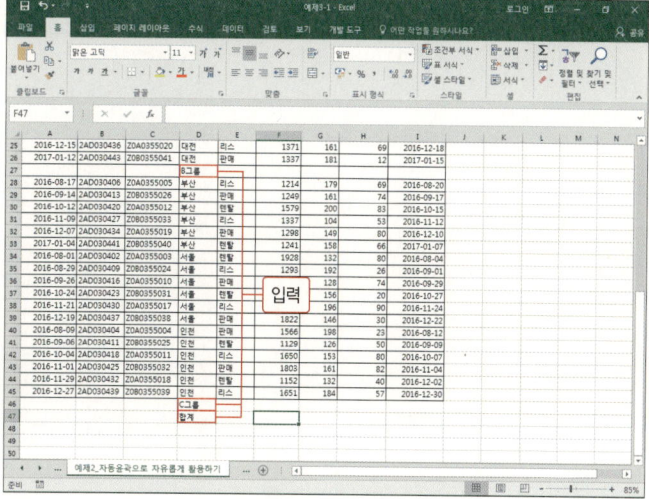

209

06 자동 합계 기능을 이용해 그룹별 주문량 합계와 총합계를 구한 다음 자동 윤곽을 적용하겠습니다.
자동 합계 결과가 들어갈 공간에 테두리를 만들기 위해 [A46:I47] 범위를 드래그한 다음 **[홈] 탭 → [글꼴] 그룹 → [테두리] → [모든 테두리]**를 클릭합니다.

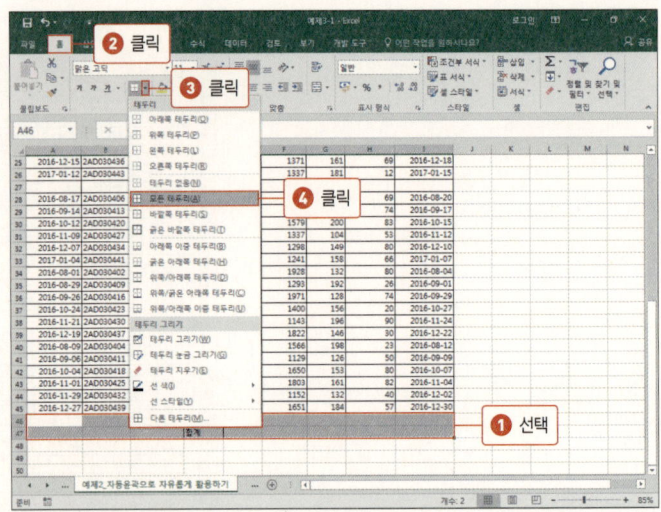

07 [G14]셀을 선택하고 Ctrl 키를 누른 상태에서 [G27]셀, [G46]셀, [G47]셀을 선택합니다.

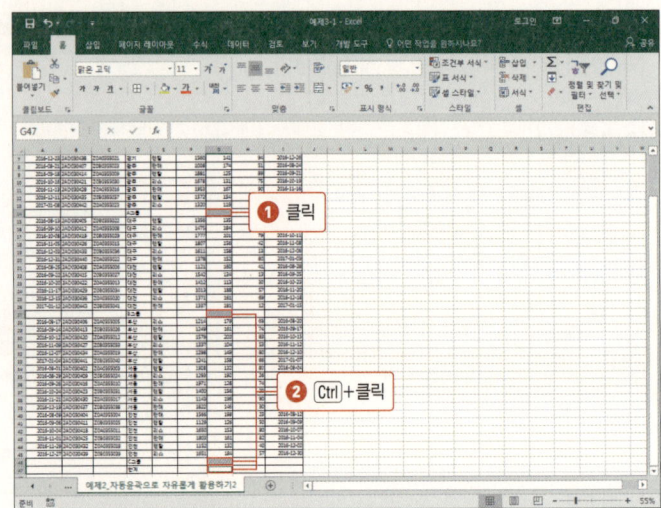

08 **[홈] 탭 → [편집] 그룹 → [자동 합계(∑)]**를 클릭합니다.

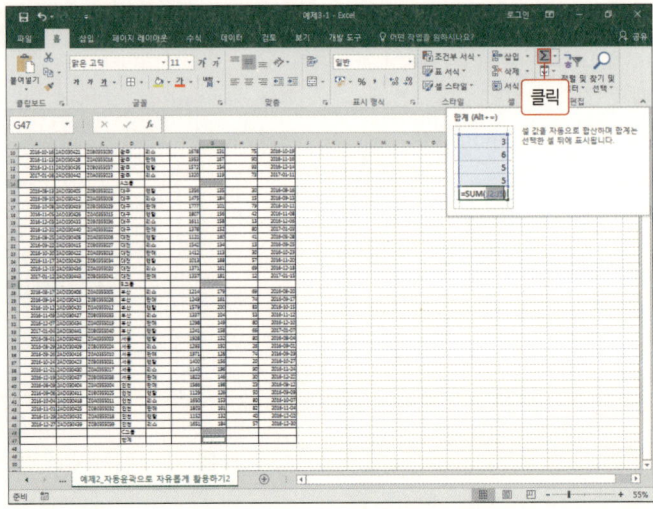

09 그룹별 주문량 합계와 총합계가 표시됩니다.

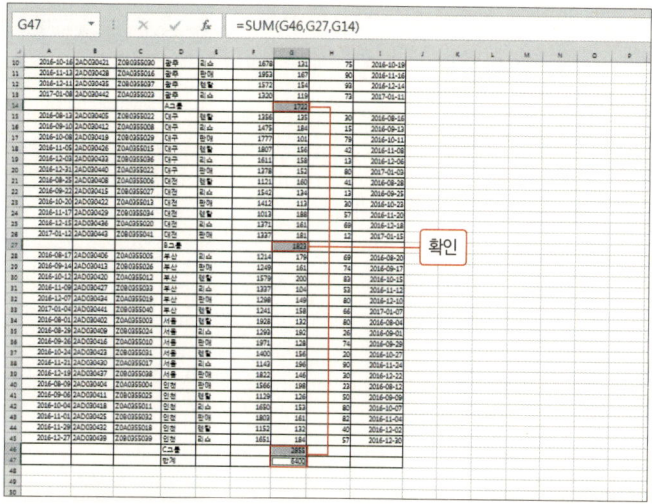

10 데이터가 입력된 임의의 셀을 선택한 다음 [데이터] 탭 → [윤곽선] 그룹 → [그룹] → [자동 윤곽]을 클릭합니다.

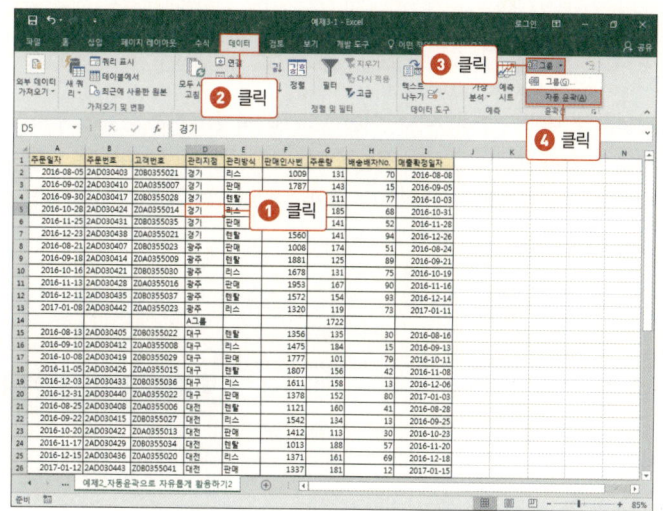

11 행 번호 왼쪽에 자동 윤곽이 표시됩니다. 이전 과정에서 구한 그룹별 주문량 합계와 총합계를 엑셀에서 자동으로 인식하고 자동 윤곽을 만든 것입니다.

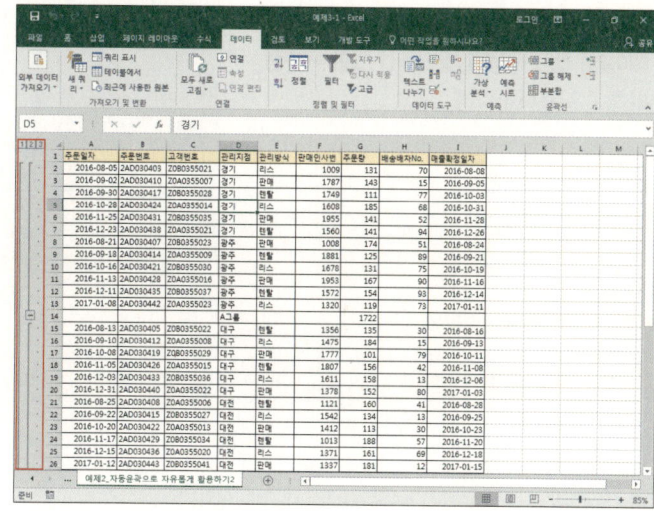

12 행 번호 왼쪽에 있는 번호를 클릭해 보면서 어떻게 바뀌는지 확인합니다.

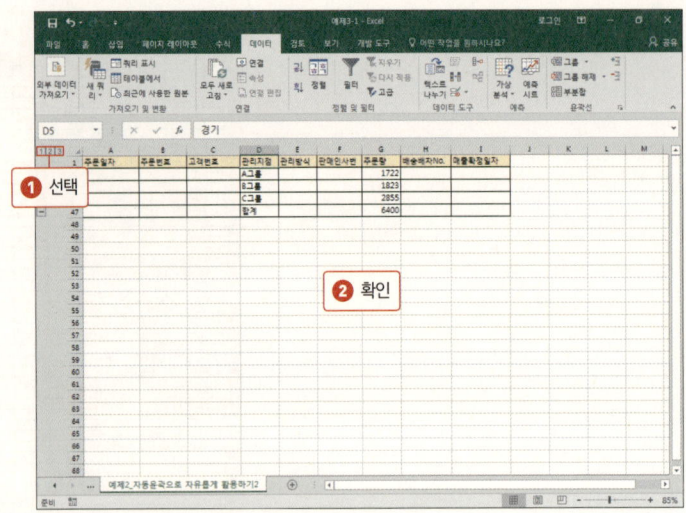

5 관리지점별, 관리방식별 주문량 합계 구하기 1 - 부분합

부분합의 시작은 정렬!입니다. 이렇게 느낌표로 강조하는 이유는 부분합을 사용하다가 막히게 되면 그 이유가 대부분 정렬을 안 했기 때문입니다. 왜 정렬을 먼저 해야 할까요? 부분합은 이름 그대로 데이터를 부분적으로 모은 다음 합하는 것이기 때문에 연산을 적용할 데이터들끼리 모여 있어야 합니다. 정렬이 부분합을 사용할 수 있는 전제 조건이 되는 거죠. 그럼 예제를 통해 자세히 알아보겠습니다.

{예제 파일} 04\예제3-1.xlsx   {시트} 예제3_부분합으로 쉽게 취합해서 보기

01 부분합 기능을 이용해 관리지점별, 관리방식별 주문량 합계를 구하겠습니다.
참조할 표 영역을 전체 선택하기 위해 데이터가 입력된 임의의 셀을 선택하고 Ctrl + Shift + 8 키를 누릅니다. 이 상태에서 **[데이터] 탭 → [정렬 및 필터] 그룹 → [정렬(　)]**을 클릭합니다.

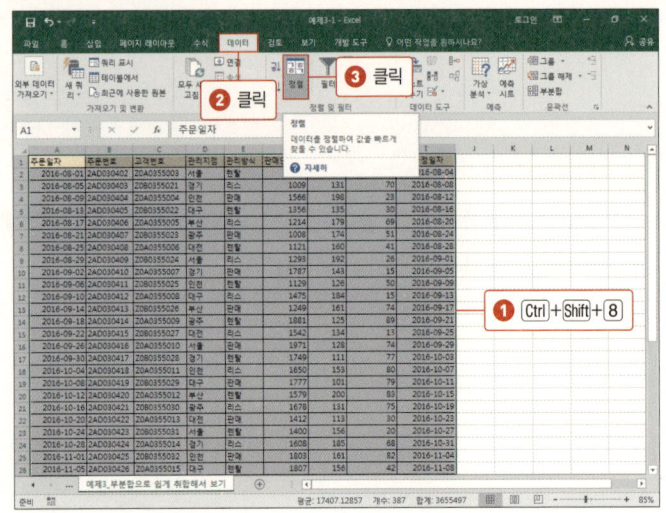

SECTION 01 요약 보고하기

02 '정렬' 대화상자가 표시되면 〈기준 추가〉 버튼을 클릭해서 '관리지점'과 '관리방식'을 차례로 추가한 다음 정렬 기준을 '값'으로 지정하고 〈확인〉 버튼을 클릭합니다.

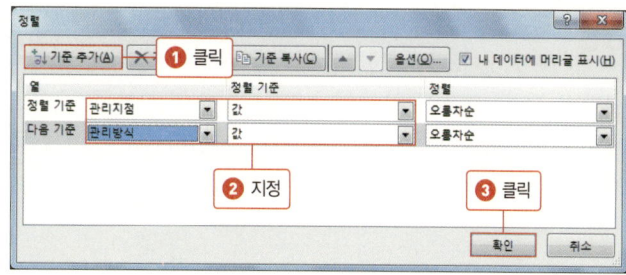

tip 추가한 기준의 순서는 실제 정렬할 때 우선순위와 같습니다.

03 관리지점별로 정렬된 다음 관리방식별로 정렬됩니다.

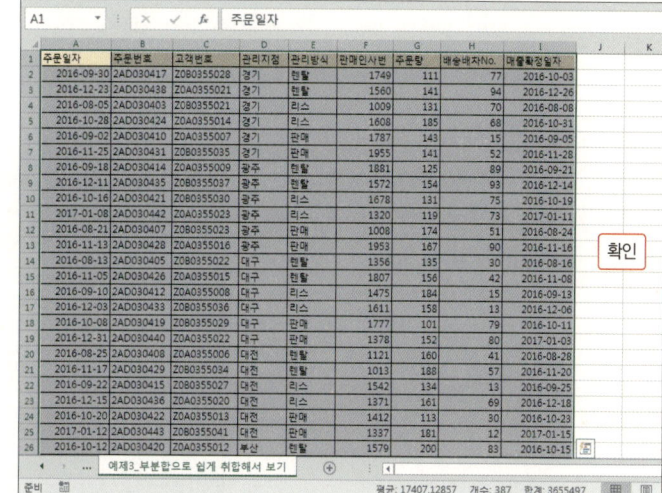

tip '오름차순'으로 지정했기 때문에 가나다순으로 정렬된 것입니다.

04 부분합을 사용하기 위한 전제 조건을 갖췄으니 데이터가 입력된 임의의 셀을 선택하고 [데이터] 탭 → [윤곽선] 그룹 → [부분합(🔲)]을 클릭합니다.

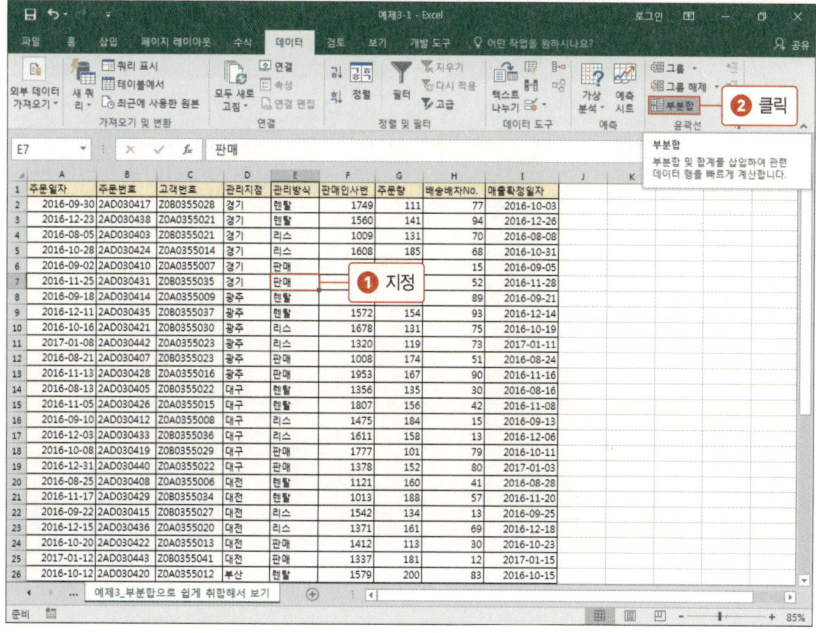

213

05 '부분합' 대화상자가 표시됩니다. 관리지점별 주문량 합계를 구할 것이므로 그룹화할 항목을 '관리지점', 사용할 함수를 '합계'로 지정합니다. 부분합 계산 항목에서 여러 항목 중 '주문량'만 체크 표시한 다음 '새로운 값으로 대치', '데이터 아래에 요약 표시'에 체크 표시하고 〈확인〉 버튼을 클릭합니다.

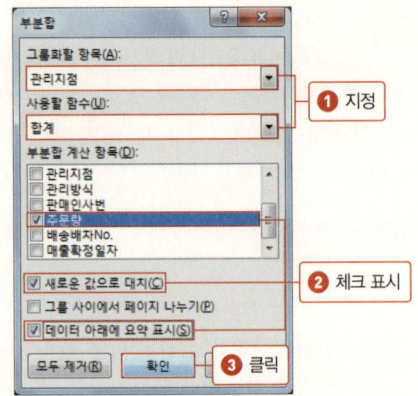

06 관리지점별 주문량의 부분합 합계가 표시됩니다. 먼저 정렬해서 관리지점을 따로 모아 놓았기 때문에 이렇게 결과가 깔끔한 것입니다.

07 관리방식별 주문량 합계를 구하겠습니다.
데이터가 입력된 임의의 셀을 선택하고 **[데이터] 탭 → [윤곽선] 그룹 → [부분합(🔳)]**을 클릭합니다.

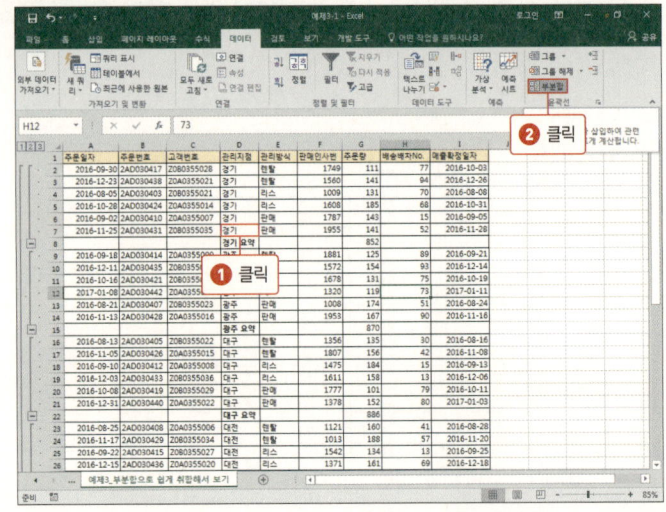

08 '부분합' 대화상자가 표시되면 먼저 '새로운 값으로 대치'에 체크 표시를 해제합니다. 여기에 체크 표시하면 기존에 적용한 부분합이 사라지기 때문입니다. 그룹화할 항목을 '관리방식', 사용할 함수를 '합계'로 지정하고 부분합 계산 항목에서 '주문량'만 체크 표시합니다. 〈확인〉 버튼을 클릭합니다.

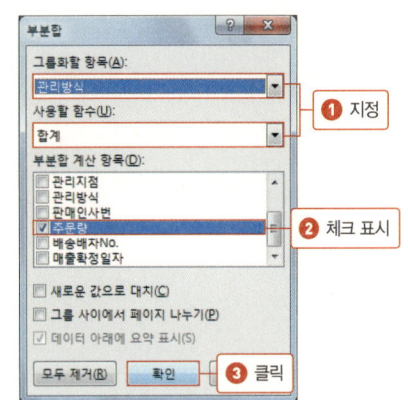

tip 처음 부분합을 사용할 때는 '새로운 값으로 대치'에 체크 표시해도 상관없습니다. 이후부터는 적용한 부분합이 사라지기 때문에 체크 표시하면 안 됩니다.

09 행 번호 왼쪽에 있는 번호를 각각 클릭하여 관리지점별, 관리방식별 주문량 합계를 확인합니다.

10 적용한 부분합을 없애겠습니다. 데이터가 입력된 임의의 셀을 선택하고 [데이터] 탭 → [윤곽선] 그룹 → [부분합(🗒)]을 클릭합니다. '부분합' 대화상자가 표시되면 〈모두 제거〉 버튼을 클릭합니다.

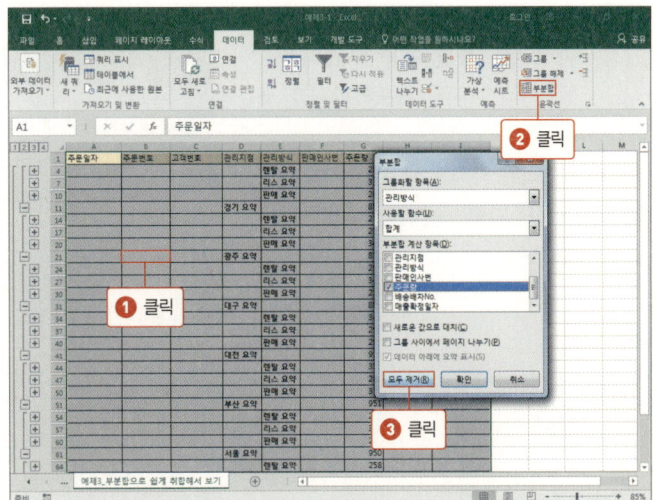

11 부분합이 모두 제거되었습니다.

6 관리지점별, 관리방식별 주문량 합계 구하기 2 - 피벗 테이블

가장 전문적인 기능인 '피벗 테이블'을 배우겠습니다. 엑셀을 다루는 능력의 척도라고 할 수 있는 '피벗 테이블'은 활용도에 따라 무궁무진하게 사용할 수 있습니다. 다음과 같은 경우 모두 피벗 테이블을 사용할 수 있습니다.

> 1. 취합 조건에 따라 빠르게 보고할 경우
> 2. 날짜 데이터를 연도별, 분기별로 분석해서 보고할 경우
> 3. 특정 수치를 '숫자의 범주'에 따라 보고할 경우 (1부터 20까지, 21부터 40까지……)
> 4. 취합을 마친 데이터를 해당 '비율'로 보고할 경우

{예제 파일} 04\예제3-1.xlsx   {시트} 예제4_피벗테이블로 원하는 대로 데이터 다루기

01 피벗 테이블을 이용해 관리지점별, 관리방식별 주문량 합계를 구하겠습니다.
데이터가 입력된 임의의 셀을 선택하고 **[삽입]** 탭 → **[표]** 그룹 → **[피벗 테이블(**📊**)]**을 클릭합니다.

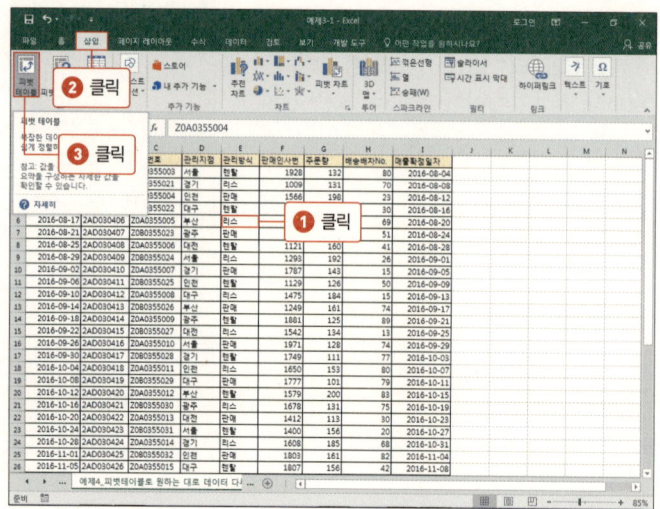

SECTION 01 요약 보고하기

02 '피벗 테이블 만들기' 대화상자가 표시되면 표/범위에서 자동으로 지정된 범위를 확인합니다. 피벗 테이블을 넣을 위치로 '새 워크시트'를 선택하고 〈확인〉 버튼을 클릭합니다.

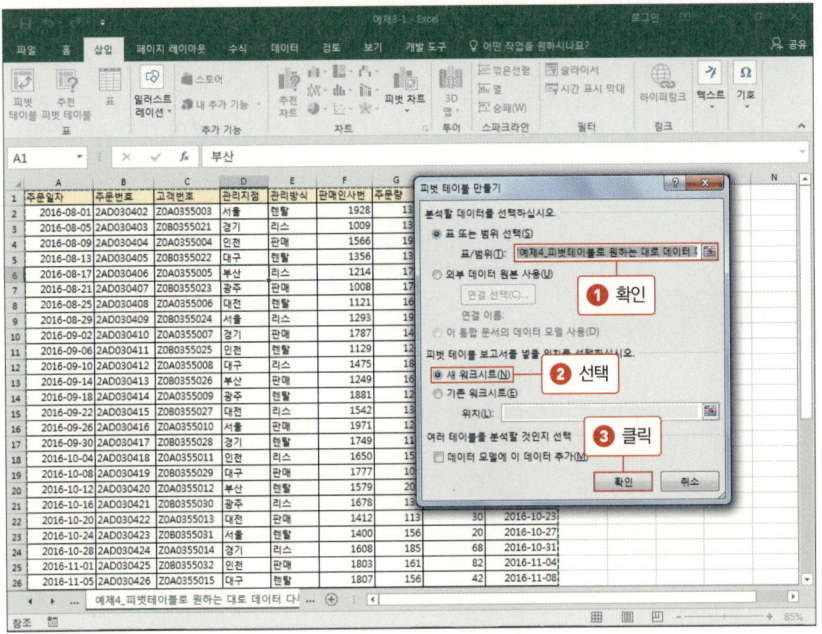

03 새 워크시트가 만들어지면 '피벗 테이블 필드' 작업 창에서 범위로 지정한 표의 머리글이 옵션으로 생성된 것을 확인합니다.

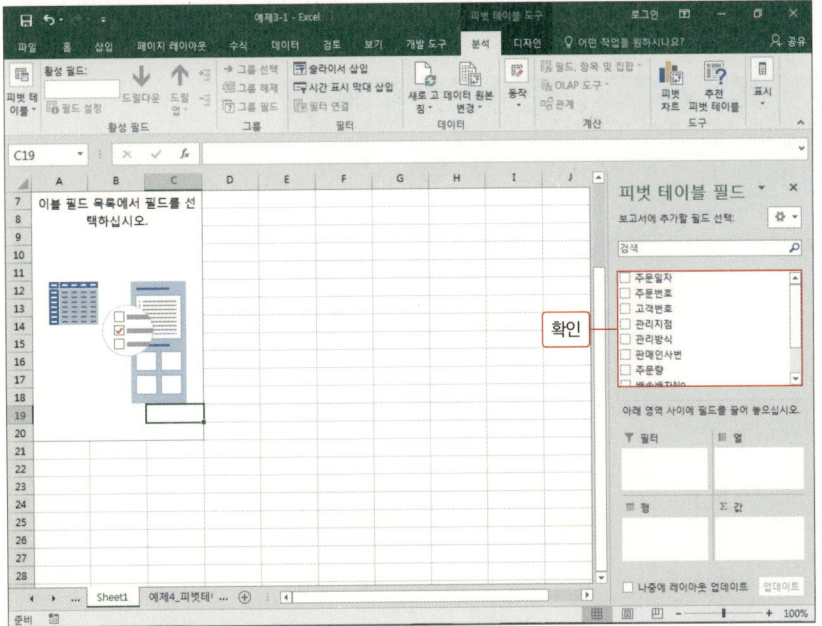

217

04 피벗테이블에서 '피벗(Pivot)'은 '축을 중심으로 회전시키는 것'을 뜻합니다. 엑셀에서는 행과 열을 자유롭게 바꿀 수 있음을 말하죠. 왼쪽 그림은 피벗 테이블의 기본적인 구성 화면을 나타냅니다. 관리지점별, 관리방식별 주문량 합계를 구하려면 행 레이블과 열 레이블에 데이터를 취합할 기준을 배치하고 값 영역에 '주문량' 필드를 배치한 다음 함수를 '합계'로 지정하면 됩니다. 추가로 검색 조건을 지정하고 싶다면 필터 영역에 해당 기준을 배치하면 됩니다.

예제에서는 오른쪽 그림과 같이 열 레이블은 만들지 않고 관리방식을 관리지점 바로 다음 레벨의 행으로 관리하는 피벗 테이블을 구성하겠습니다.

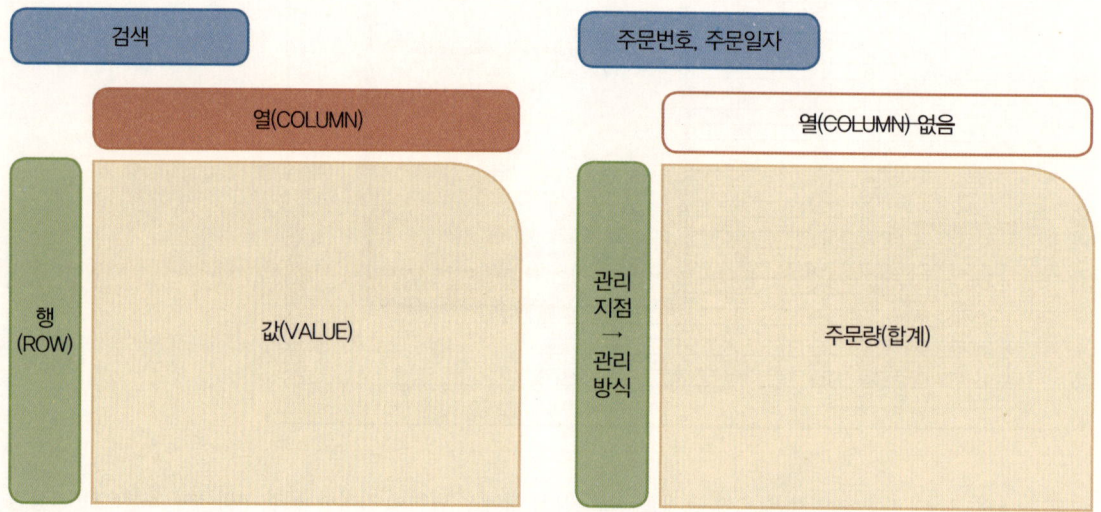

05 '관리지점'을 기준으로 행 레이블을 만들겠습니다. '피벗 테이블 필드' 작업 창에서 '관리지점'을 행 영역으로 드래그합니다.

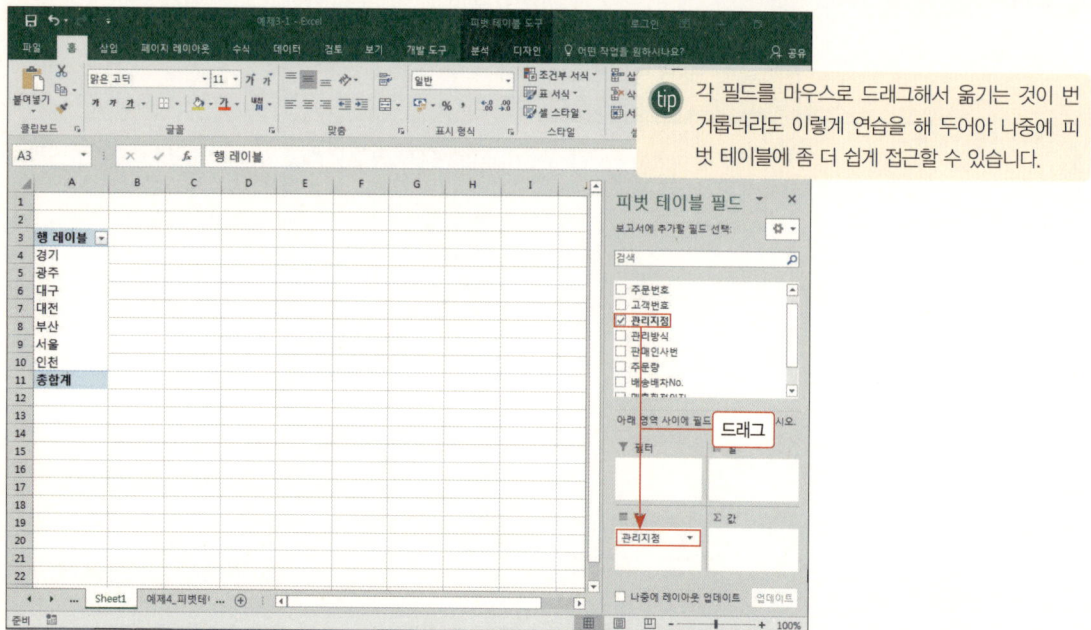

> tip 각 필드를 마우스로 드래그해서 옮기는 것이 번거롭더라도 이렇게 연습을 해 두어야 나중에 피벗 테이블에 좀 더 쉽게 접근할 수 있습니다.

06 관리방식을 관리지점의 하위 레벨로 관리하기 위해 '피벗 테이블 필드' 작업 창에서 '관리방식'을 행 영역으로 드래그합니다. A열에 '관리지점'과 '관리방식'을 기준으로 행 레이블이 만들어진 것을 확인합니다.

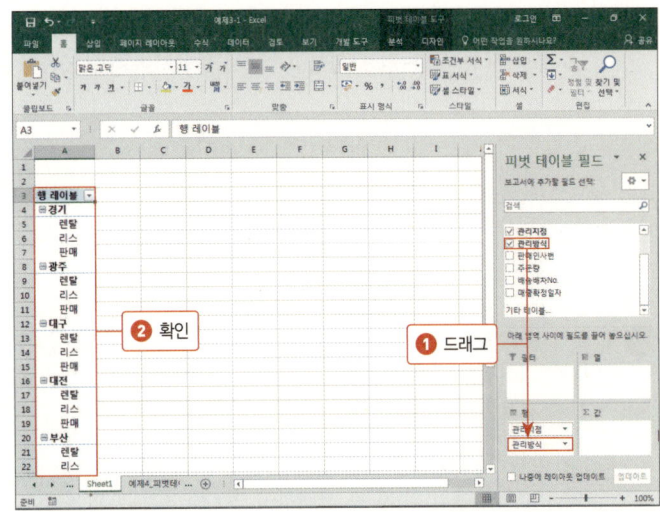

07 '피벗 테이블 필드' 작업 창에서 '주문량'을 값 영역으로 드래그합니다.

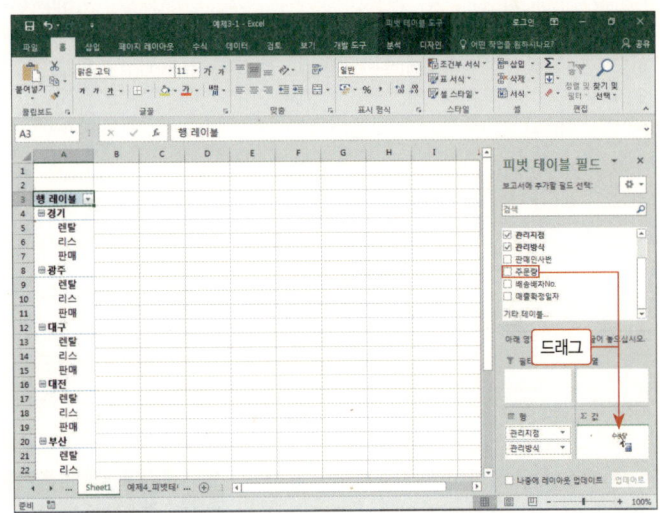

08 '주문량' 필드에 적용된 함수가 '합계'인지 확인한 다음 숫자 데이터를 천 단위마다 쉼표(,)로 구분하겠습니다. '피벗 테이블 필드' 작업 창의 값 영역에서 '합계 : 주문량' 목록 아이콘(▼)을 클릭하고 **값 필드 설정**을 실행합니다.

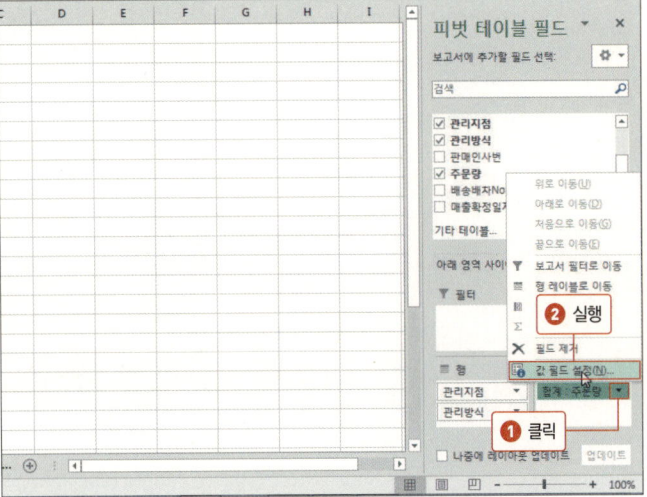

09 '값 필드 설정' 대화상자가 표시되면 값 필드 요약 기준이 '합계'로 지정되었는지 확인하고 〈표시 형식〉 버튼을 클릭합니다.

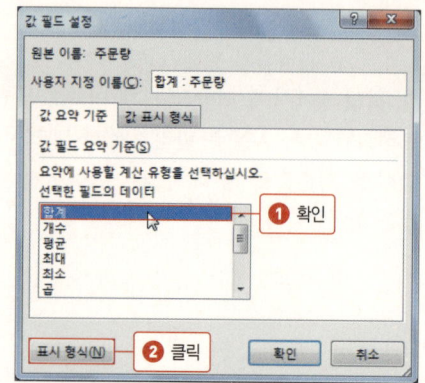

tip '값 필드 설정' 대화상자에서 '합계'뿐만 아니라 '평균', '최대'와 같이 여러 가지 함수를 지정할 수 있습니다.

10 '셀 서식' 대화상자가 표시되면 [표시 형식] 탭 화면의 범주에서 '숫자'를 선택하고 '1000 단위 구분 기호(,) 사용' 항목에 체크 표시한 다음 〈확인〉 버튼을 클릭합니다.
'값 필드 설정' 대화상자에서도 〈확인〉 버튼을 클릭합니다.

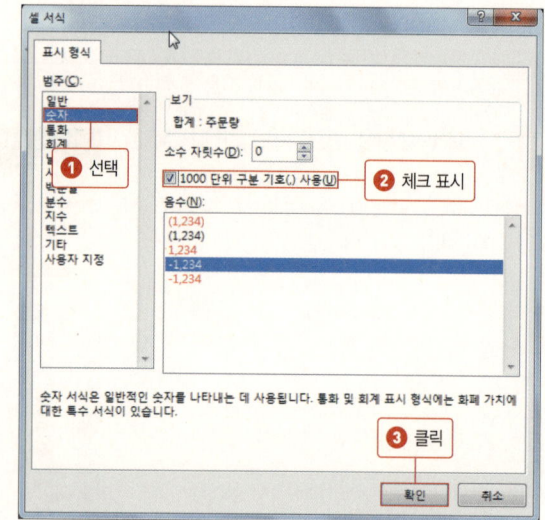

11 총합계 데이터에 쉼표(,)가 표시된 것을 확인합니다.

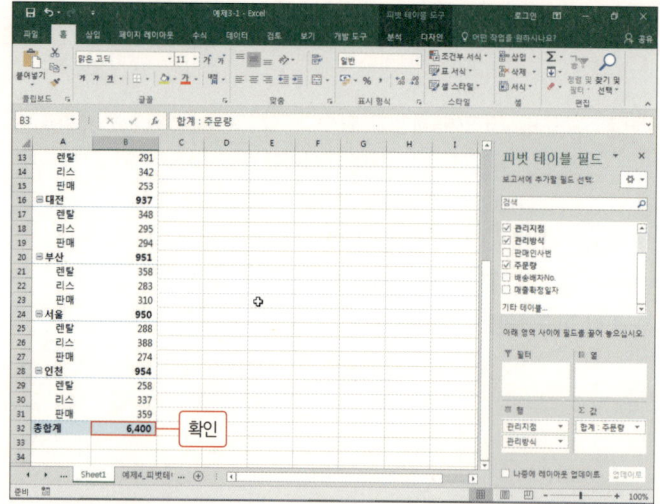

SECTION 01 요약 보고하기

7 주문량 데이터를 비율로 표시하기 - 피벗 테이블

피벗 테이블을 이용해 주문량 데이터를 전체에 대한, 열에 대한, 행에 대한 비율로 표시하는 방법을 알아봅니다. 피벗 테이블을 이용하지 않고 일일이 함수를 이용한다면 매우 까다로운 작업일 수 있습니다.

{예제 파일} 04\예제3-1.xlsx {시트} 예제4_피벗테이블로 원하는 대로 데이터 다루기2

01 앞 예제에서 이어서 진행합니다. 그림과 같이 행 레이블에 '관리지점'을, 열 레이블에 '관리방식'을 배치한 다음 주문번호와 주문일자로 필터링하고 주문량 데이터를 비율로 표시해 보겠습니다.

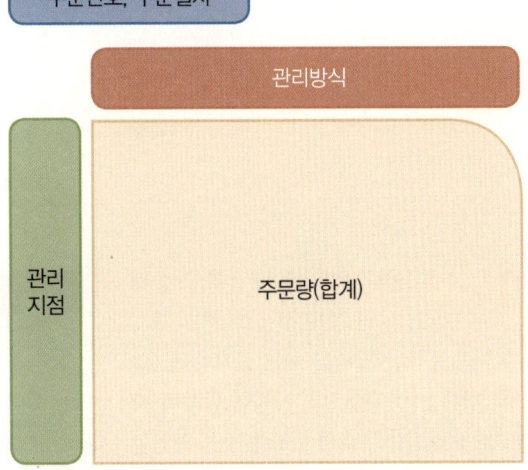

02 '피벗 테이블 필드' 작업 창에서 '관리방식'을 행 영역에서 열 영역으로 드래그합니다.

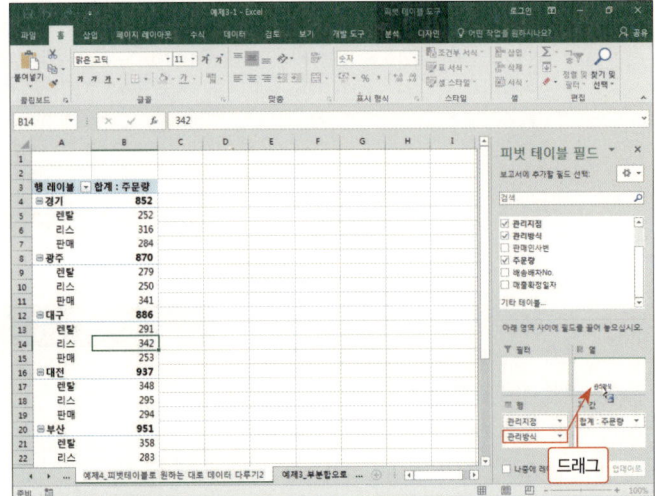

221

03 '피벗 테이블 필드' 작업 창에서 '주문번호'와 '주문일자'를 필터 영역으로 드래그합니다. [A1]셀을 시작 위치로 '주문번호'와 '주문일자'가 만들어집니다.

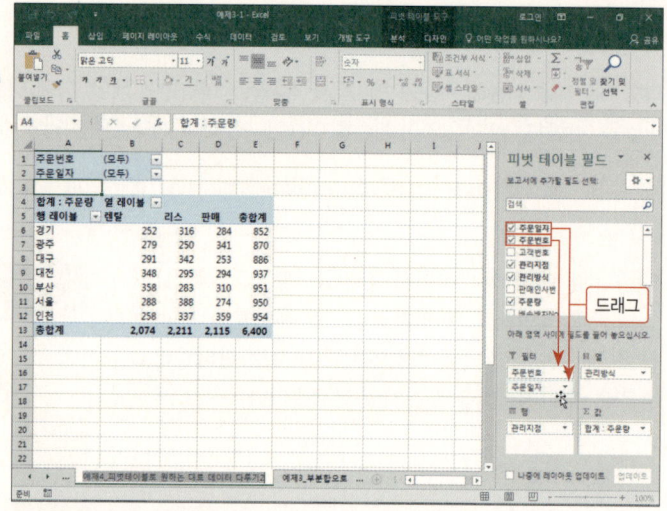

04 '주문일자' 목록 아이콘(▼)을 클릭하고 '여러 항목 선택'에 체크 표시한 다음 원하는 날짜에 체크 표시하고 〈확인〉 버튼을 클릭합니다. 지정한 날짜에 따라 피벗 테이블 형태가 바뀌는 것을 확인할 수 있습니다.
같은 방법으로 '주문번호'도 원하는 대로 지정하여 어떻게 바뀌는지 직접 확인합니다.

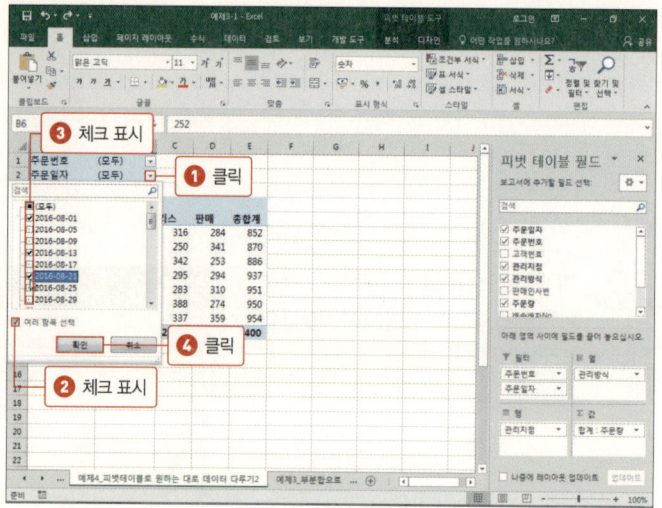

05 행 레이블을 가나다순으로 정렬한 다음 열 레이블을 총합계가 가장 큰 순서대로 정렬하겠습니다.
'행 레이블' 목록 아이콘(▼)을 클릭하고 **텍스트 오름차순 정렬**을 실행합니다.

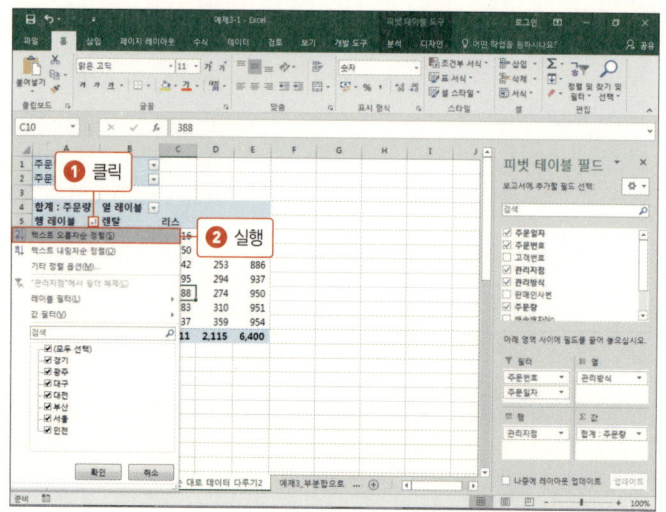

06 행 레이블이 가나다순으로 정렬됩니다.

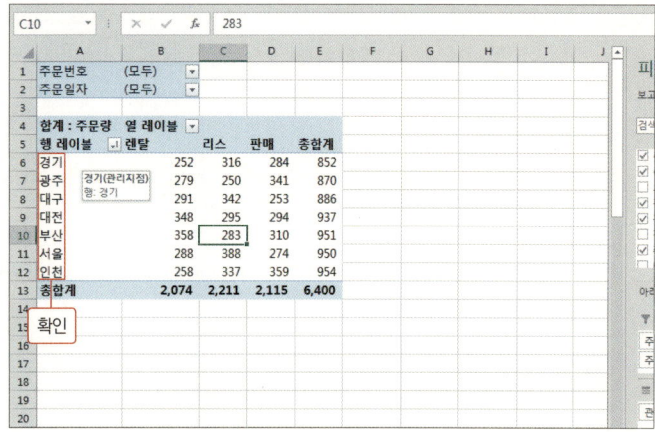

07 주문량 데이터가 입력된 임의의 셀을 마우스 오른쪽 버튼으로 클릭하고 **정렬 → 기타 정렬 옵션**을 실행합니다.

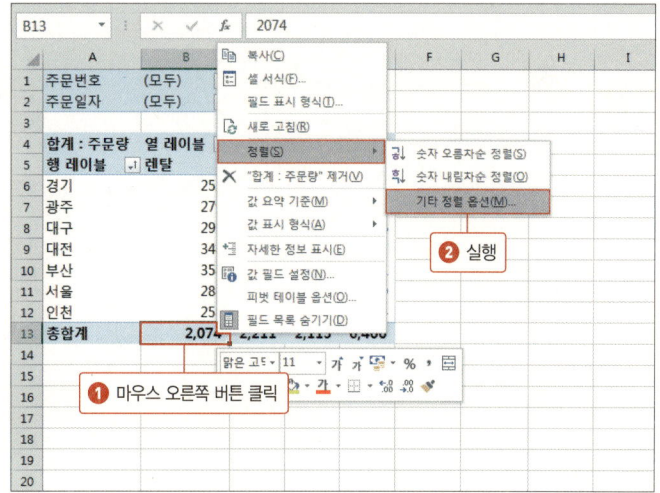

08 '값 기준 정렬' 대화상자가 표시됩니다. 총합계값이 가장 큰 필드가 맨 왼쪽에 오도록 정렬할 것입니다. 정렬 옵션을 '내림차순', 정렬 방향을 '왼쪽에서 오른쪽'을 선택한 다음 〈확인〉 버튼을 클릭합니다.

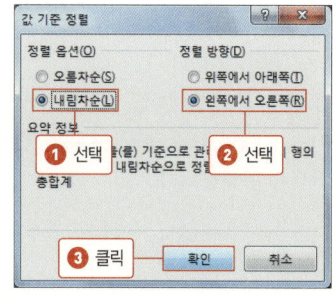

09 총합계가 가장 큰 순서대로 열 레이블이 정렬됩니다. 왼쪽부터 오른쪽으로 갈수록 값이 작아지는 것을 확인할 수 있습니다.

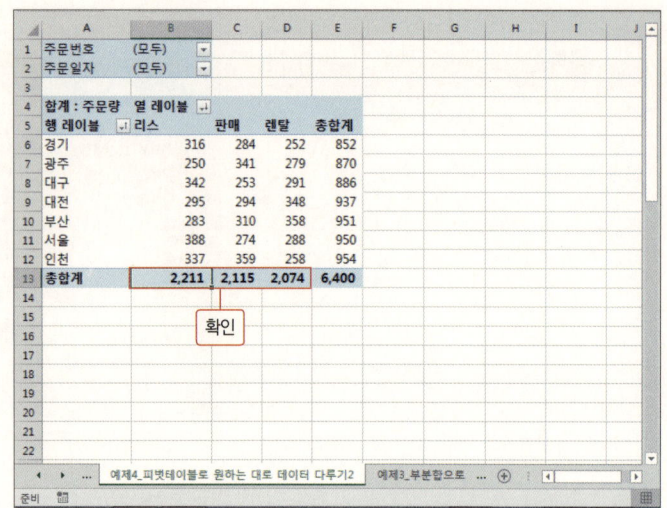

10 주문량 데이터를 비율로 표시하겠습니다. '피벗 테이블 필드' 작업창에서 '주문량' 목록 아이콘(▼)을 클릭한 다음 **값 필드 설정**을 실행합니다.

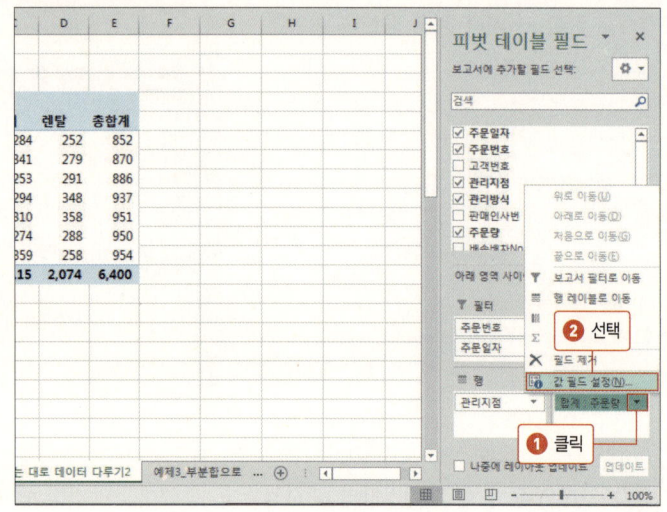

11 '값 필드 설정' 대화상자가 표시되면 [값 표시 형식] 탭을 클릭하고 값 표시 형식을 '총합계 비율'로 지정한 다음 〈확인〉 버튼을 클릭합니다.

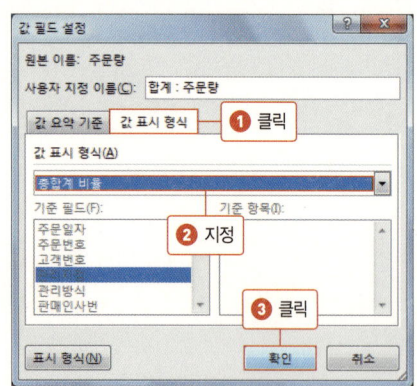

> **버전** 엑셀 2007에서는 값 표시 형식을 '전체에 대한 비율'로 지정합니다.

> **tip** '총합계 비율'은 총합계 값을, '열 합계 비율'은 각 열의 총합계 값을 '행 합계 비율'은 각 행의 총합계 값을 100%의 기준으로 삼아 데이터를 비율로 환산하여 나타냅니다.

SECTION 01 요약 보고하기

12 주문량 데이터가 총합계 값인 '6400'을 100% 기준으로 삼아 비율로 표시됩니다.

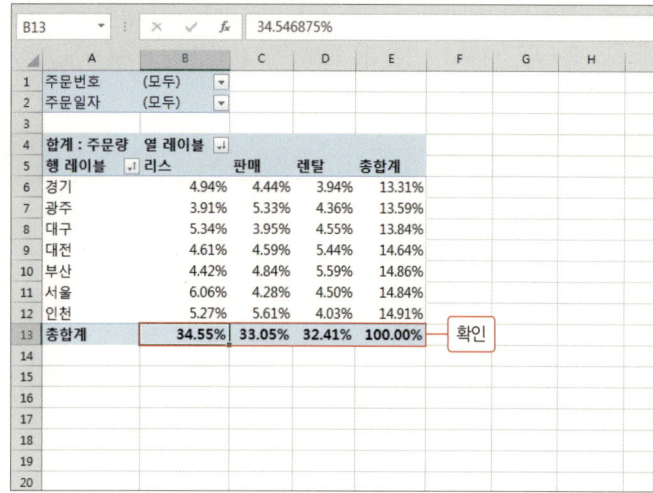

8 연도별, 분기별 주문량 합계 구하기 - 피벗 테이블

만약 피벗 테이블을 사용하지 않고 연도별, 분기별, 월별로 데이터를 정리한다면 'YEAR'나 'MONTH' 같은 함수를 사용해야 합니다. 추가로 수식을 적용해야 할 수도 있고요. 처음부터 분류해서 관리하는 방법도 있겠죠. 그러나 가장 좋은 방법은 바로 날짜 데이터를 가공하지 않은 상태로 가지고 있는 것입니다. 이유가 무엇일까요? 바로 피벗 테이블을 활용할 수 있기 때문이죠. 그럼 예제를 통해 자세히 살펴보겠습니다.

{예제 파일} 04\예제3-1.xlsx   {시트} 예제5_날짜(그룹) 피벗 테이블 다루기

01 피벗 테이블을 이용해 연도별, 분기별 주문량 합계를 구하겠습니다. 데이터가 입력된 임의의 셀을 선택하고 [삽입] 탭 → [표] 그룹 → [피벗 테이블(📊)]을 클릭합니다.

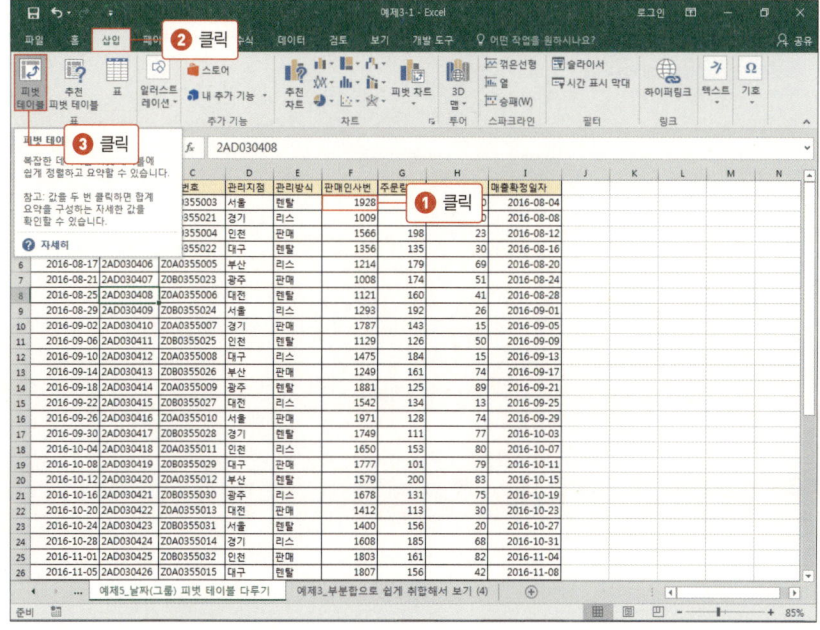

225

02 '피벗 테이블 만들기' 대화상자가 표시되면 표/범위에서 자동으로 지정된 범위를 확인합니다. 피벗 테이블을 넣을 위치로 '기존 워크시트'를 선택한 다음 위치에 커서를 두고 [K2]셀을 선택합니다. 〈확인〉 버튼을 클릭합니다.

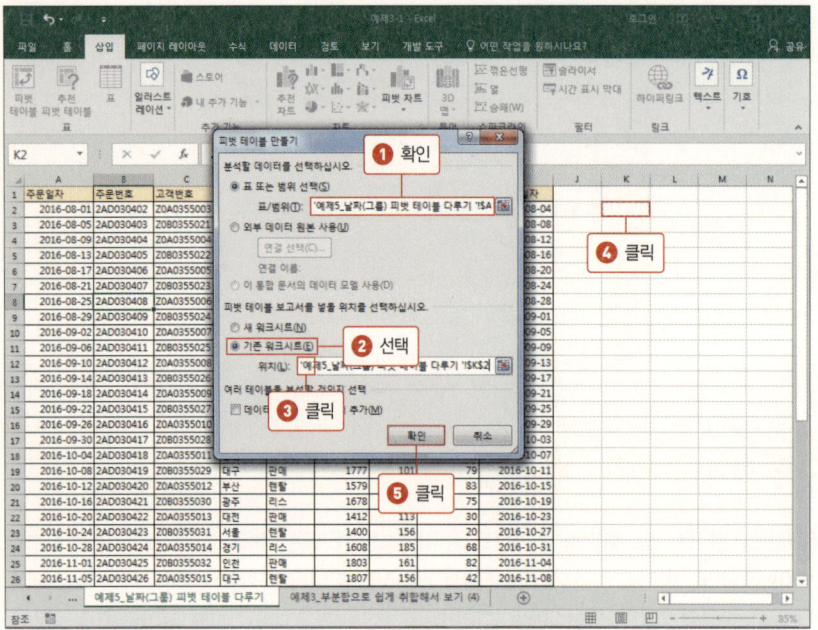

03 [K2]셀을 시작 위치로 피벗 테이블이 만들어집니다.
'피벗 테이블 필드' 작업 창에서 '관리지점'을 행 영역으로 드래그합니다.

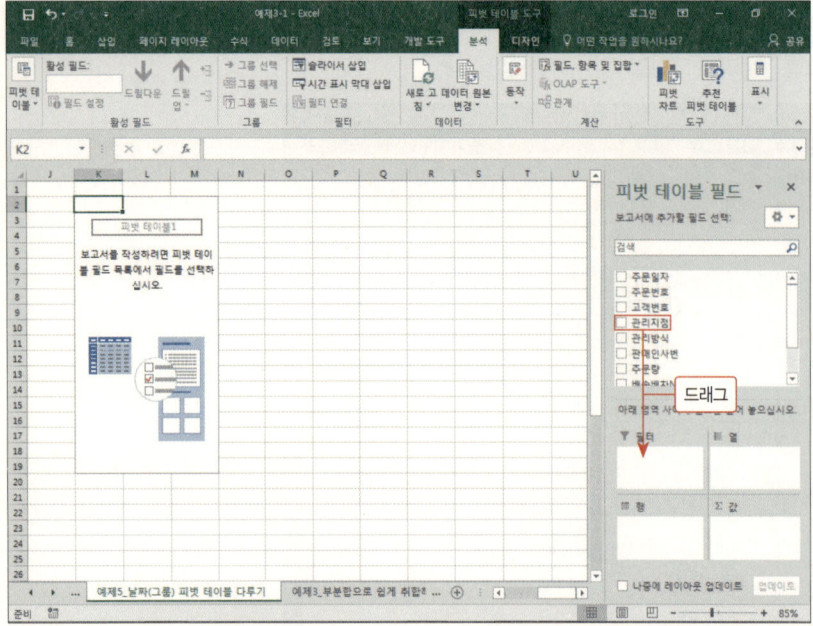

04 주문일자를 '연'과 '분기'로 그룹화하여 표시하겠습니다.
'피벗 테이블 필드' 작업 창에서 '주문일자'를 열 영역으로 드래그합니다.

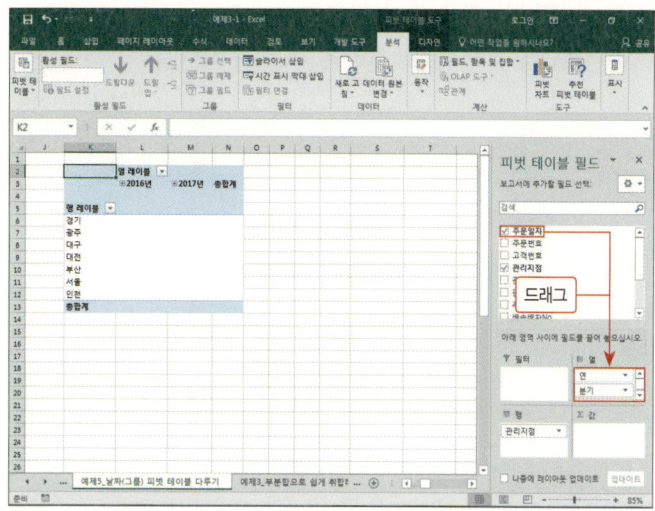

05 주문일자를 마우스 오른쪽 버튼으로 클릭하고 **그룹**을 실행합니다.

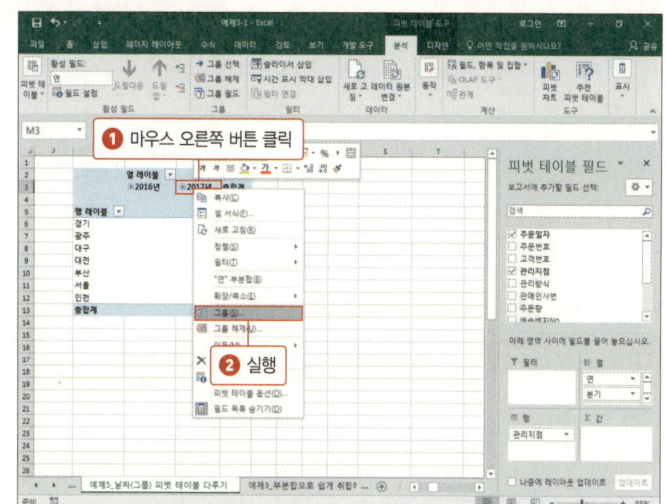

> 버전 엑셀 2016에서는 자동으로 '연', '분기', '주문일자'로 세분화되어 나타나지만 하위 버전에서는 과정과 같이 설정해야 합니다.

06 '그룹화' 대화상자가 표시되면 단위를 '연', '분기', '월', '일'로 지정할 수 있습니다. 예제에서는 '분기'와 '연'을 지정하고 〈확인〉 버튼을 클릭합니다.

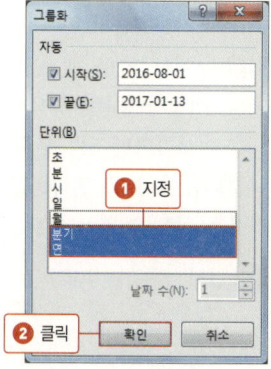

227

07 주문일자가 '연'과 '분기'로 그룹화 됩니다.

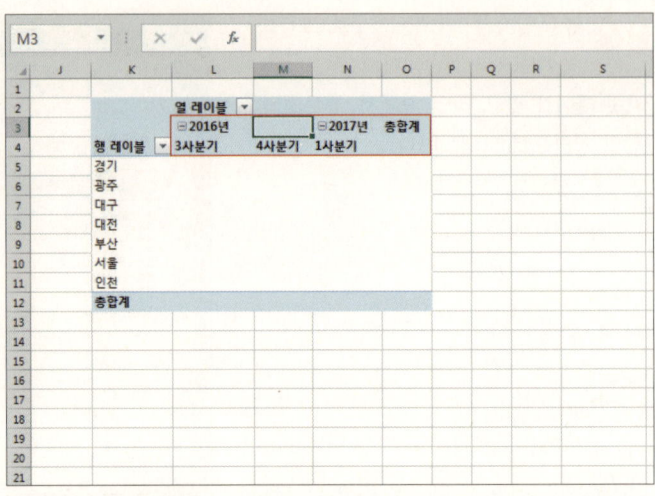

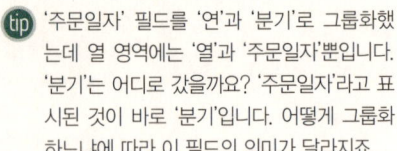 '주문일자' 필드를 '연'과 '분기'로 그룹화했는데 열 영역에는 '열'과 '주문일자'뿐입니다. '분기'는 어디로 갔을까요? '주문일자'라고 표시된 것이 바로 '분기'입니다. 어떻게 그룹화하느냐에 따라 이 필드의 의미가 달라지죠.

08 '피벗 테이블 필드' 작업 창에서 '주문량'을 값 영역으로 드래그합니다. 연도별, 분기별 주문량 합계가 표시됩니다.

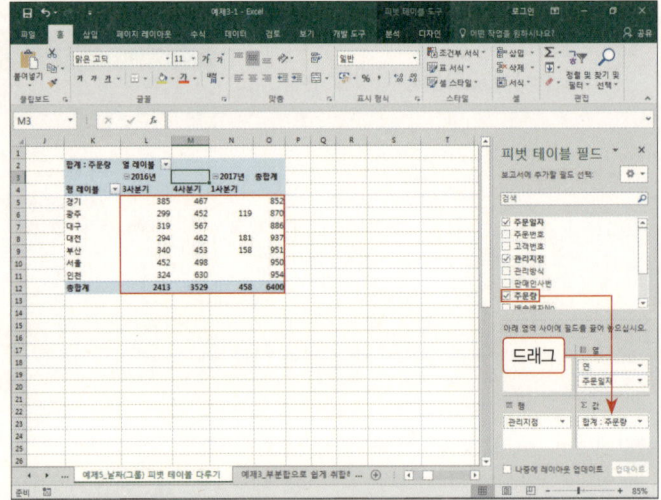

09 주문일자에서 '연'과 '분기'를 분리하겠습니다. '피벗 테이블 필드' 작업 창에서 '연'을 행 영역으로 드래그합니다. 이렇게 '주문일자'와 같은 날짜 데이터를 그룹화하면 '연', '분기', '월', '일'처럼 세분화할 수 있고 원하는 대로 피벗 테이블을 구성할 수 있습니다.

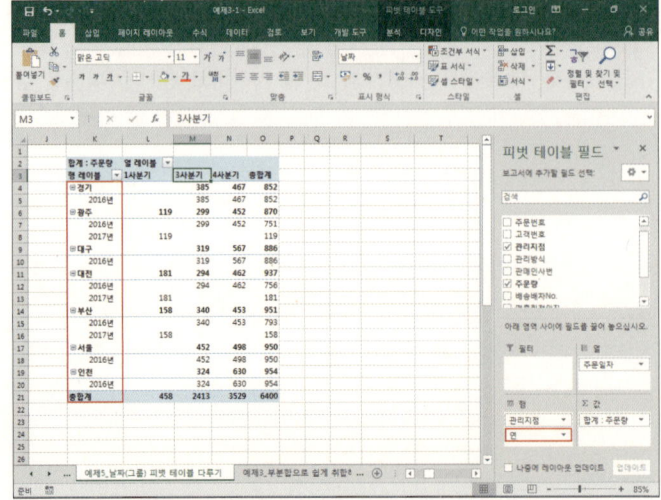

tip 날짜 데이터는 그룹화가 가능하고, 그룹화한 데이터는 피벗 테이블에 배치하여 자유자재로 사용할 수 있습니다. 단, 피벗 테이블을 사용할 수 있는 전제 조건이 '날짜 데이터를 가공하지 않은 상태'이기 때문에 평소에는 'yyyy-mm-dd'와 같은 기본 형태로 관리하는 것이 좋습니다.

SECTION 01 요약 보고하기

9 주문량을 단위별로 묶고 그룹별 합계 구하기 - 피벗 테이블, 슬라이서

주문량을 '1부터 50', '51부터 100'처럼 단위별로 묶어서 나타내려면 어떻게 할까요? 앞의 예제에서 날짜 데이터를 '연'과 '분기'로 그룹화했습니다. 생각해 보면 날짜를 연도 단위로 묶고, 분기 단위로 묶어서 표현한 것과 같죠. 이번에는 '주문량' 필드를 그룹화하겠습니다.

{예제 파일} 04\예제3-1.xlsx   {시트} 예제6_숫자(그룹) 피벗 테이블 다루기

01 피벗 테이블에서 주문량을 10개 단위로 묶은 다음 슬라이서 기능을 이용해 그룹별 합계를 구하겠습니다.
데이터가 입력된 임의의 셀을 선택하고 [삽입] 탭 → [표] 그룹 → [피벗 테이블( )]을 클릭합니다.

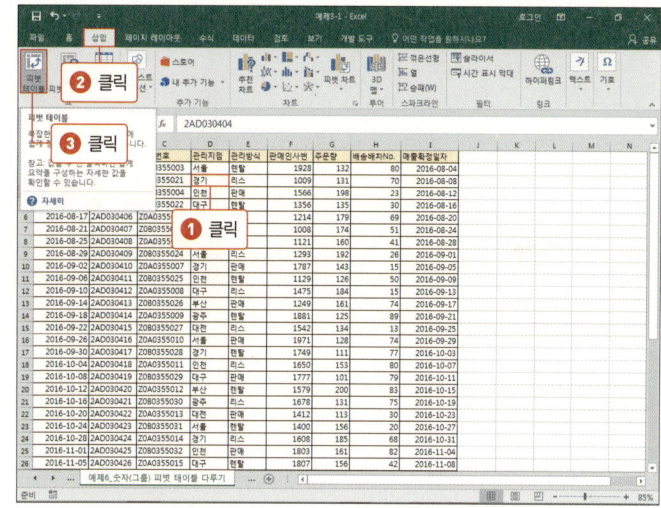

02 '피벗 테이블 만들기' 대화상자가 표시되면 표/범위에서 자동으로 지정된 범위를 확인합니다. 피벗 테이블을 넣을 위치로 '기존 워크시트'를 선택하고 위치에 커서를 둔 다음 [K1]셀을 선택합니다. 〈확인〉 버튼을 클릭합니다.

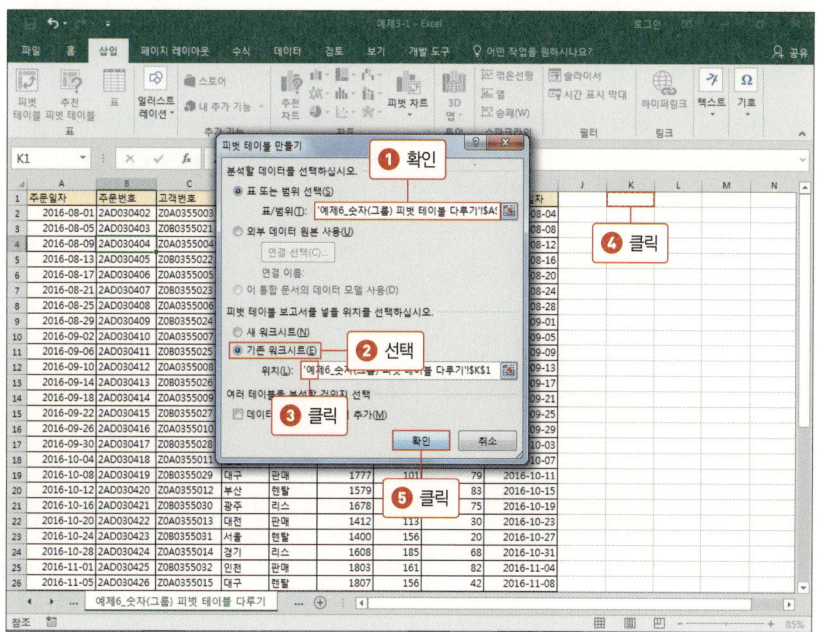

229

03 [K1]셀을 시작 위치로 피벗 테이블이 만들어집니다. '주문량'을 기준으로 행 레이블을 만들기 위해 '피벗 테이블 필드' 작업 창에서 '주문량'을 행 영역으로 드래그합니다.

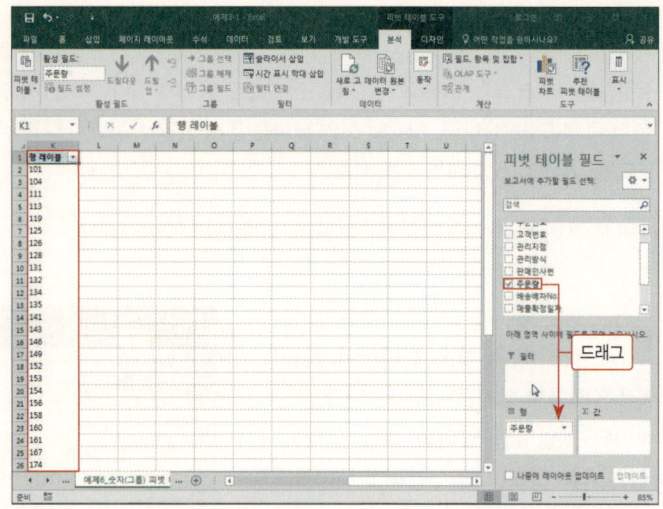

04 '피벗 테이블 필드' 작업 창에서 '관리방식'을 값 영역으로 드래그합니다. 값 영역에 '개수 : 관리방식'이 표시 된 것을 확인합니다.

> tip 이전 예제에서 '주문량'을 값 영역으로 드래그했을 때는 '합계 : 주문량'이 표시되었는데 '관리방식'은 '개수 : 관리방식'으로 표시되었습니다. 왜 다른 걸까요? '관리방식'은 텍스트 데이터이고 '주문량'은 숫자 데이터이기 때문입니다. 텍스트로 연산할 수 없기 때문에 함수 이름이 아닌 '개수'가 표시된 것이죠.

05 [K3]셀을 마우스 오른쪽 버튼으로 클릭하고 **그룹**을 실행합니다.

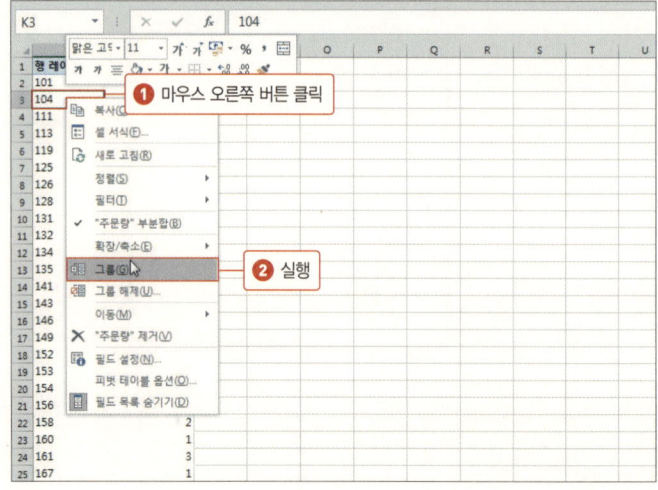

SECTION 01 요약 보고하기

06 '그룹화' 대화상자가 표시됩니다. 이전 예제에서 본 화면과는 다르죠? 시작에 '101' 끝에 '200'이 자동으로 입력된 것을 확인하고 단위를 '10'으로 설정한 다음 〈확인〉 버튼을 클릭합니다.

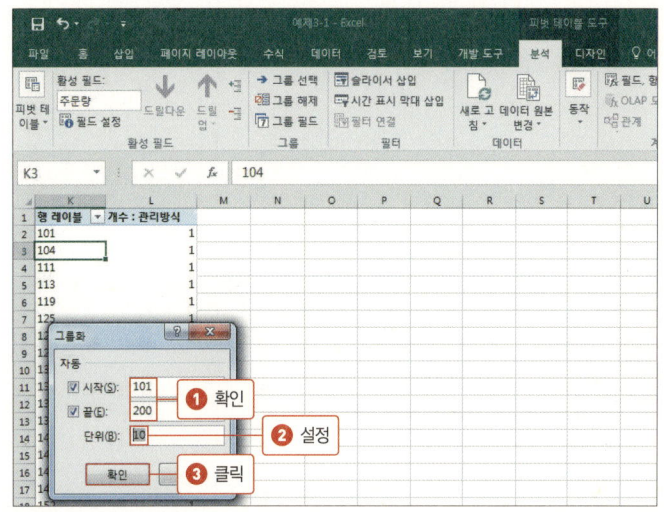

07 주문량이 '10' 단위로 묶여 그룹화됩니다.

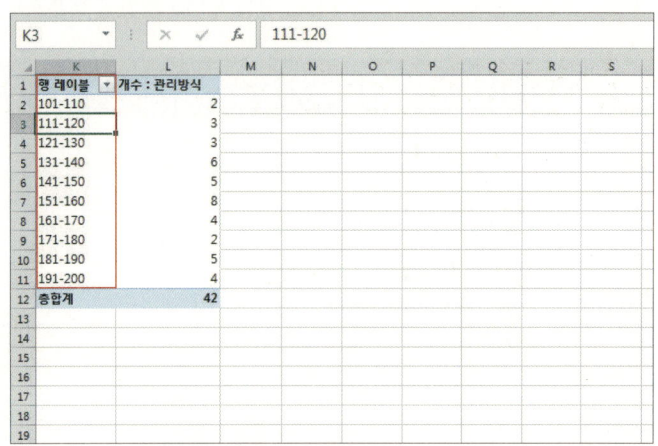

08 피벗 테이블의 슬라이서 기능으로 그룹별 주문량 합계를 구하겠습니다.
'피벗 테이블 필드' 작업 창에서 '주문량'을 값 영역으로 드래그합니다. 이때 행 영역에 들어있는 '주문량'을 드래그하면 안 됩니다.

tip 어떤 필드이든 간에 '피벗 테이블 필드' 작업 창에서 여러 번 꺼내 사용할 수 있습니다.

231

09 값 영역에 '개수 : 주문량'이 표시된 것을 확인합니다.

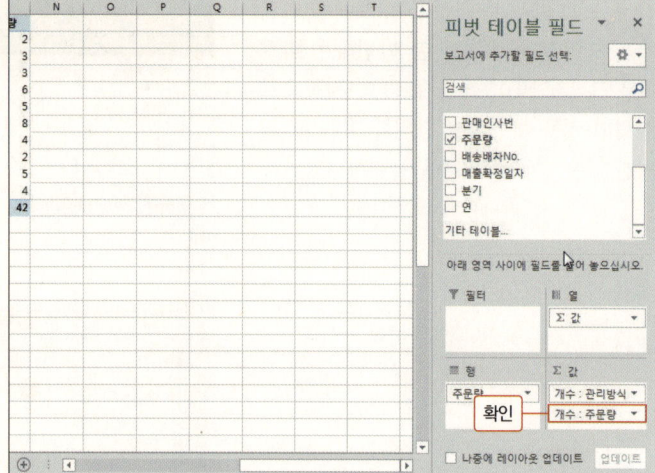

tip '주문량'은 숫자 데이터인데 왜 '개수'라고 표시된 걸까요? 이전 과정에서 '관리방식'이 '개수'로 지정됐기 때문입니다. 최근에 작업한 내용을 참조해서 엑셀이 자동으로 지정한 것이죠.

10 주문량 합계를 구하기 위해 [M2]셀을 마우스 오른쪽 버튼으로 클릭하고 **값 요약 기준 → 합계**를 실행합니다.

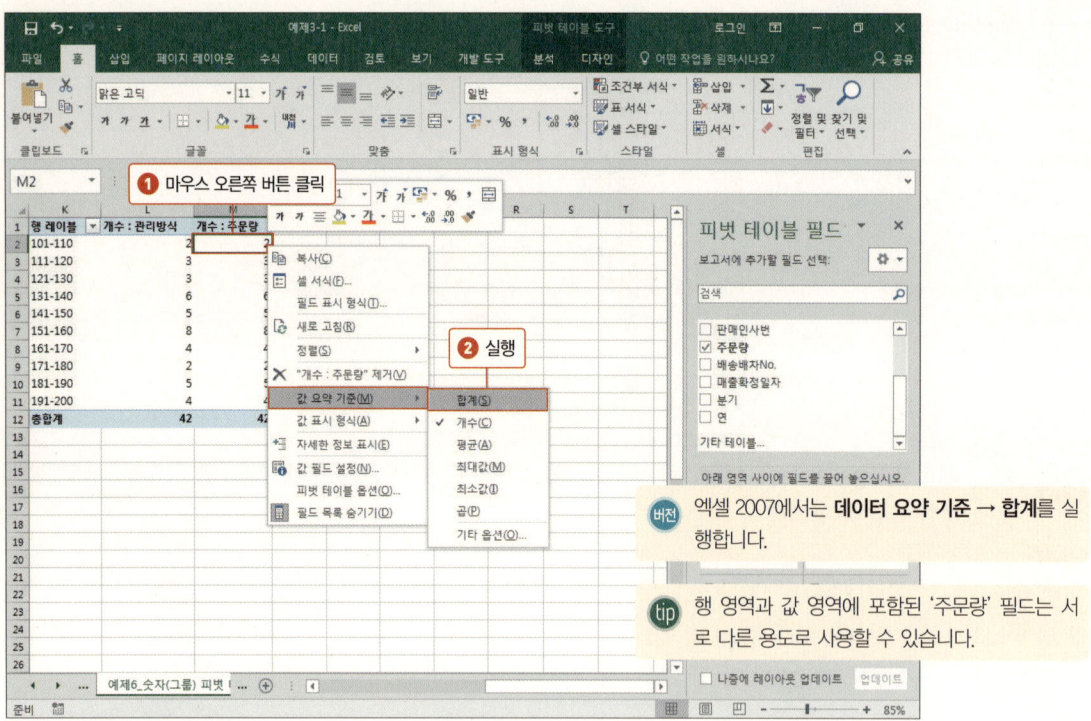

버전 엑셀 2007에서는 **데이터 요약 기준 → 합계**를 실행합니다.

tip 행 영역과 값 영역에 포함된 '주문량' 필드는 서로 다른 용도로 사용할 수 있습니다.

SECTION 01 요약 보고하기

11 주문량 데이터가 입력된 임의의 셀을 선택하고 [**분석**] **탭** → [**필터**] **그룹** → [**슬라이서 삽입**]을 클릭합니다.

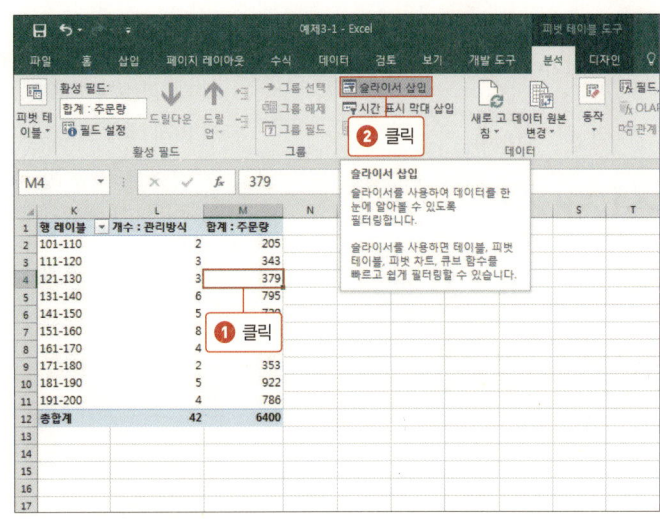

🔖 슬라이서 기능은 엑셀 2010부터 사용할 수 있습니다.

💡 피벗 테이블 위에 커서를 두면 [분석] 탭이 활성화됩니다. 슬라이서는 필터와 비슷한 기능이지만 더 편리하게 사용할 수 있습니다.

12 '슬라이서 삽입' 대화상자가 표시되면 '관리지점'과 '관리방식' 항목에 체크 표시한 다음 〈확인〉 버튼을 클릭합니다.

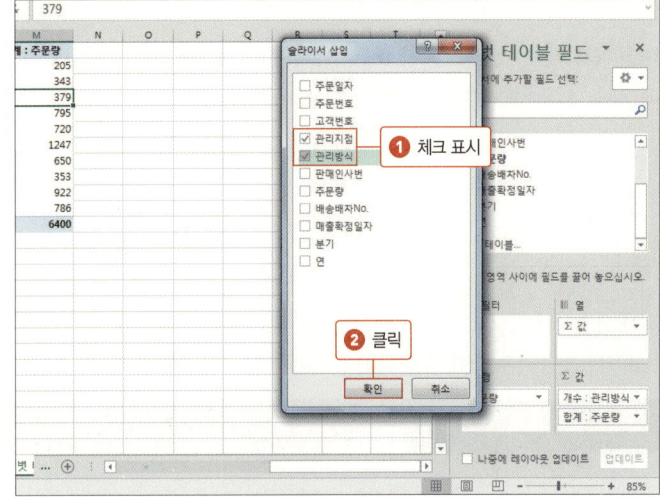

13 선택한 항목 수만큼 슬라이서 필터가 만들어집니다. '관리지점' 슬라이서와 '관리방식' 슬라이서의 각 항목을 선택하거나 해제하면서 표시되는 주문량 합계를 확인합니다.

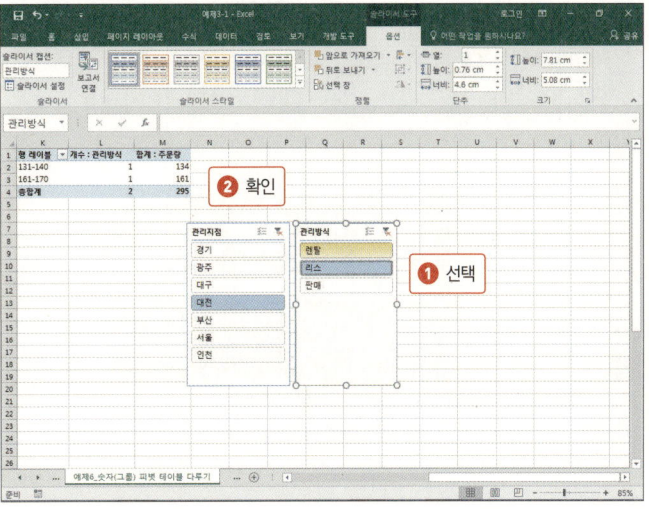

💡 '다중 선택' 아이콘(圉)을 클릭하면 여러 항목을 선택할 수 있습니다. 적용된 필터를 해제하고 싶다면 '필터 지우기' 아이콘(🔣)을 클릭합니다.

233

SECTION 02
정해진 양식에 맞춰 보고하기

통합과 GETPIVOT, SUMIFS, DSUM 함수를 활용해 보고서 양식이 있을 때 데이터를 관리하는 방법을 알아봅니다. 흐름을 따라 이해하면서 어렵지 않게 배워 보겠습니다.

1) 통합 활용 : 통합 활용 두 번째! 양식에 맞춰 빠르게 통합하기
2) GETPIVOT 활용 : 피벗(PIVOT) 테이블로 구성된 데이터를 골라(GET)서 보고하기
3) SUMIFS 활용 : 조건에 맞는 데이터의 합계와 평균 구하기
4) DSUM 활용 : 조건에 맞는 데이터를 검색하고 보고하기

중요도 4 / 작업 소요 시간 45분 / 동영상 재생 시간 18분

1 팀별로 나뉜 영업실적을 제품별, 지점별로 나타내기 – 통합

이전 예제에서는 간단한 요약 보고서에서 통합 기능을 활용하는 방법을 배웠습니다. 여기서는 정해진 양식에 맞춰 보고할 때 기존 데이터를 통합하는 방법을 알아봅니다.

{예제 파일} 04\예제3-2.xlsx   {시트} 예제1_통합의 활용2 (1)

01 시트 가운데에 있는 '지점별 영업실적(통합)' 표를 살펴보면 팀별 실적 표와 '제품' 필드 순서가 서로 다르다는 것을 알 수 있습니다. 이 상태에서 팀별 실적 표를 하나로 통합하여 '지점별 영업실적(통합)' 표에 나타내겠습니다.
[D17:I20] 범위를 드래그한 다음 [데이터] 탭 → [데이터 도구] 그룹 → [통합(▦)]을 클릭합니다.

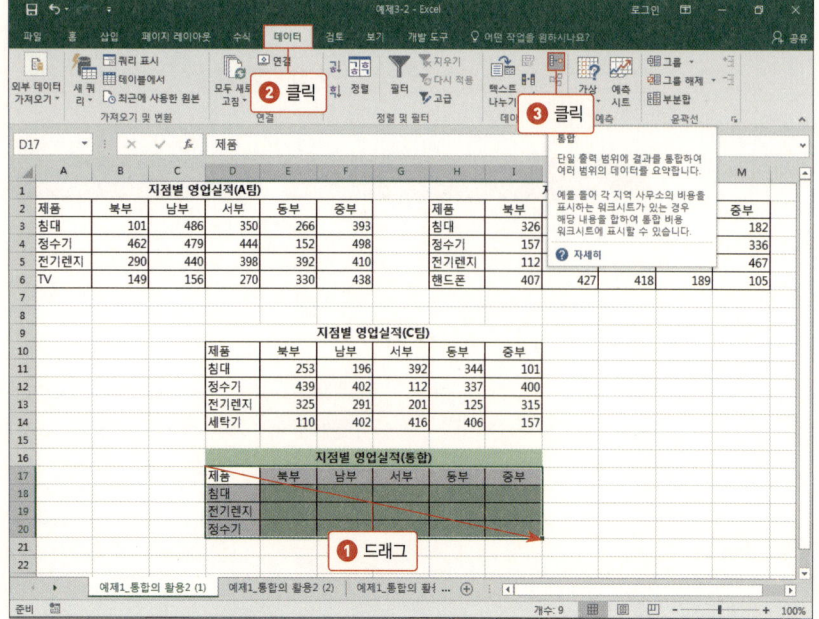

02 '통합' 대화상자가 표시되면 참조에 커서를 두고 [A2:F6] 범위를 드래그한 다음 〈추가〉 버튼을 클하여 참조 영역으로 지정합니다. 같은 방법으로 [H2:M6] 범위, [D10:I14] 범위를 지정합니다. 사용할 레이블 항목에서 '첫 행'과 '왼쪽 열'에 체크 표시하고 함수를 '합계'로 지정한 다음 〈확인〉 버튼을 클릭합니다.

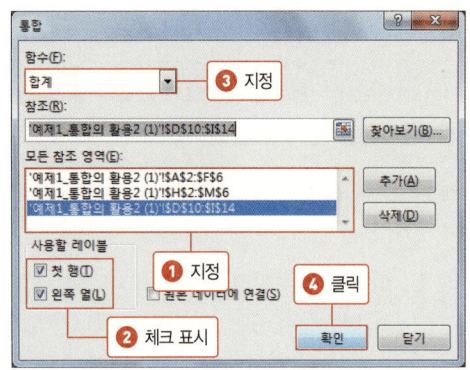

03 지정된 양식에 세 개의 표가 통합됩니다. '제품' 필드 순서가 서로 달라도 사용할 레이블에서 '왼쪽 열'에 체크 표시했기 때문에 왼쪽 열의 순서와 관계없이 취합이 잘 된 것입니다.

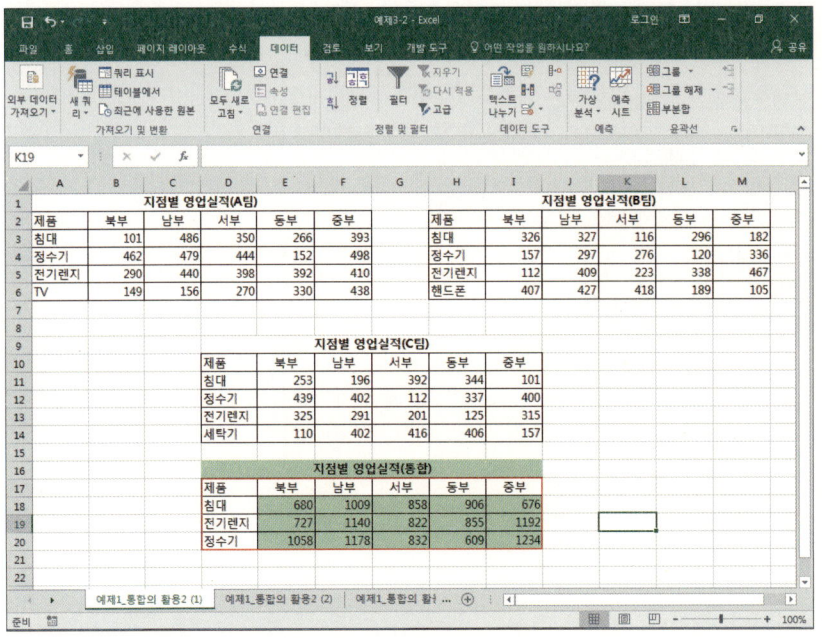

2 서로 다른 양식의 표를 통합해서 제품별, 지점별 합계 구하기 – 통합

이전 예제에서는 통합할 데이터가 입력된 표 양식이 모두 같았습니다. 여기서는 행과 열에 입력된 데이터가 서로 다를 때 데이터를 통합하는 방법을 알아봅니다.

{예제 파일} 04\예제3-2.xlsx   {시트} 예제1_통합의 활용2 (2)

01 이전 예제와 달리 통합할 표와 지정된 표 양식이 많이 다릅니다. 먼저 '중부', '서부' 필드 위치가 서로 다르고 B팀 실적 표는 '세부코드' 필드가 있어 제품을 좀 더 세분화해서 관리하고 있는 것을 확인할 수 있습니다. 그러나 이렇다 하더라도 통합하는 데 아무 문제없습니다. 한번 해 볼까요?
[D10:I13] 범위를 드래그한 다음 [데이터] 탭 → [데이터 도구] 그룹 → [통합(▣)]을 클릭합니다.

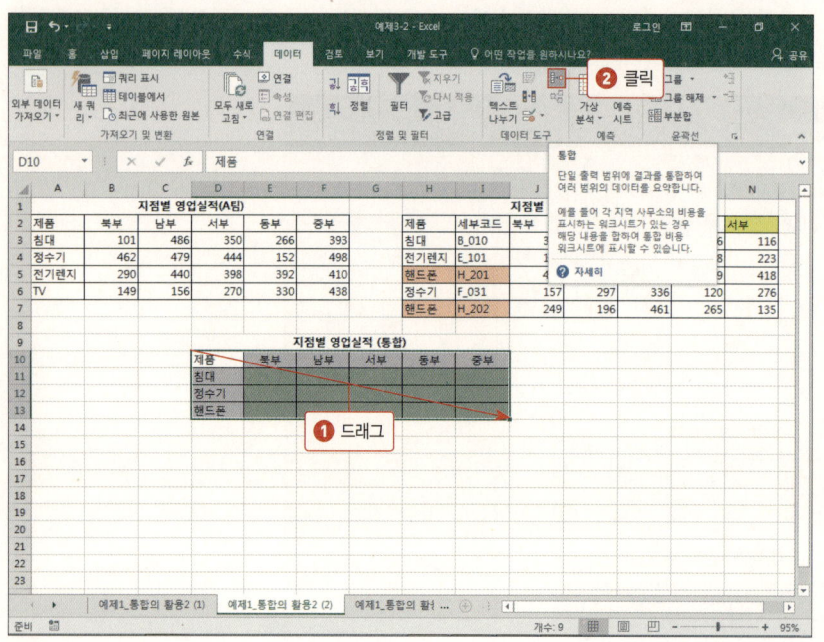

02 '통합' 대화상자가 표시되면 참조에 커서를 두고 [A2:F6] 범위를 드래그한 다음 〈추가〉 버튼을 클릭하여 참조 영역으로 지정합니다. 같은 방법으로 [H2:N7] 범위를 지정합니다. 사용할 레이블 항목에서 '첫 행'과 '왼쪽 열'에 체크 표시하고 함수를 '합계'로 지정한 다음 〈확인〉 버튼을 클릭합니다.

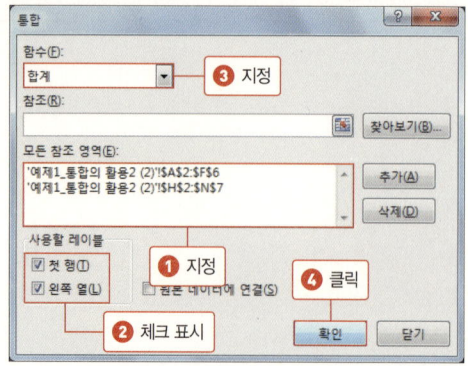

03 지정된 양식에 두 개의 표가 통합됩니다. '제품' 필드에서 '핸드폰'을 살펴보면 B팀 실적표에서 세분화하여 관리했음에도 불구하고 잘 통합되었고 '중부' 필드와 '서부' 필드 위치가 달라도 자동으로 위치를 인식해 통합한 것을 알 수 있습니다.

통합은 이렇게 양식이 서로 달라도 아무 문제없습니다. 단, 통합 기준을 '왼쪽 열', '첫 행'에 맞춰야 한다는 것만 주의하면 됩니다.

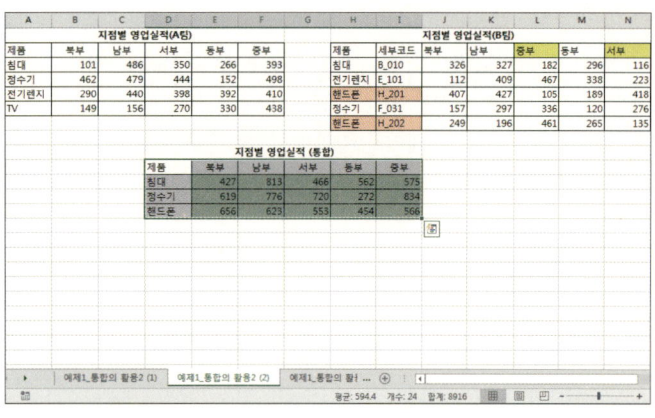

3 크기가 다른 표를 통합해서 제품별, 지점별 합계 구하기 - 통합

통합할 데이터가 입력된 표보다 보고서 양식 크기가 더 작은 경우에도 통합이 가능할까요? 지금까지의 결과를 보면 이번에도 가능할 것 같습니다. 예제를 통해 알아봅니다.

{예제 파일} 04\예제3-2.xlsx   {시트} 예제1_통합의 활용2 (3)

01 '지점별 영업실적(통합)' 표를 살펴보면 지점 수가 줄어들어 양식 크기가 이전 예제보다 작아진 것을 확인할 수 있습니다. 이렇게 양식 크기와 통합할 표 크기가 다를 때도 통합이 가능합니다.
[E10:H13] 범위를 드래그한 다음 [데이터] 탭 → [데이터 도구] 그룹 → [통합( )]을 클릭합니다.

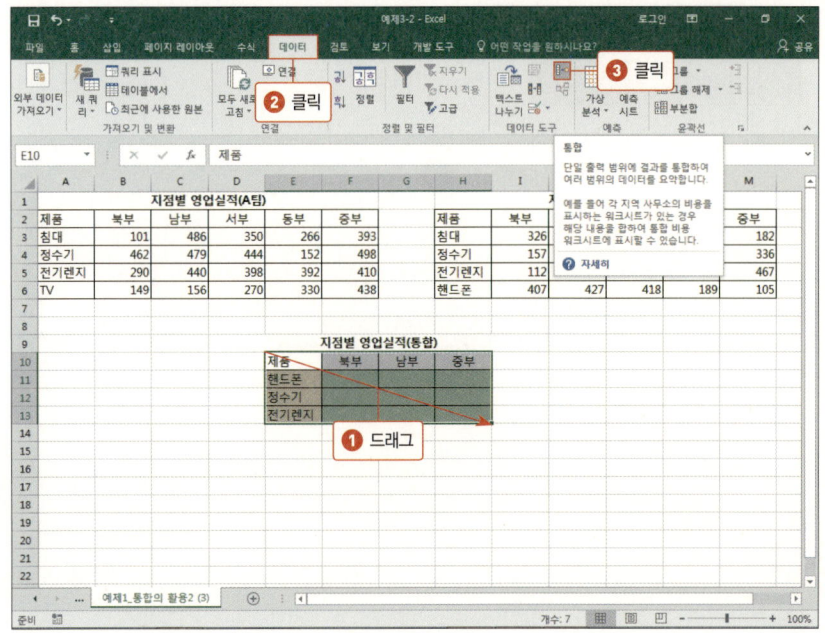

02 '통합' 대화상자가 표시되면 참조에 커서를 두고 [A2:F6] 범위를 드래그한 다음 〈추가〉 버튼을 클릭하여 참조 영역으로 지정합니다. 같은 방법으로 [H2:M6] 범위를 지정합니다. 사용할 레이블 항목에서 '첫 행'과 '왼쪽 열'에 체크 표시하고 함수를 '합계'로 지정한 다음 〈확인〉 버튼을 클릭합니다.

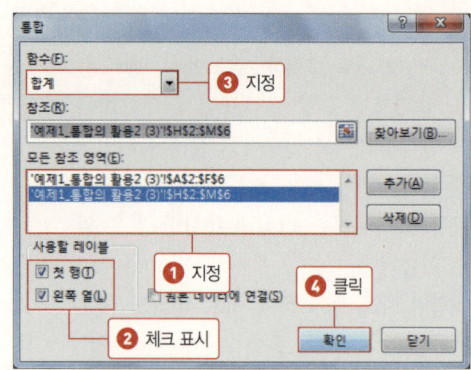

03 지정된 양식에 두 개의 표가 통합됩니다. 첫 행(북부, 남부, 중부)을 자동으로 인식하고 왼쪽 열(제품, 핸드폰, 정수기, 전자렌지) 역시 순서에 상관없이 인식한다는 것을 알 수 있습니다.

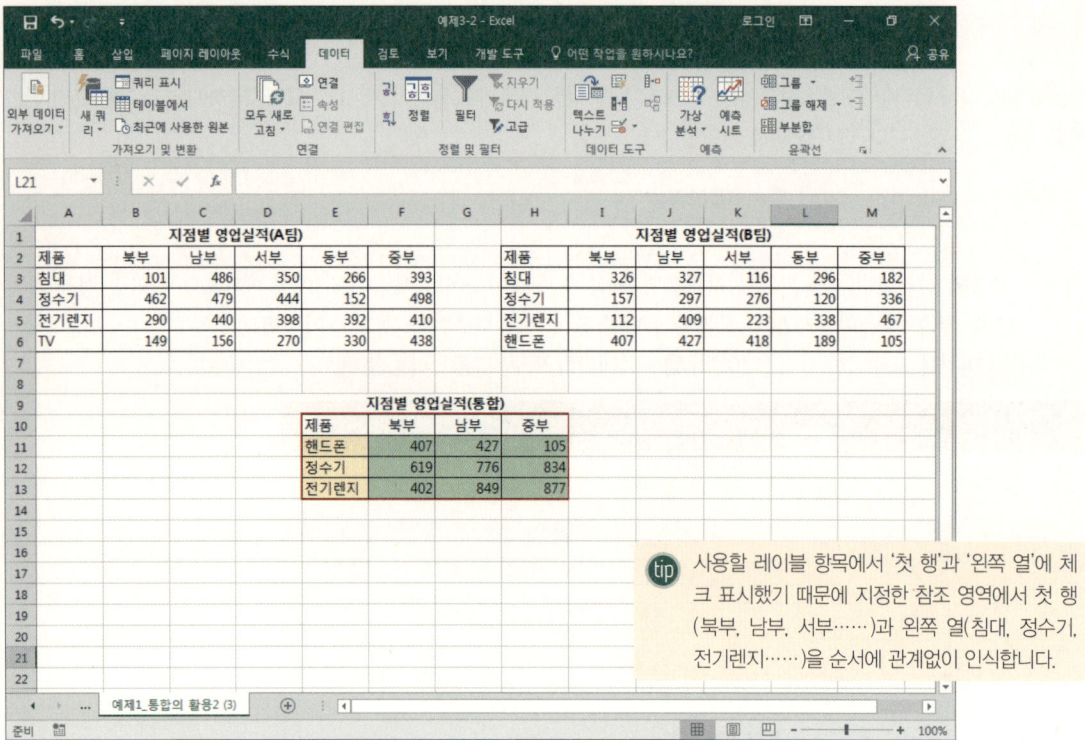

tip 사용할 레이블 항목에서 '첫 행'과 '왼쪽 열'에 체크 표시했기 때문에 지정한 참조 영역에서 첫 행(북부, 남부, 서부……)과 왼쪽 열(침대, 정수기, 전기렌지……)을 순서에 관계없이 인식합니다.

SECTION 02 정해진 양식에 맞춰 보고하기

4 'GETPIVOT'을 활용해 연도별, 팀별 제품 실적 구하기 – 피벗 테이블

데이터 표를 피벗 테이블로 만든 다음 GETPIVOT을 이용해 피벗 테이블에서 기존 시트로 데이터를 가져오는 방법을 알아봅니다.

{예제 파일} 04\예제3-2.xlsx   {시트} 예제2_GETPIVOT의 활용

01 가공하지 않은 데이터를 피벗 테이블로 만들고 'GETPIVOT'를 활용하여 지정된 양식에 표시한 다음 연도별, 팀별 제품 실적을 구하겠습니다.
왼쪽 표에서 데이터가 입력된 임의의 셀을 선택하고 **[삽입] 탭 → [표] 그룹 → [피벗 테이블(<img>)]**을 클릭합니다.

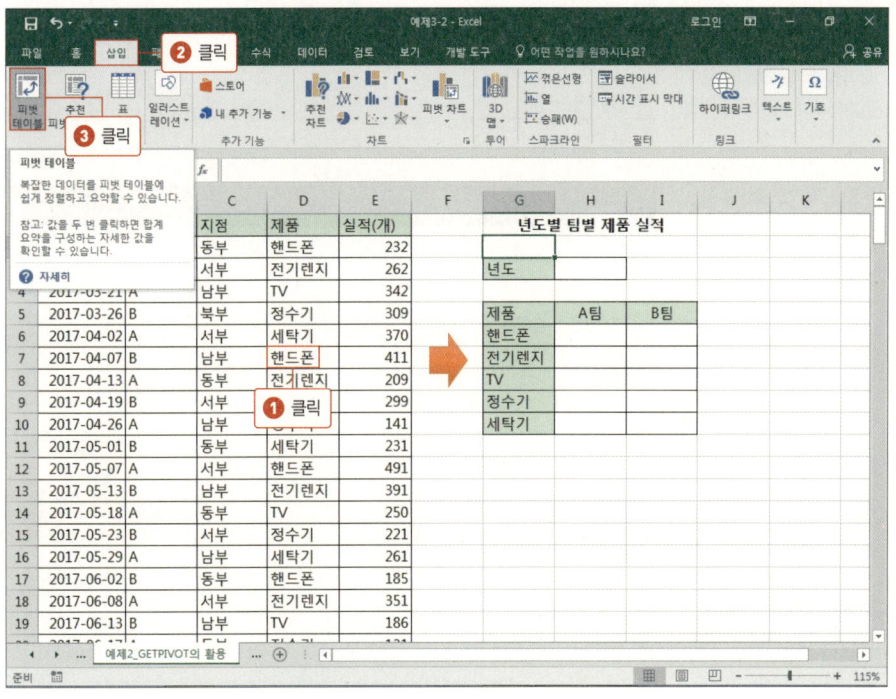

02 '피벗 테이블 만들기' 대화상자가 표시되면 표/범위에 자동으로 지정된 범위를 확인한 다음 피벗 테이블을 넣을 위치로 '새 워크시트'를 선택하고 〈확인〉 버튼을 클릭합니다.

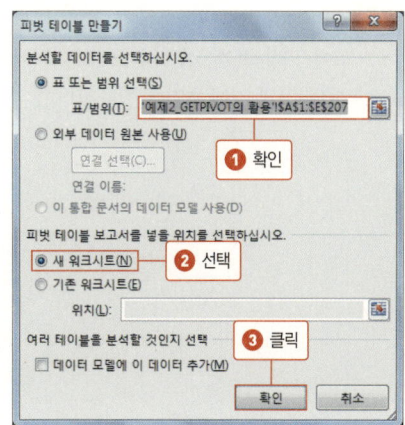

239

03 새 워크시트가 만들어지면 '피벗 테이블 필드' 작업 창에서 '팀'과 '제품'을 차례로 행 영역에 드래그합니다. 행 레이블에 '팀' 필드의 하위 레벨로 '제품' 필드가 표시됩니다.

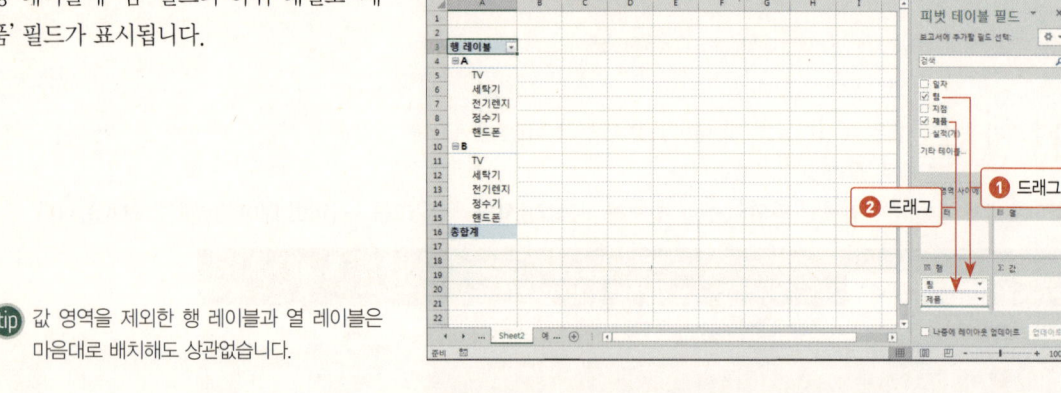

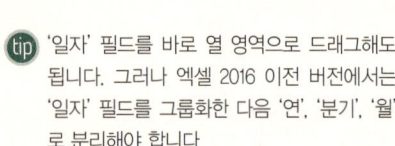 값 영역을 제외한 행 레이블과 열 레이블은 마음대로 배치해도 상관없습니다.

04 '피벗 테이블 필드' 작업 창에서 '일자'를 마우스 오른쪽 버튼으로 클릭하고 **열 레이블에 추가**를 실행합니다. '일자' 필드가 '연'과 '분기'로 세분화되어 열 레이블에 표시됩니다.

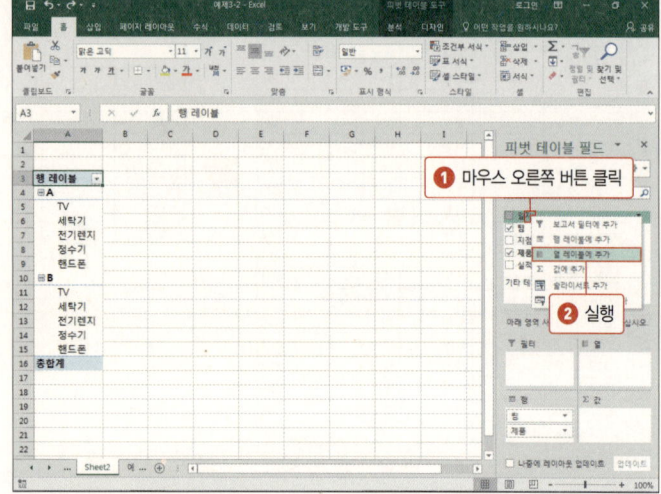

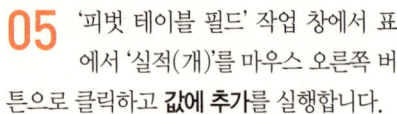 '일자' 필드를 바로 열 영역으로 드래그해도 됩니다. 그러나 엑셀 2016 이전 버전에서는 '일자' 필드를 그룹화한 다음 '연', '분기', '월'로 분리해야 합니다.

05 '피벗 테이블 필드' 작업 창에서 표에서 '실적(개)'를 마우스 오른쪽 버튼으로 클릭하고 **값에 추가**를 실행합니다.

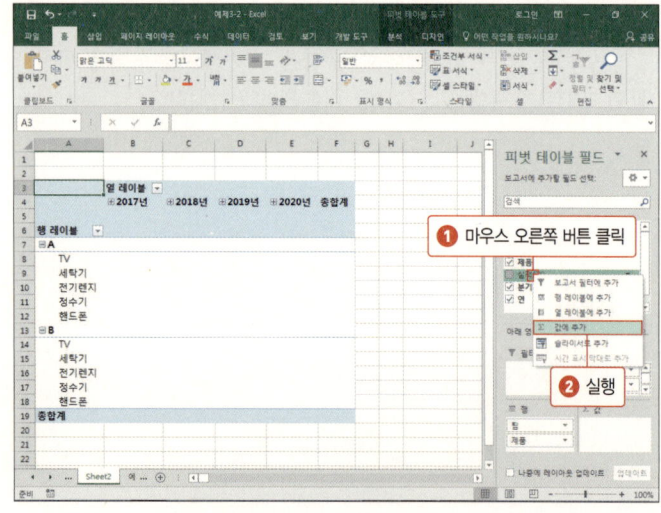

06 피벗 테이블을 완성합니다.

07 '예제2_GETPIVOT의 활용' 시트로 이동한 다음 [H3]셀에 '2017'을 입력합니다. 이제 피벗 테이블에서 'GETPIVOT'를 이용해 입력한 연도에 해당하는 A팀 핸드폰 실적을 가져오겠습니다. [H6] 셀에 '='를 입력합니다.

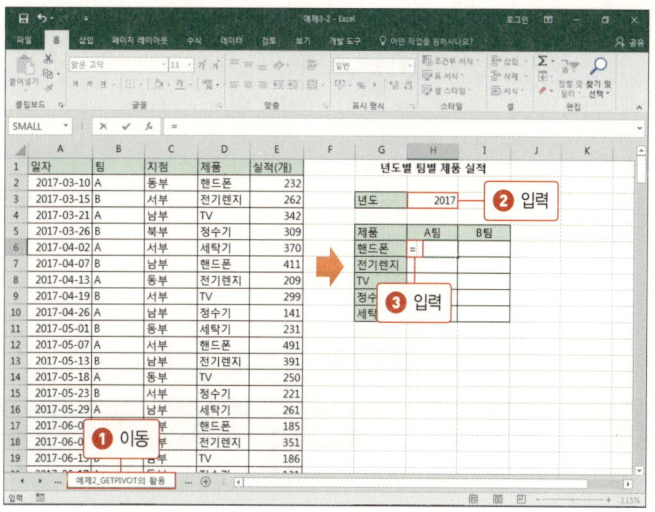

08 피벗 테이블을 만든 시트로 이동한 다음 2017년도 A팀 핸드폰 실적인 [B12]셀을 선택합니다. 수식 입력줄에서 'GETPIVOTDATA'를 확인하고 Enter 키를 누릅니다.

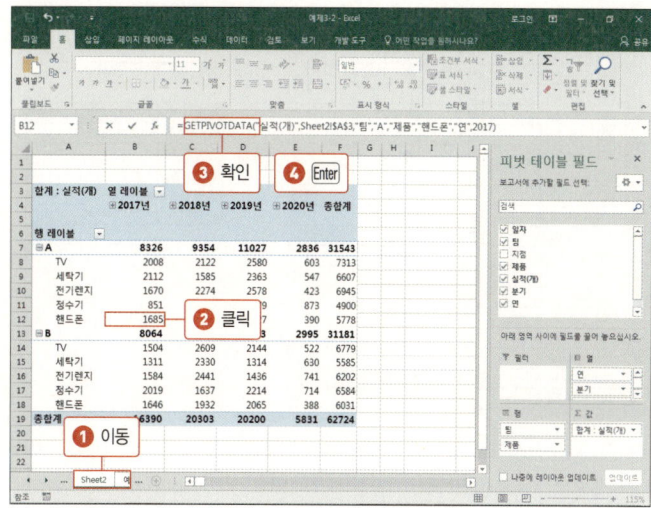

09 자동으로 '예제2_GETPIV-OT의 활용' 시트로 이동하면 [H6]셀에 피벗 테이블 [B12]셀에서 가져온 값인 '1685'가 표시되는 것을 확인합니다.

10 시트를 이동하면서 일일이 값을 지정하면 엑셀을 사용하는 의미가 없겠죠? [H6]셀에 입력된 수식에서 연도(2017), 제품 이름(핸드폰), 팀 이름(A)을 상대 또는 절대 참조하도록 설정한 다음 드래그하여 나머지 셀을 채우겠습니다.

[H6]셀을 선택하고 수식 입력줄에서 '2017'을 지웁니다.

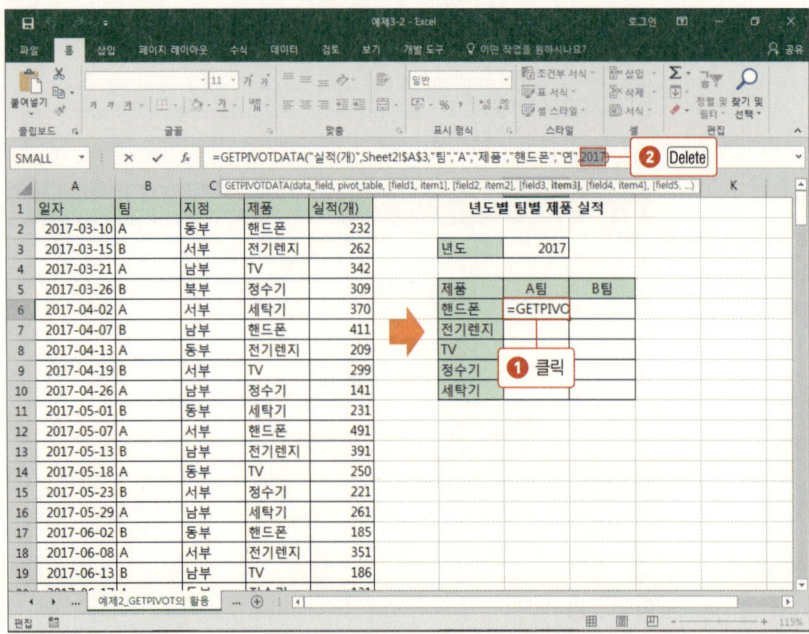

SECTION 02 정해진 양식에 맞춰 보고하기

11 '2017'을 지운 자리에 커서를 두고 [H3]셀을 클릭합니다. [H3]셀에 입력된 연도는 변하면 안 되는 고정값입니다. 즉, 절대적 값이기 때문에 행과 열을 모두 고정해야 합니다. F4 키를 눌러 'H3'을 '$H$3'으로 변경합니다.

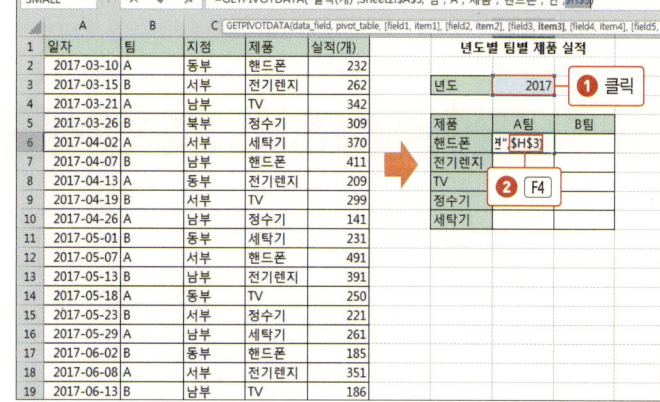

tip F4 키를 여러 번 눌러 고정할 행 또는 열 앞에 '$' 기호가 오도록 설정합니다.

12 수식 입력줄에서 "핸드폰"을 지운 다음 지운 자리에 커서를 두고 [G6]셀을 클릭합니다.

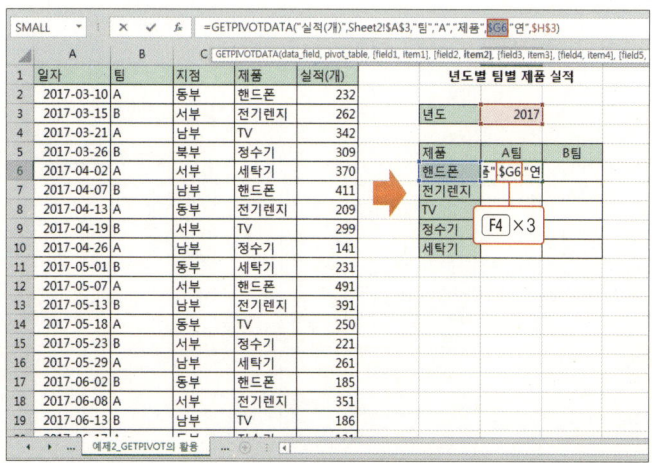

13 'G6'에서 고정해야 할 부분은 어디일까요? 핸드폰, 전기렌지, TV 등 다른 제품에 해당하는 실적도 가져와야 하기 때문에 G열만 고정해야 합니다. F4 키를 세 번 눌러 'G6'을 '$G6'으로 변경합니다.

243

14 이제 '팀' 하나 남았습니다. 그런데 [H5]셀 값은 'A팀'인 반면 수식 입력줄에는 "A"라고 표시된 것을 확인할 수 있습니다. 여러 가지 방법이 있지만 예제에서는 LEFT 함수를 이용해 [H5]셀에 입력된 'A팀'에서 왼쪽에서 한 자리만 잘라 사용하겠습니다. 수식 입력줄에서 "A"를 지운 다음 'LEFT(H5,1)'을 입력합니다.

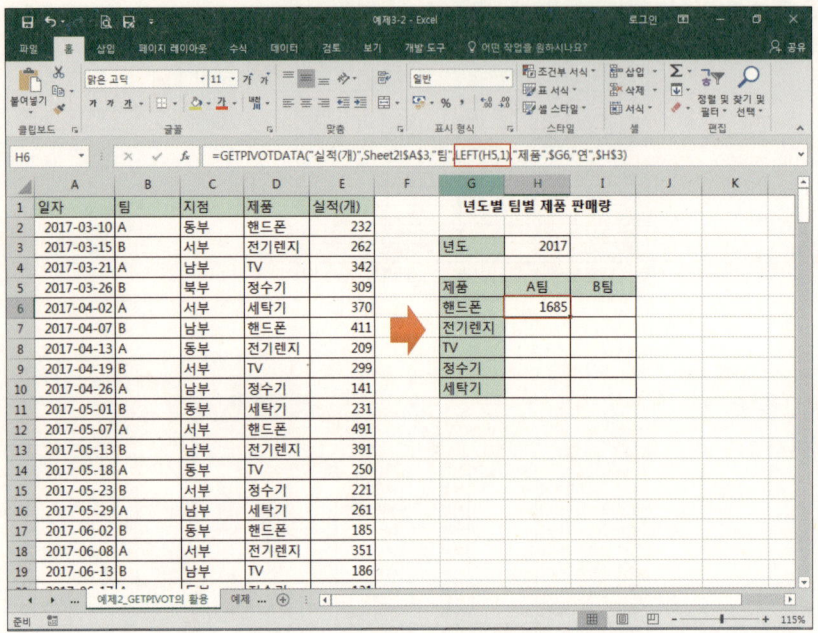

15 'H5'에도 고정해야 할 부분이 있겠죠? B팀 실적도 가져와야 하기 때문에 다섯 번째 행만 고정해야 합니다. 수식 입력줄에서 'H5'에 커서를 둔 다음 F4 키를 두 번 눌러 'H5'을 'H$5'으로 변경하고 Enter 키를 누릅니다.

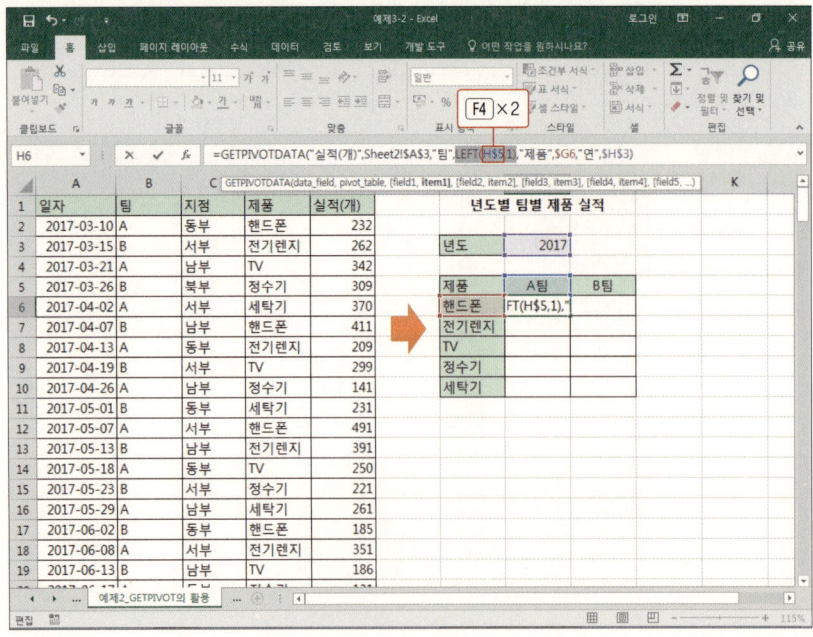

16 수식을 정확하게 변경했다면 값 변화가 없어야 합니다. [H6]셀 오른쪽 아래 꼭짓점에 마우스 포인터를 올리고 십자 표시가 나오면 [I10]셀까지 드래그합니다.

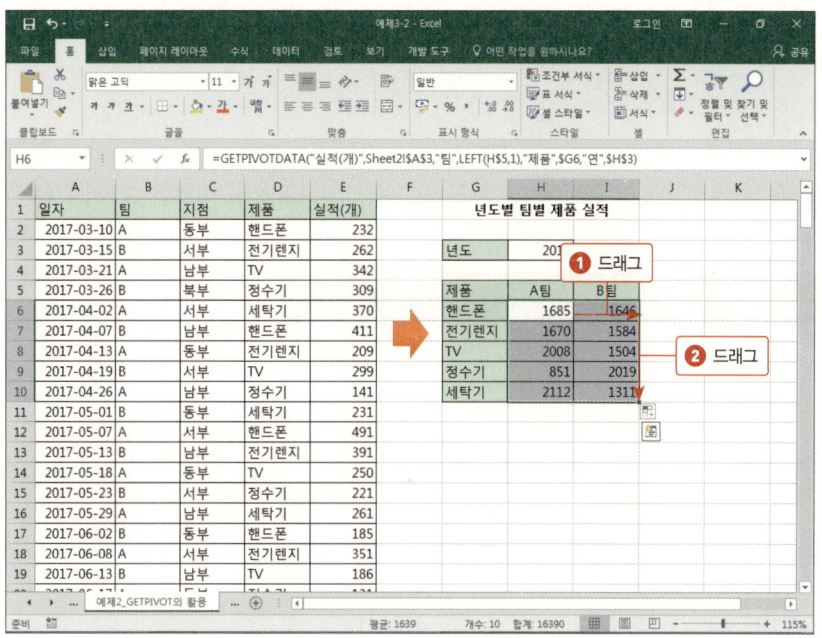

17 2017년 실적이 팀별, 제품별 표시됩니다. [H3]셀에 다른 연도를 입력해 보면서 달라지는 결과를 확인합니다.

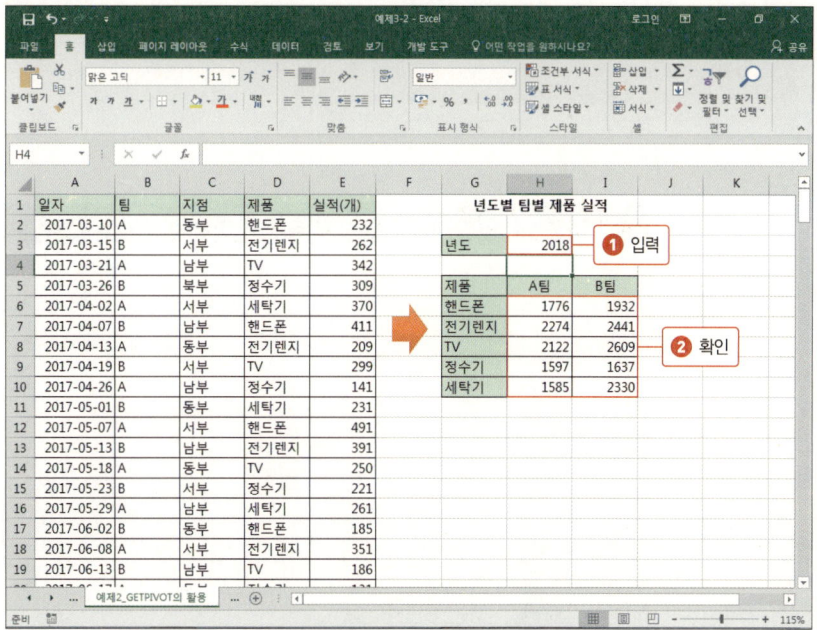

5 입력한 연도에 따라 제품별, 지점별 누적 실적 구하기 - SUMIFS 함수

SUMIFS 함수를 활용해서 입력한 연도까지 누적된 실적을 합계하도록 조건을 지정한 다음 연도를 입력하면 해당 연도까지 누적된 실적의 합을 제품별, 지점별로 표시해 보겠습니다.

{예제 파일} 04\예제3-2.xlsx **{시트}** 예제3_SUMIFS 활용한 보고서

01 [A2]셀에 입력된 날짜 데이터에서 연도만 표시하겠습니다. [B2]셀에 '=YEAR('를 입력한 다음 [A2]셀을 클릭하고 Enter 키를 누릅니다.

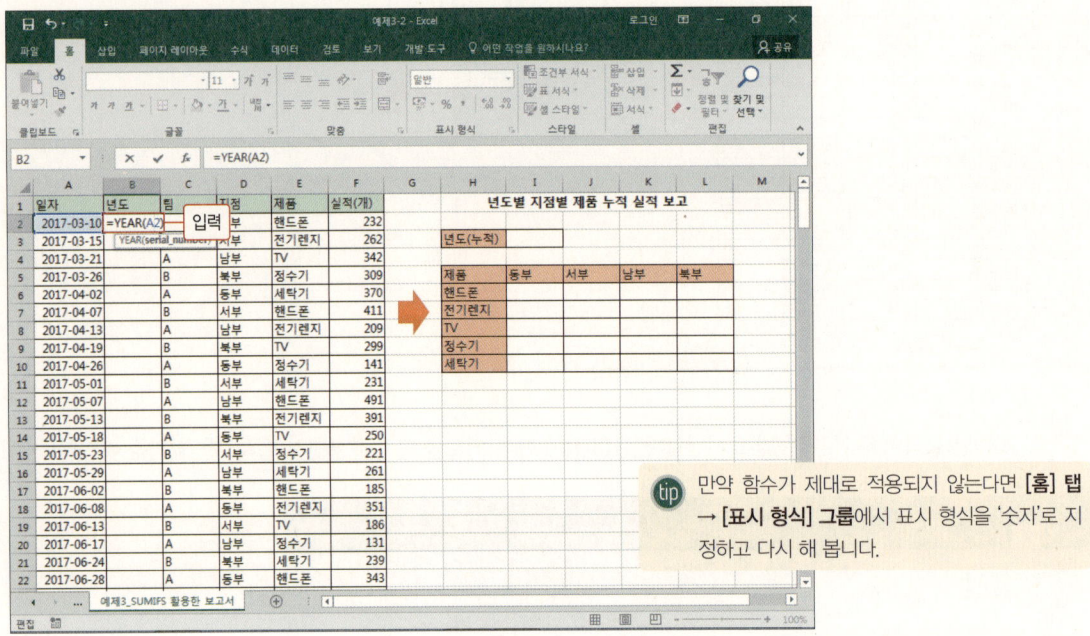

tip 만약 함수가 제대로 적용되지 않는다면 **[홈]** 탭 → **[표시 형식]** 그룹에서 표시 형식을 '숫자'로 지정하고 다시 해 봅니다.

02 [B2]셀에 '2017'이 표시되면 오른쪽 아래 꼭짓점에 마우스 포인터를 올리고 더블클릭하여 '년도' 필드를 채웁니다.

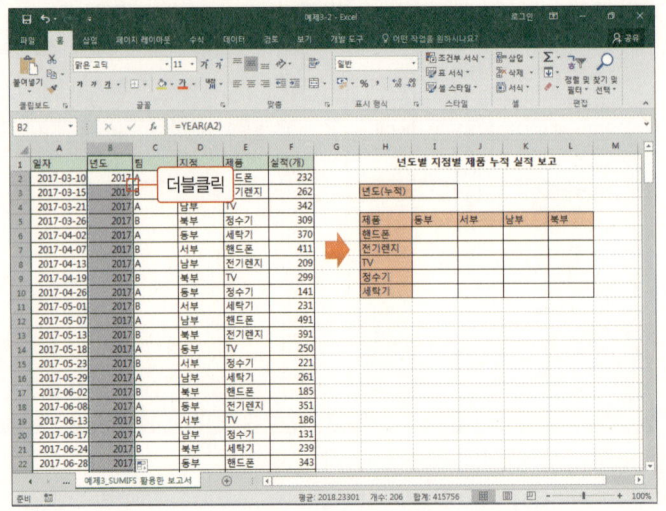

SECTION 02 정해진 양식에 맞춰 보고하기

03 유효성 검사를 이용해 [I3] 셀에 '2017, 2018, 2019, 2020'만 입력할 수 있도록 설정하겠습니다.
[I3]셀을 선택하고 **[데이터]탭 → [데이터 도구] 그룹 → [데이터 유효성 검사(▦)]**를 클릭합니다.

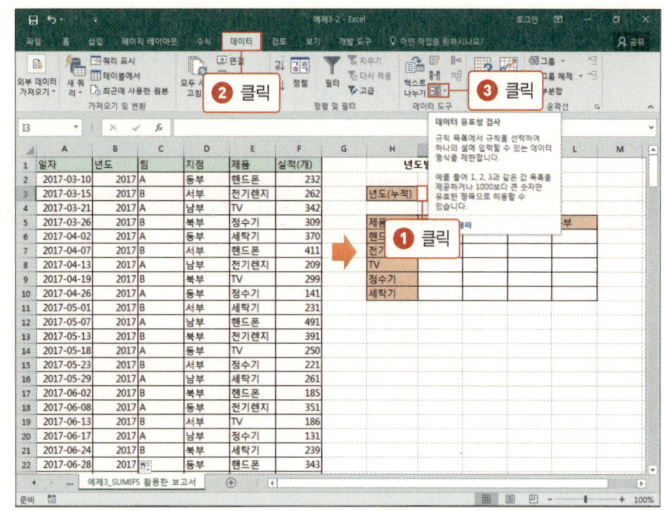

04 '데이터 유효성' 대화상자가 표시되면 제한 대상을 '목록'으로 지정하고 원본에 '2017, 2018, 2019, 2020'을 입력한 다음 〈확인〉 버튼을 클릭합니다.

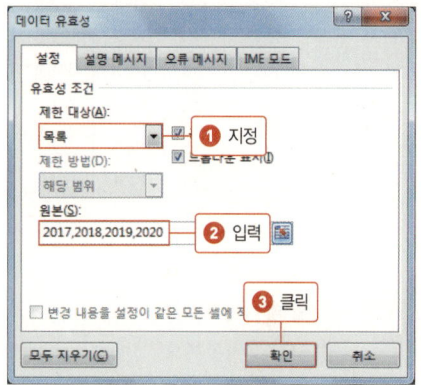

05 [I3]셀 목록 아이콘(▼)을 클릭하면 유효한 연도가 목록에 표시됩니다.

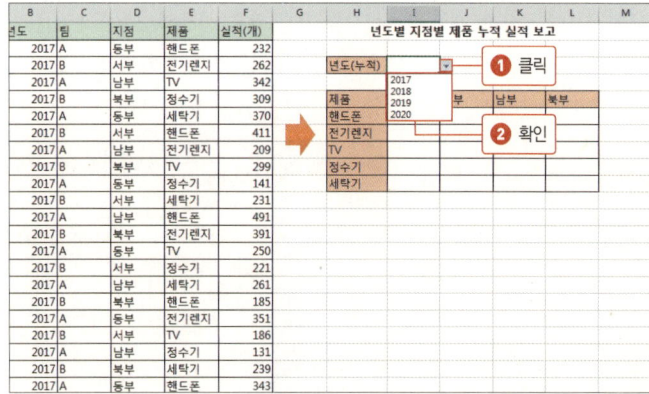

247

06 SUMIFS 함수를 이용하여 누적 실적 합계를 구하겠습니다. 'SUMIFS'는 이름 그대로 여러 개의 조건(IFS)에 따라 지정된 셀을 더하는(SUM) 함수입니다.

[I6]셀에 '=SUMIFS('를 입력하면 커서 아래에 SUMIFS(sum_range, criteria_range1, criteria1,……)이 표시됩니다.

07 [합계 범위 정하기]

하나씩 살펴볼까요? 먼저 'range'는 범위(범주), 'criteria'는 조건을 뜻합니다. 그렇다면 'sum_range'는 합계할 범위, 'criteria_range1'은 조건 범위, 'criteria1'은 첫 번째 조건이라는 것을 알 수 있겠죠? 조건은 '년도', '제품', '지점' 총 세 가지가 필요합니다. 먼저 합계 범위를 지정한 다음 조건 범위와 조건을 지정해 보겠습니다.

합계 범위는 '실적(개)' 필드이므로 [F2]셀을 선택하고 Ctrl + Shift + ↓ 키를 눌러 [F2:F207] 범위를 한번에 선택합니다. F4 키를 눌러 행과 열을 고정하고 쉼표(,)를 입력합니다.

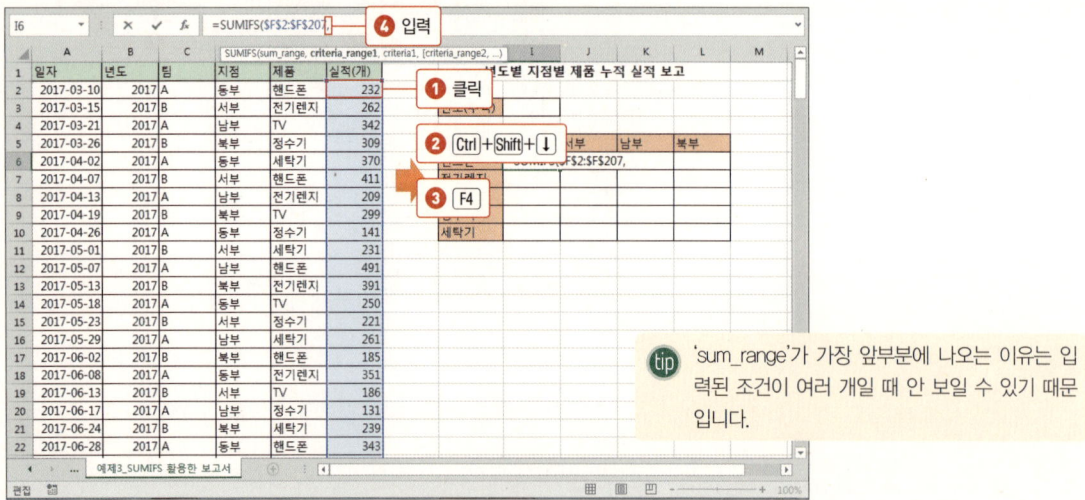

tip 'sum_range'가 가장 앞부분에 나오는 이유는 입력된 조건이 여러 개일 때 안 보일 수 있기 때문입니다.

248 Part 4 관리 및 보고하기

08 [조건 1 : 연도]

입력한 연도보다 크거나 작은 연도를 모두 출력하는 조건 범위와 조건을 지정하겠습니다. [I3]셀에 '2018'을 입력한 다음 [I6]셀 수식을 이어서 입력합니다. [B2]셀을 선택하고 Ctrl+Shift+↓ 키를 눌러 [B2:B207] 범위를 선택합니다. F4 키를 눌러 행과 열을 고정한 다음 쉼표(,)를 입력합니다. 연도가 입력된 [I3]셀을 클릭해 조건으로 지정하고 F4 키를 눌러 행과 열을 고정한 다음 앞에 "<="&'을 입력합니다.

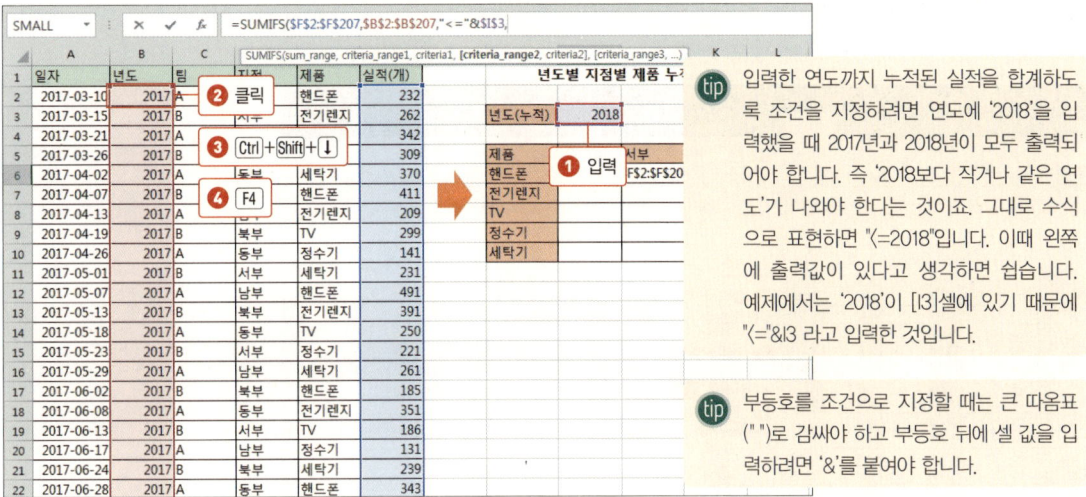

tip 입력한 연도까지 누적된 실적을 합계하도록 조건을 지정하려면 연도에 '2018'을 입력했을 때 2017년과 2018년이 모두 출력되어야 합니다. 즉 '2018보다 작거나 같은 연도'가 나와야 한다는 것이죠. 그대로 수식으로 표현하면 "<=2018"입니다. 이때 왼쪽에 출력값이 있다고 생각하면 쉽습니다. 예제에서는 '2018'이 [I3]셀에 있기 때문에 "<="&I3 라고 입력한 것입니다.

tip 부등호를 조건으로 지정할 때는 큰 따옴표(" ")로 감싸야 하고 부등호 뒤에 셀 값을 입력하려면 '&'를 붙여야 합니다.

09 [조건 2 : 제품]

제품별 실적을 구하기 위해 조건과 조건 범위를 지정하겠습니다. 수식 입력줄에 커서를 두고 [E2]셀을 선택한 다음 Ctrl+Shift+↓ 키를 눌러 [E2:E207] 범위를 선택합니다. F4 키를 눌러 행과 열을 고정한 다음 쉼표(,)를 입력합니다. 제품명이 입력된 [H6]셀을 클릭해 조건으로 지정하고 '전기렌지, TV, 정수기……' 등 다른 제품도 선택할 수 있어야 하므로 F4 키를 눌러 열만 고정합니다.

249

10 [조건 3 : 지점]

지점별 실적을 구하기 위해 조건과 조건 범위를 지정하겠습니다. 수식 입력줄에 커서를 두고 [D2]셀을 선택한 다음 Ctrl + Shift + ↓ 키를 눌러 [D2:D207] 범위를 선택합니다. F4 키를 눌러 행과 열을 고정한 다음 쉼표(,)를 입력합니다. 지점명이 입력된 [I5]셀을 클릭해 조건으로 지정하고 '동부, 서부, 남부……' 등 다른 지점도 선택할 수 있어야 하므로 F4 키를 눌러 행만 고정합니다.

여기까지 최종 수식은 '=SUMIFS($F$2:$F$207, $B$2:$B$207, "<="&$I$3, $E$2:$E$207, $H6, $D$2:$D$207, I$5)'입니다. Enter 키를 누릅니다.

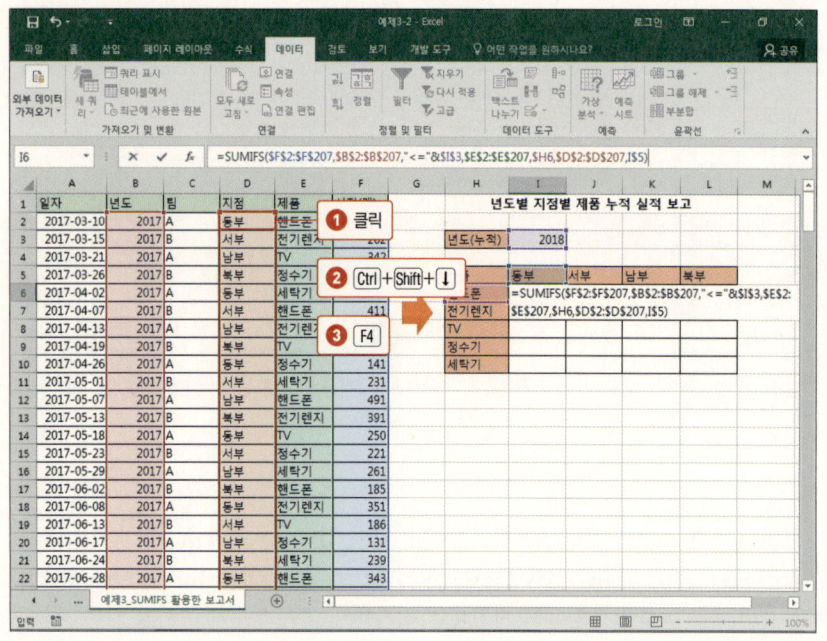

11

2018년까지 누적된 동부 지점 핸드폰 실적이 표시됩니다.

[I6]셀 오른쪽 아래 꼭짓점에 마우스 포인터를 올린 다음 [L10]셀까지 드래그합니다.

SECTION 02 정해진 양식에 맞춰 보고하기

12 선택한 연도까지 누적된 실적이 제품별, 지점별로 표시됩니다. [I3]셀 목록 아이콘(▼)을 클릭하고 다른 연도를 선택해 보면서 수식이 잘 적용되는지 확인합니다.

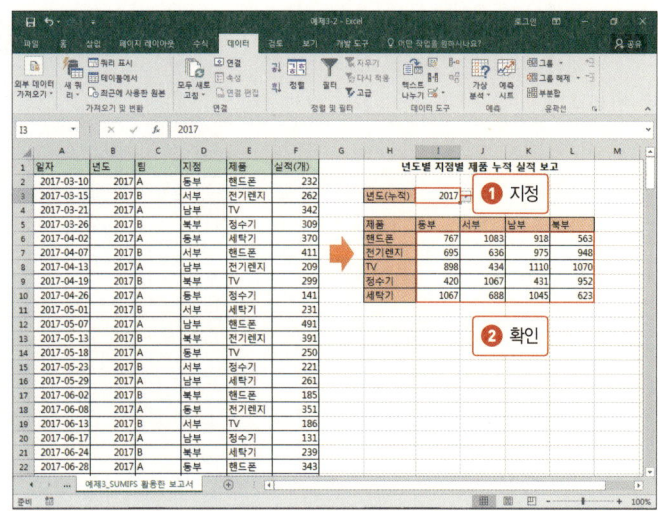

tip SUMIFS 함수는 부등호가 들어가는 보고서에 사용하면 좋습니다. 피벗 테이블을 활용할 수 있는 보고서라면 'GETPIVOT'이 좋겠죠. 각자 장단점이 있으니 적절하게 선택해서 사용하면 됩니다.

6 조건에 해당하는 실적 합계와 평균 구하기 - DSUM, DAVERAGE 함수

보고서 양식을 직접 만든 다음 조건을 입력하고 DSUM, DAVERAGE 함수를 이용해 조건에 해당하는 실적의 합계와 평균을 구하는 방법을 알아봅니다.

{예제 파일} 04\예제3-2.xlsx {시트} 예제4_DSUM 활용한 보고서

01 DSUM 함수를 이용해 조건에 해당하는 데이터만 검색하는 프로그램을 만들어 보겠습니다. 왼쪽 표 양식을 가져오기 위해 [A1:E2] 범위를 드래그한 다음 복사하고 [G3]셀에 붙여넣습니다.

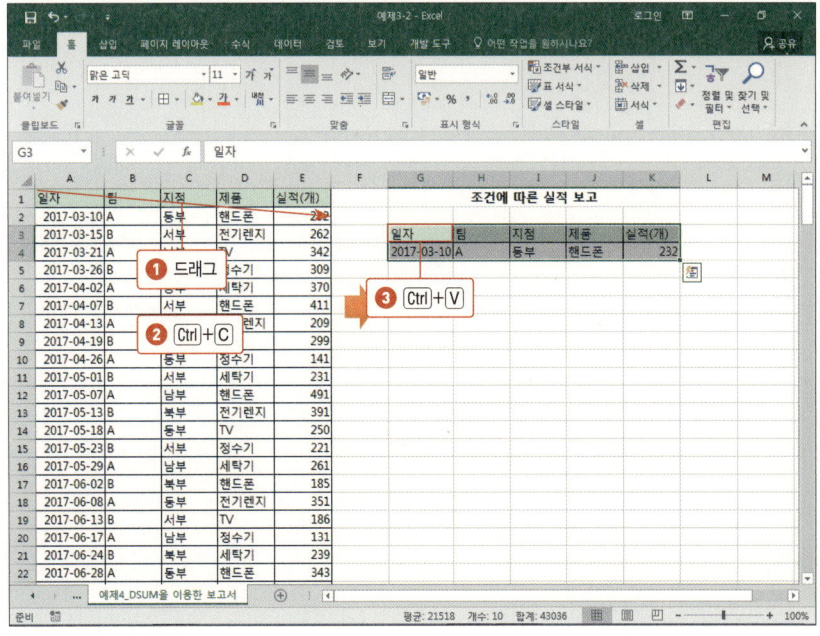

251

02 [G4:K4] 범위를 드래그하고 Delete 키를 눌러 기본적인 보고서 양식을 만듭니다.

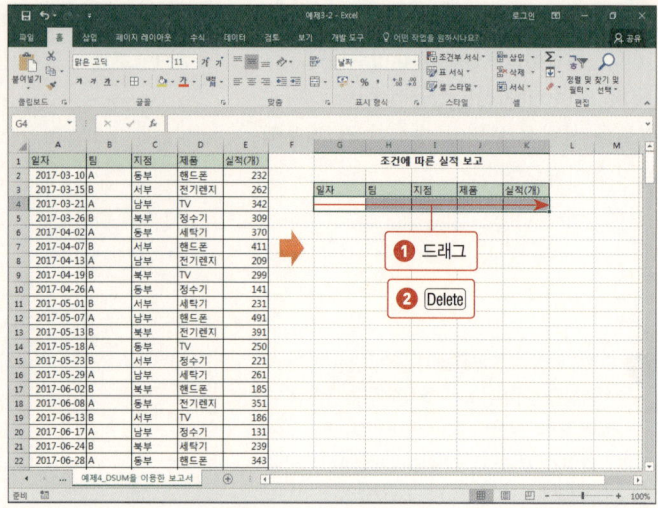

03 [K4]셀에 '=DSUM('을 입력하면 커서 아래에 DSUM(database, field, criteria)이 표시됩니다. 하나씩 살펴보겠습니다. 먼저 'database'는 데이터를 가져올 셀 범위를 뜻합니다. 'field'는 표에서 '열'을 의미하고 지정한 범위에서 가져올 열 이름을 뜻합니다. 'criteria'는 앞에서 배운 '조건'입니다.

즉, 'DSUM'은 지정한 범위(database)에서 조건(criteria)에 맞는 열(field)을 가져와서 합계하는 함수입니다.

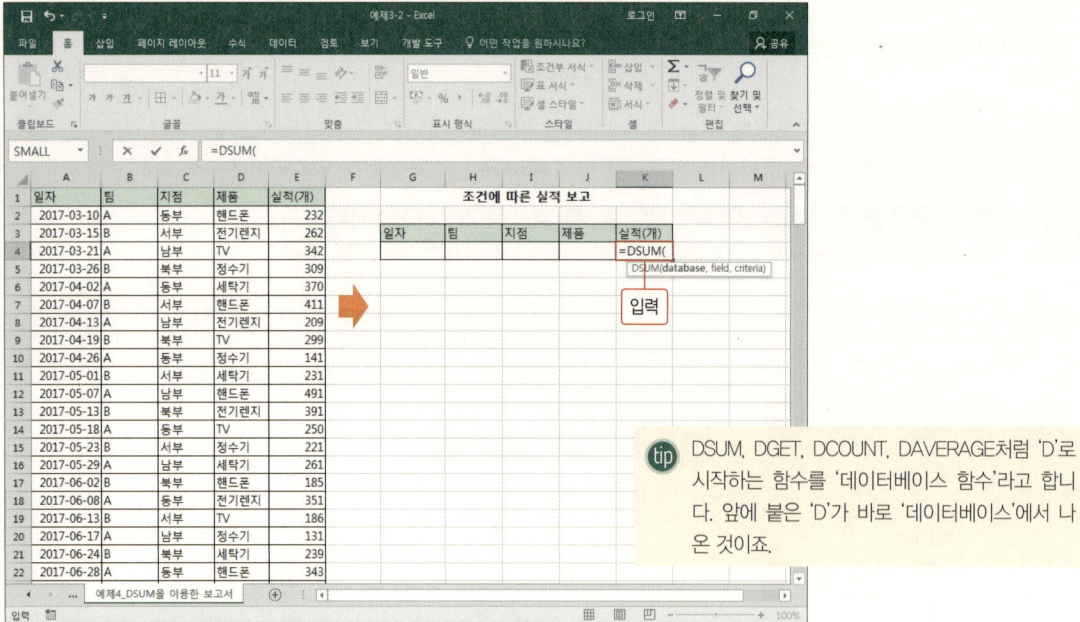

tip DSUM, DGET, DCOUNT, DAVERAGE처럼 'D'로 시작하는 함수를 '데이터베이스 함수'라고 합니다. 앞에 붙은 'D'가 바로 '데이터베이스'에서 나온 것이죠.

04 표가 전부 포함되도록 [A:E] 범위를 드래그한 다음 쉼표(,)를 입력합니다. 가져올 열 이름으로 [K3]셀을 클릭하고 다시 쉼표(,)로 구분한 다음 조건을 [G3:J4] 범위로 지정하고 Enter 키를 누릅니다.

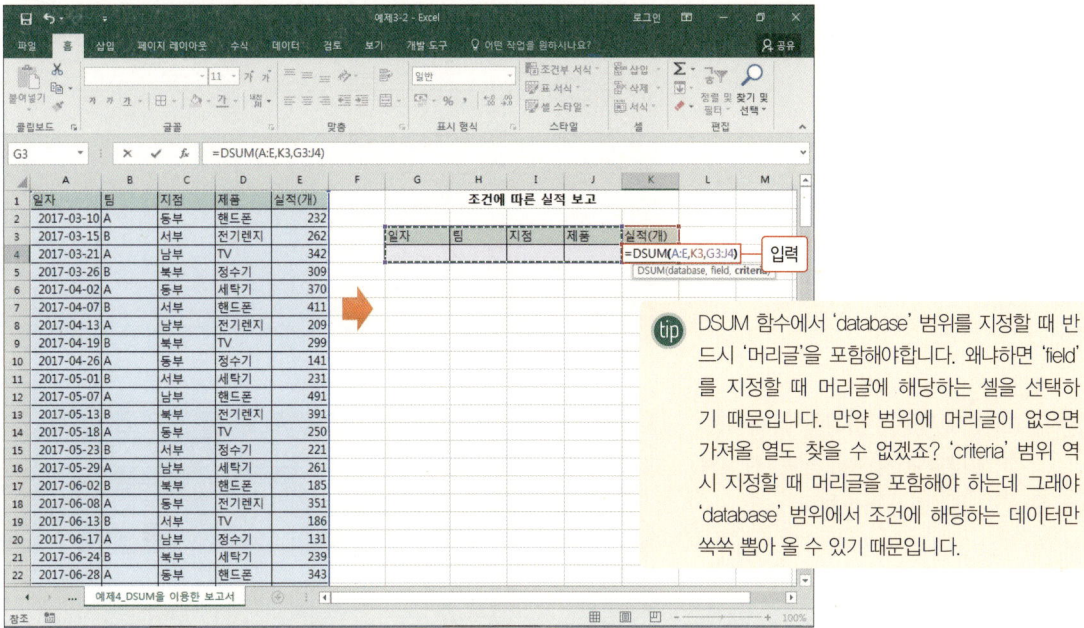

tip DSUM 함수에서 'database' 범위를 지정할 때 반드시 '머리글'을 포함해야합니다. 왜냐하면 'field'를 지정할 때 머리글에 해당하는 셀을 선택하기 때문입니다. 만약 범위에 머리글이 없으면 가져올 열도 찾을 수 없겠죠? 'criteria' 범위 역시 지정할 때 머리글을 포함해야 하는데 그래야 'database' 범위에서 조건에 해당하는 데이터만 쏙쏙 뽑아 올 수 있기 때문입니다.

05 조건으로 지정한 [G3:J4] 범위에 아무것도 입력하지 않았기 때문에 '실적' 필드 총합계가 출력됩니다. 이제 조건 영역에 조건을 하나씩 입력해 보겠습니다.

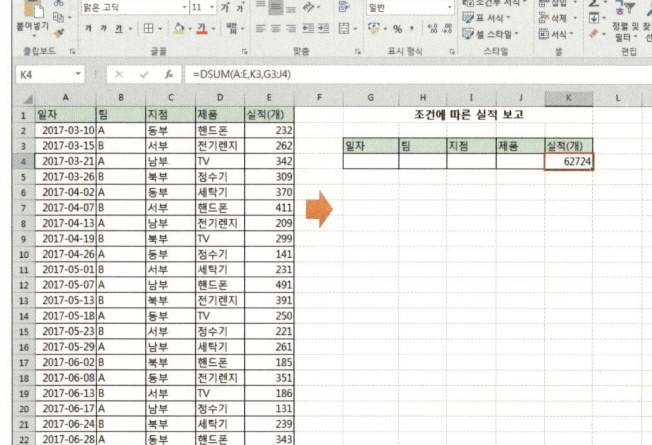

tip SUMIFS 함수에서는 criteria_range1, criteria1 처럼 조건과 조건 범위를 각각 입력했지만 DSUM 함수는 조건(criteria)을 범위로 지정할 수 있으며 이 범위에 입력된 값 또는 수식을 조건으로 인식합니다.

253

06 [H4]셀에 'A'를 입력합니다. A팀 실적 총합계가 표시됩니다.

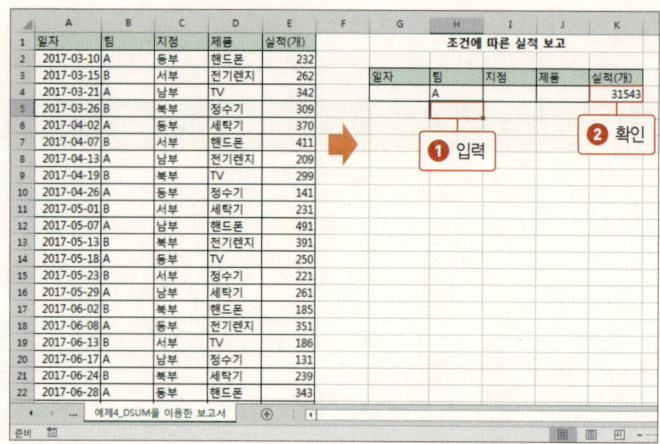

07 [I4]셀에 '동부', [J4]셀에 '핸드폰'을 입력합니다. A팀 동부 지점의 핸드폰 실적 총합계가 표시됩니다.

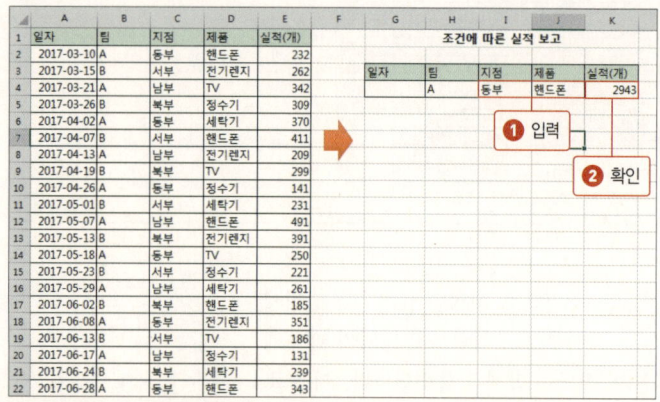

08 [G4]셀에 '2017년 5월 1일 이후'라는 조건을 입력하려면 어떻게 해야 할까요? 부등호를 이용해 수식을 입력하면 됩니다. '>=2017-05-01'이렇게요. 그대로 [G4]셀에 입력하면 2017년 5월 1일 이후 A팀 동부 지점 핸드폰 실적 합계가 표시됩니다.

tip 부등호가 들어간 수식을 입력할 때는 출력값이 왼쪽에 있다고 생각하면 쉽습니다.

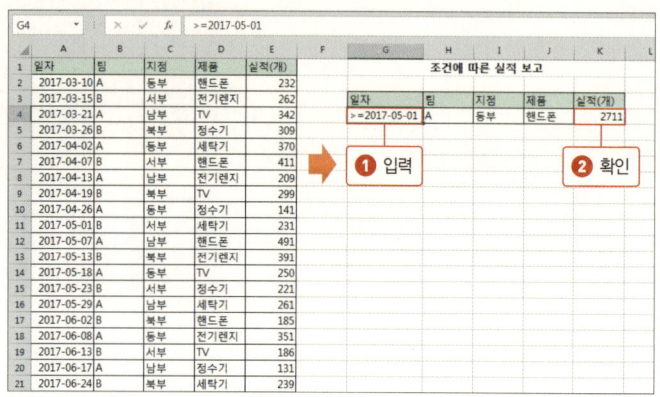

SECTION 02 정해진 양식에 맞춰 보고하기

09 입력한 조건에 해당하는 실적의 평균을 구해 보겠습니다. [K4]셀을 선택하고 수식 입력줄에서 'DSUM'을 'DAVERAGE' 함수로 바꿉니다.

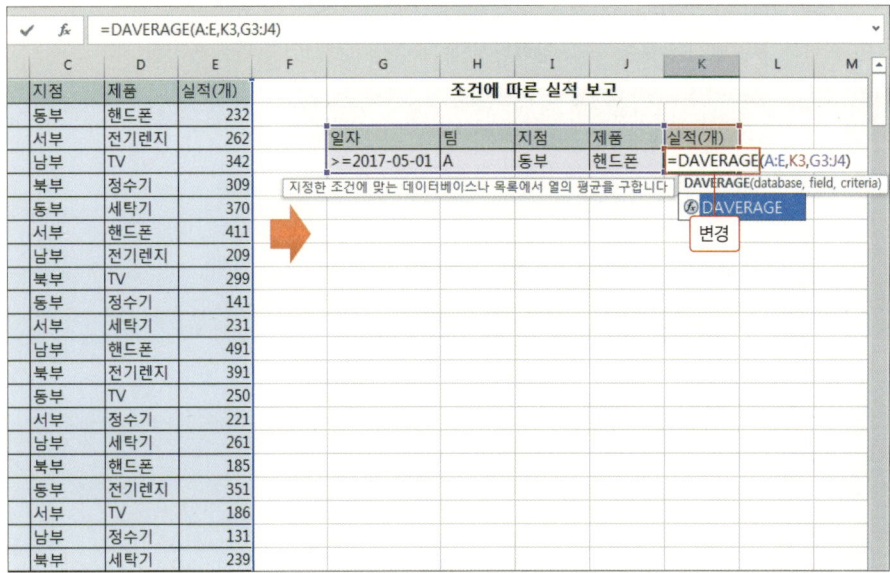

10 조건에 해당하는 평균이 표시됩니다.

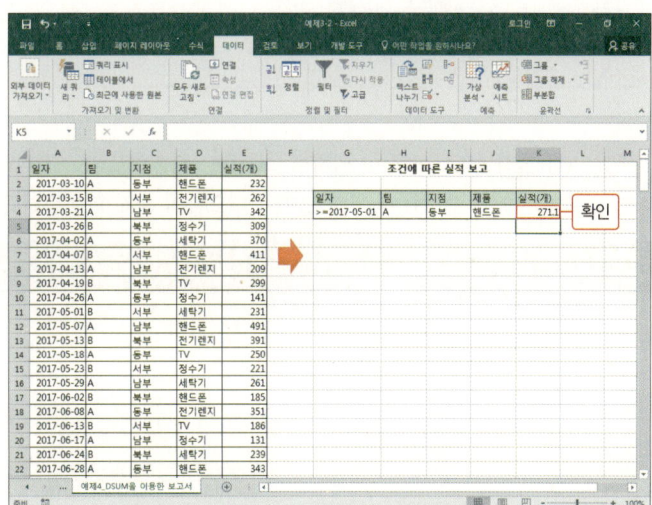

tip 예제에서는 '일자', '팀', '지점', '제품' 필드를 조건으로 지정했지만 더 많은 조건을 지정해도 상관없습니다.

255

11 DATABASE 함수에서는 조건을 여러 행에 지정할 수 있습니다. 이때 같은 행에 입력된 조건은 '그리고(AND)', 다른 행에 입력된 조건은 '또는(OR)'으로 적용됩니다. 고급 필터 기능과 비슷한 개념을 가지고 있기 때문에 함께 기억하면 좋습니다.
A팀뿐 아니라 B팀 실적도 표시하기 위해 [H5]셀에 'B'를 입력한 다음 조건을 [G3:J5] 범위로 확장합니다.

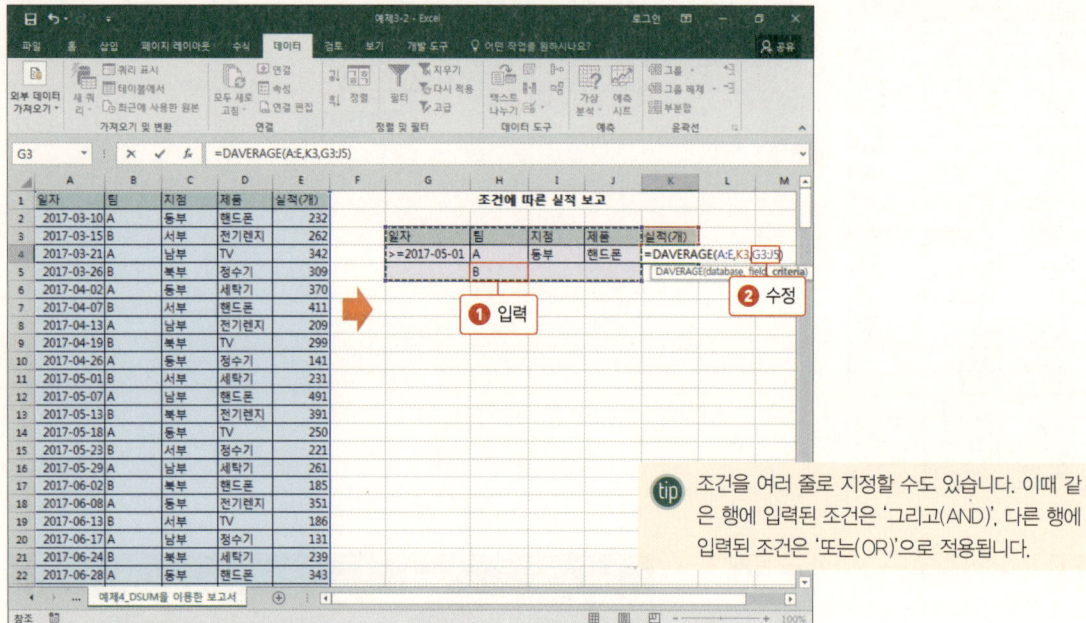

12 A팀 실적과 B팀 실적이 일자별, 지점별, 제품별로 표시됩니다. 다른 DATABASE 함수를 사용하거나 여러 가지 조건을 입력해서 어떤 결과가 나오는지 직접 확인합니다.

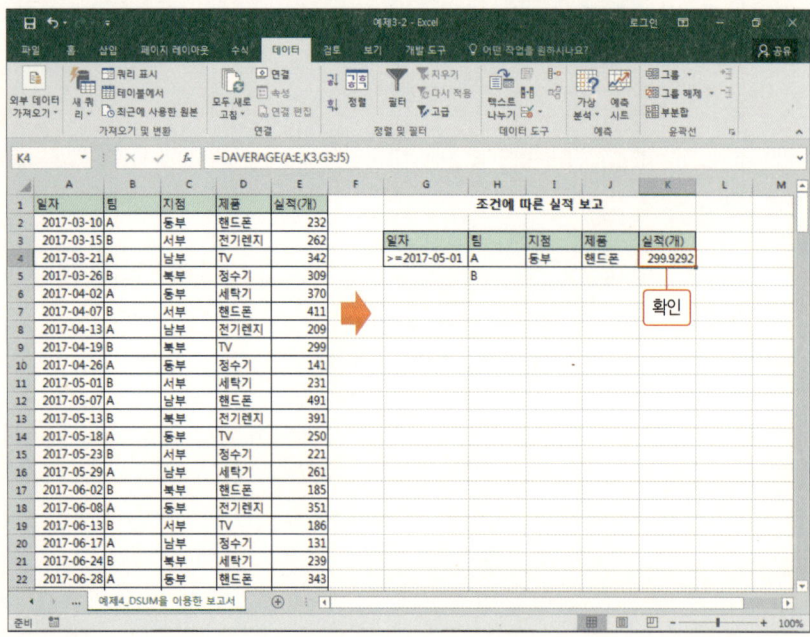

SECTION 03 예측 보고하기

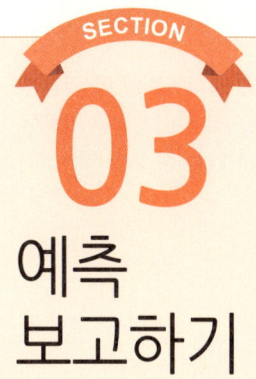

예측 보고하기

보통 예측을 할 때는 엑셀을 많이 쓰지 않습니다. 그러나 다음과 같은 의문이 생길 경우 이번 섹션을 마치면 상당한 능력을 발휘할 수 있습니다.

1) 표에 적용할 수식이 하나뿐이라면? → 데이터 표
2) 목표를 달성하려면 이번 달에 얼마나 실적을 내야 할까? → 목표값 찾기 (필드 하나)
3) 한 시트에서 여러 시나리오를 보여주고 싶을 때는? → 시나리오
4) 목표를 달성하려면 각자 얼마나 실적을 내야 할까? → 해 찾기 (필드 다수)

중요도 3 / 작업 소요 시간 40분 / 동영상 재생 시간 14분

1 이율별, 기간별 월 상환 금액 구하기 - 데이터 표, PMT 함수

PMT 함수로 이율에 따른 월 상환액을 구한 다음 데이터 표 기능을 이용해 이율별, 기간별 월 상환 금액을 구하는 방법을 알아봅니다.

{예제 파일} 04\예제3-3.xlsx　　{시트} 예제1_예측하라_데이터표

01 자동차 판매 딜러라고 가정합니다. 고객에게 이율에 따른 월 상환액을 보여줄 것입니다. [D6]셀에 '=PMT('를 입력하면 커서 아래에 PMT(rate, nper, pv)이 표시됩니다. 하나씩 살펴보겠습니다. 먼저 'rate'는 연이율, 'nper'는 상환 기간을 뜻하고 'pv'는 'Present Value'의 줄임말로 현재 가치를 나타냅니다.

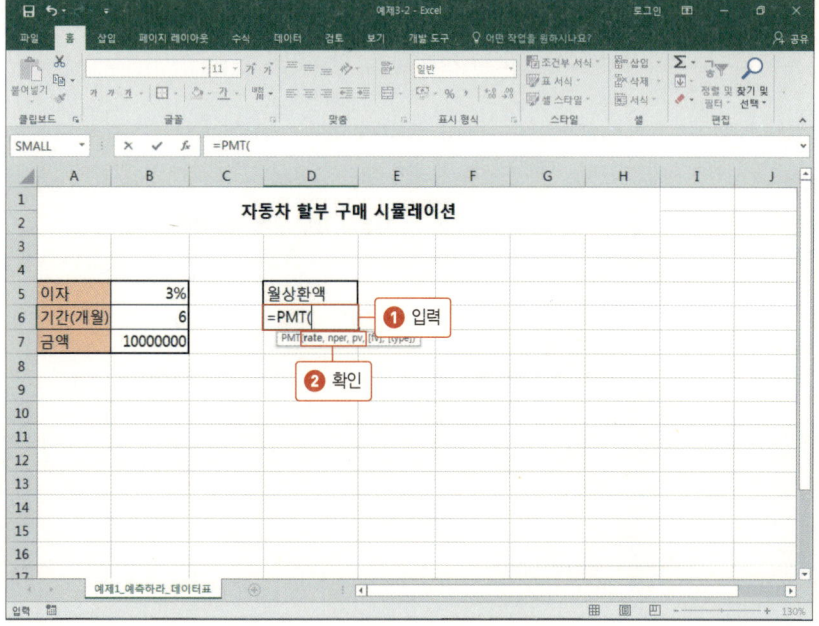

257

02 'rate'가 연 단위 이자율이기 때문에 월 이자율을 구하려면 '12'로 나누어야 합니다. 수식 입력줄에 커서를 둔 상태에서 [B5]셀을 클릭하고 '/12'를 입력합니다. 쉼표(,)로 구분하고 상환 기간으로 [B6]셀을 클릭하여 지정한 다음 쉼표(,)를 입력합니다. [B7]셀을 클릭하여 현재 가치를 1000만 원으로 지정한 다음 괄호를 닫고 Enter 키를 누릅니다. 최종 수식은 '=PMT(B5/12,B6,B7)'입니다.

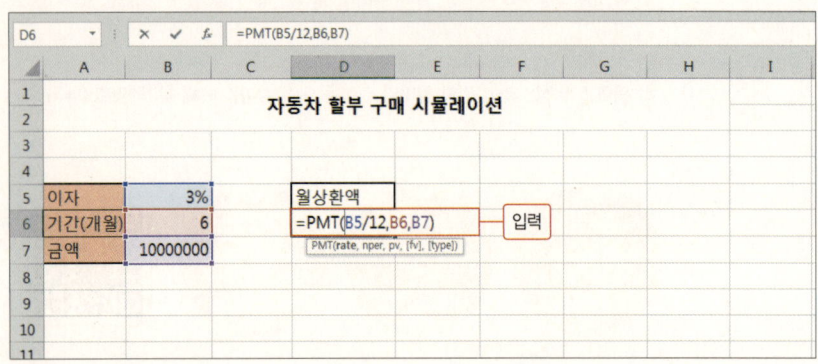

03 월 상환액이 음수로 표시됩니다.

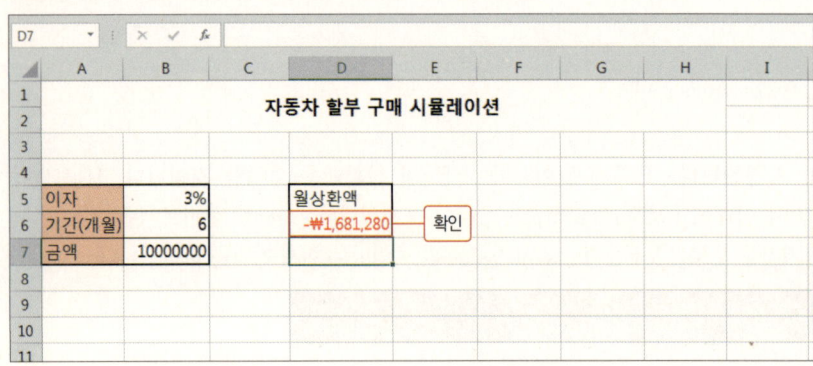

04 표시된 월 송환액을 양수로 바꾸기 위해 [D6]셀을 선택한 다음 수식 입력줄에서 'B7' 앞에 마이너스 기호 '-'를 입력합니다.

SECTION 03 예측 보고하기

05 [B5]셀과 [B6]셀에서 기간과 이자를 변경하면 해당 값에 따라 상환액이 바뀌는 것을 확인할 수 있습니다.

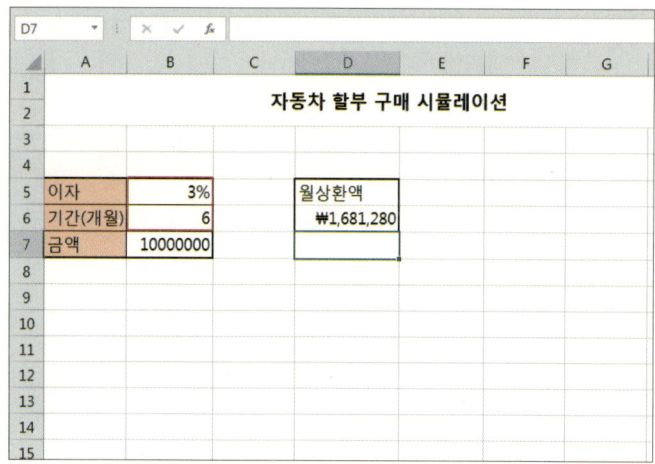

06 조건 영역을 데이터 표로 구성한 다음 이율별, 기간별 월 상환액을 구하겠습니다.
[D6]셀을 시작점으로 6행은 기간, D열은 이율에 해당하는 데이터를 입력합니다.

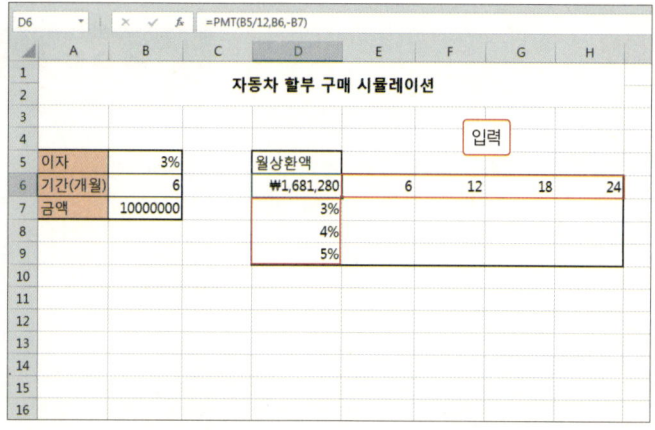

tip [홈] 탭 → [글꼴] 그룹 → [테두리]를 클릭하면 예제 화면처럼 셀 바깥쪽에 테두리를 설정할 수 있습니다. 셀 서식 대화상자의 [테두리] 탭에서도 가능합니다.

07 [D6:H9] 범위를 드래그한 다음 [데이터] 탭 → [예측] 그룹 → [가상 분석] → [데이터 표]를 선택합니다.

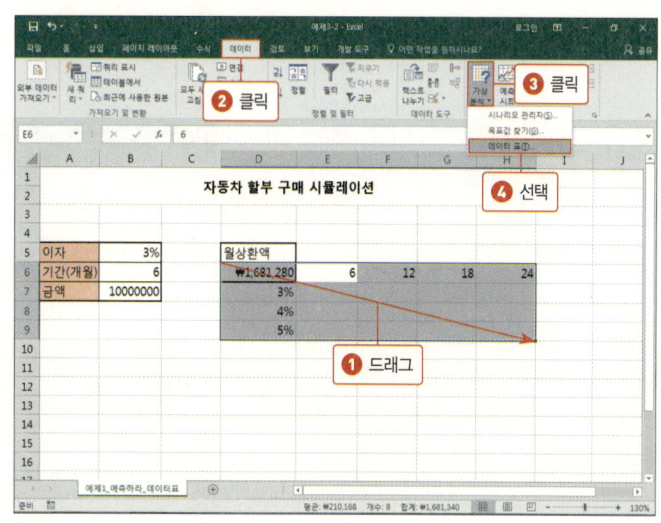

08 '데이터 표' 대화상자가 표시되면 지정한 범위에서 행은 '기간'을 나타내기 때문에 행 입력 셀을 [B6]셀로 지정합니다. 마찬가지로 지정한 범위에서 열은 '이율'을 나타내므로 열 입력 셀을 [B5]셀로 지정하고 〈확인〉 버튼을 클릭합니다.

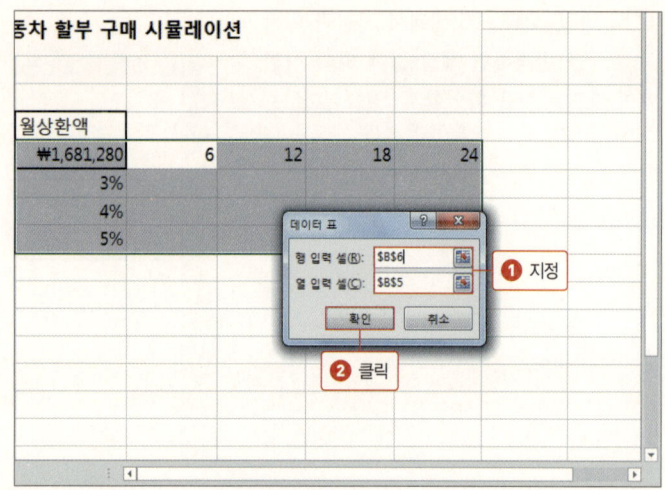

09 이율별, 기간별 월 상환액이 표 형태로 표시됩니다.
[E7:H9] 범위를 드래그하고 [홈] 탭 → [표시 형식] 그룹 → [쉼표 스타일(,)]을 클릭하여 천 단위마다 쉼표(,)로 구분합니다.

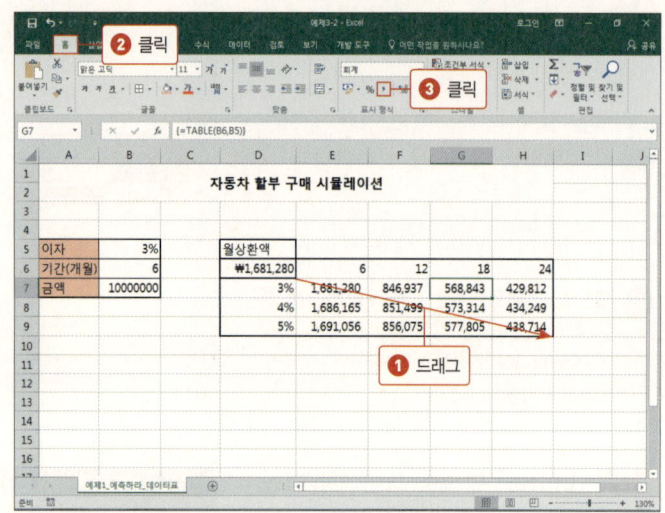

10 [B5]셀을 선택하고 [홈] 탭 → [표시 형식] 그룹 → [자릿수 늘림( )]을 두 번 클릭하여 소수점 두 번째 자리까지 늘립니다.
[B7]셀을 선택하고 [홈] 탭 → [표시 형식] 그룹 → [쉼표 스타일(,)]을 클릭하여 천 단위마다 쉼표(,)로 구분합니다.
[B5]셀에서 이율을 변경해 보면서 월 상환액이 어떻게 바뀌는지 직접 확인합니다.

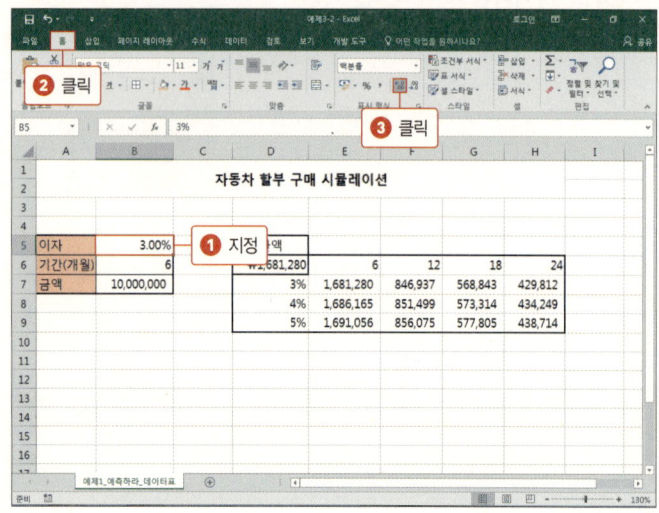

SECTION 03 예측 보고하기

2 목표를 달성하기 위한 하나의 실적 구하기 - 목표값 찾기

목표값 찾기 기능을 이용해 특정 목표값에 도달하기 위한 값 하나를 구하는 방법을 알아봅니다. '목표값 찾기'는 이후에 배울 해 찾기 기능과 더불어 실적 목표를 시뮬레이션할 때 유용하게 활용할 수 있습니다.

{예제 파일} 04\예제3-3.xlsx   {시트} 예제2_예측하라_목표값 찾기

01 색칠된 [E7]셀은 C팀 대전 지점 실적을 나타냅니다. 실적 목표치에 도달하려면 유일하게 비어 있는 이 값이 정말 중요하겠죠? 만약 [F11]셀에 입력된 '3,756'이 '4,000'으로 되려면 [E7]셀 값은 얼마가 되어야 할까요?

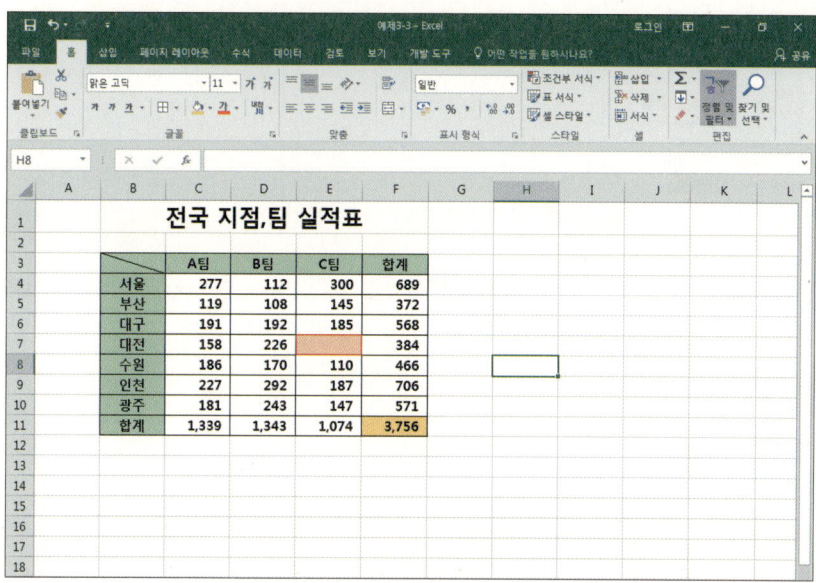

02 단순하게 '4,000'에서 '3,756'을 빼면 알 수 있습니다. '244'가 나오네요. [E7]셀에 '244'를 입력하면 [F11]셀 값이 '4,000'으로 바뀝니다. 그런데 계속 이런 식으로 구한다면 엑셀을 사용하는 의미가 없겠죠?

261

03 '목표값 찾기'는 이름 그대로 수식이 적용된 셀([F11]셀)에 특정 값(4,300)이 나오기 위한 하나의 값([E7]셀)을 찾아주는 기능입니다.
[E7]셀을 선택하고 [데이터] 탭 → [예측] 그룹 → [가상 분석] → [목표값 찾기]를 선택합니다.

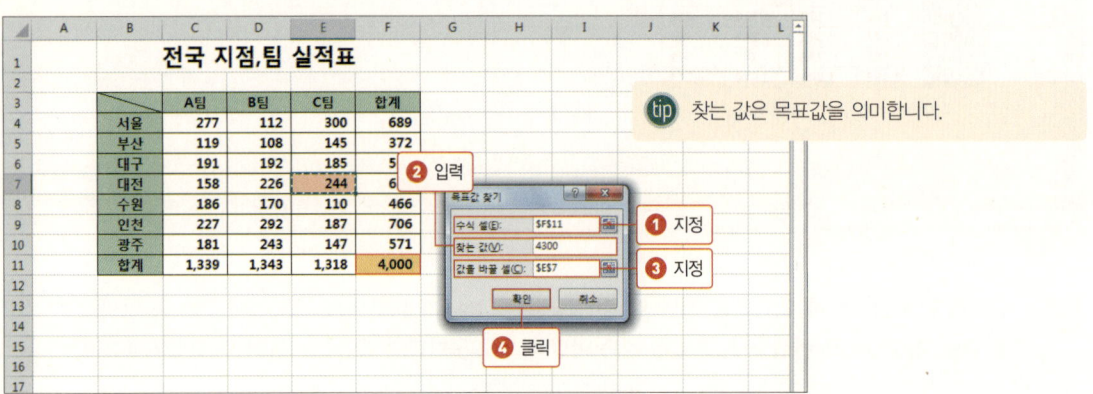

04 '목표값 찾기' 대화상자가 표시되면 수식 셀에 커서를 두고 [F11]셀을 클릭한 다음 찾는 값에 '4300'을 입력합니다. '값을 바꿀 셀'에 커서를 두고 [E7]셀을 클릭한 다음 〈확인〉 버튼을 클릭합니다.

tip 찾는 값은 목표값을 의미합니다.

05 '목표값 찾기 상태' 대화상자가 표시되면서 [E7]셀 값이 입력한 목표값에 따라 바뀐 것을 확인할 수 있습니다. 바뀐 값을 그대로 적용하기 위해 〈확인〉 버튼을 클릭합니다.

06 [F11]셀 값이 '4300'으로 바뀌면서 [E7]셀 값이 증가합니다.

예제에서는 데이터 수도 비교적 적은 편이고 수식도 SUM 함수뿐이라 쉽게 구했지만 데이터가 많고 수식이 길어지면 '목표값 찾기'가 얼마나 유용한 기능인지 느낄 수 있을 것입니다.

3 하나의 시트에서 여러 CASE 비교하기 - 시나리오

엑셀에서 '시나리오'는 일반적으로 사용하는 의미와 다르게 쓰입니다. 예를 들어 "이 시나리오는 어떤 결과가 예상됩니다."에서 '시나리오'는 '경우(CASE)'를 뜻하죠. 하나의 시트에서 여러 시나리오(경우)를 보여주고 싶을 때 어떻게 하는 것이 효과적일지 알아보겠습니다.

{예제 파일} 04\예제3-3.xlsx {시트} 예제3_예측하라_시나리오

01 왼쪽에 있는 가입 상품별 비교표는 가입비 면제나 월 할인과 같이 처음 가입했을 때 받는 혜택을 세 가지 경우로 비교한 표입니다. 고객 입장에서 1년에 실질적으로 받는 혜택과 지불하는 비용이 어느 정도인지 비교하기 위해 오른쪽에 있는 시나리오 분석표에 하나로 요약한 다음 여러 개의 시나리오를 한눈에 볼 수 있도록 요약해 보겠습니다.

[D4:D10] 범위를 드래그하고 복사합니다.

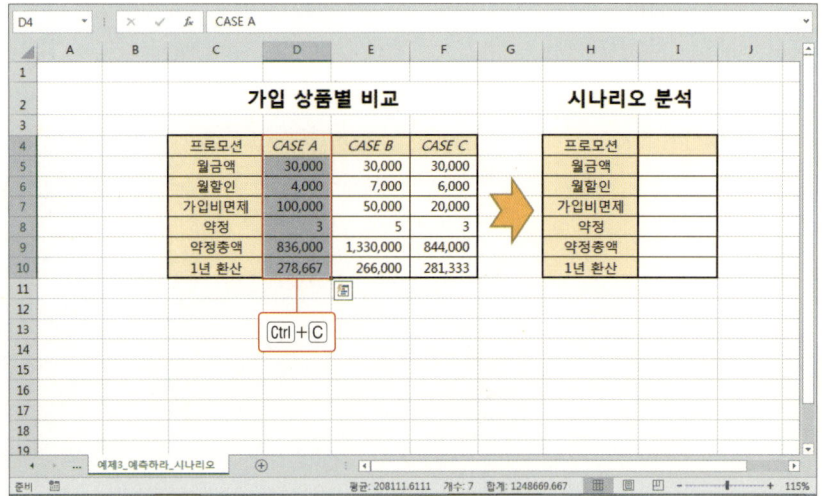

02 [I4]셀을 선택하고 Ctrl+V 키를 눌러 붙여넣습니다.

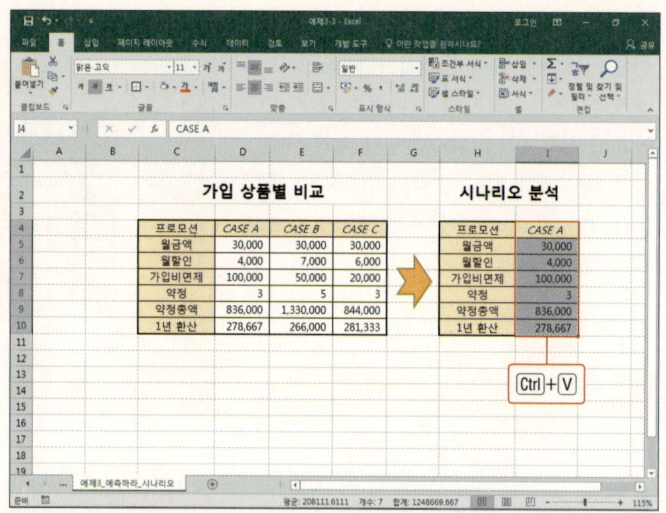

03 시나리오 'CASE A'를 만들어 보겠습니다.
수식이 적용되지 않은 [I4:I8] 범위를 드래그한 다음 [데이터] 탭 → [예측] 그룹 → [가상 분석] → [시나리오 관리자]를 클릭합니다.

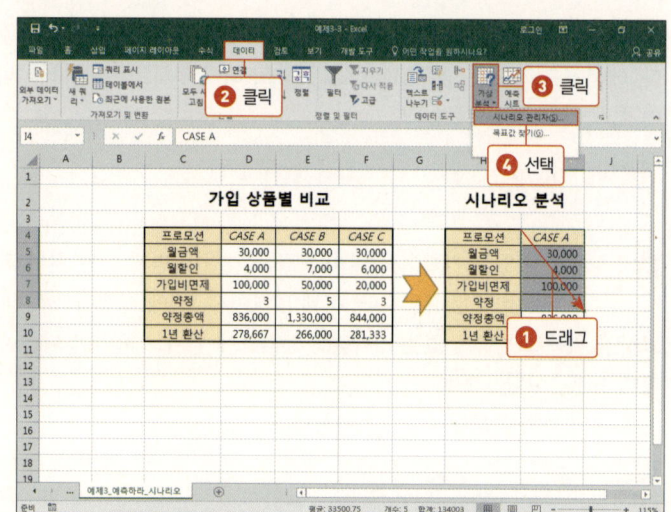

04 '시나리오 관리자' 대화상자가 표시되면 〈추가〉 버튼을 클릭합니다.

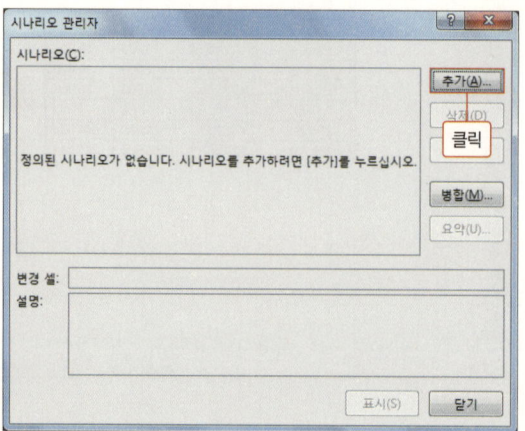

SECTION 03 예측 보고하기

05 '시나리오 추가' 대화상자가 표시되면 변경 셀에서 자동으로 [I4:I8] 범위가 지정된 것을 확인합니다.
시나리오 이름에 'CASE A'를 입력하고 〈확인〉 버튼을 클릭합니다.

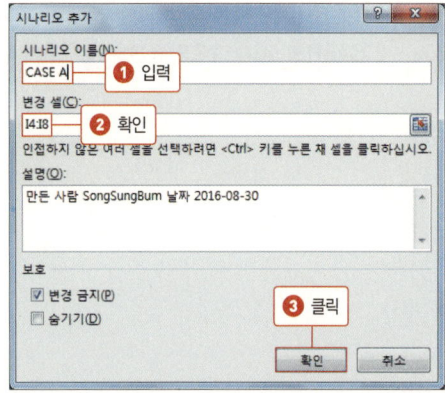

06 '시나리오 값' 대화상자가 표시되면 자동으로 입력된 값을 확인하고 〈확인〉 버튼을 클릭합니다.

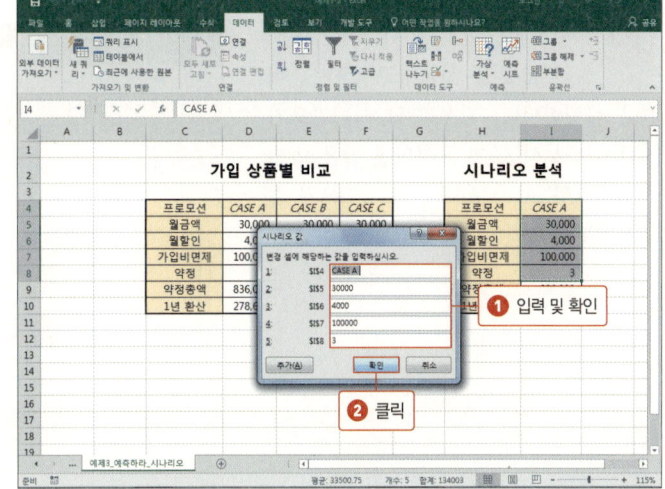

tip '시나리오 값' 대화상자에서 지정한 범위에 있는 셀 값을 변경할 수 있습니다. 'CASE A'는 가입 상품별 비교 표에서 그대로 복사하여 붙여넣은 것이므로 예제에서는 변경하지 않습니다.

07 '시나리오 관리자' 대화상자가 표시되면서 'CASE A'라는 이름으로 시나리오가 추가된 것을 확인할 수 있습니다. 〈닫기〉 버튼을 클릭합니다.

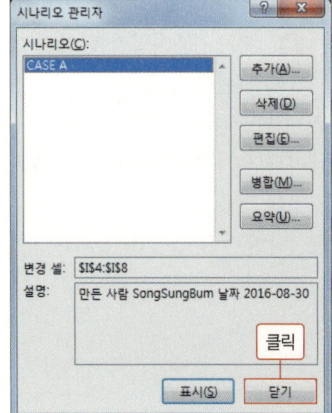

265

08 [I4:I10] 범위를 Delete 키를 사용해서 지운 다음 같은 방법으로 'CASE B' 시나리오와 'CASE C' 시나리오를 추가합니다.

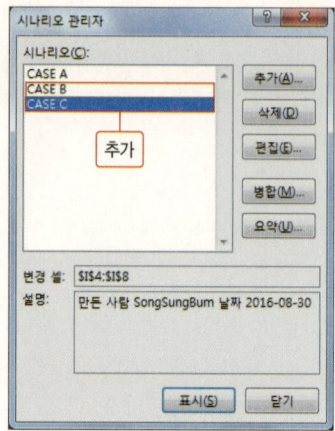

09 '시나리오 관리자' 대화상자에서 'CASE B'를 선택하고 〈표시〉 버튼을 클릭합니다. 'CASE B' 시나리오가 시나리오 분석 표에 표시되면 같은 방법으로 'CASE A', 'CASE C' 시나리오가 잘 표시되는지 확인합니다.

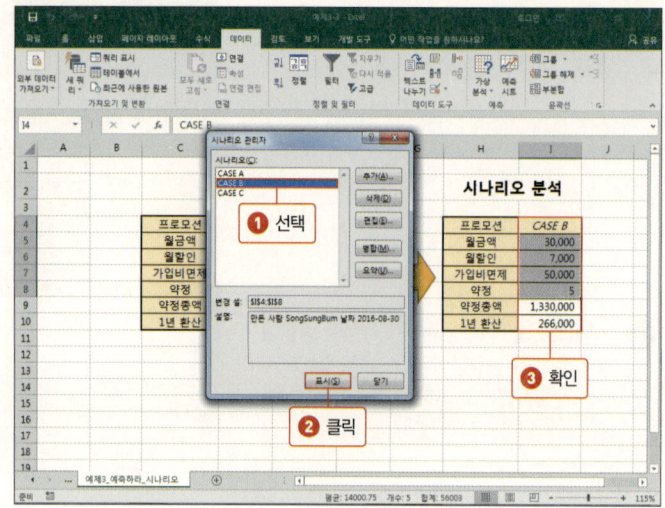

10 복사·붙여넣기를 하지 않고 '시나리오 관리자' 대화상자에서 새로운 시나리오를 추가해 보겠습니다.
'시나리오 관리자' 대화상자에서 〈추가〉 버튼을 클릭합니다. '시나리오 추가' 대화상자가 표시되면 변경 셀에서 [I4:I8] 범위가 지정된 것을 확인한 다음 시나리오 이름에 'CASE X'를 입력하고 〈확인〉 버튼을 클릭합니다.

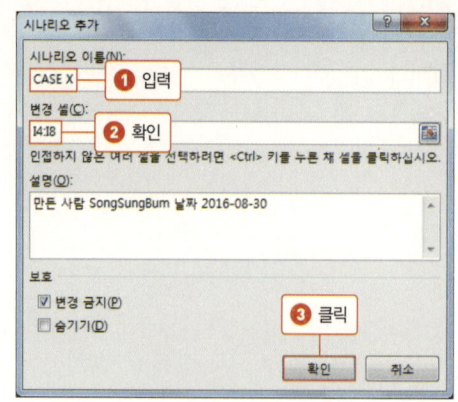

SECTION 03 예측 보고하기

11 '시나리오 값' 대화상자가 표시됩니다. 지정한 범위에 있는 셀 값을 직접 입력해서 바꿀 수 있습니다.
'$I$4'를 'CASE X', '$I$6'을 '9000', '$I$8'을 '3'으로 입력한 다음 〈확인〉 버튼을 클릭합니다.

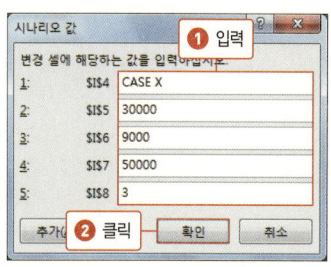

12 '시나리오 관리자' 대화상자가 표시되면서 'CASE X'라는 이름으로 시나리오가 추가된 것을 확인할 수 있습니다. 'CASE X'를 선택한 다음 〈표시〉 버튼을 클릭합니다.

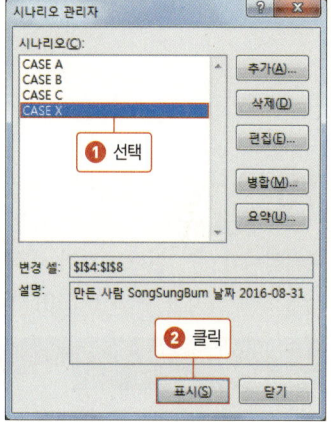

13 기존 입력 값을 변경해서 'CASE X'로 저장한 시나리오가 시나리오 분석 표에 표시됩니다.

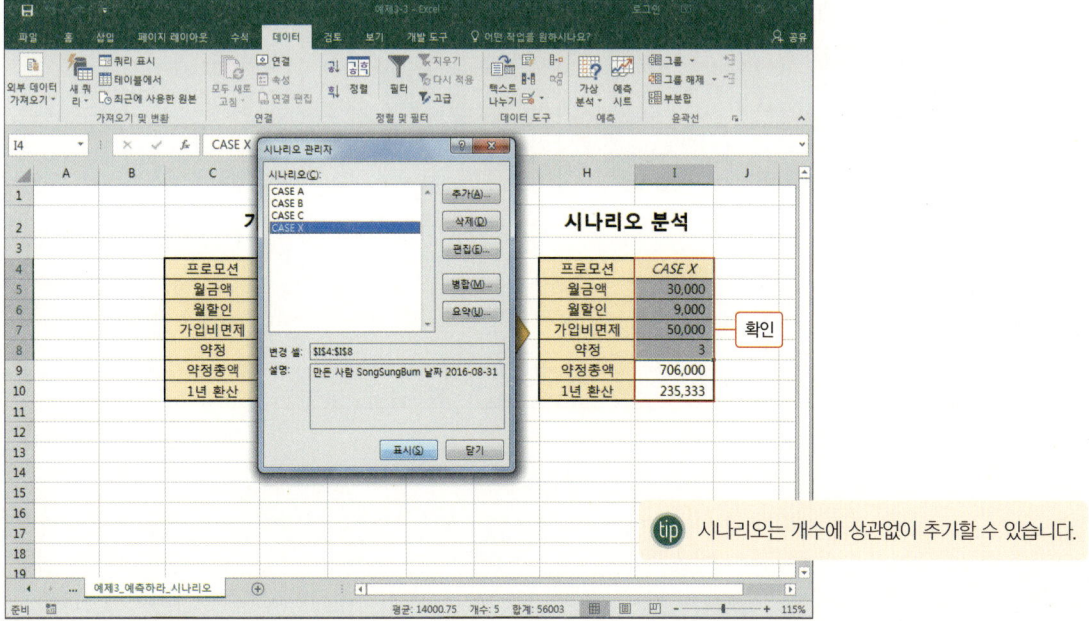

tip 시나리오는 개수에 상관없이 추가할 수 있습니다.

267

14 지금까지 만든 시나리오를 한번에 표시해 보겠습니다. '시나리오 관리자' 대화상자에서 〈요약〉 버튼을 클릭합니다.

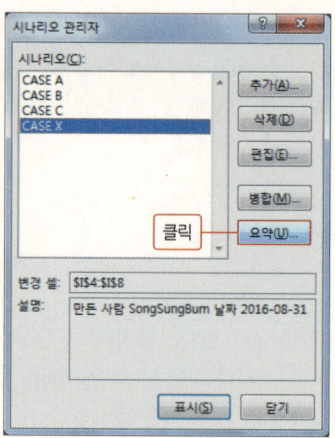

15 '시나리오 요약' 대화상자가 표시됩니다. 지금까지 여러 개의 시나리오를 만든 이유가 무엇일까요? 약정 총액을 구해서 1년 단위로 환산한 다음 고객이 1년에 실제적으로 얼마를 내는 것인지 CASE별로 비교하기 위해서입니다. 즉, 원하는 결과는 '약정총액' 필드와 '1년 환산' 필드 값이므로 이 범위를 결과 셀로 지정하면 됩니다. 결과 셀에 커서를 두고 [I9:I10] 범위를 드래그한 다음 〈확인〉 버튼을 클릭합니다.

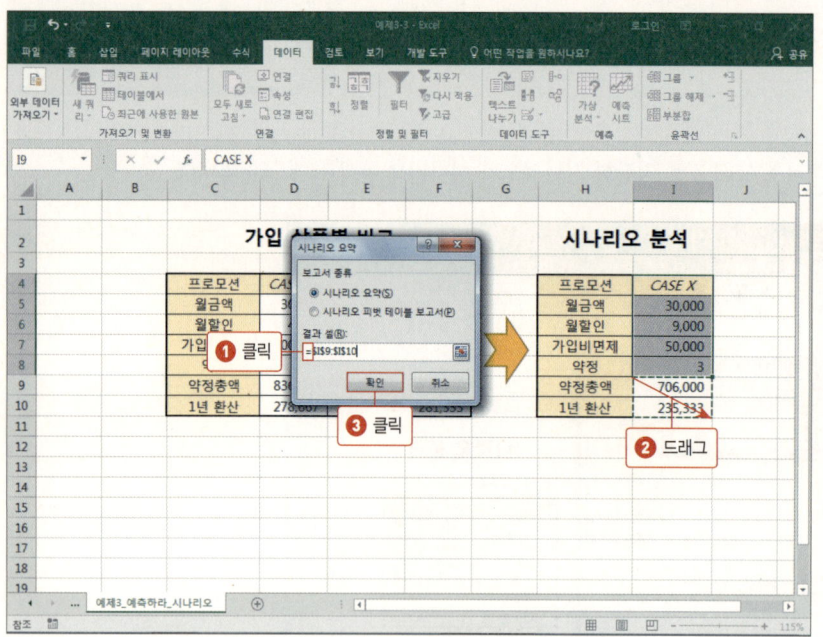

SECTION 03 예측 보고하기

16 '시나리오 요약' 시트가 만들어지면서 여러 개의 시나리오가 한번에 표시됩니다.

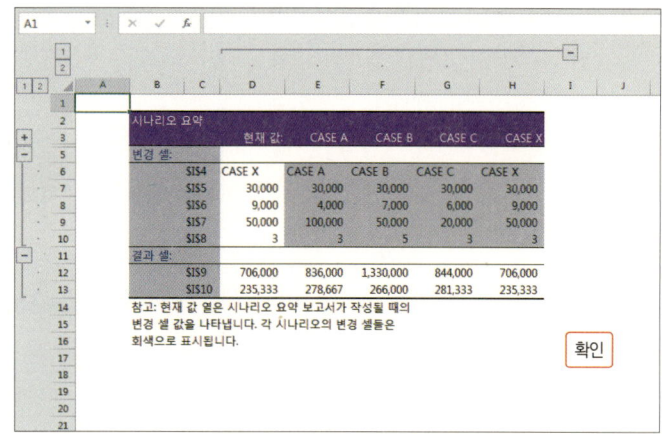

4 목표를 달성하기 위한 팀별 실적 구하기 – 해 찾기

앞에서 배운 '목표값 찾기'로 목표값을 달성하기 위한 값 하나를 구했습니다. 이번에는 각 팀별로 실적을 균등하게 나누기 위해 '해 찾기'를 사용해 보겠습니다. '목표값 찾기'는 단 하나의 셀 값을 변경할 수 있지만 '해 찾기'는 여러 개의 셀 값을 변경할 수 있다는 장점이 있습니다.

{예제 파일} 04\예제3-3.xlsx   {시트} 예제4_예측하라_해 찾기

01 해 찾기 기능을 이용해 목표를 달성하기 위한 팀별 실적을 구하겠습니다. 해 찾기 기능을 추가하기 위해 **[파일] 탭 → [옵션]**을 클릭합니다.

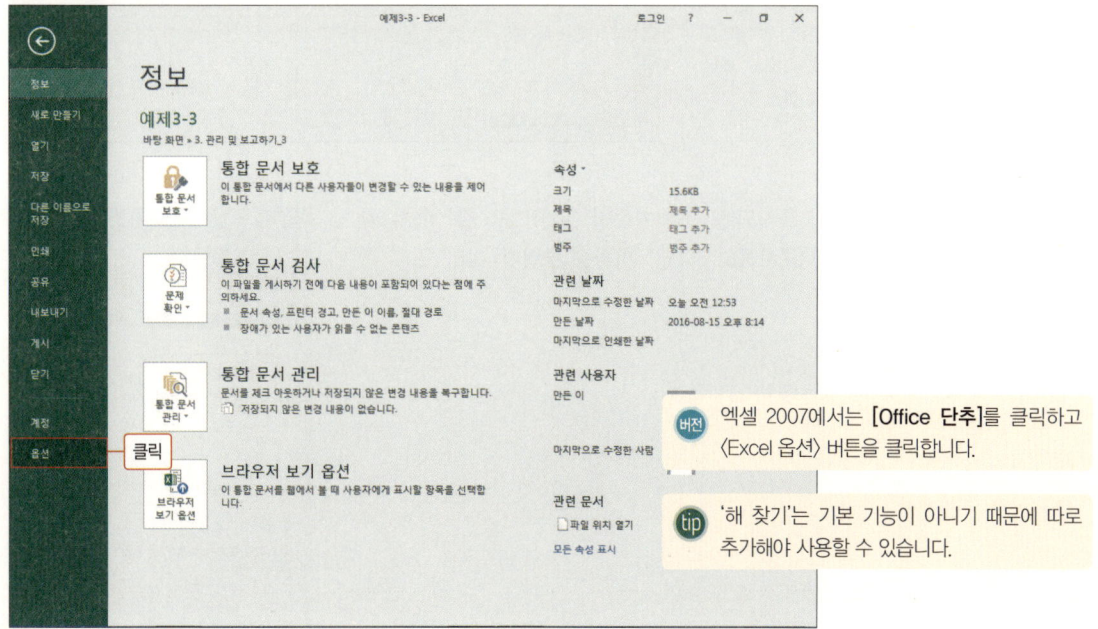

269

02 'Excel 옵션' 대화상자가 표시되면 [추가 기능] 탭을 클릭한 다음 목록에서 '해 찾기 추가 기능'을 선택하고 〈확인〉 버튼을 클릭합니다.

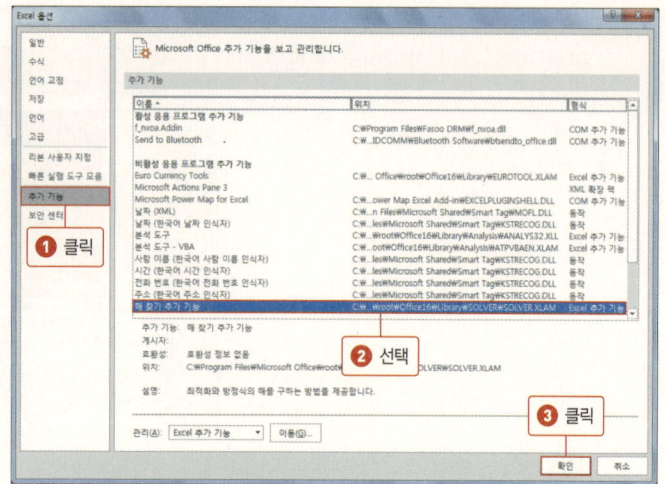

03 추가한 해 찾기 기능을 리본 메뉴에 표시하겠습니다.
[개발 도구] 탭 → [추가 기능] 그룹 → [EXCEL 추가 기능]을 클릭합니다.

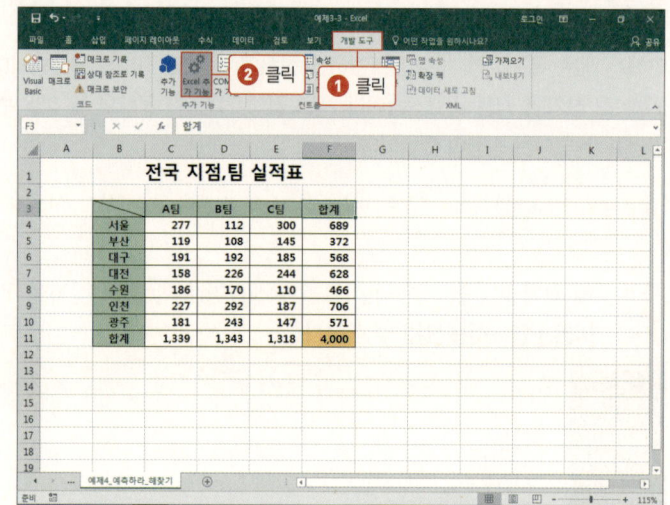

tip 리본 메뉴에 [개발 도구] 탭이 보이지 않는다면 **[파일] 탭 → [옵션]**을 클릭하고 [리본 사용자 지정] 탭을 선택합니다. 리본 메뉴 사용자 지정 항목에서 '개발 도구'에 체크 표시한 다음 〈확인〉 버튼을 클릭합니다.

04 '추가 기능' 대화상자가 표시되면 사용 가능한 추가 기능 항목에서 '해 찾기 추가 기능'에 체크 표시하고 〈확인〉 버튼을 클릭합니다.

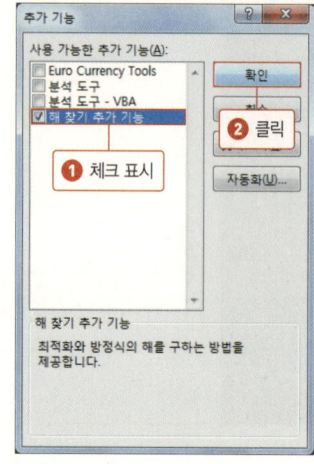

SECTION 03 예측 보고하기

05 [데이터] 탭 → [분석] 그룹에 [해 찾기(?)]가 추가된 것을 확인합니다.

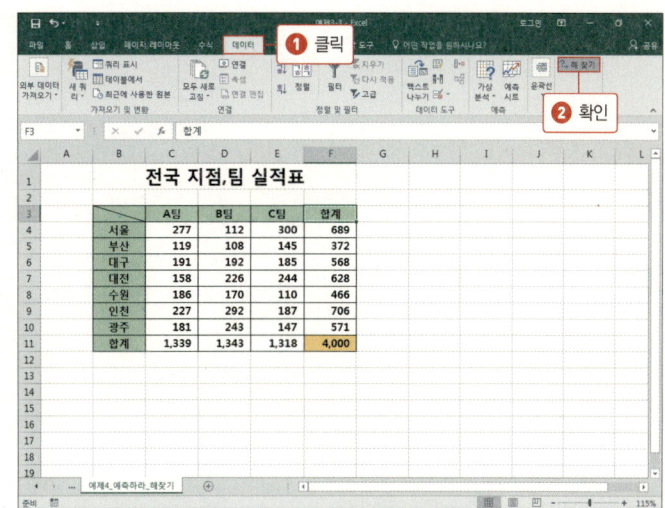

06 해 찾기 기능을 이용해 [F11]셀 값을 '4,000'에서 '4,300'으로 올리기 위해 팀별로 실적을 얼마나 배분해야 하는지 알아보겠습니다.
[데이터] 탭 → [분석] 그룹 → [해 찾기]를 클릭합니다.

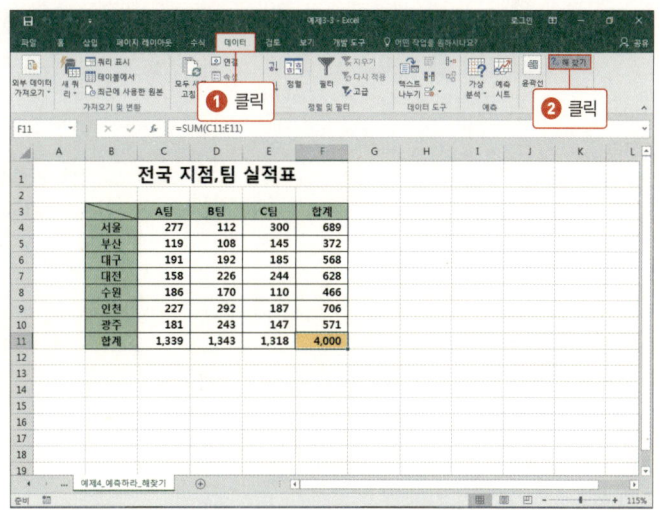

07 '해 찾기 매개 변수' 대화상자가 표시되면 [F11]셀 값을 '4,000'에서 '4,300'으로 올리는 것이 목표이므로 목표 설정을 [F11]셀로 지정하고 대상을 '지정값', 값을 '4300'으로 설정합니다.

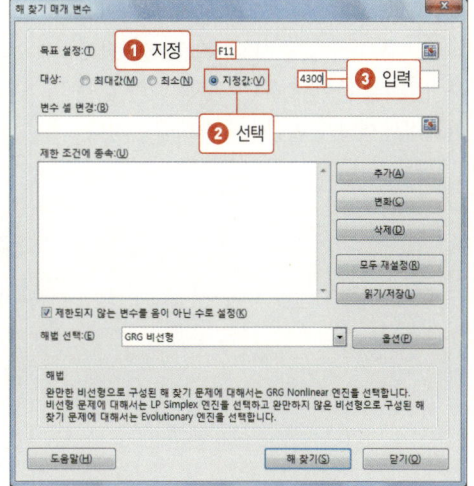

버전 엑셀 2007에서는 '목표 설정'이 '목표 셀', '대상'이 '해의 조건', '변수 셀 변경'이 '값을 바꿀 셀로 표시됩니다.

271

08 변수 셀 변경에 커서를 두고 [C4:E10] 범위를 드래그한 다음 〈해 찾기〉 버튼을 클릭합니다.

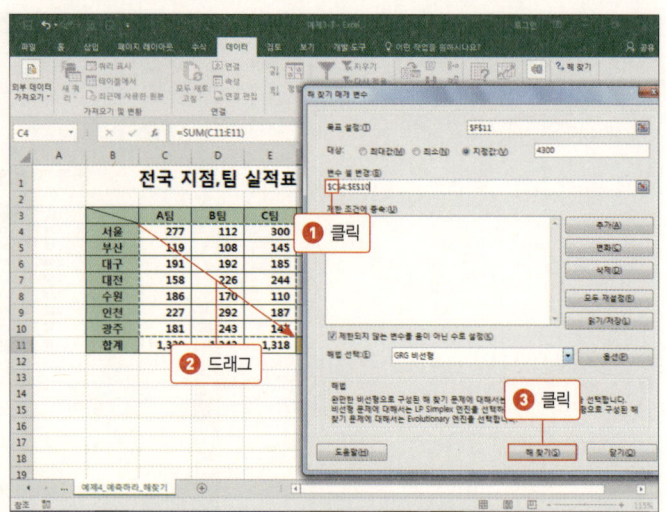

버전 엑셀 2007에서는 〈해 찾기〉 버튼이 〈실행〉 버튼으로 표시됩니다.

tip 대화상자의 각 항목을 앞에서 배운 목표값 찾기와 비교하면 '목표 설정'은 '수식 셀', '대상'은 '찾는 값', '변수 셀 변경'은 '값을 바꿀 셀'과 의미가 같습니다. 이름부터 시작해서 여러 가지로 비슷한 것이 많죠? 물론 차이점도 있습니다. 목표값 찾기는 값을 바꿀 셀을 단 한 개만 지정할 수 있는 반면, 해 찾기는 여러 개의 셀을 범위로 지정할 수 있습니다.

09 '해 찾기 결과' 대화상자가 표시됩니다. [F11]셀 값이 '4,300'으로 바뀌면서 각 팀과 지점별로 실적이 조정된 것을 확인할 수 있습니다. 그대로 적용하기 위해 '해 찾기 해 보존' 항목을 선택한 다음 〈확인〉 버튼을 클릭합니다.

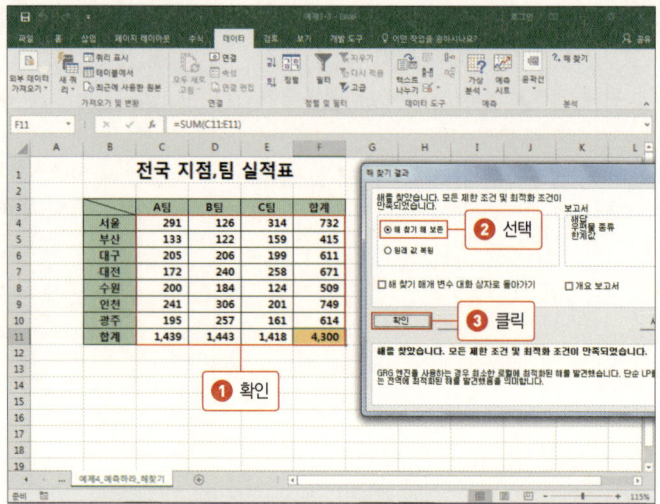

버전 엑셀 2007에서는 '해 찾기 해 보존'이 '구한 해로 바꾸기'로 표시됩니다.

10 팀별로 실적을 균등하게 나누어서 [F11]셀 값을 '4300'으로 올렸습니다. [F11]셀 값이 '4,000'이었을 때와 값을 비교해서 어떻게 변했는지 비교해 봅시다.

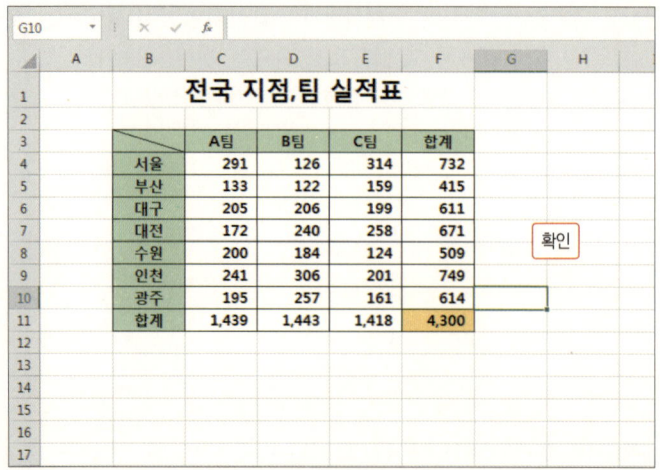

5 조건이 주어진 상태에서 목표를 달성하기 위한 실적 구하기 - 해 찾기

해 찾기 기능을 이용해 조건이 주어졌을 때 특정 목표값에 도달하기 위한 방법을 알아봅니다. 예제에서는 조건을 하나만 지정했지만 추가로 여러 개의 조건을 지정할 수도 있습니다.

{예제 파일} 04\예제3-3.xlsx {시트} 예제4_예측하라_해 찾기

01 이전 예제에서 목표값 찾기 기능을 이용해 총실적을 '4000'에서 '4300'으로 올리기 위한 C팀 대전 지점 실적을 구했습니다. 이번 예제에서는 해 찾기 기능을 이용해 총실적을 유지하면서 C팀 대전 지점 실적은 200을 넘으면 안 된다'라는 조건을 적용해 보겠습니다.
[데이터] 탭 → [분석] 그룹 → [해 찾기(?)]를 클릭합니다.

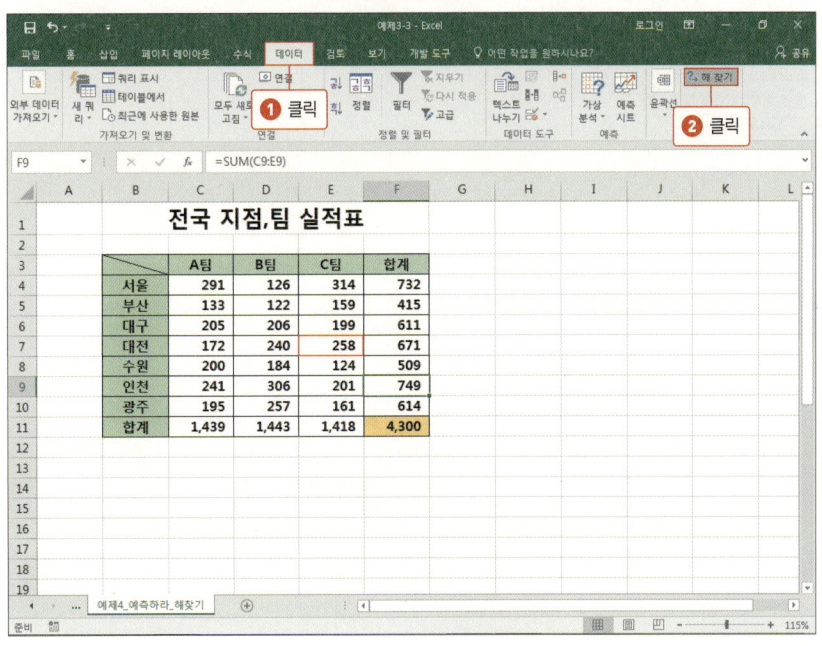

02 '해 찾기 결과' 대화상자가 표시되면 이전 예제에서 설정한 값이 표시된 것을 확인할 수 있습니다. 〈추가〉 버튼을 클릭합니다.

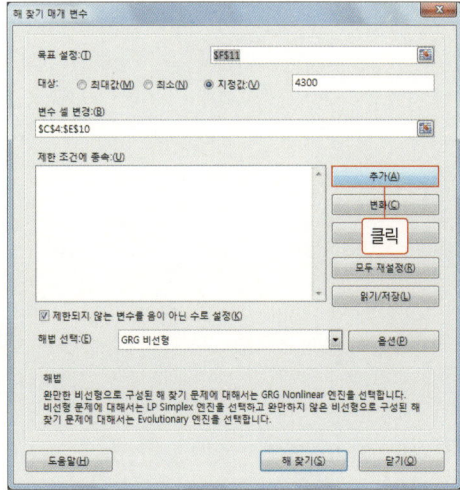

03 '제한 조건 추가' 대화상자가 표시됩니다. 'C팀 대전지점 실적은 200을 넘으면 안 된다'가 조건이므로 셀 참조에 커서를 두고 [E7]셀을 선택합니다. '200을 넘으면 안 된다'는 '200보다 작거나 같다'와 같고 수식으로 표현하면 '〈=200'입니다. 제한 조건을 '〈='으로 지정하고 '200'을 입력한 다음 〈확인〉 버튼을 클릭합니다.

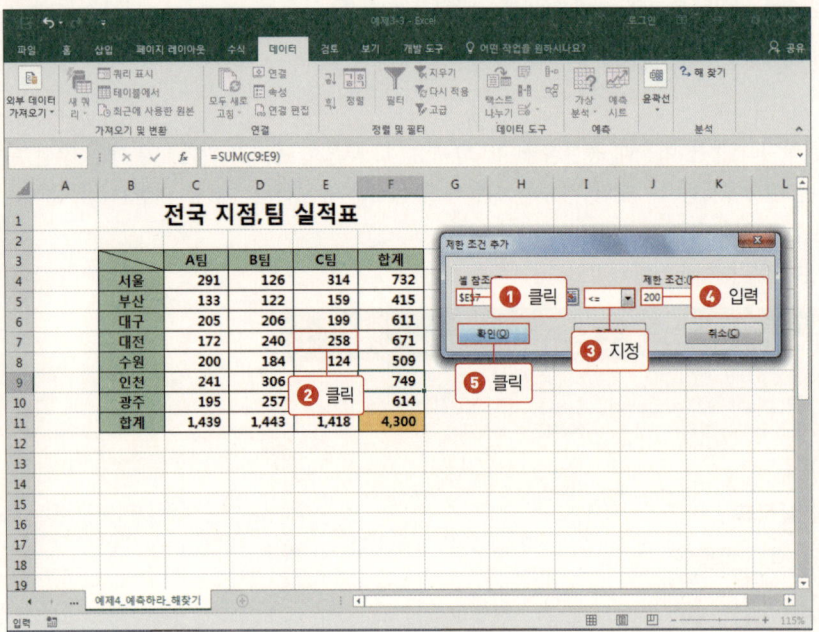

04 '해 찾기 매개 변수' 대화상자가 표시되면 제한 조건이 추가된 것을 확인하고 〈해 찾기〉 버튼을 클릭합니다.

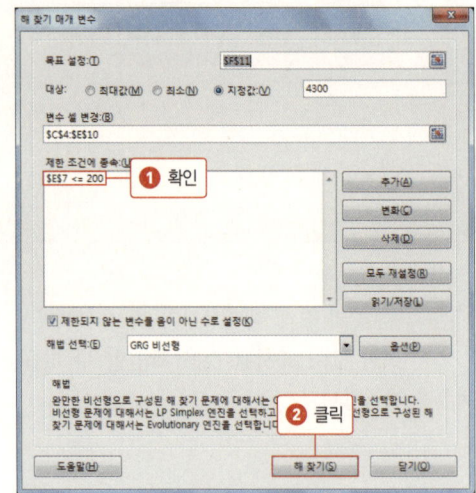

05 '해 찾기 결과' 대화상자가 표시됩니다. C팀 대전 지점 실적이 '200' 이하로 조정되면서 다른 지점에 조금씩 분산된 것을 확인할 수 있습니다. 그대로 적용하기 위해 '해 찾기 해 보존' 항목을 선택한 다음 〈확인〉을 클릭합니다.

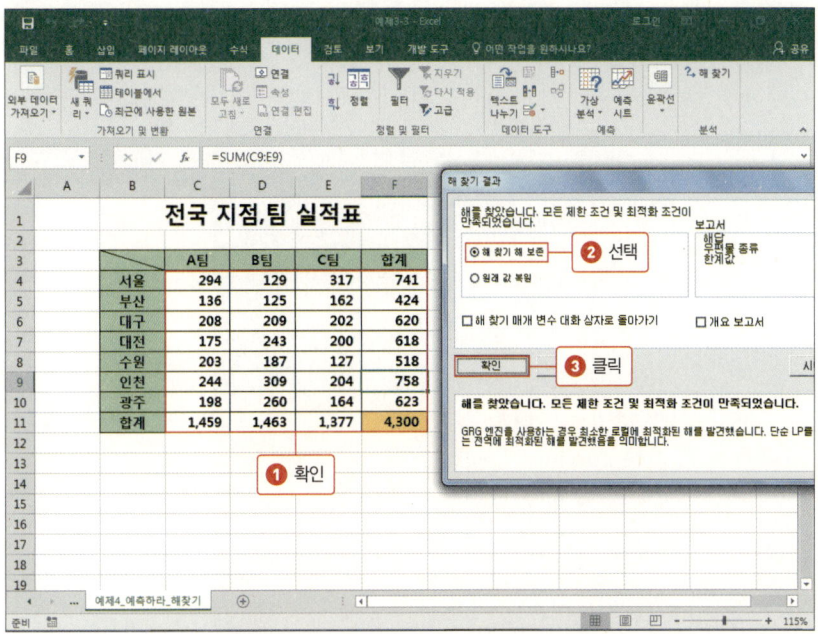

06 '해 찾기'는 목표치를 달성하기 위해 여러 값들을 조정해볼 수 있고 제한 조건도 지정할 수 있어서 시뮬레이션을 할 때 자주 사용합니다. 다른 조건을 추가해 보면서 실적이 어떻게 변하는지 직접 확인합니다.

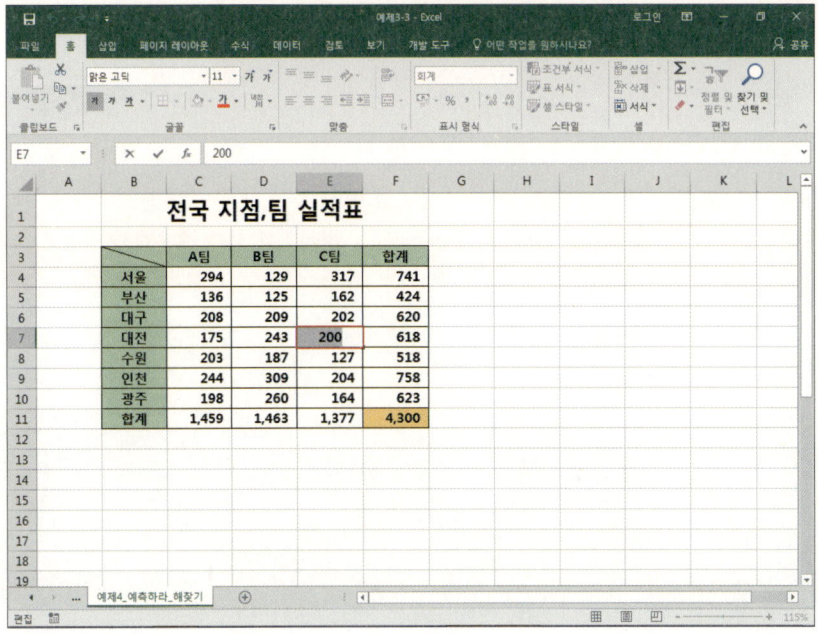

PART 05

SECTION 01 자료를 직관적으로 표현하기
SECTION 02 스마트 아트로 간단하게 도식화하기

데이터에서 보고서로!
차트와 **비주얼 표현**하기

차트와 스마트 아트를 이용해서 보고서로 만든 데이터를 시각화하는 방법을 알아보고 엑셀 2016에서 새롭게 추가된 선버스트 차트도 알아봅니다. 스마트 아트를 이용하면 데이터를 시각적이고 전문적으로 만들 수 있습니다. 또한 엑셀에서의 이미지 기능을 이용해 보고서 표지를 만들어 보겠습니다.

SECTION 01
자료를 직관적으로 표현하기

앞에서 데이터를 보고서화하는 방법을 배웠습니다. 이번에는 보고서로 만든 데이터를 시각화하는 방법을 알아보겠습니다. 시각화하는 방법은 여러 가지가 있는데 그 중 조건부 서식을 사용해서 데이터에 색을 입히거나 아이콘으로 표현하는 방법, 스파크라인을 활용하는 방법은 이미 앞에서 배웠습니다. 여기서는 '차트'와 '스마트 아트'를 사용해서 데이터를 시각적으로 표현하는 방법을 배우고 엑셀 2016에 새롭게 추가된 신규 차트를 소개합니다.

중요도 4

작업 소요 시간
50분

동영상 재생 시간
24분

엑셀에서 기본 차트의 특징은 다음과 같습니다.

종류	특징
막대형	개별 데이터 사이 비교 개별, 누적, 비율(100% 대비) 표현 가능
꺾은선형	막대 끝을 연결한 꺾은선으로 시간 흐름에 따른 변화 확인
방사형	꺾은선을 원형으로 만들어서 전체적 균형 확인
원형	전체에 대한 비율, 부분 비율을 원형으로 표현
콤보형	서로 다른 두 가지 항목을 동시에 표현
폭포형/깔때기형	데이터 증감에 따른 변화 확인
트리맵	비율에 따라 서로 다른 크기의 사각형으로 표현, 데이터 점유율 비교 가능
선버스트	데이터를 상위 개념과 하위 개념으로 나누어 표현

SECTION 01 자료를 직관적으로 표현하기

1 하나의 표를 여러 차트로 나타내기 1 - 트리맵

지점별 판매 실적을 트리맵 차트로 표시하겠습니다. 트리맵 차트와 이후에 배울 선버스트 차트는 엑셀 2016에 추가된 신규 차트입니다. 어떤 기능을 가지고 있는지, 어떤 상황에 사용하면 유용할지 알아봅니다.

{예제 파일} 05\예제3-4.xlsx {시트} 예제1_한 시트로 여러 차트에 따른 표현 방법 1-1

01 엑셀 2016에서 새롭게 추가된 차트 기능을 살펴보겠습니다. [B5:F13] 범위를 드래그합니다.

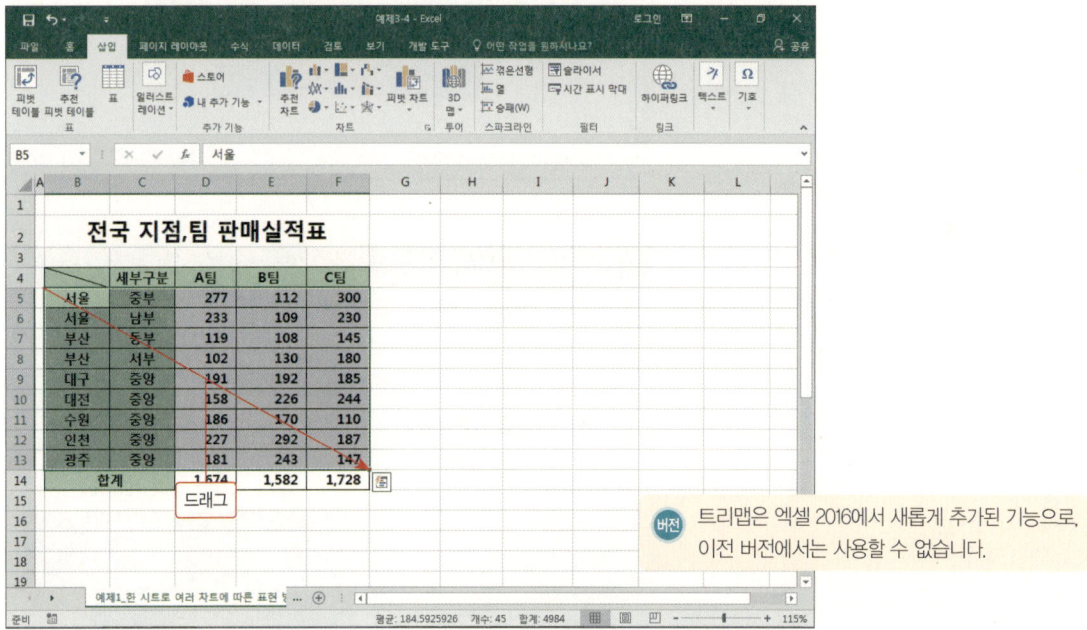

트리맵은 엑셀 2016에서 새롭게 추가된 기능으로, 이전 버전에서는 사용할 수 없습니다.

02 [삽입] 탭 → [차트] 그룹 → [계층 구조 차트 삽입(■)]을 클릭합니다.
새롭게 추가된 두 종류의 차트가 아이콘으로 표시됩니다.

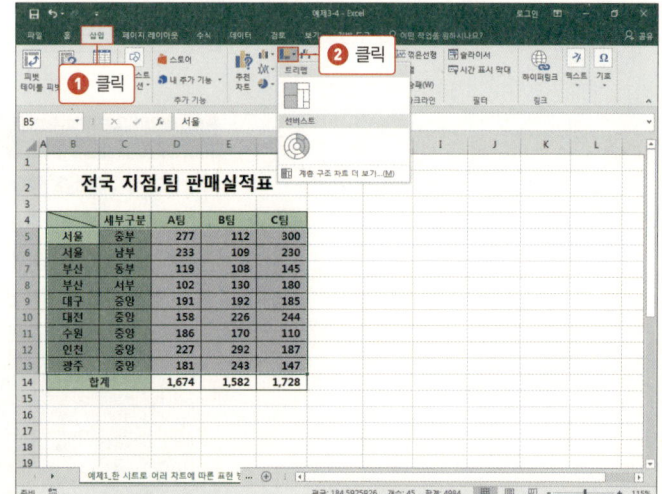

279

03 트리맵 아이콘을 살펴보면 데이터 값에 따라 다양한 크기의 사각형으로 표현하는 것을 확인할 수 있습니다. '트리맵'을 클릭합니다.

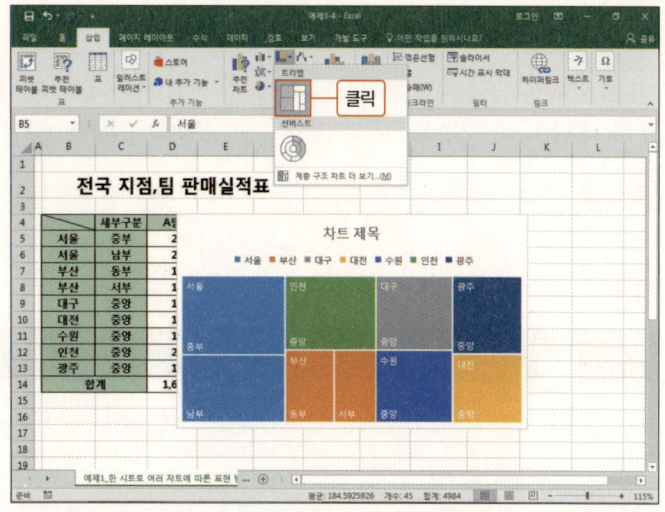

04 트리맵 차트가 삽입됩니다. 세부적으로 나누어진 서울과 부산을 자동으로 인식하여 하나의 색상으로 표시됩니다.
차트를 표와 겹치지 않는 위치에 배치합니다.

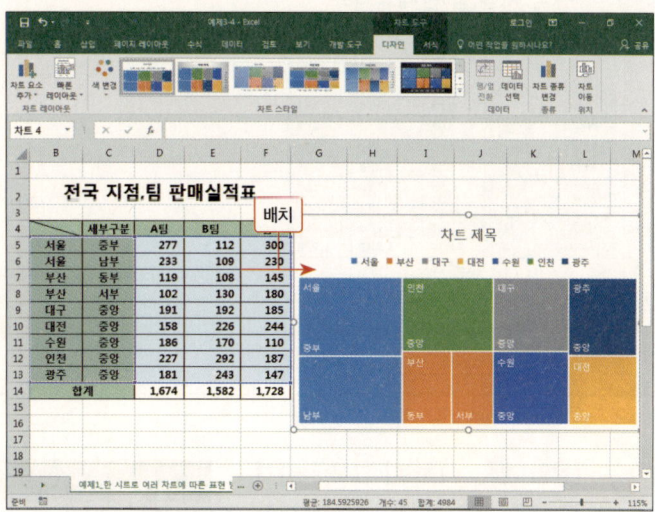

> tip 만약 차트가 화면에 제대로 보이지 않는다면 Ctrl 키를 누른 상태로 마우스 스크롤을 위아래로 조절해서 시트를 확대하거나 축소합니다.

05 차트 제목을 바꾸겠습니다. '차트 제목'을 마우스 오른쪽 버튼으로 클릭하고 **텍스트 편집**을 실행합니다.

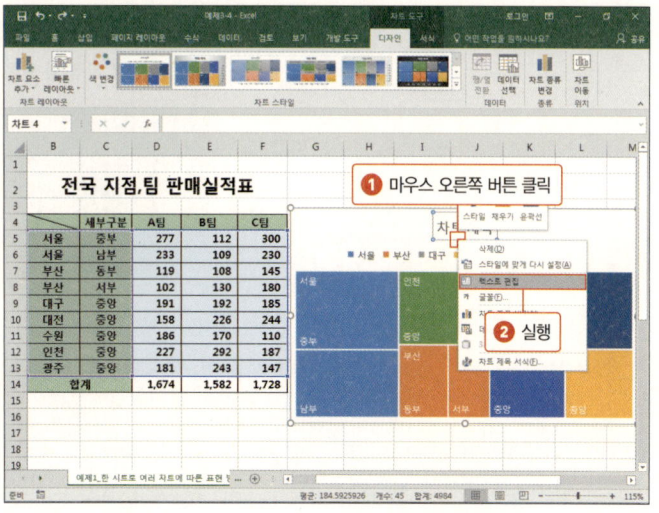

06 커서가 활성화되면 '실적 트리맵'을 입력합니다.

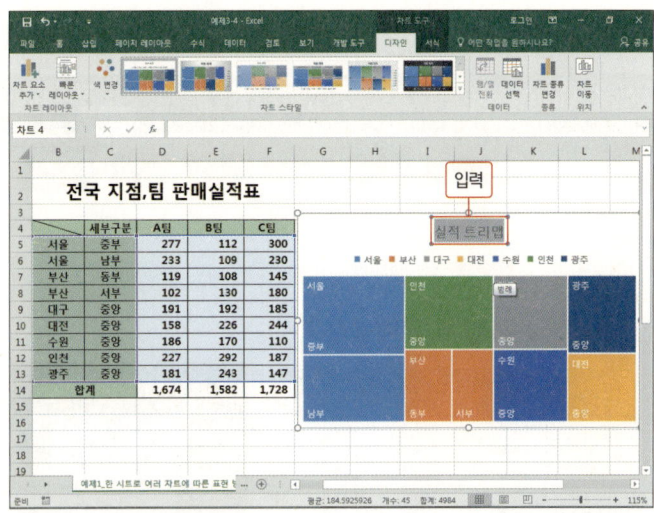

07 차트 영역을 클릭하여 [디자인] 탭을 활성화합니다. **[디자인] 탭 → [차트 스타일] 그룹**에서 차트 스타일 위에 마우스 포인터를 올리면 해당 스타일을 선택했을 때 어떻게 표시되는지 미리 보기로 볼 수 있습니다. 미리 보기를 확인하고 원하는 차트 스타일을 선택합니다. 예제에서는 배경이 검은색인 차트 스타일을 선택합니다.

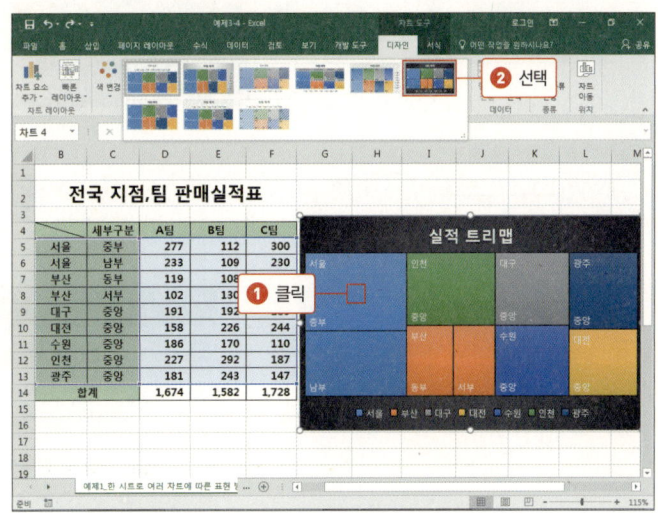

08 범례 위치를 옮기겠습니다. 범례 영역을 더블클릭하면 화면 오른쪽에 '범례 서식' 작업 창이 표시됩니다.

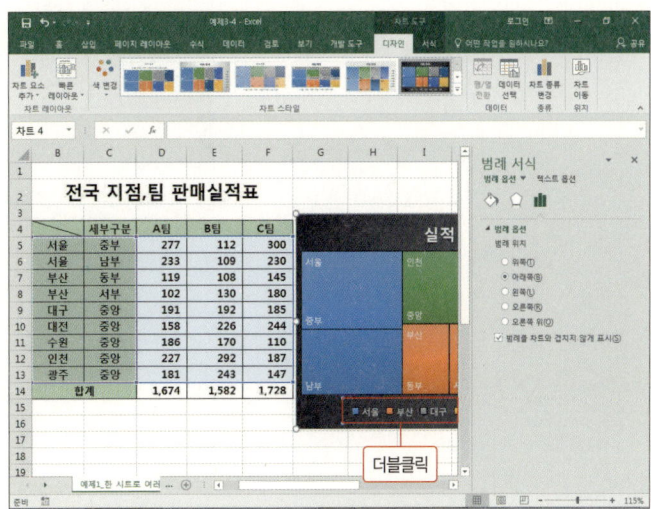

09 범례 위치 항목에서 '왼쪽'을 선택합니다.

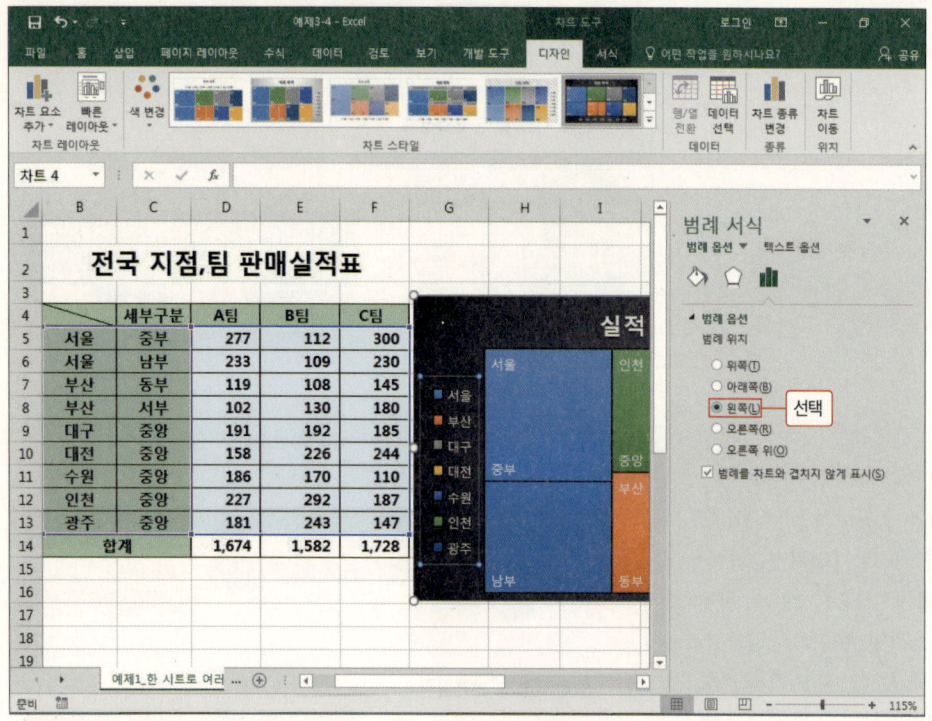

10 범례가 왼쪽으로 이동한 것을 확인합니다.

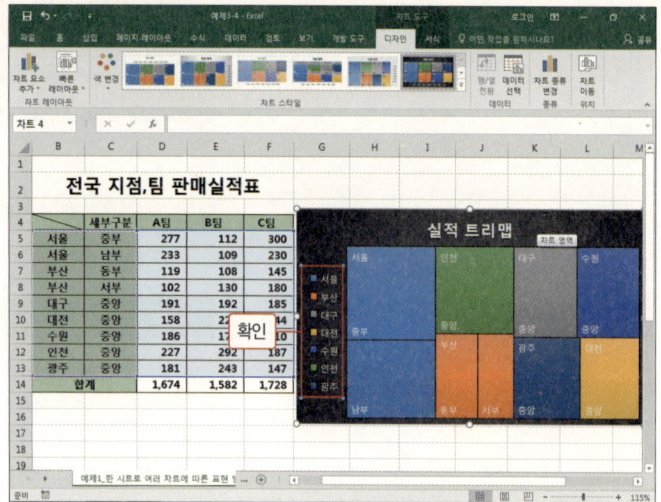

SECTION 01 자료를 직관적으로 표현하기

2 하나의 표를 여러 차트로 나타내기 2 – 선버스트

지점별 판매 실적을 선버스트 차트로 표시하겠습니다. 새롭게 추가된 차트를 사용해 보면서 데이터를 어떤 형식으로 나타내는지 직접 확인하는 것이 중요합니다.

{예제 파일} 05\예제3-4.xlsx   {시트} 예제2_한 시트로 여러 차트에 따른 표현 방법 1-2

01 이전 예제에서 트리맵 차트를 이용해 데이터를 표시했습니다. 이번에는 새롭게 추가된 차트 중 하나인 '선버스트'로 데이터를 표시해 보겠습니다. 차트 영역을 클릭하여 [디자인] 탭을 활성화합니다.

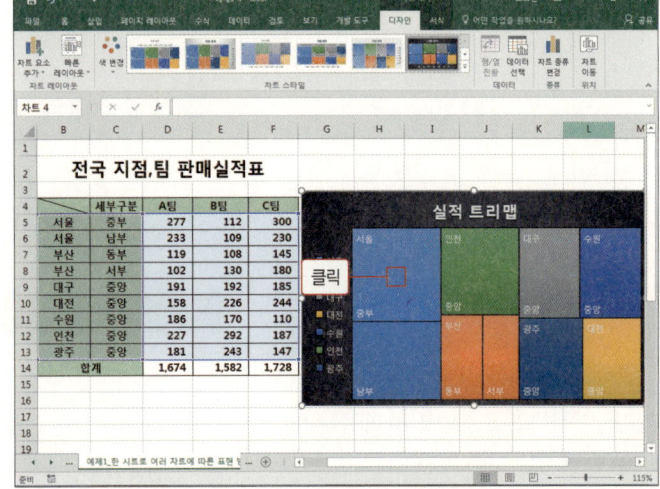

> **버전** 선버스트 차트는 엑셀 2016에서 새롭게 추가된 기능으로, 이전 버전에서는 사용할 수 없습니다.

02 [디자인] 탭 → [종류] 그룹 → [차트 종류 변경(■)]을 클릭합니다.

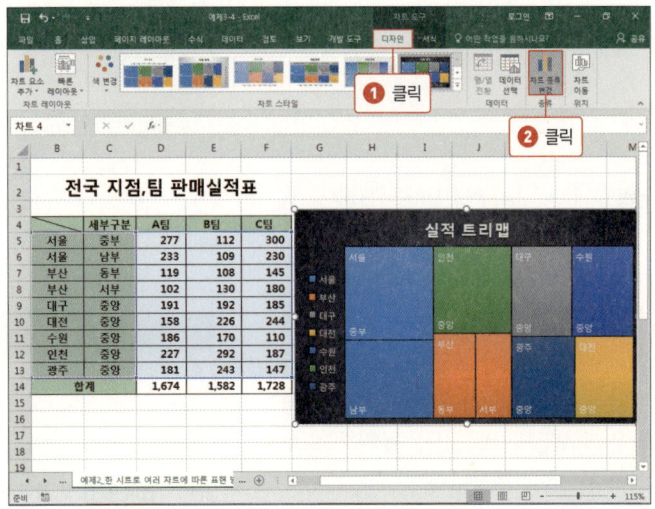

03 '차트 종류 변경' 대화상자가 표시되면 [모든 차트] 탭 항목에서 [선버스트]를 선택한 다음 〈확인〉 버튼을 클릭합니다.

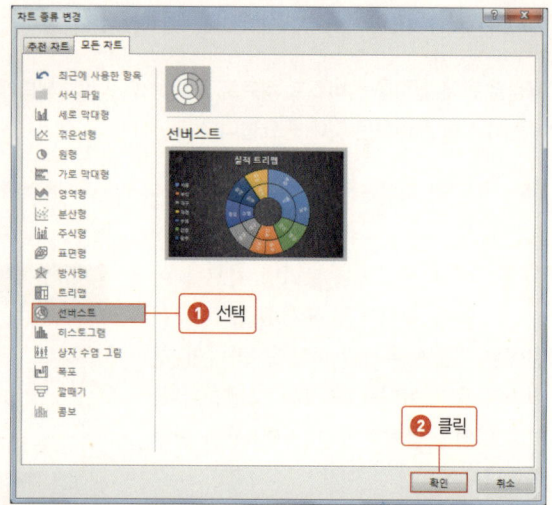

04 차트 종류가 '선버스트'로 바뀌어 표시됩니다. 서울의 하위 개념으로 '중부'와 '남부', 부산의 하위 개념으로 '동부', '서부'가 표시되고 나머지 지역은 '중앙'만 표시된 것을 확인합니다.

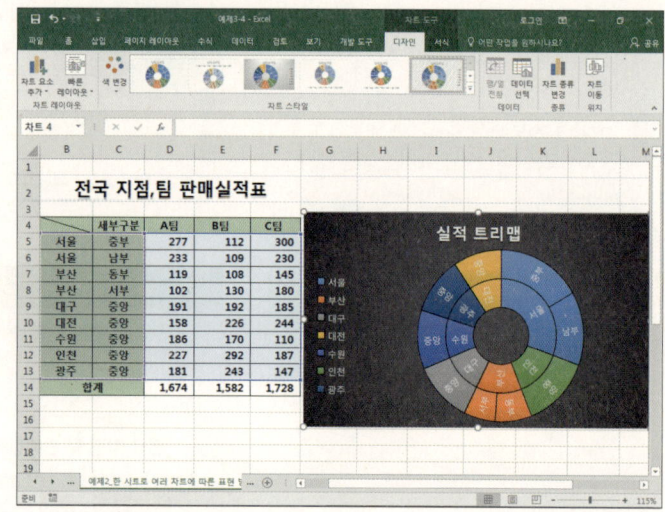

tip 선버스트 차트는 데이터를 상위 개념과 하위 개념으로 나누어서 더 상세하게 표현합니다.

05 차트에 항목 이름만 보이고 데이터 값은 안 보입니다. 데이터 값을 표시하기 위해 차트 영역을 마우스 오른쪽 버튼으로 클릭하고 **차트 영역 서식**을 실행합니다.

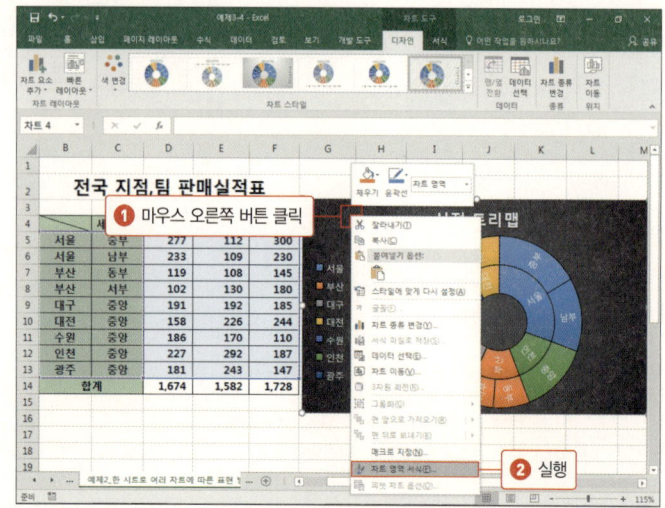

06 화면 오른쪽에 '차트 영역 서식' 작업 창이 표시되면 차트 옵션 목록 아이콘(▼)을 클릭하고 **데이터 레이블**을 실행합니다.

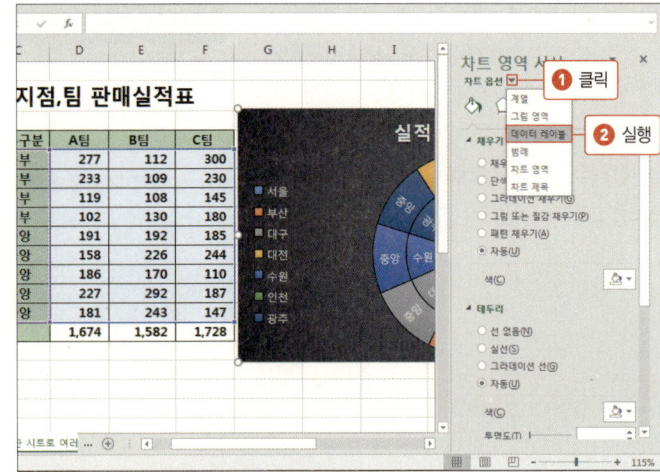

07 '데이터 레이블 서식' 작업 창이 표시되면 레이블 옵션(📊) 아이콘을 클릭하고 레이블 옵션 항목을 표시한 다음 '값'에 체크 표시합니다. '닫기'(✖)를 클릭합니다.

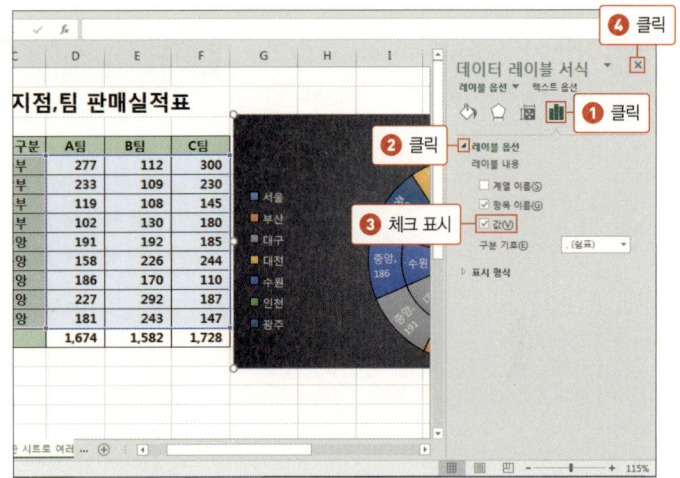

08 차트에 항목 이름과 값이 표시됩니다.

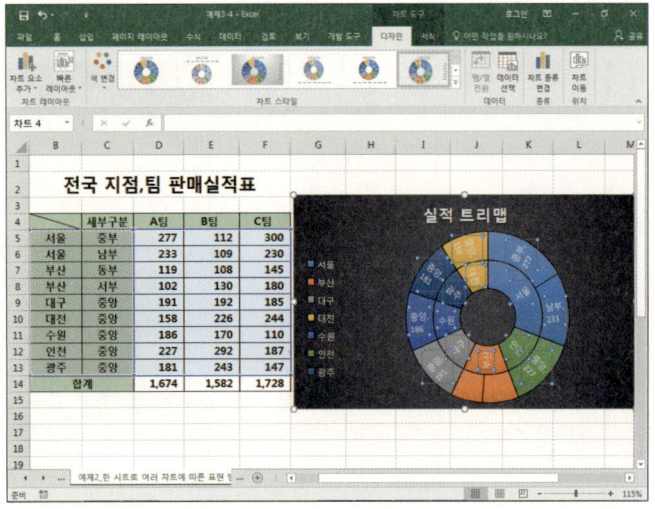

09 차트에서 '대전'과 '대구'를 제외한 나머지 지역만 보고 싶다면 어떻게 할까요? 어렵지 않습니다. 앞에서 배운 '필터'를 사용하면 됩니다.
[F4]셀을 선택하고 **[데이터] 탭 → [정렬 및 필터] 그룹 → [필터( )]**를 클릭합니다.

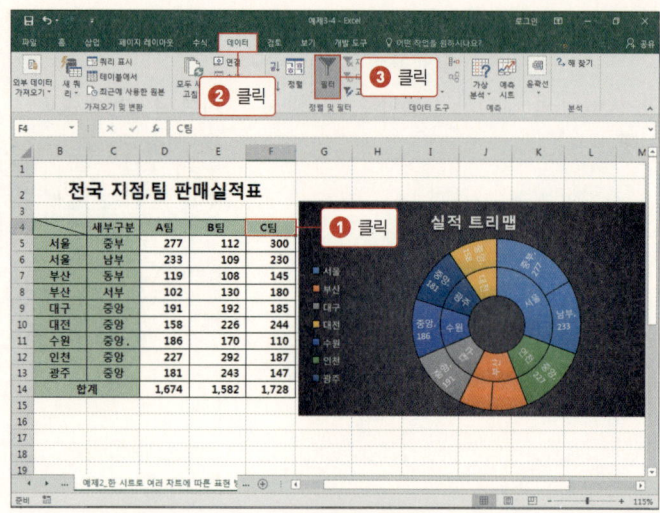

10 필터가 표시되면 [B4]셀 내림 단추( )를 누른 다음 '대구'와 '대전'의 체크 표시를 해제합니다.

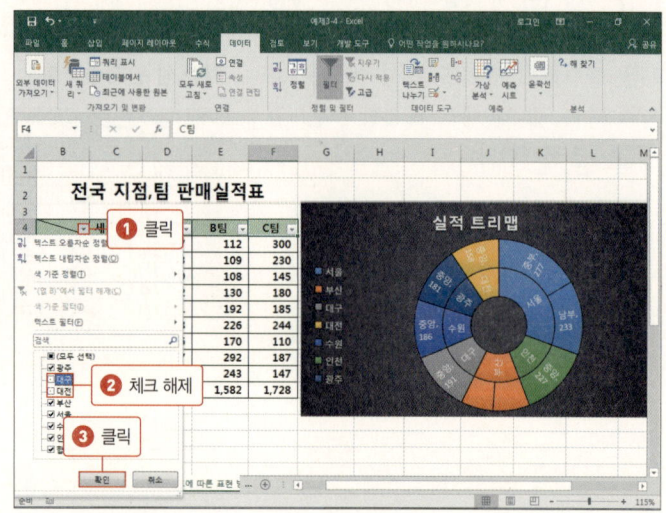

11 '대전'과 '대구'를 제외한 나머지 지역이 차트에 표시됩니다. 차트 제목을 '실적 선버스트'로 변경하고 마칩니다.

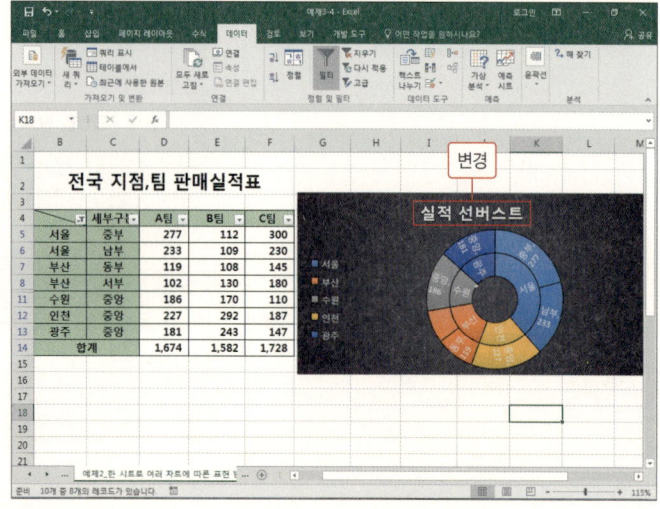

SECTION 01 자료를 직관적으로 표현하기

3 데이터를 상황에 맞게 표현하기 1 – 막대형, 데이터 표

지점별, 팀별 실적을 막대형 차트로 표시한 다음 데이터 표 기능을 이용해 차트 아래에 실적 데이터를 나타내는 방법을 알아봅니다.

{예제 파일} 05\예제3-4.xlsx   {시트} 예제3_한 시트로 여러 차트에 따른 표현 방법 3-1

01 전국 지점, 팀 판매실적표를 막대형 차트로 표시해 보겠습니다. [B4:C11] 범위를 드래그합니다.

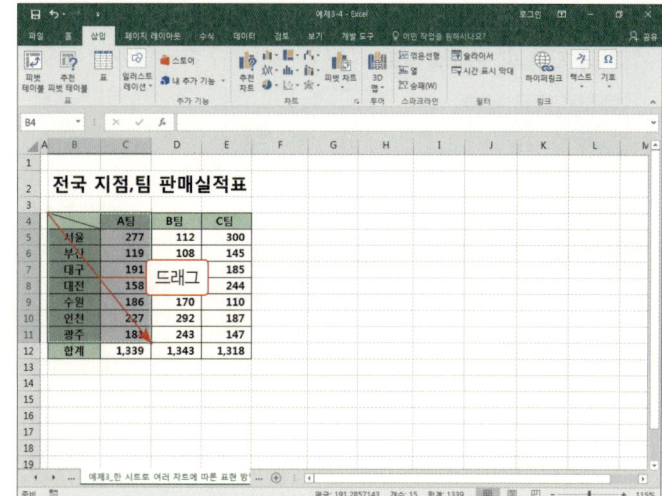

tip 차트를 삽입할 때 반드시 표 전체를 범위로 지정할 필요는 없습니다. 표에서 차트로 표현할 부분만 범위로 지정하면 됩니다.

02 [삽입] 탭 → [차트] 그룹 → [세로 또는 가로 막대형 차트 삽입]을 클릭합니다. '2차원 세로 막대형'에서 [묶은 세로 막대형] 위에 커서를 올리면 해당 차트를 선택했을 때 어떻게 표시되는지 미리 보기로 보여줍니다. 이전 과정에서 A팀만 범위로 지정했기 때문에 차트 제목이 자동으로 입력된 것을 확인할 수 있습니다. 표 전체를 막대형 차트로 표시해 보겠습니다.

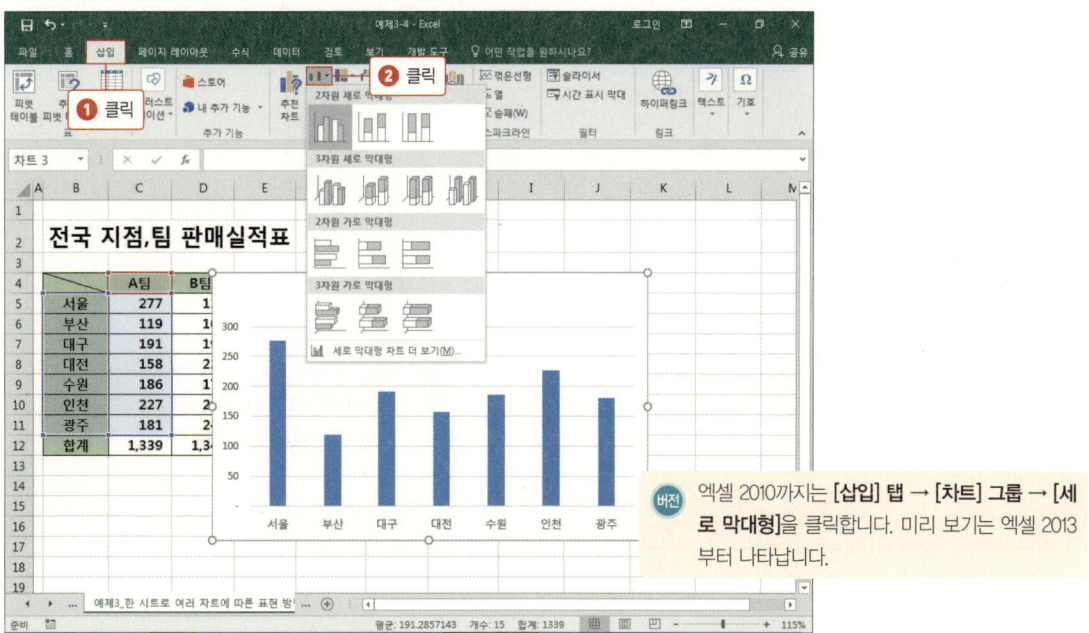

버전 엑셀 2010까지는 [삽입] 탭 → [차트] 그룹 → [세로 막대형]을 클릭합니다. 미리 보기는 엑셀 2013부터 나타납니다.

03 표에서 임의의 셀을 선택하고 [삽입] 탭 → [차트] 그룹 → [세로 또는 가로 막대형 차트 삽입]을 클릭한 다음 '2차원 세로 막대형'에서 [묶은 세로 막대형]을 클릭합니다.

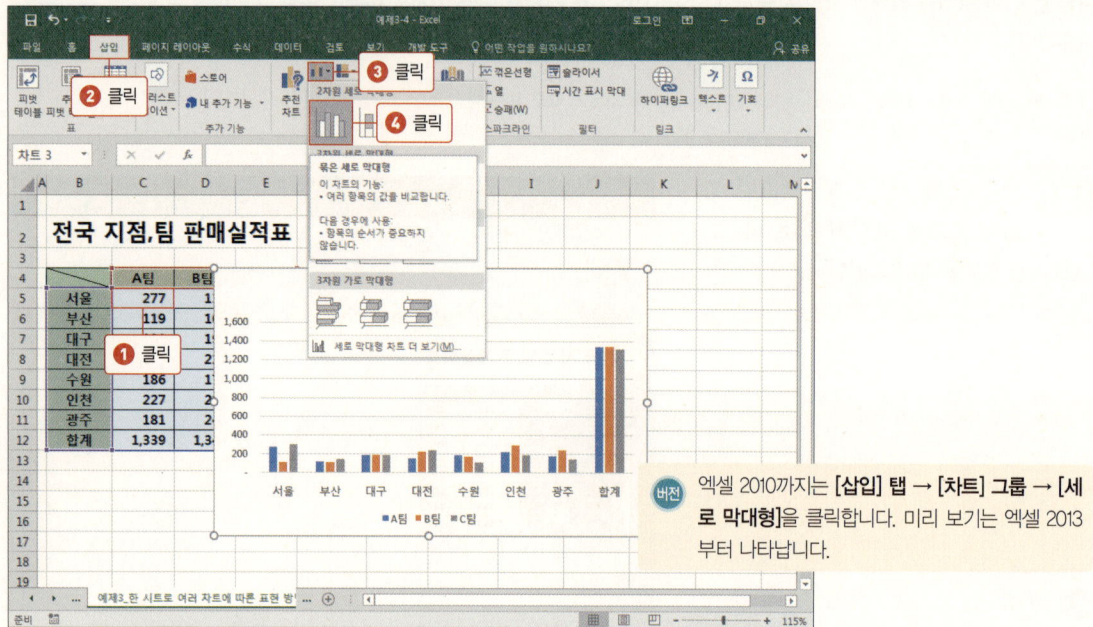

엑셀 2010까지는 [삽입] 탭 → [차트] 그룹 → [세로 막대형]을 클릭합니다. 미리 보기는 엑셀 2013부터 나타납니다.

04 세로 막대형 차트가 삽입됩니다. 그런데 '합계'가 같이 표시되면서 '서울', '부산' 등 항목별 값의 차이가 잘 드러나지 않습니다. 차트에서 '합계'를 제외하겠습니다. 차트 영역을 클릭하여 [디자인] 탭을 활성화하고 [디자인] 탭 → [데이터] 그룹 → [데이터 선택(📊)]을 클릭합니다.

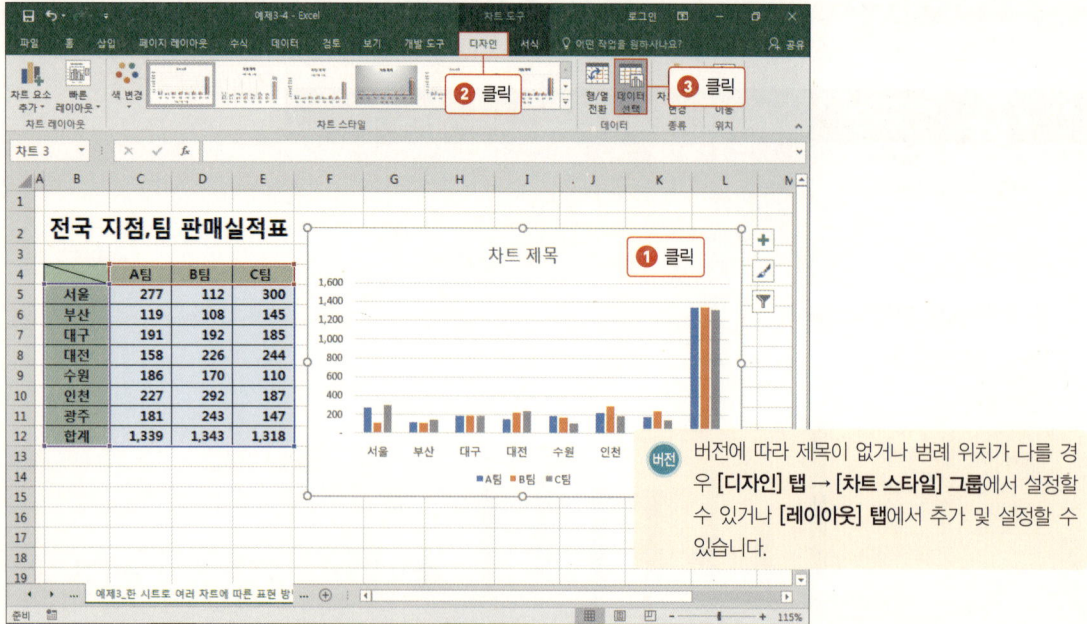

버전에 따라 제목이 없거나 범례 위치가 다를 경우 [디자인] 탭 → [차트 스타일] 그룹에서 설정할 수 있거나 [레이아웃] 탭에서 추가 및 설정할 수 있습니다.

05 '데이터 원본 선택' 대화상자가 표시되면 가로(항목) 축 레이블 항목에서 '합계'의 체크 표시를 해제한 다음 〈확인〉 버튼을 클릭합니다.

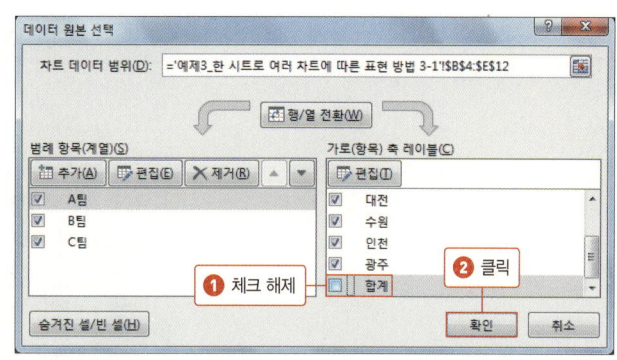

> **버전** 버전에 따라 체크란이 없을 경우 위쪽 차트 데이터 범위 오른쪽 버튼을 클릭하고 범위에서 직접 '합계'를 제외해 줍니다.

06 차트에서 '합계'가 사라지면서 항목별 값의 차이가 확연하게 드러납니다.

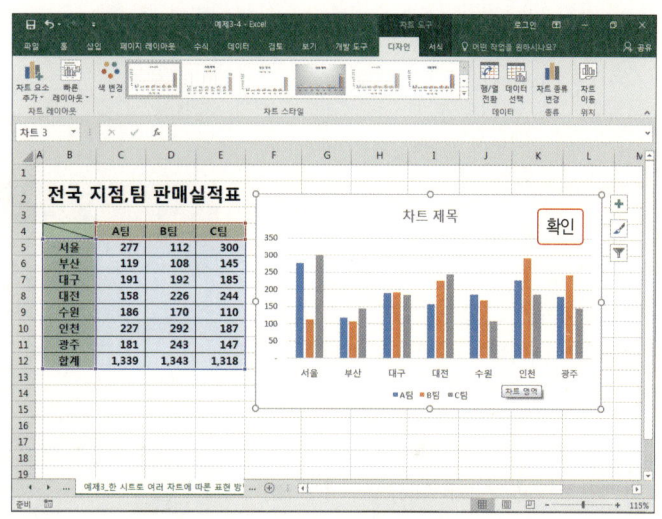

07 차트 제목을 변경하겠습니다. 차트 제목을 마우스 오른쪽 버튼으로 클릭하고 **텍스트 편집**을 실행합니다.

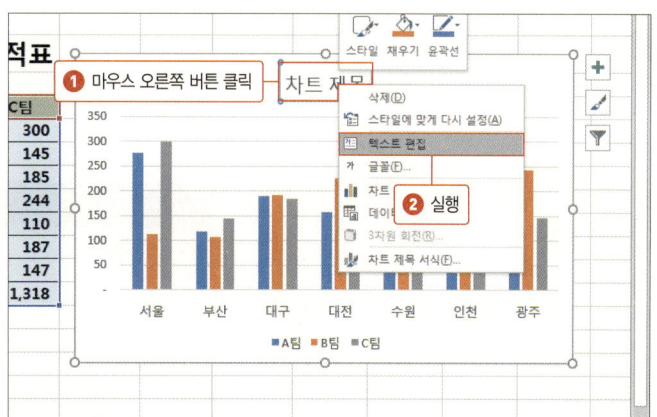

08 커서가 활성화되면 '판매 실적 차트(막대형)'을 입력합니다.

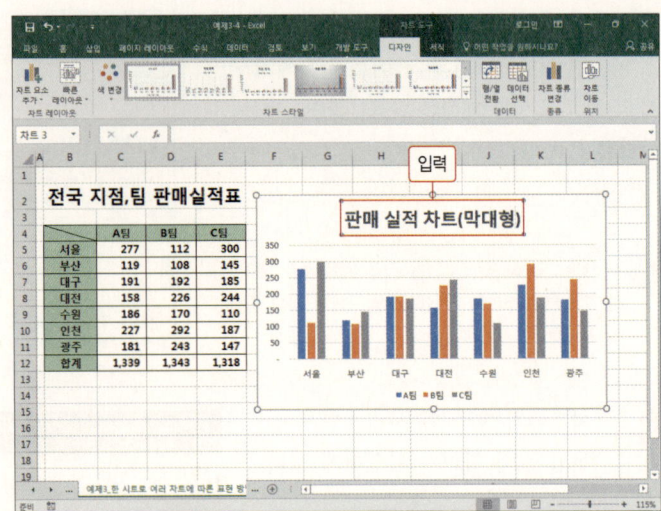

09 차트에서 막대 끝에 데이터 값을 표시하겠습니다.

차트 영역을 클릭한 다음 [디자인] 탭 → [차트 레이아웃] 그룹 → [차트 요소 추가] → [데이터 레이블] → [바깥쪽 끝에]를 클릭합니다.

> **버전** 엑셀 2010까지는 [레이아웃] 탭 → [레이블] 그룹 → [데이터 레이블] → [바깥쪽 끝에]를 클릭합니다.

> **tip** '데이터 레이블'에서 '가운데', '안쪽 끝에' 등 다른 옵션을 선택해서 어떻게 표시되는지 직접 확인해 봅니다.

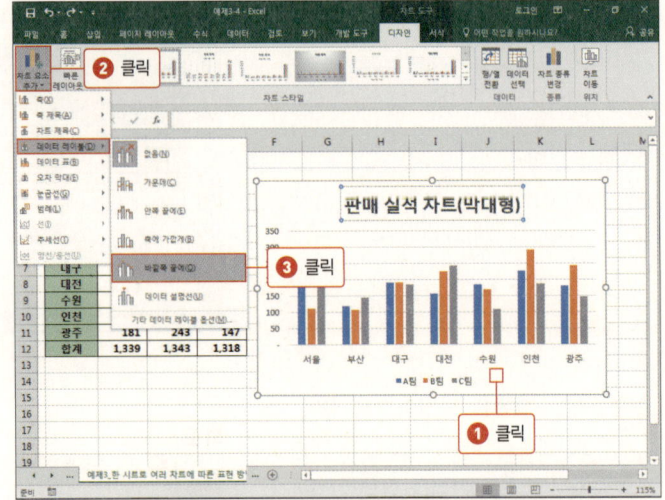

10 데이터 레이블이 막대 끝에 표시됩니다. 차트 아래에 데이터 표를 표시해 보겠습니다.

[디자인] 탭 → [차트 레이아웃] 그룹 → [차트 요소 추가] → [데이터 표] → [범례 표지 포함]을 클릭합니다.

> **버전** 엑셀 2010까지는 [레이아웃] 탭 → [레이블] 그룹 → [데이터 표] → [범례 표지와 함께 데이터 표 표시]를 클릭합니다.

> **tip** '범례 표지 포함'은 데이터 표에 범례를 표시할 것인지 여부를 뜻합니다. 데이터 표에 범례를 포함하면 차트에서는 범례를 빼도 됩니다.

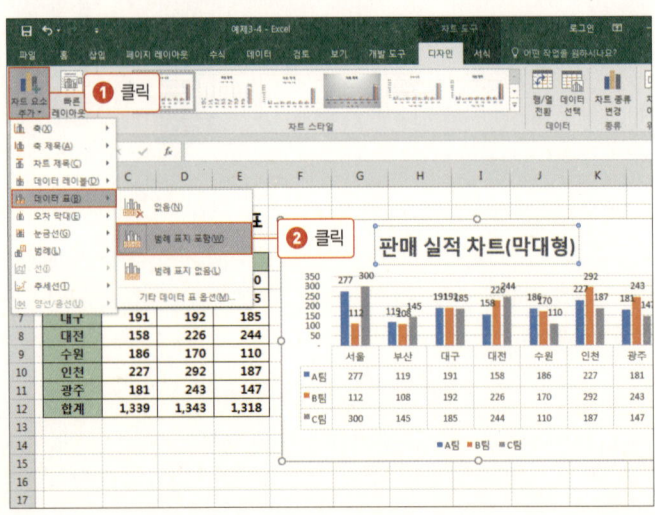

11 막대형 차트와 데이터 표가 함께 표시됩니다.

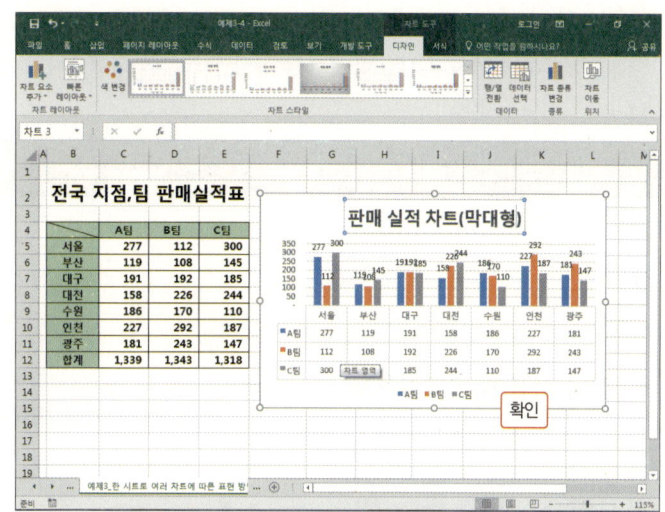

4 데이터를 상황에 맞게 표현하기 2 – 누적, 비율 막대형

지점별 실적을 누적 막대형으로 표시한 다음 해당 데이터에서 팀별로 차지하는 비율이 어느 정도인지 표시해 보겠습니다.

{예제 파일} 05\예제3-4.xlsx {시트} 예제3_한 시트로 여러 차트에 따른 표현 방법 3-2

01 막대형 차트를 누적형, 비율형으로 표시해 보겠습니다. 차트 영역을 클릭하여 [디자인] 탭을 활성화한 다음 [디자인] 탭 → [차트 스타일] 그룹에서 원하는 차트 스타일을 선택합니다. 예제에서는 '스타일 3'을 선택하여 차트 스타일을 변경합니다.

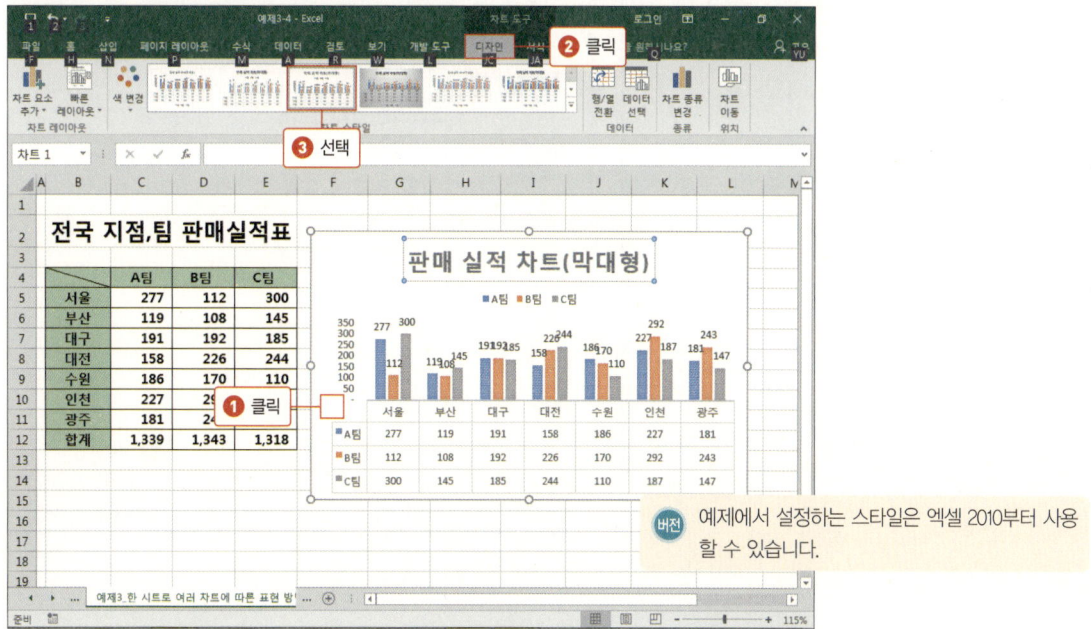

> 버전: 예제에서 설정하는 스타일은 엑셀 2010부터 사용할 수 있습니다.

02 팀별 실적은 비교가 잘 되는 반면 지점별 실적은 눈에 들어오지 않습니다. 이번에는 막대형 차트를 '누적형'으로 바꿔서 지점별로 누적된 실적을 표시해 보겠습니다. **[디자인] 탭 → [종류] 그룹 → [차트 종류 변경](⬛)**을 클릭합니다.

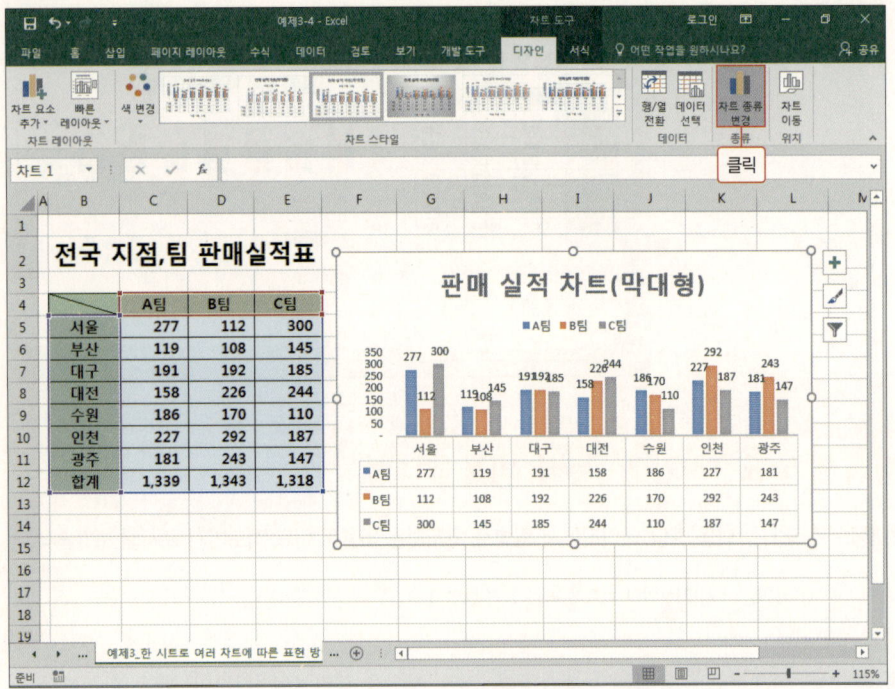

03 '차트 종류 변경' 대화상자가 표시되면 [모든 차트] 탭 항목에서 [세로 막대형]을 선택하고 '누적 세로 막대형(⬛)'을 클릭한 다음 〈확인〉 버튼을 클릭합니다.

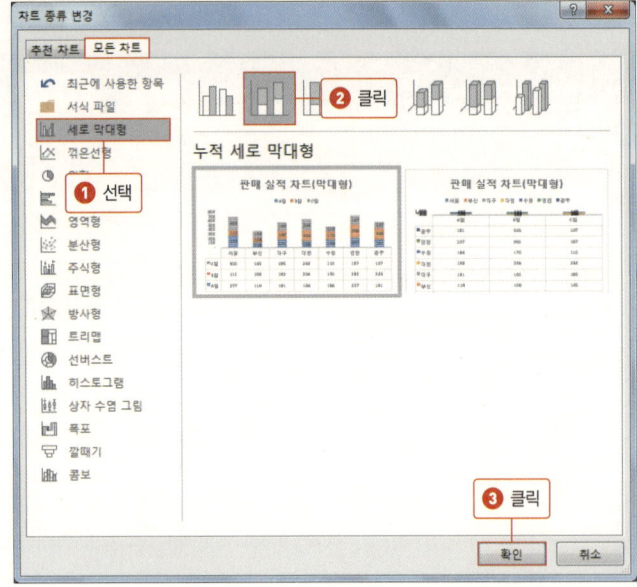

04 팀별 실적이 각 지점별로 누적되고 서로 다른 색으로 표시됩니다. 팀별 실적은 눈에 잘 들어오지 않지만 지점별 총 실적은 더 정확하게 비교할 수 있습니다.

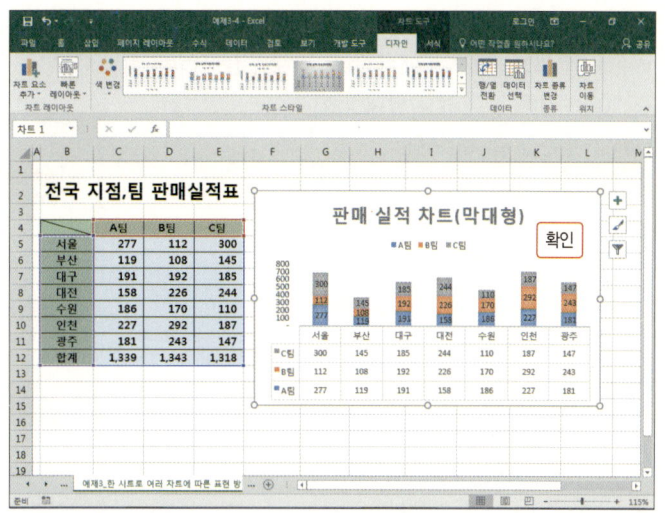

05 차트에 눈금선이 보이도록 해 볼까요?
[디자인] 탭 → [차트 레이아웃] 그룹 → [차트 요소 추가] → [눈금선] → [바깥쪽 끝에]를 선택합니다. '100' 단위로 눈금선이 표시된 것을 확인할 수 있습니다.

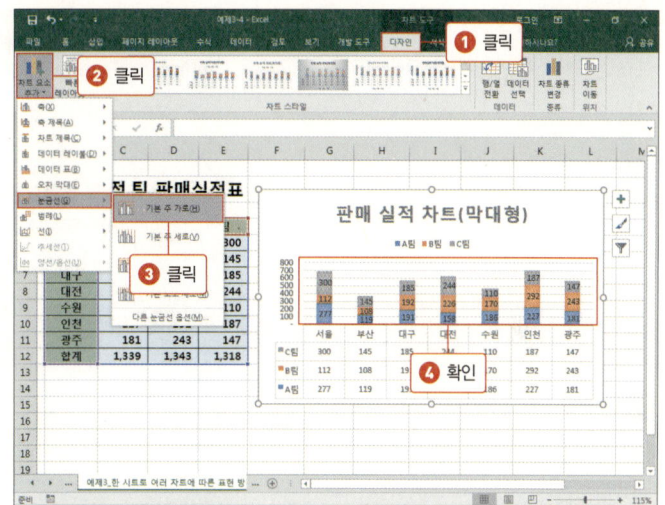

> 엑셀 2010까지는 [레이아웃] 탭 → [축] 그룹 → [눈금선] → [기본 가로 눈금선] → [주 눈금선]을 클릭합니다.

06 막대형 차트를 '비율형'으로 바꿔 보겠습니다. '비율형'은 차트에서 세로 축을 100%로 잡고 항목별 비율을 나눠서 표시하는 차트입니다.
차트 영역을 클릭하여 [디자인] 탭을 활성화한 다음 [디자인] 탭 → [종류] 그룹 → [차트 종류 변경(📊)]을 클릭합니다.

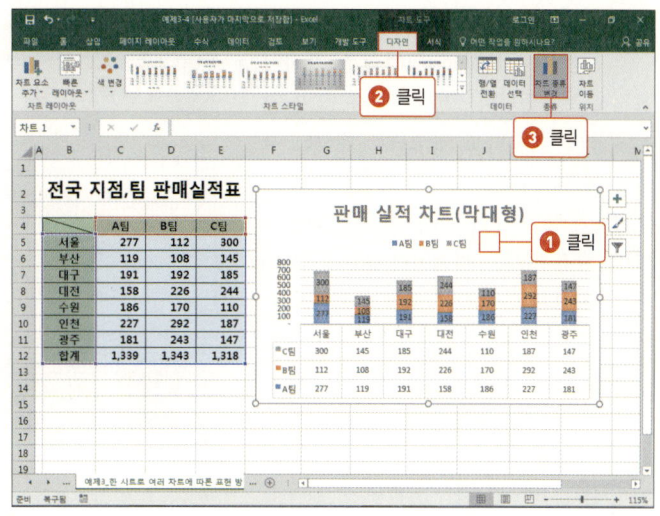

07 '차트 종류 변경' 대화상자가 표시되면 [모든 차트] 탭 항목에서 '세로 막대형'을 선택하고 '100% 기준 누적 세로 막대형(▦)'을 클릭한 다음 〈확인〉 버튼을 클릭합니다.

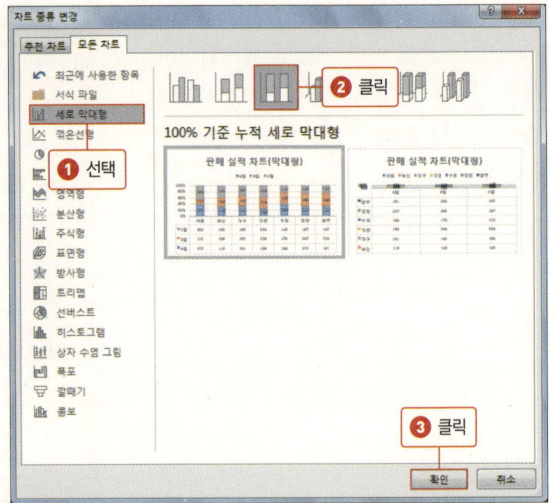

08 차트 세로축이 100%로 바뀌면서 팀별 실적이 비율로 표시됩니다.

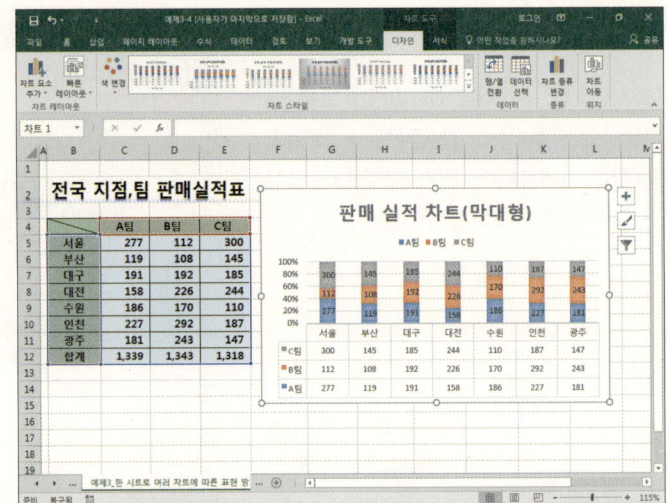

> tip 비율형 차트는 구체적인 실적 값보다 각 지점별, 팀별 비율이 중요할 때 쓰입니다. 상황과 보고 목적에 따라 적절한 차트를 선택하는 것이 중요합니다.

09 차트에서 행(A팀, B팀······)과 열(서울, 부산······)위치를 바꿔서 표시해 보겠습니다. 먼저 데이터 표가 많은 자리를 차지하고 있으므로 데이터 표를 없애겠습니다.
[디자인] 탭 → [차트 레이아웃] 그룹 → [차트 요소 추가] → [데이터 표] → [없음] 을 클릭합니다.

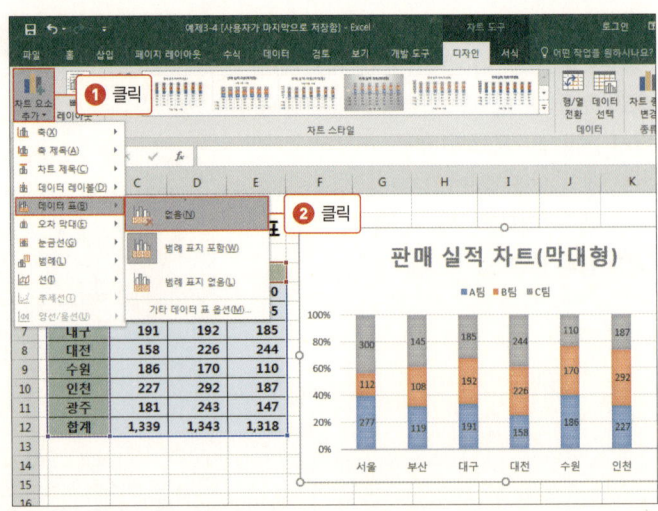

> 버전 엑셀 2010까지는 [레이아웃] 탭 → [레이블] 그룹 → [데이터 표] → [없음]을 클릭합니다.

10 차트에서 데이터 표가 사라지면 차트 영역을 클릭하여 [디자인] 탭을 활성화하고 [디자인] 탭 → [데이터] 그룹 → [행/열 전환(　)]을 클릭합니다.

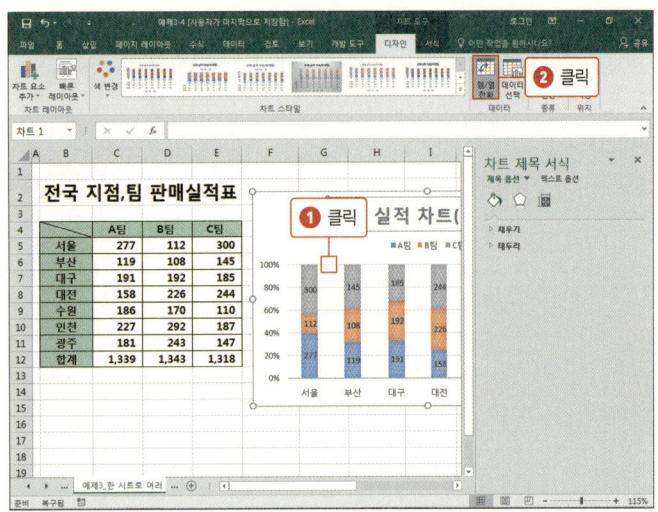

11 차트 영역의 행과 열이 서로 바뀌면서 각 팀의 지점별 비율을 쉽게 비교할 수 있습니다.

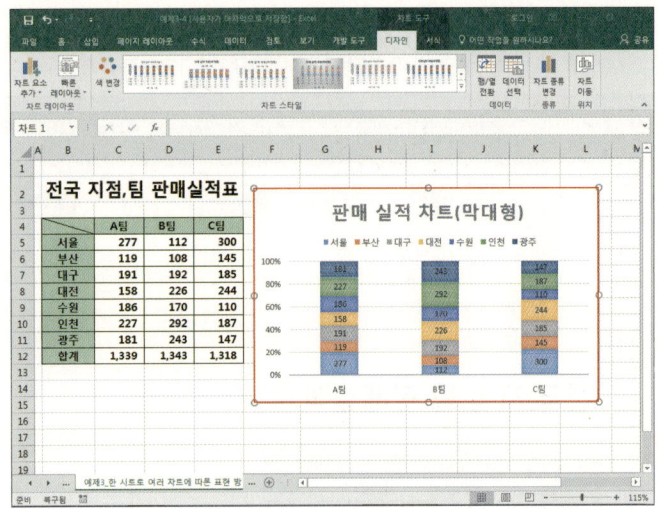

12 세로형이 있으면 가로형도 있겠죠? 종류를 차트 가로 막대형으로 바꿔 보겠습니다.
[디자인] 탭 → [종류] 그룹 → [차트 종류 변경(　)]을 클릭합니다.

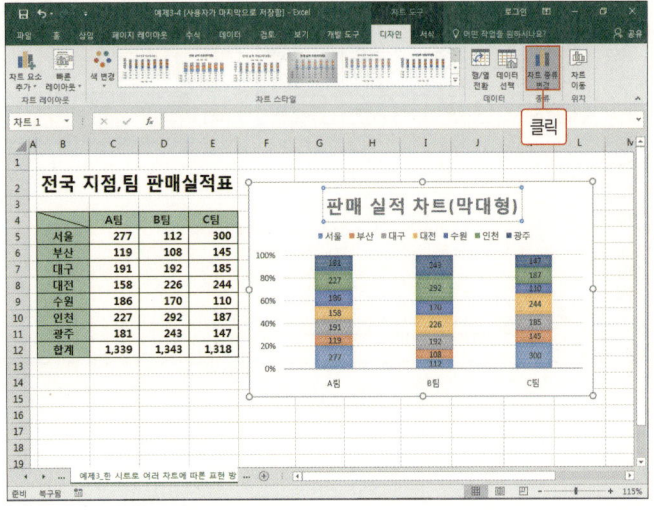

13 '차트 종류 변경' 대화상자가 표시되면 [모든 차트] 탭 항목에서 [가로 막대형]을 선택하고 '묶은 가로 막대형(📊)'을 클릭한 다음 〈확인〉 버튼을 클릭합니다.

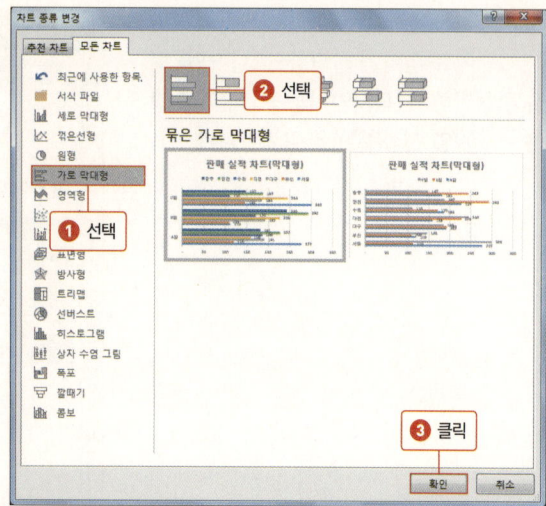

14 막대형 차트가 가로형으로 표시됩니다. 세로형과 방향만 다를 뿐 같은 원리를 가지고 있으니 예제를 처음부터 다시 해 보면서 익혀 보길 바랍니다.

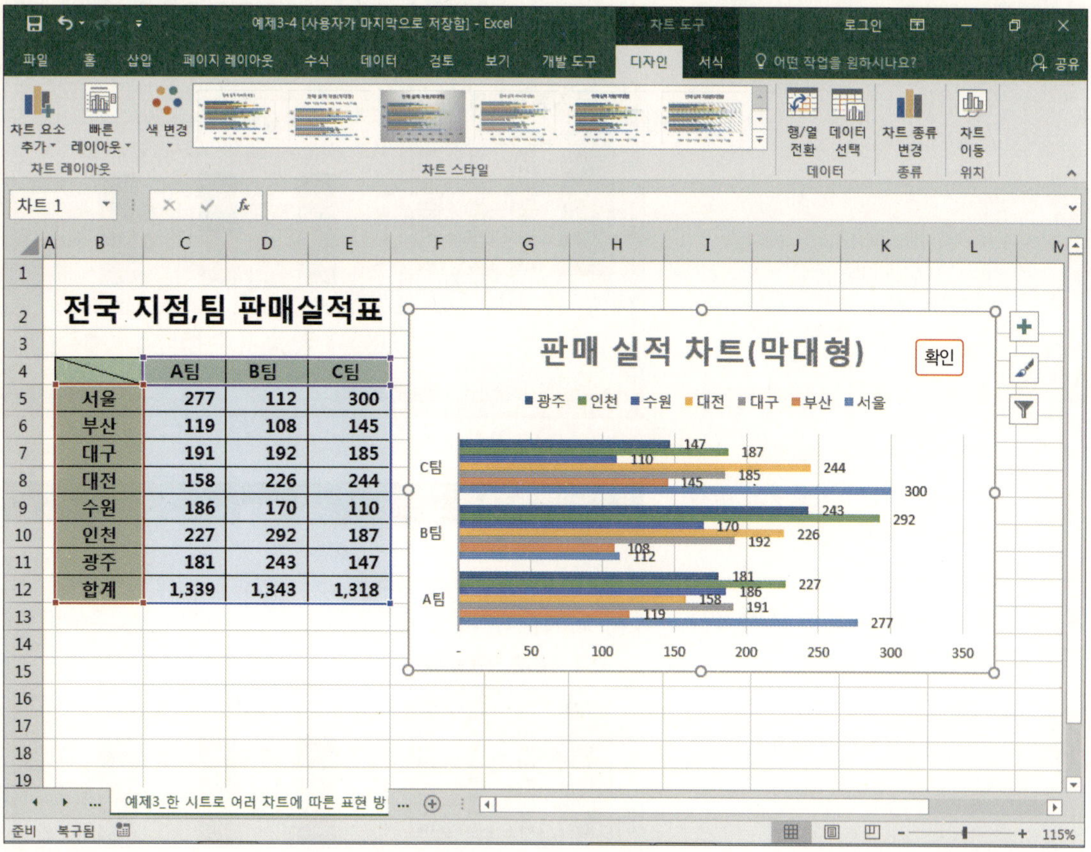

5 데이터를 상황에 맞게 표현하기 3 - 원형

원형 차트를 배우겠습니다. 원형 차트는 데이터의 비율을 표현할 때 사용하며 비슷한 차트로는 '도넛형'이 있습니다. 두 차트의 차이점은 원형 차트는 하나의 계열만 나타낼 수 있는 반면, 도넛형 차트는 여러 개의 계열을 나타낼 수 있다는 것입니다. 예제를 통해 자세히 알아보겠습니다.

{예제 파일} 05\예제3-4.xlsx   {시트} 예제4_한 시트로 여러 차트에 따른 표현 방법 4

01 전국 지점, 팀 판매실적표를 원형 차트로 표시해 보겠습니다.
표에서 합계를 제외한 [B4:E11] 범위를 드래그합니다.

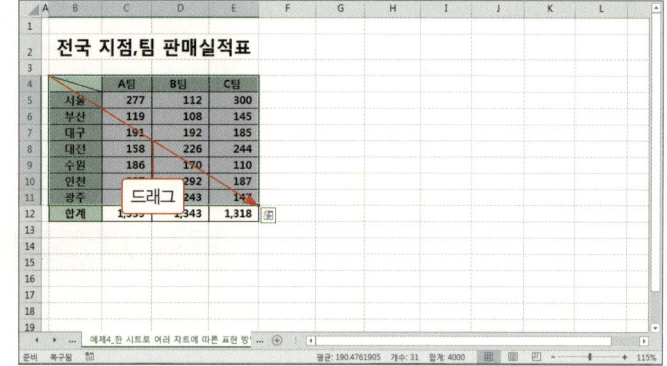

02 [삽입] 탭 → [차트] 그룹 → [원형 또는 도넛형 차트 삽입]을 클릭하고 '2차원 원형'에서 [원형]을 선택합니다.

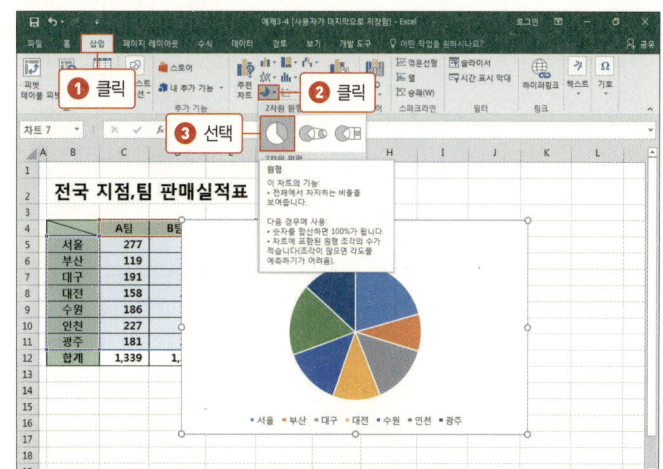

버전 엑셀 2010까지는 [삽입] 탭 → [차트] 그룹 → [원형] → [원형]을 클릭합니다.

03 원형 차트가 삽입되면 표와 겹치지 않도록 오른쪽에 배치합니다.

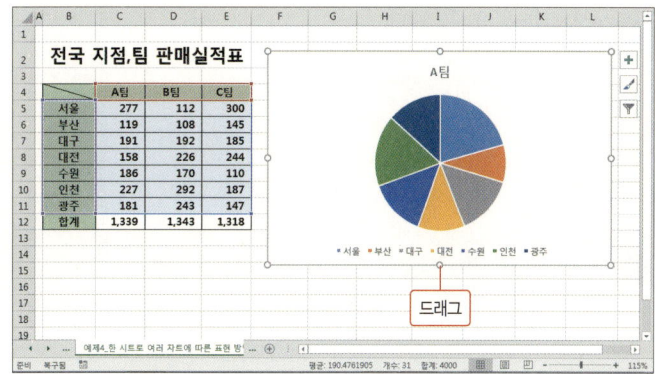

tip 원형 차트는 하나의 계열만 나타낼 수 있기 때문에 A팀만 표시됩니다.

04 차트 영역을 클릭한 다음 [디자인] 탭 → [차트 스타일] 그룹에서 원하는 차트 스타일을 선택합니다. 예제에서는 '스타일 3'을 선택하여 차트 스타일을 변경합니다.

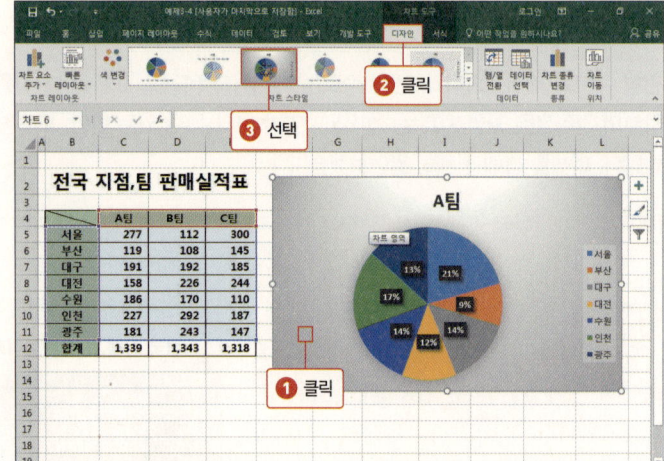

> 버전 예제에서 설정하는 스타일은 엑셀 2013부터 사용할 수 있습니다.

05 다른 종류의 원형 차트를 살펴보기 위해 [디자인] 탭 → [종류] 그룹 → [차트 종류 변경(▮▮)]을 클릭합니다.

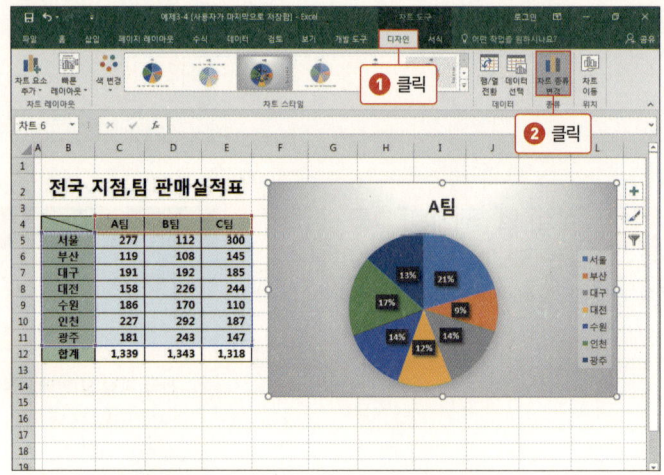

06 '차트 종류 변경' 대화상자가 표시되면 [모든 차트] 탭 항목에서 '원형'을 선택하고 '원형 대 원형(◉)'을 클릭한 다음 미리 보기 화면을 확인합니다. 원형 대 원형 차트는 '기타'와 같이 여러 항목이 합쳐져서 큰 비율을 차지하는 항목을 또 다른 원형 차트로 세분화하여 표시합니다.

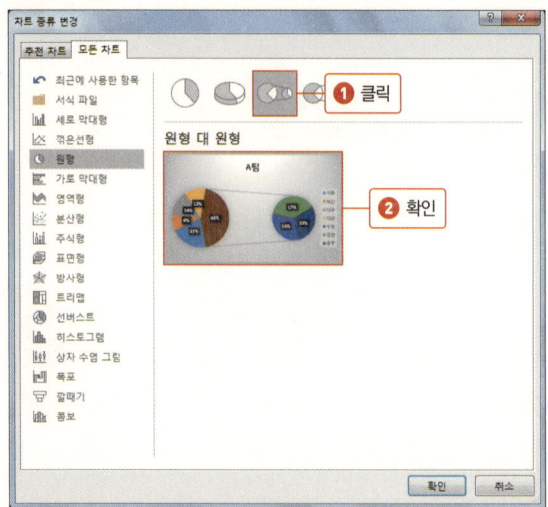

> tip 상단에 표시된 차트 아이콘을 클릭하면 해당 차트를 적용했을 때 어떻게 표시되는지 미리 볼 수 있습니다.

07 '원형 대 가로 막대형( )'을 클릭한 다음 미리 보기 화면을 확인합니다. 원형 대 가로 막대형 차트는 '기타'에 속한 항목을 확대하고 가로 막대형 차트로 세분화하여 표시합니다. 〈확인〉 버튼을 클릭합니다.

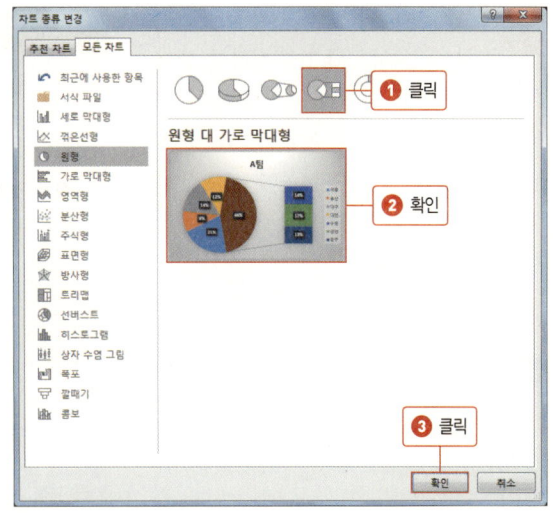

08 원형 차트에서 B팀과 C팀은 표시할 수 없는 걸까요? 차트 영역을 클릭하면 오른쪽에 세 개의 아이콘이 표시됩니다. 그 중 눈에 익숙한 것이 보이네요. 바로 '필터'입니다. 차트 필터 기능을 이용하면 원형 차트에 다른 계열도 표시할 수 있습니다.
대전 지역을 제외한 B팀 실적을 원형 차트로 표시하겠습니다. 차트 영역을 클릭한 다음 '차트 필터' 아이콘( )을 클릭합니다.

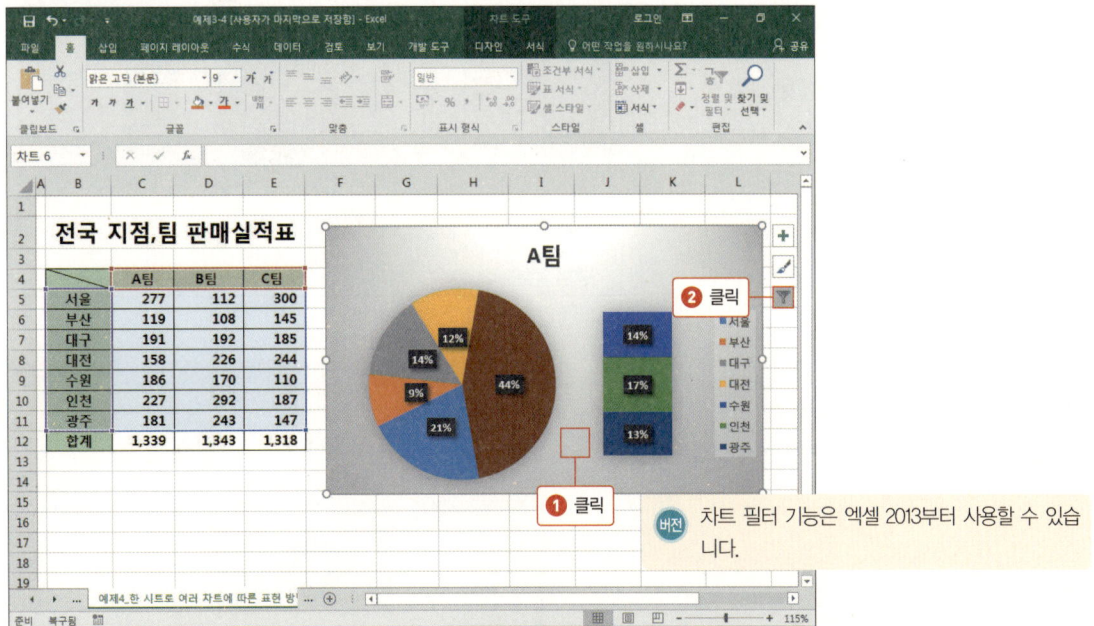

버전 차트 필터 기능은 엑셀 2013부터 사용할 수 있습니다.

09 차트 필터의 계열과 범주에서 원하는 항목에 체크 표시하면 해당 데이터만 차트로 나타낼 수 있습니다. 계열 항목에서 'B팀'을 선택하고 〈적용〉 버튼을 클릭합니다. 범주 항목에서 '대전'을 체크 해제한 다음 다시 〈적용〉 버튼을 클릭합니다.

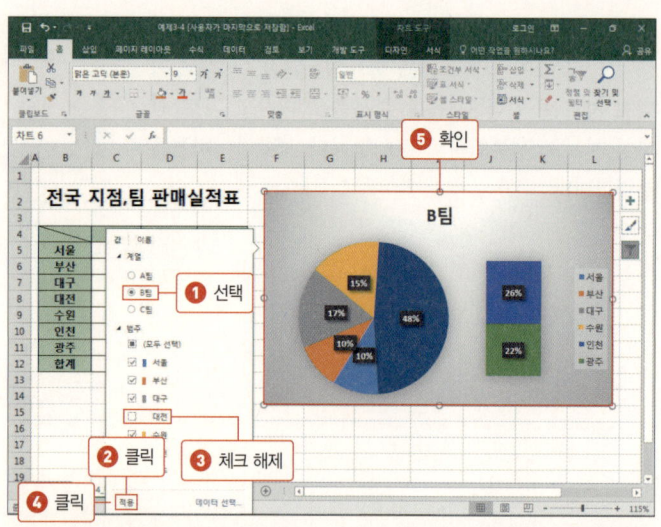

tip 먼저 계열 항목을 선택해야 범주 항목을 선택할 수 있습니다. '차트 필터' 아이콘(▼) 위에 있는 '차트 요소' 아이콘(+)과 '차트 스타일' 아이콘(✔)도 한번 눌러서 적용해 보길 바랍니다.

10 대전 지역을 제외한 B팀 실적이 비율로 표시됩니다. 이렇게 차트 필터 기능을 이용하면 다른 계열을 표시할 수 있습니다. 이번에는 도넛형 차트를 이용해 여러 개의 계열을 한번에 표시해 보도록 하겠습니다.
차트 영역을 클릭한 다음 [디자인] 탭 → [종류] 그룹 → [차트 종류 변경(🔳)]을 클릭합니다.

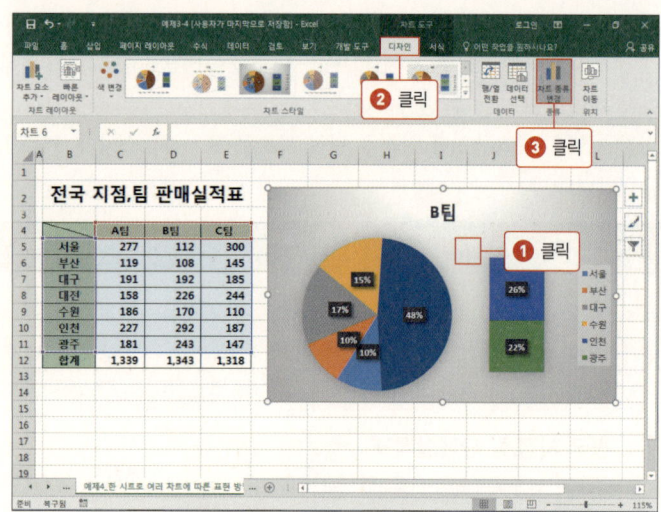

11 '차트 종류 변경' 대화상자가 표시되면 [모든 차트] 탭 항목에서 '원형'을 선택하고 '도넛형(◉)'을 클릭한 다음 〈확인〉 버튼을 클릭합니다.

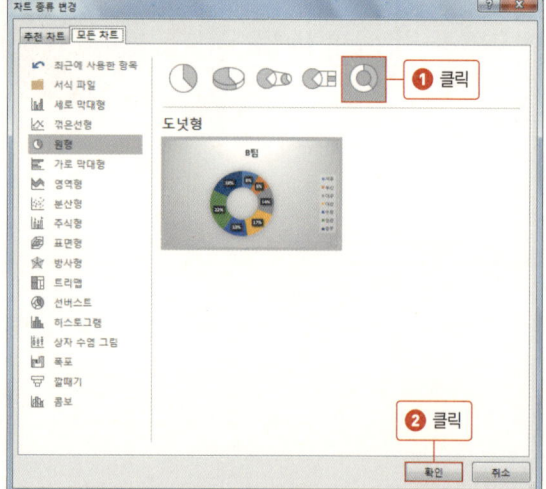

버전 엑셀 2010까지는 도넛형 차트가 '원형' 범주가 아닌 '도넛형' 범주에 있습니다.

SECTION 01 자료를 직관적으로 표현하기

12 A팀, B팀, C팀이 전부 나타나야 하는데 왜 B팀만 나오는 걸까요? '차트 필터'에서 B팀만 표시되도록 지정했기 때문입니다.
차트 영역을 클릭한 다음 '차트 필터' 아이콘(▼)을 클릭합니다.

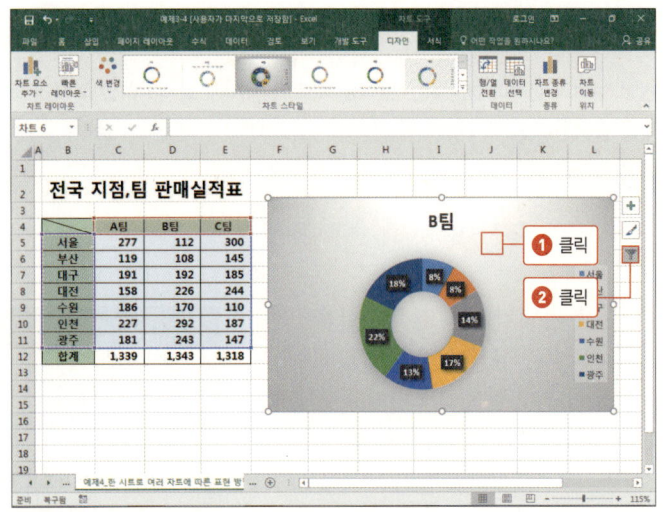

13 계열 항목에서 '(모두 선택)'과 체크 표시한 다음 〈적용〉 버튼을 클릭합니다. 도넛형 차트에 팀별, 지점별 실적이 비율로 표시되어 한눈에 비교할 수 있습니다.

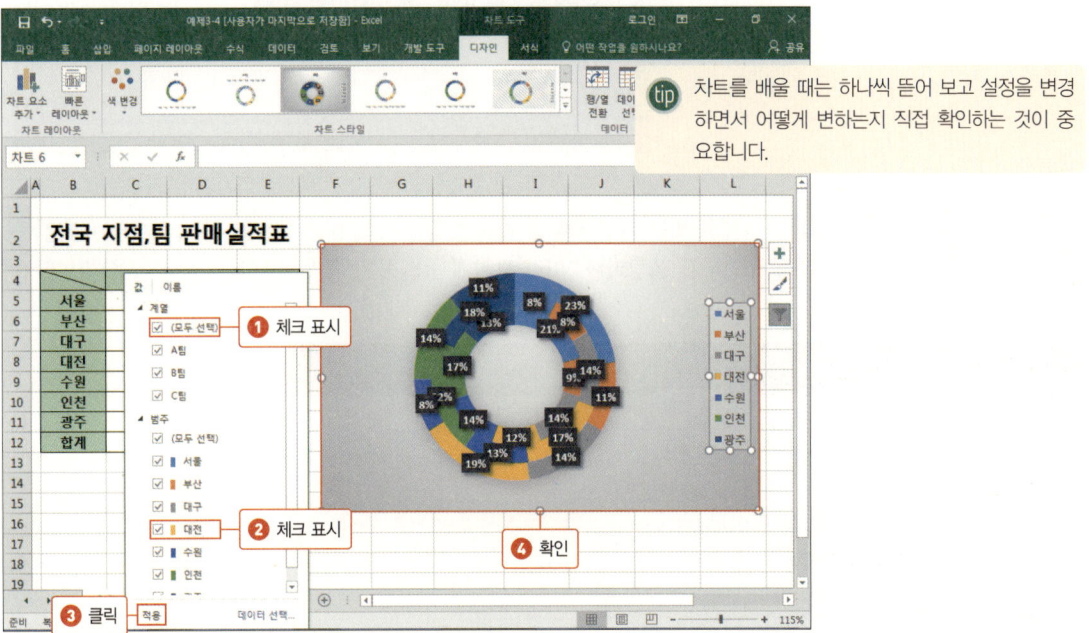

tip 차트를 배울 때는 하나씩 뜯어 보고 설정을 변경하면서 어떻게 변하는지 직접 확인하는 것이 중요합니다.

301

6 데이터를 상황에 맞게 표현하기 4 - 콤보형

팀별 실적과 실적에 해당하는 금액을 차트로 동시에 표시하려면 어떻게 해야 할까요? 이렇게 데이터 단위가 다를 때는 보조축을 활용한 다음 두 데이터를 분리해서 나타내야 합니다. 여기서는 두 개의 데이터를 서로 다른 종류의 차트로 표시하는 방법을 알아봅니다.

{예제 파일} 05\예제3-4.xlsx {시트} 예제5_한 시트로 여러 차트에 따른 표현 방법 5

01 표에서 각 팀의 실적과 실적에 해당하는 금액이 섞인 것을 확인할 수 있습니다. 이렇게 필드 단위가 다를 때는 차트로 표현할 때 분리해야 합니다. 만약 하나로 표현한다면 실적 단위가 훨씬 작기 때문에 차트에서 잘 보이지 않게 됩니다. 직접 확인해 보겠습니다.
표에서 합계를 제외한 [B4:I13] 범위를 드래그합니다.

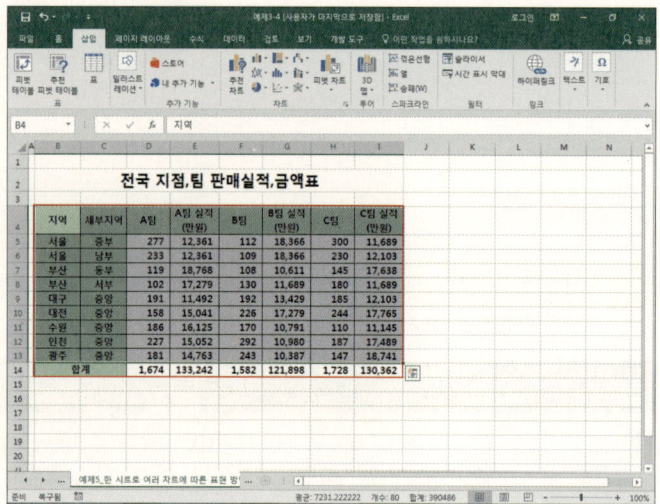

02 [삽입] 탭 → [차트] 그룹 → [세로 또는 가로 막대형 차트 삽입]을 클릭하고 '2차원 세로 막대형'에서 [묶은 세로 막대형] 위에 마우스 포인터를 올립니다. 미리 보기에서 실적은 거의 표시되지 않는 것을 확인할 수 있습니다.

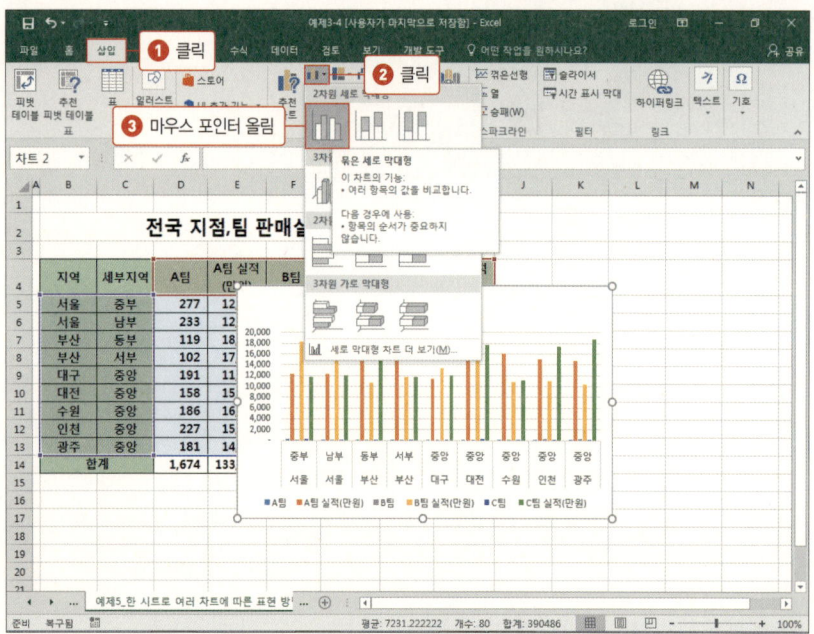

03 이럴 때는 차트에 '보조축'을 삽입하면 됩니다.

[삽입] 탭 → [차트] 그룹 → [콤보 차트 삽입] → [사용자 지정 콤보 차트 만들기]를 클릭합니다.

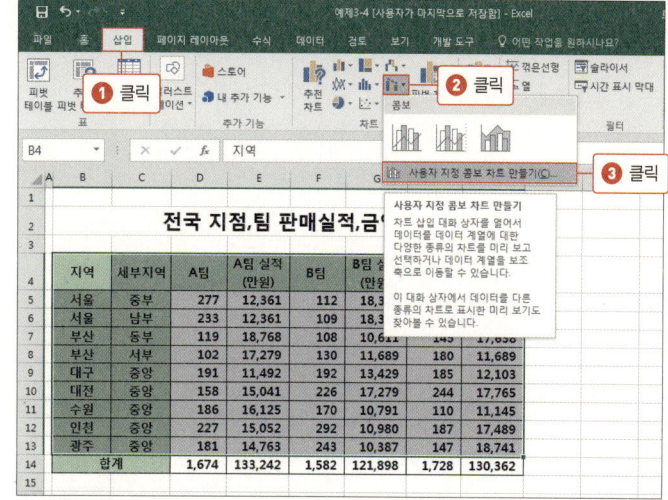

버전 엑셀 2010까지는 콤보 차트를 만들 수 없습니다.

04 '차트 삽입' 대화상자가 표시되면 사용자 지정 조합 화면에서 'A팀 실적(만원)', 'B팀 실적(만원)', 'C팀 실적(만원)' 항목의 '보조축'에 체크 표시합니다.

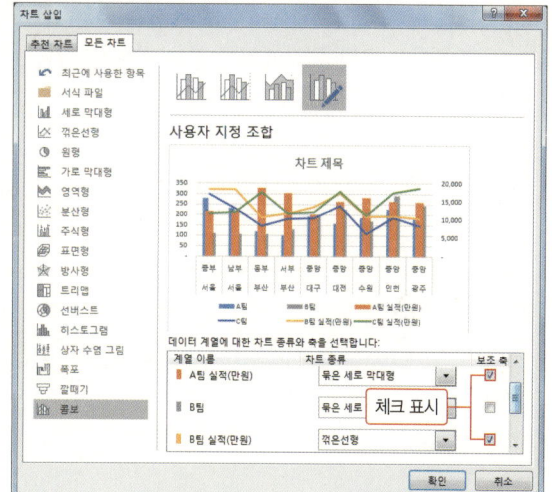

tip '사용자 지정 조합' 아이콘(📊)에 표시된 연필 마크는 차트 구성 요소를 사용자가 조작할 수 있다는 것을 뜻합니다. 선택한 항목에 따라 변하는 차트 모습을 미리 보기 화면에서 확인할 수 있습니다.

05 'A팀 실적(만원)', 'B팀 실적(만원)', 'C팀 실적(만원)' 항목의 차트 종류를 모두 '묶은 세로 막대형'으로 지정합니다.

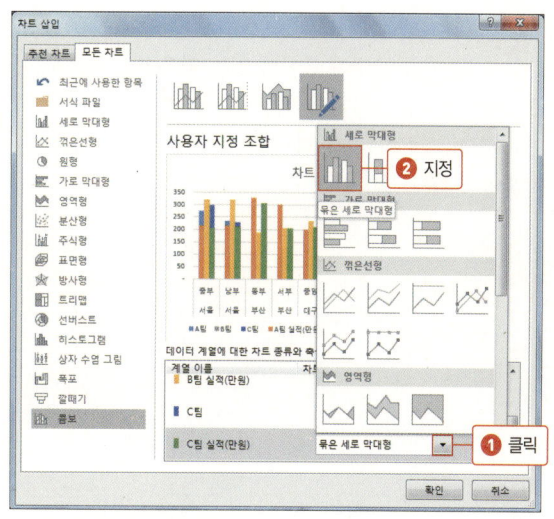

06 차트 오른쪽에 보조축이 삽입됩니다. 팀별 실적은 왼쪽 주축을 기준으로, 실적 금액은 오른쪽 보조축을 기준으로 막대형 차트가 표시됩니다. 그런데 보기 썩 좋지 않네요. 보조축을 기준으로 하는 데이터 항목의 차트 종류를 변경하겠습니다.

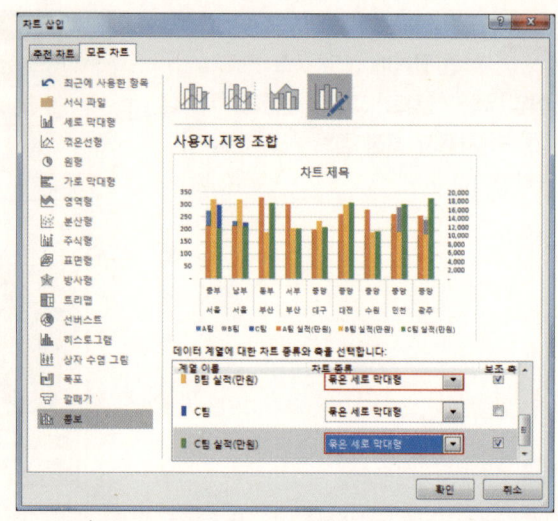

tip 차트 왼쪽에 있는 축을 '주축', 오른쪽에 있는 축을 '보조축'이라 합니다. 보조축은 두 가지 항목을 보여줄 때 유용하게 사용합니다.

07 'A팀 실적(만원)' 항목의 차트 종류 목록 아이콘(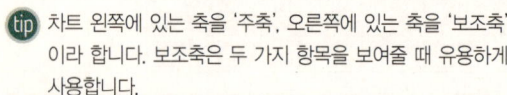)을 클릭하고 '표식이 있는 꺾은선형'을 선택합니다. 같은 방법으로 'B팀 실적(만원)', 'C팀 실적(만원)' 항목 차트 종류를 변경합니다.

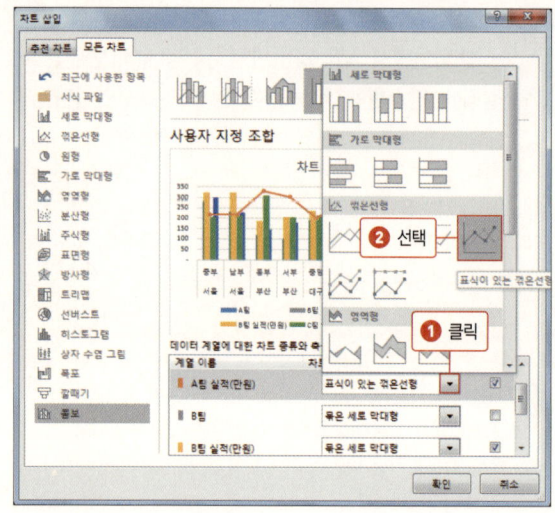

08 미리 보기에서 오른쪽 보조축을 기준으로 팀별 실적 금액이 표식이 있는 꺾은선형 차트로 표시됩니다. 실적을 나타내는 막대형 차트와 겹치지 않아 훨씬 깔끔한 것을 확인할 수 있습니다. 그대로 적용하기 위해 〈확인〉 버튼을 클릭합니다.

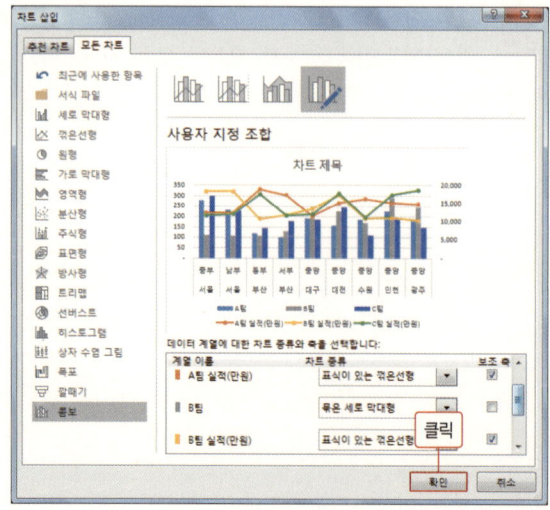

09 차트 제목을 마우스 오른쪽 버튼으로 클릭하고 **텍스트 편집**을 실행한 다음 커서가 활성화되면 '콤보 차트'를 입력합니다.

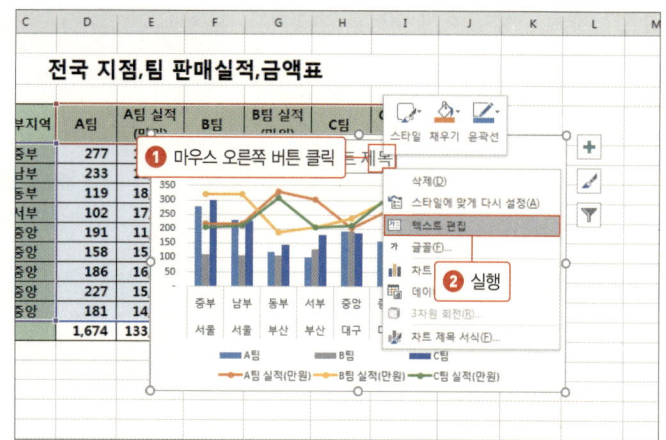

10 눈금선을 좀 더 자세하게 표시해 보겠습니다. 차트 영역을 클릭하고 '차트 요소' 아이콘(＋)을 클릭합니다.

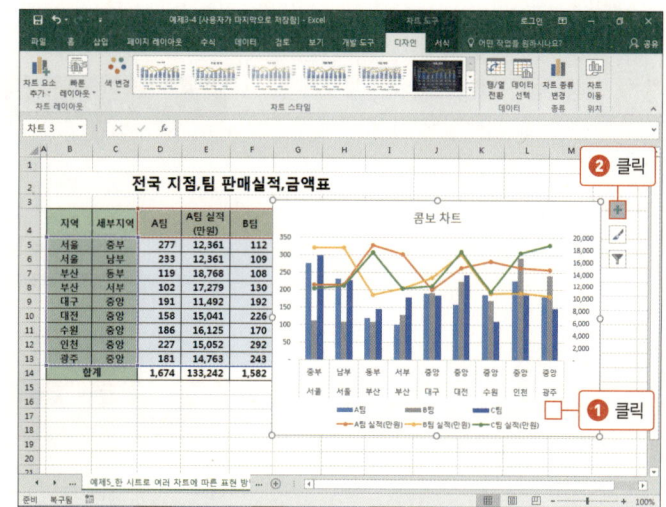

> 버전 차트 요소 기능은 엑셀 2013부터 사용할 수 있습니다.

11 '차트 요소'에서 눈금선 옵션을 펼치고 원하는 항목을 선택합니다. 예제에서는 '기본 주 세로'와 '기본 부 가로' 항목에 체크 표시합니다.

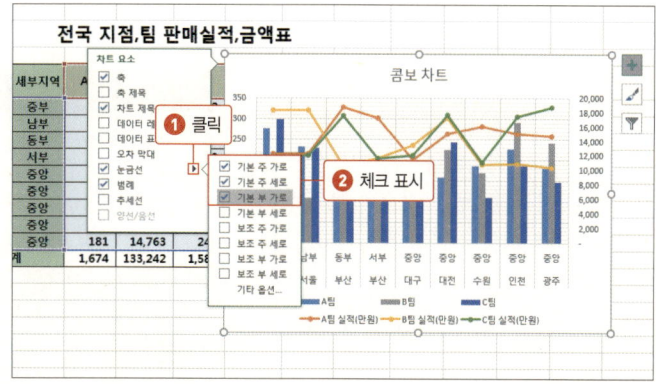

12 차트 구성 요소의 색상을 변경하겠습니다.

차트 영역을 클릭하고 '차트 스타일' 아이콘(🖌)을 클릭합니다.

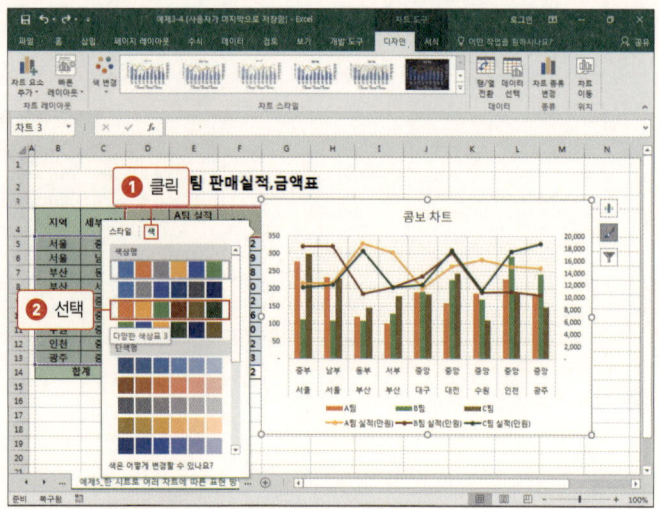

버전 엑셀 2010까지는 [삽입] 탭 → [차트] 그룹 → [꺾은선형] → [표식이 있는 누적 꺾은선형]을 클릭합니다.

13 [색] 탭을 클릭하고 색상형에서 원하는 색상을 선택합니다. 예제에서는 '다양한 색상표 3' 또는 '색 3'을 선택합니다.

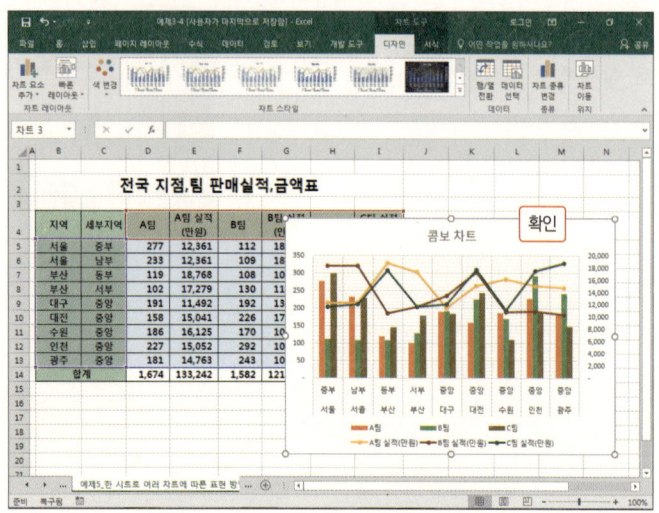

14 선택한 색상표에 따라 막대와 꺾은선 색상이 바뀝니다. 이렇게 두 가지 항목을 표현하거나 각 항목의 단위가 크게 차이 날 때 콤보 차트와 보조축을 사용하면 데이터를 직관적으로 나타낼 수 있습니다.

7 데이터를 상황에 맞게 표현하기 5 – 꺾은선형, 폭포형, 깔때기형, 방사형

월별 실적을 꺾은선형, 폭포형, 깔때기형, 방사형 차트로 표시하겠습니다. 여기서는 하나의 데이터를 여러 가지 차트로 표현해 보면서 차트 사이 어떤 차이점이 있고 강점은 무엇인지 알아봅니다.

{예제 파일} 05\예제3-4.xlsx   {시트} 예제6_한 시트로 여러 차트에 따른 표현 방법 6

01 월별 실적을 꺾은선형 차트로 표시해 보겠습니다.
표에서 합계를 제외한 [B4:I10] 범위를 드래그합니다.

02 [삽입] 탭 → [차트] 그룹 → [꺾은선형 또는 영역형 차트 삽입]을 클릭하고 '2차원 꺾은선형'에서 [표식이 있는 누적 꺾은선형]을 클릭합니다.

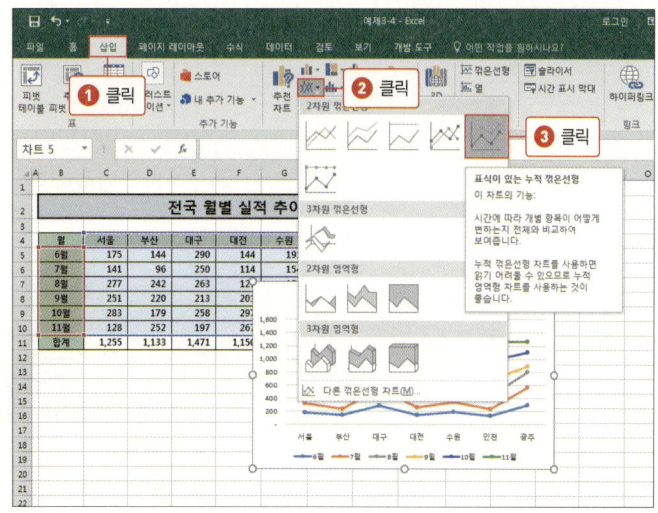

> **버전** 엑셀 2010까지는 [삽입] 탭 → [차트] 그룹 → [꺾은선형] → [표식이 있는 누적 꺾은선형]을 클릭합니다.

03 꺾은선형 차트가 삽입되면 월별 실적을 지점별로 비교하기 위해 [디자인] 탭 → [데이터] 그룹 → [행/열 전환(📊)]을 클릭합니다.

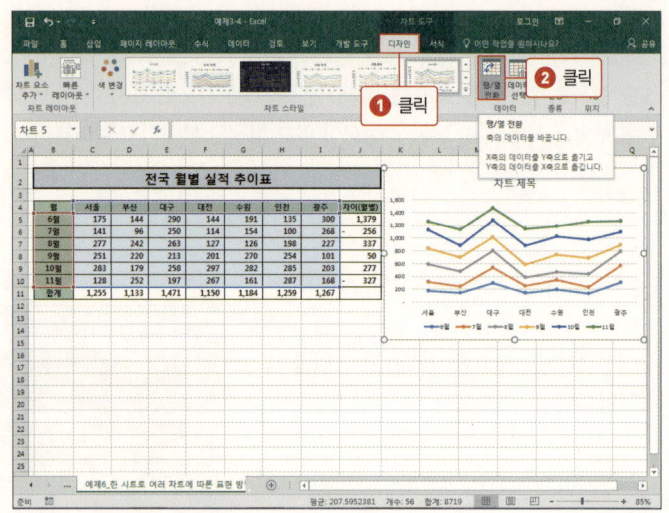

04 차트 제목을 '월별 추이(꺾은선형)'으로 변경합니다.
차트를 살펴보면 월별 실적이 서로 다른 색상의 꺾은선으로 표시된 것을 확인할 수 있습니다. 이렇게 꺾은선형 차트는 데이터 추이를 확인할 때 사용하면 좋습니다.

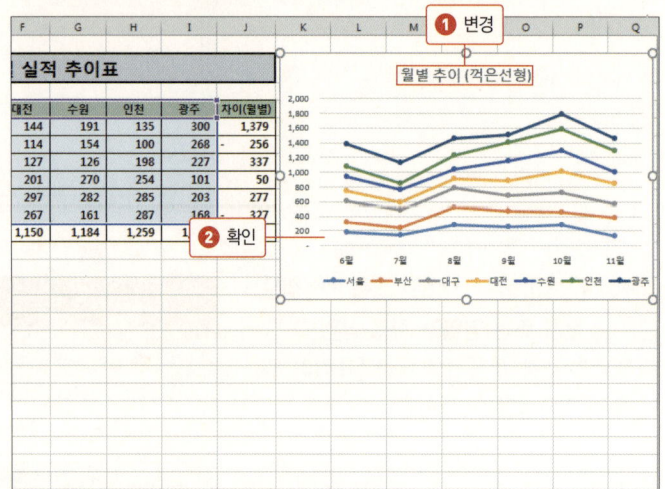

05 폭포형 차트로 월별 실적의 증감을 표시해 보겠습니다. [J5:J10] 범위에는 이번 달 실적 총합계에서 이전 달 실적 총합계를 뺀 값이 입력되어 있습니다. [B5:B10] 범위를 드래그하고 Ctrl 키를 누른 상태에서 [J5:J10] 범위를 드래그합니다.

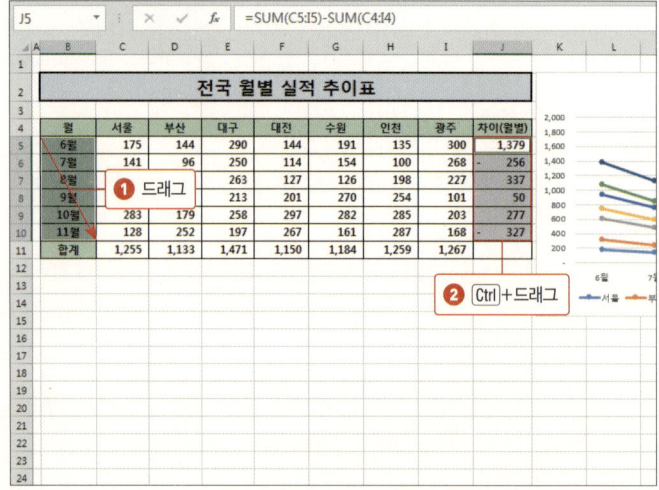

06 [삽입] 탭 → [차트] 그룹 → [폭포 차트 또는 주식형 차트 삽입] → [폭포]를 클릭합니다. 차트를 살펴보면 실적의 증감이 서로 다른 색상으로 표시된 것을 확인할 수 있습니다. 이렇게 폭포형 차트는 증감 추이를 직관적으로 표현할 때 사용하면 좋습니다.

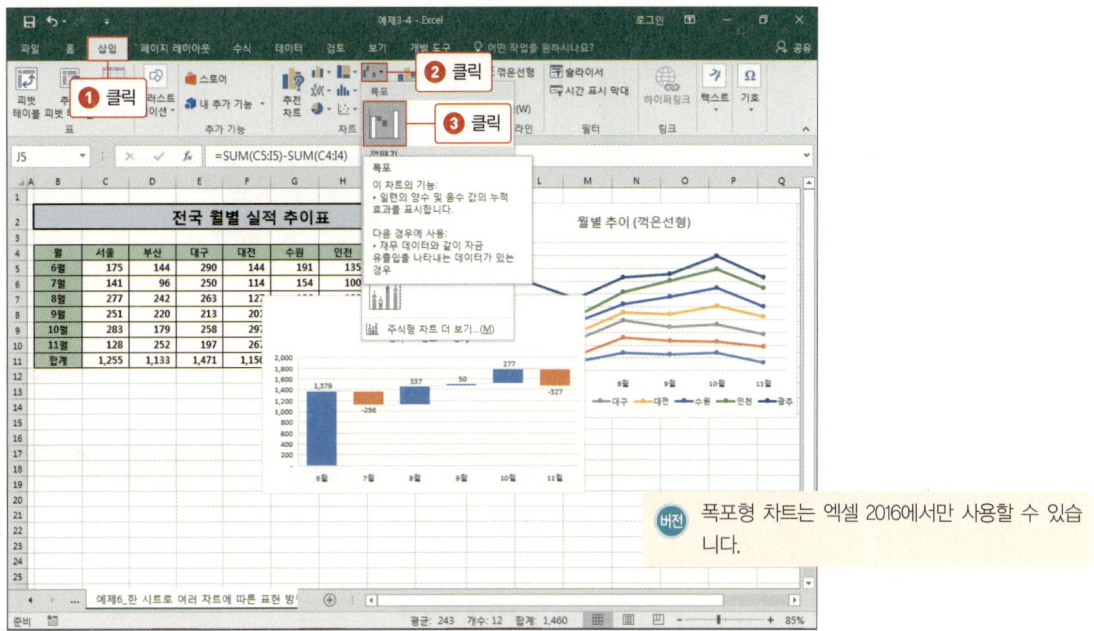

> **버전** 폭포형 차트는 엑셀 2016에서만 사용할 수 있습니다.

07 차트 제목을 '월별 추이(폭포형)'으로 변경합니다. 깔때기형 차트로 지역별 실적을 표시해 보겠습니다. [C4:I4] 범위를 드래그한 다음 Ctrl 키를 누른 상태에서 [C11:I11] 범위를 드래그합니다.

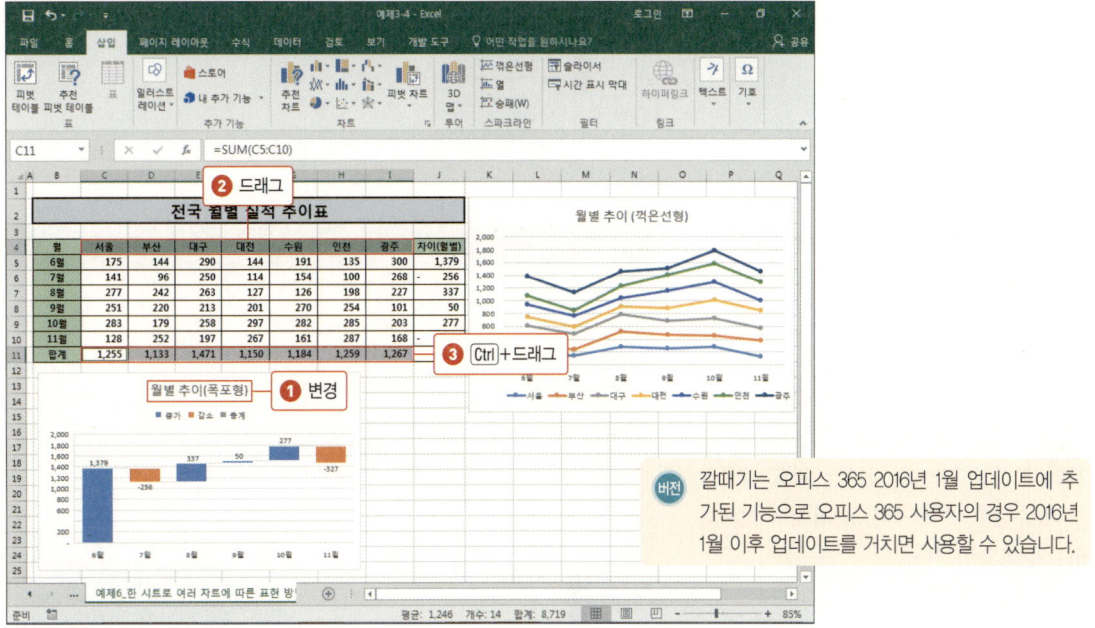

> **버전** 깔때기는 오피스 365 2016년 1월 업데이트에 추가된 기능으로 오피스 365 사용자의 경우 2016년 1월 이후 업데이트를 거치면 사용할 수 있습니다.

08 [삽입] 탭 → [차트] 그룹 → [폭포 차트 또는 주식형 차트 삽입]을 클릭하고 '깔때기'를 선택합니다.

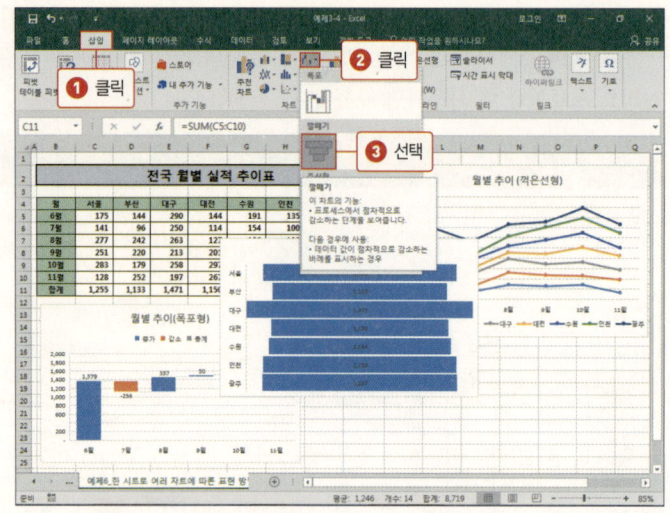

09 깔때기형 차트가 삽입되면 차트 제목을 '지역별 실적(깔때기형)'으로 변경한 다음 원하는 차트 스타일을 선택합니다.

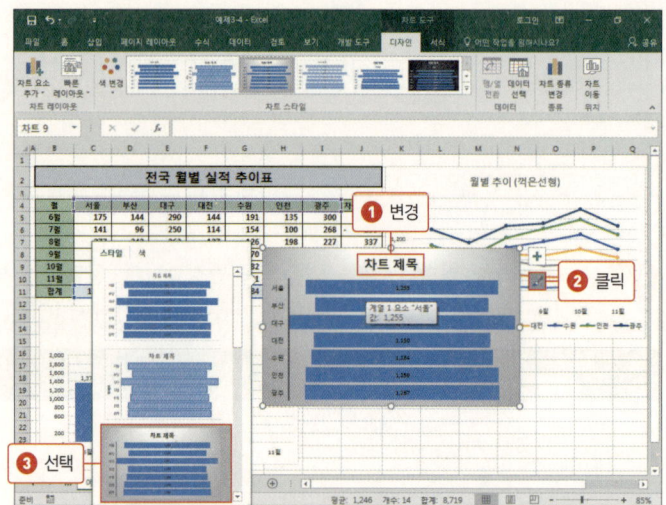

10 깔때기형 차트를 살펴보면 지점별 실적이 가로형 막대로 표시된 것을 확인할 수 있습니다.
이렇게 깔때기형 차트는 매출액 추이를 나타낼 때 사용하면 좋으며 출산율의 감소 추이 또는 정렬된 데이터를 상위 지점부터 하위 지점으로 나타낼 때도 사용할 수 있습니다. 차트가 서로 겹치지 않도록 위치를 조정합니다.

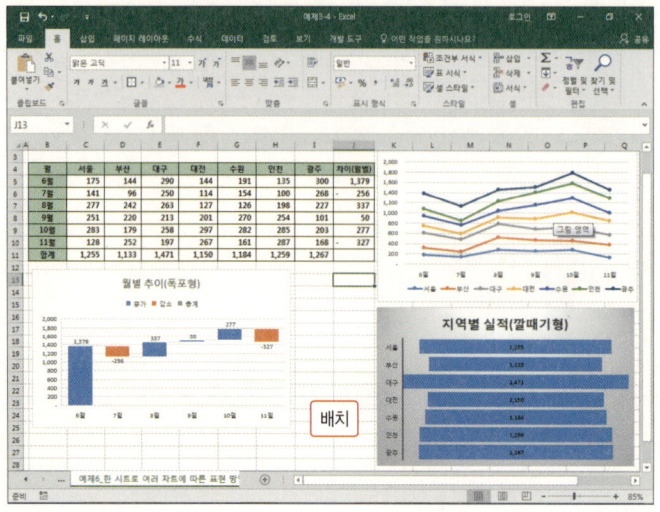

11 마지막으로 월별 실적을 방사형 차트로 표시해 보겠습니다. 방사형은 앞에서 사용한 꺾은선형 차트의 시작점과 끝점을 연결한 거미줄형 차트입니다. [B4:I10] 범위를 드래그합니다.

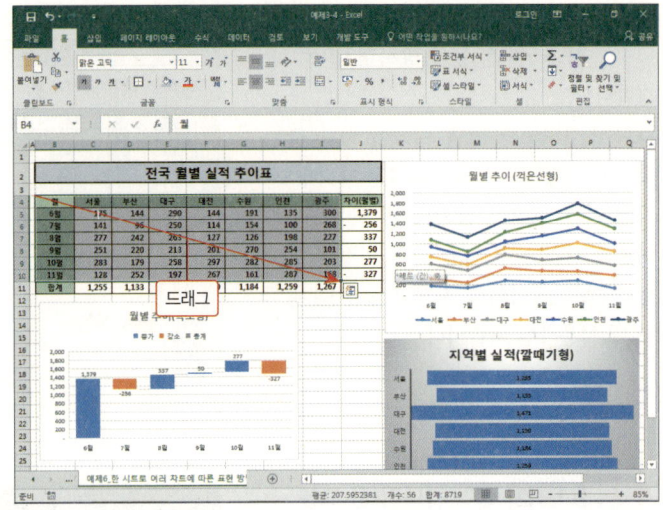

12 [삽입] 탭 → [차트] 그룹 → [표면형 또는 방사형 차트 삽입] → [방사형]을 클릭합니다.

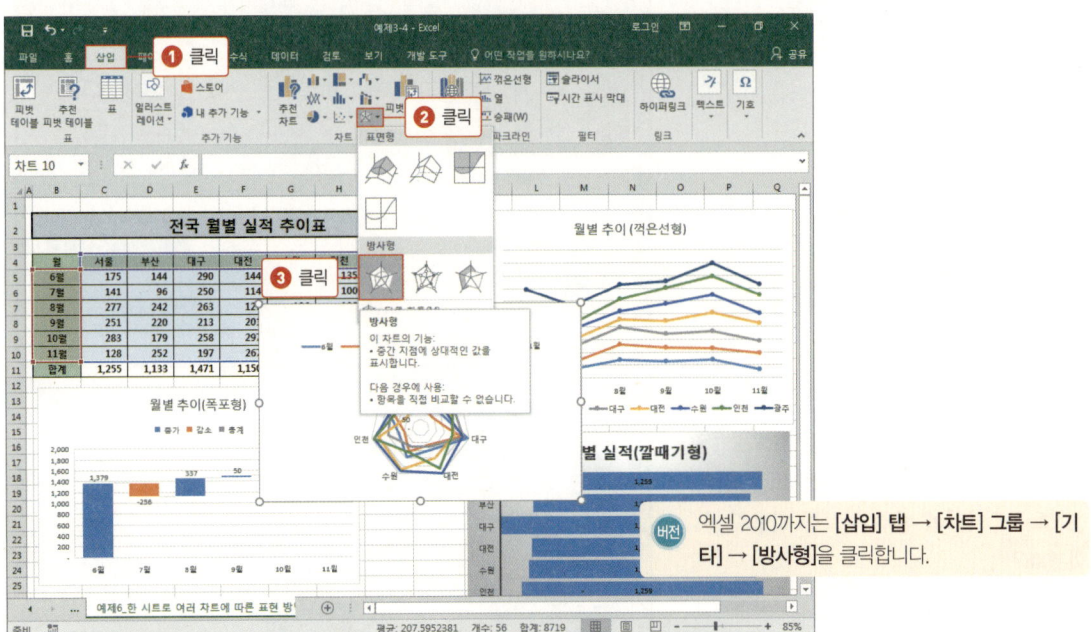

> 버전 엑셀 2010까지는 [삽입] 탭 → [차트] 그룹 → [기타] → [방사형]을 클릭합니다.

13 방사형 차트가 삽입되면 차트 제목을 '월별 실적(방사형)'으로 변경합니다.

차트를 살펴보면 월별 실적이 서로 다른 색상의 다각형으로 표시되었고 다각형 크기에 따라 실적이 한 지점에 치우쳤는지 여부를 확인할 수 있습니다. 이렇게 방사형 차트는 데이터의 전체적 균형을 확인할 때 사용하면 좋습니다.

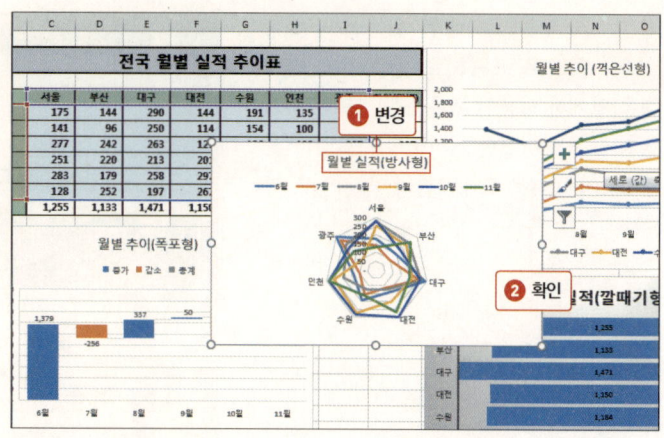

14 [디자인] 탭 → [데이터] 그룹 → [행/열 전환(🔁)]을 클릭하면 차트 영역의 행과 열이 서로 바뀌면서 차트를 다른 지표로 활용할 수 있습니다.

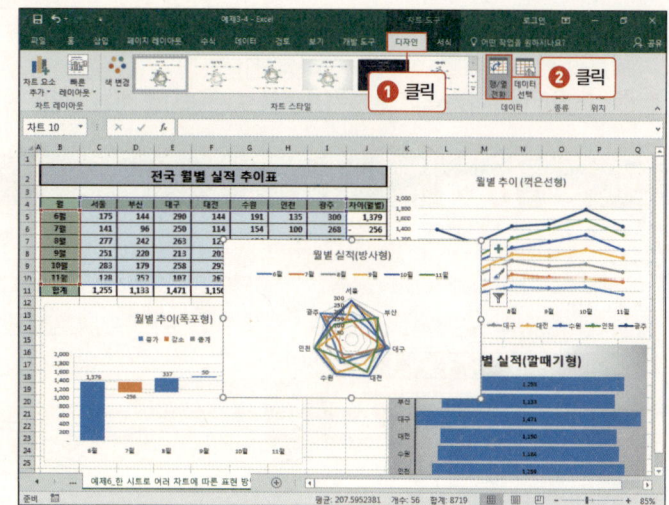

15 지금까지 여러 종류의 차트를 사용해 보았습니다. 어떤가요? 원하는 보고 스타일에 따라 차트를 활용할 수 있겠죠?

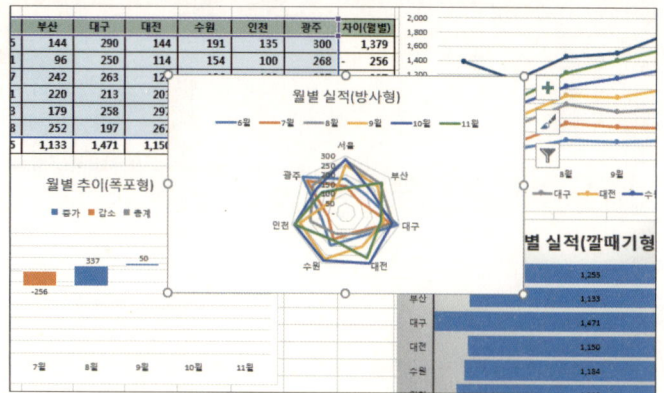

SECTION 02 스마트 아트로 간단하게 도식화하기

스마트 아트로 간단하게 도식화하기

스마트 아트를 활용하여 시각적이고 전문적으로 표현하는 방법을 알아보고 추가로 엑셀에서 보고서 표지를 만드는 방법도 알아봅니다.

중요도 3

작업 소요 시간
30분

동영상 재생 시간
14분

1 스마트 아트로 간단한 도식화하기

스마트 아트는 '오피스 2007'에서 처음 등장하면서 도식화 작업에 유용하게 쓰이고 있습니다. 여러 가지 스마트 아트가 있지만 그 중 유용한 두 가지(주기형, 계층 구조형)를 알아보도록 하겠습니다.

{예제 파일} 05\예제3-4.xlsx　{시트} 예제7_스마트 아트로 빠른 도식화하기

01 스마트 아트로 회사 조직도를 만들어 보겠습니다. 이번 예제는 빈 시트에서 시작합니다. **[삽입] 탭 → [일러스트레이션] 그룹 → [SmartArt( )]**를 클릭합니다.

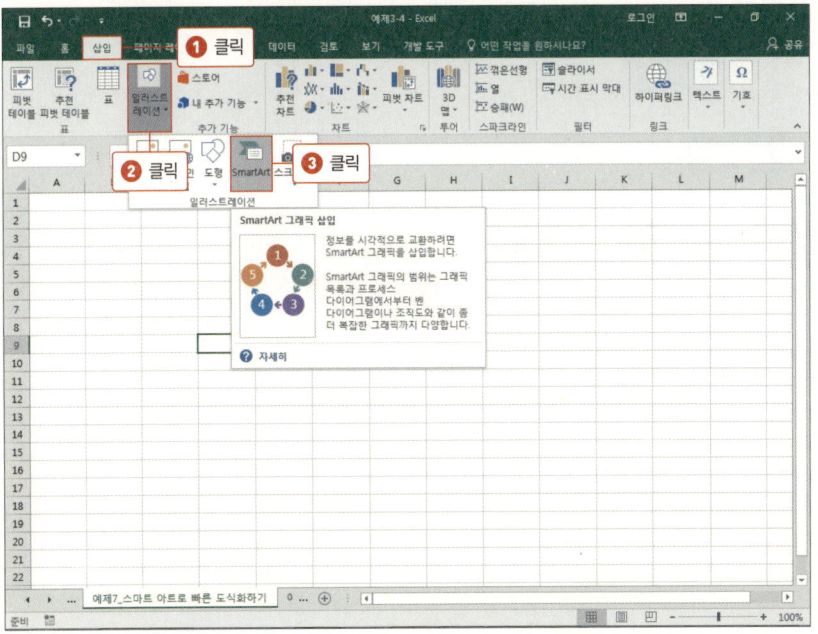

313

02 'SmartArt 그래픽 선택' 대화상자가 표시되면 형식 이름에 따라 스마트 아트가 분류된 것을 확인할 수 있습니다. 여러 형식 중 [계층 구조형]에서 '이름 및 직위 조직도형'을 선택한 다음 〈확인〉 버튼을 클릭합니다.

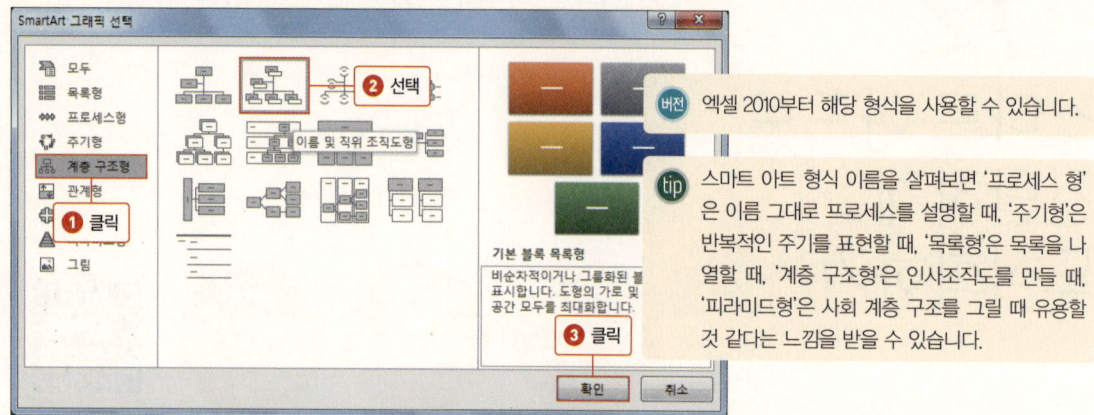

버전 엑셀 2010부터 해당 형식을 사용할 수 있습니다.

tip 스마트 아트 형식 이름을 살펴보면 '프로세스 형'은 이름 그대로 프로세스를 설명할 때, '주기형'은 반복적인 주기를 표현할 때, '목록형'은 목록을 나열할 때, '계층 구조형'은 인사조직도를 만들 때, '피라미드형'은 사회 계층 구조를 그릴 때 유용할 것 같다는 느낌을 받을 수 있습니다.

03 조직도 형식의 스마트 아트가 삽입되면 '텍스트를 입력하십시오' 창에서 '사장', '임원', '부장', '이사', '부사장'을 차례로 입력합니다.

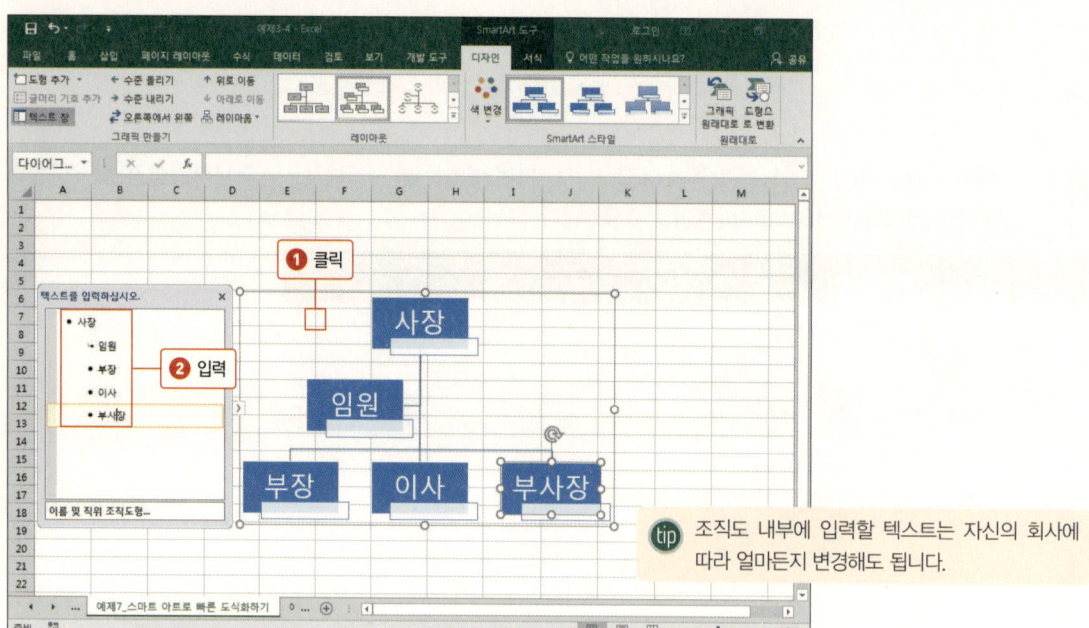

tip 조직도 내부에 입력할 텍스트는 자신의 회사에 따라 얼마든지 변경해도 됩니다.

04 직위를 입력했으니 이제 이름을 입력해야겠죠? 원하는 대로 입력합니다.
예제에서는 위에서부터 '세종대왕', '이순신', '안창호', '안중근', '윤봉길'을 입력합니다.

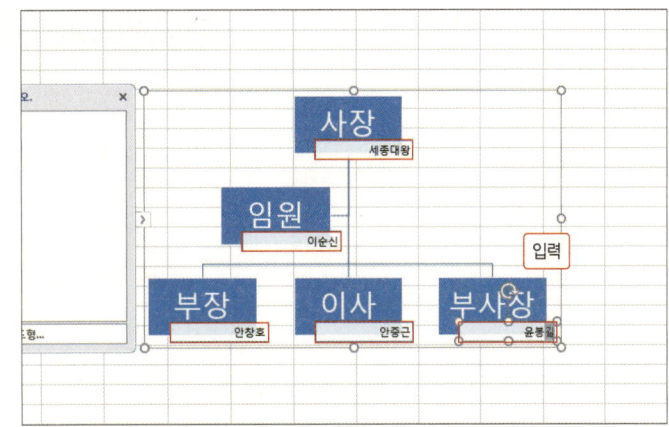

05 조직도의 색상과 스타일을 변경하겠습니다. 조직도 영역을 클릭하여 [디자인] 탭을 활성화한 다음 **[디자인] 탭 → [SmartArt 스타일] 그룹 → [색 변경]**에서 원하는 색상으로 변경합니다. 예제에서는 **[색상형 - 강조색]**을 클릭하였습니다.

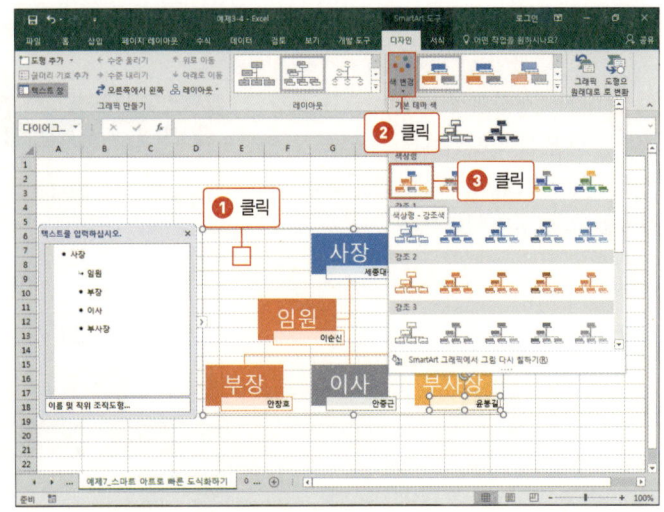

06 **[디자인] 탭 → [SmartArt 스타일] 그룹**에서 원하는 스타일로 변경합니다. 예제에서는 **[강한 효과]**를 클릭하였습니다.

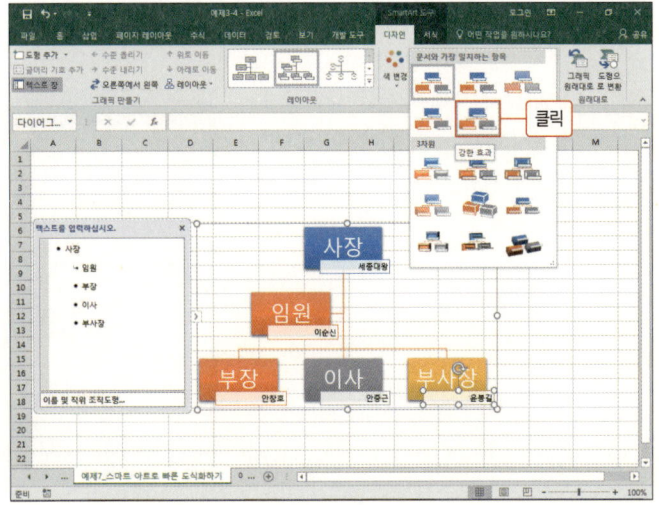

07 회사 조직도를 완성합니다. 크기를 적당하게 조정해서 시트 왼쪽 위에 배치합니다.

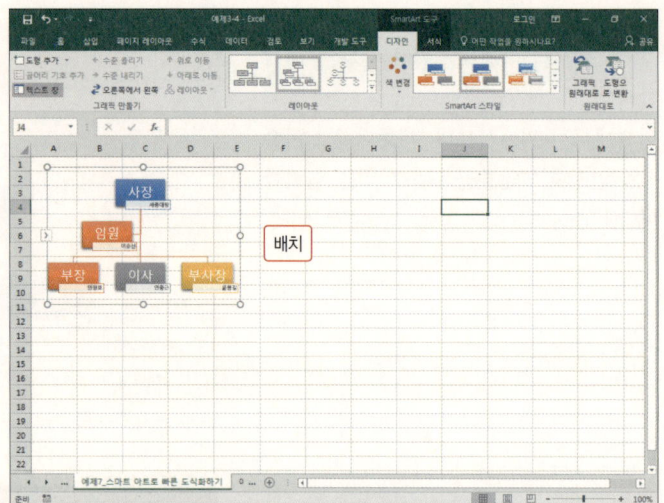

08 다른 형식의 스마트 아트를 하나 더 만들어보겠습니다.
[삽입] 탭 → [일러스트레이션] 그룹 → [SmartArt(🖼)]를 클릭합니다.

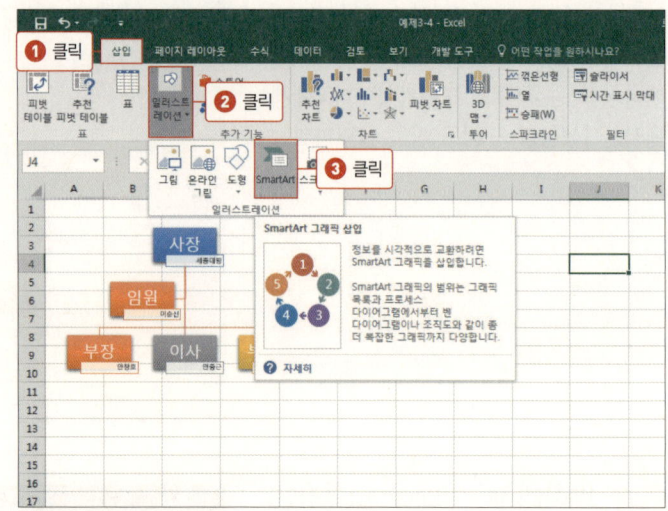

09 'SmartArt 그래픽 선택' 대화상자가 표시되면 [주기형]에서 '세그먼트 주기형'을 선택한 다음 〈확인〉 버튼을 클릭합니다.

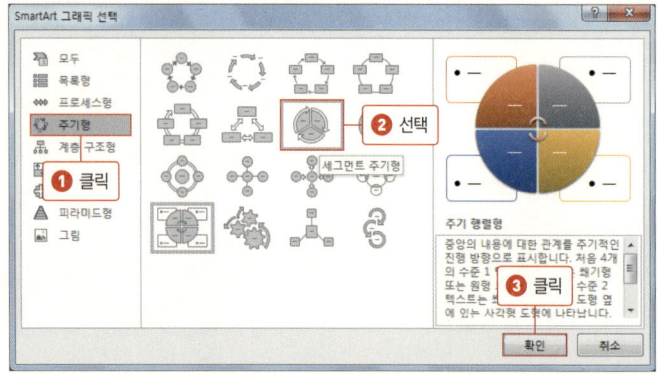

SECTION 02 스마트 아트로 간단하게 도식화하기

10 선택한 스마트 아트가 삽입됩니다. 각 영역에 '계획(PLAN)하고, 행동(DO)하며, 지켜본(SEE) 후 피드백하라.(그리고 다시 계획하라)'라는 유명한 경영 용어를 입력해 보겠습니다.
그림과 같이 'PLAN', 'DO', 'SEE'를 입력합니다.

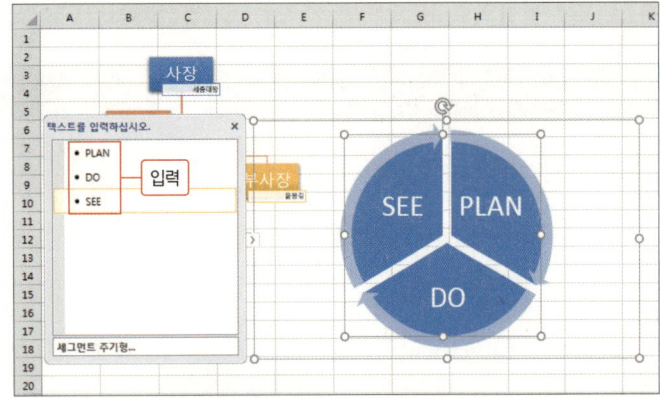

11 각 영역의 하위 레벨에 부연설명을 입력하겠습니다. '텍스트를 입력하십시오' 창에서 'PLAN'에 커서를 두고 Enter 키를 누릅니다. 스마트 아트에 하나의 영역이 추가되어 네 영역으로 나눠진 것을 확인할 수 있습니다.

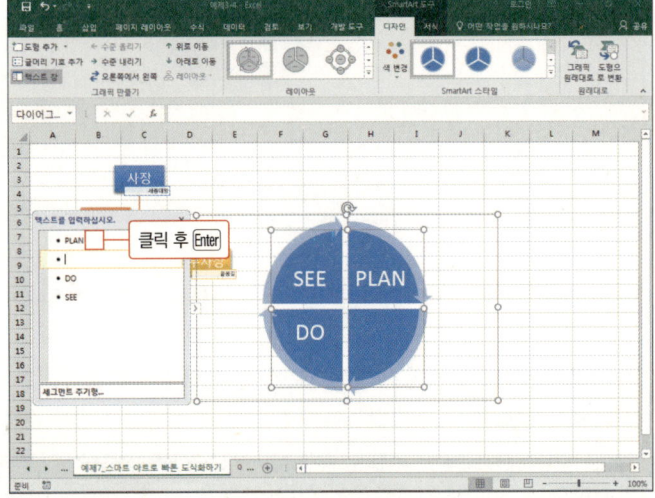

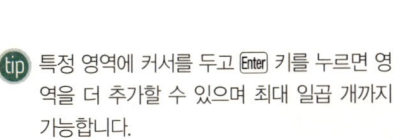
특정 영역에 커서를 두고 Enter 키를 누르면 영역을 더 추가할 수 있으며 최대 일곱 개까지 가능합니다.

12 이 상태에서 Tab 키를 누르면 'PLAN'의 하위 레벨로 텍스트를 입력할 수 있습니다. '계획하라'를 입력합니다.

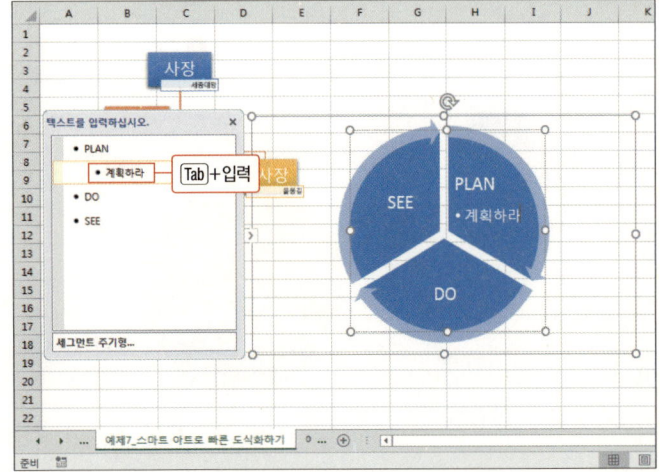

317

13 같은 방법으로 'DO'와 'SEE'의 하위 레벨에 '실행하라', '지켜본 후 피드백 하라'를 각각 입력합니다.

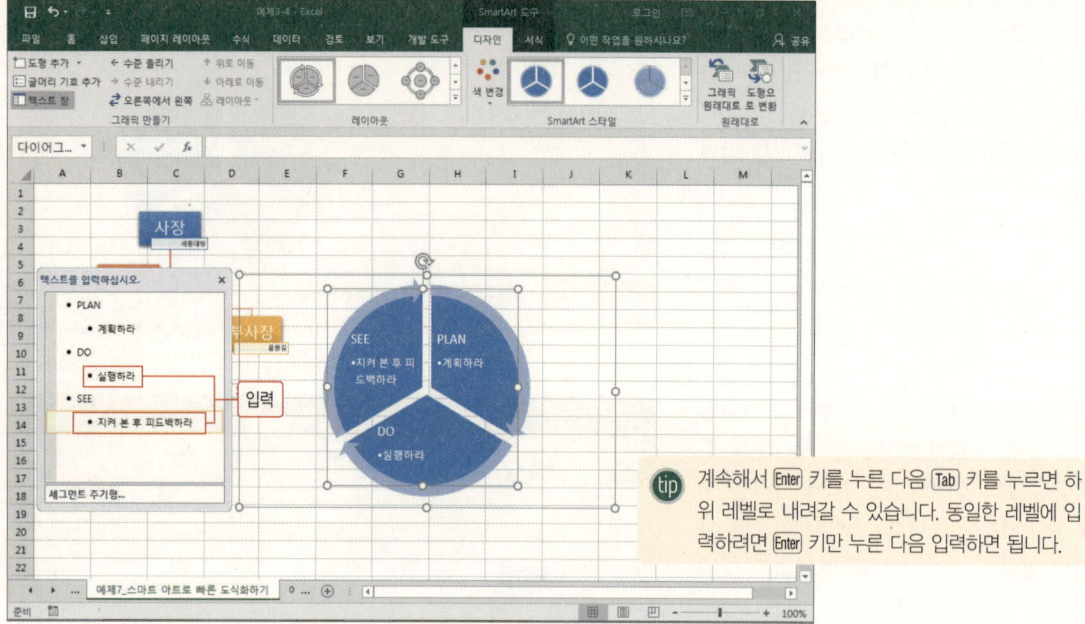

tip 계속해서 Enter 키를 누른 다음 Tab 키를 누르면 하위 레벨로 내려갈 수 있습니다. 동일한 레벨에 입력하려면 Enter 키만 누른 다음 입력하면 됩니다.

14 입력을 마친 다음 [디자인] 탭 → [SmartArt 스타일] 그룹에서 원하는 색상과 스타일로 변경합니다. 예제에서는 색상을 '색상형 - 강조색'으로, 스타일을 '광택 처리'로 선택합니다.

이렇게 스마트 아트를 활용하면 텍스트를 좀 더 세련되게 표현할 수 있습니다. 예제에서 다루지 않은 형식인 '피라미드형'이나 '목록형'도 한번 만들어 보길 바랍니다. 원리는 모두 같습니다.

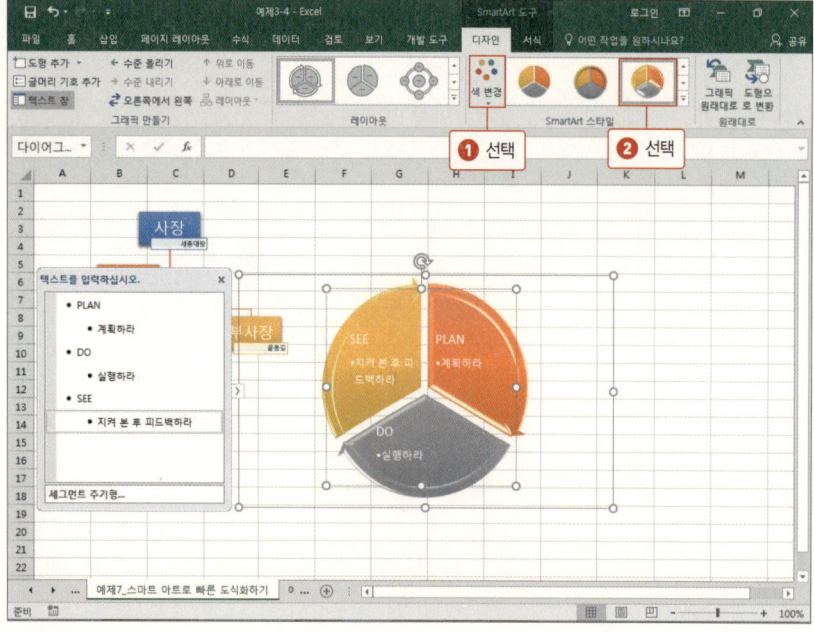

SECTION 02 스마트 아트로 간단하게 도식화하기

2 보고서 표지 만들기 – 투명화, 배경 제거

엑셀에서 보고서 표지를 만들기 위해 이미지를 엑셀에 가져온 다음 필요한 부분만 잘라서 사용하는 방법과 투명도를 조정하여 배경 이미지로 활용하는 방법을 알아봅니다.

{예제 파일} 05\예제3-4.xlsx   {시트} 예제8_하나의 예제로 배우는 디자인 스킬

01 보고서 표지를 만들어 보겠습니다. 표지를 만들 때 가장 중요한 것은 무엇일까요? 바로 이미지입니다. 이미지가 표지의 전체적인 분위기를 좌지우지하기 때문입니다.
표지에 사용할 이미지를 가져오기 위해 주소 입력창에 'https://pixabay.com'을 입력합니다.

tip '픽사베이(pixabay)'는 저작권이 무료인 이미지를 제공하는 사이트입니다.

tip 05 폴더에서 'company.jpg' 파일을 가져와 사용해도 됩니다.

02 다음과 같은 화면이 나오면 검색창에 'COMPANY'를 입력합니다.

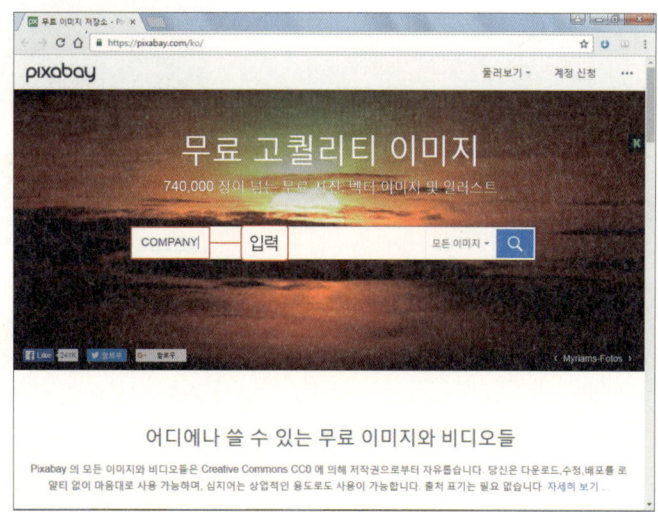

319

03 이미지 검색 결과가 표시됩니다. 이 중에서 스폰서 이미지가 아닌 무료 이미지를 사용해야 합니다. 여러 무료 이미지 중 하나를 선택합니다.

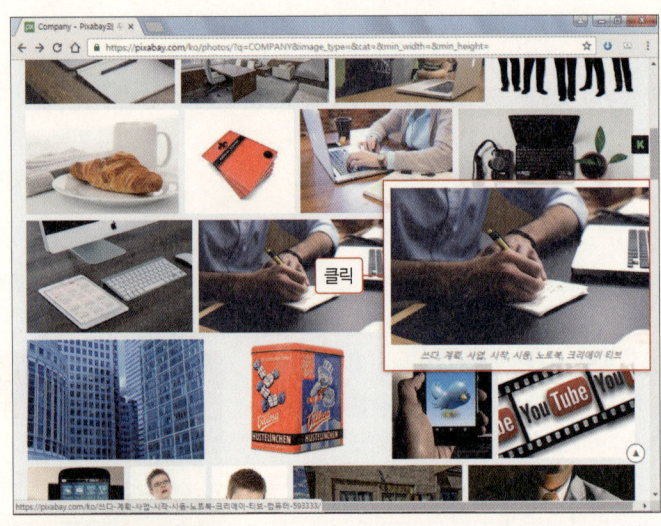

tip 예제 화면과 같은 이미지를 선택할 필요는 없지만 같은 이미지를 찾았다면 해당 이미지로 실습하길 권장합니다.

04 이미지가 확대되면 마우스 오른쪽 버튼을 클릭하고 이미지 복사를 실행합니다.

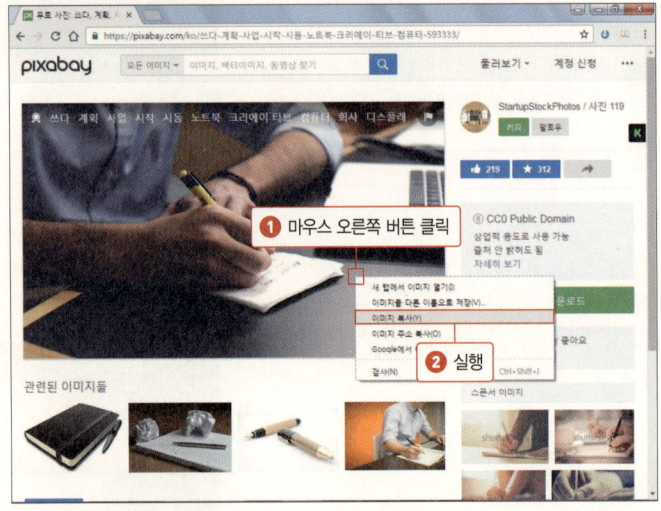

tip 복사 메뉴는 인터넷 브라우저에 따라 다르게 표시될 수 있습니다.

05 엑셀을 실행하고 예제 파일을 연 다음 복사한 이미지를 붙여넣습니다.

SECTION 02 스마트 아트로 간단하게 도식화하기

06 가져온 이미지에서 배경을 없애고 손과 가슴 부분만 사용하겠습니다. 이미지를 더블클릭하여 [서식] 탭을 활성화한 다음 **[서식] 탭 → [조정] 그룹 → [배경 제거]**를 클릭합니다.

버전 배경 제거 기능은 엑셀 2010 이후 버전에서 사용 가능합니다.

07 이미지 일부가 보라색으로 표시되면 **[배경 제거] 탭 → [고급 검색] 그룹 → [보관할 영역 표시(●)/제거할 영역 표시(●)]**를 클릭하고 이미지를 드래그하여 '보관할 영역'(●)과 '제거할 영역(●)'을 표시합니다.
[배경 제거] 탭 → [닫기] 그룹 → [변경 내용 유지(✓)]를 클릭합니다.

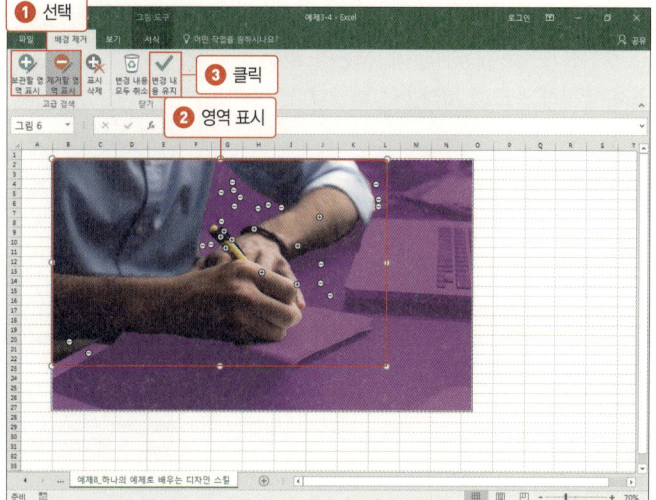

tip 보라색으로 표시된 부분이 이미지에서 제거할 부분입니다. 가져온 이미지가 흰색 배경이거나 배경과 경계가 명확하다면 배경 제거 작업을 훨씬 수월하게 할 수 있습니다.

08 표시를 마친 다음 이미지 영역 밖을 클릭합니다. 이미지 중 선택한 부분만 표시된 것을 확인할 수 있습니다.

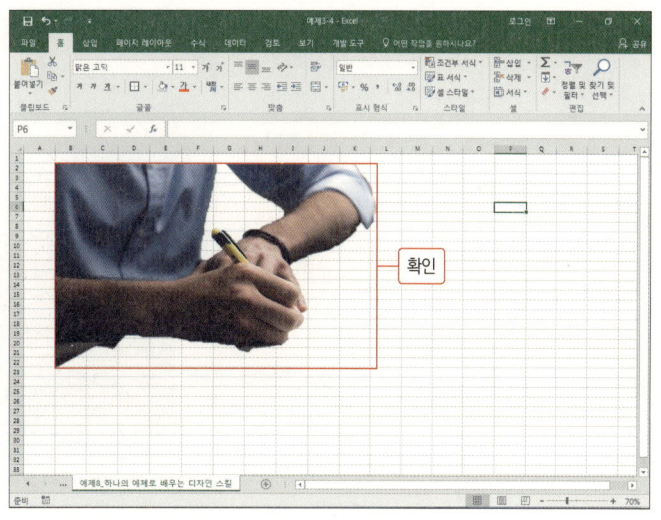

09 사각형 도형을 이미지 위에 덮고 투명도를 조정해 배경 이미지로 만들겠습니다.
[삽입] 탭 → [일러스트레이션] 그룹 → [도형]을 클릭한 다음 '사각형'에서 **[직사각형]**을 클릭합니다.

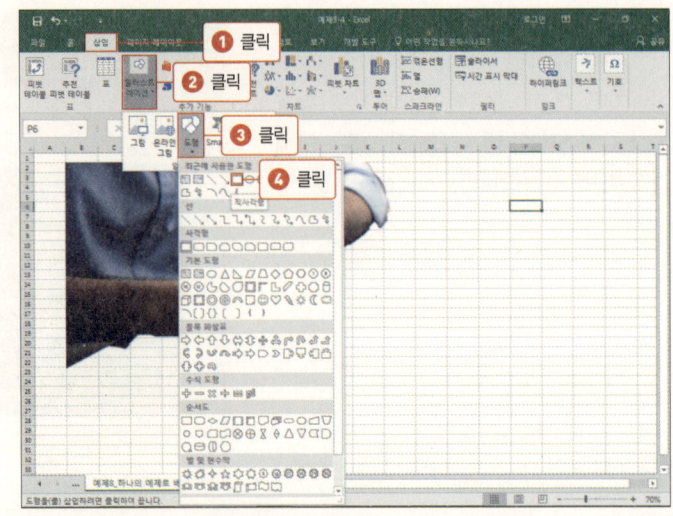

10 이미지 위에 드래그하여 직사각형을 만든 다음 마우스 오른쪽 버튼으로 클릭하고 **도형 서식**을 실행합니다.

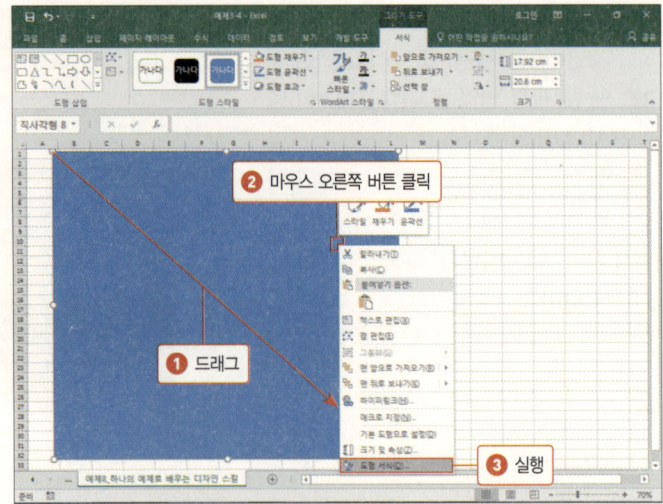

11 '도형 서식' 작업 창이 표시되면 도형 옵션에서 '채우기'를 확장하고 '단색 채우기', '색'을 '검정', '선'을 '선 없음'으로 지정한 다음 투명도를 대략적으로 설정합니다. 예제에서는 '48%'로 설정합니다.

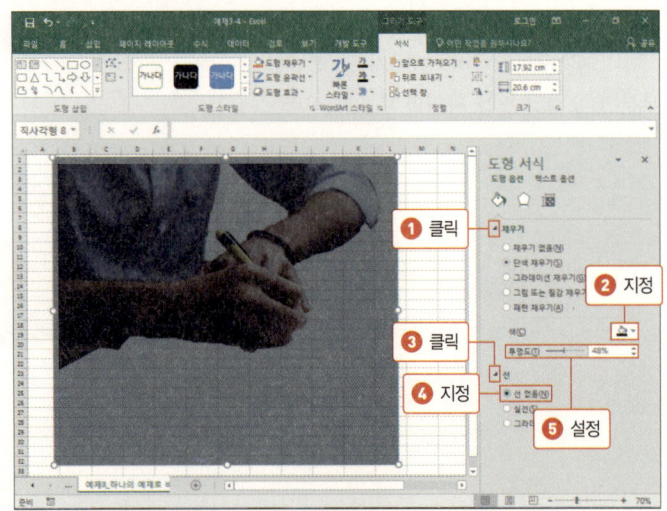

> 버전 엑셀 2010까지는 '도형 서식' 작업 창이 아닌 '도형 서식' 대화상자가 표시됩니다.

> tip 디자인할 때 선을 없애면 조금 더 고급스러워 보입니다.

12 표지 제목을 입력해 보겠습니다. [삽입] 탭 → [일러스트레이션] 그룹 → [도형] → [텍스트 상자]를 클릭한 다음 이미지 위에 드래그합니다.

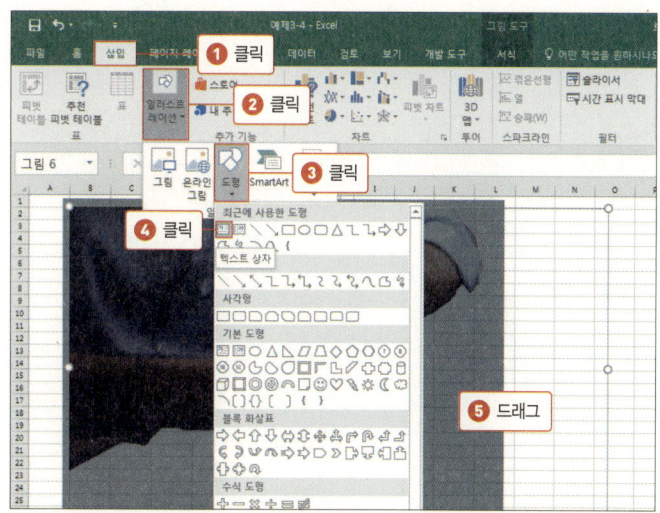

13 텍스트 박스를 마우스 오른쪽 버튼으로 클릭하고 **도형 서식**을 실행합니다. 투명도를 '100%'로 설정하고 '회사 생활 지침 가이드'를 입력합니다. 문자를 입력하고 원하는 글꼴과 색상을 지정하여 표지를 완성합니다. 예제에서는 글꼴을 'HY견고딕', 글꼴 색은 표준 색에서 '주황', 테마 색에서 '흰색'을 지정합니다.

tip 표지를 만들 때 폰트는 이미지만큼 중요합니다. 최근에는 무료로 제공하는 폰트나 기업이 공개한 폰트가 많으니 많은 폰트를 확보해서 여러 디자인에 활용해 보길 바랍니다.

PART 06

SECTION 01 마우스로만 조작하기
SECTION 02 자동화 입력 & 조회 프로그램 만들기

매크로와 함수를 응용하여 자동화하기

마우스로 선택해서 입력하면 유효한 값을 입력할 수 있도록 할 수 있기 때문에 정확한 결과를 얻을 수 있습니다. 마우스로만 조작하도록 하는 방법과, 지금까지 배운 기능과 매크로를 이용해 자동화 입력 & 조회 프로그램을 만드는 방법을 알아보겠습니다.

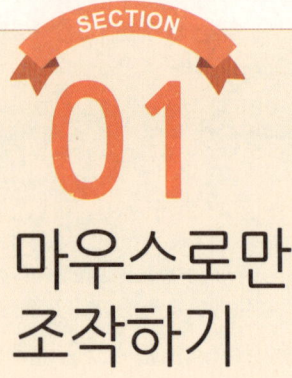

SECTION 01 마우스로만 조작하기

특정 양식을 오로지 마우스로만 입력할 수 있도록 설정하는 것은 사용자에게 편의성을 제공하는 측면도 있지만 가장 큰 목적은 '유효한 값'을 입력할 수 있도록 제어하는 것입니다. 마우스만으로 수량을 조정하거나 유효하지 않은 값은 아예 입력하지 못하게 만들 수 있습니다. 이번 섹션에서 배우는 기능을 활용하면 다양한 방법으로 사용자의 입력을 제어할 수 있고 그만큼 정확한 보고서를 얻을 수 있습니다.

중요도 5 | 작업 소요 시간 30분 | 동영상 재생 시간 11분

---

1 옵션 단추와 확인란을 활용해 마우스로만 입력받기 - CHOOSE 함수

옵션 단추와 확인란을 활용하여 사용자의 편의성을 높이고 정확한 데이터를 얻을 수 있도록 설정하는 방법을 알아봅니다.

{예제 파일} 06\예제4-1.xlsm {시트} 예제1_옵션 단추 및 확인란, 그외 개발도구 1-1

01 성별을 선택할 수 있는 옵션 단추를 만들어 보겠습니다. [개발 도구] 탭 → [컨트롤] 그룹 → [삽입]을 클릭하고 '양식 컨트롤'에서 [옵션 단추(양식 컨트롤)(◉)]를 클릭합니다.

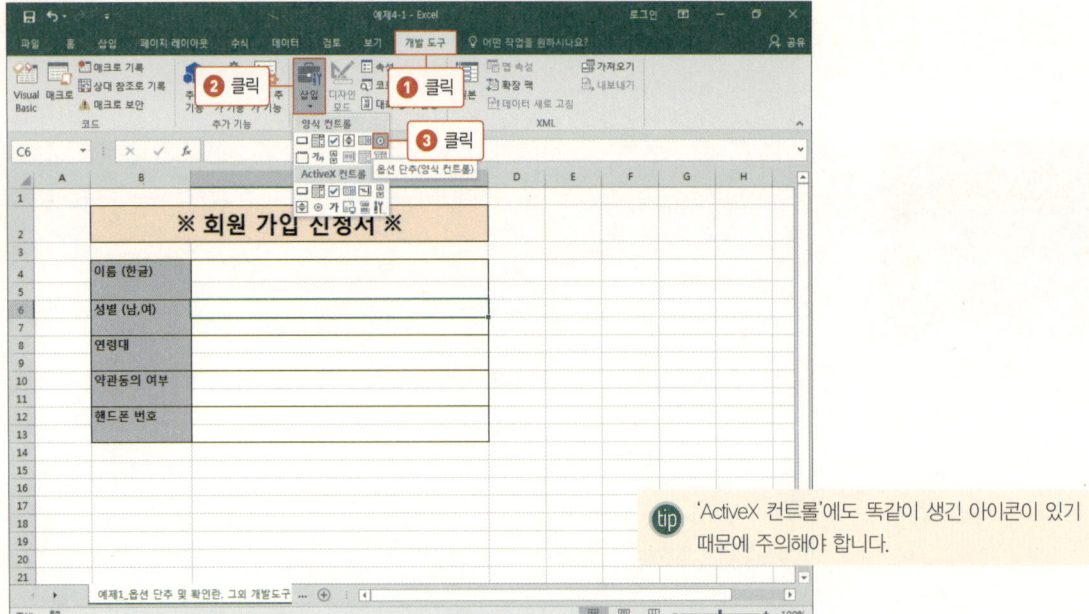

tip ‌'ActiveX 컨트롤'에도 똑같이 생긴 아이콘이 있기 때문에 주의해야 합니다.

SECTION 01 마우스로만 조작하기

tip [개발 도구] 탭이 보이지 않으면 **[파일] 탭 → [옵션]**을 클릭하고 'Excel 옵션' 대화상자의 [리본 사용자 지정] 탭에서 '개발 도구' 항목에 체크 표시합니다.

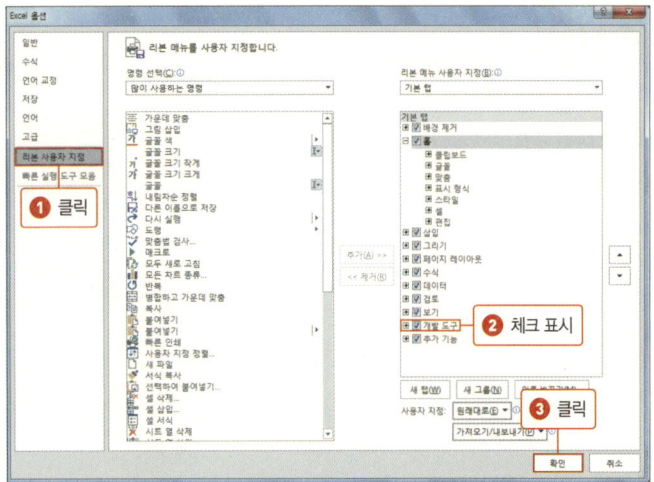

02 [C6]셀 적당한 위치에 드래그하여 옵션 단추를 삽입한 다음 Ctrl + D 키를 눌러 복제하고 오른쪽에 배치합니다.

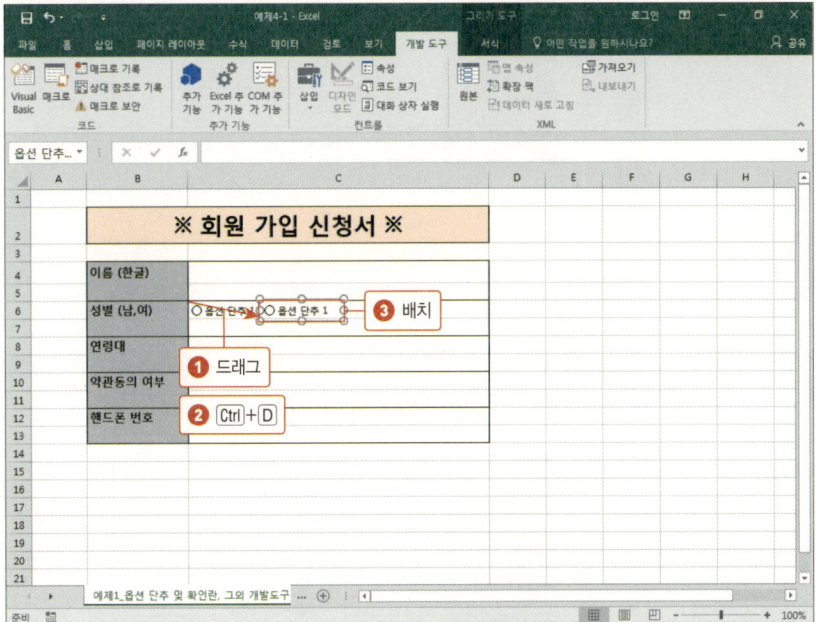

327

03 옵션 단추에 텍스트를 입력하겠습니다. 왼쪽에 있는 옵션 단추를 마우스 오른쪽 버튼으로 클릭하고 **텍스트 편집**을 실행합니다.

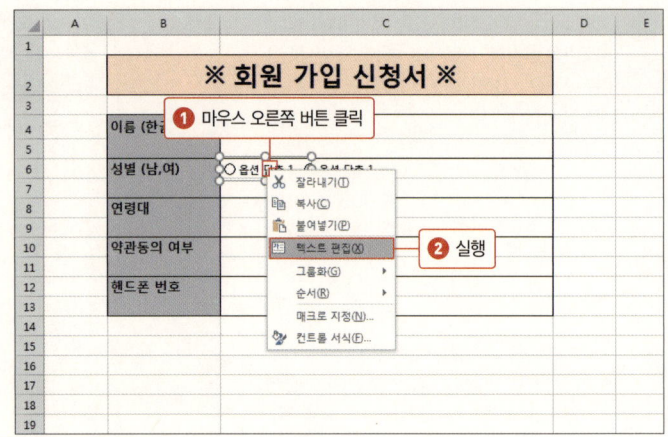

04 커서가 활성화되면 입력된 텍스트를 지우고 '남'을 입력한 다음 같은 방법으로 오른쪽 옵션 단추에 '여'를 입력합니다.

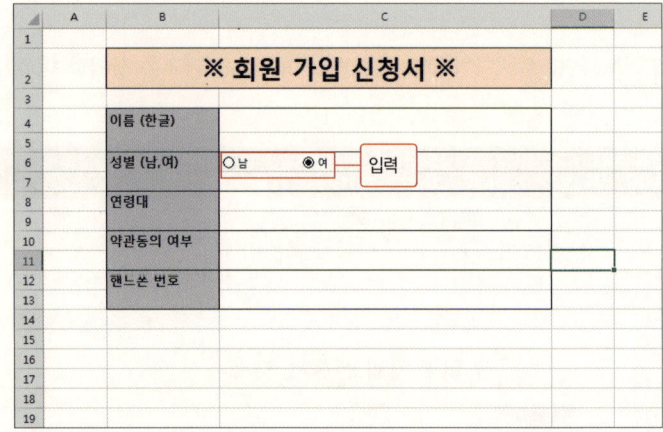

> tip 하나의 옵션 단추를 선택하면 다른 하나는 선택 해제됩니다.

05 옵션 단추에 값을 부여한 다음 특정 셀에 연결하겠습니다.
'여' 옵션 단추를 마우스 오른쪽 버튼으로 클릭하고 **컨트롤 서식**을 실행합니다.

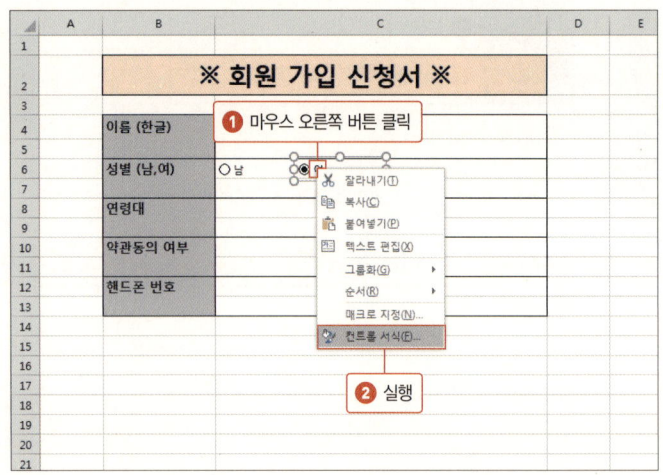

328　Part 6 매크로와 함수를 응용하여 자동화하기

06 '컨트롤 서식' 대화상자가 표시되면 [컨트롤] 탭 화면의 셀 연결에 커서를 두고 [D6]셀을 선택한 다음 〈확인〉 버튼을 클릭합니다.

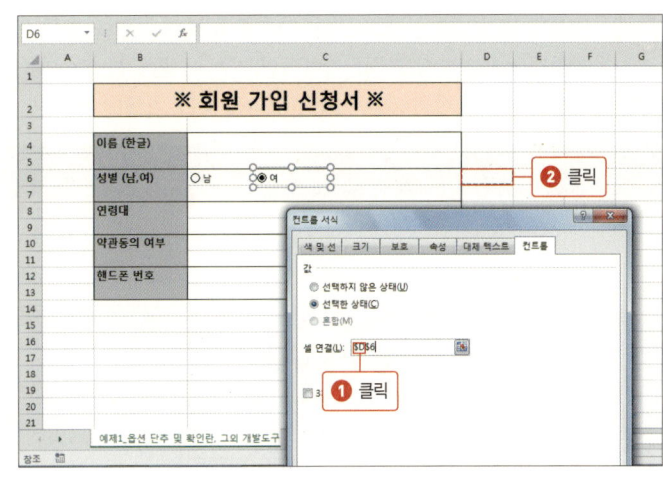

tip 반드시 [D6]셀과 연결할 필요는 없습니다. 단, 여기에 표시된 값은 이후에 함수 인수로 활용하기 때문에 잘 보이는 위치를 선택하는 것이 좋습니다.

07 [D6]셀에 '2'가 표시됩니다. 왜 뜬금없이 '2'가 나온 걸까요? 바로 '여' 옵션 단추에 '2'라는 값이 부여됐기 때문입니다. 이제 이 값을 수식에 입력하는 등 여러 가지로 활용할 수 있습니다.

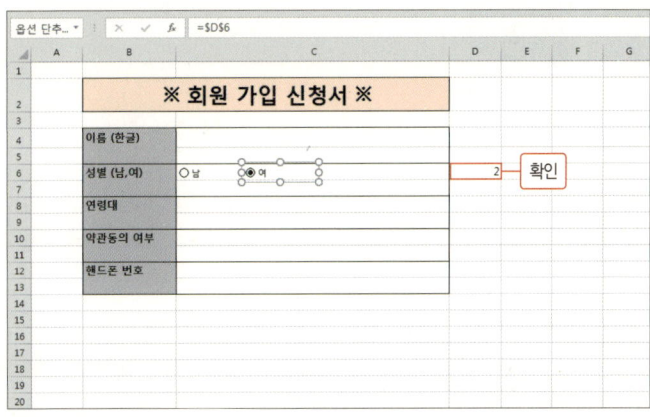

08 '남' 옵션 단추를 누르면 [D6]셀 값이 '1'로 바뀝니다.

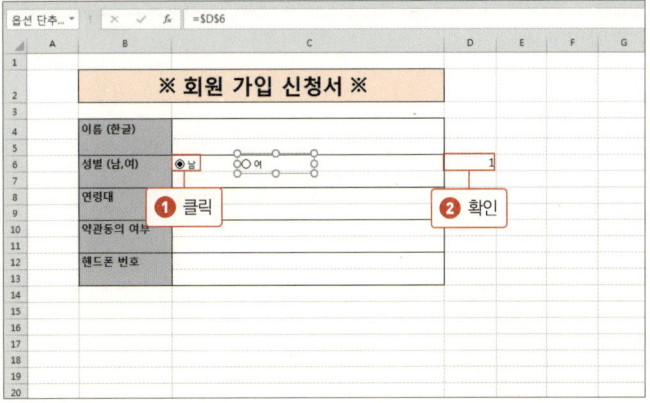

tip '남'은 처음에 생성한 옵션 단추라 '1', '여'는 나중에 복제한 옵션 단추라 '2'라는 값이 부여된 것입니다.

09 CHOOSE 함수를 이용해 옵션 단추를 누르면 해당 단추에 입력된 텍스트를 [C7]셀에 표시해 보겠습니다. [C7]셀에 '=CHOOSE('를 입력하면 커서 아래에 'CHOOSE(index_num, value1, [value2]……)'이 표시됩니다. 'CHOOSE'는 색인 숫자(index_num)에 따라 지정된 값(value)을 출력하는 함수입니다.

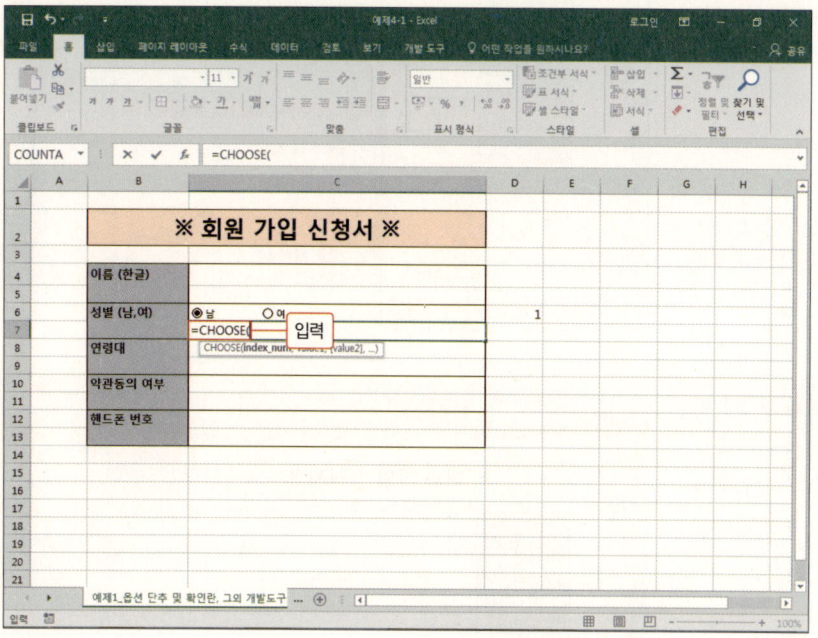

10 [D6]셀 값이 '1'이면 '남', '2'이면 '여'가 표시되도록 수식을 입력합니다. [D6]셀을 클릭하고 쉼표(,)를 입력한 다음 '남'과 '여'를 큰따옴표(" ")로 감싸서 입력하고 쉼표(,)로 구분합니다. Enter 키를 누르면 [C7]셀에 '남'이 표시된 것을 확인할 수 있습니다.

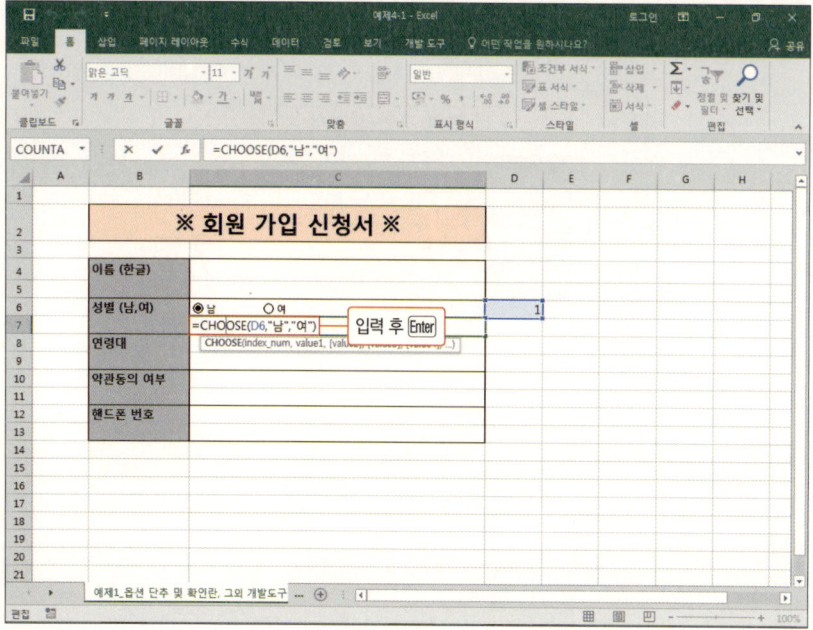

SECTION 01 마우스로만 조작하기

11 약관 동의 여부를 알 수 있는 '확인란'을 만들어 보겠습니다.
[개발 도구] 탭 → [컨트롤] 그룹 → [삽입]을 클릭하고 '양식 컨트롤'에서 **[확인란(양식 컨트롤)(☑)]**을 클릭합니다.

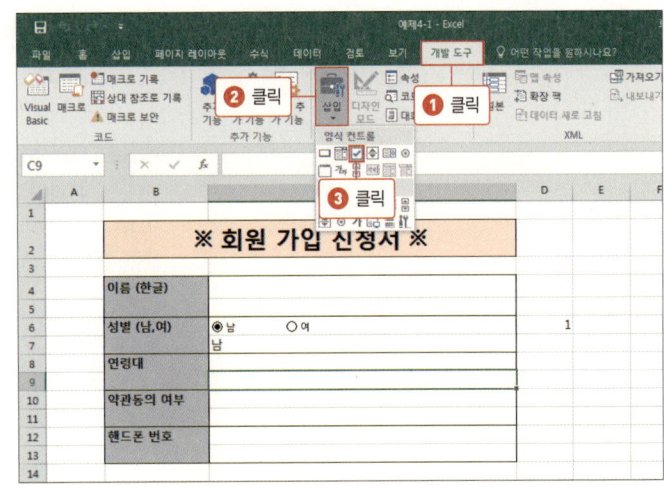

12 [C10]셀 적당한 위치에 드래그합니다. 확인란이 삽입되면 값을 부여하고 특정 셀에 연결하기 위해 마우스 오른쪽 버튼으로 클릭하고 **컨트롤 서식**을 실행합니다.

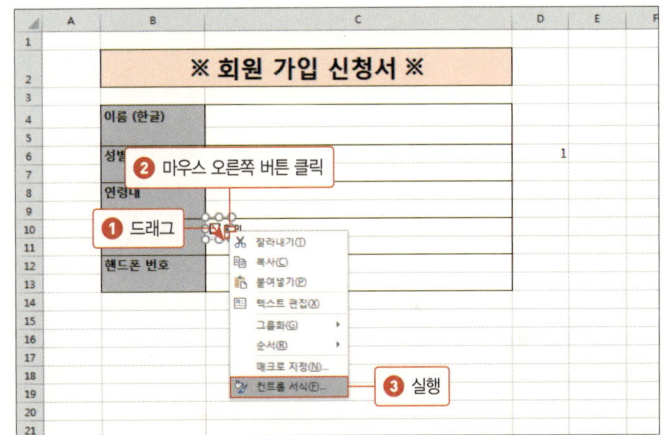

13 '컨트롤 서식' 대화상자가 표시됩니다. [컨트롤] 탭 화면의 셀 연결에 커서를 두고 [C11]셀을 선택한 다음 〈확인〉 버튼을 클릭합니다.

tip 반드시 [C11]셀과 연결할 필요는 없습니다. 단, 여기에 표시된 값은 이후에 유효성 검사 조건으로 활용하기 때문에 잘 보이는 위치를 선택하는 것이 좋습니다.

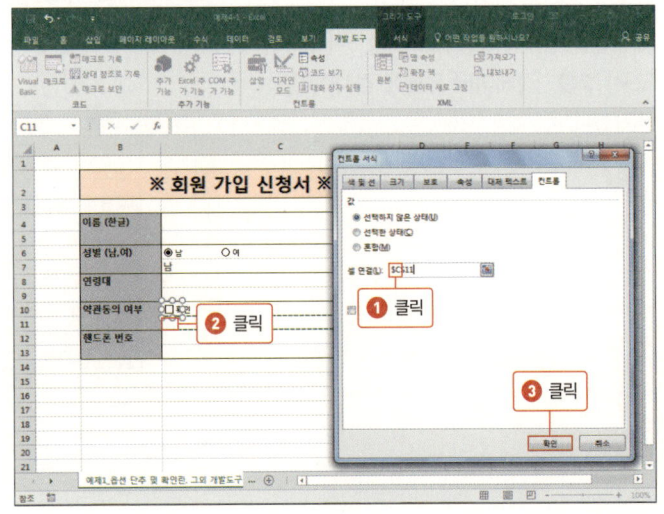

14 확인란에 체크 표시하면 'TRUE', 해제하면 'FALSE'가 [C11]셀에 표시됩니다.

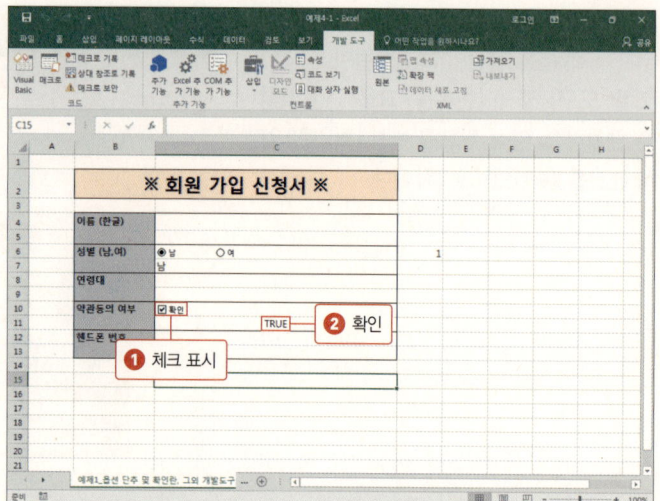

tip 'TRUE'는 '1', 'FALSE'는 '0'을 뜻합니다.

2 이름은 한글로, 연령대는 스핀 단추로 입력받기 - 데이터 유효성, 셀 서식

아무리 꼼꼼하더라도 실수하기 마련이고 지침을 주더라도 마찬가지입니다. 사이트에서 회원 가입할 때 '올바르지 않은 값입니다.'라는 메시지를 한 번쯤 본 적이 있지요? 왜 이런 메시지를 나오게 한 걸까요? 처음부터 사용자가 정확한 데이터를 입력하도록 하기 위해서입니다. "○○님 이죠? 진화번호가 잘못된 것 같은데요?" 또는 "○○회사죠? 제품 번호를 잘못 입력하셨는데……." 처럼 상호 사이 불필요한 소통을 줄일 수도 있고요.
여기서는 유효성 검사 기능을 이용해 사용자가 정확하고 편리하게 입력할 수 있도록 입력을 제어하는 방법을 알아봅니다.

{예제 파일} 06\예제4-1.xlsm   {시트} 예제1_옵션 단추 및 확인란, 그 외 개발도구 1-2

01 이름을 입력할 때 한글로만 입력하도록 설정해 보겠습니다.
[C4]셀을 선택하고 [데이터] 탭 → [데이터 도구] 그룹 → [데이터 유효성 검사(📋)]를 클릭합니다.

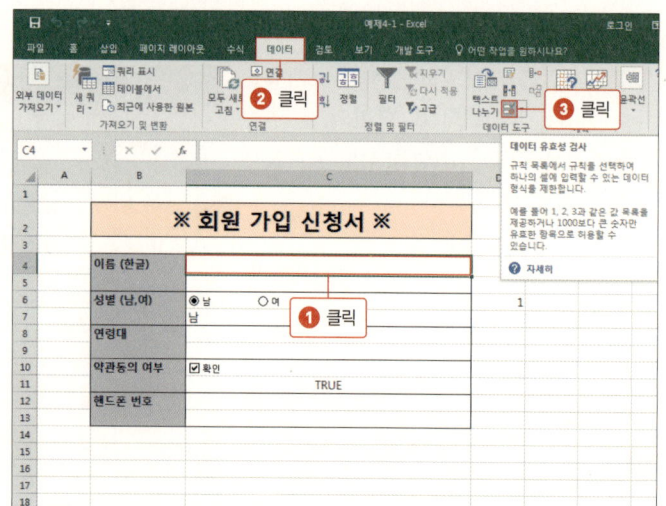

SECTION 01 마우스로만 조작하기

02 '데이터 유효성' 대화상자가 표시되면 [IME 모드] 탭을 클릭하고 모드를 '한글'로 지정한 다음 〈확인〉 버튼을 클릭합니다.

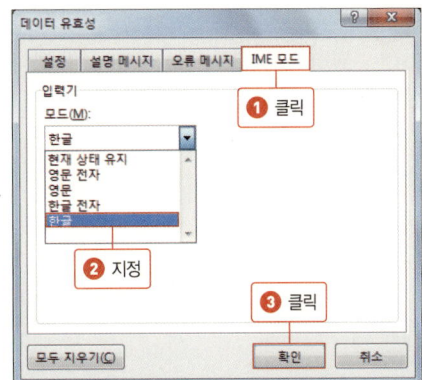

tip 'IME'는 'Input Method Editor'의 줄임말로, '입력 방법 편집기'로 해석하면 됩니다.

03 [D4]셀에 원하는 대로 영문을 입력한 다음 [C4]셀에 같은 문자를 입력합니다. 분명 영문이었는데 입력한 순간 한글로 바뀌는 것을 확인할 수 있습니다.

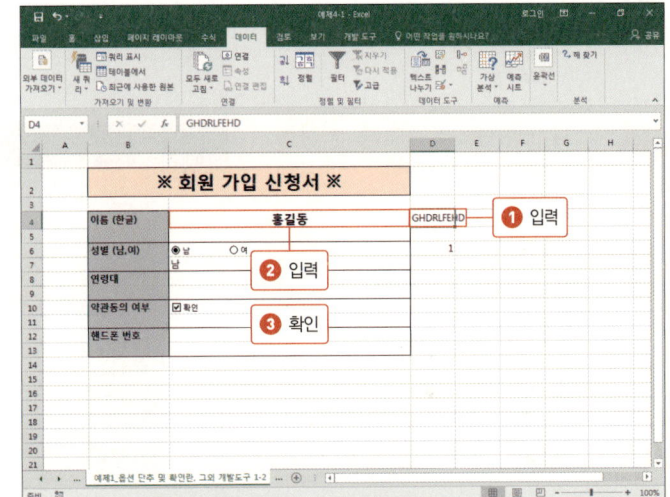

tip 영타 설정을 하더라도 [C4]셀에서는 자동으로 한글로 변환됩니다.

04 올림(▲), 내림(▼) 버튼으로 연령대를 입력할 수 있도록 설정하겠습니다.
[개발 도구] 탭 → [컨트롤] 그룹 → [삽입]을 클릭하고 '양식 컨트롤'에서 [스핀 단추(양식 컨트롤)(🔼)]을 클릭합니다.

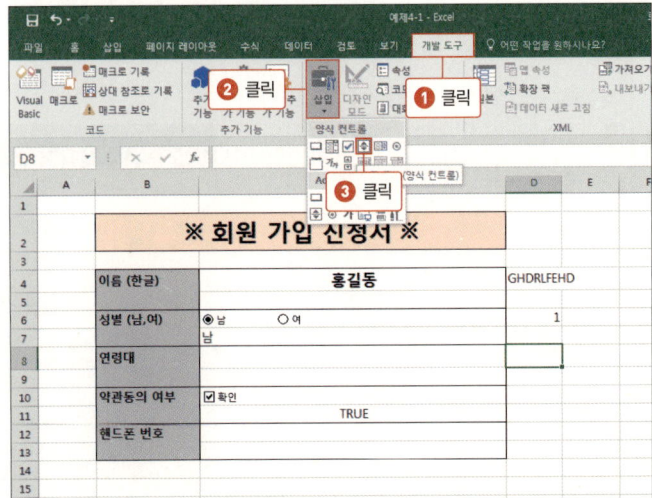

333

05 Alt 키를 누른 상태에서 [D8:D9] 범위를 드래그하여 스핀 단추를 삽입합니다.

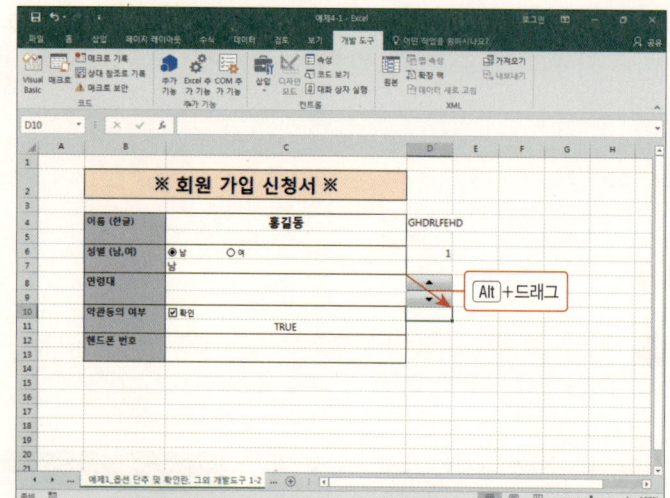

tip Alt 키를 누른 상태에서 드래그하면 단추 크기가 셀 크기에 맞게 자동으로 조정됩니다.

06 스핀 단추를 연령대가 표시될 [C8]셀과 연결한 다음 '10'부터 '90'까지 '10' 단위로 입력할 수 있도록 설정하겠습니다.
스핀 단추를 마우스 오른쪽 버튼으로 클릭하고 **컨트롤 서식**을 실행합니다.

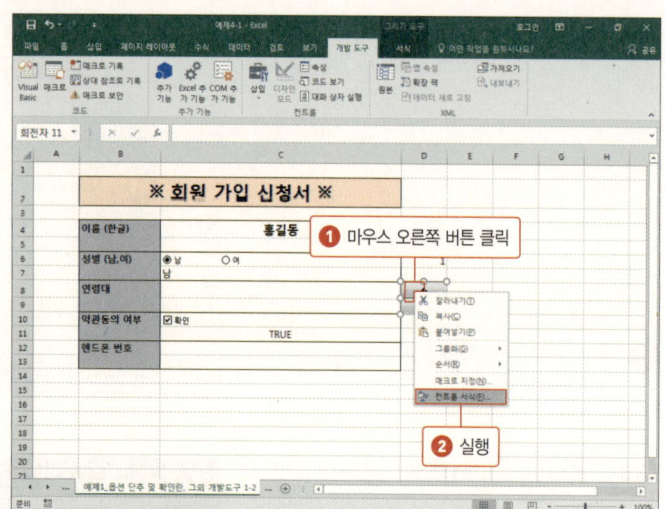

07 '컨트롤 서식' 대화상자가 표시되면 [컨트롤] 탭 화면의 셀 연결에 커서를 두고 [C8]셀을 선택합니다.
현재값에 '10'을 입력한 다음 최소값을 '10', 최대값을 '90', 증분 변경을 '10'으로 설정하고 〈확인〉 버튼을 클릭합니다.

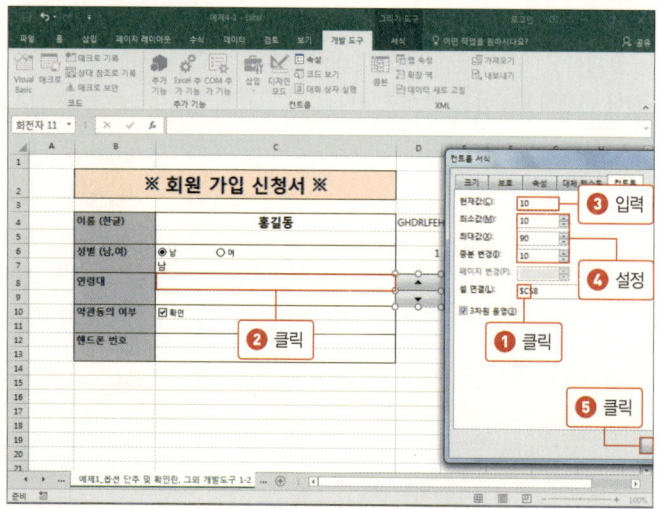

SECTION 01 마우스로만 조작하기

08 [C8]셀에 '10'이 표시됩니다. 스핀 단추를 위아래로 누르면 '10'부터 '90'까지 조정할 수 있습니다. 뜻을 좀 더 명확하게 만들기 위해 숫자 뒤에 '대'를 붙여보겠습니다.
[C8]셀을 마우스 오른쪽 버튼으로 클릭한 다음 **셀 서식**을 실행합니다.

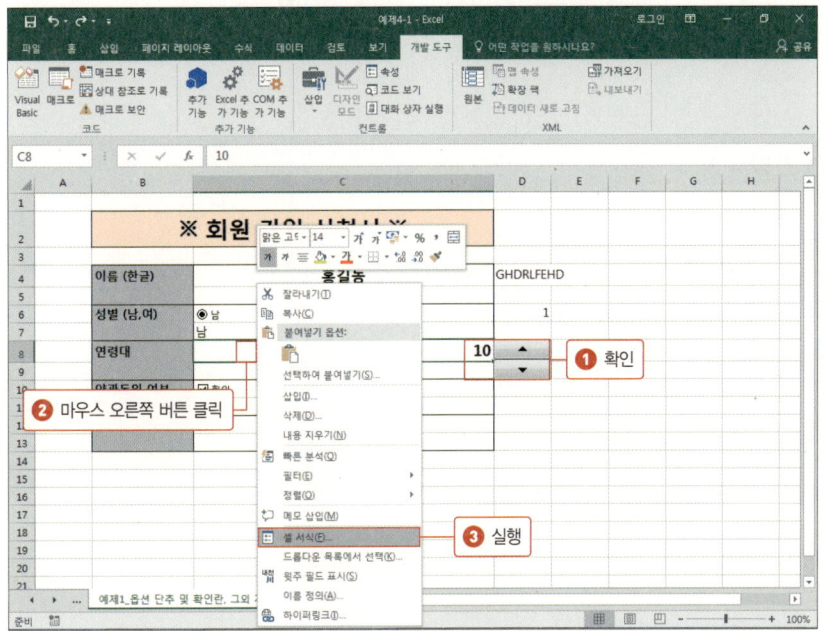

09 '셀 서식' 대화상자가 표시되면 [표시 형식] 탭 화면의 범주에서 '사용자 지정'을 선택하고 형식에서 'G/표준' 뒤에 '대'를 큰따옴표(" ")로 감싸서 입력한 다음 〈확인〉 버튼을 클릭합니다.

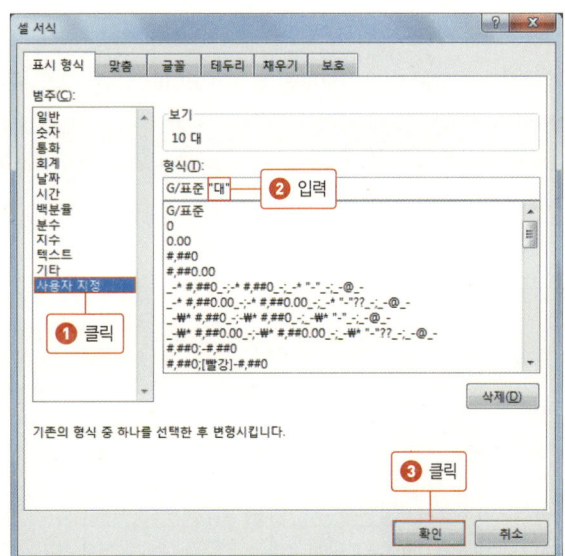

335

10 [C8]셀에 '10대'가 표시됩니다. 스핀 단추를 위아래로 누르면 '10대'부터 '90대'까지 조정할 수 있습니다.

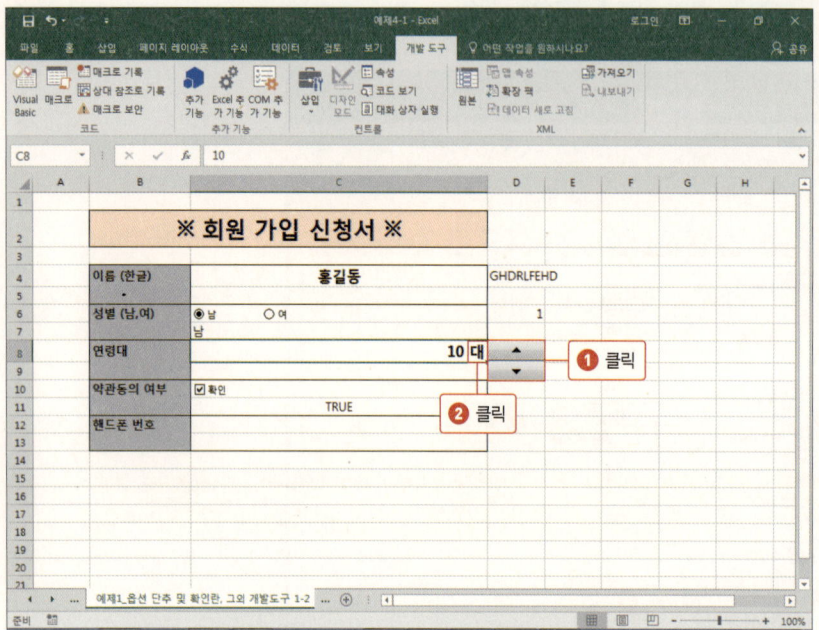

11 스핀 단추를 사용하지 않고 직접 [C8]셀에 연령대를 입력할 수도 있습니다. 그러나 이렇게 되면 지금까지 작업한 것이 의미가 없겠죠. 데이터 유효성 기능을 이용해 키보드로 입력하지 못하도록 조건을 지정하겠습니다.
[C8]셀을 선택한 다음 [데이터] 탭 → [데이터 도구] 그룹 → [데이터 유효성 검사(📋)]를 클릭합니다.

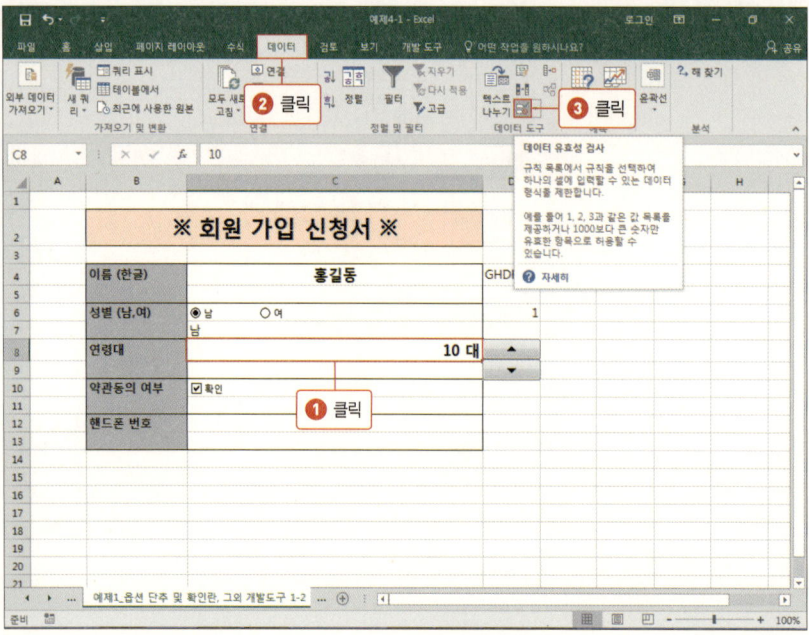

12 '데이터 유효성' 대화상자가 표시되면 [설정] 탭 화면의 제한 대상을 '텍스트 길이'로 지정합니다. 입력을 아예 못하게 하려면 텍스트 길이가 '0'일 때만 값이 유효하도록 조건을 지정하면 되겠죠? '제한 방법'을 '='로 지정하고 '길이'에 '0'을 입력한 다음 〈확인〉 버튼을 클릭합니다.

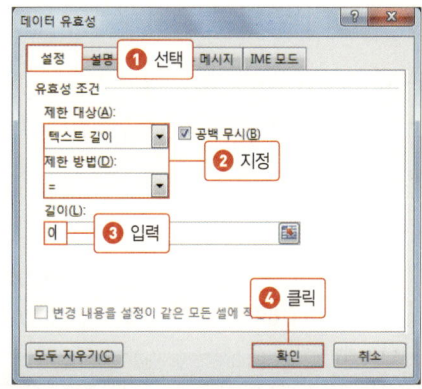

13 [C8]셀에 키보드로 데이터를 입력하면 오류 메시지 창이 표시되면서 스핀 단추로만 데이터를 입력하도록 유도하는 것을 확인할 수 있습니다. 〈취소〉 버튼을 클릭합니다.

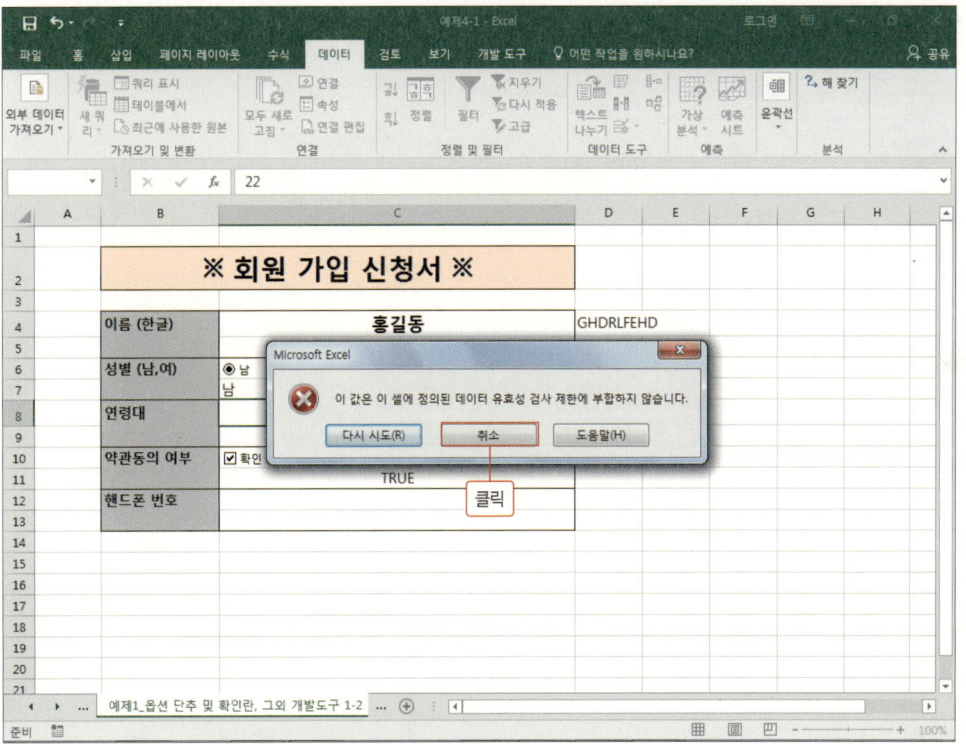

3 약관에 동의를 구하는 메시지와 오류 메시지 표시하기 - 유효성 검사

약관에 동의하지 않은 사람의 정보는 굳이 받을 필요 없겠죠? 유효성 검사 기능을 이용해 약관 동의 여부의 확인란에 체크 표시한 사람만 핸드폰 번호를 입력할 수 있도록 조건을 지정하는 방법을 알아봅니다.

{예제 파일} 06\예제4-1.xlsm　　{시트} 예제1_옵션 단추 및 확인란, 그 외 개발도구 1-3

01 약관에 동의한 사람만 핸드폰 번호를 입력받도록 조건을 지정하겠습니다. [C12]셀을 선택한 다음 **[데이터]** 탭 → **[데이터 도구]** 그룹 → **[데이터 유효성 검사(**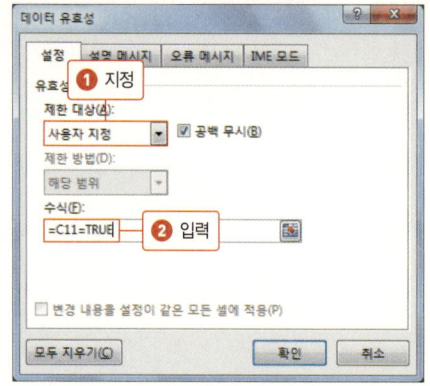**)]**를 클릭합니다.

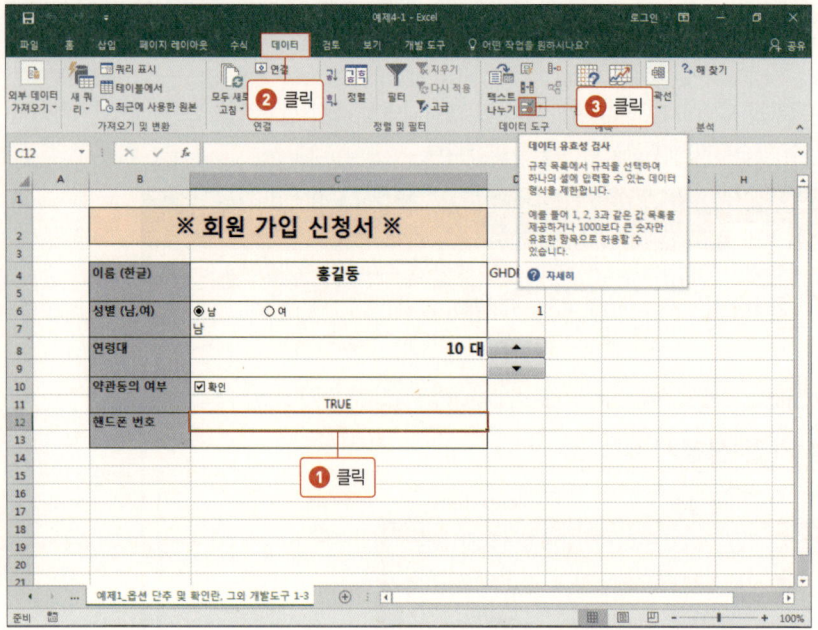

02 '데이터 유효성' 대화상자가 표시됩니다. 약관에 동의한 사람은 확인란에 체크 표시한 상태이며 [C11]셀 값이 'TRUE'인 경우라고 말할 수 있습니다.
데이터 유효성 조건을 수식으로 입력하기 위해 [설정] 탭 화면의 '제한 대상'을 '사용자 지정'으로 지정한 다음 수식에 '=C11=TRUE'를 입력합니다.

03 사용자가 핸드폰 번호를 입력할 때 약관에 동의한 다음에 입력하도록 유도하기 위해 설명 메시지를 표시해 보겠습니다.
[설명 메시지] 탭을 클릭한 다음 제목과 설명 메시지를 원하는 대로 입력합니다. 예제에서는 제목에 '(설명) 약관에 동의하신 후 핸드폰 번호를 입력할 수 있습니다', 설명 메시지에 '약관에 동의해 주세요.'를 입력합니다.

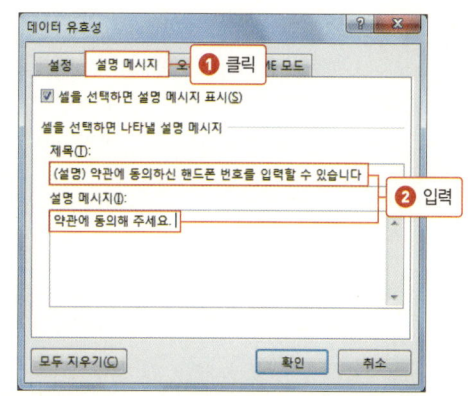

04 약관에 동의하지 않고 설명 메시지를 무시한 채 핸드폰 번호를 입력하는 사람이 있을 때는 어떻게 할까요? 이럴 경우 오류 메시지가 나오도록 해 보겠습니다.
[오류 메시지] 탭을 클릭하고 제목과 오류 메시지를 원하는 대로 입력합니다. 예제에서는 제목에 '(오류) 약관 동의를 하신 후 입력하세요., 오류 메시지에 '약관에 동의하고 입력해 주세요.'를 입력합니다. 스타일을 '경고'로 지정한 다음 〈확인〉 버튼을 클릭합니다.

tip 〈모두 지우기〉 버튼을 클릭하면 데이터 유효성 검사 조건이 모두 제거됩니다.

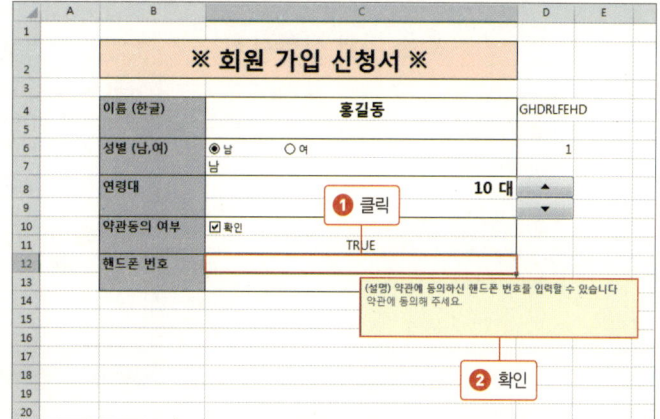

05 [C12]셀을 클릭한 다음 커서 아래에 지정한 설명 메시지가 표시된 것을 확인합니다.

06 [C10]셀 확인란에서 체크 표시를 해제한 다음 [C12]셀에 데이터를 입력하면 지정한 오류 메시지가 표시됩니다. 〈예〉 버튼을 클릭하면 오류 메시지를 무시하고 계속 입력할 수 있습니다.

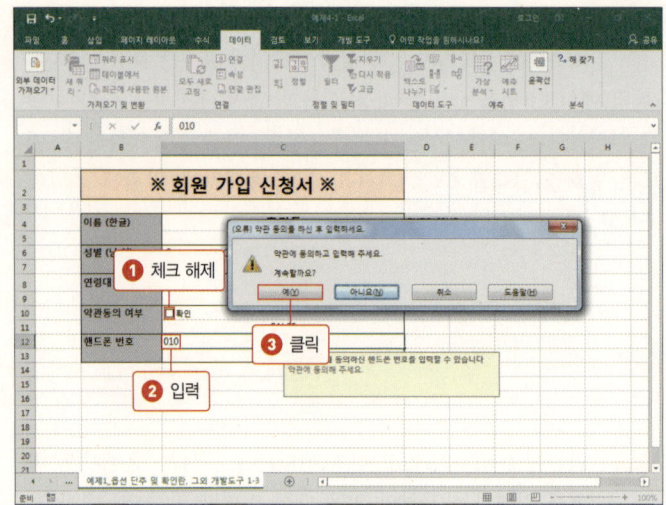

tip 잘못된 데이터를 입력했을 때, 오류 메시지 스타일이 '중지'일 경우 오류 메시지가 표시되면서 입력을 막지만 '경고' 또는 '정보'인 경우 오류 메시지를 무시하고 계속 입력할 수 있습니다.

07 오류 메시지 스타일을 바꾸겠습니다.
[데이터] 탭 → [데이터 도구] 그룹 → [데이터 유효성 검사(🗒)]를 클릭합니다. '데이터 유효성' 대화상자가 표시되면 [오류 메시지] 탭을 선택하고 스타일을 '중지'로 지정한 다음 〈확인〉 버튼을 클릭합니다.

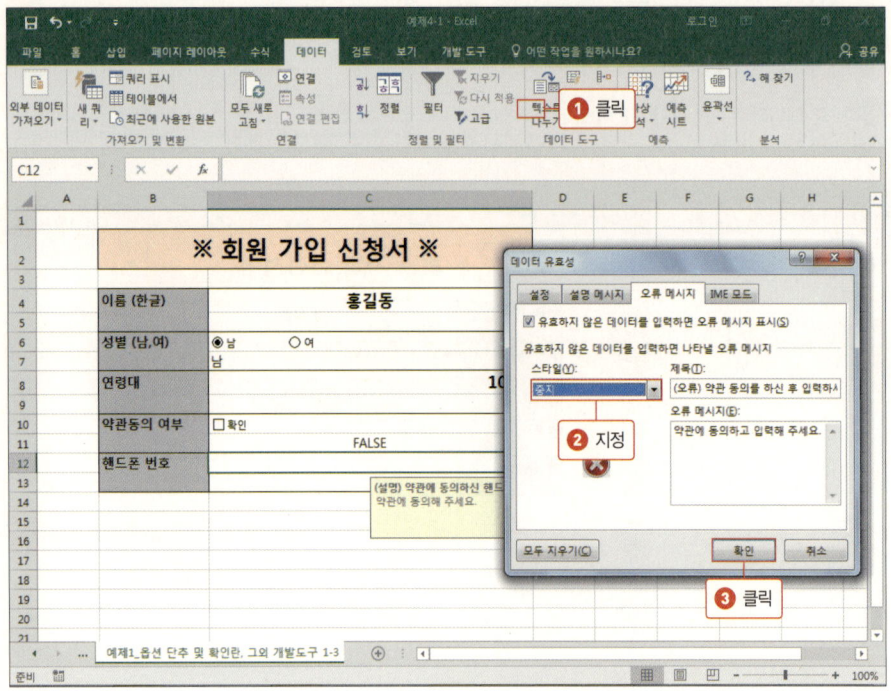

340 Part 6 매크로와 함수를 응용하여 자동화하기

08 [C10]셀 확인란에서 체크 표시를 해제한 다음 [C12]셀에 핸드폰 번호를 입력하면 지정한 오류 메시지가 표시됩니다. 그런데 이번에는 〈예〉나 〈아니요〉 버튼이 아니라 〈다시 시도〉 버튼만 있습니다. 유효하지 않은 데이터를 입력하지 못하도록 막기 위해서겠죠? 〈취소〉 버튼을 클릭합니다.

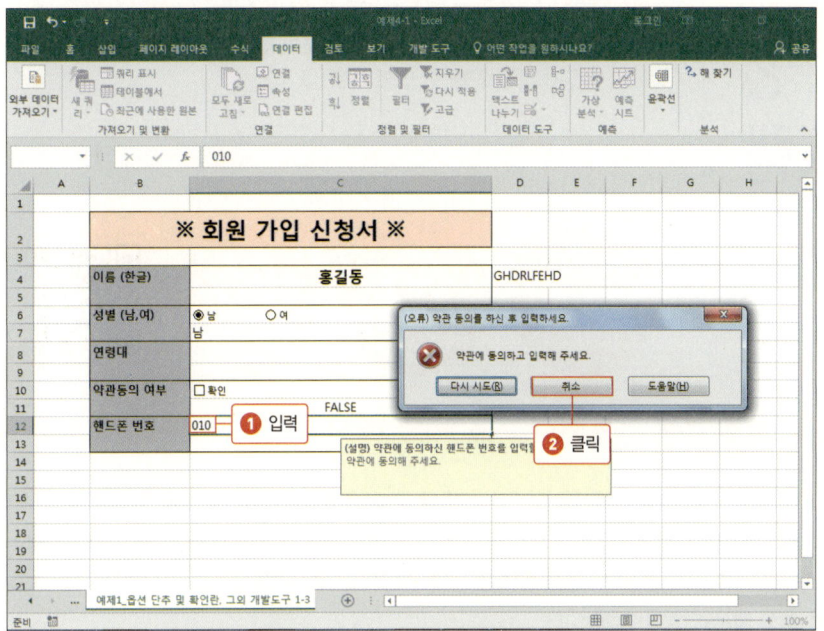

09 [D6]셀의 '1'과 '2', [C11]셀의 'TRUE'나 'FALSE'와 같은 데이터는 꼭 필요하지만 보기에 거슬립니다. 이 데이터가 시트에서 안 보이도록 설정해 보겠습니다.
Ctrl 키를 누른 상태에서 [D6]셀과 [C11]셀을 차례로 선택한 다음 [홈] 탭 → [글꼴] 그룹 → [글꼴 색▼]을 클릭합니다. 테마 색에서 '흰색, 배경 1'을 선택하면 입력된 데이터가 배경 색과 같아지면서 감쪽같이 사라진 것을 확인할 수 있습니다.

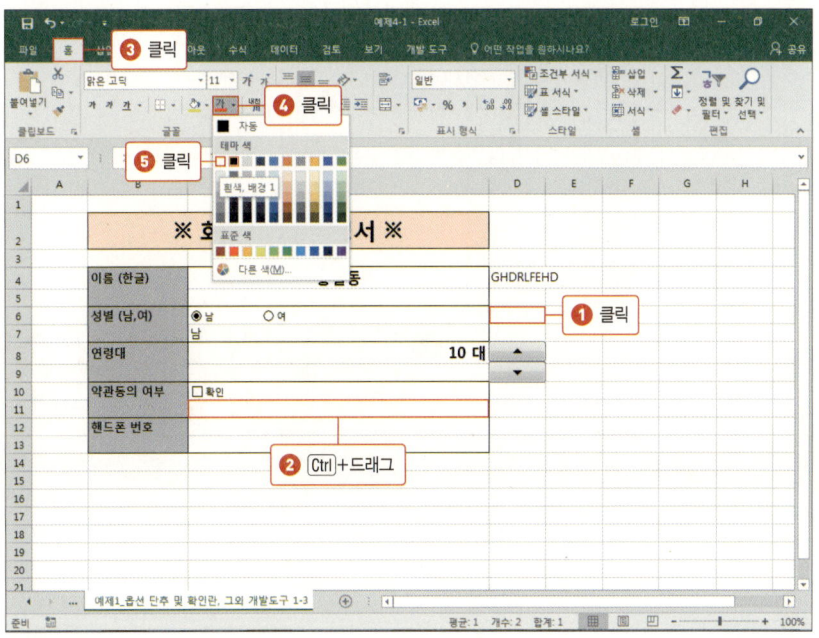

SECTION 02

자동화 입력 & 조회 프로그램 만들기

간단한 문서 작성만 가능한 프로그램이었다면 엑셀은 이렇게 발전하지 않았을 것입니다. 만약 주변에서 엑셀로 프로그램을 만드는 것을 보고 신기했다면 이제는 그렇게 놀라워 하지 않아도 됩니다. 지금까지 배운 기능과 함수를 정확하게 이해하고 매크로 기능에 대한 이해만 조금 추가하면 어렵지 않게 만들 수 있기 때문입니다.

중요도 4 / 작업 소요 시간 45분 / 동영상 재생 시간 27분

1 빠르고 간단하게 조회 프로그램 만들기 – 고급 필터, 매크로

'프로그램'이라고 하면 거창하고 어려운 것 같지만 '매크로'와 '고급 필터'를 사용하면 간단하게 만들 수 있습니다. 고급 필터는 앞에서 배웠지만 매크로는 이번에 처음 배우는 것인데요, 매크로(Macro)는 '자주 사용하는 여러 개의 명령어를 묶어서 하나의 입력 동작으로 만든 것'을 뜻합니다. 여기서 여러 개의 명령어를 묶으려면 한 개 이상의 동작을 녹화(Recording)해야 합니다. 예제를 통해 자세히 알아보겠습니다.

{예제 파일} 06\예제4-2.xlsm   {시트} 예제1_심플하고 빠른 조회 구현하기

01 고급 필터와 매크로를 이용해 조건에 해당하는 데이터를 빠르게 조회하는 프로그램을 만들어 보겠습니다. 먼저 고급 필터의 검색 조건을 입력할 검색창을 만들기 위해 첫 번째 행 머리부터 세 번째 행 머리까지 드래그한 다음 마우스 오른쪽 버튼을 클릭하고 **삽입**을 실행합니다.

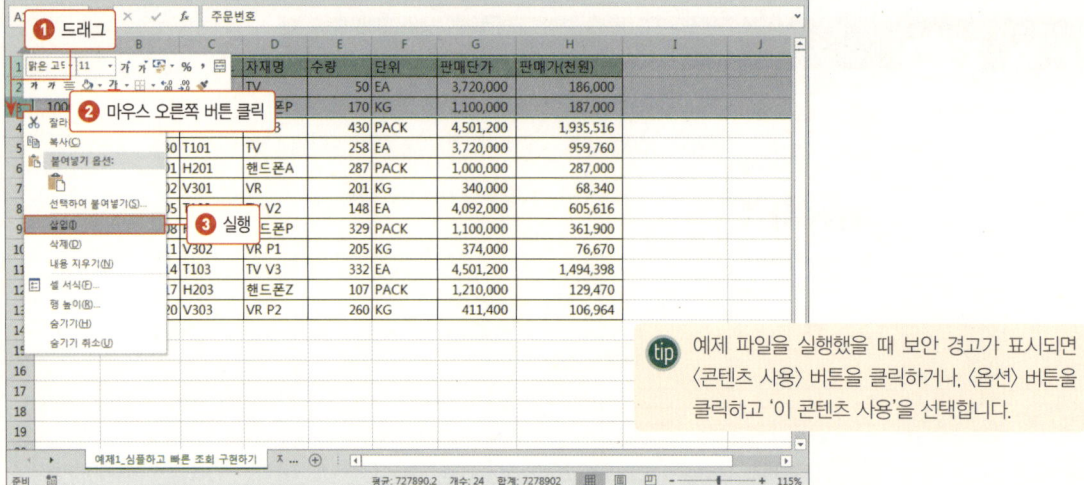

tip 예제 파일을 실행했을 때 보안 경고가 표시되면 〈콘텐츠 사용〉 버튼을 클릭하거나, 〈옵션〉 버튼을 클릭하고 '이 콘텐츠 사용'을 선택합니다.

SECTION 02 자동화 입력 & 조회 프로그램 만들기

02 시트 위에 공간을 확보하면 [A4:H5] 범위를 드래그하고 복사합니다.

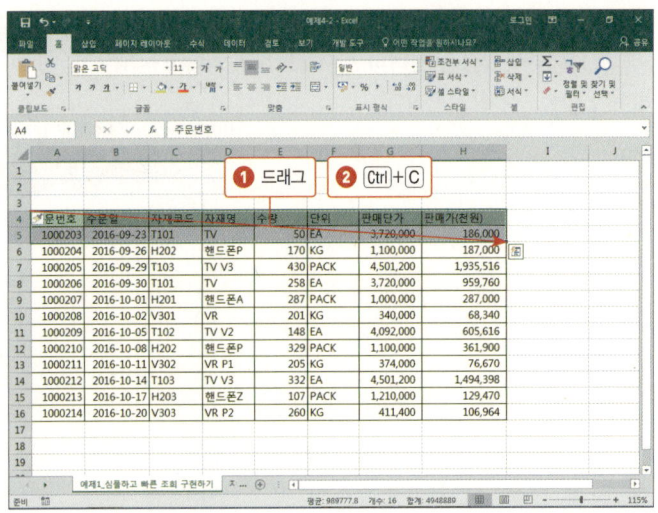

03 [A1]셀을 클릭하고 붙여넣은 다음 [A2:H2] 범위를 드래그하고 Delete 키를 눌러서 값을 지웁니다.

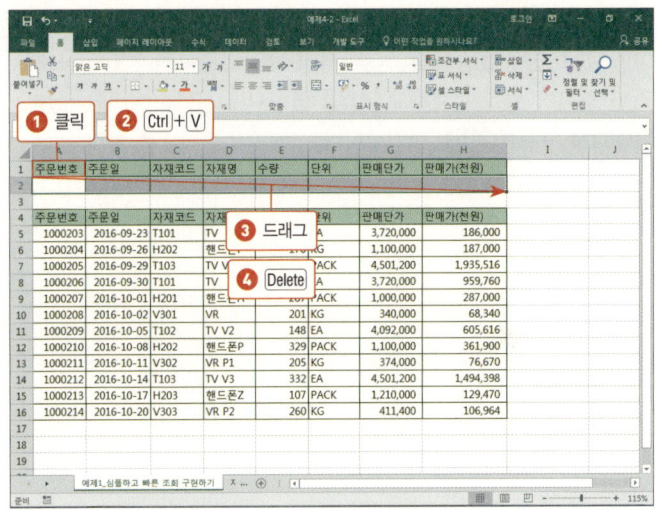

04 검색창 이름을 정의하겠습니다. [A1:H2] 범위를 드래그한 다음 이름 상자에 '검색조건'을 입력하고 Enter 키를 누릅니다.

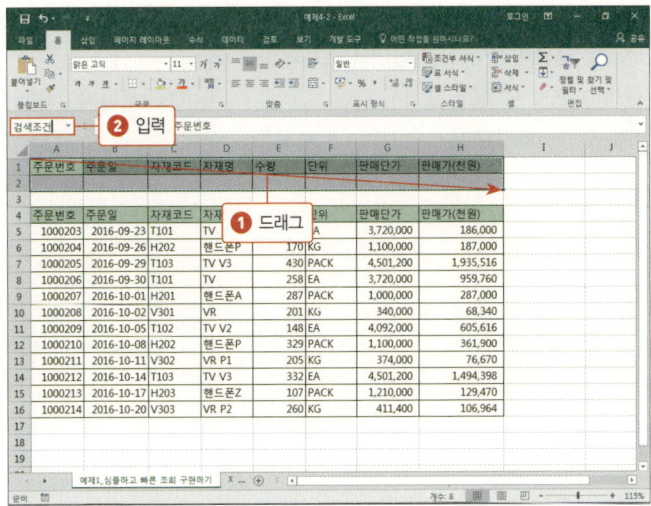

343

05 이름 상자 내림 단추(▼)를 누르고 '검색조건'을 선택하면 [A1:H2] 범위가 블록으로 표시됩니다.

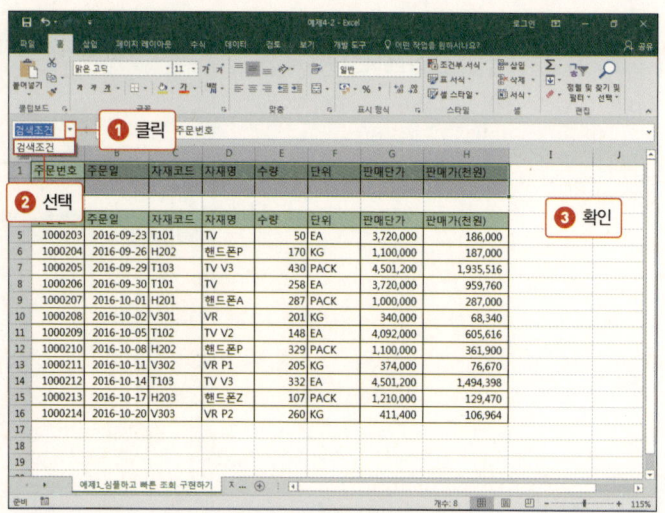

06 시트에 입력된 데이터를 표 형태로 만들겠습니다. 데이터가 입력된 임의의 셀을 선택하고 [삽입] 탭 → [표] 그룹 → [표(▦)]를 클릭합니다.

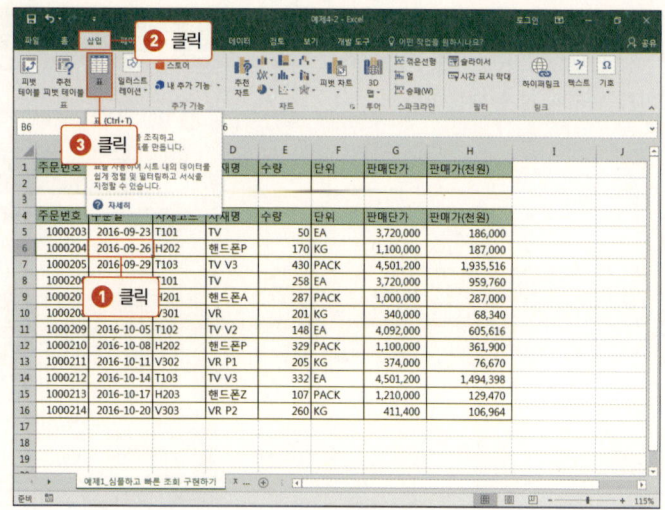

07 '표 만들기' 대화상자가 표시되면 자동으로 지정된 범위를 확인하고 '머리글 포함'에 체크 표시한 다음 〈확인〉 버튼을 클릭합니다.

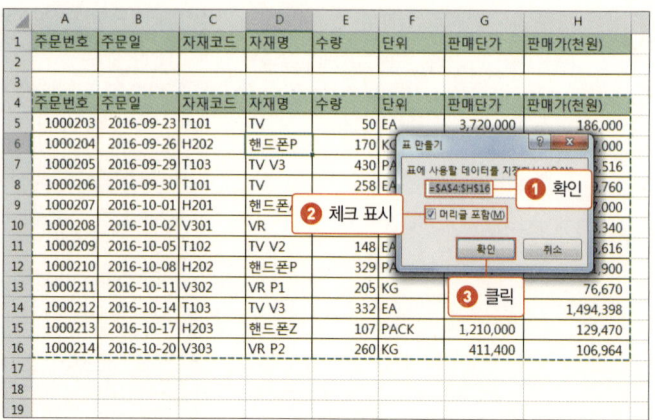

SECTION 02 자동화 입력 & 조회 프로그램 만들기

08 표 이름을 정의하겠습니다.
표 영역을 클릭한 다음 [디자인]
탭 → [속성] 그룹 → [표 이름]에 커서를
두고 '목록리스트'를 입력합니다.

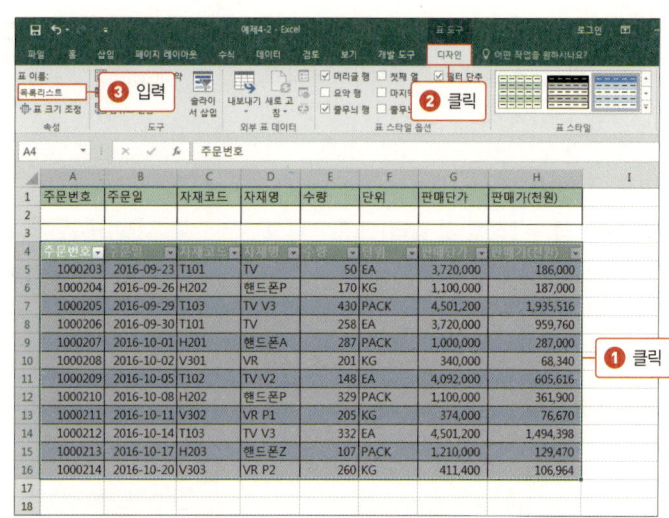

09 이제 고급 필터를 사용하는 과정
을 매크로로 기록하겠습니다.
[개발 도구] 탭 → [코드] 그룹 → [매크로
기록(🔲)]을 클릭합니다.

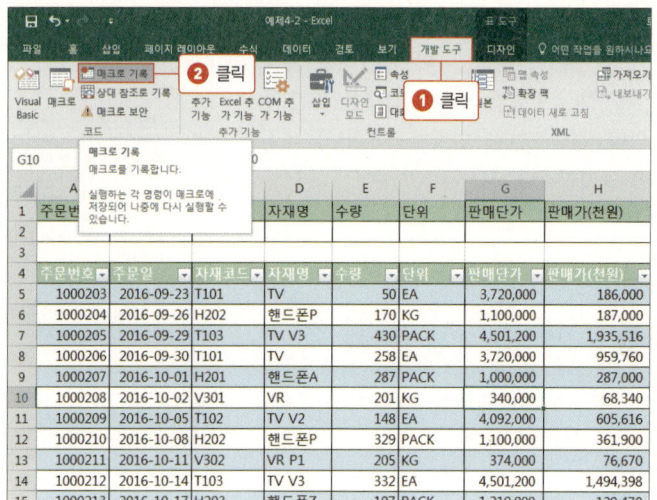

10 '매크로 기록' 대화상자가 표시되면 매크로 이름에 '조회_1', 바로
가기 키에 'E'를 입력합니다. 설명은 생략해도 괜찮지만 예제에
서는 '조회할 때 고급필터 기능'을 입력하고 〈확인〉 버튼을 클릭합니다.

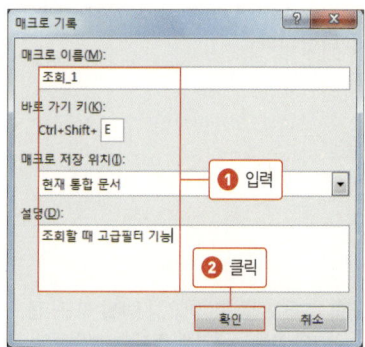

> tip 매크로를 기록하다가 실수하면 '조회_2, 조회_3……' 이런 식으로 이름을 붙여서
> 다시 녹화하면 됩니다.

> tip '바로 가기 키'는 매크로 단축키와 같습니다.

11 대화상자를 닫으면 '매크로 기록'이 '기록 중지'로 바뀐 것을 확인할 수 있습니다. 동영상이 재생되는 상태 즉, 녹화 중인 상태라는 뜻입니다. 녹화를 시작했으니 고급 필터를 사용할 차례입니다. [데이터] 탭 → [정렬 및 필터] 그룹 → [고급(▼)]을 클릭합니다.

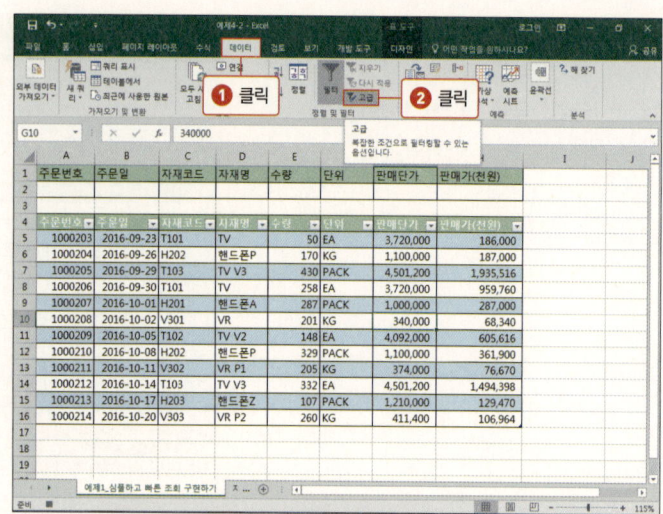

> tip 매크로 기록을 시작하면 필요한 동작이든 불필요한 동작이든 전부 녹화되기 때문에 가능하면 동작을 최소화해야 합니다. 녹화하기 전에 미리 연습을 해 두면 좋습니다.

12 '고급 필터' 대화상자가 표시됩니다. 목록 범위에 커서를 두고 [A4:H16] 범위를 드래그한 다음 조건 범위에 '검색조건'을 입력하고 〈확인〉 버튼을 클릭합니다.

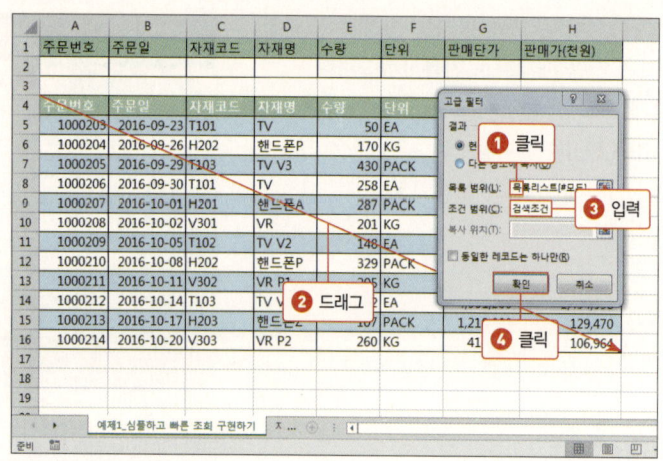

> tip 왜 '검색조건'은 그대로 입력하고 '목록리스트'는 드래그할까요? '목록리스트'만 입력하면 표에서 머리글 행인 4행을 제외하고 범위로 지정되기 때문입니다.

13 동작을 멈추고 [개발 도구] 탭 → [코드] 그룹 → [기록 중지(■)]를 클릭합니다.

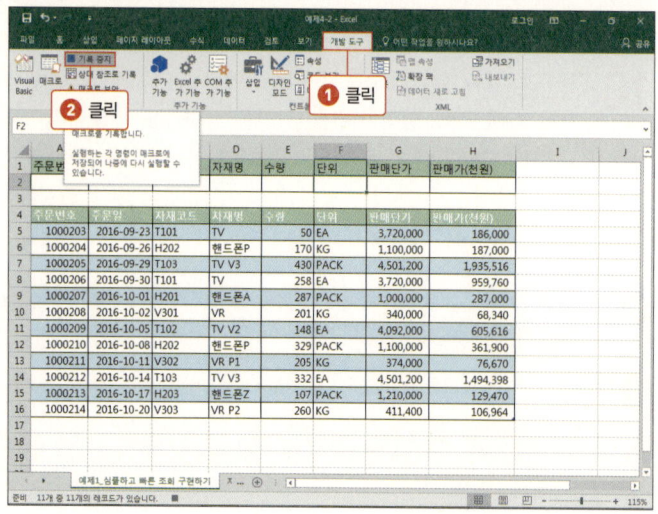

> tip 녹화가 끝나면 반드시 [개발 도구] 탭 → [코드] 그룹 → [기록 중지]를 클릭해야 합니다. 많은 사람들이 매크로를 열심히 녹화한 다음 [기록 중지]를 클릭하는 것을 잊어버리니 주의하길 바랍니다.

SECTION 02 자동화 입력 & 조회 프로그램 만들기

14 '검색조건' 영역에 조건이 없기 때문에 아무런 변화가 없습니다. 매크로를 실행하기 위한 단추를 만들겠습니다. **[개발 도구] 탭 → [컨트롤] 그룹 → [삽입]**을 클릭하고 '양식 컨트롤'에서 **[단추(양식 컨트롤)(□)]**를 클릭한 다음 Alt 키를 누른 상태에서 [I1:I2] 범위에 드래그합니다.

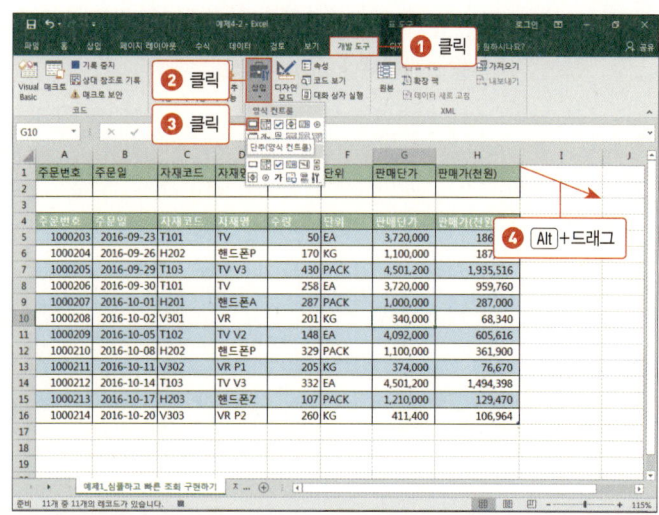

15 '매크로 지정' 대화상자가 표시되면 방금 녹화한 '조회_1'이 목록에 있는 것을 확인하고 〈취소〉 버튼을 클릭합니다.

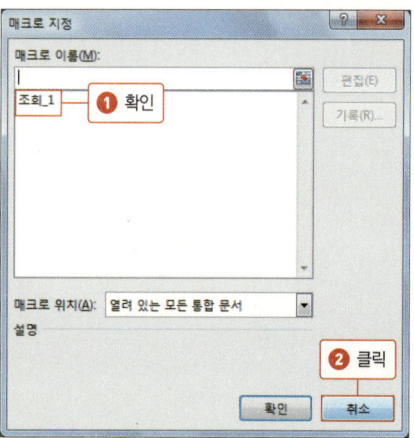

16 단추가 삽입됩니다. 단추를 마우스 오른쪽 버튼으로 클릭하고 **매크로 지정**을 실행합니다.

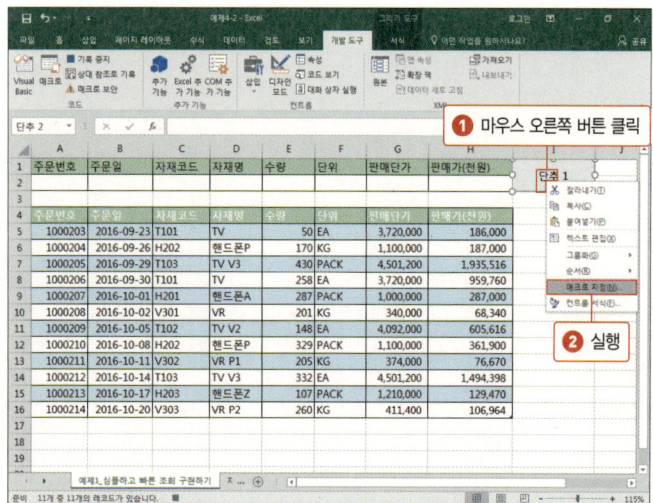

tip 매크로 자체만으로는 의미가 없기 때문에 반드시 단추 또는 버튼에 연결해야 합니다.

17 '매크로 지정' 대화상자가 표시되면 '조회_1'을 선택하고 〈확인〉 버튼을 클릭합니다.

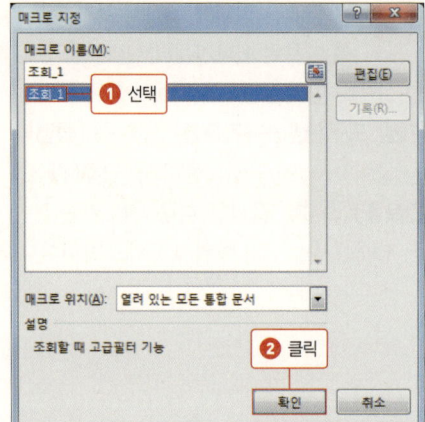

tip 매크로를 사용하는 것에 익숙해지면 단추를 만듦과 동시에 '매크로 지정' 대화상자의 〈기록〉 버튼을 클릭해서 바로 녹화를 시작해도 됩니다. 예제에서는 실수할 것을 대비해서 매크로를 녹화한 다음에 단추와 연결한 것입니다.

18 실행 단추와 매크로가 잘 연결되었는지 확인하기 위해 '검색조건' 영역인 [F2]셀에 'EA'를 입력한 다음 '단추 1'을 클릭합니다.

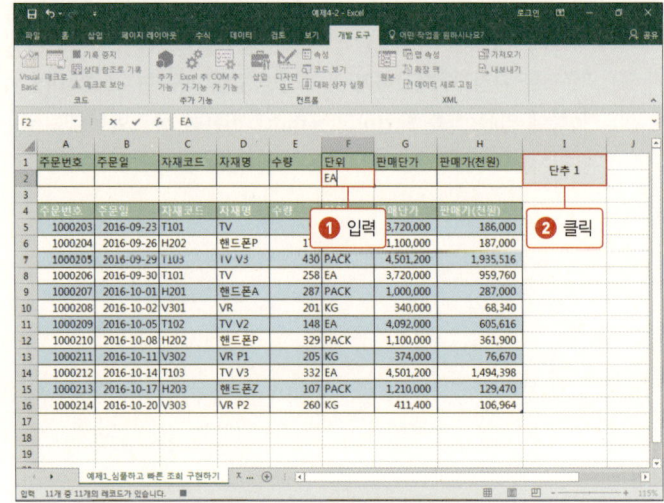

19 '목록리스트' 영역에서 단위가 'EA'인 항목만 표시됩니다.

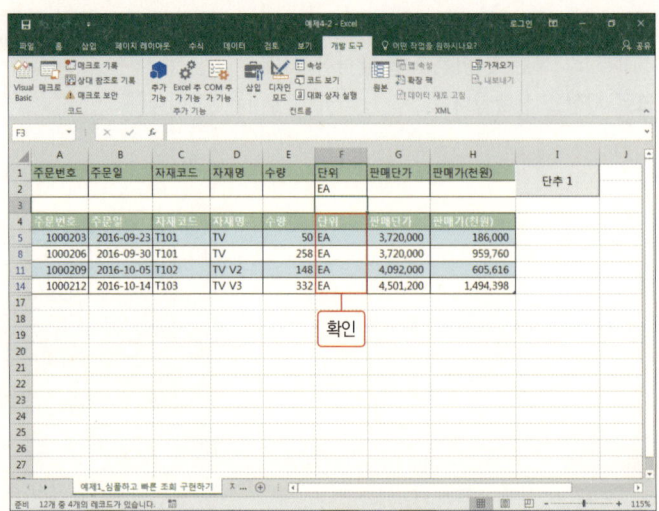

20 검색 조건을 추가해 볼까요? 이번에는 단위가 'EA'이면서 자재코드가 'T101'이고 수량이 '100 이상'인 데이터를 조회해 보겠습니다.

[C2]셀에 'T101', [E2]셀에 '>=100'을 입력합니다. 매크로를 실행하기 전에 단추 이름을 바꾸겠습니다. '단추 1'을 마우스 오른쪽 버튼으로 클릭한 다음 **텍스트 편집**을 실행하고 '조회'를 입력합니다.

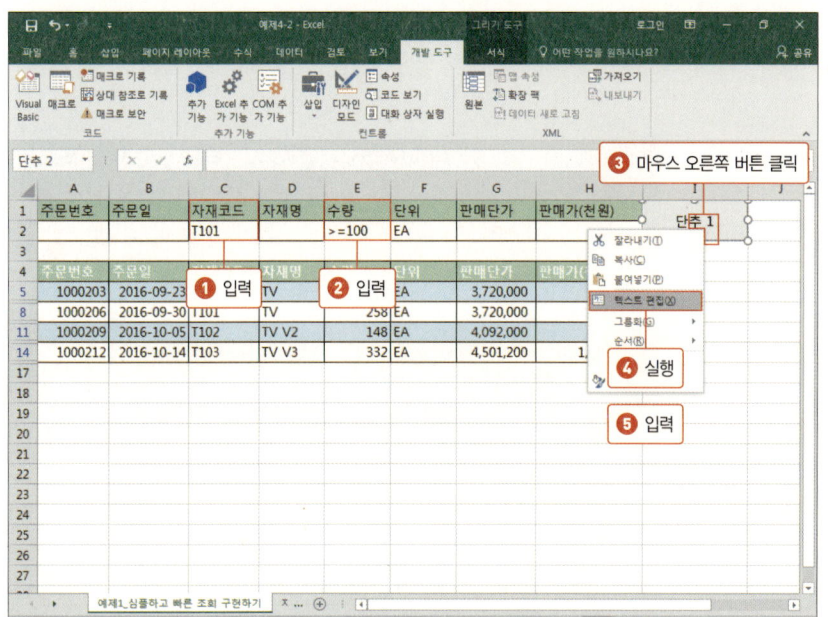

21 '조회'를 누르면 단 하나의 데이터가 표시됩니다.

모든 검색 조건을 지우겠습니다. [C2:F2] 범위를 드래그하고 Delete 키를 눌러 지운 다음 '조회' 단추를 클릭합니다. 이렇게 매크로로 고급 필터 과정을 녹화하면 원하는 데이터만 빠르게 조회할 수 있습니다. 매크로는 처음 접하면 어려울 수 있기 때문에 차분하게 여러 번 연습해 보는 것이 좋습니다.

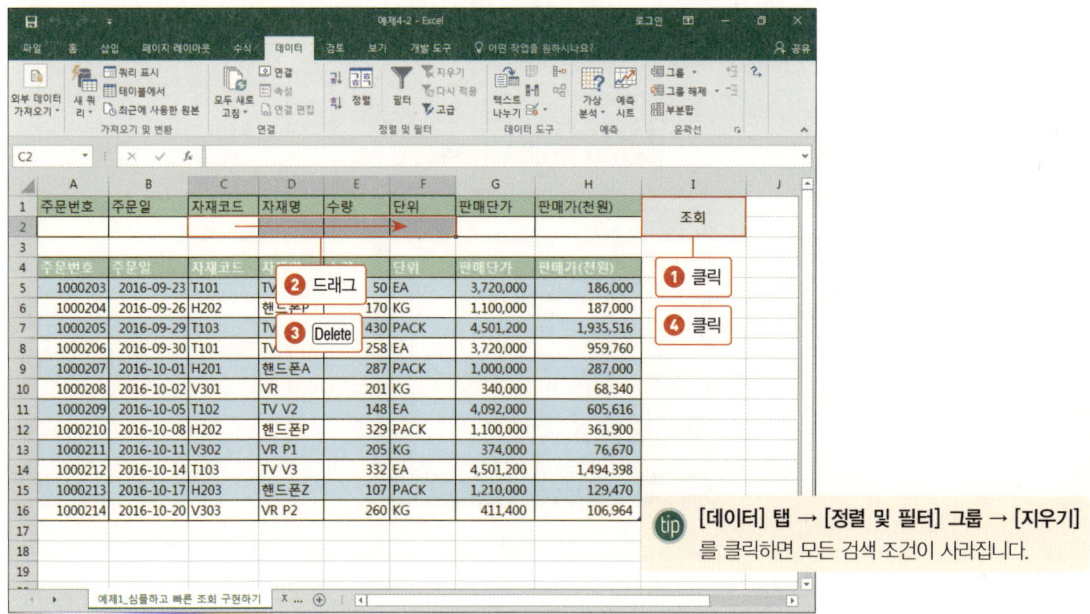

tip [데이터] 탭 → [정렬 및 필터] 그룹 → [지우기]를 클릭하면 모든 검색 조건이 사라집니다.

2 자동으로 자재명과 단위, 판매단가가 표시되는 프로그램 만들기

웬만한 자동화 프로그램은 모두 함수로 만들 수 있습니다. 함수가 동작하는 과정을 매크로로 녹화한 것이 자동화 프로그램이기 때문이죠. 이번에는 자재코드를 선택하면 자재코드에 해당하는 자재명, 단위, 판매단가가 자동으로 표시되는 프로그램을 만들어 보겠습니다.

{예제 파일} 06\예제4-3.xlsm   {시트} 예제1_자동화 입력 프로그래밍 시작하기 1-1

01 [C2]셀에 자재코드 목록을 표시하겠습니다.
[C2]셀을 선택하고 [데이터] 탭 → [데이터 도구] 그룹 → [데이터 유효성 검사(📋)]를 클릭합니다.

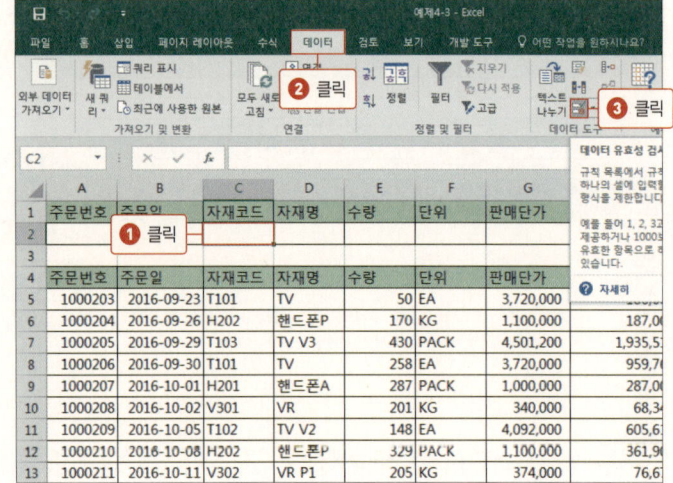

02 '데이터 유효성' 대화상자가 표시되면 [설정] 화면의 제한 대상을 '목록'으로 지정합니다. 원본에 커서를 둔 다음 '자재코드' 시트에서 [A3:A11] 범위를 드래그하고 〈확인〉 버튼을 클릭합니다.

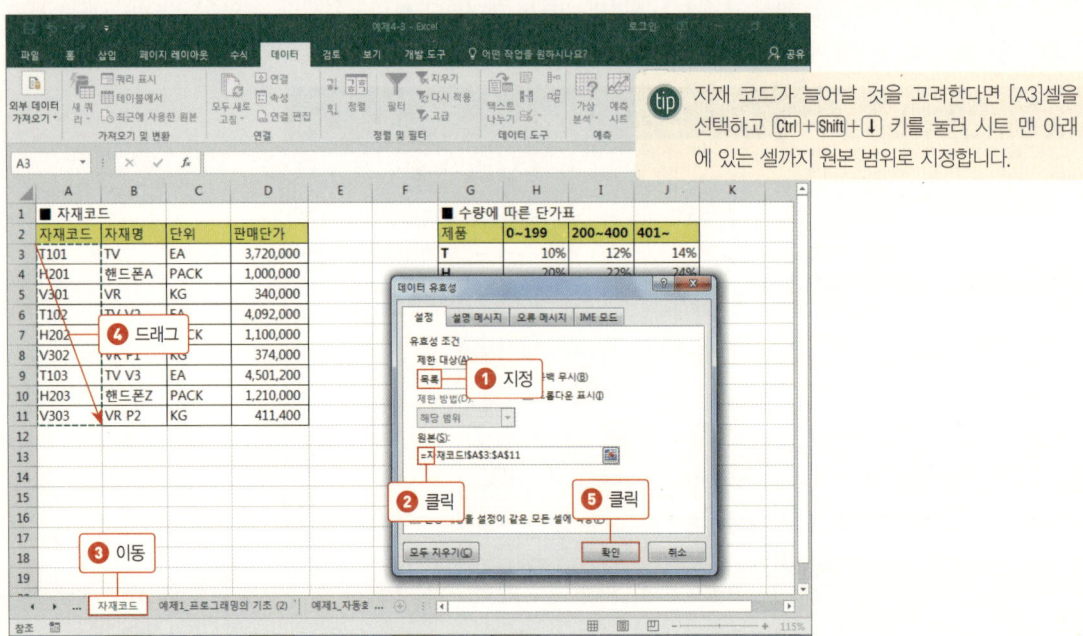

tip 자재 코드가 늘어날 것을 고려한다면 [A3]셀을 선택하고 Ctrl + Shift + ↓ 키를 눌러 시트 맨 아래에 있는 셀까지 원본 범위로 지정합니다.

03 '예제1_자동화 입력 프로그래밍 시작하기 1-1' 시트로 이동하면 [C2]셀에 입력 가능한 자재코드가 목록으로 표시됩니다. 이제 자재코드를 제한했으니 '자재명', '단위', '판매단가'를 자재코드표에서 가져올 수 있겠죠?

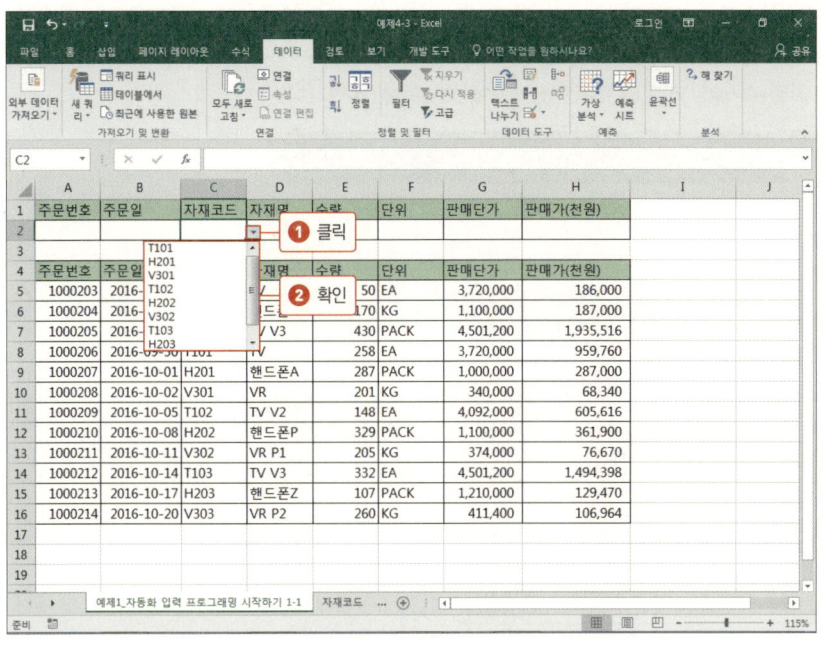

04 자재코드표 이름을 정의하겠습니다. '자재코드' 시트를 열고 [A2:D11] 범위를 드래그한 다음 이름 상자에 '자재코드표'를 입력합니다. 여기에서 '자재코드' 필드가 왼쪽에서 첫 번째에 있고 차례로 '자재명', '단위', '판매단가' 필드가 있는 것을 확인합니다.

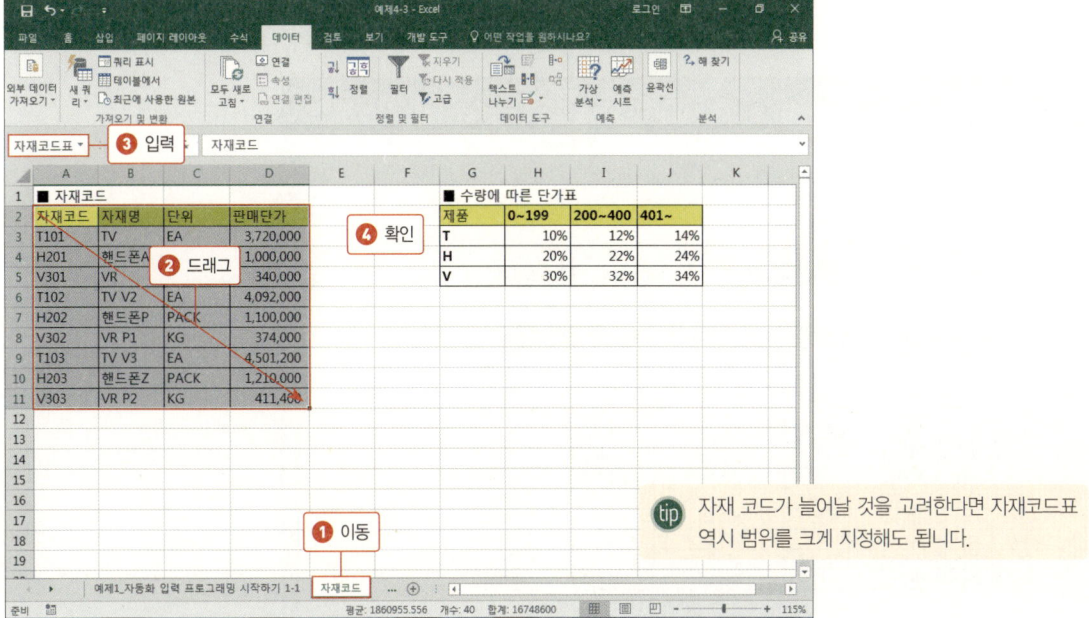

tip 자재 코드가 늘어날 것을 고려한다면 자재코드표 역시 범위를 크게 지정해도 됩니다.

05 VLOOKUP 함수를 이용해 [C2]셀에서 선택한 자재코드에 해당하는 자재명을 가져오겠습니다.

'예제1_자동화 입력 프로그래밍 시작하기 1-1' 시트로 이동한 다음 [D2]셀에 '=VLOOKUP('을 입력합니다. 검색할 값은 자재코드인 [C2]셀입니다. 이 코드에 해당하는 자재명을 자재코드표에서 찾아야겠죠? '자재명' 필드는 자재코드표에서 두 번째 열에 있으므로 열 번호는 '2'입니다. 자재명은 한글이니 정확한 값을 찾기 위해 '0'을 입력하고 Enter 키를 누릅니다. 최종 수식은 '=VLOOKUP(C2,자재코드표,2,0)'입니다.

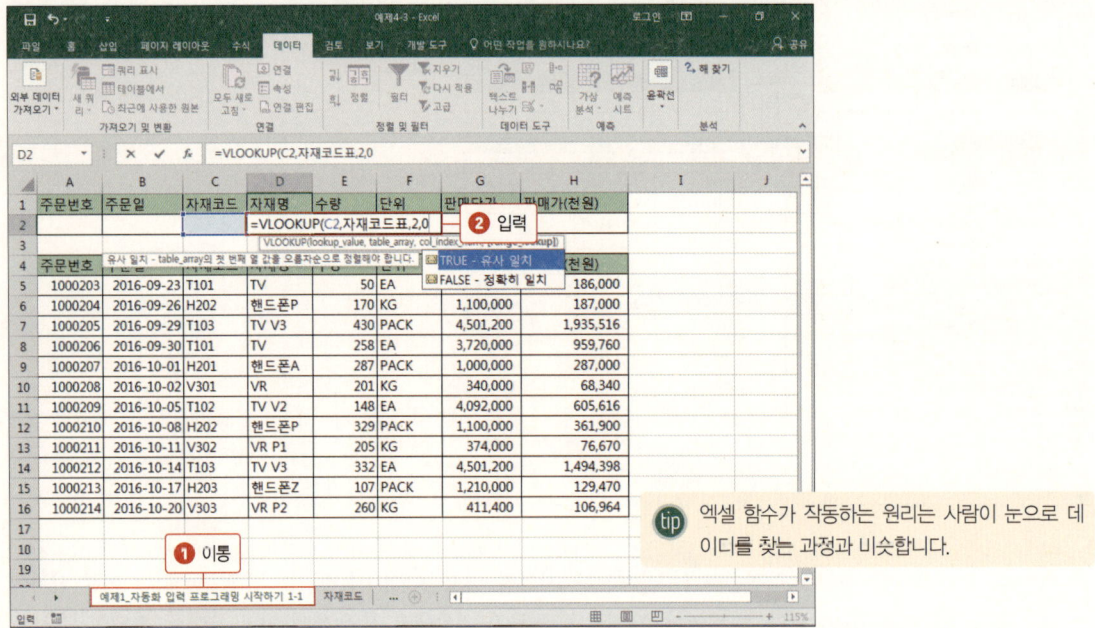

06 [D2]셀에 'N/A#'이 표시됩니다. 검색할 값인 [C2]셀에 아무것도 없기 때문에 오류가 발생한 것이죠. [C2]셀 목록 아이콘(▼)을 클릭하고 'T101'을 선택하면 [D2]셀에 자재명이 표시됩니다.

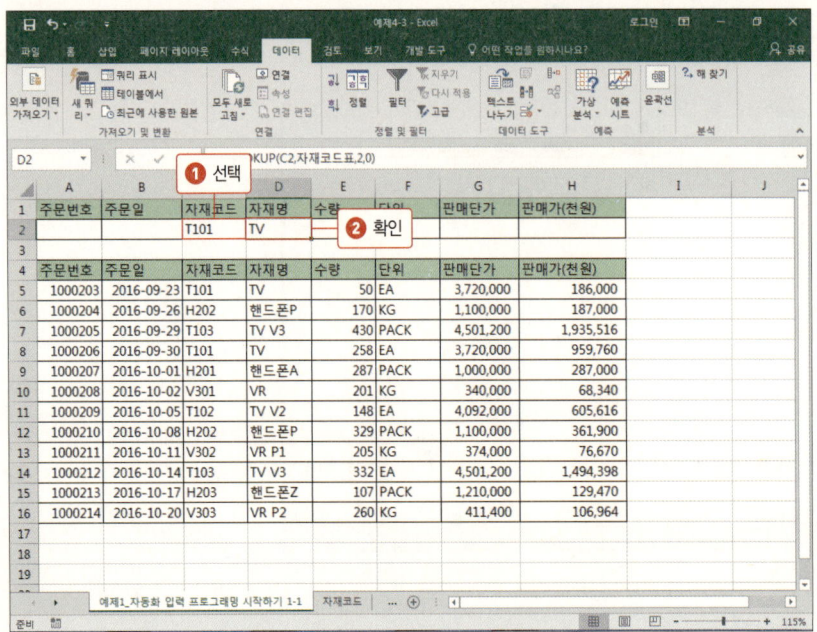

SECTION 02 자동화 입력 & 조회 프로그램 만들기

07 이전 과정에서 'N/A#'라는 값이 나왔었죠? 보기 좋지 않으니 오류가 발생하면 공백이 나오도록 해 보겠습니다.
[D2]셀에 입력된 수식을 'IFERROR'로 감싸고 쉼표(,)로 구분한 다음 공백을 큰따옴표로 감싸서 입력합니다.
'=IFERROR(VLOOKUP(C2,자재코드표,2,0)," ")'이렇게요.

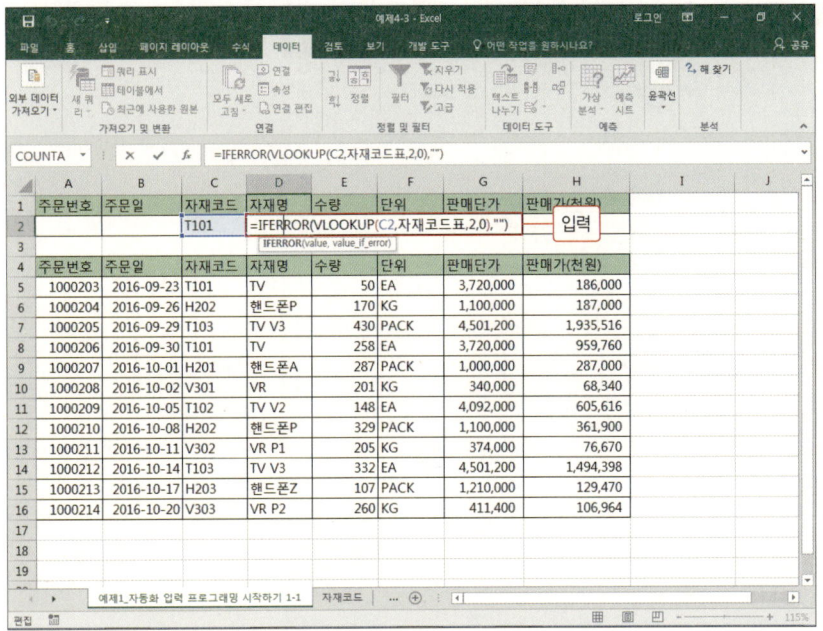

08 Enter 키를 누르면 [C2]셀에서 자재코드를 선택하지 않아도 깔끔하게 공백이 표시됩니다.

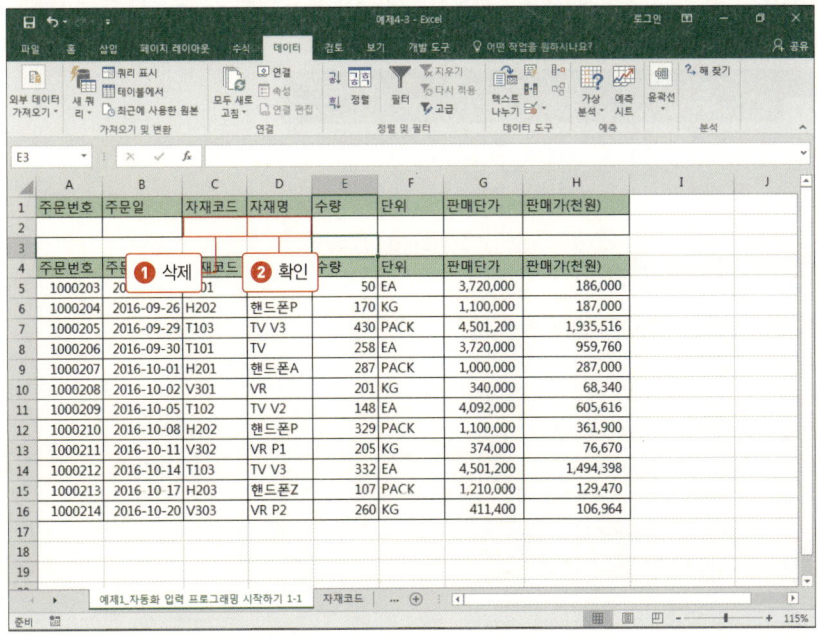

353

09 같은 방법으로 자재코드를 선택하면 해당하는 자재명과 단위, 판매단가가 자동으로 표시되도록 만들겠습니다.
[F2]셀에 '=IFERROR(VLOOKUP(C2,자재코드표,3,0),"")', [G2]셀에 '=IFERROR(VLOOKUP(C2,자재코드표,4,0),"")'을 각각 입력하고 Enter 키를 누릅니다.

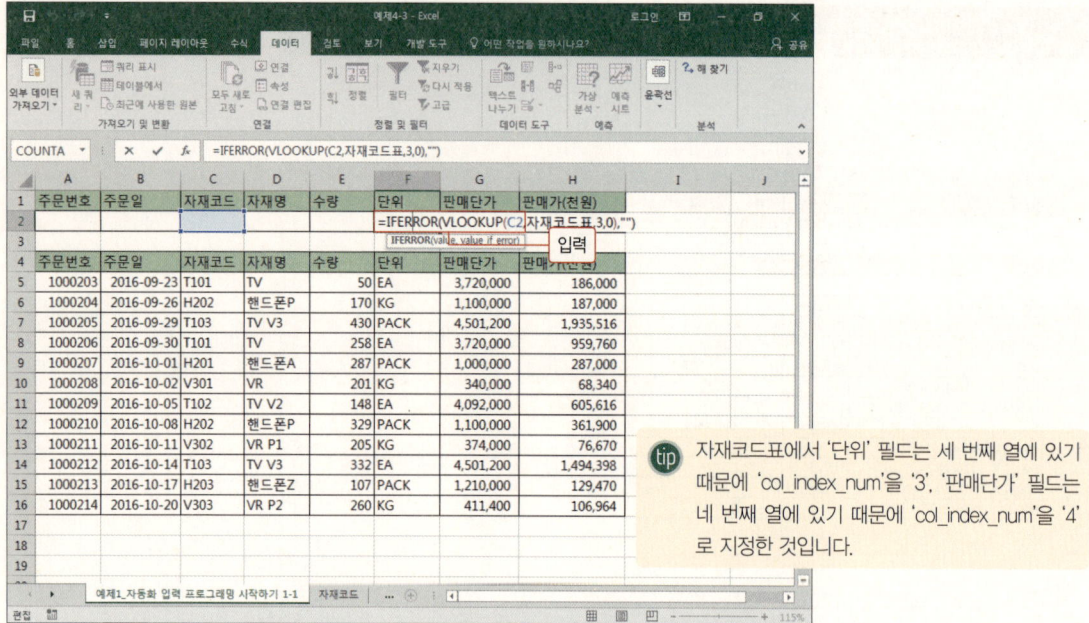

tip 자재코드표에서 '단위' 필드는 세 번째 열에 있기 때문에 'col_index_num'을 '3', '판매단가' 필드는 네 번째 열에 있기 때문에 'col_index_num'을 '4'로 지정한 것입니다.

10 [C2]셀 목록 아이콘(▼)을 클릭하고 'H201'을 선택하면 자재명인 '핸드폰A'와 단위 'PACK', 판매단가 '1,000,000'이 표시됩니다. 자재코드만 유효성 검사 목록으로 지정했을 뿐인데 그럴싸한 자동화 프로그램처럼 보이죠?

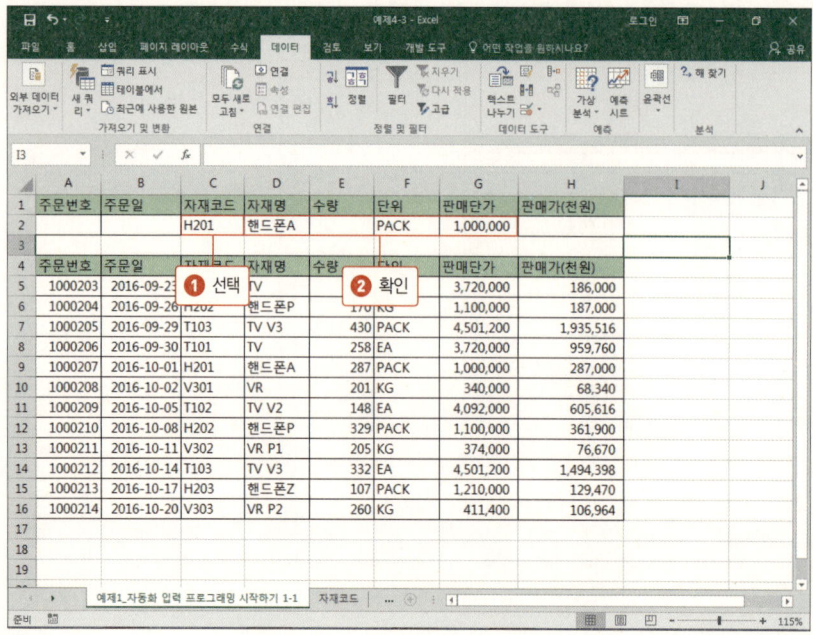

354 Part 6 매크로와 함수를 응용하여 자동화하기

SECTION 02 자동화 입력 & 조회 프로그램 만들기

3 자동으로 주문번호와 주문일, 수량, 판매가가 표시되는 프로그램 만들기
– MAX, SUMIFS 함수

표에서 주문번호 필드를 보면 바로 다음에 입력되어야 할 주문번호는 '1000215'입니다. 주문번호 중 가장 큰 '1000214'에 '1'을 더한 값이죠. 즉, 주문번호 필드의 최대값에 '1'을 더하면 다음에 입력될 주문번호라는 것을 알 수 있습니다. 이 사실을 이용해서 검색창에 '주문번호'가 자동으로 입력되도록 해 보겠습니다.

{예제 파일} 06\예제4-3.xlsm　　{시트} 예제1_자동화 입력 프로그래밍 시작하기 1-1

01 '주문번호' 필드에서 바로 다음에 올 주문번호는 '1000215'입니다. 주문번호 중 가장 최신인 '1000214'에 '1'을 더한 값이죠. 즉, '주문번호' 필드 최대값에 '1'을 더하면 다음에 올 주문번호라는 것을 알 수 있습니다. 이 사실을 이용해 검색창에서 자재코드를 선택하면 주문번호가 자동으로 표시되도록 만들겠습니다. [A2]셀에 '=MAX('를 입력합니다.

02 [A5]셀부터 A열 마지막까지 최대값을 찾을 범위로 지정하기 위해 [A5]셀을 클릭하고 Ctrl+Shift+↓+↓ 키를 누른 다음 F4 키를 눌러 행과 열을 고정합니다. '주문번호' 필드 최대값에 '1'을 더해야 다음에 올 주문번호이므로 ')+1'을 입력하고 Enter 키를 누릅니다. 최종 수식은 '=MAX($A$5:$A$1048576)+1'입니다.

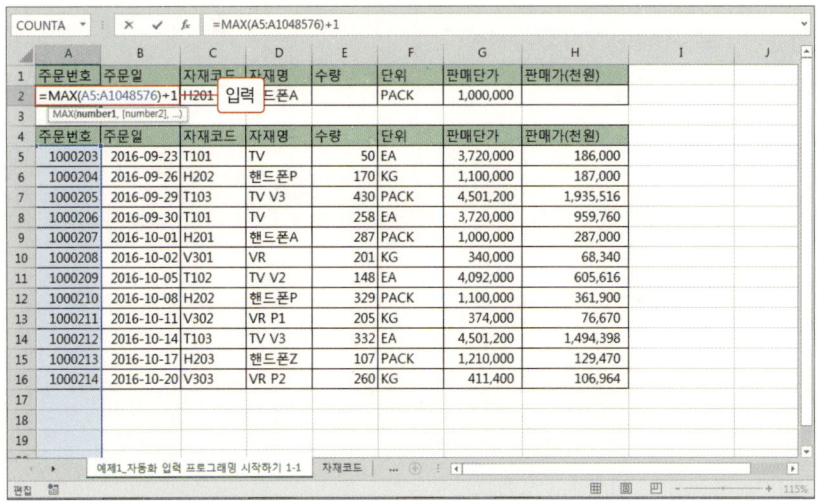

355

03 [A2]셀에 '1000215'이 표시됩니다. 이제 자재코드를 선택하면 주문일이 자동으로 표시되도록 만들겠습니다. 주문일은 현재 날짜보다 이전 날짜이면 안 됩니다. 과거 날짜로 주문할 수는 없기 때문이죠.
[B2]셀을 선택하고 **[데이터] 탭 → [데이터 도구] 그룹 → [데이터 유효성 검사(   )]**를 클릭합니다.

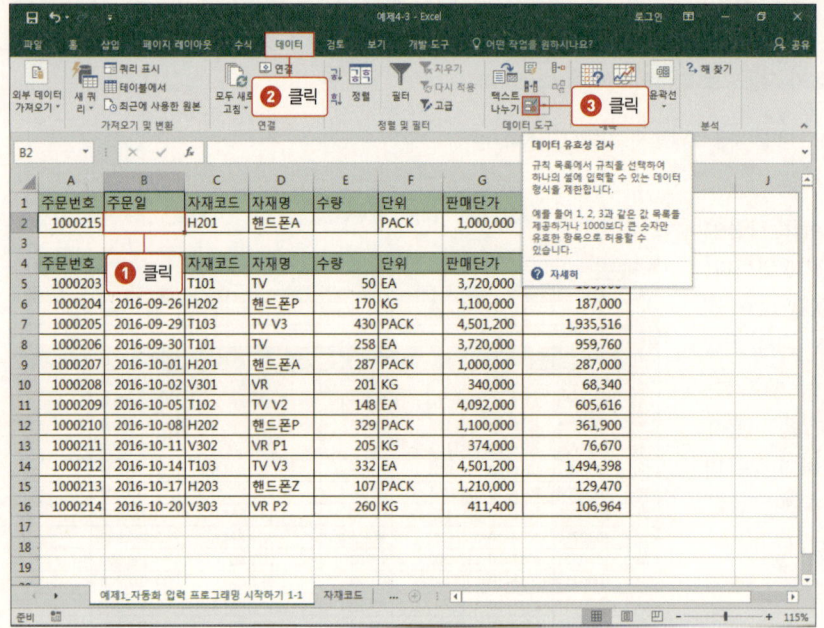

04 '데이터 유효성' 대화상자가 표시되면 제한 대상을 '날짜'로 지정합니다.

부등호를 이용해서 수식을 입력할 때 왼쪽에 출력 값이 있다고 생각하면 쉽다고 했죠? '오늘 날짜보다 크거나 같은 값'으로 제한해야 하기 때문에 제한 방법을 '>='로 지정하고 시작 날짜에 '=TODAY( )'를 입력한 다음 〈확인〉 버튼을 클릭합니다.

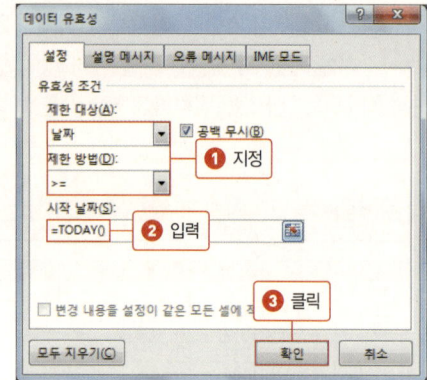

05 [B2]셀에 과거 날짜인 '2016-09-21'을 입력하면 오류 메시지가 표시됩니다. 〈취소〉 버튼을 클릭합니다.

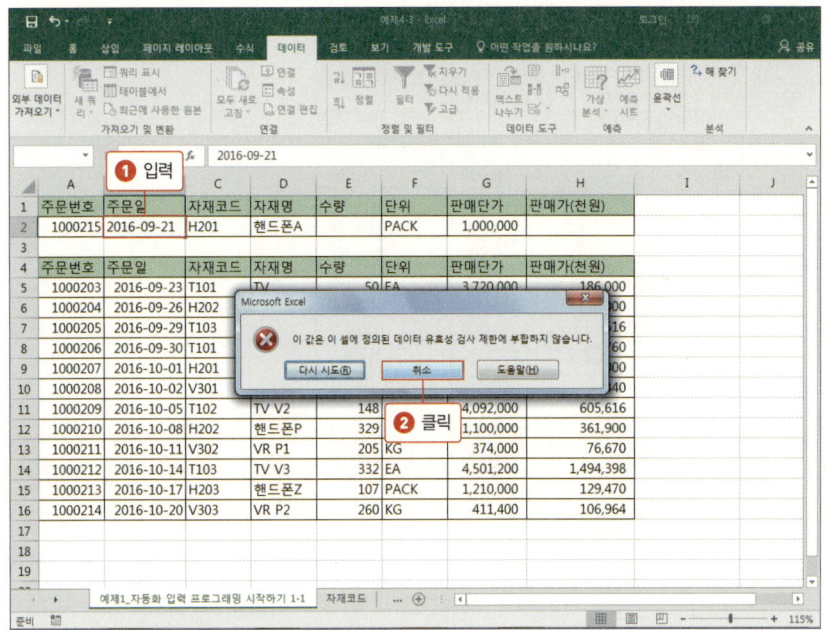

06 [B2]셀에 오늘 이후 날짜를 입력하면 정상적으로 입력되는 것을 확인할 수 있습니다. 오늘 날짜보다 이후인 날짜이기 때문이죠. 스핀 단추를 삽입한 다음 수량이 표시될 [E2]셀과 연결하고 '5'부터 '100'까지 '5' 단위로 입력할 수 있도록 설정하겠습니다.

[개발 도구] 탭 → [컨트롤] 그룹 → [삽입]을 클릭하고 '양식 컨트롤'에서 [스핀 단추(양식 컨트롤)(⬆)]를 클릭합니다.

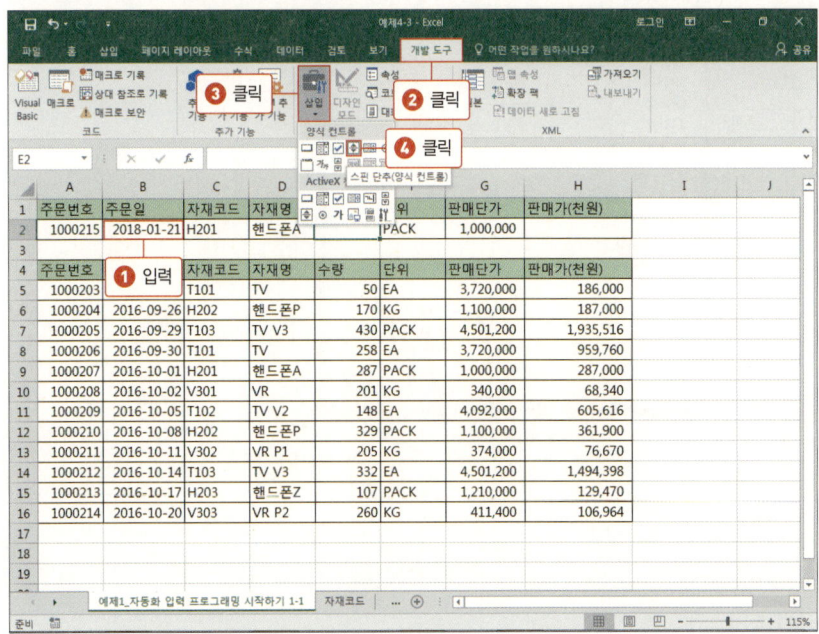

07 [Alt] 키를 누른 상태에서 [E3]셀에 드래그합니다. 스핀 단추가 삽입되면 마우스 오른쪽 버튼으로 클릭하고 **컨트롤 서식**을 실행합니다.

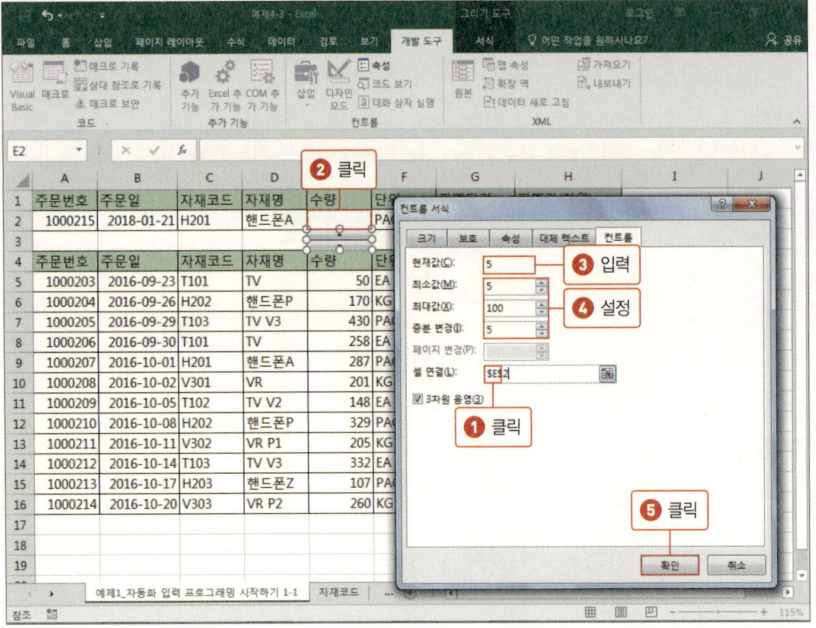

08 '컨트롤 서식' 대화상자가 표시되면 [컨트롤] 탭 화면의 셀 연결에 커서를 두고 [E2]셀을 선택합니다. 현재값에 '5'를 입력한 다음 최소값을 '5', 최대값을 '100', 증분 변경을 '5'로 설정하고 〈확인〉 버튼을 클릭합니다.

09 [E2]셀에 '5'가 표시됩니다. 스핀 단추를 위아래로 누르면 '5'부터 '100'까지 조정할 수 있습니다.

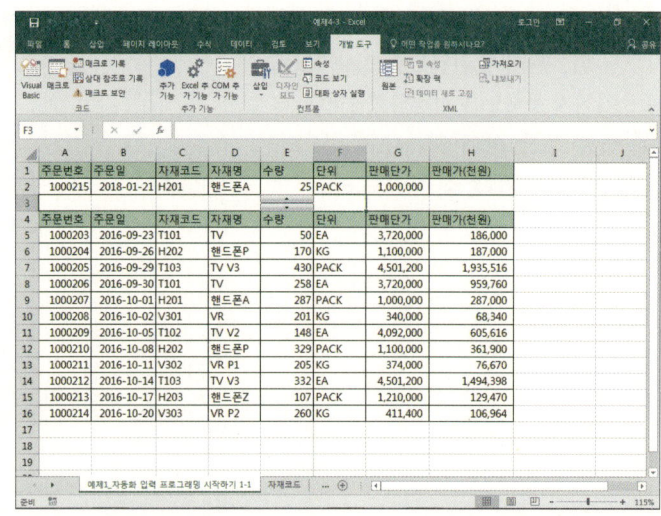

10 이제 검색창에서 비어 있는 셀은 '판매가(천원)' 필드뿐입니다. 판매가는 판매단가에 수량을 곱한 값이죠. 그런데 단위가 천 원이라 '1000'으로 나누어야 합니다.
[H2]셀에 '=판매단가*수량/1000'을 수식으로 입력을 마치고 Enter 키를 누릅니다. '=E2*G2/1000' 이렇게요.

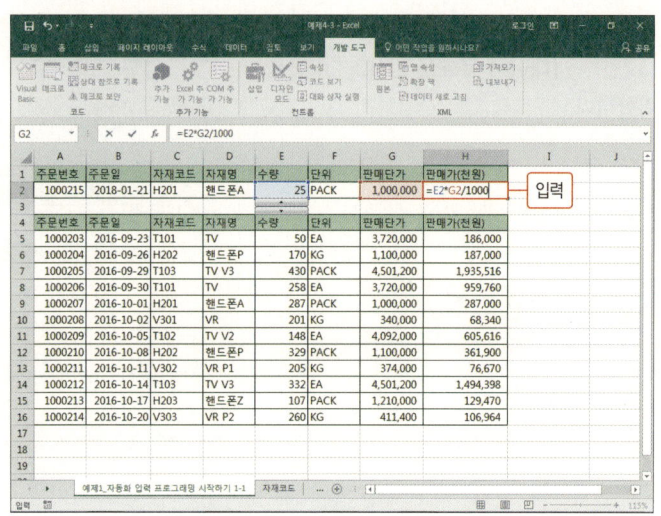

11 검색란을 모두 채운 다음 [C2]셀 목록 아이콘(▼)을 클릭하고 'V301'을 선택합니다. 선택한 자재코드에 따라 '자재명', '단위', '판매단가', '판매가(천원)' 필드 값이 표시됩니다.

12 '주문번호', '자재명', '수량', '단위', '판매가(천원)' 필드는 키보드로 조작하지 못하도록 설정하겠습니다. Ctrl 키를 누른 상태에서 [A2], [D2], [E2], [F2], [H2]셀을 선택합니다.

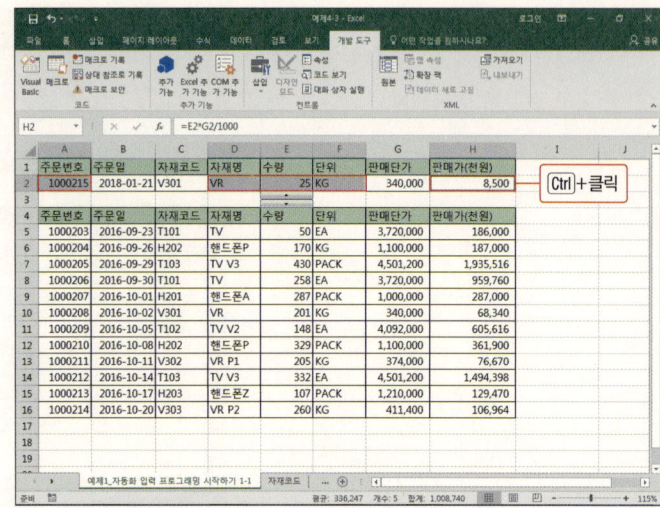

13 [데이터] 탭 → [데이터 도구] 그룹 → [데이터 유효성 검사(📋)]를 클릭합니다.

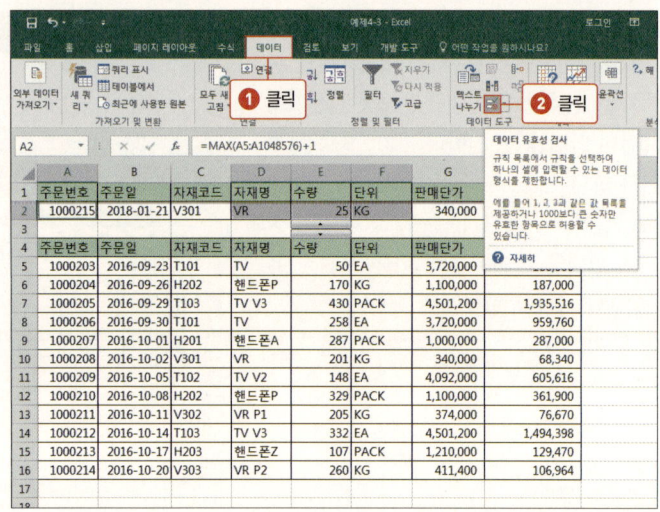

14 '데이터 유효성' 대화상자가 표시되면 [설정] 탭 화면의 제한 대상을 '텍스트 길이'로 지정합니다. 입력을 못하게 제한하려면 텍스트 길이가 '0'일 때만 값이 유효하도록 조건을 지정하면 됩니다. 제한 방법을 '='로 지정하고 길이에 '0'을 입력한 다음 〈확인〉 버튼을 클릭합니다.

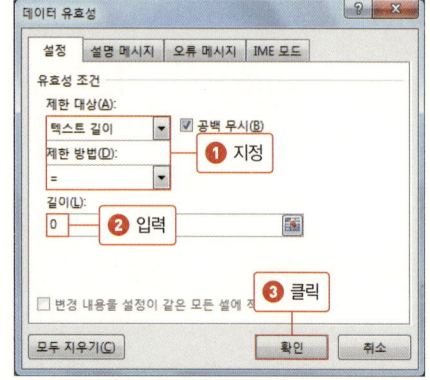

360 Part 6 매크로와 함수를 응용하여 자동화하기

SECTION 02 자동화 입력 & 조회 프로그램 만들기

15 [E2]셀에 키보드로 데이터를 입력하려 시도하면 오류 메시지 창이 표시되면서 스핀 단추로 데이터를 입력하도록 유도하는 것을 확인할 수 있습니다. 〈취소〉 버튼을 클릭합니다.

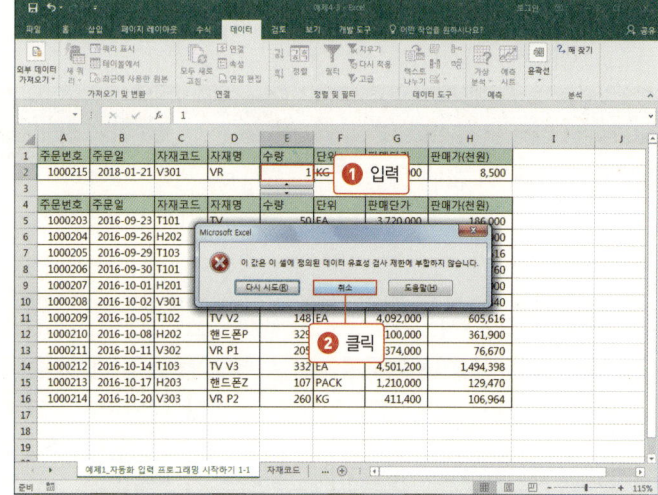

tip 유효성 검사 조건을 지정하면 사용자가 정확한 데이터를 입력하도록 입력을 제한할 수 있습니다.

4 자동으로 주문내역을 추가하는 프로그램 만들기 1 – 첫 번째 행에 추가

이전 과정에서 원하는 조건에 해당하는 데이터를 조회하는 프로그램을 만들었습니다. 여기서는 입력한 데이터를 자동으로 추가하는 프로그램을 만들겠습니다. '조회'와 '추가' 이 두 가지 동작을 자동화할 줄 알게 되면 어떠한 프로그램을 만들 수 있는 충분한 자질이 있다는 것과 같습니다. 추가 동작은 두 가지로 진행할 것이며 먼저 주문내역 표에서 첫 번째 행에 추가하는 프로그램을 만들어 보겠습니다.

{예제 파일} 06\예제4-3.xlsm   {시트} 예제1_자동화 입력 프로그래밍 시작하기 1-2

01 추가 동작을 매크로로 녹화하기 전에 단추를 만들고 시작하겠습니다.
[개발 도구] 탭 → [컨트롤] 그룹 → [삽입]을 클릭하고 '양식 컨트롤'에서 [단추(양식 컨트롤)(▢)]를 클릭합니다.

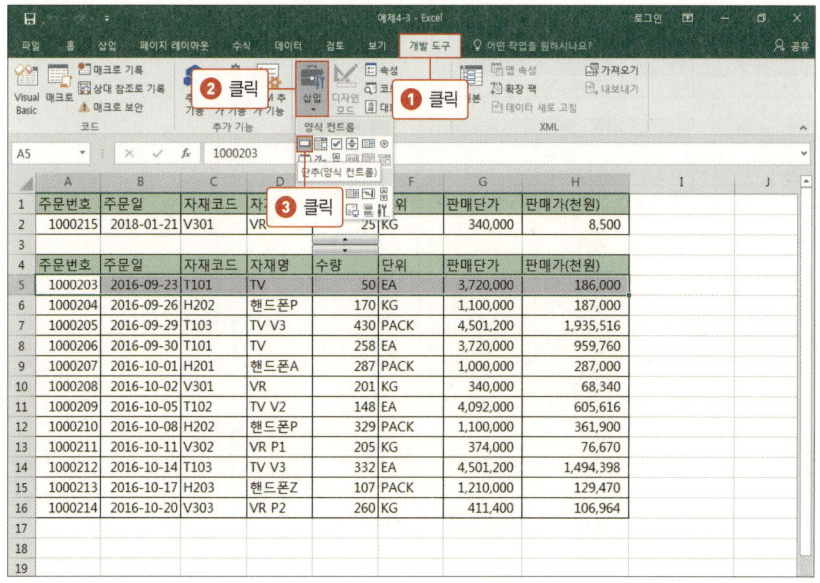

361

02 Alt 키를 누른 상태에서 [I1]셀에 드래그합니다. '매크로 지정' 대화상자가 표시되면 〈취소〉 버튼을 클릭합니다.

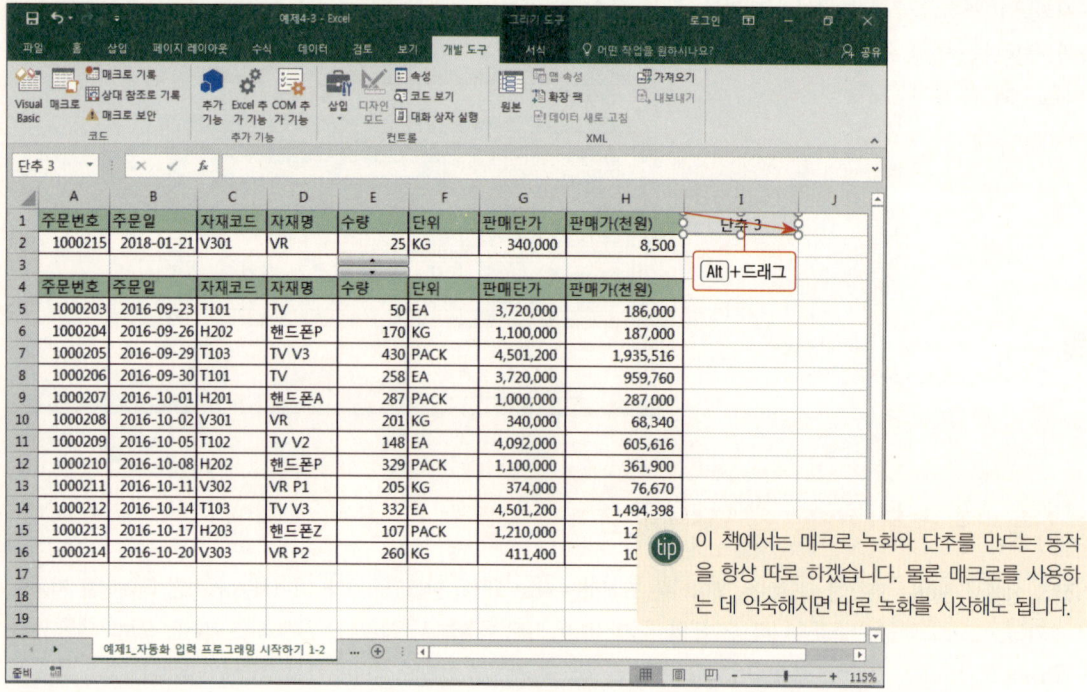

03 단추 이름을 바꾸겠습니다. 단추를 마우스 오른쪽 버튼으로 클릭하고 **텍스트 편집**을 실행합니다.

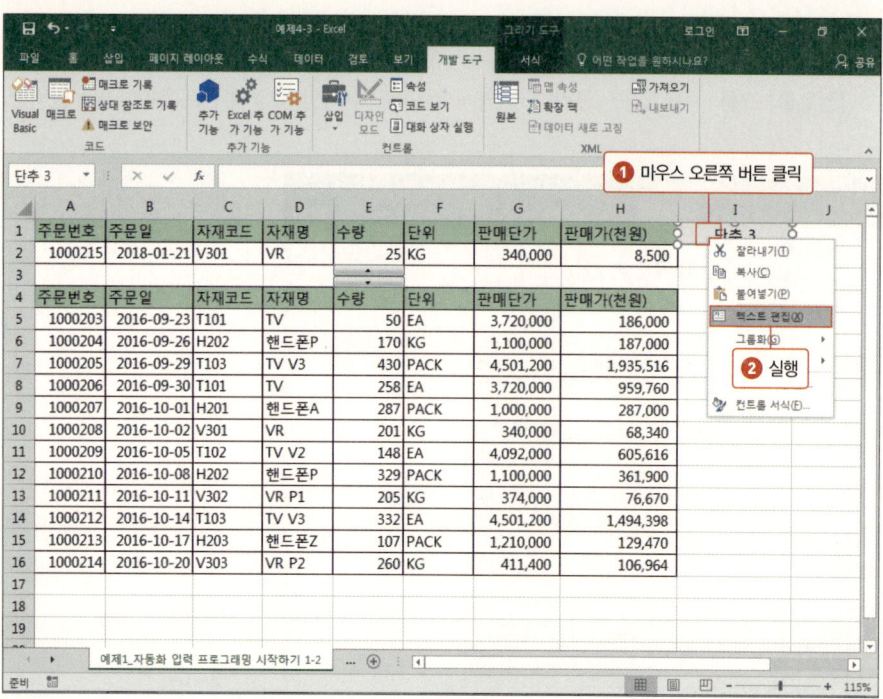

04 '추가(맨위)'를 입력합니다. 이제 매크로로 녹화할 차례입니다. 검색창에 입력된 데이터를 다섯 번째 행에 옮기려면 어떻게 해야 할까요? 특정 데이터를 옮길 때 복사&붙여넣기는 가장 기본적인 방법이죠. 그런데 복사할 때 수식까지 복사하면 안 되고 깔끔하게 값만 복사해야 합니다. 어떤 동작을 녹화해야 할지 감이 잡히나요? 한번 해 보도록 하겠습니다.

[개발 도구] 탭 → [코드] 그룹 → [매크로 기록(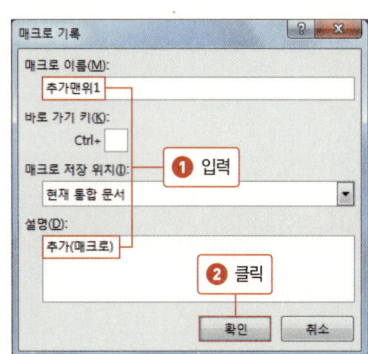)]을 클릭합니다.

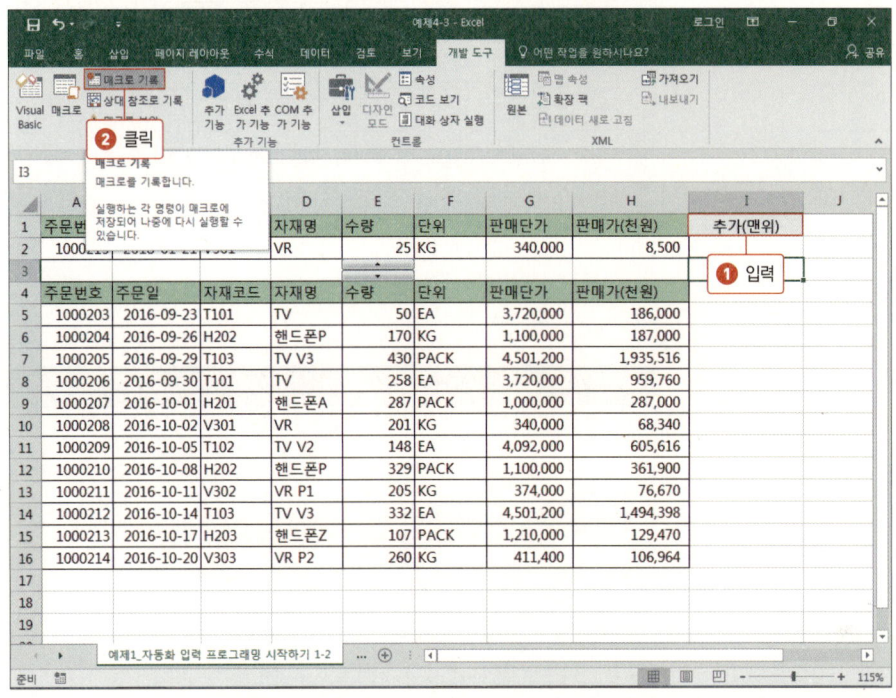

05 '매크로 기록' 대화상자가 표시되면 매크로 이름에 '추가맨위1', 설명에 '추가(매크로)'를 입력하고 〈확인〉 버튼을 클릭합니다.

06 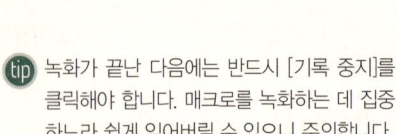[매크로 기록]이 [기록 중지]로 바뀝니다. 녹화가 시작되었기 때문에 불필요한 동작을 최소화해야 합니다.

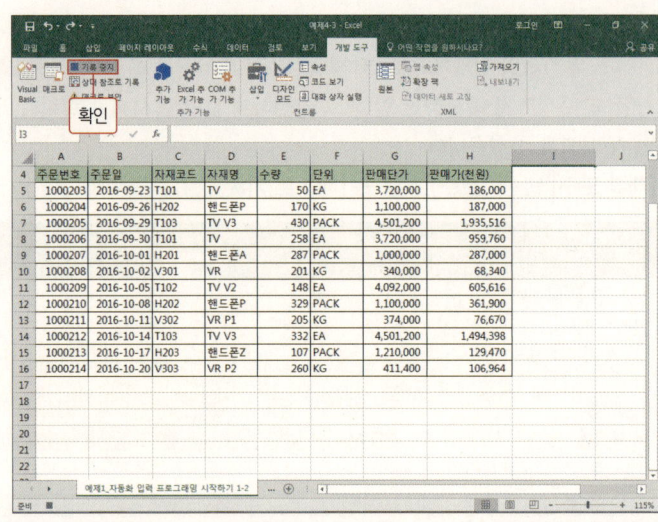

tip 녹화가 끝난 다음에는 반드시 [기록 중지]를 클릭해야 합니다. 매크로를 녹화하는 데 집중하느라 쉽게 잊어버릴 수 있으니 주의합니다.

07 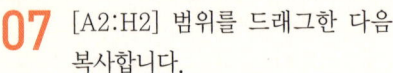[A2:H2] 범위를 드래그한 다음 복사합니다.

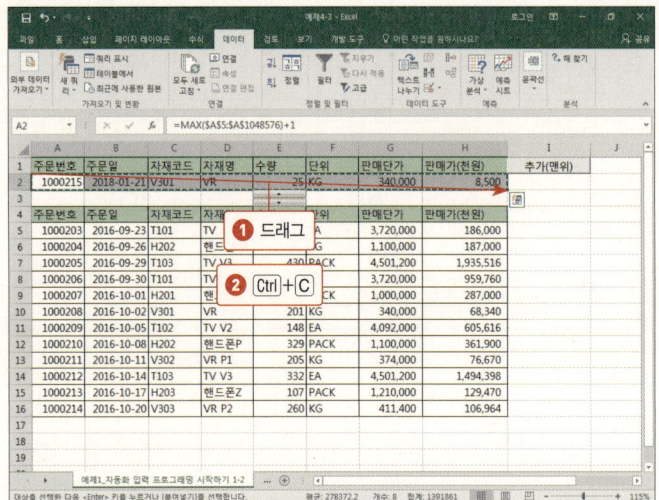

08 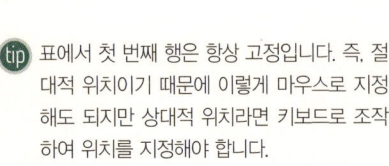[A5]셀을 마우스 오른쪽 버튼으로 클릭하고 **복사한 셀 삽입**을 실행합니다.

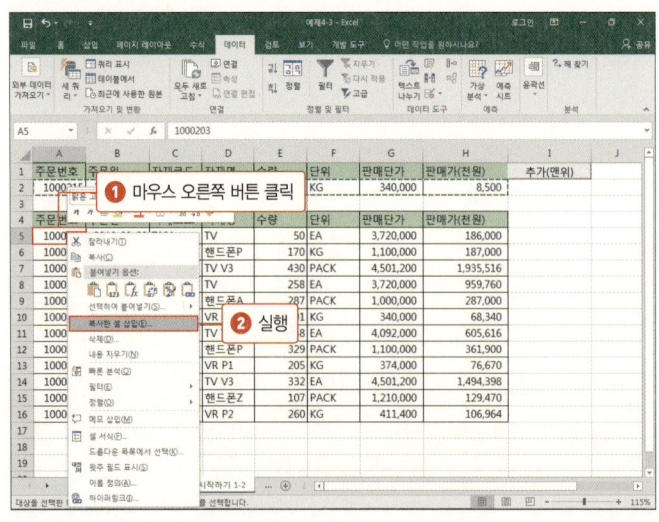

tip 표에서 첫 번째 행은 항상 고정입니다. 즉, 절대적 위치이기 때문에 이렇게 마우스로 지정해도 되지만 상대적 위치라면 키보드로 조작하여 위치를 지정해야 합니다.

SECTION 02 자동화 입력 & 조회 프로그램 만들기

09 '삽입하여 붙여넣기' 대화상자가 표시됩니다. 맨 위에 추가해야 하니 셀을 아래로 밀어야겠죠?
'셀을 아래로 밀기'를 선택하고 〈확인〉 버튼을 클릭합니다.

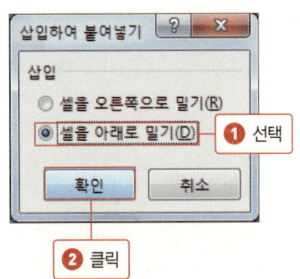

10 매크로를 녹화하면서 데이터를 복사하고 붙여넣을 때는 반드시 수식을 제외한 값만 붙여넣어야 합니다. 복사한 영역을 그대로 붙여넣으면 안 됩니다. 수식을 제외한 값만 붙여넣기 위해 **[홈] 탭 → [클립보드] 그룹 → [붙여넣기▼]**를 클릭하고 '값 붙여넣기'에서 **[값]**을 선택합니다.

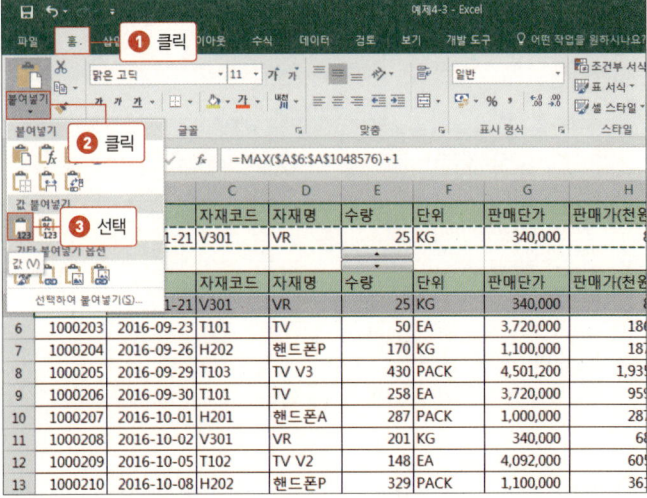

tip 매크로를 기록하면서 데이터를 복사할 때는 반드시 수식을 제외한 '값'만 복사해야 합니다.

11 이제 동작을 멈추고 **[개발 도구] 탭 → [코드] 그룹 → [기록 중지](■)**를 클릭합니다.

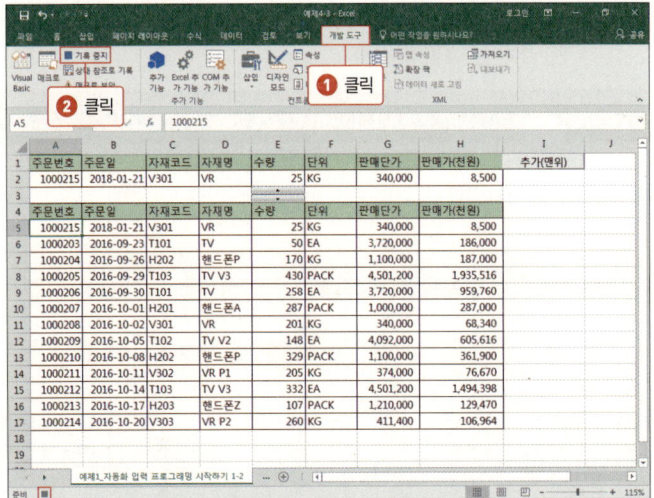

tip 시트 오른쪽 아래에 있는 아이콘(■)을 클릭해도 매크로가 중지됩니다.

365

12 [A4:H17] 범위에 주문번호를 추가했지만 [A2]셀 주문번호가 자동으로 증가하지 않습니다. 왜 그럴까요? [A2]셀을 클릭하면 수식이 '=MAX($A$6:$A$1048576)+1'로 바뀐 것을 확인할 수 있습니다. 이전 과정에서 최대값을 찾을 범위를 고정했는데 엑셀이 행이 삽입된 것을 자동으로 인식해서 범위가 밀려난 거죠. 이럴 경우 표로 만드는 것이 좋습니다.

[A4:H17] 범위에서 임의의 셀을 선택하고 **[삽입] 탭 → [표] 그룹 → [표(▦)]**를 클릭합니다.

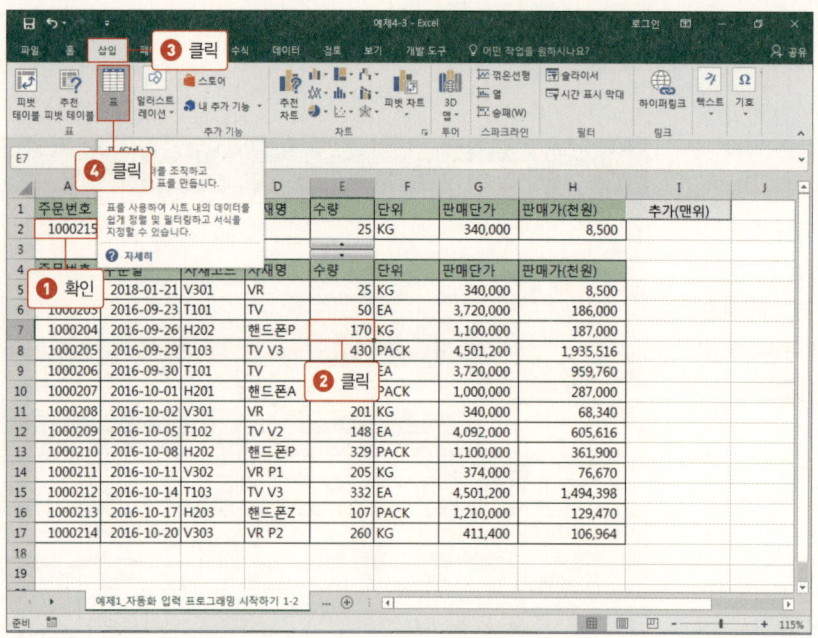

13 '표 만들기' 대화상자가 표시되면 자동으로 지정된 범위를 확인한 다음 '머리글 포함'에 체크 표시하고 〈확인〉 버튼을 클릭합니다.

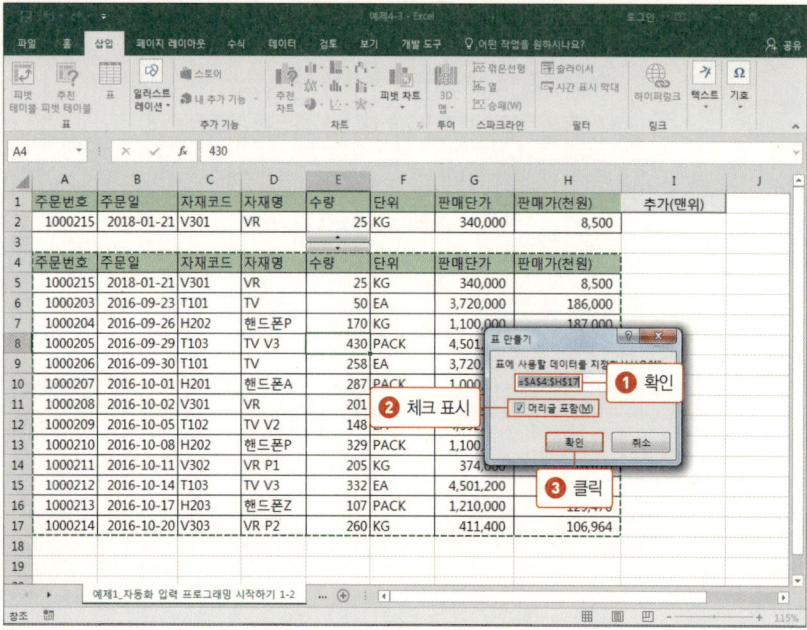

SECTION 02 자동화 입력 & 조회 프로그램 만들기

14 표 이름을 정의하겠습니다.
표 영역을 클릭한 다음 [디자인] 탭 → [속성] 그룹 → [표 이름]에 커서를 두고 '매크로표'를 입력합니다.

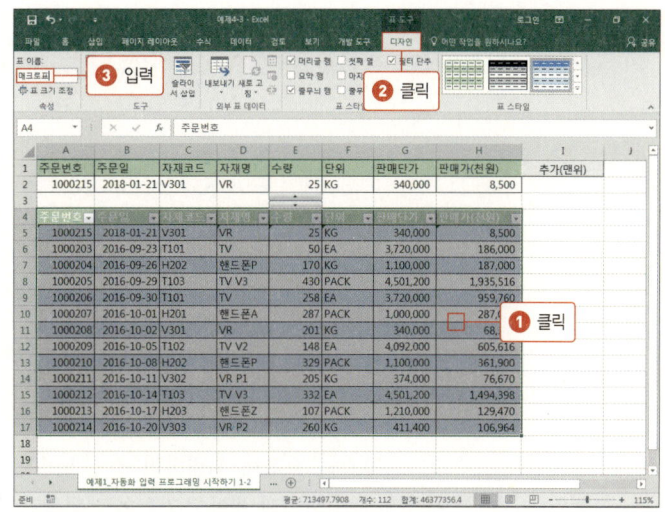

15 [A2]셀에 적용된 MAX 함수 범위를 다시 지정하겠습니다. 앞에서 키보드로 입력할 수 없도록 제한했기 때문에 먼저 유효성 검사 조건을 모두 지우겠습니다.
[A2]셀을 선택한 다음 [데이터] 탭 → [데이터 도구] 그룹 → [데이터 유효성 검사(📋)]를 클릭합니다.

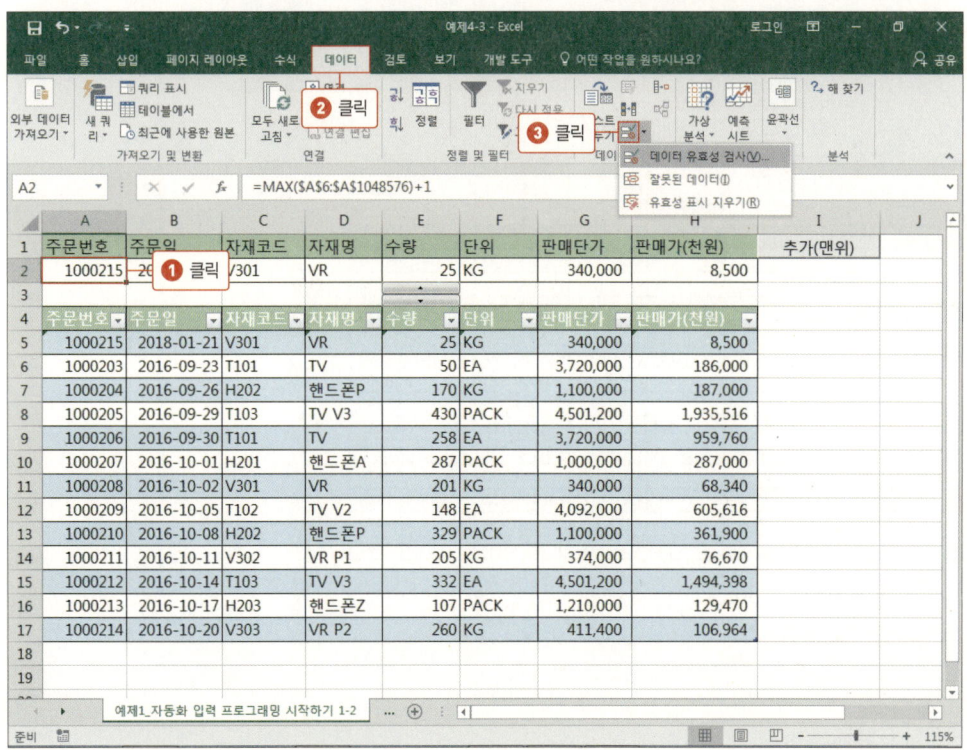

367

16 '데이터 유효성' 대화상자가 표시되면 〈모두 지우기〉 버튼을 클릭한 다음 〈확인〉 버튼을 클릭합니다.

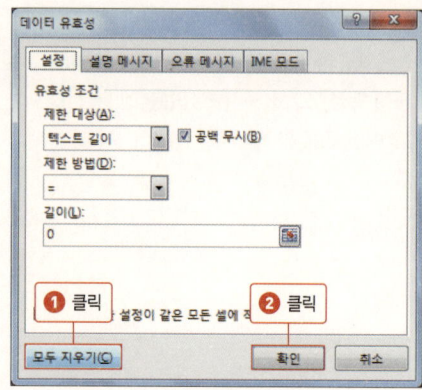

17 [A2]셀을 지우고 '=MAX(매크로표'를 입력하면 표 영역이 범위로 지정됩니다. 셀 영역이 아니라 표 자체를 범위로 지정한 것이기 때문에 이제 행이 추가되어도 범위가 밀려나는 일은 없을 것입니다. 이어서 '['를 입력하면 표에 포함된 필드 이름이 목록으로 표시됩니다. '주문번호'를 더블클릭하고 괄호를 차례로 닫은 다음 '+1'을 입력하고 Enter 키를 누릅니다. 최종 수식은 '=MAX(매크로표[주문번호])+1'입니다.

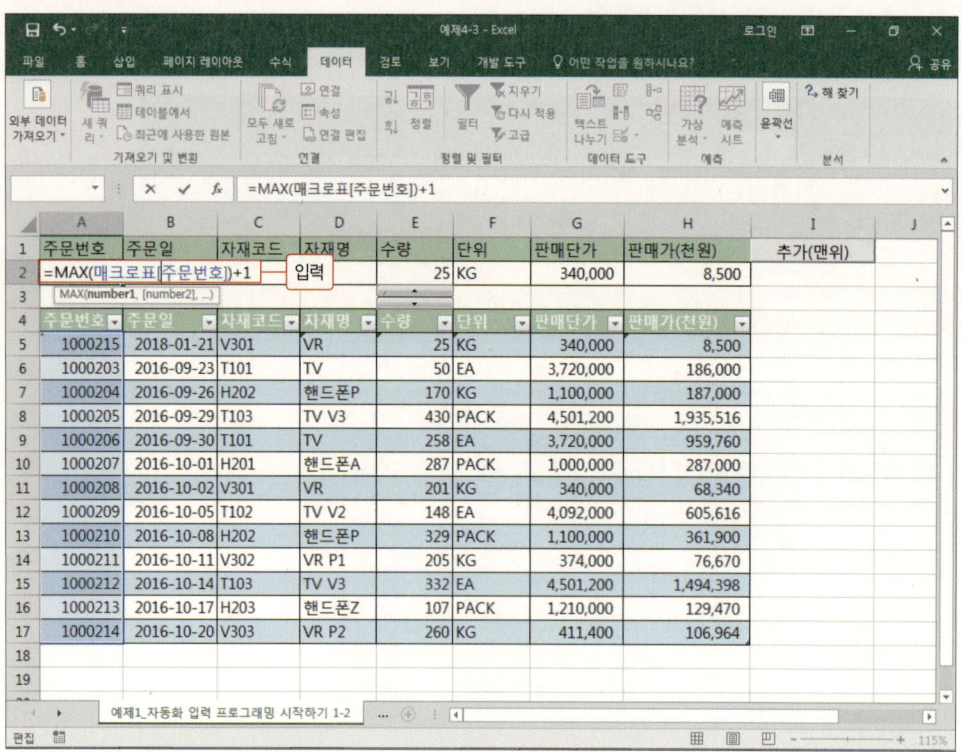

SECTION 02 자동화 입력 & 조회 프로그램 만들기

18 [A2]셀에 '1000216'이 표시됩니다. 주문번호 중 가장 큰 값에 '1'이 더한 값이죠. 이제 '추가(맨위)' 단추에 녹화한 매크로를 연결하겠습니다. '추가(맨위)' 단추를 마우스 오른쪽 버튼으로 클릭하고 **매크로 지정**을 실행합니다.

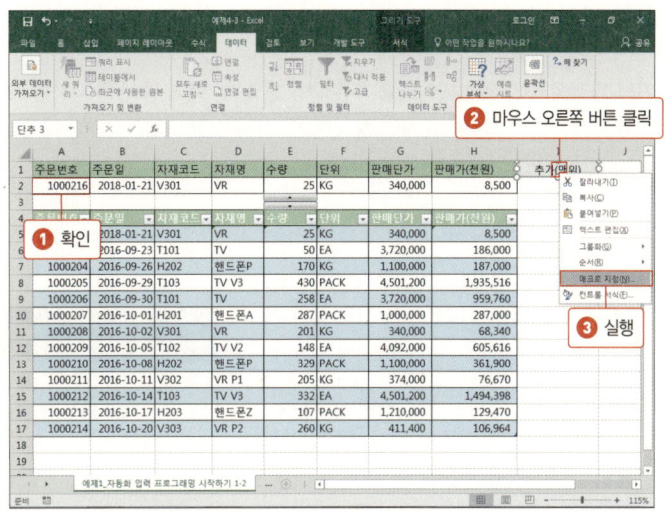

19 '매크로 지정' 대화상자가 표시되면 매크로 이름에서 '추가맨위1'을 선택하고 〈확인〉 버튼을 클릭합니다.

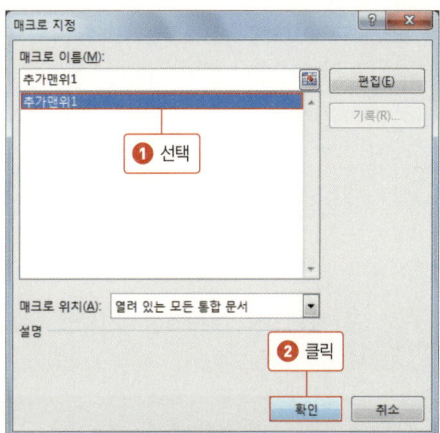

20 이제 단추를 눌러볼까요? '추가(맨위)' 단추를 클릭하면 주문번호가 갱신되면서 검색창에 입력된 데이터가 표의 첫 번째 행에 자동으로 추가됩니다.

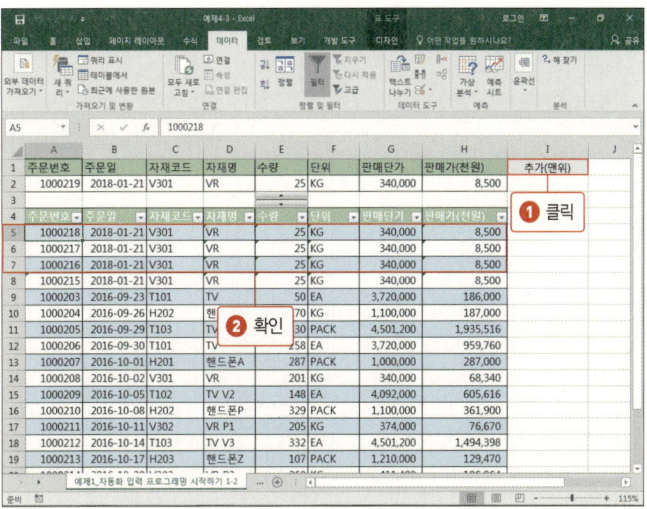

369

5 자동으로 주문내역을 추가하는 프로그램 만들기 2 - 마지막 행에 추가

이전 과정에서 입력한 데이터를 주문내역 표의 첫 번째 행에 추가하는 프로그램을 만들었습니다. 여기서는 반대로 마지막 행에 추가하는 프로그램을 만들어 보도록 하겠습니다. '마지막 행'은 추가할 때마다 위치가 항상 변합니다. 이 부분이 이전 예제와는 다른 점이죠. 예제를 통해 알아보겠습니다.

{예제 파일} 06\예제4-4.xlsm   {시트} 예제1_자동화 입력 프로그래밍 시작하기 1-3

01 추가 동작을 매크로로 녹화하기 전에 단추를 만들고 시작하겠습니다. **[개발 도구] 탭 → [컨트롤] 그룹 → [삽입]**을 클릭하고 '양식 컨트롤'에서 **[단추(양식 컨트롤)(□)]**를 선택합니다.

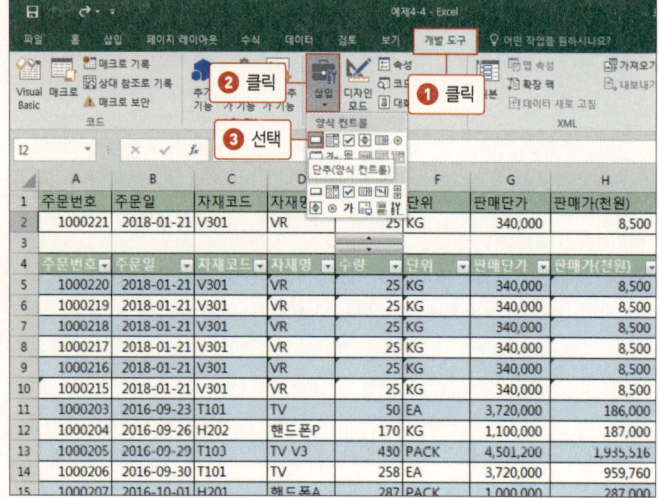

02 [Alt] 키를 누른 상태에서 [I2]셀에 드래그합니다. '매크로 지정' 대화상자가 표시되면 〈취소〉 버튼을 클릭합니다.

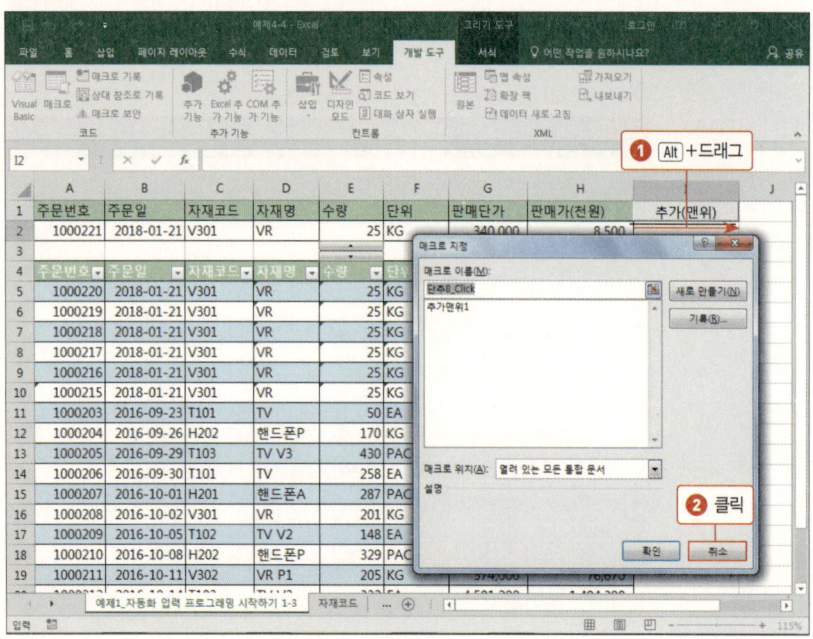

SECTION 02 자동화 입력 & 조회 프로그램 만들기

03 단추가 만들어지면 마우스 오른쪽 버튼으로 클릭하고 **텍스트 편집**을 실행한 다음 '추가(맨아래)'를 입력합니다.

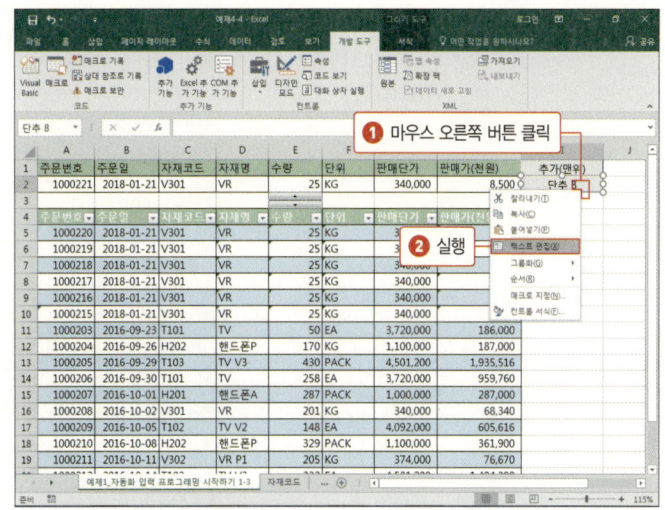

04 이제 단추를 다 만들었으니 매크로를 녹화하고 연결하면 됩니다. 시작해 보겠습니다.
[개발 도구] 탭 → [코드] 그룹 → [매크로 기록( )]을 클릭합니다.

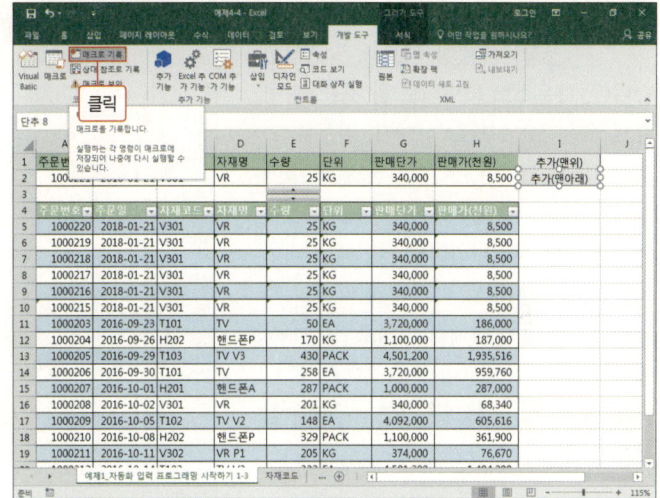

05 '매크로 기록' 대화상자가 표시되면 매크로 이름에 '추가맨아래1'을 입력하고 〈확인〉 버튼을 클릭합니다.

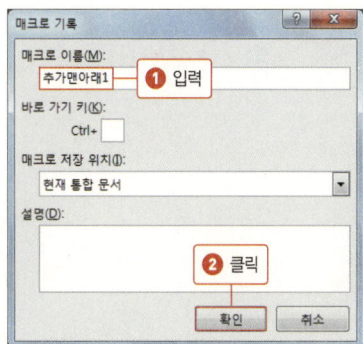

371

06 [매크로 기록]이 [기록 중지]로 바뀌면 [A2:H2] 범위를 드래그하고 복사한 다음 [A4]셀을 선택합니다.

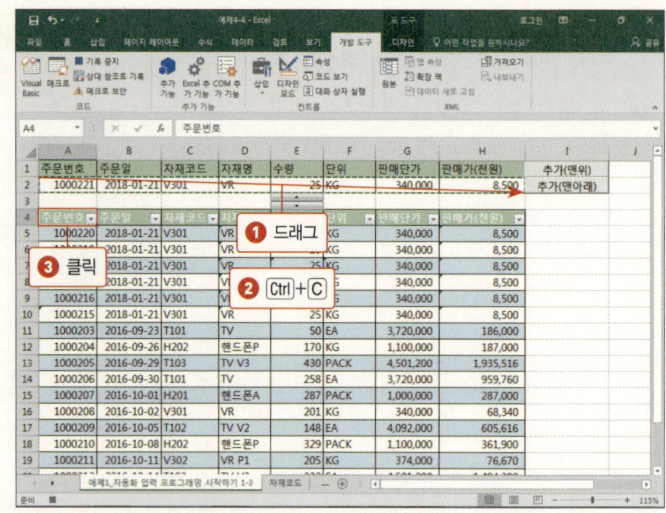

07 지금까지 시트에서 마지막 셀로 이동할 때 항상 키보드로 조작했습니다. 마우스로 클릭해도 될 것을 왜 이렇게 했을까요? 바로 '상대적' 위치를 고려했기 때문입니다. 표에서 첫 번째 행에 추가할 때는 추가할 위치가 항상 고정이었기 때문에 상관없었지만 이번에는 데이터를 추가할 때마다 마지막 행의 위치가 달라지기 때문에 상대적 위치로 지정해야 합니다.

[개발 도구] 탭 → [코드] 그룹 → [상대 참조로 기록(🔲)]을 클릭합니다.

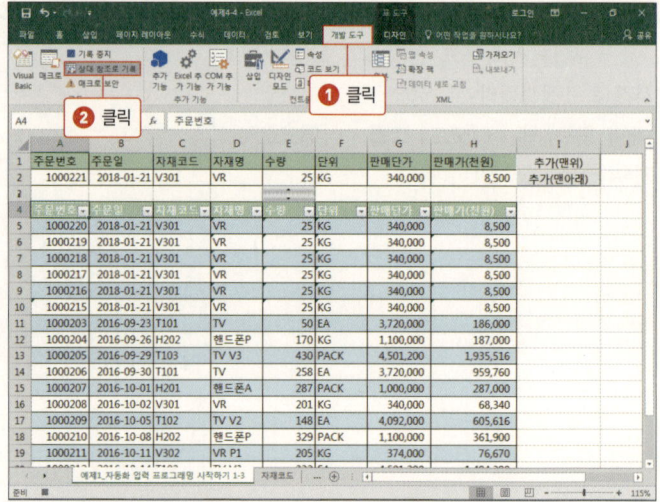

08 [A4]셀을 선택한 상태에서 Ctrl + ↓ 키를 누릅니다.

> tip 예제에서는 [A22]셀까지 이동했지만 표에 추가한 행이 몇 개인지에 따라 다를 수 있습니다.

SECTION 02 자동화 입력 & 조회 프로그램 만들기

09 ↓ 키를 한 번 더 눌러서 표 영역을 벗어난 [A23]셀로 이동합니다.

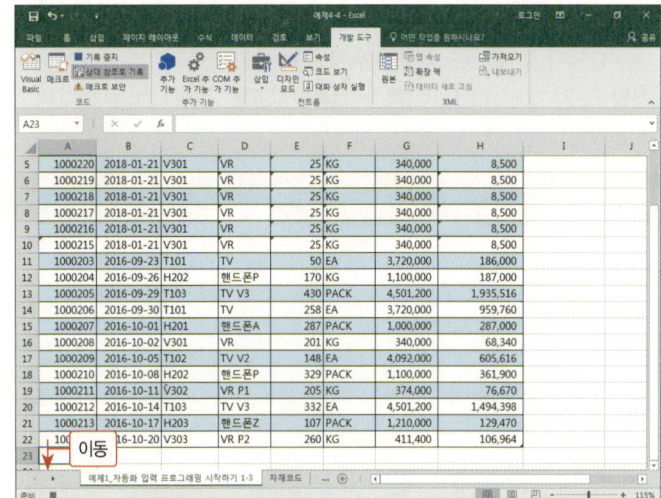

tip 마우스로 [A23]셀을 한 번 클릭하면 될 것을 왜 이렇게 번거롭게 하는 걸까요? 만약 [A23]셀을 마우스로 클릭해서 위치를 지정하면 단추를 누를 때마다 마지막 셀로 이동하지 않고 계속 [A23]셀에 덮어씌우기 때문입니다.

10 표에서 마지막 행으로 이동하는 과정을 녹화했으니 이제 복사한 데이터를 붙여넣겠습니다. 이번에도 수식이 아닌 값만 붙여넣을 것입니다.
[홈] 탭 → [클립보드] 그룹 → [붙여넣기▼]를 클릭하고 '값 붙여넣기'에서 [값]을 클릭합니다. 자동으로 표 서식이 적용됩니다.

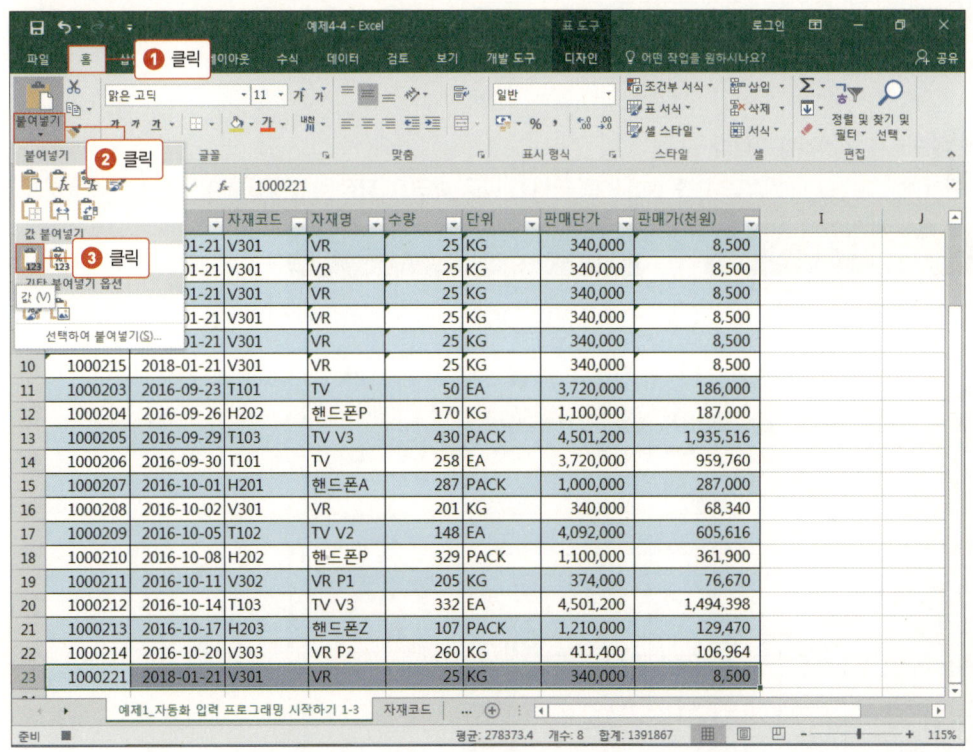

373

11 다시 [A1]셀로 돌아와야 데이터를 계속 추가할 수 있겠죠? 그런데 이때 '상대 참조로 기록'을 해제해야 합니다. [A1]셀은 고정된 위치, 즉 절대적 위치이기 때문입니다.
[개발 도구] 탭 → [코드] 그룹 → [상대 참조로 기록(▣)]을 클릭해 해제한 다음 [A1]셀을 선택하고 **[기록 중지(■)]**를 클릭합니다.

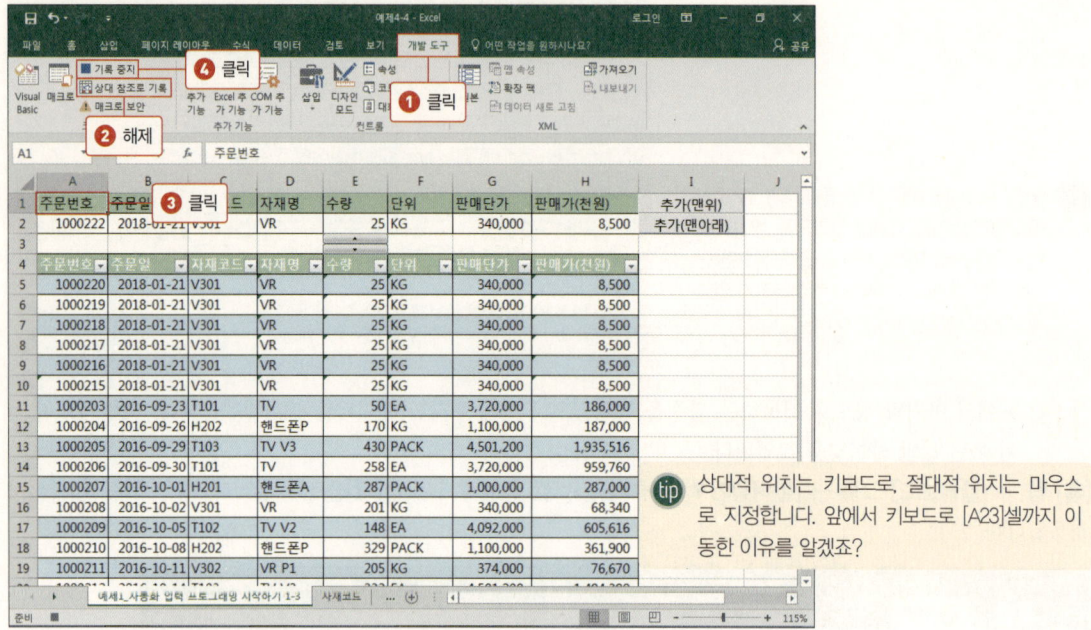

tip 상대적 위치는 키보드로, 절대적 위치는 마우스로 지정합니다. 앞에서 키보드로 [A23]셀까지 이동한 이유를 알겠죠?

12 단추에 매크로를 연결하겠습니다.
'추가(맨아래)' 단추를 마우스 오른쪽 버튼으로 클릭한 다음 **매크로 지정**을 실행합니다.

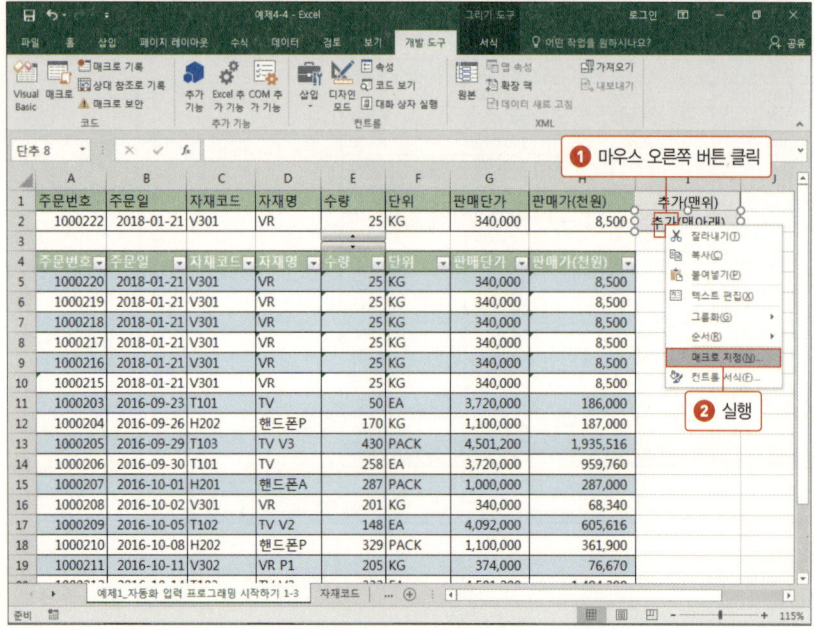

13 '매크로 지정' 대화상자가 표시되면 매크로 이름에서 '추가맨아래1'을 선택하고 〈확인〉 버튼을 클릭합니다.

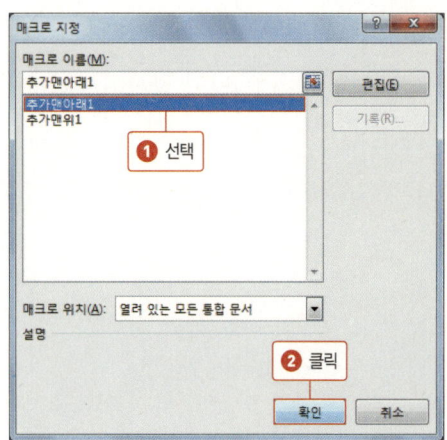

14 '추가(맨아래)' 단추를 클릭합니다. 주문번호가 갱신되면서 검색창에 입력된 데이터가 표의 마지막 행에 자동으로 추가됩니다.

어떤가요? 이번 예제에서는 매 동작마다 위치가 변할 경우 매크로를 상대적으로 녹화하는 것이 가장 중요한 포인트입니다. 어렵게 느껴질 수 있지만 여러 번 연습하면 절대적 위치와 상대적 위치 개념을 이해하고 구분할 수 있습니다.

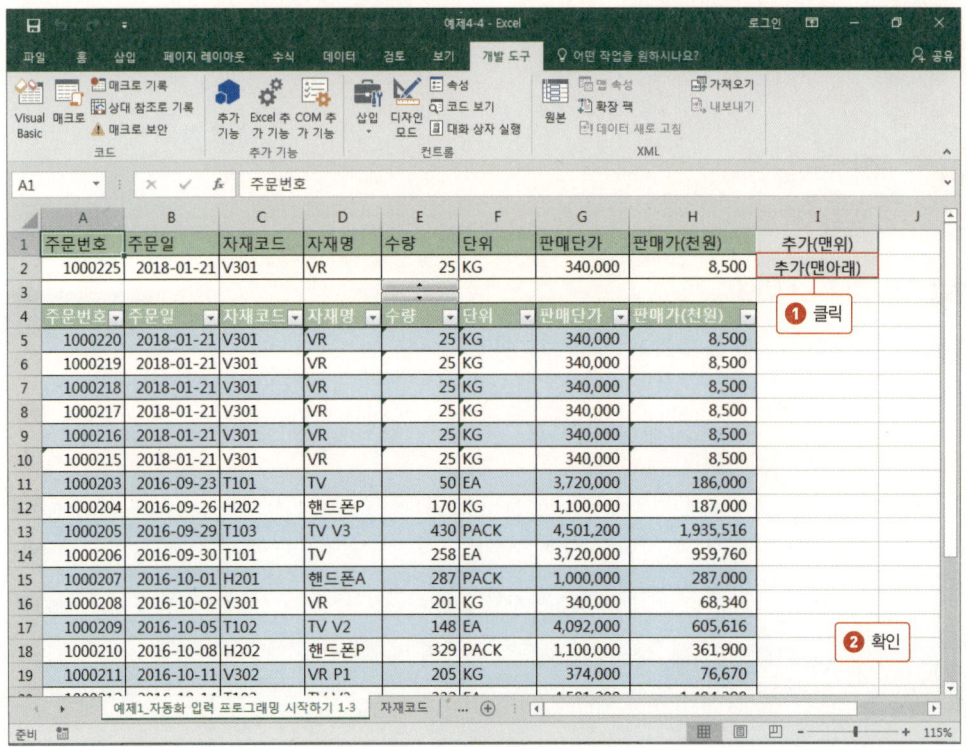

PART 07

SECTION 01 실무 기술 익히기
SECTION 02 시간 함수와 유용한 팁 익히기

자주 사용하는
실무 기술 익히기

실무에서 많이 사용하는 기술 위주로 알아보겠습니다. 대용량 텍스트 파일을 엑셀에 가져와 가공하고 웹 사이트 데이터를 엑셀에서 실시간으로 관리하는 방법을 알아봅니다. 다양한 함수의 활용 방법을 알아보고 시간과 관련된 함수를 정리해 보겠습니다.

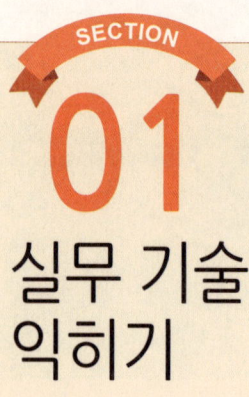

실무 기술 익히기

지금까지 배운 기능을 적절하게 사용하는 것만으로도 충분히 실력이 향상될 것으로 생각하지만 막상 실무에서 자주 사용하는 기능은 다를 수 있습니다. 여기서는 대용량 텍스트 파일을 엑셀에 가져오고 가공하는 방법과 '네이버 환율'과 같은 데이터를 엑셀에서 실시간으로 관리하는 방법을 알아본 다음 조건이 여러 개일 때 VLOOKUP 함수를 사용하는 방법, INDEX와 MATCH 함수를 활용하는 방법, 더 나아가서 배열 함수에 대해 알아보고 추가로 시간을 나타내는 함수의 활용 방법까지 실무에서 자주 사용하는 기술을 총정리해 보겠습니다.

1 텍스트 파일 가져오고 가공하기

용량을 줄이기 위해 대용량일 경우 텍스트 파일로 데이터를 제공할 때가 있습니다. 이럴 때 당황하지 않고 엑셀에 불러오는 방법과 불러온 텍스트 파일을 가공하는 방법을 알아보겠습니다.

{예제 파일} 07\보충.xlsx   {시트} 예제1_텍스트 파일 가져오기

01 엑셀에 텍스트 파일을 가져온 다음 형식을 지정해서 저장하는 방법을 알아보겠습니다.
[데이터] 탭 → [외부 데이터 가져오기] 그룹 → [텍스트(📄)]를 클릭합니다.

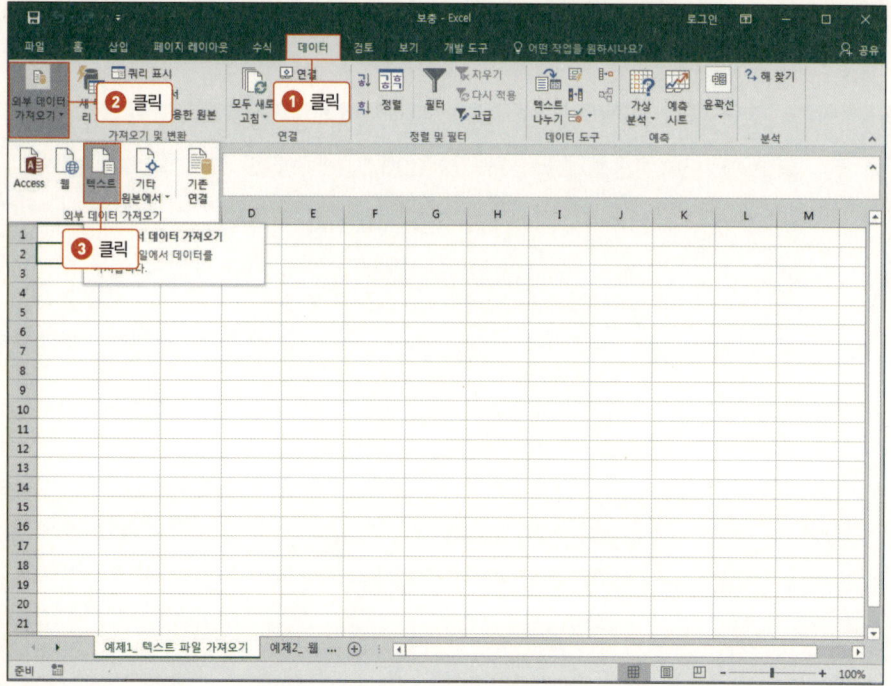

378   Part 7 자주 사용하는 실무 기술 익히기

SECTION 01 실무 기술 익히기

02 '텍스트 파일 가져오기' 대화상자가 표시되면 '보충_탭.txt' 파일을 선택하고 〈열기〉 또는 〈가져오기〉 버튼을 클릭합니다.

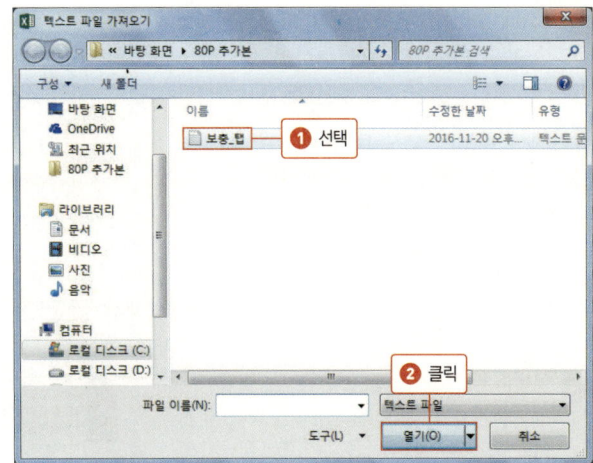

03 '텍스트 마법사' 대화상자가 표시됩니다. 가져올 텍스트 파일 너비가 일정하면 '너비가 일정함'을 선택해도 괜찮지만 예제에서는 탭(Tab)으로 분리된 파일을 가져오기 위해 '구분 기호로 분리됨'을 선택합니다. 원본 파일이 '한국어'인지 확인하고 〈다음〉 버튼을 클릭합니다.

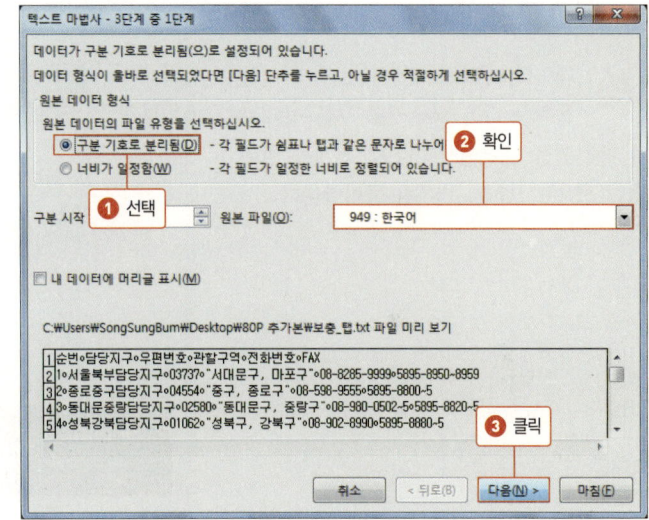

04 구분 기호에서 '탭'에 체크 표시된 것을 확인합니다. 가져올 텍스트 파일이 탭으로 분리된 것을 엑셀에서 자동으로 인식한 것입니다. 〈다음〉 버튼을 클릭합니다.

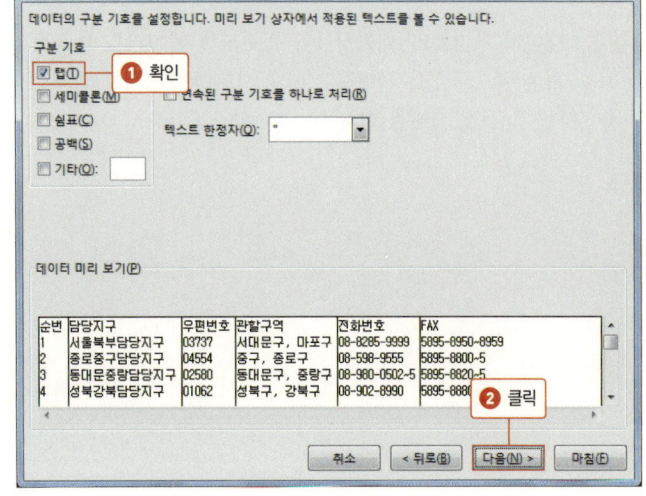

tip 두 개 이상의 구분 기호를 선택하여 중복으로 구분할 수도 있습니다. 만약 원하는 구분 기호가 없다면 '기타'에 체크 표시하고 직접 입력합니다.

05 데이터 미리 보기에서 가져올 텍스트 데이터를 미리 확인할 수 있습니다. 우편번호와 전화번호 앞에 붙은 '0'이 사라지지 않도록 숫자 데이터를 텍스트 형식으로 지정하겠습니다. 열 데이터 서식에서 '텍스트'를 선택합니다.

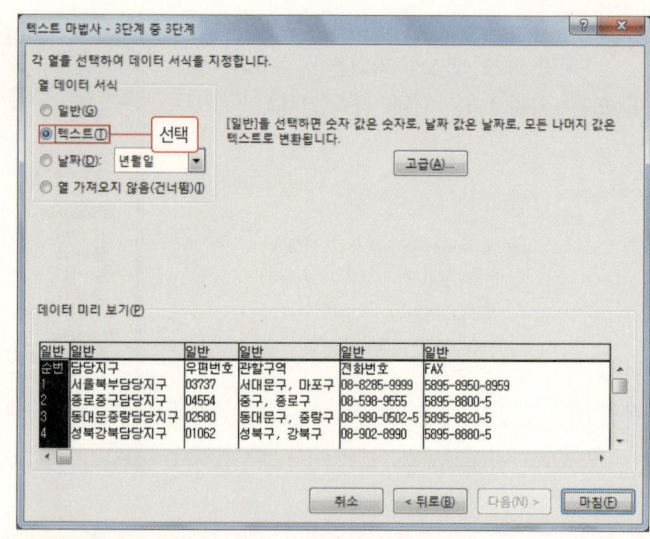

tip 엑셀은 숫자 '01'과 '1'을 같은 값으로 인식하고 앞에 붙은 '0'을 지워 버립니다. 예를 들어, 우편번호 '03737'을 엑셀에 입력하면 '0'이 사라지고 '3737'만 남죠. 이런 상황을 방지하기 위해 텍스트 형식으로 지정한 것입니다.

06 데이터 미리 보기에서 첫 번째 열을 클릭한 다음 Shift 키를 누른 상태로 마지막 열을 클릭해서 데이터 전체를 범위로 지정하고 〈마침〉 버튼을 클릭합니다.

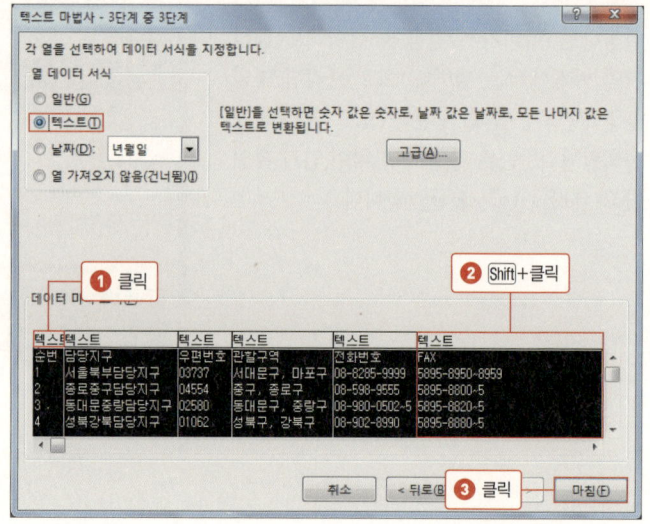

07 '데이터 가져오기' 대화상자가 표시되면 데이터를 불러올 위치로 '기존 워크시트'를 선택하고 현재 시트의 [A1]셀을 위치로 지정한 다음 〈확인〉 버튼을 클릭합니다.

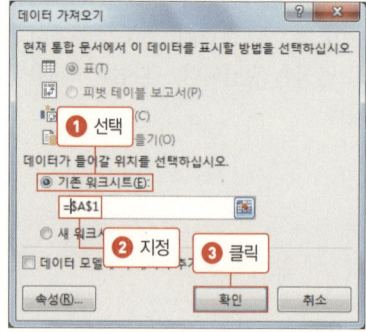

SECTION 01 실무 기술 익히기

08 현재 시트 [A1]셀을 시작 위치로 텍스트 파일이 표시됩니다.

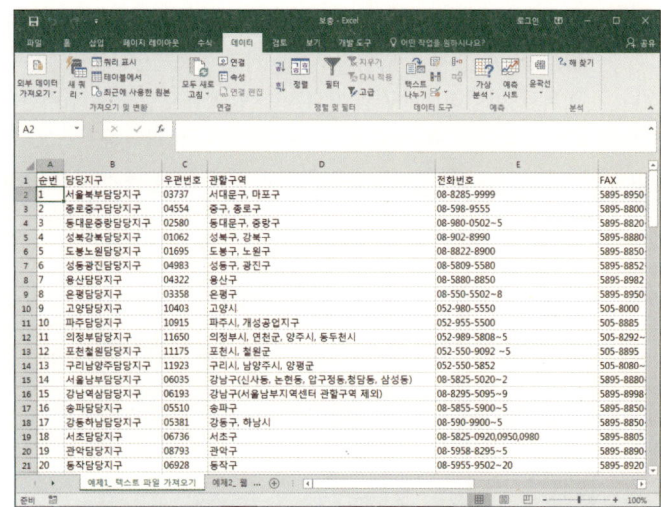

tip 텍스트 파일을 복사&붙여넣기하여 엑셀에 가져올 수도 있지만 이럴 경우 데이터 형식이 '일반'으로 지정되어 앞에 '0'이 붙은 데이터는 '0'이 사라진 형태로 변환됩니다. 만약 우편번호와 같이 앞에 붙은 '0'이 필수인 데이터라면 일일이 '0'을 다시 입력해야 할 상황이 벌어질 지도 모르니 텍스트 파일을 가져와서 작업할 때는 예제와 같은 방식으로 하는 것이 좋습니다.

09 가져온 텍스트 파일을 저장해 보겠습니다. F12 키를 눌러 '다른 이름으로 저장' 대화상자를 표시하고 파일 이름에 '보충_탭_저장'을 입력한 다음 파일 형식에서 '텍스트 (탭으로 분리)'를 선택합니다. 이 형식을 선택하면 가져온 텍스트 파일과 같은 형식으로 저장하는 것입니다. 〈저장〉 버튼을 클릭합니다.
여러 개의 시트가 들어 있는 통합 문서를 지원하지 않는다는 메시지가 표시됩니다. 〈확인〉 버튼을 클릭합니다. 이 형식을 계속 사용할지 묻는 대화상자가 표시되면 〈예〉 버튼을 클릭합니다. 엑셀 파일을 종료합니다.

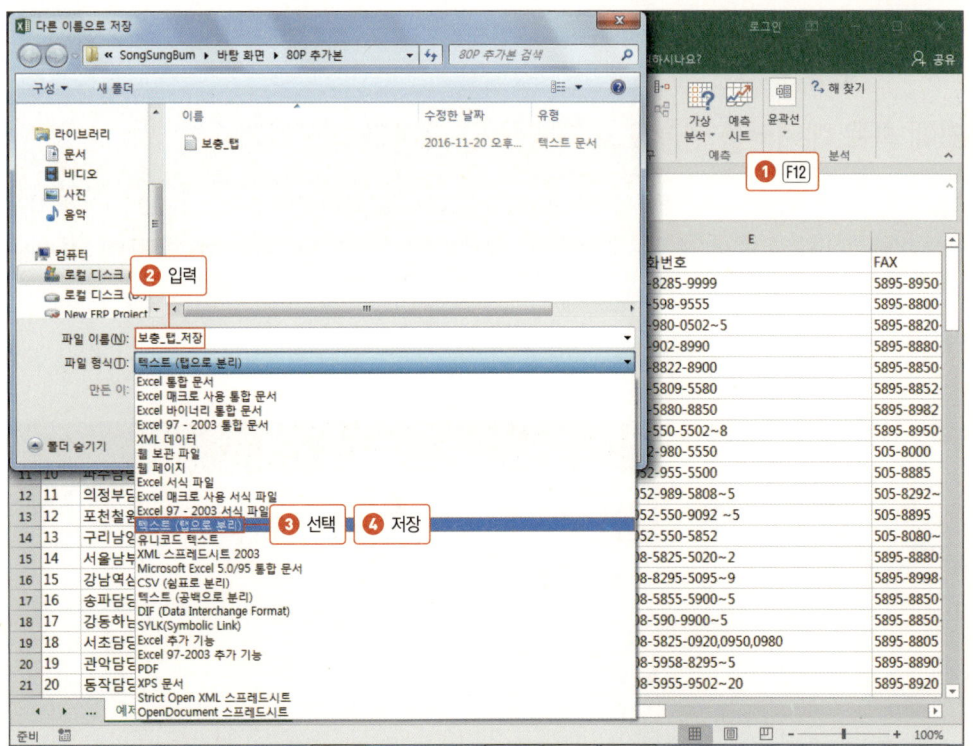

381

10 저장한 텍스트 파일을 연 다음 간단한 수정을 해 보겠습니다. 메모장에서 '보충_탭_저장' 파일을 엽니다. '107' 아래에 '108'을 입력하고 Tab 키를 누르면 커서가 오른쪽으로 이동하면서 띄어지는 것을 확인할 수 있습니다. 이어서 '아이러브지구'와 '23411'를 탭으로 구분하여 입력합니다. 이렇게 간단한 수정은 메모장에서 할 수 있으니 텍스트 파일을 제공받았을 때 사용해 보길 바랍니다.

2 엑셀 파일에 환율 데이터를 가져오고 파일을 열 때마다 갱신하기

엑셀에서 환율 데이터를 이용해 작업할 때 환율을 제공하는 사이트에서 매번 확인해야 한다면 매우 번거롭고 비효율적일 것입니다. 여기서는 이런 번거로움을 줄이는 방법을 알아봅니다. 예제에서는 '네이버 환율'을 가져올 것이지만 주식이나 부동산 등 다른 데이터를 가져와서 활용해도 좋습니다.

{예제 파일} 07\보충.xlsx   {시트} 예제2_웹 환율 가져오기 및 새로고침

01 엑셀에 환율 데이터를 가져오겠습니다.
[A1]셀을 선택하고 [데이터] 탭 → [외부 데이터 가져오기] 그룹 → [웹(🌐)]을 클릭합니다.

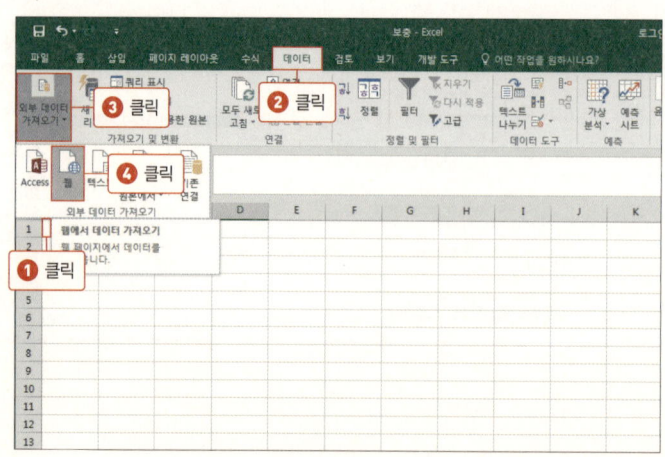

02 '새 웹 쿼리' 대화상자가 표시되면 주소에 'www.naver.com/'를 입력한 다음 〈이동〉 버튼을 클릭합니다.
웹 사이트 페이지로 이동하면 검색창에 '네이버 환율'을 입력하고 '환율-네이버 금융'을 클릭합니다.

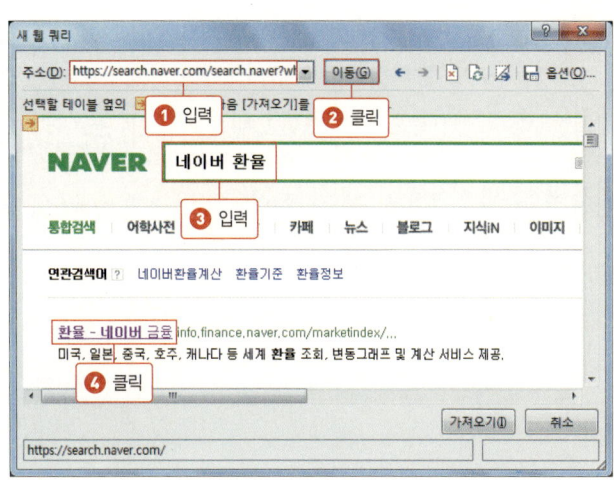

tip 웹 사이트 형태 및 기능은 일부 달라질 수 있으며, 외부 스크립트를 불러오기 때문에 경고 메시지나 오류 메시지가 나타날 수도 있습니다. 대부분의 경우 무시하고 진행해도 됩니다.

03 새로운 창이 열리면 주소 입력줄에서 주소를 복사한 다음 '새 웹 쿼리' 대화상자의 '주소'에 붙여넣고 〈이동〉 버튼을 클릭합니다.

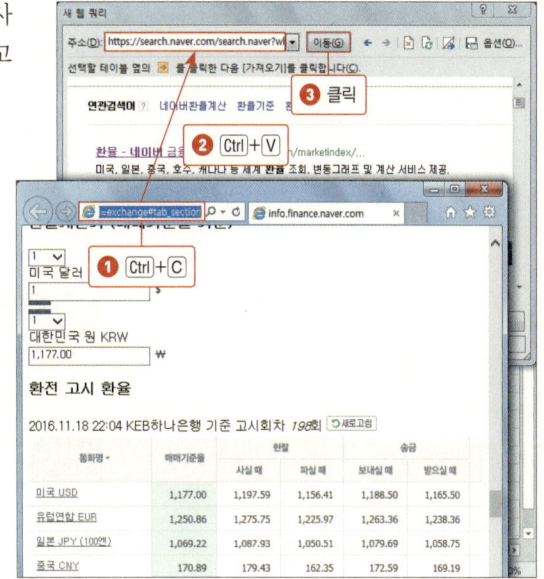

04 가져올 데이터를 지정하겠습니다. 환전 고시 환율표에서 화살표 아이콘(▶)을 클릭하여 체크 아이콘(✓)으로 변경합니다.

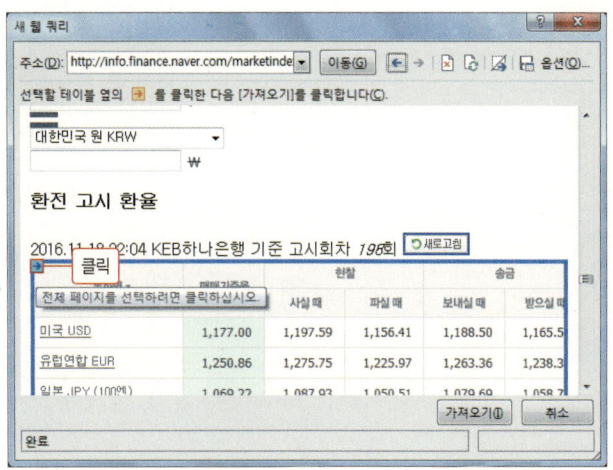

05 이 상태로 가져오면 보기 안 좋기 때문에 인터넷 형식을 그대로 유지하면서 가져오도록 옵션을 설정하겠습니다.
〈옵션〉 버튼을 클릭하고 '웹 쿼리 옵션' 대화상자가 표시되면 서식에서 '완전한 HTML 서식'을 선택합니다. 〈확인〉 버튼을 클릭하여 대화상자를 닫고 〈가져오기〉 버튼을 클릭합니다.

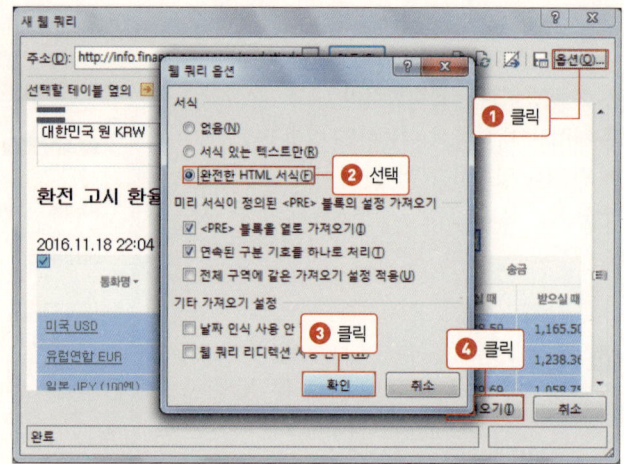

06 '데이터 가져오기' 대화상자가 표시되면 데이터를 불러올 위치로 '기존 워크시트'를 선택하고 현재 시트의 [A1]셀을 위치로 지정한 다음 〈확인〉 버튼을 클릭합니다.

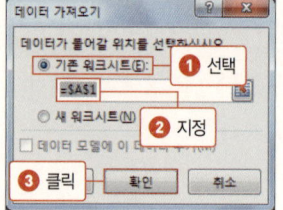

07 현재 시트의 [A1]셀을 시작 위치로 환율표가 표시됩니다. 가져온 데이터에 맞춰 열 너비를 조정하기 위해 A열과 첫 번째 행 사이에 있는 아이콘(▣)을 클릭하여 전체 시트를 선택합니다.

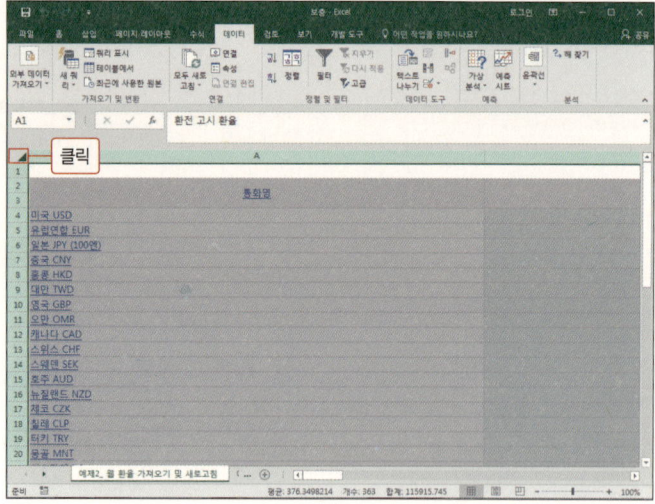

08 A열과 B열 사이에 마우스 포인터를 두고 커서 모양이 바뀌면 더블클릭합니다. 환율표에 맞춰 시트가 최적화됩니다.

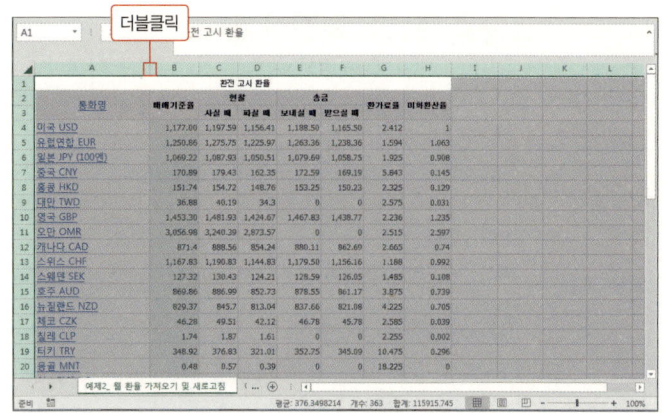

09 환율표를 최신 데이터로 갱신하겠습니다. 표에서 데이터가 입력된 임의의 셀을 선택하고 [데이터] 탭 → [연결] 그룹 → [속성(🗎)]을 클릭합니다.

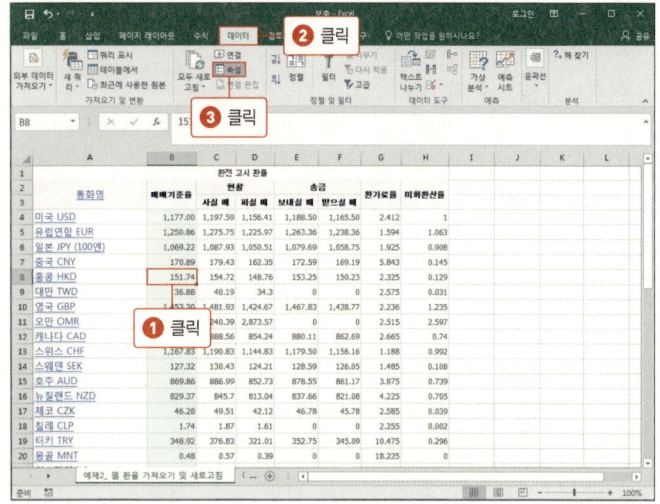

tip [데이터] 탭 → [연결] 그룹 → [모두 새로 고침]을 클릭해도 최신 데이터로 갱신할 수 있습니다. 단, 자동으로 갱신되지 않고 누를 때마다 갱신됩니다.

10 '외부 데이터 범위 속성' 대화상자가 표시됩니다. 여기에서 새로 고침 옵션을 구체적으로 설정할 수 있습니다. 예제에서는 파일을 열 때마다, 1분이 지날 때마다 웹과 연결된 환율 데이터가 갱신되도록 설정하겠습니다.
새로 고침 옵션에 모두 체크 표시하고 '다음 간격으로 새로 고침'에서 간격을 '1분'으로 설정한 다음 〈확인〉 버튼을 클릭합니다.
이 기능은 환율뿐만 아니라 주식이나 적금 이율같이 시간에 따라 변하는 데이터를 관리할 때 활용하면 좋습니다.

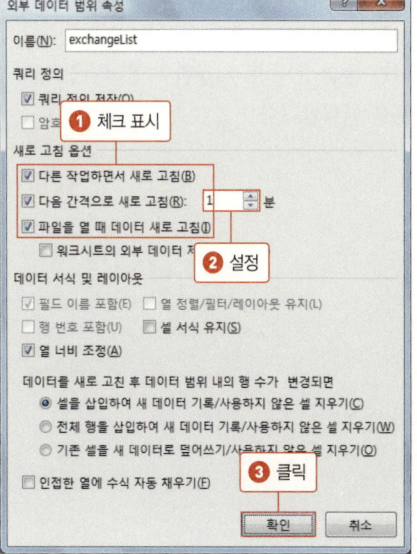

tip 예제에서는 1분 간격으로 새로 고침하도록 설정했지만 시간 간격을 짧게 설정하면 엑셀이 느려질 수 있으니 적당하게 조정합니다.

3 데이터 용량을 줄여서 저장하기

컴퓨터 성능이 좋아지면서 과거보다 데이터 용량의 제약이 사라졌지만 그렇지 않은 경우도 많습니다. 데이터 용량을 줄이는 방법을 모두 모아 알아보겠습니다.

{ 예제 파일 } 07\보충.xlsx

01 확장자가 'xls'인 엑셀 파일(97~2003 호환)을 'xlsx'로 저장하면 파일 용량이 조금 줄어듭니다. 그렇지만 상대가 엑셀 2003을 사용하고 있다면 'xls' 파일로 저장해서 보내야겠죠? 이렇게 하위 버전으로 저장하면 용량이 늘어나지만 이 방법을 모르는 사람들이 많기 때문에 여기서는 역으로 저장해 보겠습니다.
F12 키를 눌러 '다른 이름으로 저장' 대화상자를 표시하고 파일 형식을 'Excel 97 - 2003 통합 문서'로 지정한 다음 〈저장〉 버튼을 클릭합니다.

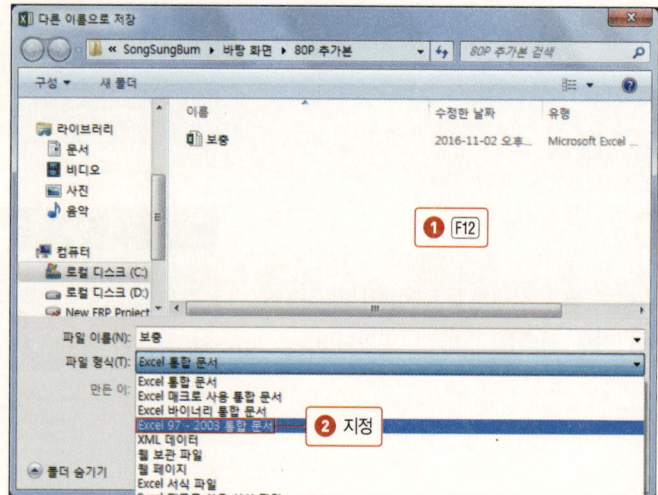

02 [바이너리 통합 문서로 저장]
작업한 파일을 '바이너리 통합 문서'로 저장하면 용량을 50~85%까지 줄일 수 있습니다. 바이너리 통합 문서로 저장해 보겠습니다.
F12 키를 눌러 '다른 이름으로 저장' 대화상자를 표시하고 파일 형식을 'Excel 바이너리 통합 문서'로 지정한 다음 〈저장〉 버튼을 클릭합니다.

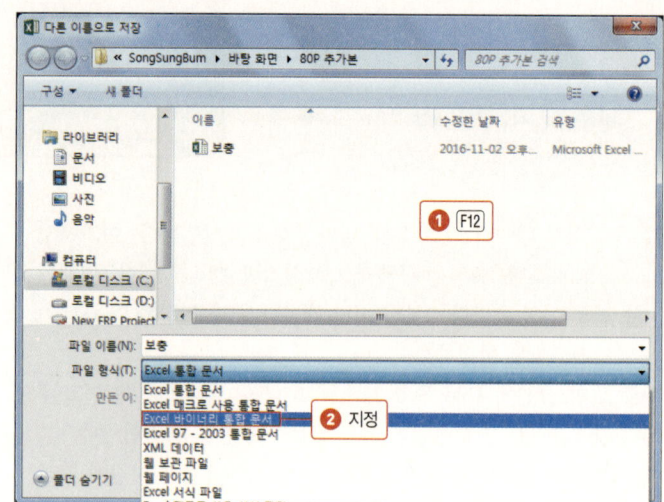

SECTION 01 실무 기술 익히기

03 [그림 압축 저장]

작업한 파일에 포함된 그림 파일의 해상도를 낮추고 잘린 상태로 저장하면 용량을 줄일 수 있습니다. 한번 해 보겠습니다.

F12 키를 눌러 '다른 이름으로 저장' 대화상자를 표시하고 〈도구〉 버튼을 클릭한 다음 목록에서 **그림 압축**을 실행합니다.

> tip 이 방법은 파워포인트같은 프로그램에서도 가능하지만 화질이 안 좋아질 것을 고려하여 적절하게 사용합니다.

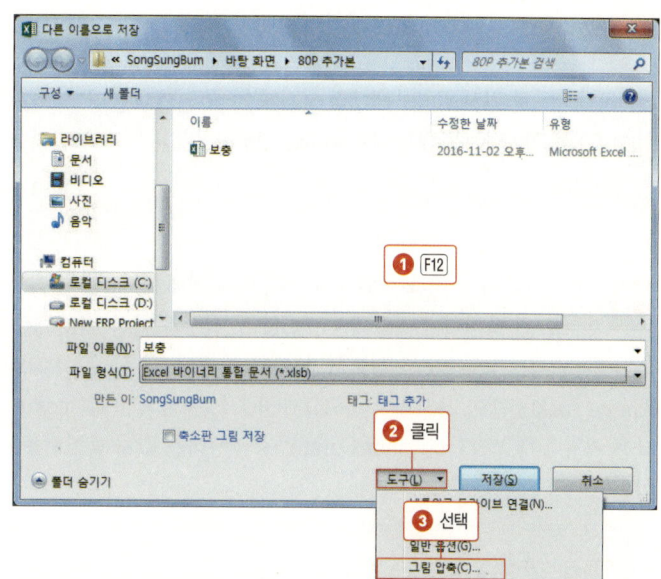

04

'그림 압축' 대화상자가 표시되면 압축 옵션에서 '잘려진 그림 영역 삭제'에 체크 표시하고 해상도에서 '전자 메일(96dpi): 공유할 문서 크기를 최소화합니다.'를 선택한 다음 〈확인〉 버튼을 클릭합니다. 이어서 〈저장〉 버튼을 클릭하면 그림 파일의 해상도가 낮아지면서 잘려진 상태로 저장되기 때문에 용량을 최소화할 수 있습니다.

> tip 그림 파일에서 일부분만 잘라서 사용한 경우 '잘려진 그림 영역 삭제'에 체크 표시하고 저장하면 잘려진 상태 그대로 저장되기 때문에 원본 파일을 다시 사용할 일이 있다면 체크 표시하지 않는 것이 좋습니다.

> 버전 엑셀 2007에서는 '그림 압축' 대화상자에서 〈옵션〉 버튼을 클릭하고 대상 출력에서 '전자 메일'을 선택합니다.

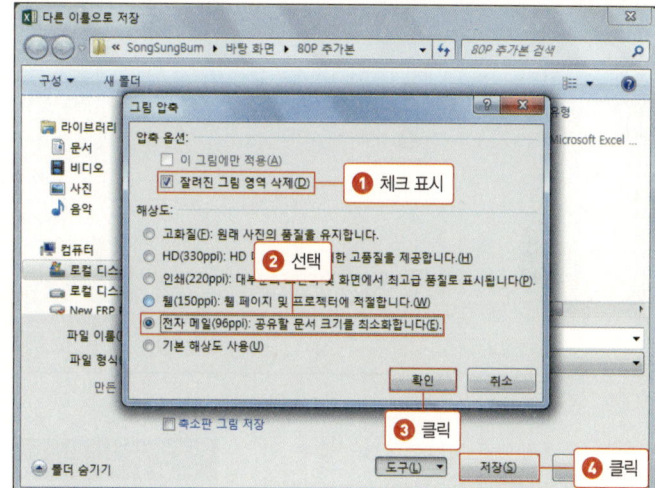

387

4 통화명에 해당하는 매매기준율 표시하기 – HLOOKUP, VLOOKUP 함수

데이터가 가로로 길게 입력된 형태라 보기에 안 좋고 VLOOKUP 함수를 사용하기도 어렵다면 어떻게 해야 할까요? 여기서는 입력된 데이터에서 행과 열의 위치를 바꾸는 방법과 HLOOKUP 함수에 대해 알아봅니다.

{예제 파일} 07\보충.xlsx   {시트} 예제4_행열 바꾸기

01 [B6]셀에서 선택한 통화명에 해당하는 매매기준율을 [B7]셀에 표시하겠습니다. 데이터를 가져올 표가 가로로 긴 형태이기 때문에 VLOOKUP 함수가 아닌 HLOOKUP 함수를 이용할 것입니다.

[B7]셀에 '=HLOOKUP'를 입력하면 커서 아래에 'HLOOKUP(lookup_value, table_array, row_index_num, [range_lookup])'이 표시됩니다. 'HLOOKUP'은 검색할 값(lookup_value)을 검색 범위에서(table_array) 찾은 다음 지정한 행 번호(row_index_num)에 해당하는 값을 출력하는 함수입니다.
입력한 내용을 지웁니다.

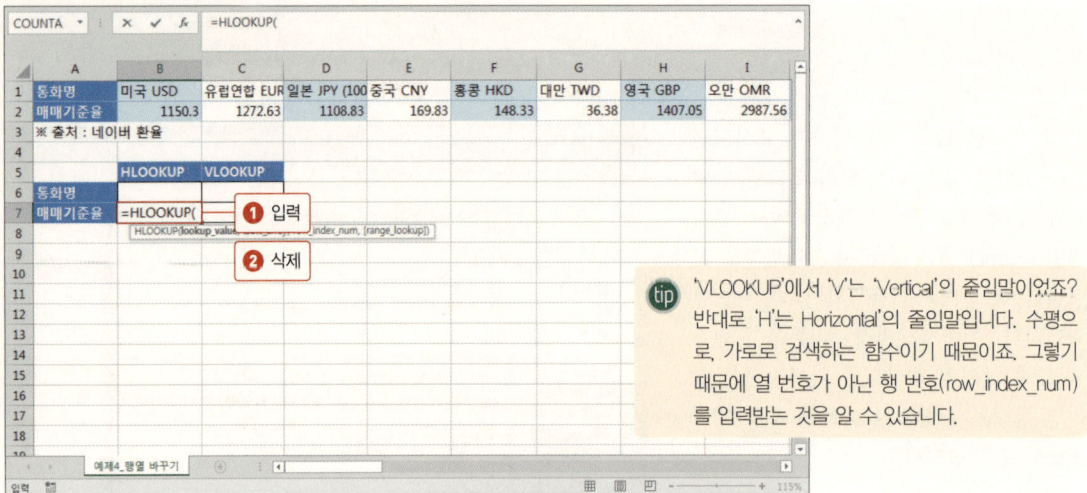

tip 'VLOOKUP'에서 'V'는 'Vertical'의 줄임말이었죠? 반대로 'H'는 'Horizontal'의 줄임말입니다. 수평으로, 가로로 검색하는 함수이기 때문이죠. 그렇기 때문에 열 번호가 아닌 행 번호(row_index_num)를 입력받는 것을 알 수 있습니다.

02 본격적으로 HLOOKUP 함수 인수를 입력하기 전에 유효성 검사 기능을 이용해 [B6]셀에 통화명 목록을 표시하겠습니다.
[B6]셀을 선택하고 **[데이터] 탭 → [데이터 도구] 그룹 → [데이터 유효성 검사(**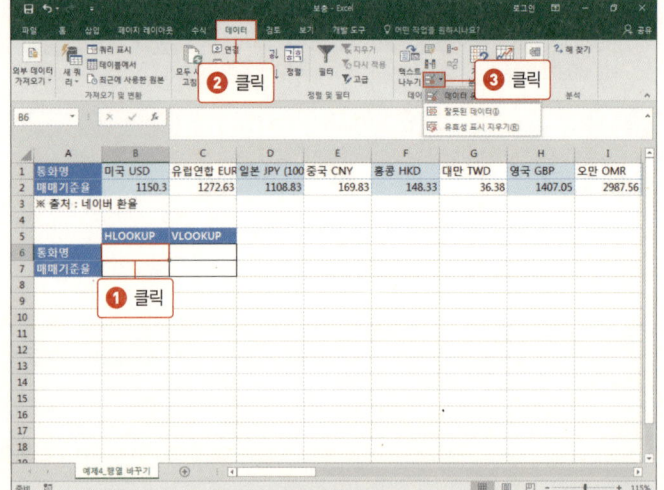

03 '데이터 유효성' 대화상자가 표시되면 [설정] 탭 화면의 제한 대상을 '목록'으로 지정합니다. 원본에 커서를 두고 [B1]셀을 클릭한 다음 [Ctrl]+[Shift]+방향키 → 키를 눌러 [B1:AS1] 범위를 지정하고 〈확인〉 버튼을 클릭합니다.

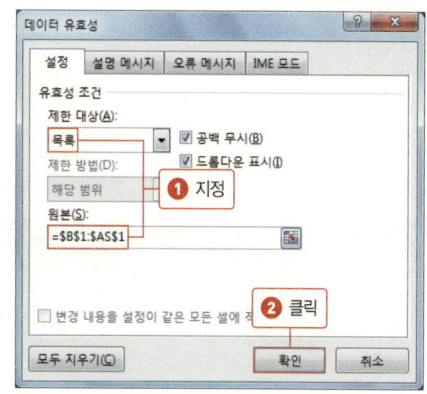

tip 특정 셀을 선택하고 [Ctrl]+[Shift] 키를 누른 상태에서 방향키를 누르면 해당 방향에서 데이터가 입력된 셀까지 한 번에 이동합니다.

04 [B6]셀 목록 아이콘(▼)을 클릭하면 유효한 통화명이 표시됩니다. 목록에서 '유럽연합 EUR'을 선택합니다.

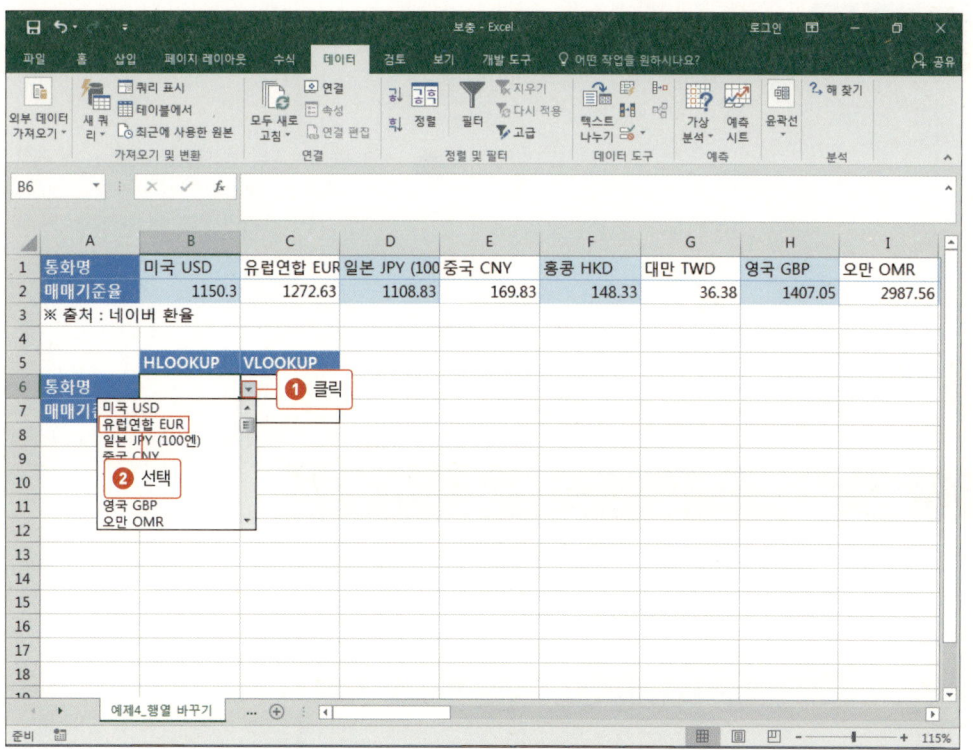

389

05 이제 HLOOKUP 함수를 이용해 매매기준율을 가져오겠습니다.
[B7]셀에 '=HLOOKUP('을 입력합니다. 검색할 값은 통화명인 [B6]셀, 검색 범위는 [A1:AS2] 범위입니다. 이때 F4 키를 눌러 행과 열을 고정하는 것을 잊지 말아야 합니다. 지정한 범위에서 '매매기준율'은 두 번째 행이므로 행 번호는 '2', 정확한 값을 찾기 위해 '0'을 입력하고 괄호를 닫으면 최종 수식은 '=HLOOKUP(B6,$A$1:$AS$2,2,0)'입니다. Enter 키를 누릅니다.

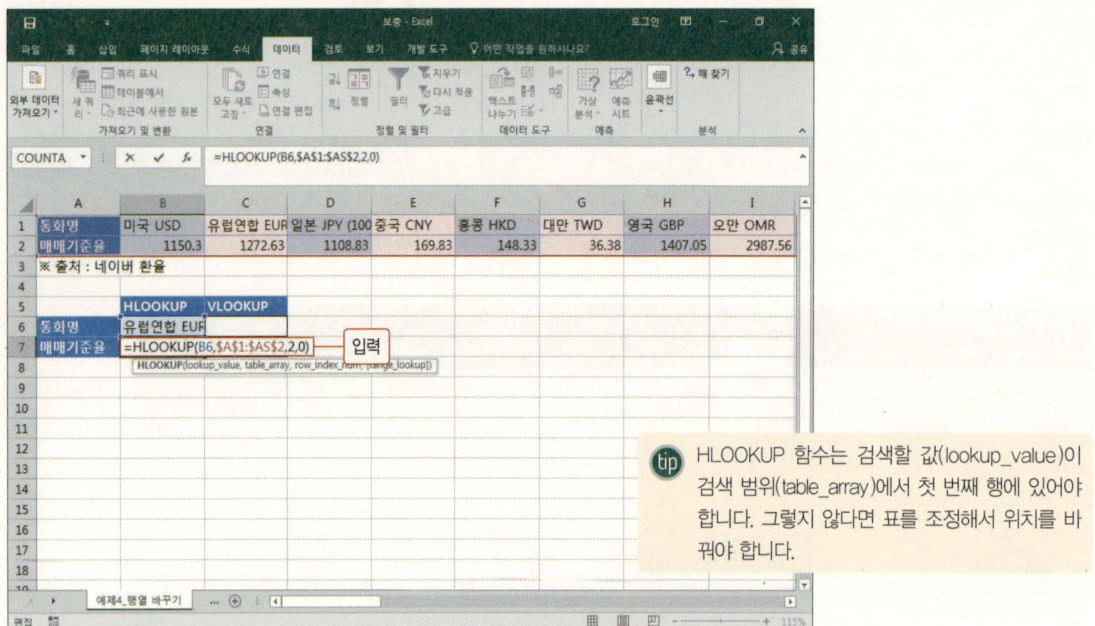

tip HLOOKUP 함수는 검색할 값(lookup_value)이 검색 범위(table_array)에서 첫 번째 행에 있어야 합니다. 그렇지 않다면 표를 조정해서 위치를 바꿔야 합니다.

06 선택한 통화명에 해당하는 매매기준율이 표시됩니다.

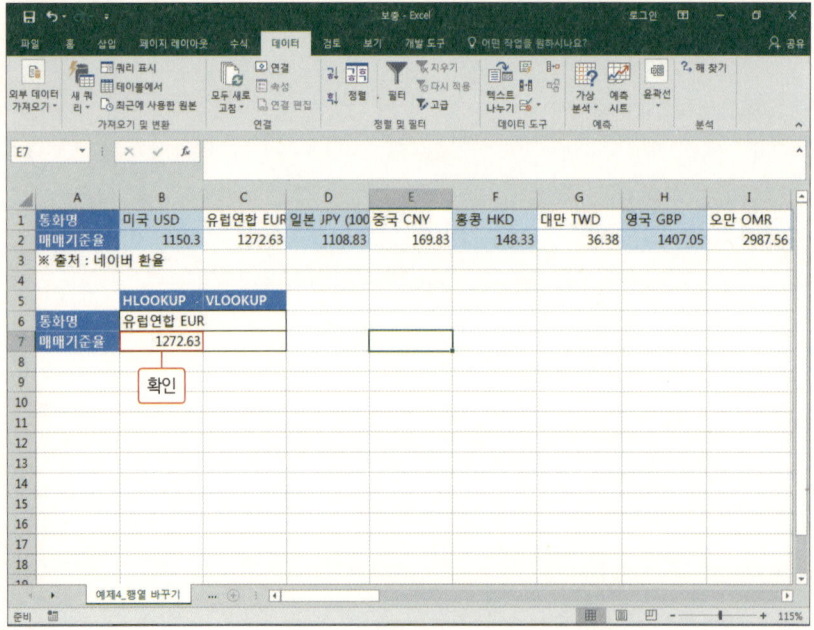

07 VLOOKUP 함수를 이용해 매매기준율을 표시하겠습니다. 'VLOOKUP'은 수직으로 검색하는 함수인데 데이터를 가져올 표가 가로로 긴 형태라 적용하기 곤란합니다. 그렇다면 표에서 행/열을 바꾸면 어떨까요? [A1]셀을 선택하고 Shift 키를 누른 상태에서 방향키 ↓를 한 번 누른 다음 그 상태에서 Ctrl+→ 키를 눌러 [A1:AS2] 범위를 선택하고 복사합니다.

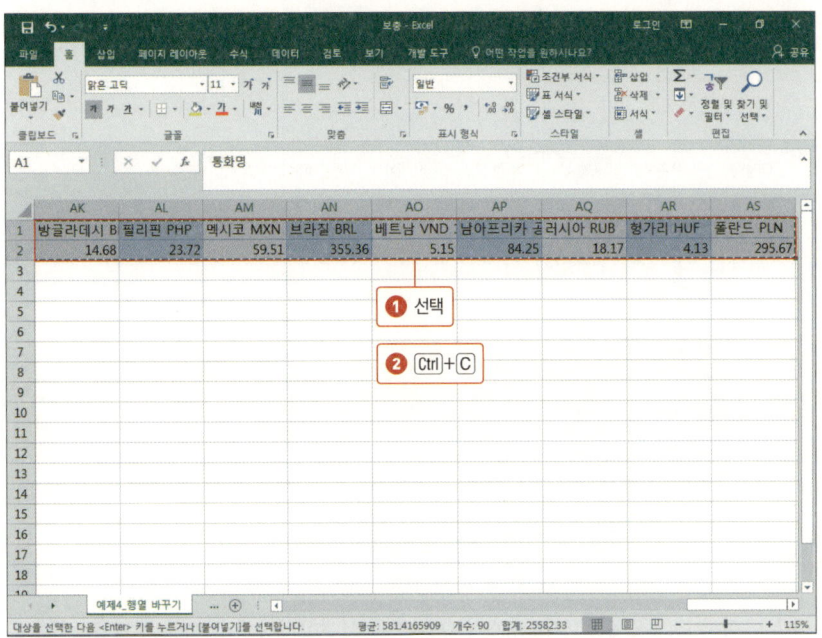

08 [E5]셀을 선택한 다음 [홈] 탭 → [클립보드] 그룹 → [붙여넣기▼]를 클릭하고 [바꾸기(🔁)]를 클릭합니다. 지정한 범위에서 행과 열이 바뀌면서 VLOOKUP 함수를 적용하기 딱 좋은 형태가 된 것을 확인할 수 있습니다.

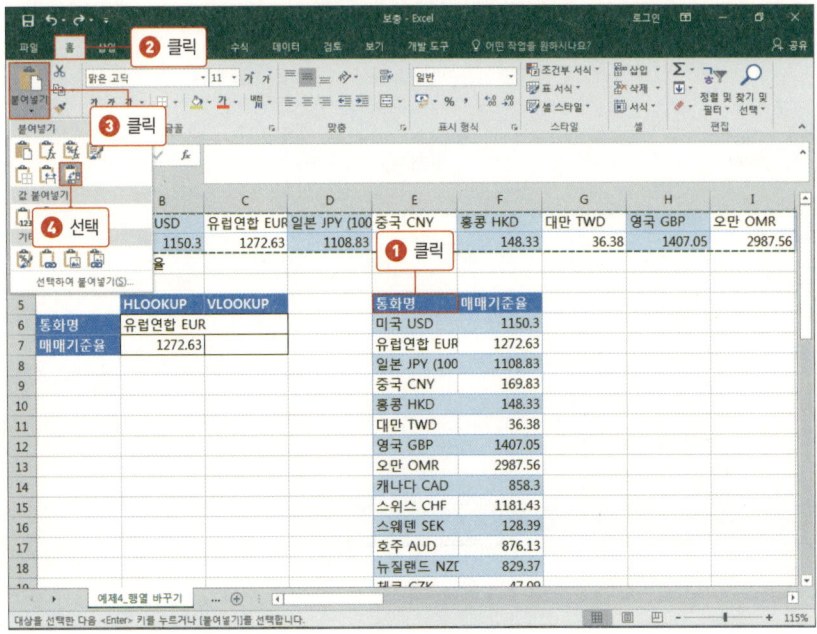

09 본격적으로 VLOOKUP 함수 인수를 입력하기 전에 [C6]셀에 통화명 목록을 표시하겠습니다. [B6]셀을 복사한 다음 [C6]셀에 붙여넣습니다.

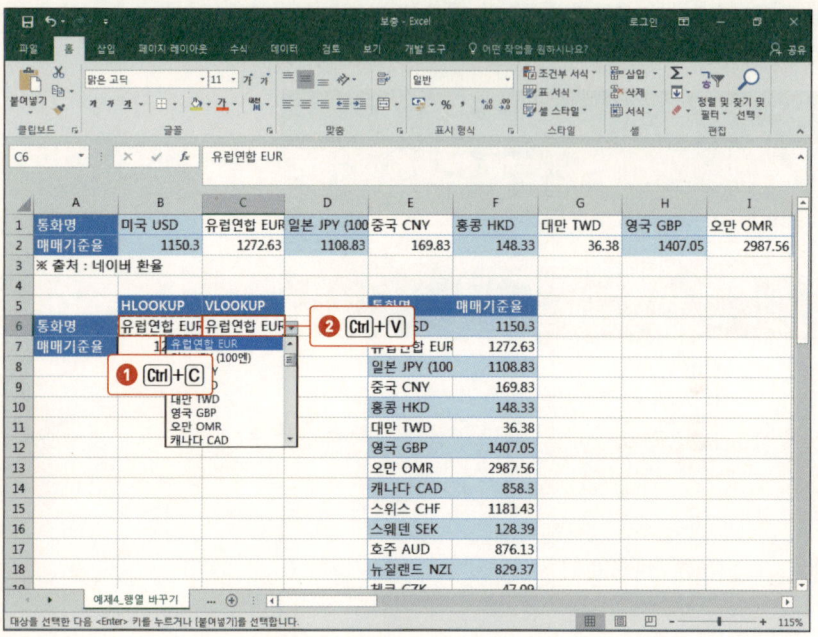

10 [C6]셀 목록 아이콘(▼)을 클릭하고 목록에서 '일본 JPY (100엔)'을 선택합니다. 이세 HLOOKUP 함수를 이용해 매매기준율을 가져오겠습니다.

[C7]셀에 =VLOOKUP('을 입력합니다.

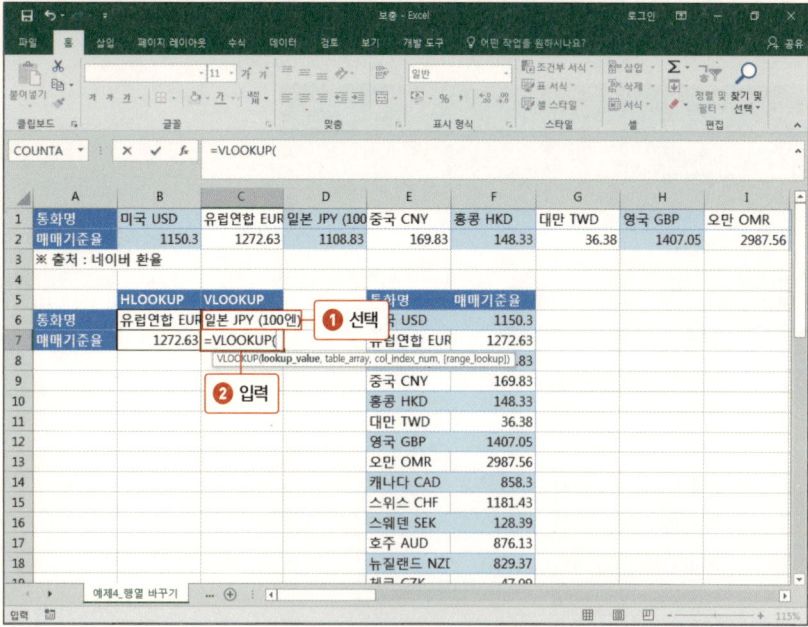

11 검색할 값은 통화명인 [C6]셀, 검색 범위는 [E5:F49] 범위입니다. F4 키를 눌러 행과 열을 고정하고 지정한 범위에서 '매매기준율'은 두 번째 열이므로 열 번호는 '2', 정확한 값을 찾기 위해 '0'을 입력하고 괄호를 닫으면 최종 수식은 '=VLOOKUP(C6,$E$5:$F$49,2,0)'입니다. Enter 키를 누릅니다.

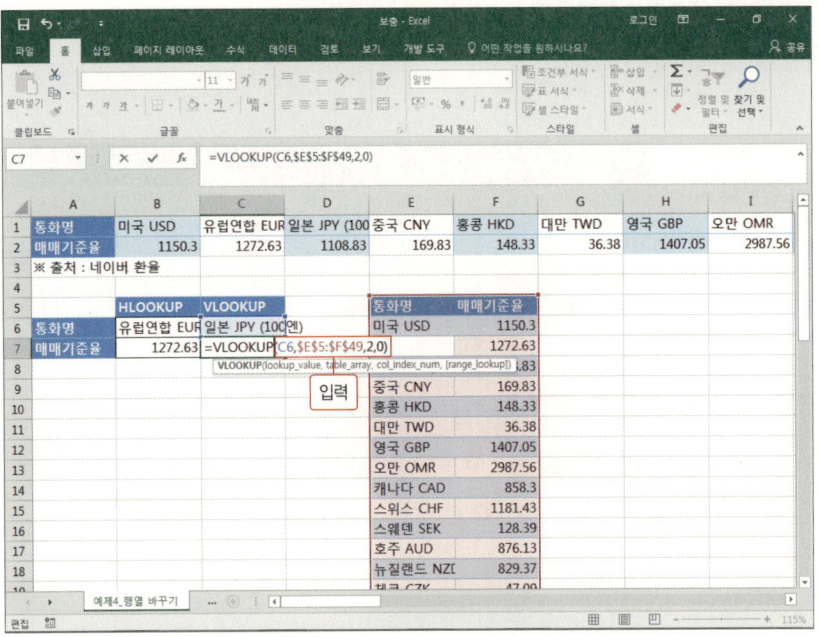

12 선택한 통화명에 해당하는 매매기준율이 표시됩니다.

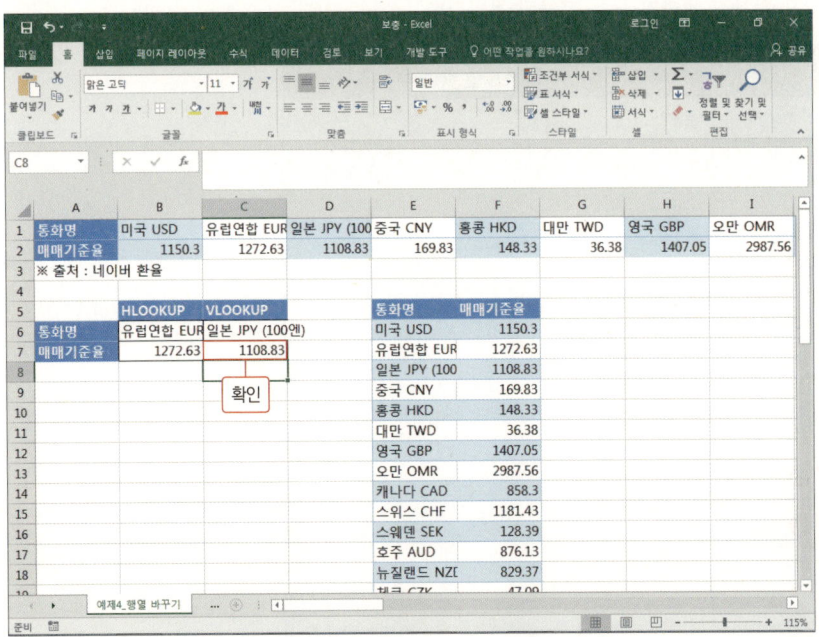

5 화면에 보이는 셀만 복사하고 원본 열 너비 유지하기

엑셀에서 데이터를 복사하고 붙여넣으면 불필요한 값이 복사되거나 현재 시트에 맞춰서 형태가 바뀔 때가 있습니다. 이렇게 복사해서 붙여넣을 때 발생하는 불편한 상황을 시원하게 해결하는 방법을 알아봅니다.

{예제 파일} 07\보충.xlsx   {시트} 예제5_보이는 셀만 & 열 너비 유지

01 부분합이 표시된 데이터를 복사한 다음 새 시트에 붙여넣겠습니다. [A1:D140] 범위를 드래그하고 복사합니다.

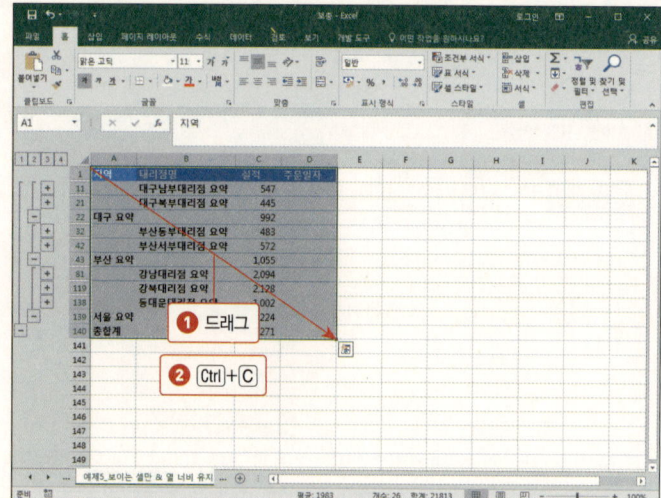

tip 이 예제는 엑셀 2010 이상에서 실습할 수 있습니다.

02 Shift + F11 키를 눌러 새 시트를 표시한 다음 [A1]셀에 붙여넣으면 데이터 전체가 표시됩니다. 지정한 범위에서 화면에 보이지 않고 숨겨진 셀까지 모두 복사된 것입니다.

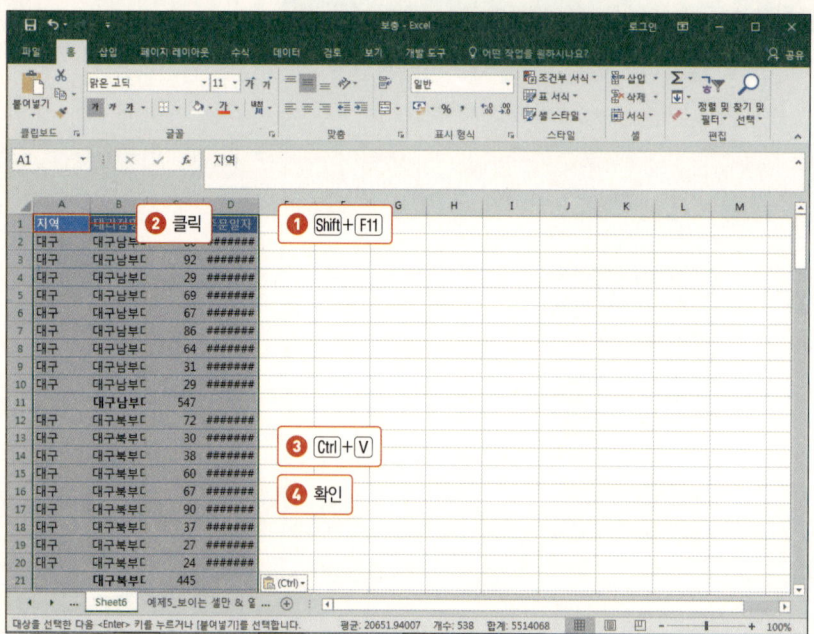

03 화면에 보이는 셀만 복사해 보겠습니다. '예제5_보이는 셀만 & 열 너비 유지' 시트로 이동합니다. [A1:D140] 범위를 드래그한 다음 **[홈] 탭 → [편집] 그룹 → [찾기 및 선택] → [이동 옵션]**을 클릭합니다.

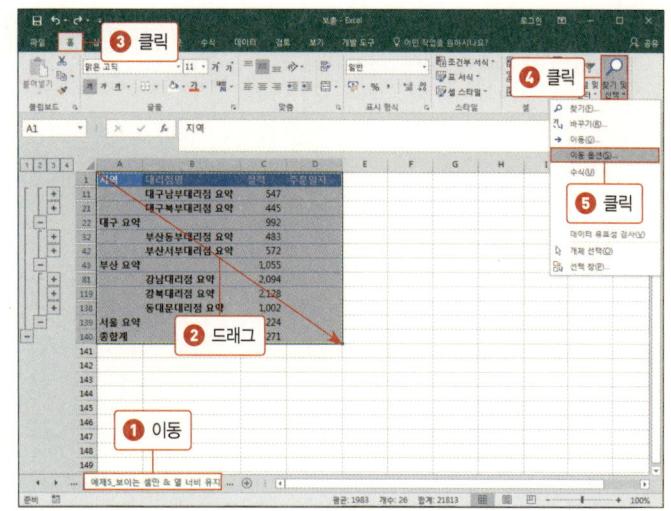

04 '이동 옵션' 대화상자가 표시되면 종류에서 '화면에 보이는 셀만'을 선택하고 〈확인〉 버튼을 클릭합니다.

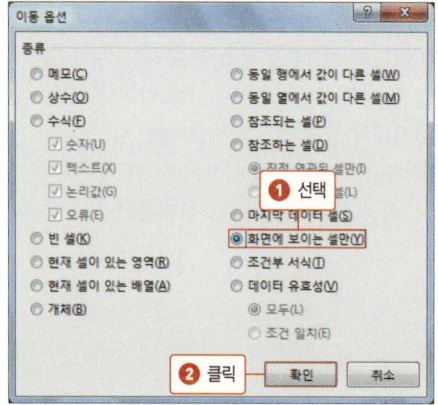

05 당장 뭔가 바뀐 것은 없는 것 같죠? 다시 [A1:D140] 범위를 드래그하고 복사합니다.

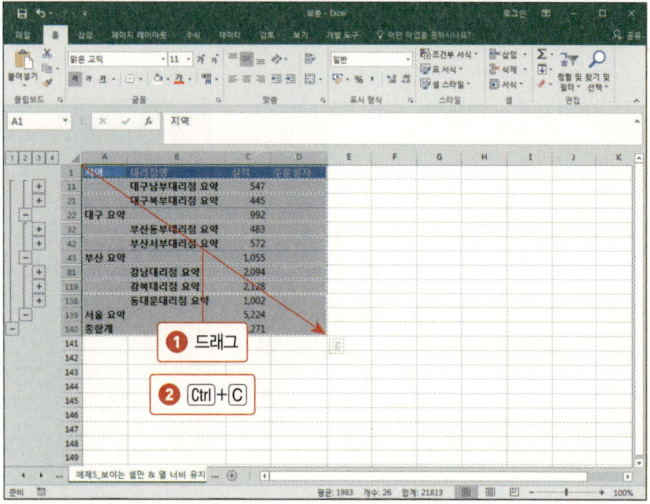

06 이전 데이터를 붙여넣은 시트를 열고 [F1]셀에 붙여넣습니다. 원본 시트에서 화면에 보이는 셀만 표시됩니다.

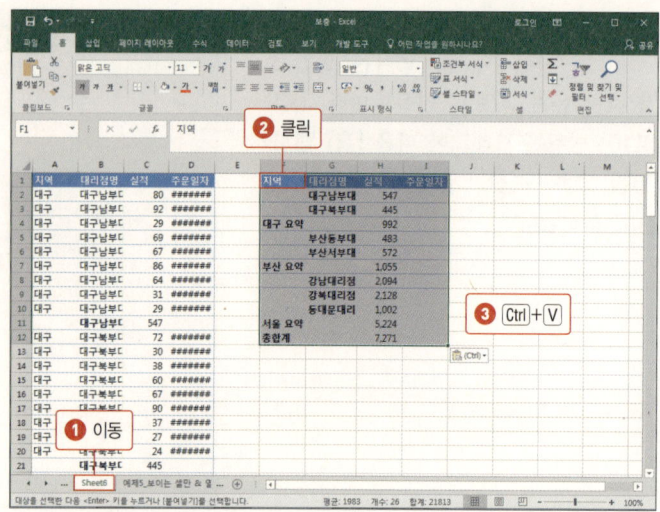

07 가져온 데이터를 살펴보면 열 너비가 현재 시트에 맞춰서 바뀐 것을 확인할 수 있습니다. 열 너비를 원본 데이터와 같게 설정하겠습니다. '붙여넣기 옵션([Ctrl])' 아이콘()을 누르고 '원본 열 너비 유지'를 선택합니다.

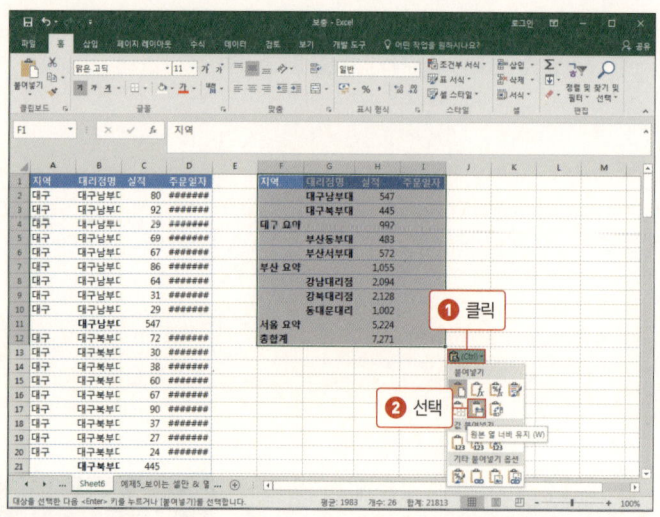

08 가져온 데이터가 원본 열 너비로 표시됩니다. 그런데 '실적' 필드에 셀 참조 오류가 발생한 것을 확인할 수 있습니다. 원본 데이터가 다른 셀을 참조하고 있을 때 복사하면 이렇게 셀 참조 오류가 발생합니다. 이럴 경우 '붙여넣기 옵션([Ctrl])' 아이콘()을 누르고 '값' 또는 '값 및 원본 서식'을 선택하면 됩니다. 예제에서는 '값 및 원본 서식'을 선택합니다.

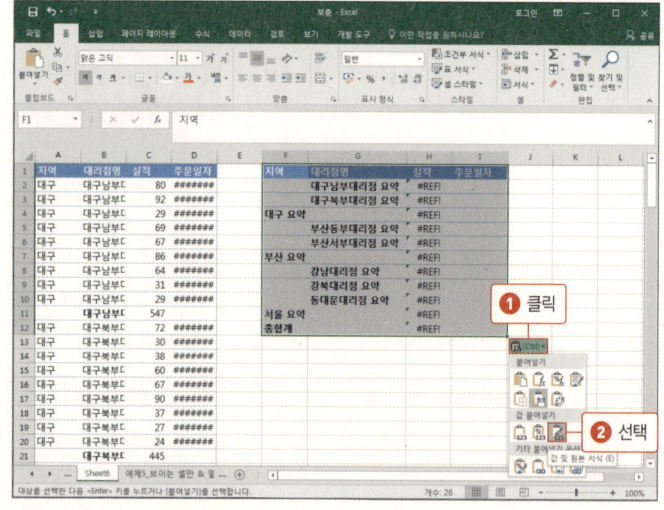

09 '실적' 필드 값이 제대로 표시됩니다. 이렇게 원본 형태를 그대로 복사하는 방법은 보고서 양식과 같은 데이터를 가져올 때 유용하게 사용할 수 있습니다.

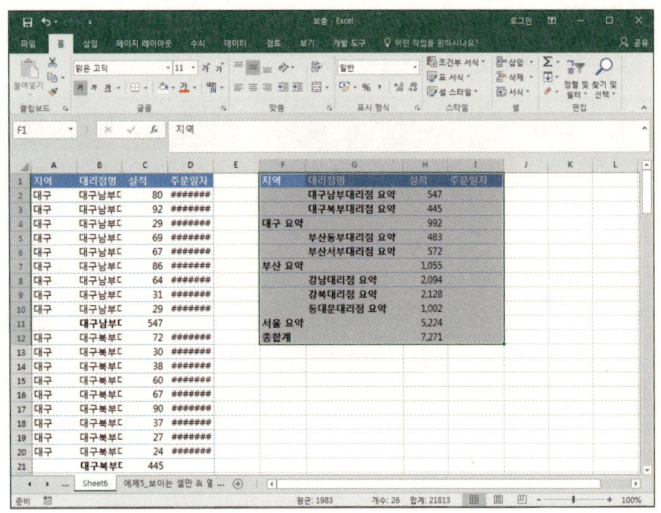

6 조건이 여러 개일 때 VLOOKUP 함수 활용하기 - & 연산자, CONCATENATE 함수, 공백 제거하기

'VLOOKUP'은 유용한 함수이지만 검색할 값이 검색 범위에서 맨 왼쪽 열에 있어야 하고 조건이 하나일 때만 사용이 가능하다는 단점이 있습니다. 여기서는 '&' 연산자와 CONCATENATE 함수를 이용해 조건이 두 개 이상일 때 VLOOKUP 함수를 활용하는 방법을 알아봅니다.

{예제 파일} 07\보충.xlsx   {시트} 예제6_여러조건의 VLOOKUP

01 [J2:L6] 범위에 입력된 주문번호와 판매처코드에 해당하는 상품을 VLOOKUP 함수를 이용해 표시하겠습니다. 그런데 검색할 값, 즉 조건이 두 개라 적용하기 곤란합니다. 그렇다면 조건을 하나로 합쳐 보면 어떨까요? 현재 시트 맨 왼쪽에 열을 삽입한 다음 '&' 연산자와 CONCATENATE 함수를 이용해 '주문번호' 필드와 '판매처코드' 필드를 합치겠습니다.
A열을 마우스 오른쪽 버튼으로 클릭하고 **삽입**을 실행합니다.

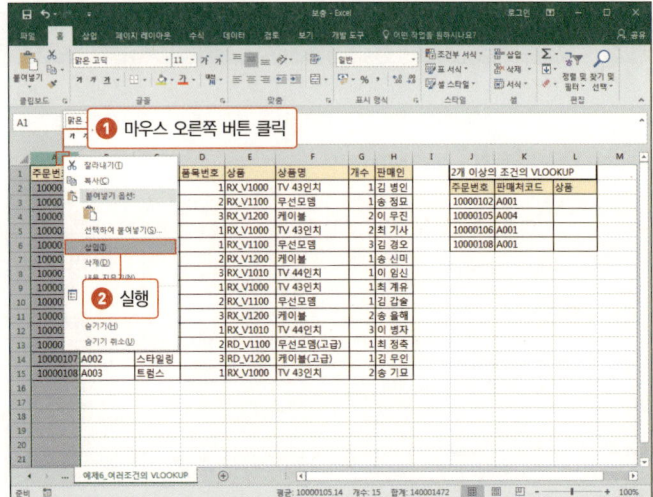

02 새로운 열이 삽입되면 [A2]셀에 '=B2&C2'를 입력하고 Enter 키를 누릅니다. 마치 하나의 조건인 것처럼 두 필드를 합친 것입니다.

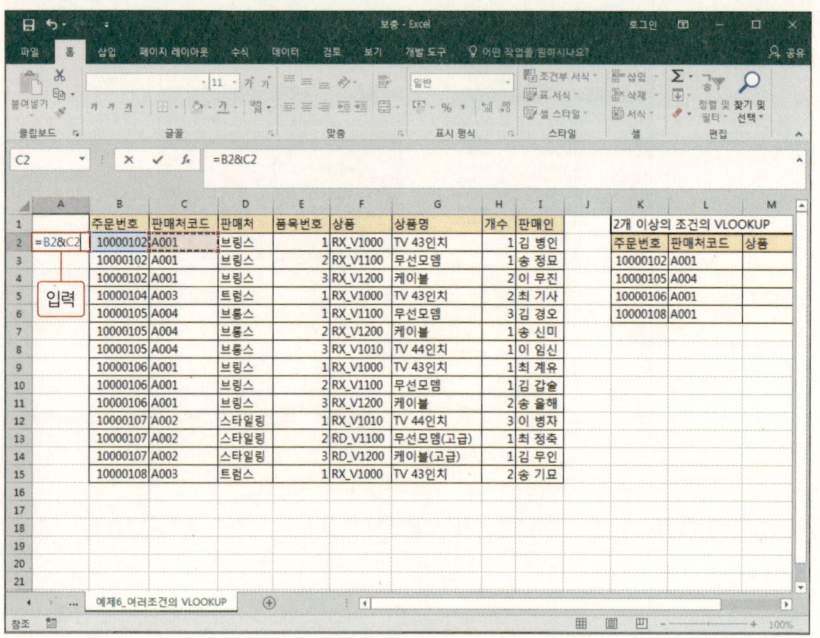

03 '주문번호' 필드 데이터와 '판매처코드' 필드 데이터가 합쳐서 표시됩니다. A열과 B열 사이에 있는 눈금선 위에 마우스 포인터를 올리고 더블클릭하여 열 너비를 조정합니다.

이번에는 CONCATENATE 함수를 이용해 두 필드를 합치겠습니다. [A3]셀에 '=CONCATENATE(B3,C3)'을 입력하고 Enter 키를 누릅니다.

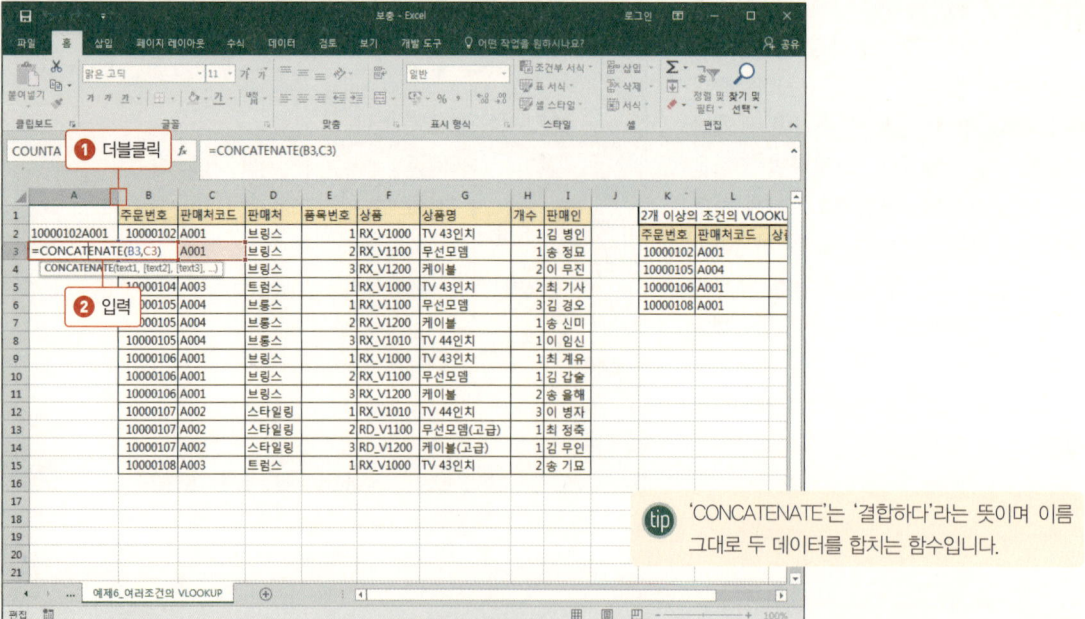

tip 'CONCATENATE'는 '결합하다'라는 뜻이며 이름 그대로 두 데이터를 합치는 함수입니다.

04 똑같은 결과가 나오네요. '&' 연산자와 CONCATENATE 함수는 기능이 같다는 것을 알 수 있습니다. 나머지 셀에도 수식을 적용하겠습니다. 지금까지 드래그하거나 더블클릭했지만 여기서는 단축키를 이용할 것입니다. [A2:A15] 범위를 드래그하고 Ctrl+D 키를 누릅니다. 지정한 범위까지 수식이 적용됩니다.

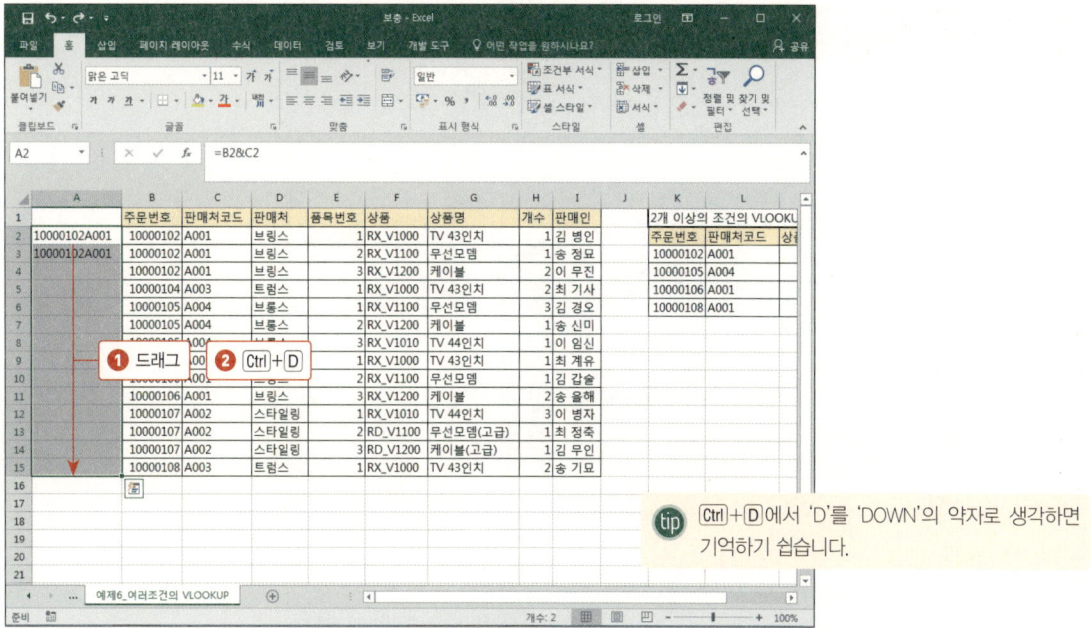

tip Ctrl+D에서 'D'를 'DOWN'의 약자로 생각하면 기억하기 쉽습니다.

05 '판매인' 필드에 입력된 데이터에서 공백을 없애고 넘어가겠습니다. [I2:I15] 범위를 드래그하고 Ctrl+H 키를 눌러 '찾기 및 바꾸기' 대화상자를 표시합니다. 찾을 내용에 커서를 두고 Spacebar 키를 한 번 누른 다음 〈모두 바꾸기〉 버튼을 클릭합니다.

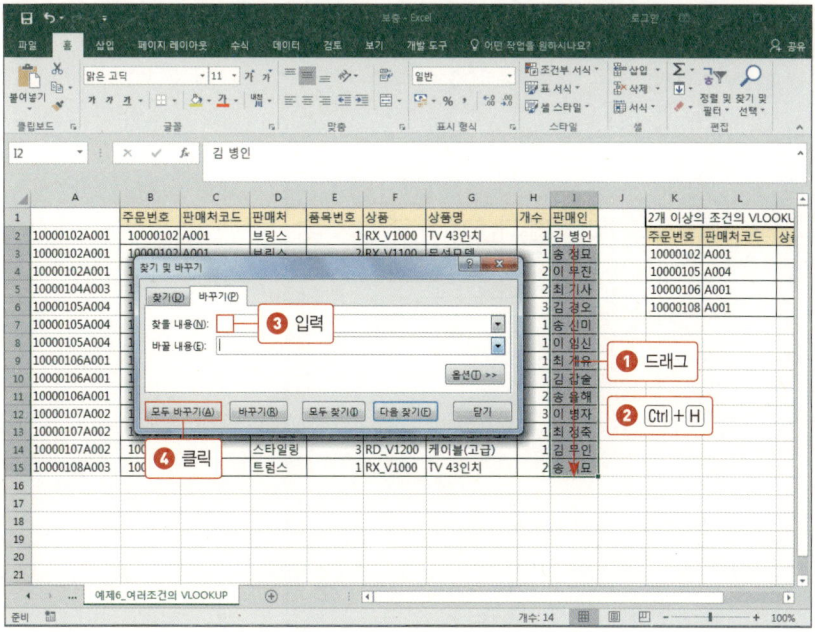

06 항목이 바뀌었음을 알리는 메시지 창이 표시되면 〈확인〉 버튼을 클릭합니다. '판매인' 필드에서 모든 공백이 사라진 것을 확인할 수 있습니다. 〈닫기〉 버튼을 클릭하여 대화상자를 닫습니다.
이제 본격적으로 VLOOKUP 함수를 이용해 주문번호와 판매처코드에 해당하는 상품을 가져오겠습니다.

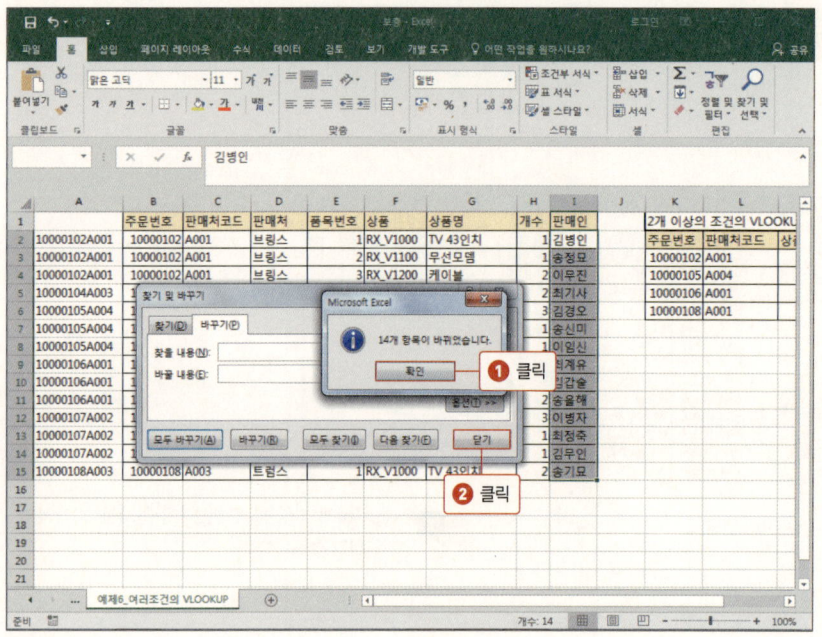

07 [M3]셀에 '=VLOOKUP('을 입력합니다. 앞에서 열을 하나 삽입하고, '주문번호' 필드와 '판매처코드' 필드를 합쳐서 하나로 표시했습니다. 검색할 값도 하나로 합쳐야겠죠? [K3]셀을 클릭하고 '&' 연산자를 입력한 다음 [L3]셀을 클릭하고 쉼표(,)를 입력합니다.

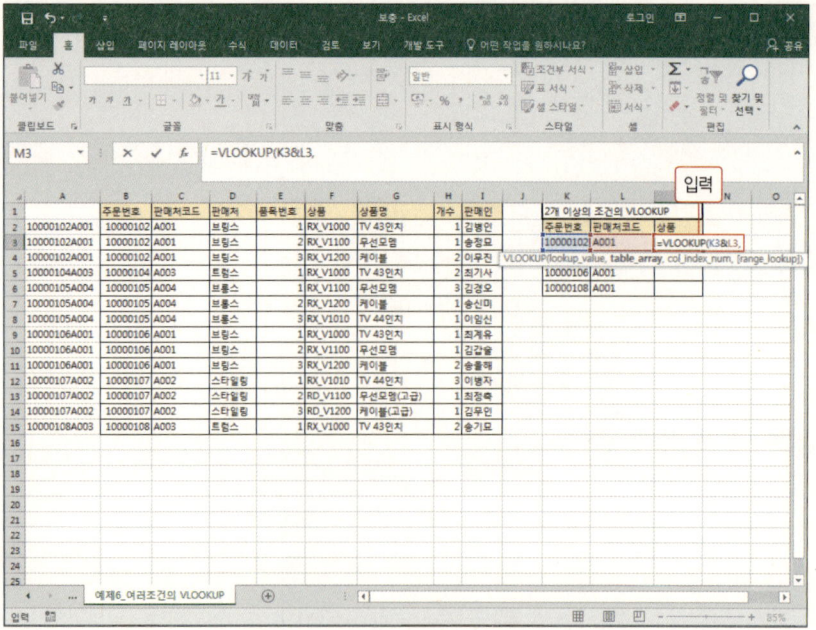

08 [A2:I15] 범위를 드래그한 다음 F4 키를 눌러 행과 열을 고정합니다. 지정한 범위에서 '상품'은 여섯 번째 열이므로 '6'을 입력하고 정확하게 일치하는 값을 찾기 위해 '0'을 입력한 다음 괄호를 닫고 Enter 키를 누릅니다. 최종 수식은 '=VLOOKUP(K3&L3,$A$2:$I$15,6,0)'입니다.

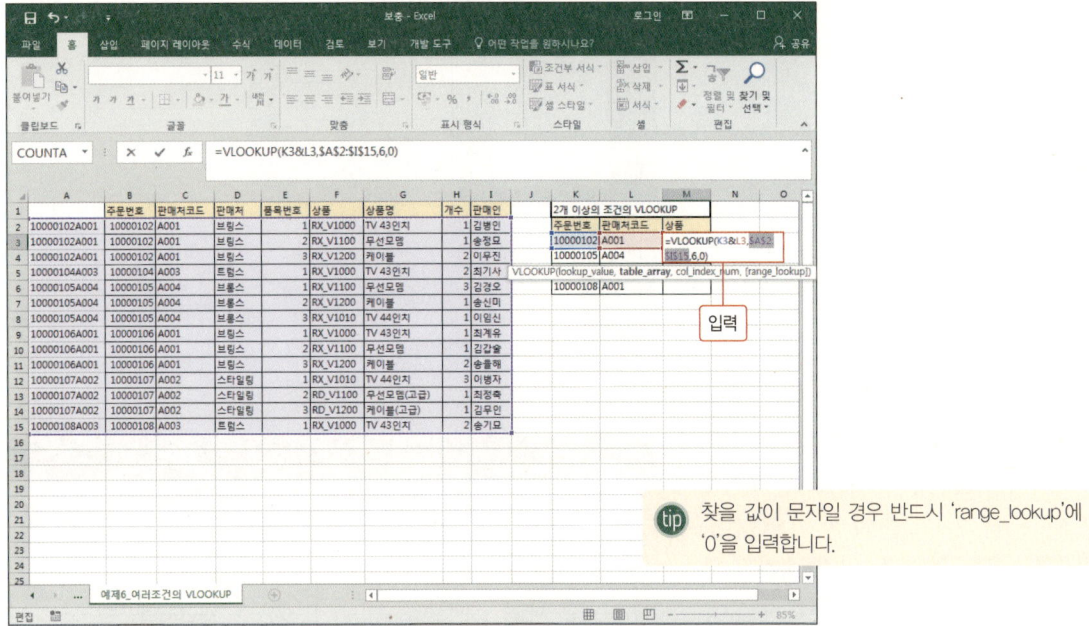

tip 찾을 값이 문자일 경우 반드시 'range_lookup'에 '0'을 입력합니다.

09 [M2] 셀에 상품이 표시되면 [M2:M6] 범위를 드래그한 다음 Ctrl + D 키를 눌러 나머지 셀을 채웁니다.

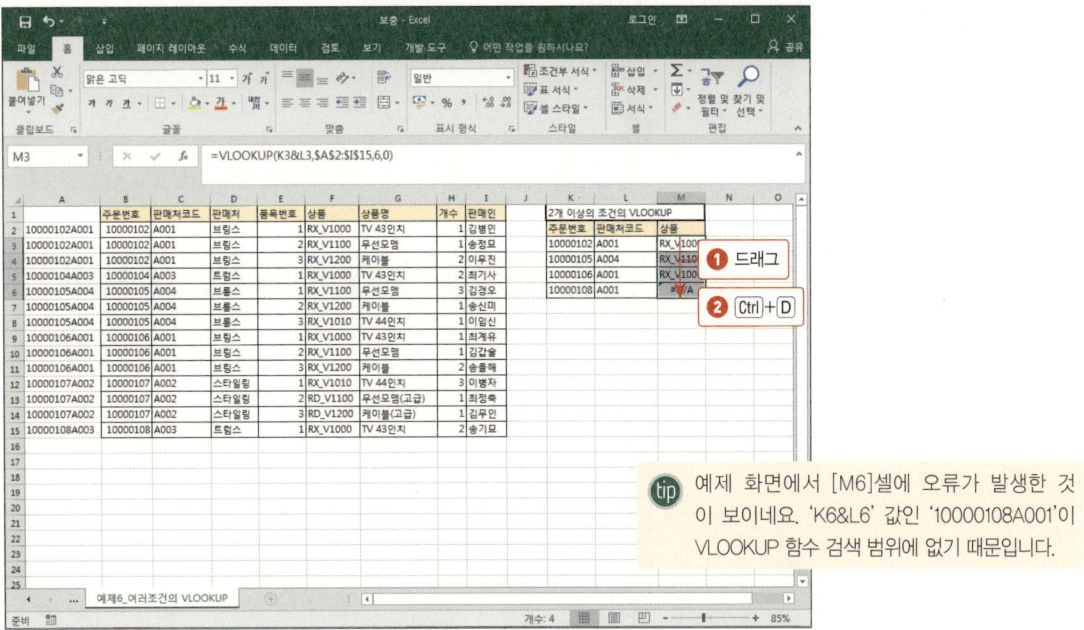

tip 예제 화면에서 [M6]셀에 오류가 발생한 것이 보이네요. 'K6&L6' 값인 '10000108A001'이 VLOOKUP 함수 검색 범위에 없기 때문입니다.

10 조건에 해당하는 상품이 표시됩니다. 두 필드를 합친 A열을 보이지 않게 숨겨서 보다 깔끔하게 만들겠습니다. A열을 마우스 오른쪽 버튼으로 클릭하고 **숨기기**를 실행합니다.

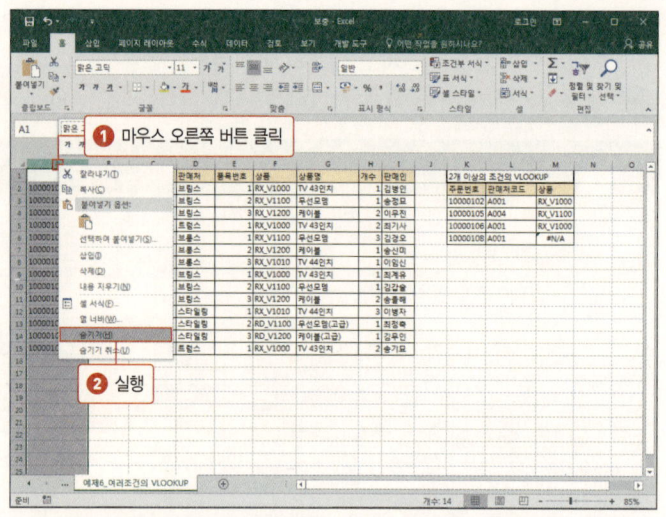

11 현재 시트에서 A열이 보이지 않는 것을 확인할 수 있습니다. 이렇게 조건이 여러 개여도 얼마든지 VLOOKUP 함수를 활용할 수 있고 여기에 '숨기기' 명령을 사용하면 깔끔하게 관리할 수 있습니다.

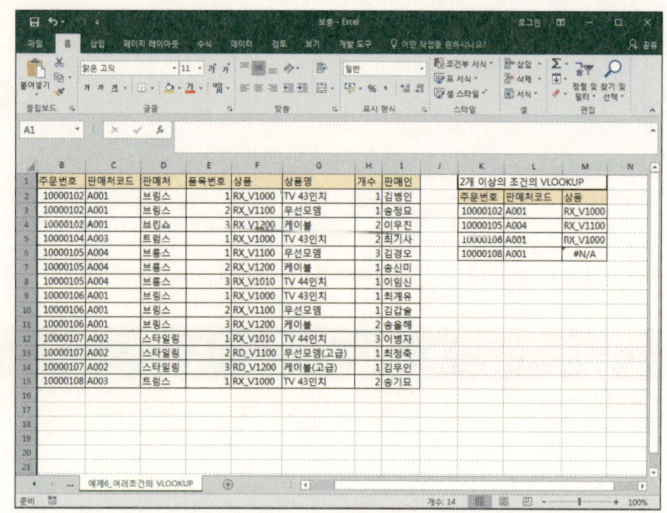

12 만약 숨긴 열을 다시 나오게 하려면 B열 왼쪽에 있는 눈금선 위에 마우스 포인터를 올린 다음 마우스 오른쪽 버튼을 클릭하고 **숨기기 취소**를 실행하면 됩니다.

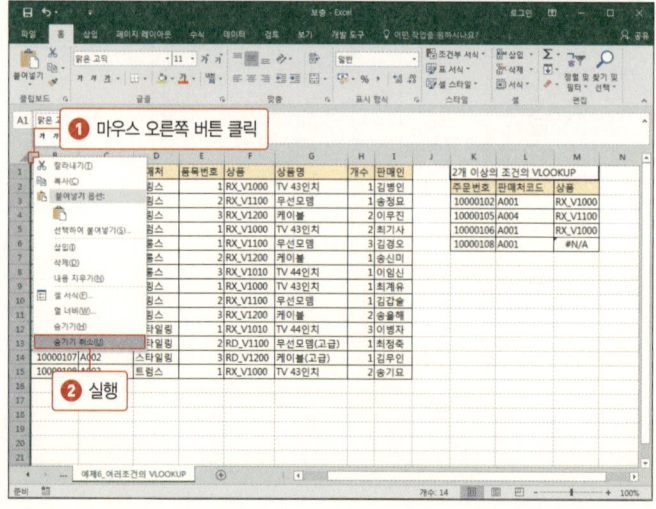

SECTION 01 실무 기술 익히기

7 입력된 상품과 개수에 해당하는 할인율 표시하기 - INDEX, MATCH 함수

조건에 해당하는 데이터를 찾을 때 일반적으로 VLOOKUP 함수를 이용하지만 이 함수의 가장 큰 단점이 있습니다. 바로 검색할 값, 즉 조건이 검색 범위에서 가장 왼쪽에 있어야 한다는 점입니다. 그러나 INDEX, MATCH 함수를 조합하면 VLOOKUP 함수의 한계에서 벗어날 수 있습니다. 여기서는 INDEX, MATCH 함수로 조건 위치에 관계없이 원하는 데이터를 찾는 방법과 더 나아가 배열 함수에 대해 알아봅니다.

{예제 파일} 07\보충.xlsx   {시트} 예제7_INDEX MATCH의 기본 및 활용

01 INDEX와 MATCH 함수를 이용해 '할인율' 필드를 채우겠습니다. 먼저 [J2:L2] 범위와 [J11:L11] 범위를 살펴보면 상품 범주를 물결 표시(~)로 입력한 것을 확인할 수 있습니다. 이 범주를 엑셀이 인식할 수 있도록 바꾸겠습니다. [J1:L1] 범위와 [J10:L10] 범위에 화면과 같이 입력합니다.

상품명	개수	판매인	할인율		오름차순	1	51	101	
TV 43인치	78	김병인				1~50	51~100	101~	
무선모뎀	97	송정묘			RX_V1000	28%	36%	49%	
케이블	143	이무진			RX_V1100	26%	31%	40%	
TV 43인치	15	최기사		입력	X_V1200	23%	32%	40%	
무선모뎀	29	김경오			X_V1010	28%	34%	44%	
케이블	35	송신미			RD_V1100	28%	31%	42%	
TV 44인치	110	이임신			RD_V1200	26%	31%	45%	
TV 43인치	56	최계유							
무선모뎀	36	김감술			내림차순	10000	100	50	
케이블	37	송율해				101~	100~51	50~1	
TV 44인치	27	이병자			RX_V1000	49%	36%	28%	
무선모뎀(고급)	98	최정축			RX_V1100	40%	31%	26%	
케이블(고급)	57	김무인			RX_V1200	40%	32%	23%	
TV 43인치	65	송기묘			RX_V1010	44%	34%	28%	
					RD_V1100	42%	31%	28%	
					RD_V1200	45%	31%	26%	

tip 개수가 오름차순일 때는 범주에서 가장 작은 수를, 내림차순일 때는 범주에서 가장 큰 수를 입력합니다. 예를 들어 개수가 오름차순으로 정렬된 [K2]셀에서는 '51'을 입력하고, 내림차순으로 정렬된 [J11]셀은 '101'보다 큰 수를 입력하면 됩니다.

02 상품 'RX_V1000'이 '78'개일 때 [J3:L8] 범위에서 할인율을 구하려면 어떻게 해야 할까요? 단계별로 살펴보도록 하겠습니다.

1) [I3:I8] 범위에서 상품 'RX_V1000'이 어디에 있는지 찾습니다.
2) [J2:L2] 범위에서 개수 '78'의 범주를 확인합니다.
3) [J3:L8] 범위에서 해당하는 할인율을 찾습니다.

↓

1) [C2]셀에 입력된 상품 'RX_V1000'이 [I3:I8] 범위에서 몇 번째인지 확인합니다.
→ 첫 번째 ([I3]셀)

2) [E2]셀에 입력된 개수 '78'이 [J2:L2] 범위에서 몇 번째인지 확인합니다.
→ 두 번째 ([K1]셀)

3) [J3:L8] 범위에서 몇 번째 행과 열에 위치하는지 확인합니다.
→ 첫 번째 행, 두 번째 열 ([K3]셀)

1) MATCH(C2,$I$3:$I$8,0) = 1
(상품은 문자이기 때문에 'match_type'에서 '정확한 일치' 옵션인 '0'을 입력합니다.)

2) MATCH(E2,$J$1:$L$1,1) = 2
([J1:L1] 범위에 입력된 데이터가 오름차순이므로 'match_type'에 '1'을 입력합니다.)

3) INDEX($J$3:$L$8,1),2))
(INDEX 함수에 MATCH 함수 결과를 인수로 입력합니다.)

이렇게 생각하는 과정을 엑셀 수식으로 표현하면서 이해하면 어렵게 느껴지지 않고 오래 기억할 수 있습니다. [G1]셀에 '=INDEX($J$3:$L$8, MATCH(C2,$I$3:$I$8,0), MATCH(E2,$J$1:$L$1,1))'를 입력하고 Enter 키를 누릅니다.

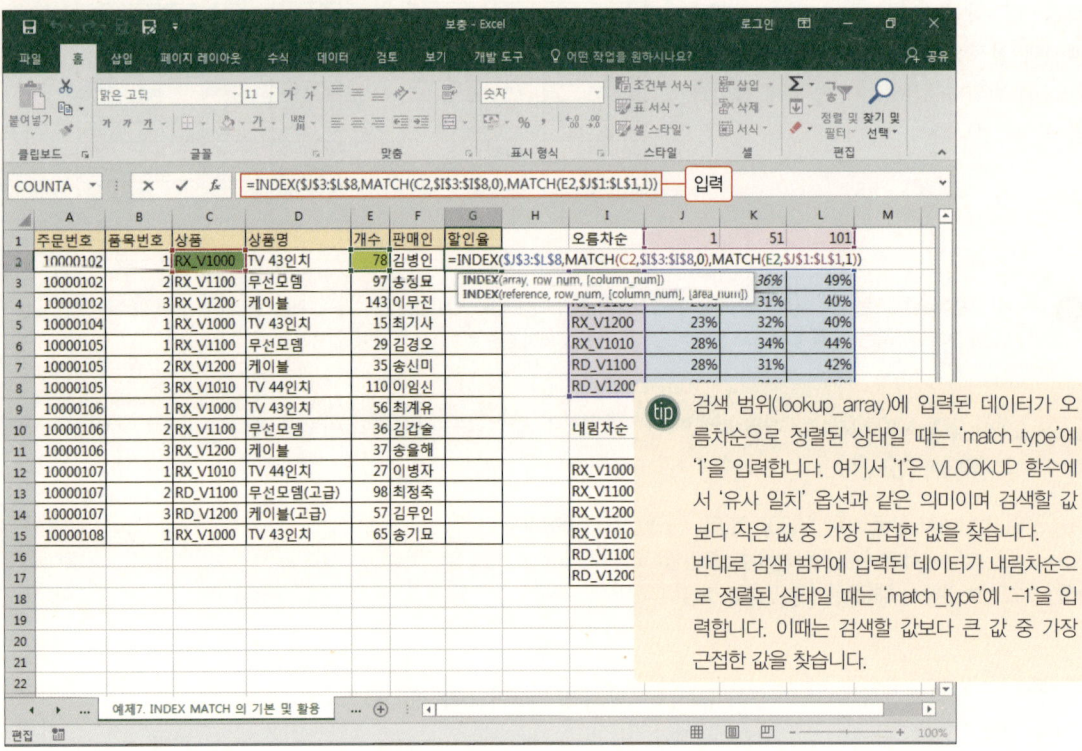

tip 검색 범위(lookup_array)에 입력된 데이터가 오름차순으로 정렬된 상태일 때는 'match_type'에 '1'을 입력합니다. 여기서 '1'은 VLOOKUP 함수에서 '유사 일치' 옵션과 같은 의미이며 검색할 값보다 작은 값 중 가장 근접한 값을 찾습니다.
반대로 검색 범위에 입력된 데이터가 내림차순으로 정렬된 상태일 때는 'match_type'에 '-1'을 입력합니다. 이때는 검색할 값보다 큰 값 중 가장 근접한 값을 찾습니다.

03 상품과 개수에 해당하는 할인율이 소수점 두 번째 자리까지 표시됩니다.

04 할인율을 백분율로 표시하겠습니다. [G2]셀을 선택하고 **[홈] 탭 → [표시 형식] 그룹**에서 형식을 '백분율'로 지정합니다.

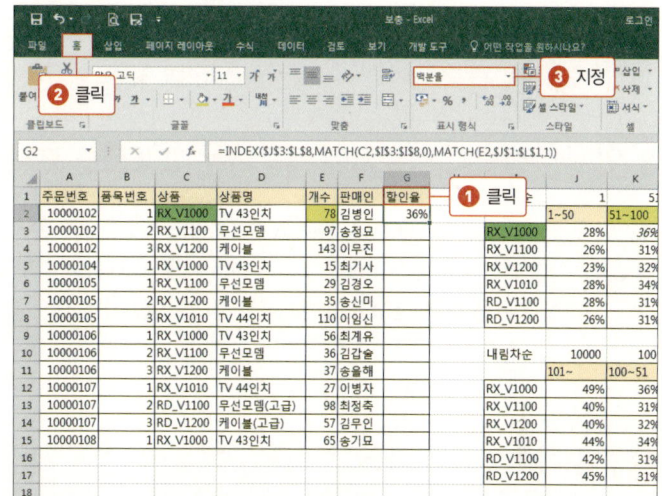

05 개수가 내림차순으로 정렬된 [J12:L17] 범위에서 할인율을 가져오겠습니다. 앞에서 입력한 수식에서 [J12:L17] 범위를 지정하고 'match_type'을 '-1'로 바꾸면 됩니다.
[G3]셀에 '=INDEX($J$12:$L$17,MATCH(C3,$I$12:$I$17,0),MATCH(E3,$J$10:$L$10,-1))'을 입력하고 Enter 키를 누릅니다.

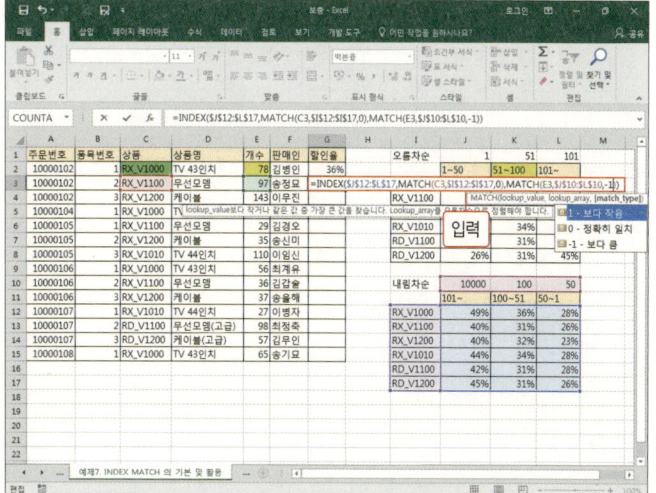

06 [G2]셀 오른쪽 아래 꼭짓점에 마우스포인터를 올린 다음 십자 표시가 나오면 드래그하여 [G15]셀까지 채웁니다.

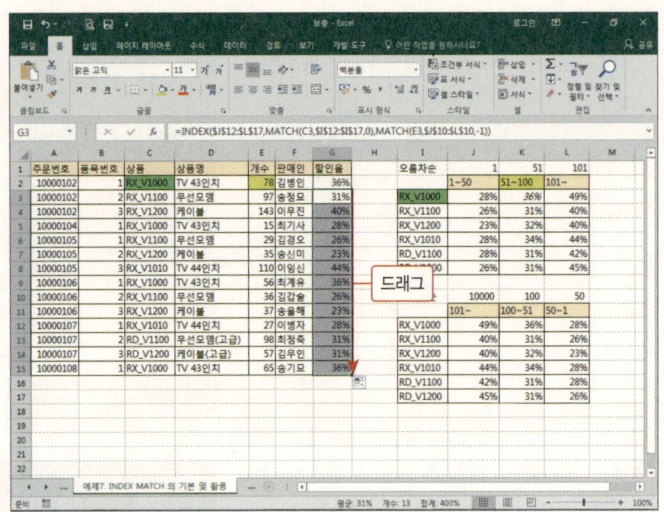

8 입력된 성명과 인증키에 해당하는 고객코드 표시하기 - INDEX, MATCH, 배열 함수

조건이 두 개 이상일 때 VLOOKUP 함수를 이용하려면 필드를 삽입한 다음 두 조건을 합쳐야 했습니다. 여기서는 비슷하게 접근하지만 이보다 쉬운 방식으로 조건이 여러 개일 때 INDEX, MATCH 함수로 원하는 데이터를 찾는 방법을 알아봅니다. 어려울 경우 동영상을 참조하여 반드시 이해하고 넘어가는 것이 좋습니다.

{예제 파일} 07\보충.xlsx   {시트} 예제7_ INDEX MATCH 다중 조건

01 INDEX, MATCH 함수를 이용해 '고객코드' 필드를 채우겠습니다. 여기서 필요한 조건 두 가지는 '성명'과 '인증키'입니다. '성명' 필드를 살펴보면 '김병인'이 입력된 셀이 여러 개 있지만 각각의 인증키는 모두 다른 것을 확인할 수 있습니다.

[F2:G5] 범위에 입력된 성명과 인증키에 해당하는 고객코드를 가져오겠습니다.

tip 인증키는 순번, 주민등록번호와 같이 유니크한 데이터입니다.

406 Part 7 자주 사용하는 실무 기술 익히기

SECTION 01 실무 기술 익히기

02 [H2]셀에 '=INDEX('를 입력한 다음, [A2:A19] 범위를 드래그하고 F4 키를 눌러 행과 열을 고정합니다. 이어서 입력할 인수인 행 번호는 MATCH 함수를 이용해 찾겠습니다.

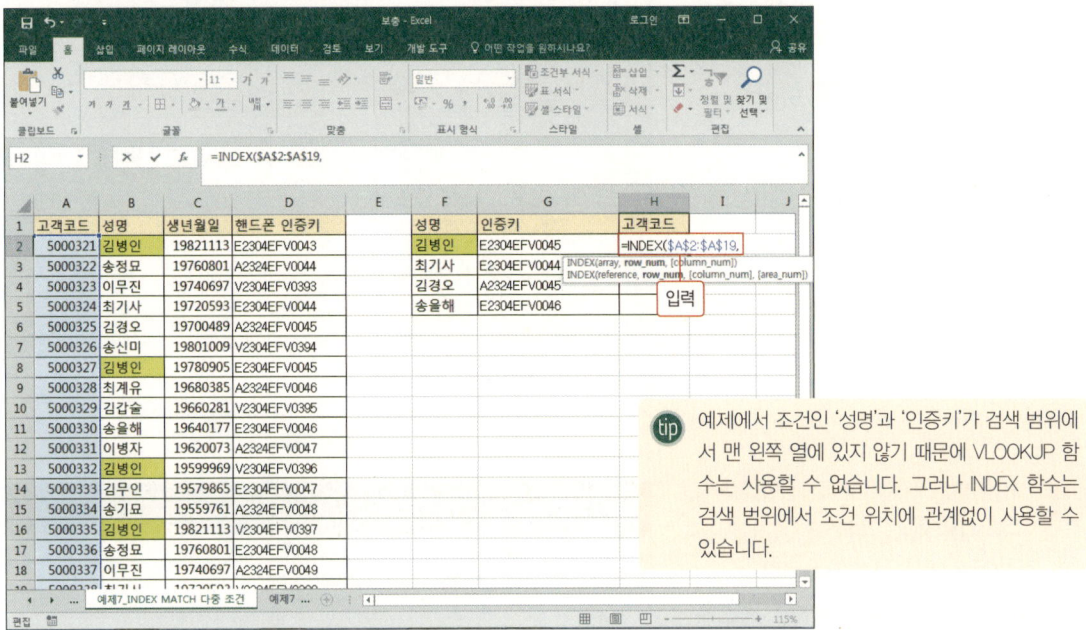

tip 예제에서 조건인 '성명'과 '인증키'가 검색 범위에서 맨 왼쪽 열에 있지 않기 때문에 VLOOKUP 함수는 사용할 수 없습니다. 그러나 INDEX 함수는 검색 범위에서 조건 위치에 관계없이 사용할 수 있습니다.

03 'MATCH('를 입력하고 [F2]셀을 클릭한 다음 '&' 연산자를 이용해 [G2]셀과 연결합니다. 쉼표(,)를 입력하고 같은 방법으로 [B2:B19] 범위와 [D2:D19] 범위를 연결하여 검색 범위로 지정한 다음 F4 키를 눌러 행과 열을 고정합니다. 정확한 값을 찾기 위해 '0'을 입력하고 괄호를 닫습니다. 열 번호를 입력하기 위해 쉼표(,)로 구분하고 참조 영역에서 '고객코드' 필드는 첫 번째 열이므로 '1'을 입력한 다음 괄호를 닫고 Enter 키를 누릅니다. 입력한 식은 '=INDEX($A$2:$A$19, MATCH(F2&G2,$B$2:$B$19&$D$2:$D$19,0),1)'입니다.

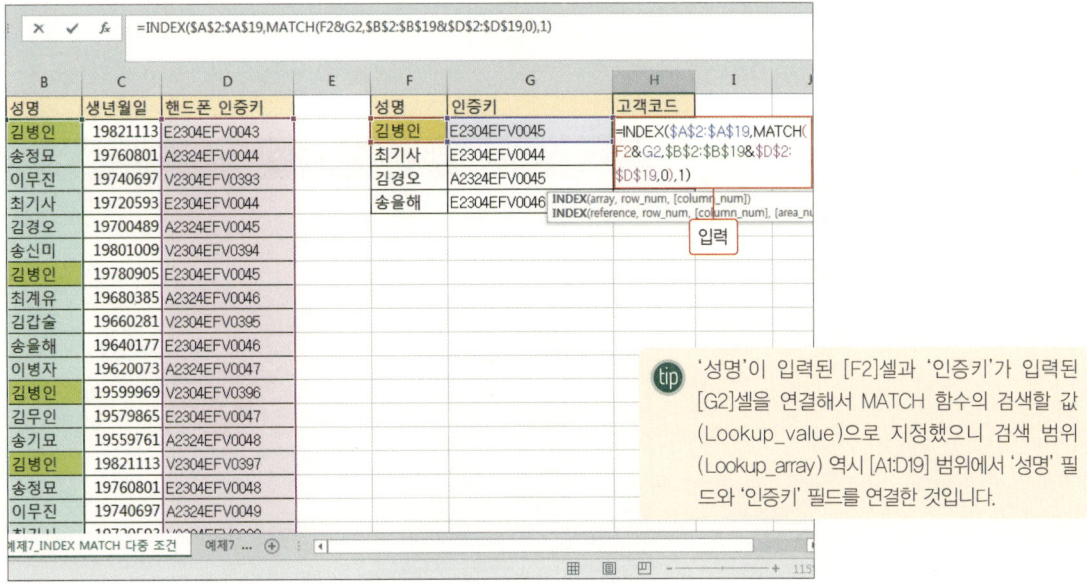

tip '성명'이 입력된 [F2]셀과 '인증키'가 입력된 [G2]셀을 연결해서 MATCH 함수의 검색할 값(Lookup_value)으로 지정했으니 검색 범위(Lookup_array) 역시 [A1:D19] 범위에서 '성명' 필드와 '인증키' 필드를 연결한 것입니다.

407

04 Enter 키를 누르면 오류가 발생한 것을 확인할 수 있습니다.
MATCH 함수 인수를 '& 연산자'로 연결해서 배열로 범위를 지정했기 때문이죠. 이제 배열 함수를 사용해 보겠습니다.

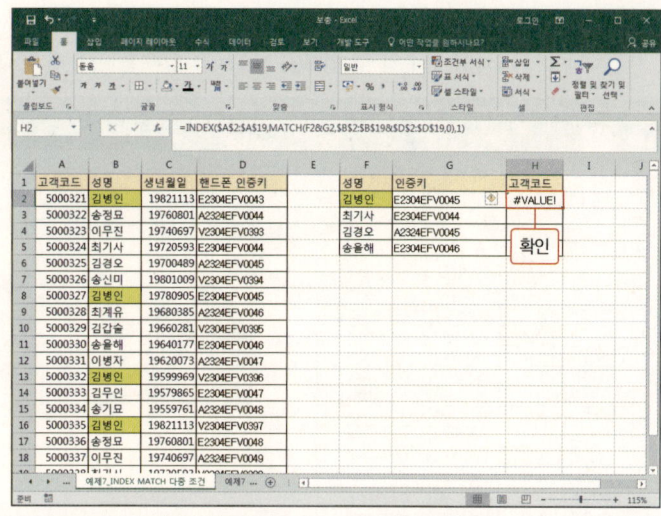

05 [H2]셀을 선택하고 수식 입력줄에서 '=INDEX(' 뒤쪽에 커서를 둔 다음 Ctrl + Shift + Enter 키를 누릅니다.
수식이 중괄호({})로 감싸지면서 조건에 맞는 고객코드가 표시됩니다.

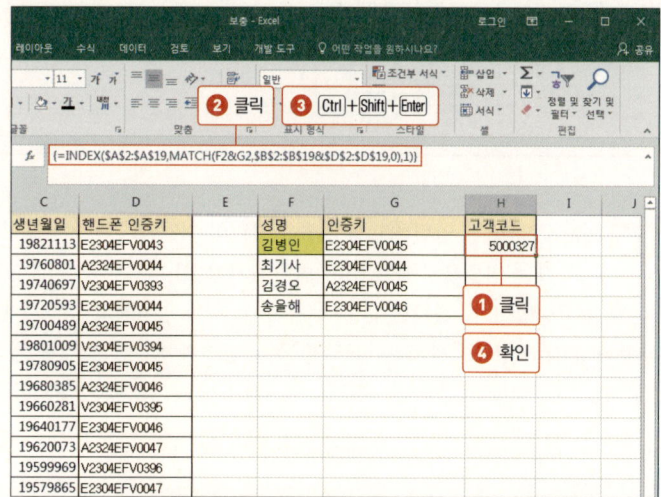

06 [H2:H5] 범위를 드래그한 다음 Ctrl + D 키를 눌러 나머지 필드를 채웁니다.

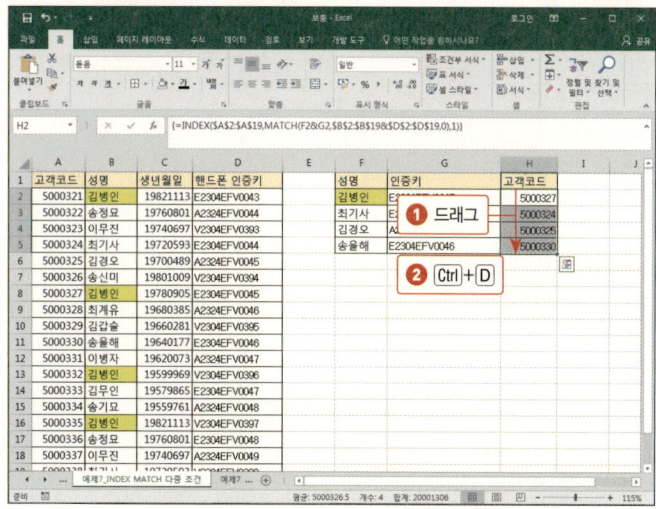

408　Part 7 자주 사용하는 실무 기술 익히기

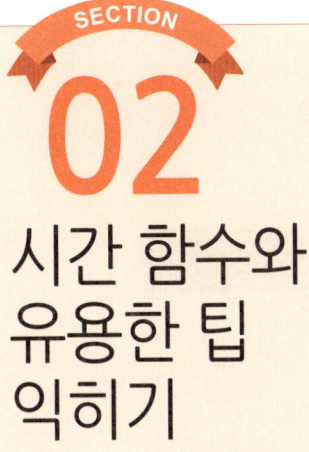

SECTION 02 시간 함수와 유용한 팁 익히기

시간과 관련된 함수와 유용한 팁을 모두 모아 정리해 보겠습니다. 시간 함수는 작업 스케줄을 정할 때나 인사 부서에서 근태 관리를 하는 등 여러 상황에서 사용할 수 있습니다. 상황에 따라 어떤 함수를 어떤 방식으로 활용할 수 있는지 알아보겠습니다.

중요도 3

작업 소요 시간
25분

동영상 재생 시간
11분

1 근무 일지를 작성하면서 시간 함수와 환산 개념 알아보기

엑셀에서 하루와 한 시간을 표현하는 방법을 알아본 다음 근무 일지를 작성하면서 여러 가지 시간 함수에 대해 알아봅니다. 이때 시간 데이터로 직접 연산할 경우 주의해야 할 점이 있습니다. 예제에서 자세히 알아봅니다.

{예제 파일} 07\보충.xlsx　{시트} 예제9_시간함수 총정리 예제

01 엑셀에서 하루는 '1'입니다. 그렇다면 '1/24'은 한 시간을 뜻하겠죠? '분' 단위로 내려가려면 '60'으로 나누면 됩니다. '1/24/60' 이렇게요. 따라서 엑셀에서 날짜 데이터에 '1'을 더하면 바로 다음 날이 됩니다. 직접 확인해 볼까요?
[D25]셀에 '1'을 더하면 [E25]셀에 바로 다음 날인 '1900-01-02'이 표시되는 것을 확인할 수 있습니다.

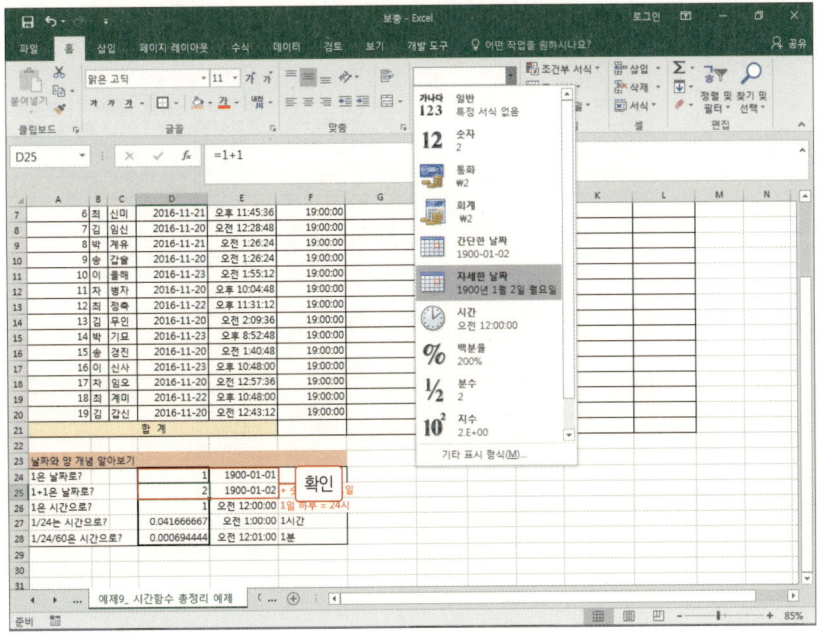

409

02 시간을 한 번 살펴볼까요? [D27]셀에는 '1'을 '24'로 나눈 값이 표시되어 있습니다. [D27]셀을 선택하고 [홈] 탭 → [표시 형식] 그룹에서 형식을 '시간'으로 지정하면 [E27]셀에 '오전 1:00:00'가 표시됩니다. 이렇게 시간에 대한 간단한 계산은 '24'나 '60'으로 나누거나 곱해서 할 수 있습니다.
이 개념을 이용해 근무일지를 작성해 보겠습니다.

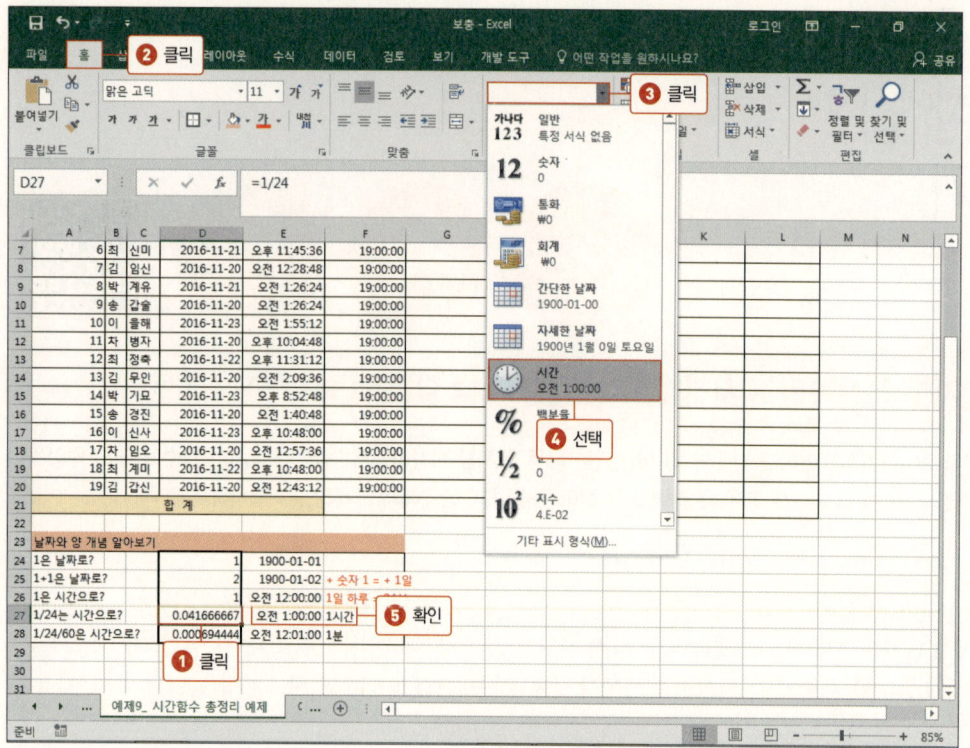

03 [초과 시간 구하기]
'초과시간' 필드를 채우겠습니다. '1차 근무 시간' 필드에서 '초과근무기준' 필드를 빼 볼까요? [G2]셀에 '=E2-F2'를 입력하고 Enter 키를 누릅니다.

410 Part 7 자주 사용하는 실무 기술 익히기

SECTION 02 시간 함수와 유용한 팁 익히기

04 [G2:G20] 범위를 드래그한 다음 Ctrl+D 키를 눌러 나머지 필드를 채우면 '1차 근무 시간' 필드에 입력된 시간 데이터가 오전 12시를 넘어간 경우 오류가 발생한 것을 확인할 수 있습니다. 즉, 다음 날에 퇴근하면 초과 시간을 계산할 때 오류가 발생한다는 것이죠.

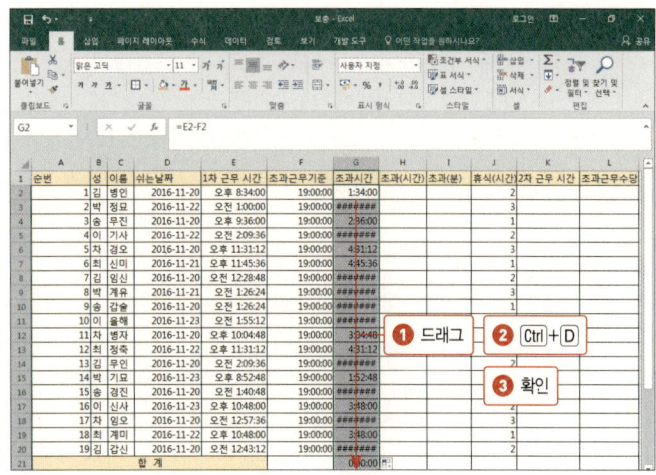

05 이럴 때는 '1차 근무 시간' 값에 '1'을 더한 다음 '초과근무기준' 값을 빼면 됩니다. 그런데 당일에 퇴근한 사람들도 있으니 IF 함수로 조건을 지정해야겠죠?

[G2]셀에 '1차 근무 시간' 값이 '초과근무기준' 값보다 작을 경우에만 '1'을 더하고 '초과근무기준' 값을 빼도록 수식을 입력합니다. '=IF(E2<F2,1+E2-F2,E2-F2)' 이렇게요. [G2]셀 오른쪽 꼭짓점에 마우스 포인터를 올린 다음 십자 표시가 나오면 [G20]셀까지 드래그합니다. 정확한 값이 표시된 것을 확인할 수 있습니다.

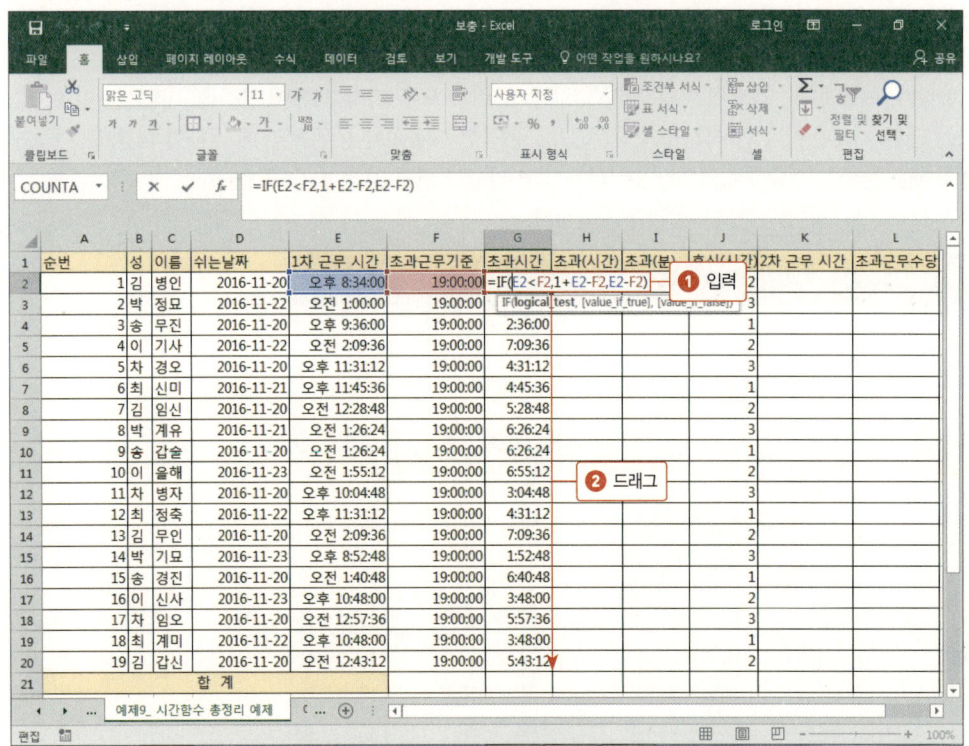

06 [초과 시간/분 구하기]

초과 시간을 시간과 분으로 나눠서 표시해 보겠습니다. 앞에서 '초과시간' 필드를 이미 채웠기 때문에 간단하게 구할 수 있습니다. [H2]셀에 '=HOUR(G2)', [I2]셀에 '=MINUTE(G2)'를 입력하고 Enter 키를 누릅니다. 각 셀에 시간과 분이 표시되면 [H20]셀, [I20]셀까지 드래그해서 채웁니다.

07 [2차 근무 시작 시간 구하기]

'2차 근무 시간' 필드를 채우겠습니다. 1차 근무 시간 이후 정해진 휴식 시간이 지나면 2차 근무 시간에 들어간다고 가정합니다. 예를 들어, 김병인은 두 시간([J2]셀)을 쉬고 오후 10시 34분에 근무를 시작하는 거죠. '휴식(시간)' 필드는 단위가 '시간'이니 한 시간을 뜻하는 '1/24'와 곱한 다음 '1차 근무 시간'에 더하면 되겠죠? 이렇게 시간을 단순 증감하는 연산은 엑셀에서 하루가 '1'이라는 것만 알면 어렵지 않게 할 수 있습니다.
[K2]셀에 '=E2+J2*(1/24)'를 입력하고 Enter 키를 누릅니다.

08 결과를 시간으로 표시하기 위해 [홈] 탭 → [표시 형식] 그룹에서 '시간'을 선택합니다.

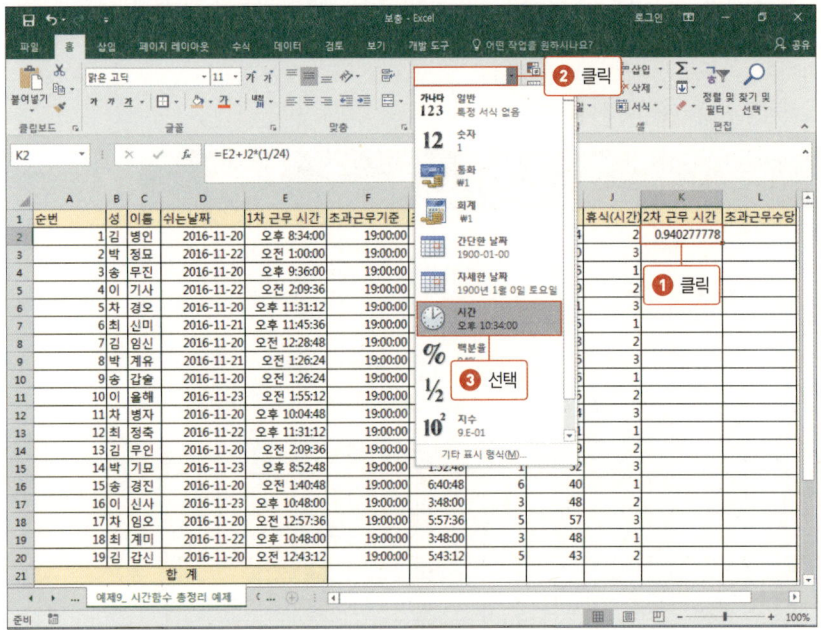

09 2차 근무 시간이 제대로 표시되면 [K2:K20] 범위를 드래그한 다음 Ctrl+D 키를 눌러 나머지 필드를 채웁니다.

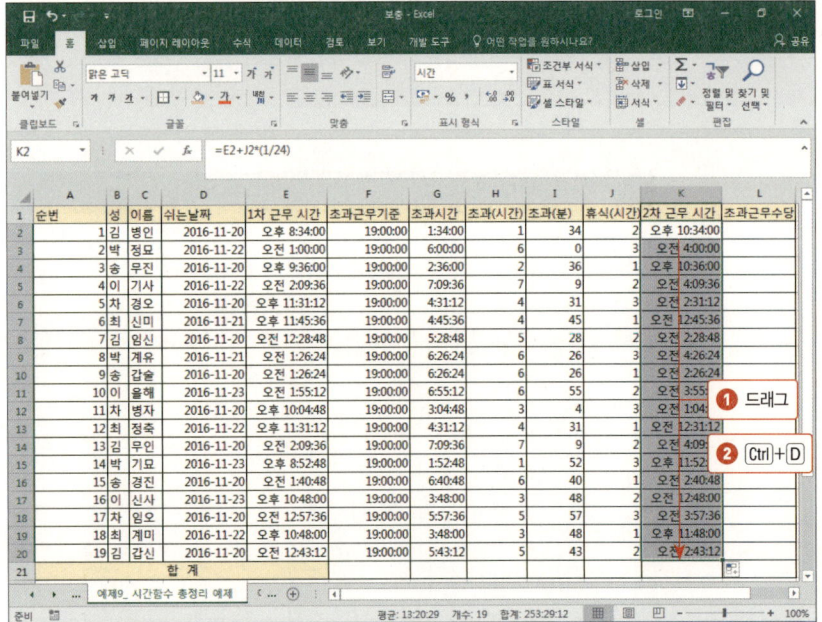

10 [초과 근무 수당 구하기]

'초과근무수당' 필드를 채우겠습니다. 근무 수당은 '한 시간에 5,000원'으로 가정합니다. 앞에서 '초과시간' 필드를 구했습니다. '1/24'가 한 시간을 뜻한다고 했지요? '초과시간' 데이터를 정수로 바꾼 다음 '5,000'을 곱해야 합니다. 어떻게 할까요? 간단합니다. 거꾸로 '24'를 곱하면 됩니다.

[L2]셀에 '=G2*24*5000'을 입력하고 Enter 키를 누릅니다.

11

결과를 금액으로 표시하기 위해 [홈] 탭 → [표시 형식] 그룹 → [일반]을 클릭한 다음 '통화'를 선택합니다.

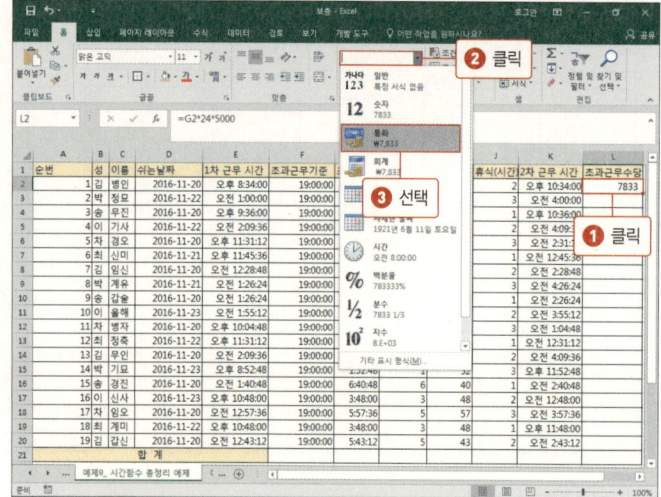

12 [L2]셀 오른쪽 꼭짓점에 마우스 포인터를 올린 다음 십자 표시가 나오면 [L20]셀까지 드래그합니다. 초과 근무 수당이 제대로 표시되면 천 단위마다 쉼표(,)로 구분하기 위해 [홈] 탭 → [표시 형식] 그룹 → [쉼표 스타일(　)]을 클릭합니다.

13 [초과시간 합계 구하기]
'초과시간' 필드의 합계를 구하겠습니다. [G21]셀을 선택하고 [홈] 탭 → [편집] 그룹 → [합계]를 클릭합니다.

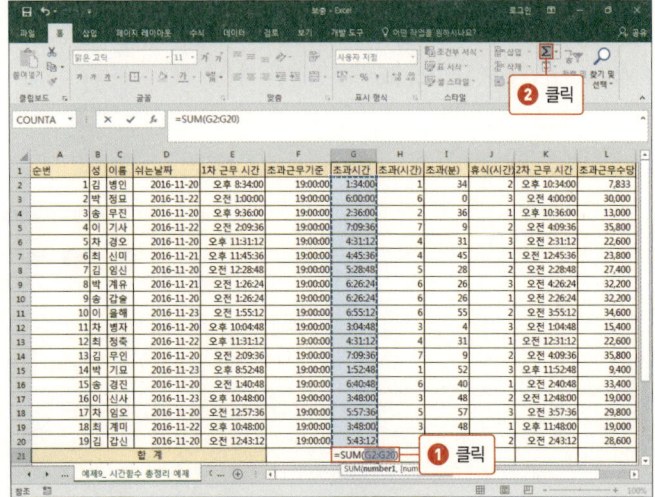

14 [G2:G20] 범위가 자동으로 지정되면서 [G21]셀에 '22:29:12'가 표시됩니다. 다시 [G2:G20] 범위를 드래그한 다음 화면 아래쪽을 확인하면 합계가 '94:29:12'로 표시됩니다. 자동 합계로 구한 값과 완전히 다르죠? 24시가 지날 때마다 초기화되었기 때문입니다. 세 번 초기화해서 총 72시간이 빠진 것입니다.

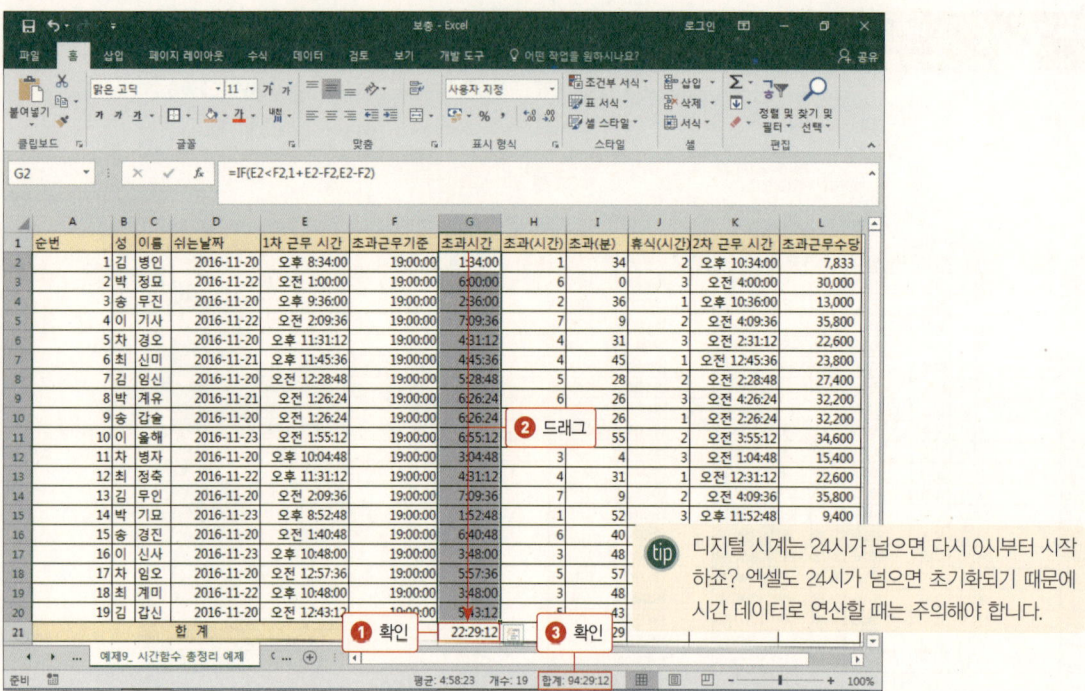

15 [G21]셀을 선택하고 Ctrl+1 키를 눌러 '셀 서식' 대화상자를 표시합니다. [표시 형식] 탭 화면의 범주에서 '사용자 지정'을 선택하고 형식에서 'h:mm:ss'를 '[h]:mm:ss'로 변경한 다음 〈확인〉 버튼을 클릭합니다.

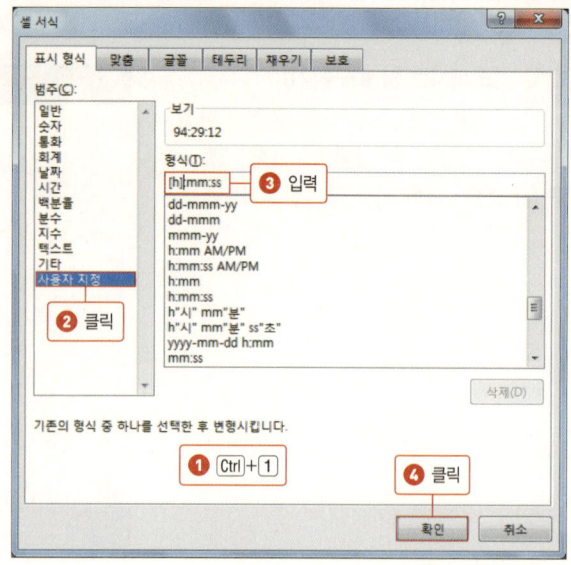

16 초과 시간의 합계가 제대로 표시됩니다.
[L21]셀에 초과 근무 수당 합계를 구하고 **[홈] 탭 → [표시 형식] 그룹**에서 '회계'를 선택하여 '₩' 기호를 표시합니다.

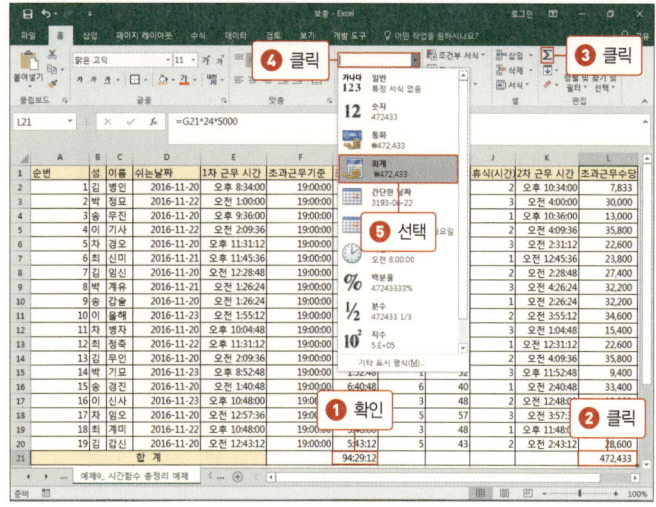

2 여러 가지 팁과 엑셀 단축키 알아보기

앞에서 예제를 진행하면서 빠진 내용과 간단하지만 꼭 알아야 할 팁을 모두 모아 살펴보겠습니다.

{ 예제 파일 } 07\보충.xlsx   { 시트 } 예제8_엑셀 단축키

01 **[적용한 함수 한눈에 보기]**
현재 시트에 어떤 함수들이 적용되었는지 확인하고 싶을 때가 있습니다. 이럴 경우 사용할 수 있는 유용한 단축키를 알아보겠습니다. [B15]셀을 선택하고 Ctrl + `ˋ` 키를 누릅니다.

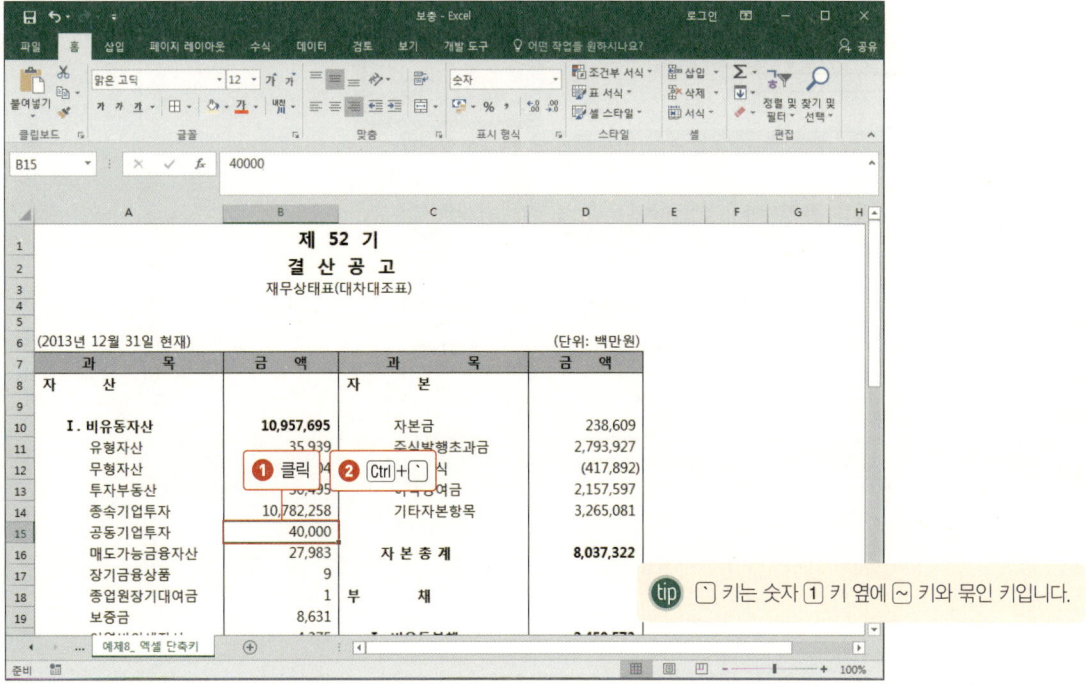

02 현재 시트에 적용한 함수가 모두 표시됩니다.

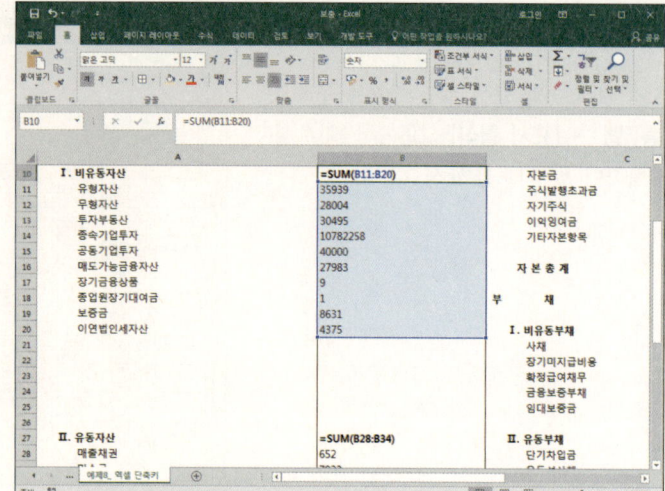

tip Ctrl+` 키를 한 번 더 누르면 원상태로 돌아갑니다.

03 [행 전체 삭제하기]

현재 시트에서 네 번째 행을 삭제하겠습니다. [A4]셀을 선택하고 Ctrl+- 키를 눌러 '삭제' 대화상자를 표시한 다음 '행 전체' 항목을 선택하고 〈확인〉 버튼을 클릭합니다.

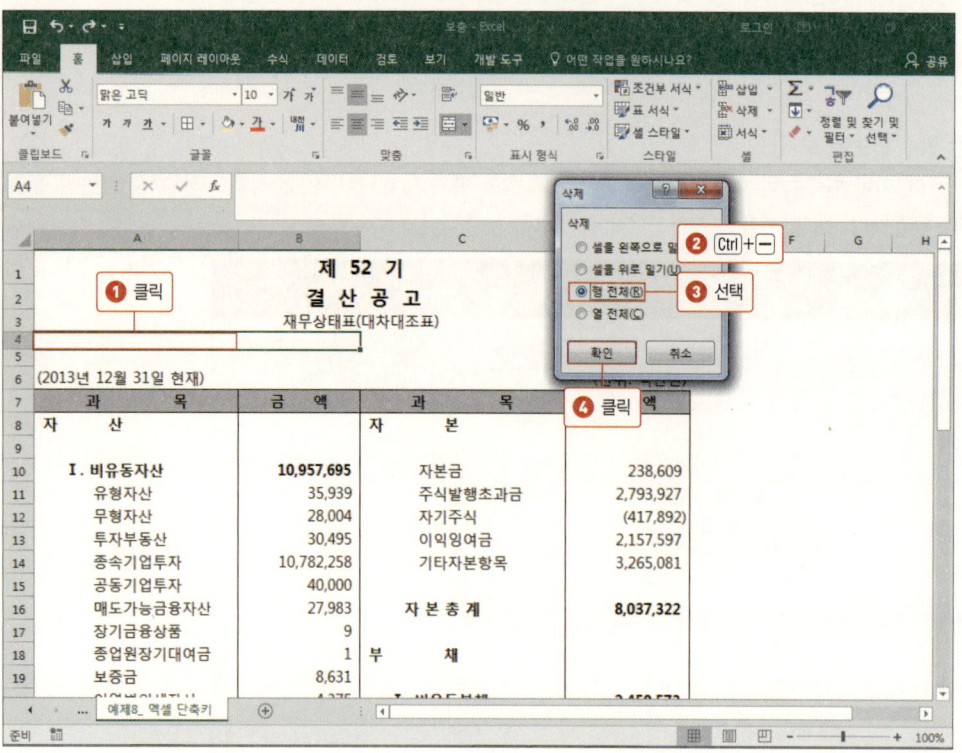

SECTION 02 시간 함수와 유용한 팁 익히기

04 한 행이 삭제되면서 표가 위로 올라간 것을 확인할 수 있습니다.

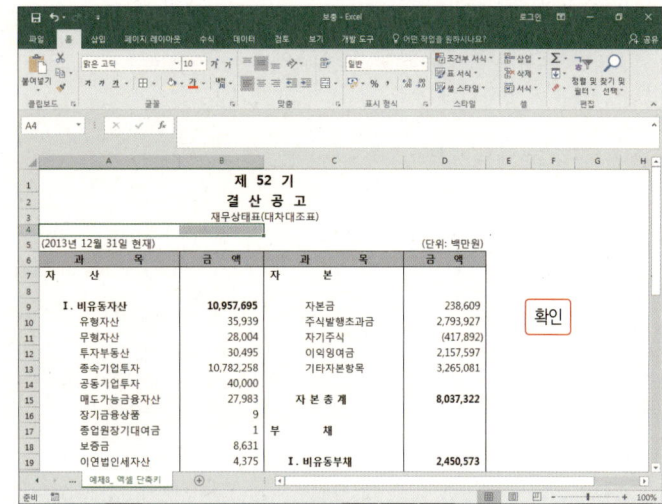

05 [하나의 셀에 두 줄 입력하기]
[A3]셀에 입력된 데이터를 두 줄로 만들어 보겠습니다. [A3]셀을 선택하고 '재무상태표' 뒤에 커서를 둔 다음 Alt + Enter 키를 누릅니다. 커서를 기준으로 두 줄로 나뉘어 표시됩니다.

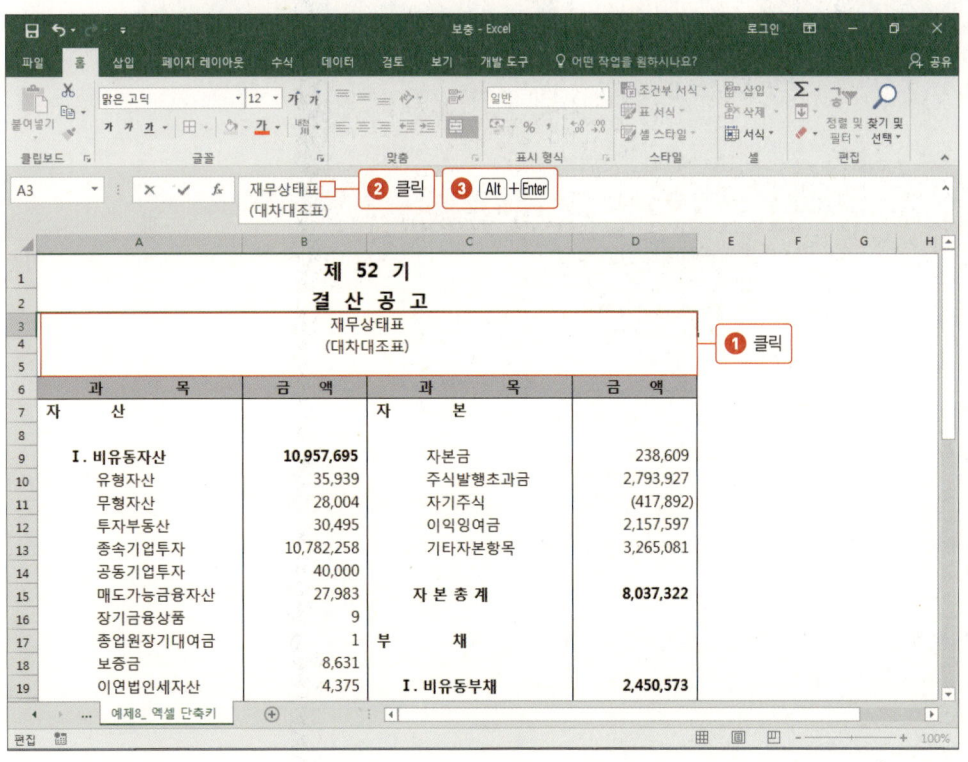

419

06 세 번째 행과 네 번째 행 머리에 마우스 포인터를 두고 텍스트에 맞춰 간격을 조정합니다.

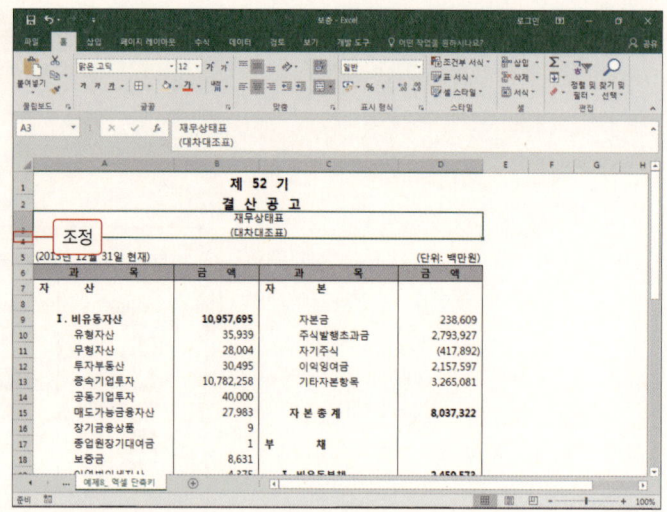

07 [메모 표시하기]

[B26]셀에 메모를 삽입하겠습니다. [B26]셀을 마우스 오른쪽 버튼으로 클릭하고 **메모 삽입**을 실행합니다.

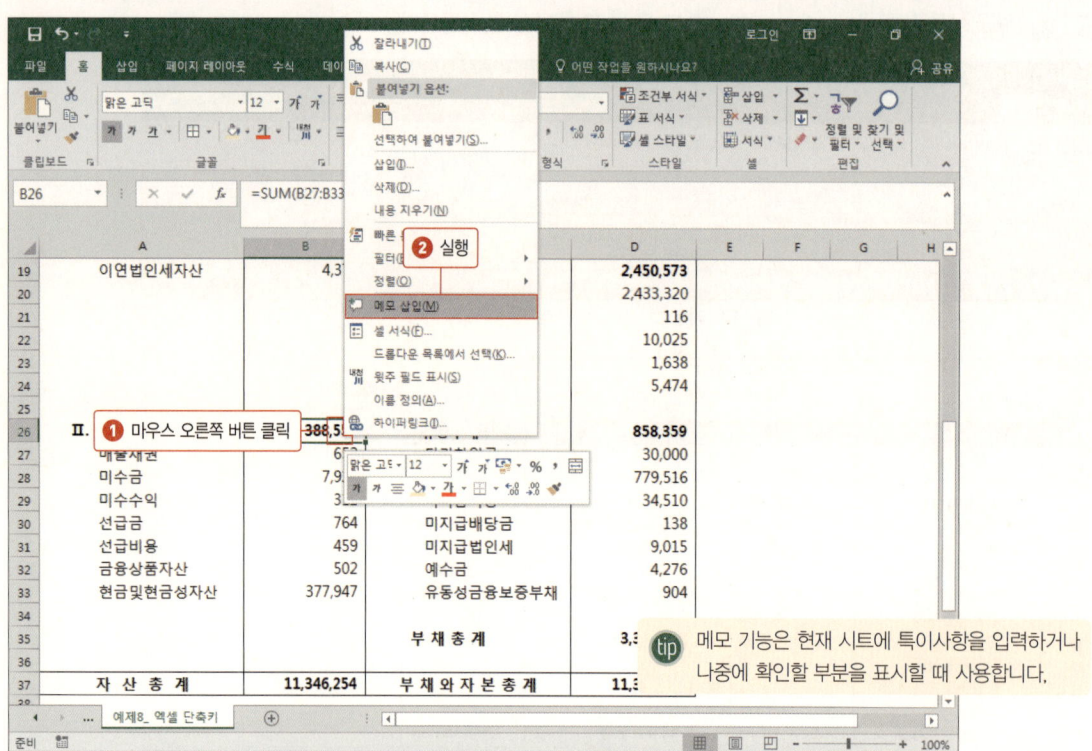

tip 메모 기능은 현재 시트에 특이사항을 입력하거나 나중에 확인할 부분을 표시할 때 사용합니다.

SECTION 02 시간 함수와 유용한 팁 익히기

08 메모가 표시되면 원하는 텍스트를 입력합니다. 예제에서는 '특이사항 없음'을 입력합니다. 셀 오른쪽 위에 빨간색 삼각형(▲)이 표시되면서 커서를 가져갈 때마다 메모가 열립니다.

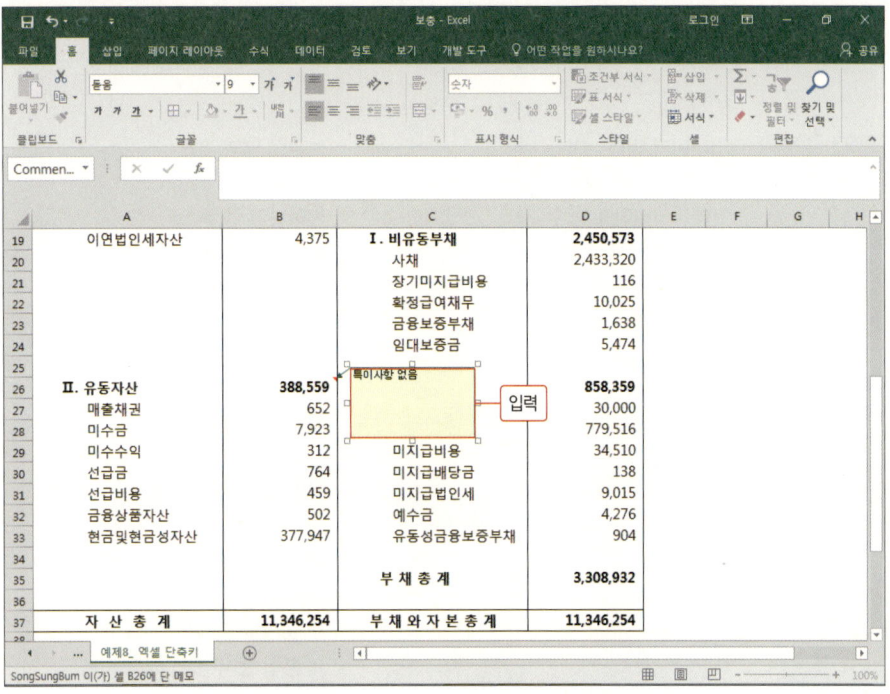

09 [메모 유지하기/삭제하기]
현재 시트에서 메모가 항상 열려있도록 설정하겠습니다. [B26]셀을 마우스 오른쪽 버튼으로 클릭하고 **메모 표시/숨기기**를 실행합니다. 커서를 가져가지 않아도 메모가 표시됩니다.

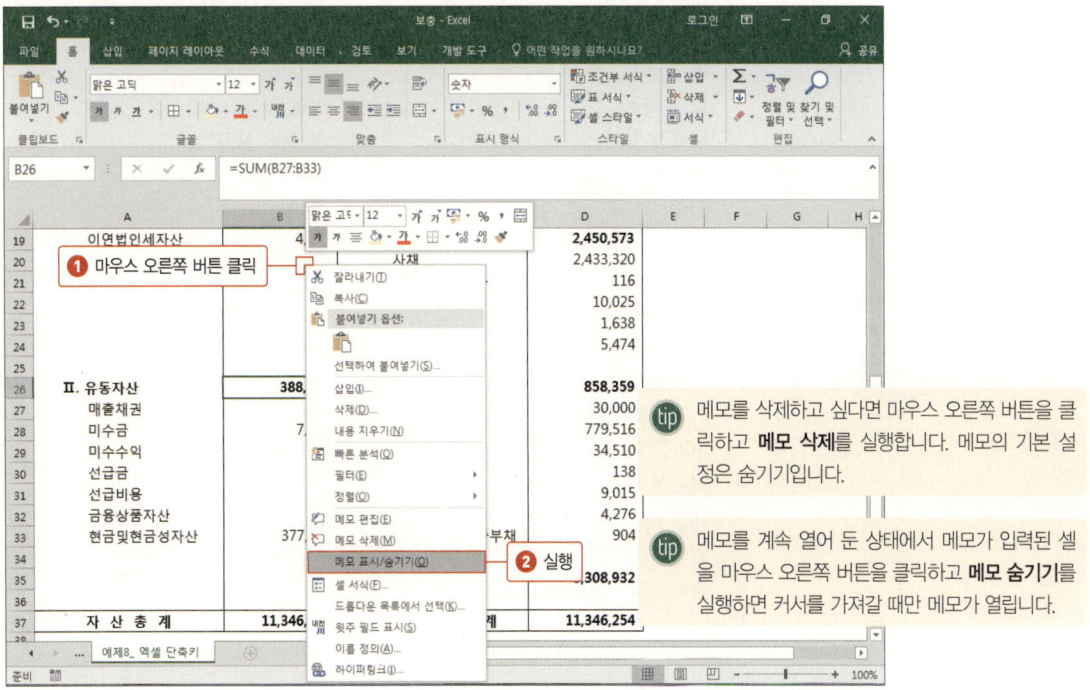

> tip 메모를 삭제하고 싶다면 마우스 오른쪽 버튼을 클릭하고 **메모 삭제**를 실행합니다. 메모의 기본 설정은 숨기기입니다.

> tip 메모를 계속 열어 둔 상태에서 메모가 입력된 셀을 마우스 오른쪽 버튼을 클릭하고 **메모 숨기기**를 실행하면 커서를 가져갈 때만 메모가 열립니다.

찾아보기
INDEX

ㄱ

가상 분석 262
값 68
값에 추가 240
값 요약 기준 232
값 필드 설정 219
강조 규칙 99
개발 도구 270
거래명세서 166
계층 구조 차트 279
고급 필터 141
구분 기호 59, 72
굵게 93
규칙 관리 109
그림 서식 52
그림 압축 387
글꼴 크기 크게 39
기록 중지 346
기준 추가 133
기타 명령 31
기타 정렬 옵션 223
기타 표시 형식 116
기호 88
깔때기 310

ㄴ

나이 149
날짜 119
눈금선 293

ㄷ

다른 이름으로 저장 37
단추 347
데이터 29
데이터 가져오기 380
데이터 도구 97
데이터 레이블 285

데이터 막대 105
데이터 미리 보기 72
데이터베이스 함수 252
데이터 선택 288
데이터 유효성 검사 97
데이터 표 259
도넛형 300
도형 서식 322
디자인 90

ㄹ

랜덤 85
리본 메뉴 30

ㅁ

맞춤 34, 38, 122
매크로 기록 345, 371
매크로 지정 347
머리글 49
머리글 편집 50
머리글 포함 366
메모 420
모든 테두리 42
목표값 찾기 262
물류 양식 174
밑줄 93

ㅂ

바꾸기 391
바닥글 49
바이너리 통합 문서 386
반복할 행 55
방사형 311
배경 제거 321
범례 290
병합하고 가운데 맞춤 38, 93

보관할 영역 321
부등호 249
붙여넣기 옵션 68
빠른 실행 도구 모음 사용자 지정 30
빠른 실행 메뉴 30

ㅅ

사용자 지정 콤보 차트 303
상대 참조로 기록 372
상위/하위 규칙 106
새 규칙 160
새로 고침 옵션 385
새 시트 29
새 웹 쿼리 383
새 통합 문서 28
색 변경 315
색조 101
생년월일 74
생일 149
서식 규칙 편집 109
서식 복사 122
셀 33
셀 서식 94
셀에 맞춤 129
셀 오류 표시 55
순번 117
숨기기 84
숨기기 취소 85
숫자 필터 137
쉼표 스타일 45
스타일 108
스파크라인 110
스핀 단추 333
슬라이서 삽입 232
시간 114
시간 함수 409
시나리오 관리자 264
시나리오 추가 265

422

시트 29

ㅇ

아이콘 107
연결 385
연산자 64
예측 262
옵션 단추 326
외부 데이터 58
외부 데이터 범위 속성 385
요약 268
용지 너비 48
용지 높이 48
워크시트 29
원형 차트 299
웹 382
웹 쿼리 옵션 384
윤곽선 211, 213
이동 옵션 395
이중 밑줄 93
인사 양식 146
인쇄 46
인쇄 미리 보기 및 인쇄 31
인쇄 제목 49
일러스트레이션 313

ㅈ

자동 윤곽 211
자동 채우기 옵션 40
자동 필터 136
자동 합계 103
자릿수 늘림 131
자릿수 줄임 132
작업 취소 30
저장 30
전자 메일 387
정렬 133

정렬 및 필터 133, 136
제거할 영역 321
조건부 서식 99, 100
주민등록번호 74
중복된 항목 제거 134

ㅊ

차트 레이아웃 290
차트 스타일 281, 300
차트 영역 서식 284
차트 요소 300
차트 요소 추가 290
차트 종류 변경 283
차트 필터 300
찾기 및 바꾸기 70
채우기 색 135
최대값 104
최소값 104
추가 기능 270

ㅋ

컨트롤 326
컨트롤 서식 328
코드 345
클립보드 122

ㅌ

탭 29
테두리 42
텍스트 58
텍스트 나누기 71
텍스트 오름차순 정렬 208
텍스트 줄 바꿈 34, 128
통합 202, 234
통합 문서 보기 48
통화 127

트리맵 279

ㅍ

파일 형식 386
퍼센트 105
페이지 나누기 미리 보기 48
페이지 설정 48, 49
평균 104
표 89
표 스타일 옵션 90
표시 형식 45, 94
표 이름 367
피벗 테이블 216, 241
필터 136

ㅎ

하이픈 79
해 찾기 271, 273
해 찾기 매개 변수 271
화면에 보이는 셀만 395
확인란 331

A ~ C

ADDRESS 181, 194
CHOOSE 330
COLUMN 176
CONCATENATE 61, 398
COUNTA 160
criteria 248

D ~ F

DATEDIF 147
DAVERAGE 255
DAY 170
DSUM 252

423

Excel 옵션 32
EXCEL 추가 기능 270
FIND 79, 152

H ~ L

HLOOKUP 388
HTML 서식 384
IF 77
IFERROR 191
INDEX 165, 404
INDIRECT 183, 190
LEFT 74, 149
LOOKUP 154

M ~ O

MATCH 163, 404
MAX 355
MID 75, 76
MONTH 170
NOW 113
OFFSET 180

P ~ S

PMT 257
RANDBETWEEN 85
REPLACE 80
REPT 88
ROW 174
SmartArt 313
SmartArt 스타일 318
SUBSTITUTE 82
SUM 102, 179
SUMIFS 246

T ~ V

TEXT 123
TODAY 114
TODAY() 146
VLOOKUP 155, 158

기호

& 65